六枝年鉴

LIUZHI YEARBOOK

/2018/

六枝特区史志办公室　编

方志出版社
Publishing House of Local Records

图书在版编目（CIP）数据

六枝年鉴. 2018 / 六枝特区史志办公室编. — 北京：方志出版社，2019.4
ISBN 978-7-5144-3742-3

Ⅰ. ①六… Ⅱ. ①六… Ⅲ. ①六枝特区—2018—年鉴
Ⅳ. ① Z527.34

中国版本图书馆 CIP 数据核字（2019）第 091775 号

六枝年鉴（2018）

编　　者：六枝特区史志办公室
责任编辑：冯　松

出 版 者：方志出版社
地址　北京市朝阳区潘家园东里 9 号（国家方志馆 4 层）
邮编　100021
网址　http://www.fzph.org
发　　行：方志出版社图书经销中心
电话（010）67110500
经　　销：各地新华书店
印　　刷：云南速盈印刷有限公司

开　　本：889 × 1194mm　1/16
印　　张：23
字　　数：699 千字
版　　次：2019 年 7 月第 1 版　2019 年 7 月第 1 次印刷
印　　数：001~600 册

ISBN 978-7-5144-3742-3　　定价：180.00 元

《六枝年鉴》编纂委员会

顾　　问：杨昌显　方裕谦　吕　荣

主　　任：王光全

常务副主任：潘　静

副 主 任：撒玉怀　杨　强　余红亚

委　　员：特区党办、人大办、政府办、政协办、组织部、宣传部、人武部、政法委、人民检察院、人民法院、统战部、直属机关工委、离退局、史志办、党校、信访局、编委办、总工会、团委、妇联、科协、工商联、残联、文联、发展改革局、财政局、经济和信息化局、审计局、统计局、农业局、林业局、水务局、供销社、住房城乡建设局、交通运输局、国土资源局、人资社保局、民政局、民宗局、环境保护局、安全监管局、移民局、教育局、文体广电新闻出版局、卫生计生局、市场监管局、档案局、公安局、司法局、国税局、地税局、气象局、烟草局、六枝供电局、六枝调查队、邮政局、电信六枝分公司、人行六枝支行、木岗园区、路喜园区、郎岱园区、牂牁江风景名胜区、大用园区、北部库区园区、银壶社区、九龙社区、塔山社区、那克社区、岩脚镇、郎岱镇、大用镇、木岗镇、落别乡、新窑镇、关寨镇、新场乡、新华镇、龙河镇、月亮河乡、牛场乡、梭戛乡、中寨乡、牂牁镇等单位主要或分管领导

《六枝年鉴》编辑部

主　编：焦兴敏

副主编：黄继洪　罗道勇

编　辑：李玉梅

编　务：左　燕　庞文晋　蔡兴祥　聂瑜平　卢启国　赵　薇　金正萍　陈金海

编辑说明

一、《六枝年鉴（2018）》坚持以马克思列宁主义、毛泽东思想、邓小平理论、“三个代表”重要思想、科学发展观、习近平新时代中国特色社会主义思想为指导，坚持辩证唯物主义和历史唯物主义的立场、观点和方法。内容着重反映全区2017年经济建设、政治建设、文化建设、社会建设和生态文明建设等方面的新举措、新进展、新成果、新经验、新问题。

二、《六枝年鉴》是中共六枝特区委员会、六枝特区人民政府主办，由六枝特区史志办公室编纂出版的地方综合年鉴，是全面、系统地记述六枝特区行政区域内自然、政治、经济、文化、社会等方面情况的年度资料性文献，是反映六枝特区的百科全书。旨在为各级领导决策提供可靠的参考依据，为社会各界人士了解和研究六枝提供最新的信息资料，为编辑地方志书积累资料。本卷为2018卷，记述2017年的内容。《六枝年鉴》每年出版一卷。

三、《六枝年鉴（2018）》共设23个类目：概况、特辑、文件选编、大事记、领导名录、中国共产党六枝特区委员会、群团组织、六枝特区人大常委会、六枝特区人民政府、政协六枝特区委员会、武装·法治、经济监督与管理、农林水·气象、城建·环保、水库和生态移民·扶贫、交通·电力、文体广电（新闻出版）·生态旅游、卫生和人口计生·医院、教育·学校、投融资平台公司、金融、产业园区、乡镇·社区。内容设3个层次，在类目下设分目，分目下设条目（少数分目无条目），条目为年鉴的基本单位，用黑体字【 】号作条目标题，一般先有介绍行业、事业的概况条目，后按一事一目的原则设置条目。

四、本年鉴采用的文稿，均从特区各部门、各乡镇（社区）提供的年鉴（2018）稿件编纂定稿，采用的社会经济发展统计资料为特区统计局公布数据，地区生产总值，各产业增加值、总产值绝对数未注明不变价的，均为当年价；增减百分比除注明外均按可比价格计算。本年鉴中领导名录时限为2017年，姓名后面有*号的为2017年年底去职，无*号的仍在职。

五、《六枝年鉴（2018）》在编、印、发过程中，得到各级领导、各有关部门和社会各界人士的关心与支持，在此一并致谢！本年鉴的不足之处，恳请各级领导和广大读者批评指正，并提出宝贵意见。

◇ 领导活动

2017 年 5 月 14 日，全国政协民族和宗教委员会副主任杜鹰（前排左二）到大用园区调研　（大用园区供稿）

2017 年 5 月 25 日，省卫计委正厅级巡视员黄平（前排左二）到六枝特区调研医共体工作
（六枝特区卫生和人口计生局供稿）

2017年10月23日，省移民局副局长张杰（左四）到六枝特区2017年落别乡安置点检查工作，市移民局局长杨显龙（左五）、特区移民局局长龚德祥（左一）等陪同检查　（六枝特区移民局供稿）

2017年4月6日，市委副书记、市长李刚（左四）、特区党委书记杨昌显（右一）到关寨镇观摩督查关寨镇易地扶贫搬迁项目和产业扶贫项目　（六枝特区关寨镇供稿）

2017 年 10 月 30 日，市委副书记魏雄军（左二）在牂牁调研旅游发展大会建设　（六枝特区公安局供稿）

2017 年 7 月 3 日，市人大常委会副主任刘静（右三）到新窑调研电商产业　（六枝特区新窑镇供稿）

2017 年 7 月 20 日，特区党委书记杨昌显（左二）到新窑弥猴桃产业园调研　（六枝特区新窑镇供稿）

2017 年 6 月 26 日，特区党委书记杨昌显（右三）到关寨镇检查地灾防治工作　（六枝特区国土资源局供稿）

2017 年 6 月 17 日，特区政府区长方裕谦（左二）到牛场乡走访贫困户

2017 年 6 月 26 日，特区政府区长方裕谦（右一）到月亮河乡检查地灾防治工作　（六枝特区国土资源局供稿）

◇ 重要会议

2018 年 1 月 24 日，中国共产党六枝特区第十一次代表大会第二次会议召开　（六枝特区宣传部供稿）

2018 年 1 月 24 日，中国共产党六枝特区第十一次代表大会第二次会议现场　（六枝特区宣传部供稿）

2018 年 2 月 8 日，六枝特区第十二届人民代表大会第二次会议召开　（六枝特区宣传部供稿）

2018 年 2 月 8 日，六枝特区第十二届人民代表大会第二次会议现场　（六枝特区宣传部供稿）

2018 年 2 月 7 日，中国人民政治协商会议第九届六枝特区委员会第二次会议召开　（六枝特区宣传部供稿）

2018 年 2 月 7 日，中国人民政治协商会议第九届六枝特区委员会第二次会议现场　（六枝特区宣传部供稿）

2017 年 3 月 20 日，区委政法工作会议在特区影剧院召开　（六枝特区党委政法委供稿）

2017 年 4 月 6 日，六盘水市易地扶贫搬迁观摩会在新窑举行　（六枝特区新窑镇供稿）

2017年5月3日，六枝特区团委组织召开纪念五四运动98周年暨2017年六枝特区共青团工作会议
（六枝特区团委供稿）

2017年5月25日，全省医共体建设现场推进会在六枝召开 （六枝特区卫生和人口计生局供稿）

2017年12月8日，中国共产党六枝特区第十一届委员会第三次全体会议召开
（六枝特区宣传部供稿）

◇ 重要活动

2017 年 1 月 28 日，“新春舞跃　画廊六枝”春节系列活动现场　（六枝特区宣传部供稿）

2017 年 2 月 6 日，六枝特区梭戛长角苗同胞举行一年一度的“跳花节”　（六枝特区宣传部供稿）

2017 年 2 月 6 日，六枝特区梭戛长角苗同胞聚集“跳花节”现场——长角苗芦笙舞　（六枝特区梭戛乡供稿）

2017 年 3 月 5 日，油菜花节在木岗镇开幕　（六枝特区宣传部供稿）

2017 年 4 月 8 日，首届六盘水市返乡农民工山歌大赛开赛　（六枝特区宣传部供稿）

2017 年 4 月 22 日，“画廊六枝 · 樱里有缘”中国凉都 · 红樱桃嘉年华旅游文化系列活动在落别布依族彝族乡举办　（六枝特区宣传部供稿）

2017 年 4 月 22 日，“画廊六枝 · 樱里有缘”中国凉都 · 红樱桃嘉年华旅游文化系列活动盛况
（六枝特区落别乡供稿）

2017年6月17日，六枝特区第二届“中国凉都·画廊六枝”杨梅嘉年华在六枝特区岩脚举行，图为杨梅古树 （六枝特区宣传部供稿）

2017年6月17日，六枝特区第二届“中国凉都·画廊六枝”杨梅嘉年华在六枝特区岩脚古镇举行，图为摘杨梅现场 （六枝特区宣传部供稿）

2017年6月17日，六枝特区第二届“中国凉都·画廊六枝”杨梅嘉年华在六枝特区岩脚古镇开幕
（六枝特区宣传部供稿）

2017年6月29日，月亮河乡“六月六”活动祭山仪式 （六枝特区民宗局供稿）

2017年6月29日，月亮河乡举行“六月六”活动现场 （六枝特区宣传部供稿）

2017年8月8日，举行六枝特区全民健身活动 （六枝特区宣传部供稿）

2017年10月1日，举办六枝特区非物质文化遗产展示暨贵州省布依族第三土语区民间吹歌大赛
（六枝特区宣传部供稿）

2017年9月12日，2017年“中国凉都·画廊六枝”仡佬族吃新节暨“三送三促”活动在关寨镇居都村举行
（六枝特区关寨镇供稿）

2017年10月30日，六枝特区举办首届校园足球联赛在六枝特区纽绅中学开幕
（六枝特区教育局供稿）

2017 年 11 月 12 日，六盘水市委副书记、市长李刚在全市第四届旅游文化产业发展大会上致辞

（六枝特区宣传部供稿）

2017 年 11 月 12 日，以“康养胜地 运动境界”为主题的全市第四届旅游文化产业发展大会在六枝牂牁镇举行 （六枝特区宣传部供稿）

2017 年 11 月 16 日，2017 年全国高校大学生微拍大赛现场

（六枝特区宣传部供稿）

2017 年 11 月 16 日，2017 年全国高校大学生微拍大赛在六枝特区举行　（六枝特区宣传部供稿）

2017 年 11 月 17—19 日，第七届摩托艇“中国凉都　画廊六枝”牂牁江大奖赛在六枝牂牁镇开赛（六枝特区宣传部供稿）

2017 年 11 月 17—19 日，第七届摩托艇“中国凉都　画廊六枝”牂牁江大奖赛比赛现场（六枝特区宣传部供稿）

2017 年 10 月 10 日，举办六枝特区首届七人制足球杯赛　（六枝特区文广局供稿）

2017 年 4 月，“穿越乡村田园　畅享绿色健康”山地自行车越野赛在六枝落别乡举行（六枝特区文广局供稿）

2017 年 10 月 1 日，贵州省第二届“茅台王子杯”广场健身操舞大赛半决赛在六枝举行（六枝特区文广局供稿）

◇ 城乡建设

街心花园　（胡吉斌　摄）

东方龙城和九龙城　（六枝特区住房和城乡建设局供稿）

牂牁大道　（六枝特区住房和城乡建设局供稿）

桃花公园 （六枝特区住房和城乡建设局供稿）

易地扶贫搬迁点——新窑那玉 （王良豪 摄）

易地扶贫搬迁点——瓦窑小区 （六枝特区宣传部供稿）

郎岱园区　（六盘水郎岱农业产业园区供稿）

北部库区园区　（六枝特区宣传部供稿）

“三变”改革典型——落别水塘寨　（六枝特区住房和城乡建设局供稿）

“三变”改革典型——牛角村　（六枝特区落别乡供稿）

示范小城镇建设——郎岱　（六枝特区住房和城乡建设局供稿）

示范小城镇建设——落别乡　（六枝特区宣传部供稿）

示范小城镇建设——岩脚镇

示范小城镇建设——龙河镇　（六枝特区龙河镇供稿）

岩脚迴龙溪　（姚 咏　摄）

岩脚镇城镇综合体　（六枝特区宣传部供稿）

◇ 现代农业

万亩茶叶基地 （六枝特区宣传部供稿）

月亮河乡有机米种植基地 （六枝特区月亮河乡供稿）

大用园区车厘子基地 （六枝特区宣传部供稿）

陇脚补雨村猕猴桃产业园

牛场辣椒基地

肉牛养殖项目

林下经济发展项目

木岗油菜花　（六枝特区宣传部供稿）

① 剌梨加工业
② 月亮河乡补雨村生产加工有机米
③ 宜枝魔芋包装魔芋食品
④ 郎岱酱制作
⑤ 堕却标准化蛋鸡养殖
⑥ 岩脚镇面条厂

（六枝特区宣传部供稿）

目 录

概 况

特 辑

大 事 记

2017年六枝特区领导名录

中国共产党六枝特区委员会

群众团体

六枝特区人民代表大会

六枝特区人民政府

政协六枝特区委员会

国防·法治

经济监督与管理

农林水·气象

城建・环保

水库和生态移民·扶贫

交通·电力

文体广电（新闻出版）·生态旅游

卫生和人口计生·医院

教育·学校

投融资平台公司

金　融

产业园区

乡镇·社区

附 录

概况

◎ 区情简介

【综述】 六枝特区位于贵州西部，是“中国凉都”六盘水市的东大门，系“三线”建设时期由原“六枝特区”与“郎岱县”合并而成，是全国目前唯一的县级行政特区。东靠普定县、镇宁，南倚关岭，西南与晴隆、普安毗邻，西连水城，北瞻纳雍、织金。1966年2月22日，经中共中央、国务院中发〔1966〕第119号文批准，成立六枝特区，六枝特区和郎岱县均属安顺专区管辖。1970年12月2日，经国务院批准，郎岱县与原六枝特区合并为六枝特区。

六枝特区地理坐标为北纬25° 59′ ~ 26° 33′；东经105° 08′ ~ 105° 43′之间，辖区南北长61千米，东西宽56千米，总面积1799.48平方千米，耕地面积101.3亩，地处云贵高原东斜坡，西高东低，属于喀斯特地貌地区和亚热带季风气候区，有冬无严寒、夏无酷暑，降水丰富、雨热同季等特点。全区大部分地区年平均气温15.8C左右，环境空气质量达到国家二级标准。属亚热带季风温暖湿润气候，全年平均气温14.5℃，城市环境空气质量达标率达100%，属于“中国十佳生态旅游城市”。辖区内矿产资源主要有煤炭、黑色金属铁和有色金属铅、铝及萤石、冰洲石、重晶石、水晶石、石膏、石灰石等非金属矿藏。

六枝特区辖9镇6乡3街道245个村（居）委员会，有汉、彝、苗、布依、仡佬等32个民族。2017年，六枝特区共有户籍人口755710人，常住人口611090人。

【交通建设】 六枝交通便利。六枝特区距省会贵阳158千米，距六盘水市中心城区98千米。区内交通四通八达，纵横交错，贵（阳）昆（明）及株（洲）六（盘水）电气化铁路复线穿越全境，黄桶编组站是株六复线铁路与隆（四川隆昌）百（广西百色）铁路十字交会点；六（枝）纳（雍）公路和正在开展前期建设的纳雍经六枝至晴隆高速公路纵跨南北；贵（阳）烟（堆山）公路及102省道、水（城）黄（果树）高等级公路、六（枝）镇（宁）高速公路、六（枝）六（六盘水）高速公路横贯东西，大安城际铁路已经开工建设，“四横两纵多连接”的铁路、公路网络逐步形成，已成为贵州西部重要的物资集散地和交通枢纽。

【自然资源】 六枝自然资源富集。六枝处于长江流域和珠江流域的分水岭，南有北盘江的上游，北有乌江上游三岔河，东有黄果树瀑布的源头白水河。水流落差大，水能资源极为丰富，全区水力资源理论蕴藏量24.39万千瓦，其中可开发量达17.78万千瓦。旧院水库已投入使用，水利项目黔中水利枢纽工程已完工。境内有煤、铁、硫、砷、铅锌、萤石、冰洲石、重晶石、水晶石、石膏、石灰石、硅石、黏土等20余种矿产资源，理论储量180亿吨，已探明煤炭储量33亿吨，煤层中蕴藏着丰富可供开发利用的煤层气，储量达650亿立方米。境内有六枝工矿（集团）有限公司、盘江六盘水装备制造有限公司等省属国有大中型企业。湖北黄石工矿集团公司、飞尚集团、深圳中航企业、山西路喜集团等一批大企业已入驻六枝投资建设。

【生物资源】 六枝生物资源极为丰富。有野生动物灵猫、岩羊、狗獾、黄麂、果子狸、山兔、野猪等20多种。全区天然林面积47133公顷，活立木蓄积量为230万立方米，森林覆盖率为47.01%，主要树种有杉、马尾松、华山松、云南松、榆树、青杠、白杨、楸树、柳杉、香椿、楠木以及核桃、板栗、漆树、油桐、银杏等40多种；野生中草药有杜仲、天麻、半夏、茯苓、贝母、桔梗、金银花等87科158种。农作物品种也较为丰富，粮食作物以水稻、玉米、小麦、薯类为主；经济作物以油菜为主，是全市粮油蔬菜主产区。饲养的主要畜禽品种有10多种，有草地6.93万亩，有牧草品种8种，发展畜牧业具有良好的条件。先后被列为国家级农业综合开发县、全国商品粮基地县、全国茶产业发展重点县、全国重点产煤县、全国农产品加工创业基地，以及省优质肉猪基地县、省地道中药材种植基地县、省科技扶贫种草养羊项目县、省级财政支农资金整合试点县、省小型农田水利建设重点县。

【旅游资源】 六枝的旅游资源丰富。有蕴藏着古夜郎文化的省级风景名胜区及倍受海内外关注的中国第一座生态博物馆——梭戛生态博物馆，是融民族文化风情、自然风光、名胜古迹为一体的独特旅游区。南部有郎岱古城、月亮河夜郎布依文化生态园、花德河省级森林公园、牂河湖、神秘的老王山（古原郎山）；东南部有白水河上的深布群、洒耳景区和以落别为中心的溶洞景观；北部有岩脚古镇风光、懒龙桥景点（窗子洞）、黔中库区景区。2014年，获国家林业局批准建设牂牁江国家级湿地公园、黄果树瀑布源国家级森林公园。城市环境空气质量达标率达100%，属于中国十佳生态旅游城市。

◎ 行政区划

【综述】 根据贵州省人民政府《关于六枝特区建镇并并乡撤区行政区城变更的批复》(黔府通〔1991〕124号）文件要求，1991年六枝特区开展建镇并乡撤区工作，行政区划调整为19个乡（镇）。2002年，在各乡（镇）开展并村工作，但乡（镇）区域不变。2015年，根据贵州省人民政府《省人民政府关于同意六枝特区乡镇行政区划调整的批复》文件要求。2015年3月，六枝特区开展行政区划调整，全区调整为15个乡（镇）和3个街道办事处。

【1991年行政区划情况】 1991年9月至2015年3月，六枝特区行政区划情况为：

六枝特区辖郎岱、平寨、岩脚、大用、木岗5个镇，新窑、新场、堕却、龙场、新华5个乡，落别布依族彝族乡、折溪彝族乡、牛场苗族彝族乡、中寨苗族彝族布依族乡、箐口彝族仡佬族布依族乡、洒志彝族布依族回族乡、毛口布依族苗族乡、梭戛苗族彝族回族乡、陇脚布依族乡9个民族乡，共19个乡镇。下设17个社区、8个居委会，220个村；330个居民小组，2396个村民小组。

平寨镇：辖六枝、高峰、那固、塔山、平寨、兴隆、东风、波乍、波洼、云盘、河湾、五龙、小寨、杨丰、茶山15个行政村和凉水井、六枝、那固坝、四角田、铁路、平寨、银壶、那平路、公园路、文化路、团结路、云盘、地宗13个社区，下设133个村民组，138个居民小组。

郎岱镇：辖石糯尾村、安乐村、头塘村、花脚村、青菜塘村、后营村、群锋村、驿陇村、青龙村、坝子村、归宗村、上寨村12个行政村和木城社区，157个村民小组，20个居民小组。

岩脚镇：辖岩脚、龙泉、太和、羊场、二道岩、木贡、那洒、西北、新院、群峰、金星、水寨、阿岔、民兴、锦钟、联合、青杠林、雨海、岱瓮、高桥、新寨、草原、田坎、民乐、老卜底25个行政村和廻龙溪社区居委会，下设223个村民小组，9个居民小组。

大用镇：辖大用、黑晒、骂冗、凉水井、耳贡、岱港、泪港7个村和大煤山社区，共8个村（居）委会，下设55个村民小组和10个居民小组。

木岗镇：辖抵簸、抵岗、斗蓬、戛陇塘、瓦窑、木岗冲、木岗场、小黄桶、把仕、小木岗10个村和木岗社区，共11个村（居）委会，下设111个村民小组，7个居民小组。

新窑乡：辖新窑、洗马河、马路、桥良、波渡、播雨、那秀、上云盘、新河、那玉、鸭塘、联盟、联合13个行政村，147个村民组。

落别乡：辖落别、底耳、牛角、木厂、长湾、可布、板照、茂林、长寨、纳骂、新寨、马头、川硐13个村1个居委会，共14个村（居）民委员会，下设95个村民小组和1个居民小组。

中寨乡：辖木则、补许、四方井、费戛、大补王、箐脚、小补王、大箐、中寨、移山、双夕、岩脚、红光、鲁戛、扁朝、兴隆、西拉、扯扭、平基、长寨、新场21个村民委员会和中寨居委会。下设216个村民小组。

毛口乡：辖西陵村、样河村、半坡村、沈家村、木城村、大冲村6个行政村和毛口居委会，共7个村（居）委会，下设59个村民小组，1个居民小组。

折溪乡：辖中寨村、六堡村、木伐田村、折溪村、直溜村、把仕寨村、隆茂村、滥坝村、洛阳村共9个村民委员会，下设79个村民小组。

陇脚乡：辖新春、花德、补雨、月亮河、大坝、牧场、郭家寨、何家寨8个村和花德河居委会，下设72个村民小组。

洒志乡：辖洒志、平桥、中寨、把利、渔塘、磨卜、田坝、簸箕田、跳花坡9个村民委员会，下设91个村民小组。

堕却乡：辖堕却、上寨、龙滩、毛稗田、兴发、团坡、王家寨、郎节坝、朗树根、左坝、牛坡、半坡、西克13个村民委员会和堕却居委会，下设204个村民小组。

箐口乡：辖荒田、箐口、坝子、下麻翁、社勒、过瓦、居都7个村，下设112个村民小组。

新场乡：辖新场、落龙、白果、仓脚、戛纳、乌柳、老院子、两路口、黑塘、松坝、旧院、沙地、高峰、熊井、苦李井、新寨16个行政村和新场居委会，共17个村（居）委员会，下设168村民小组和1个居民小组。

牛场乡：辖大等、黔中、牛场、云盘、尖岩、兴隆、箐脚、黄平、平寨9个村民委员会，125个村民小组。

梭戛乡：辖平寨村、顺利村、高兴村、中寨村、安柱村、乐群村和沙子村共7个行政村，62个村民组。

新华乡：辖新平村、新田村、双屯村、鼠场村、成功村、兴隆村、田坝村、王家冲村、新寨村9个行政村，1个居委会，共10村（居）委会，下设86个村民小组。

龙场乡：辖林场、红旗、龙场、迎新、永丰、双龙、迎风、陇木、新院、营盘、新场坝11个村和龙场居委会，共12个村（居）委会，下设177个村民小组。

根据贵州省人民政府《省人民政府关于同意六枝特区乡镇行政区划调整的批复》（黔府函〔2015〕59号）文件。撤销平寨镇、郎岱镇、堕却乡、新华乡、龙场乡、新窑乡、洒志彝族布依族苗族乡、陇脚布依族乡、折溪彝族乡、箐口彝族仡佬族布依族乡、毛口布依族苗族乡11乡（镇）建制。设置新九龙街道、银壶街道、塔山街道、郎岱镇、关寨镇、牂牁镇、新华镇、龙河镇、新窑镇、月亮河彝族布依族苗族乡。（原平寨镇区域划分为九龙街道、银壶街道、塔山街道）。

【2015年行政区划情况】 2015年4月六枝特区行政区划调整情况为：新调整后的六枝特区辖九龙街道、银壶街道、塔山街道，郎岱镇、岩脚镇、大用镇、木岗镇、新窑镇、关寨镇、洋河镇、新华镇、龙河镇、落别布依族彝族乡、中寨苗族彝族布依族乡，月亮河彝族布依族苗族乡、新场乡、牛场苗族彝族乡、梭戛苗族彝族回族乡。共为3个街道办事处、9个镇、6个乡共18个街道、乡（镇）。共下设17个社区、8个居委会，220个村，300个居民小组、2396个村民小组。

九龙街道：辖原平寨镇青龙社区、河湾社区、云盘社区、那平路社区、公园路社区、文化路社区、团结路社区。茶山村、五龙村、小寨村、波凹村、波乍村，办事处驻云盘社区。

银壶街道：辖原平寨镇平寨社区、铁路社区、补林社区、银壶社区、兴隆社区、地宗社区、杨丰村、东风村，办事处驻兴隆社区。

塔山街道：辖原平寨镇电厂社区、六枝社区、四方坡社区、那固坝社区、四角田社区、塔山社区、凉水井社区、高峰村、办事处驻塔山社区。

郎岱镇：原郎岱镇、洒志彝族布依族苗族乡组成。辖石糯尾村、安乐村、头塘村、花脚村、青菜塘村、后营村、群锋村、驿陇村、青龙村、坝子村、归宗村、上寨村、洒志、平桥、中寨、把利、渔塘、磨卜、田坝、簸箕田、跳花坡21个行政村和木城社区，248个村民小组，20个居民小组。镇人民政府驻后营村。

关寨镇：原堕却乡、箐口彝族仡佬族布依族乡组成。辖堕却、上寨、龙滩、毛稗田、兴发、团坡、王家寨、郎节坝、朗树根、左坝、牛坡、半坡、西克、荒田、箐口、坝子、下麻翁、杜勒、过瓦、居都20个村和堕却居委会，下设316个村民小组。镇人民政府驻堕却村。

牂牁镇：原毛口布依族苗族乡和中寨苗族彝族布依族乡的鲁戛村、扁朝村、兴隆村、西拉村组成。辖西陵村、牂牁村、半坡村、沈家村、木城村、大冲村、鲁戛村、扁朝村、兴隆村、西拉村10个行政村和毛口居委会。镇人民政府驻地西陵村。

新华镇：原新华乡。辖新平村、新田村、双屯村、鼠场村、成功村、兴隆村、田坝村、王家冲村、新寨村9个行政村，1个居委会，共10村（居）委会，下设86个村民小组。镇人民政府驻新华居委会。

龙河镇：原龙场乡。辖林场、红旗、龙场、迎新、水丰、双龙、迎风、陇木、新院、营盘、新场坝11个村和龙场居委会，共12个村（居）委会，下设177个村民小组。镇人民政府驻双龙村。

新窑镇：原新窑乡。辖新窑、洗马河、马路、桥良、波渡、播雨、那秀、上云盘、新河、那玉、鸭塘、联盟、联合13个行政村，147个村民组。镇人民政府驻新窑村。

岩脚镇：辖岩脚，龙泉、太和、羊场、二道岩、木贡、那洒、西北、新院、群峰、金星、水寨、阿岔、民兴、锦钟、联合、青杠林、雨海、岱翁、高桥、新寨、草原、田坎、民乐、老卜底25个行政村和廻龙溪社区居委会，下设223个村民小组，9个居民小组。

大用镇：辖大用、黑晒、骂冗、凉水井、耳贡、岱港、汩港7个村和大煤山社区，共8个村（居）委会，下设55个村民小组和10个居民小组。

木岗镇：辖抵簸、抵岗、斗篷、戛陇塘、瓦窑、木岗冲、木岗场、小黄桶、把仕、小木岗10个村和木岗社区，共11村（居）委会，下设111个村民小组，7个居民小组。

月亮河乡：原陇脚布依族乡、折溪彝族乡组成。辖新春、花德、补雨、月亮河、大坝、牧场、郭家寨、何家寨、中寨村、六堡村、木伐田村、折溪村、直溜村、把仕寨村、隆茂村、滥坝村、洛阳村17个村民委员会，花德河居委会，下设151个村民小组。乡人民政府驻花德河村。

落别乡：辖落别、底耳、牛角、木厂、长湾、可布、板照、茂林、长寨、纳骂、新寨、马头、川硐13个村1个居委会，共14个村（居）民委员会，下设95个村民小组和1个居民小组。

中寨乡：辖木则、补许、四方井、费戛、大补王、箐脚、小补王、大箐、中寨、移山、双夕、岩脚、红光、扯扭、平基、长寨、新场17个村民委员会和中寨居委会。

梭戛乡：辖平寨村、顺利村、高兴村、中寨村、安柱村、乐群村和沙子村共7个行政村、62个村民组。

新场乡：辖新场、落龙、白果、仓脚、戛纳、乌柳、老院子、两路口、黑塘、松坝、旧院、沙地、高峰、熊井、苦李井、新寨16个行政村和新场居委会，共17个村（居）委员会，下设168个村民小组和1个居民小组。

牛场乡：辖大箐、黔中、牛场、云盘、尖岩、兴隆、箐脚、黄平、平寨9个村民委员会。125个村民组。

◎ 经济概况

【生产总值】 2017年，六枝特区生产总值完成184.26亿元，同比增长12%；500万元以上固定资产投资完成238.9亿元，同比增长21.7%；规模以上工业增加值完成34亿元，同比增长12.2%；社会消费品零售总额完成45.78亿元，同比增长11.9%；一般公共预算收入完成13.01亿元，同比增长5.27%；城镇居民、农村居民人均可支配收入分别为25826元、8698元，同比分别增长10.1%、10.4%；金融机构存贷款余额分别为172.66亿元、

143.13 亿元，同比分别增长 22.75%、12.69%。

【三大产业发展】 2017 年，六枝特区三次产业结构比为 19 ：31.72 ：49.28。转型发展农业产业。调整传统低效的玉米种植模式，畜牧业增加值占农林牧渔业增加值比重达 25%，粮经比为 26 ：74。实施“龙头”带动战略，引进大北农集团建设生猪养殖基地，9 个省级现代高效农业产业园区实现总产值 85.91 亿元、销售收入 76.21 亿元、利润 27.74 亿元。荣获“国家级粮改饲示范县”、“全国千年古杨梅名县”、“全国樱桃名县”、“贵州省首批有机产品认证示范区”称号，“六枝魔芋”、“岱瓮杨梅”、“郎岱猕猴桃”、“九层山茶”获国家地理标志产品认定。循环发展工业产业。实施创新驱动战略，新增发明专利申请 35 件，科技型企业备案达 62 家，高新技术产业产值达 10 亿元；采取“一矿一策”，兼并重组煤矿 20 处，实现矿井采煤机械化智能化 4 处；新增规模以上工业企业 15 家；完成技改投资 11 亿元；推进煤层气勘探开发综合利用，完成钻井 34 口；建成新能源汽车充电设施 18 个。总发电量达 67.65 亿千瓦时，同比增长 239.2%。工业总产值达 178.23 亿元，同比增长 97.8%。民营经济增加值达 112.8 亿元，同比增长 15.7%。优化发展服务业。建成福地夜郎文化展示中心、云上牂牁、龙井温泉、318 浪哨缘房车营地等旅游项目。旅游收入 44.29 亿元，同比增长 59%。推进农村电商发展，建成 20 个村级电商综合服务站，实现网络零售额 3406 万元。第三产业增加值完成 90.8 亿元，同比增长 14.6%。

【卫生服务工作】 人口、人民生活、劳动就业和社会保障人口和计划生育工作取得新进展。2017 年，六枝特区共有户籍人口 755710 人，常住人口 611090 人，育龄妇女 140310 人，其中，已婚育龄妇女 92320 人，无孩 3440 人，一孩 22149 人，二孩 40358 人，多孩 26373 人。2017 年度六枝特区人口出生率为 10.62‰。2017 年全区共有医疗卫生机构 305 个，其中县级医院 2 个，公共卫生机构 5 个，乡（镇）卫生院 15 个，社区卫生服务中心 4 个，社区卫生服务站 17 个，村卫生室 213 个，门诊部 3 个，个体诊所 30 个，民营医疗机构 16 个。

【民生民计保障工作】 民生民计保障水平不断提高。投入 4.19 亿元完善医疗服务体系，实现智慧管理、智能服务、智能监督，新型农村合作医疗参合率达 99.56%。实施棚户区改造 9767 户，完成投资 5.63 亿元。“十件民生实事”基本完成，完成投资 21.38 亿元。夯实社会保障基础，城乡居民养老保险参保 19.49 万人，城镇职工养老保险及机关事业单位养老保险参保 3.72 万人，城镇职工医疗保险参保 2.61 万人，城镇居民医疗保险参保 7.82 万人。城镇新增就业 2.13 万人，农村劳动力转移就业 2.3 万人，职业技能培训 1.64 万人次，引导返乡农民工创业就业 1.2 万人，失业保险参保 1.66 万人，城镇登记失业率为 3.38%。扎实开展社会矛盾纠纷“大排查、大化解”，保持社会和谐稳定。认真落实“党政同责、一岗双责、齐抓共管、失职追责”安全生产责任制，安全形势总体平稳。

【脱贫攻坚】 2017 年，六枝特区坚持精准扶贫、精准脱贫基本方略，落实“六个精准”〔扶贫对象精准、措施到户精准、项目安排精准、资金使用精准、因村派人（第一书记）精准、脱贫成效精准〕，狠抓“五个一批”（发展生产脱贫一批；易地搬迁脱贫一批；生态补偿脱贫一批；发展教育脱贫一批；社会保障兜底一批），攻坚“四场硬仗”（一要打好基础设施建设硬仗；二要打好易地搬迁扶贫硬仗；三要打好产业扶贫硬仗；四要打好教育医疗住房“三保障”硬仗），减少贫困人口 25127 人，出列贫困村 29 个，贫困发生率降至 6%。农村基础设施进一步改善，完成“组组通”公路 473.6 千米，实现 83.7% 以上的村民组通硬化路；解决 2.12 万农村人口饮水安全问题；完成新一轮农村电网改造 413 千米；创建岩脚镇田家寨、落别乡水塘寨等 4 个示范型小康寨。提升产业扶贫效益，脱贫攻坚统筹资金 12.82 亿元，实施到村扶贫项目 285 个，覆盖贫困人口 5.45 万人；农超对接、农校对接购销 9436 万元；新增农民专业合作社 148 家，带动农户就业 4.67 万人；“三变”改革全覆盖，累计分红 1.18 亿元，其中贫困户分红 7363.52 万元。夯实易地扶贫搬迁，完成 2016 年度 1424 户 6034 人易地扶贫搬迁工程建设，其中贫困人口 893 户 3845 人，入住率 100%；稳步推进 2017 年度 1372 户 5989 人易地扶贫搬迁工程建设，其中贫困人口 1366 户 5965 人。增强民生保障能力。落实教育资助 24.35 万人次，1.16 亿元；建档立卡贫困人口就诊住院 1.02 万人次，报销4426.96万元，报销补偿比达96.89%；建成小康房438户，完成农村危房改造424户；发放民政医疗救助资金802.41万元，覆盖1.02万人，发放民政低保救助资金1.18亿元，覆盖3.15万人；完成农村贫困劳动力培训3415人；补贴贫困户种植、养殖业政策性保险241.28万元；发放精准扶贫“特惠贷”1.27万户，1.16亿元。

【生态文明建设】 2017年，六枝特区坚持生态文明建设，获“国家卫生县城”、“中国绿色生态模范县”、“中国生态魅力城市”、“创新中国·绿色发展优秀城市”称号。强化“源头严控”，构建县乡村三级“河长”体系，六枝57条河流实现“河长制”全覆盖。建成木岗、龙河、郎岱、岩脚污水处理厂和梭戛乡高兴村、落别乡水塘寨等生活污水处理系统，完成旧院水库保护区和13个乡镇千人以上集中式饮用水水源地保护区划分。建成关寨镇白岩冲、郎岱镇赖水井等11个千人以上集中式饮用水水源地环保设施。医疗废物处置中心投入运行，有效解决了医疗垃圾隐患。安装加油站油气回收装置17个。淘汰“黄标车”229辆。退耕还林15.22万亩，石漠化治理2.7万亩，森林面积达146.5万亩，森林覆盖率达54.5%。强化“过程严管”。加强水污染防治，城镇集中式饮用水源、千人以上集中式饮用水水源地水质达标率100%。地表水龙场国控断面达到II类水质标准，六枝河易黑断面、滴水潭断面等5个省控断面达到III类水质标准，城镇污水处理率达86.34%。强化大气污染防治，企业环保设施运行率达95%以上，固体废物综合利用率达86.78%，城区环境空气质量优良率96.7%，达到二级标准。开展生态乡村创建工作，申报2017年度省级生态示范乡镇2个，省级生态示范村6个。强化“恶果严惩”。开展环保执法“风暴”行动，建立完善环境污染责任追究体系，实行领导干部自然资源资产离任审计制度，严肃查处“未批先建”等环评违法行为，实现区域、流域及重点产业发展规划环评全覆盖。项目环评审批按时办结率100%，新建、改扩建项目环保设施“三同时”执行率100%。

特 辑

◇ 中共六枝特区委工作报告 ◇

决胜脱贫攻坚　同步全面小康确保如期实现“减贫摘帽”目标续写新时代百姓富、生态美画廊六枝新篇章

——2018 年 1 月 24 日在中国共产党六枝特区第十一次代表大会第二次会议上的报告

六枝特区党委书记　杨昌显

各位代表、同志们：

现在，我代表中国共产党六枝特区第十一届委员会向大会作报告，请予审议。

中国共产党六枝特区第十一次代表大会第二次会议，是在全区上下深入学习贯彻党的十九大精神和习近平总书记在贵州省代表团重要讲话精神，以饱满的激情、昂扬的斗志决胜脱贫攻坚、同步全面建成小康社会的关键时期召开的一次十分重要的会议。会议的主要任务是：高举习近平新时代中国特色社会主义思想伟大旗帜，认真学习贯彻党的十九大精神和习近平总书记在贵州省代表团重要讲话精神，总结特区第十一次党代会以来的工作，部署 2018 年任务，动员全区上下不忘初心、牢记使命，决胜脱贫攻坚、同步全面小康，确保如期实现“减贫摘帽”目标，续写新时代百姓富、生态美画廊六枝新篇章。

不忘初心，方得始终；牢记使命，方能砥砺前行。党的十九大报告指出，“中国共产党人的初心和使命，就是为中国人民谋幸福，为中华民族谋复兴。这个初心和使命是激励中国共产党人不断前进的根本动力”。当前，我区正处于决胜脱贫攻坚、同步全面小康的关键时期。特别是 2018 年，我们要坚决打赢脱贫攻坚战，退出国家级扶贫开发重点县，这是我区实现同步全面建成小康社会的重要前提和关键一步，也是本届党委的重要使命和全区73.52万人民对美好生活的殷切期盼。全区各级党组织和广大党员干部群众必须继续保持永不懈怠的精神状态和一往无前的奋斗姿态，在实现新时代六枝发展新跨越的历史进程中担当作为、奋勇前进。

一、统筹推进“五位一体”总体布局，各项事业取得新成绩

特区第十一次党代会以来，在省委、市委的坚强领导下，特区党委团结带领全区上下全面贯彻落实党的十八大和十八届中央历次全会精神，坚持以喜迎党的十九大和学习宣传贯彻党的十九大精神为主线，以习近平新时代中国特色社会主义思想为引领，统筹推进“五位一体”总体布局，协调推进“四个全面”战略布局，久久为功、持续用力，各项工作取得新的进展和成效。

一是经济建设稳中有进。坚定不移贯彻新发展理念，坚持稳中求进工作总基调，以供给侧结构性改革为主线，持续推进一产做特、二产做强、三产做优，经济发展质量和效益明显提高。全区地区生产总值预计完成183亿元，同比增长13%；城镇、农村居民人均可支配收入预计分别达26276元、8845元，同比分别增长11.4%、12.3%；一般公共财政预算收入完成13.01亿元，同比增长5.27%；金融机构人民币存、贷款余额分别为172.7亿元、143.1亿元，同比分别增长22.75%、12.69%；以县为单位同步小康实现程度预计达95.3%，顺利通过省级同步小康创建达标验收。全区综合实力不断提升，全区人民加快发展的信心更强、底气更足！

二是改革创新亮点纷呈。坚持用改革创新的办法解决前进中的困难和问题，紧跟中央、省委、市委改革步伐，第一时间抓好改革任务的落地落实，完成9个重点改革专题49项改革任务，出台改革措施和文件19项。供给侧结构性改革扎实推进，“三变”改革向纵深发展，农村综合改革深入开展，农村土地承包经营权抵押贷款试点工作有序推进。行政审批、投融资、国企、教育、卫生、司法、社会治理等体制改革多点突破，“医共体”改革在全省率先开展并得到省、市充分肯定和推广运用，全面深化改革呈现稳步推进、亮点纷呈的良好态势。全区发展活力和创新活力明显增强，开放创新的六枝已经成为一片充满生机的热土！

三是城乡统筹融合发展。坚持规划先行，中心城区总规修编通过省级评审。在全省率先实现城乡生活垃圾收运和处置一体化，中心城区、乡（镇）政府所在地卫生实现公司化运作、全天候保洁。城南大道一期工程投入使用，特区人民医院改扩建、中心客运站、安六城际铁路六枝南站、城南大道二期等建设项目有序推进。棚户区改造工作扎实推进，实施棚户区改造9767户，开工建设安置房2800套，实施城市危房改造700户。“四创”工作大力开展，获国家卫生县城、全省文明城市称号。特色小城镇建设有序推进，整区推进农村人居环境整治工作。以“康养胜地·运动境界”为主题的全市第四届旅游文化产业发展大会精彩出彩举办。全区城乡基础设施、公共服务、发展环境、旅游业态进一步改善，人民群众生产生活条件发生巨大变化，“城市让生活更美好，农村让城市更向往”正一步步成为现实！

四是民生福祉显著提升。深入贯彻以人民为中心的发展思想，一大批惠民举措落地落实。大力实施“529”脱贫攻坚战略，春季攻势、夏季比武、秋季攻势连战连捷，基础设施建设、产业扶贫、易地扶贫搬迁、教育医疗住房“三保障”四场硬仗全面打响，共减少贫困人口6069户25127人，贫困发生率降至6%，贫困群众生活持续改善。交通基础设施更加完善，水利建设取得新突破。全面实施新一轮就业政策，城镇新增就业21308人，城镇登记失业率控制在4.2%以内。教育卫生事业加快发展。城乡低保标准大幅提高，基本社会保险覆盖率达94.84%。食品安全责任体系更加健全，国家食品安全示范区创建全力推进。持续加强和创新社会治理，区乡村三级综治中心建设和网格化服务管理全面推进。安全监管不断强化，连续三年未发生较大及以上生产安全事故。全区人民在共建共享发展中的获得感显著增强，自信心更加满满！

五是民主法治加快发展。大力发展社会主义民主政治，圆满完成特区人大、政府、政协换届工作，人大、政协依法依章履行职责，服务和推进改革发展稳定卓有成效。深入推进法治六枝建设，人民法院、人民检察院依法独立公正行使审判权、检察权，“七五”普法工作全面推进。民主党派自身建设不断加强，港澳台侨工作顺利开展，民族宗教工作有序推进。牢牢把握群团组织改革正确方向，工会、共青团、妇联、科协、工商联、残联、文联、红十字会等群团工作稳步推进，关心下一代、老干部、双拥等工作亮点纷呈。全区上下同舟共济、和谐稳定、合力发展的生动活泼政治局面已经形成！

六是文化建设成效显著。社会主义核心价值观学习教育和理想信念教育扎实开展，“精神高地”持续构筑。多人入选“中国好人”、“贵州好人”、“贵州省脱贫攻坚群英谱”。牢牢把握意识形态工作主动权，舆论引导能力不断提升，网络空间日益清朗。文化惠民工程深入实施，夜郎文化、“三线”文化得到深度挖掘，六枝记忆“三线”建设产业园（一期）、走近夜郎主题馆等项目有序推进。文体事业和文化产业快速发展，《依》、《落绕》、《我的家乡落别》等优秀本土剧目在重大节目评比中脱颖而出。文化自信正成为全区人民创造美好幸福生活的强大精神动力！

七是生态文明建设步伐加快。坚持生态优先、绿色发展，深入推进绿色贵州建设三年行动计划，着力发展绿色经济、打造绿色家园、筑牢绿色屏障、完善绿色制度、培育绿色文化。荣获中国生态魅力城市、中国绿色生态模范县、创新中国·绿色发展优秀城市等称号，新增省级生态乡镇2个、省级示范村6个，全区森林覆盖率达54.5%。强化重点污染源治理，城乡生活垃圾无害化处理率、城镇污水处理率、城镇千人以上集中式饮用水水源地水质达标率、城市环境空气质量优良率持续提升。画廊六枝生态环境更加优化，种绿、爱绿、护绿、懂绿的意识更加深入人心！

八是管党治党从严从实。认真学习宣传贯彻党的十九大精神和习近平总书记在贵州省代表团重要讲话精神，深入推进“两学一做”学习教育常态化制度化，党内政治生活气象更新。坚持党建引领促脱贫，大力推进农村基层组织建设，基层基础进一步筑牢。大力加强干部人才队伍建设，特别是加大年轻干部、妇女干部、党外干部选拔培养力度。安排2000余万元开展干部大培训111期17872人次，干部能力素质进一步提升。全面推进“四位一体”从严管理干部试点工作，干部监督管理更加有力有效。紧盯“四风”新动向、新情况，抓重要节点、重要领域，驰而不息正风肃纪。全面启动十一届党委任期巡察全覆盖和特区监察委员会组建工作。坚持无禁区、全覆盖、零容忍，以铁的决心惩治腐败，共立案254件266人，给予党政纪处分267人，移送司法机关2人，反腐败斗争压倒性态势已经形成并巩固发展。全区上下风清气正、政通人和，干事创业的激情不断激发！

各位代表、同志们，轻轻松松不能取得成绩，安安逸逸不能促进发展。回顾刚刚过去的一年，我们战胜了很多看似不能逾越的困难，办成了许多不寻常的大事要事，成绩弥足珍贵，经验影响深远。我们深深地感受到，所取得的每一点成绩、每一项进步，都得益于中央、省委、市委的坚强领导，得益于上级各部门的关心支持，得益于全区上下的砥砺奋进，得益于社会各界的积极参与。在此，我谨代表中共六枝特区第十一届委员会，向全区各级党组织、广大党员、干部群众和离退休老同志，向各民主党派、无党派人士和各人民团体，向驻境军警、企业和所有关心、支持六枝发展的社会各界，表示衷心的感谢和崇高的敬意！

“问题是时代的声音”。在总结成绩的同时，我们一定要清醒地认识到，对照决胜脱贫攻坚、同步全面小康的目标，对照人民群众日益增长的美好生活需要，我们的工作还存在很多差距和不足。主要表现在：一是脱贫攻坚任务艰巨，距离“六个精准”、“三个落实”、“减贫摘帽”的目标还有较大差距；二是产业转型升级任务艰巨，经济“底盘”不够大，结构性矛盾突出，欠发达欠开发仍然是六枝当前最大的实际；三是补齐民生事业短板任务艰巨，群众对稳定就业、优质医疗、满意教育、安全住房、良好环境等方面的美好生活需求与发展不平衡不充分的矛盾还很突出；四是全面从严治党任务艰巨，有的基层党组织软弱涣散，少数干部不作为、慢作为、乱作为的问题不同程度存在，违规违纪行为和腐败现象时有发生，全面从严治党还需持久发力。对这些问题，我们绝不回避、绝不掩饰、绝不推诿，将采取更加有力的措施加以解决。

二、以习近平新时代中国特色社会主义思想为引领，决胜脱贫攻坚，续写新时代画廊六枝发展新篇章

奋进的时代呼唤伟大的理论，壮阔的事业需要

思想的引领。党的十九大作出中国特色社会主义进入新时代的重大政治论断，为我们的发展标定了新的历史方位。站在新的起点，面对全区人民对美好生活的殷切期盼和决胜脱贫攻坚、同步全面小康的历史使命，我们必须因势而谋、顺势而为、乘势而上，在新征程中续写新篇章，让脱贫攻坚的实绩更有“温度”、同步小康的答卷更有“厚度”，确保决胜脱贫攻坚之日，就是同步全面小康之时。

新征程要有新姿态，新姿态要有新精神。党的十八大以来，特别是近年来，在中央、省委、市委的坚强领导下，通过全区广大干部群众的苦干实干、奋力拼搏，六枝大地上发生了翻天覆地的变化。更为重要的是，全区干部群众在大发展、大建设的实践中，思想得到了洗礼，能力得到了提升，作风得到了锤炼，更深层次地凝聚和丰富了“创新开放、奉献担当”的新时代六枝精神。这是全区干部群众弘扬新时代贵州精神和创新争先“三变”精神的具体体现，是全区人民决胜脱贫攻坚、同步全面小康的强大精神动力，是全区上下共同拥有的精神支柱和宝贵财富。

创新，就是要攻坚克难、敢闯敢试、敢为人先、敢闯新路。力推创新，才能走出新路。“打破”才能得生机，创新就会有前途。面对新时代，要有新作为，我们必须破除封闭保守的思想，树立创新争先的意识，敢于“吃螃蟹”、敢啃“硬骨头”、敢涉“深水区”，只要符合中央省市精神、符合六枝实际、符合群众意愿，就大胆地试、放手地干、坚决地改，做别人不愿做的事，做别人不敢做的事，做别人做不成的事，勇于弯道取直走新路、善于创新发展谋跨越。

开放，就是要海纳百川、包容开明、兼收并蓄、互利共赢。一个国家、一个民族、一个城市的发展，都离不开开放。谁开放得早、开放得快，谁就发展得好。面对中国开放之门越开越大的新形势，我们必须破除封闭保守的思想，以开阔的胸襟，主动开放、双向开放、公平开放、全面开放、共赢开放，以开放促改革、以开放促转型，在开放中培育新产业、打造新平台、拓展新空间、营造新环境、强化新合作、汇聚新动能，推动发展质量变革、效率变革、动力变革。

奉献，就是要顾全大局、不计得失、不辞辛劳、无私奉献。奉献是强区兴区的力量源泉和对新时代的最好回应。面对人民日益增长的美好生活需要和不平衡不充分的发展之间的矛盾，我们必须牢记全心全意为人民服务的根本宗旨，坚持集体利益在前、个人得失在后，坚持吃苦在前、享受在后，坚持服务在前、回报在后，尽心尽力、用心用情、苦干实干，按时保质保量完成各项任务，让时代的车轮在奉献中前进，事业的蓝图在奉献中实现，六枝的未来在奉献中腾飞。

担当，就是要忠诚履责、尽心尽责、勇于担责、敢于负责。当前，我区脱贫攻坚、同步小康等任务十分繁重。在这样的关键时期，担当，是检验我区党员领导干部政治品格和党性觉悟的“试金石”，是衡量党员领导干部胸怀、勇气的“刻度尺”。我们每一个党员领导干部都必须拿出“能挑千斤重，不挑九百九”的精神和“舍我其谁、用我必胜”的魄力，对工作任劳任怨、尽心竭力、善始善终、善作善成，以干部的担当程度加快六枝的发展速度和提升人民群众的满意度。同时，每一名领导干部都必须敢于为担当者担当、为负责者负责，让干事创业的干部更有底气、更有勇气，决不能让勇于担当者吃亏，决不能让踏实干事的同志流血流汗又流泪。

新时代六枝精神，比物质更宝贵、更强大、更持久，我们必须将其与新时代贵州精神和“三变”精神结合起来，一起培育和弘扬，使之成为“传家宝”。站在决胜脱贫攻坚、同步全面小康的历史关头，只要我们坚持发扬这样的精神，就没有做不成的事。全区各级党组织和广大党员干部群众要自觉将新时代六枝精神内化为攻坚克难的品格要素和动力源泉，外化为决胜脱贫攻坚、同步全面小康的措施行动，面对机遇有闯劲、面对任务有干劲、面对差距有拼劲，用新精神引领新未来、成就新业绩、创造新辉煌，一鼓作气，彻底撕掉“国家级扶贫开发重点县”的标签！

2018年，是全面贯彻党的十九大精神和习近平总书记在贵州省代表团重要讲话精神的开局之年，是我区脱贫攻坚“减贫摘帽”的决胜之年，也是改革开放40周年和实施“十三五”规划承上启下的关键一年。做好今年的工作，意义重大、使命光荣、影响深远。今年工作的总体要求是，全面贯彻党的十九大精神、习近平总书记在贵州省代表团重要讲话精神以及中央、省委、市委重大决策部署，以习近平新时代中国特色社会主义思想为引领，坚持新发展理念，坚持稳中求进工作总基调，以脱贫攻坚统揽经济社会发展全局，统筹推进“五位一体”总体布局和协调推进“四个全面”战略布局，坚决打赢脱贫攻坚战并在防范化解重大风险、污染防治上取得扎实进展，守好发展、生态、安全“三条底线”，实施大扶贫、大数据、大生态“三大行动”，统筹推进稳增长、促改革、调结构、惠民生、防风险各项工作，决胜脱贫攻坚、同步全面小康，确保如期实现“减贫摘帽”目标，续写新时代百姓富、生态美画廊六枝新篇章。

今年工作的主要预期目标是：地区生产总值同比增长 12% 左右，规模以上工业增加值同比增长 10.5% 左右，一般公共财政预算收入同比增长 5% 以上，500 万元以上固定资产投资同比增长 20% 左右，社会消费品零售总额同比增长 12% 以上，金融机构存、贷款余额同比分别增长 22%、20% 左右，城镇、农村居民人均可支配收入同比分别增长 9%、10% 以上，农村居民人均可支配收入向万元大关迈进，城镇登记失业率控制在 4.2% 以内；减少农村贫困人口 2.5 万人以上，贫困发生率降至 2% 以内，按照国家确定标准整区“减贫摘帽”。

围绕以上要求和目标，我们必须着力抓好六个方面的工作。

（一）坚决打赢脱贫攻坚战，如期实现整区“减贫摘帽”

脱贫攻坚已经进入倒计时，成败在此一举。我们必须发扬工匠精神，做足绣花功夫，坚决打赢这场输不起的攻坚战。

聚焦精准方略。脱贫攻坚贵在精准、重在精准、成败在于精准。必须对标对表“六个精准”，强化党建引领，做到真脱贫、脱真贫。在扶贫对象上精准。全面掌握农村贫困人口实时状况，全面锁定 2018 年拟脱贫对象，强化动态管理，确保该进的一个不能少、不该退的一个不能退。在项目安排上精准。特别是针对贫困户无有效产业覆盖、产业发展水平低、基础设施不完善、社会事业滞后等问题精准安排项目，确保贫困对象产业全覆盖。在资金使用上精准。坚持规范管理、精打细算、用好用活，确保一分一厘都用到“刀刃”上。在措施到户上精准。对贫困村、贫困户实行差别化扶持、精准化帮扶，对症下药、精准滴灌，把扶贫措施精准落实到每一村、每一户、每一人，做到乡不漏村、村不漏组、组不漏户、户不漏人。在因村派人上精准。进一步调整充实配强驻村工作力量，做到每个村都有强有力的工作队伍，每个贫困户都有责任心强的帮扶人。在脱贫成效上精准。围绕脱贫要求提升工作实效，始终把各项基础工作做细做深做实，确保逐户销号、脱贫到人。扎实做好扶贫领域突出问题专项治理工作，绝不搞“数字脱贫”、“虚假脱贫”。

打好“四场硬仗”。“四场硬仗”是我区“减贫摘帽”攻坚战的重中之重，必须全力攻下，确保成效。打好基础设施建设硬仗。按照“四好农村路”要求，大力推进“组组通”公路建设，实现 30 户以上所有村民组通硬化路。强化饮水安全巩固提升工程建设，全面解决全区农村人口饮水安全问题。继续推进头塘、河头上等 8 座水库建设，实现懒龙河等 5 座水库下闸蓄水，深入推进小长冲等 5 座水库前期工作，力争开工建设母猪田、竹林脚水库。加快新一轮农村电网改造和多彩贵州广电云“户户用”工程建设，大力开展“无限网络·满格贵州 2020 信息网络全覆盖”活动，确保农村用电安全更稳定、通讯网络信号更好。打好易地扶贫搬迁硬仗。加快易地扶贫搬迁工程进度，2017 年、2018 年项目分别于今年 6 月底前、12 月底前实现搬迁入住。同步落实“五个三”配套机制，加快推进旧房拆除复垦复绿、产业发展等重点工作，健全完善教育、医疗、社区服务中心等公共配套服务，确保群众搬得出、稳得住、有就业、能致富。打好产业扶贫硬仗。把产业扶贫与农业结构调整结合起来，引导农民用旱地基本农田种植高效益经济作物，持续加大退耕还林还草力度。坚持因地制宜、因村施策和强龙头、创品牌、带农户，集中力量实施农业产业扶贫项目，创新产销对接机制和利益联结机制，带动群众脱贫致富。大力发展乡村旅游、电商扶贫等带动性强的产业，实现户户有增收项目、人人有脱贫门路。打好教育医疗住房“三保障”硬仗。全面落实教育扶贫政策。加快推进农村贫困劳动力全员培训和上岗就业。认真落实“四重医疗保障”。加快推进农村危房改造，大力实施改厨、改厕、改圈和房屋靓化、庭院硬化、环境美化“六个攻坚”，开展“三新一清洁”、“文明新风进万家”活动，全面改善贫困地区群众生产生活条件。

凝聚决胜力量。打赢脱贫攻坚战，必须举全区之力，集全区之智。强化组织保障。加强对脱贫攻坚工作的组织领导和督促指导，扎实开展干部“轮战”和定点结对攻坚工作，进一步压紧压实乡镇、社区、村支两委和驻村工作队责任，确保不脱贫不脱钩并严格兑现奖惩。强化协同推进。积极构建专项扶贫、行业扶贫、社会扶贫“三位一体”大扶贫格局。深化与大连市甘井子区的对口帮扶工作，在产业、旅游、教育、医疗、人才、劳务等方面加强合作。强化社会参与。鼓励、引导企业参与“百企帮百村”行动，广泛动员社会各界参与脱贫攻坚工作。激发内生动力。注重扶贫与扶志、扶智相结合，积极引导贫困群众自力更生、艰苦奋斗，靠辛勤劳动改变贫困面貌、过上幸福生活。全区上下要以破釜沉舟的信心和决心，以“贫困不除、愧对历史，群众不富、寝食难安，小康不达、誓不罢休”的历史使命感和责任感，众志成城、决战决胜，确保坚决打赢脱贫攻坚这场硬仗！

（二）主动顺应发展新常态，不断提高发展的质量和效益

认真贯彻落实习近平总书记新时代中国特色社会主义经济思想，以供给侧结构性改革为主线，以“五区战略”为抓手，全面推动经济发展质量变革、效率变革、动力变革。

深入实施农业稳区战略。农业是经济发展的基石。围绕农业更强、农村更美、农民更富，大力发展现代高效农业，让农业成为有奔头的产业、农民成为体面的职业、农村成为安居乐业的美丽家园。做特产业。坚持“短平快”为主、中长期结合，按照“五全六化”要求，大力发展以茶叶、蔬菜（含食用菌）、精品水果等为主的主导产业和以中药材、家禽、肉牛、生猪、特色水产等为主的优势产业。加快推进万亩玫瑰科技园、百万头生猪养殖、20万头肉牛养殖等项目建设。做强企业。加大农业龙头企业引进、培育和服务力度，鼓励农业园区、平台公司、龙头企业通过企业并购、股份经营等方式，进一步做大规模，大力发展农产品精深加工，增强带动能力，实现“接二连三”。做大品牌。加快无公害农产品、绿色食品、有机农产品和国家地理标志产品认证步伐，加大现有农业品牌宣传营销力度和新型农产品开发力度，使六枝有更多拿得出手的特色农业产品，有更多叫得响亮的特色农业品牌。

深入实施工业强区战略。工业是经济发展的重要支柱。以“双百工程”为抓手，持续推进“三去一降一补”，做强实体经济。改造传统产业。按照“立足煤、做足煤、不唯煤”的总体思路，加快推进煤矿企业复工复产和改造提升，大力推进“六化”矿井建设，实现年产原煤190万吨以上。加快实施煤矿瓦斯发电项目，扎实做好电煤保障工作，完善煤电联营长效机制，实现煤炭资源就地转化率达80.35%以上。培育新兴产业。围绕“五大新兴”产业和绿色经济“四型”产业，积极推进煤层气勘探开发综合利用、大健康医药、新型环保建材等产业发展，力争将木岗园区建成高新技术产业园区、岩脚园区进入发展型园区行列。推进大数据与实体经济深度融合发展，力争在工业智能化控制、智慧农业、智慧旅游、智慧城市等方面取得突破。发展民营经济。放宽政策、放开市场、放活主体，加大“双创”和招商引资力度，大力培育一批大型民营企业、扶持一批小微企业。进一步构建亲清新型政商关系，营造企业家健康成长环境，更好地弘扬优秀企业家精神，发挥企业家作用，鼓励更多社会主体投身创新创业，推动经济社会持续健康发展。

深入实施旅游活区战略。旅游业是富民产业、朝阳产业。抢抓国家全域旅游示范县创建机遇，在建、管、运上做足文章，持续提升“康养胜地·运动境界”品牌影响力。强化硬件跟进。进一步完善现有景区景点基础设施配套工程，加快创建A级景区。加大阿志河生态旅游扶贫度假区、郎岱山地旅游扶贫度假区、阿珠湖库区等新景区景点开发建设力度，让旅游资源“活”起来。提升软件水平。围绕“吃、住、行、游、购、娱”六大旅游要素，鼓励建设一批旅游商品购物点、旅游客栈、主题酒店等，强化旅游服务培训，提高旅游服务质量和游客满意度。加大旅游精准营销，重点拓展重庆、成都、长沙、武汉、广州等火炉城市旅游营销渠道。丰富旅游业态。谋划打造一批农业旅游、体育旅游、文化旅游、康体旅游新业态。推动旅游业与现代服务业融合发展，促进生产性服务业向专业化转变、生活性服务业向精细化发展。

深入实施城镇靓区战略。城市是一个地方发展的重要名片。按照市委关于“六枝特区要在产城一体上率先突破”的定位，坚持改革推动、协调联动，不断提升城乡发展质量。推动城乡发展更加充分。按照“东拓、西延、南扩、北改”的思路拓展城市空间，谋划启动落别、大用、新窑和中心城区“四地同城”发展。加快推进特色小城镇建设。深入实施“乡村振兴战略”、“凉都家园行动”，扎实推进乡村产业兴旺、生态宜居、乡风文明、治理有效、生活富裕。推动城乡发展更加均衡。推进城乡水、电、路、气、信“五网”配套建设，全力做好安六城际铁路、纳晴高速公路、普盘高速公路六枝段建设服务工作，完成地宗矿对外连接道路二期、矿业南路延伸段、大用至木岗公路建设，加快推进六枝至黄果树公路建设，启动木岗接黄幺物流园大道、六枝至关岭公路建设，构建互联互通、四通八达的城乡交通网络。推动城乡发展更加协调。着力破解我区南强北弱、东强西弱、城强村弱的现实问题，将资金、政策和资源要素向发展滞后地区、贫困地区和边缘地区适度倾斜，着力补齐基础设施、公共服务等发展短板。引导、鼓励企业和社会资本参与城乡开发建设，大力发展城乡产业，促进区域协调、产城一体发展。

深入实施生态兴区战略。牢固树立“绿水青山就是金山银山”的发展理念，坚持生态优先，推进绿色发展。大力发展绿色经济。坚持生态产业化、产业生态化，把“绿色+”融入经济社会发展，着力为农业种下“绿色希望”、为工业贴上“绿色标签”、为城市书写“绿色未来”，让六枝山川大地绿起来、生态环境美起来、人民群众富起来。坚决治理环境污染。深入推进中央环保督察问题整改，以铁的担当治水、治气、治土、治渣，切实解决群众反映强烈的环境问题，确保全区工业固体废弃物综合利用率达75%以上、城镇千人以上集中式饮用水源地水质达标率达100%、城市环境空气质量优良率达98%。筑牢绿色生态屏障。全面推进退耕还林还草、石漠化综合治理、天保工程和矿山地质环境恢复治理等生态工程，大力实施生态保护和修复工程，加强森林资源管护，森林覆盖率提高2.5个百分点以上。加强生态文明教育，倡导绿色生产方式、生活方式和消费模式，让尊重自然、顺应自然、保护自然、共享自然成为全民行动自觉！

（三）坚持以人民为中心，着力构建共建共享新格局

坚持以民为本，全力提高群众的获得感和幸福感。坚持优先发展教育。加大教育投入，优化教育资源配置，改善城乡办学条件，加强师资队伍建设，强化保学控辍，努力将学前教育做广、义务教育做实、普通高中教育做强、职业教育做特，将特殊教育、继续教育和民族教育做好，推进特区第七中学省级示范性普通高中创建和实验幼儿园省级示范性幼儿园复评工作。加强健康六枝建设。加快推进市二医、人民医院、妇幼保健院、疾控中心改扩建项目，实现中医院建成投用。加强民营医疗机构管理指导。实施基层医疗卫生服务能力提升行动计划，推进“医共体”全覆盖，落实区、乡、村家庭医生“签约服务”，实现“小病不出村、常见病不出乡、首诊在基层”目标。坚持“四重医疗保障”制度，确保群众看得起病、看得好病。深入开展爱国卫生运动，推进卫生乡镇、村创建工作，巩固国家卫生县城创建成果。健全社会保障体系。加大就业创业扶持力度，健全社会救助体系，织密织牢社会保障网。大力推进棚户区改造和保障性住房项目建设，让群众住有所居、居有所安。加强城乡困难群体生活保障，扎实开展农村留守儿童困境儿童、留守妇女、空巢老人关爱服务，让“朝阳”更美、“夕阳”更红、社会更温馨。

（四）着力深化改革扩大开放，全面增强发展新动能

坚定不移深化改革、扩大开放，培育体制机制新优势，拓展开放发展新空间，为发展注入勃勃生机。深化拓展“三变”改革。坚持以农民为主体、产业为平台、股权为纽带、企业为龙头、小康为目标，聚焦贫困群众、优势产业、资金整合、经营主体和风险防控，深入推进“三变”与“三权分置”、“三社”和“三产”融合发展。深化重点领域改革。积极承接落实好中央和省委、市委各项重点改革任务，持续深化国有企业、行政审批、综合执法、资源配置、财税金融体制机制等各项改革，系统推进民主法治、依法行政、司法体制改革，统筹推进产业转型发展、城乡要素配置和生态文明建设等重点领域改革，让改革成果惠及更多群众。深入推动扩大开放。加强与周边市县、对口帮扶城市和定点帮扶单位的合作，建立更为畅通的交流合作渠道，创新完善开放体制机制，努力将六枝打造成六盘水连接黔中经济区的桥头堡和毕水兴经济区的重要节点城市，让六枝开放之门开得更大、开放之路走得更远！

（五）深入推进民主法治建设，巩固和谐稳定新局面

坚持党的领导、人民当家做主、依法治国有机统一，发展更加广泛、更加充分、更加健全的人民民主。坚持人民代表大会制度，支持和保证特区人大及其常委会依法行使职权，更好发挥根本政治制度保障人民当家做主的优势和作用。支持特区政协围绕改革发展重点问题和涉及群众切身利益的实际问题开展政治协商、民主监督、参政议政，充分发挥人民政协协商民主重要渠道和专门机构作用。加强对新时代统一战线工作的研究和谋划，密切同各民主党派、无党派人士和非公有制经济人士合作共事。加强党管武装工作，支持国防和军队建设，深化双拥共建。推动群团组织持续服务经济社会发展大局，增强群团工作的政治性、先进性、群众性。着力破解宗教工作中的重点难点问题，深入细致做好港澳台和外事、侨务工作，努力画出最大同心圆。全面推进依法治区，加强社会治安防控体系建设，打造共建共治共享的社会治理格局，持续提升人民群众安全感和满意度。完善依法维权和矛盾纠纷多元化排查化解机制，有效化解社会矛盾。严守安全底线，提升防灾减灾能力，坚决防范和遏制重特大安全事故发生。

（六）牢牢掌控意识形态领域，全面夯实团结奋斗思想基础

坚持党管意识形态不动摇，牢牢掌握意识形态工作主动权和话语权，切实维护意识形态领域安全。积极培育和践行社会主义核心价值观，持续掀起学习宣传贯彻党的十九大精神和习近平总书记在贵州省代表团重要讲话精神的热潮，大力推进习近平新时代中国特色社会主义思想深入人心。坚持团结稳定鼓劲、正面宣传为主，创新宣传方法手段，巩固壮大主流思想舆论。健全社会舆情引导机制，坚决封堵有害舆论和错误思想传播渗透渠道。深化文化体制改革，大力发展壮大文化产业，进一步健全区、乡、村三级公共文化服务体系，增加优质文化产品和服务供给，让群众有更多文化获得感。加强精神文明建设和对外传播能力建设，讲好六枝新故事，传播六枝好声音，用先进文化引领时代风尚，用精品力作讴歌劳动人民，用人文精神激发奋斗热情。

三、坚定不移全面从严治党，确保各项事业始终沿着正确方向前进

干好六枝的事，完成“减贫摘帽”历史性任务，关键在党。我们要全面把握习近平总书记“三个一以贯之”、“三个决不能”、“四个不容易”的重要论述，毫不动摇坚持和完善党的领导，毫不动摇把党建设得更加有力，以永远在路上的执着把全面从严治党引向深入，确保各项事业始终沿着正确方向前进。

（一）强化政治思想建设。政治建设是党的根本性建设，思想建设是党的基础性建设。牢固树立“四个意识”，坚定“四个自信”，时时处处坚决维护以习近平同志为核心的党中央权威和集中统一领导。坚定执行党的政治路线，严格遵守政治纪律和政治规矩，始终做政治上的明白人，确保各项工作保持正确政治方向。坚持以习近平新时代中国特色社会主义思想武装头脑，充分发挥新时代“市民讲习所”、“农民讲习所”作用，认真开展“不忘初心、牢记使命”主题教育，推动广大党员干部信念过硬、政治过硬、责任过硬、能力过硬、作风过硬，知行合一、言行一致，更加自觉地为实现新时代党的历史使命不懈奋斗。

（二）严肃党内政治生活。开展严肃认真的党内政治生活，是我们党的优良传统和政治优势。始终尊崇党章，严格执行《关于新形势下党内政治生活的若干准则》，多用常用批评和自我批评锐利武器，自觉抵制商品交换原则对党内生活的侵蚀，以开展党内政治生活突出问题集中专项整治为抓手，不断增强党内政治生活的政治性、时代性、原则性、战斗性。完善和落实民主集中制，坚持民主基础上的集中和集中指导下的民主相结合，做到科学决策、民主决策、依法决策。加强党内政治文化建设，弘扬忠诚老实、公道正派、实事求是、清正廉洁的价值观，培厚良好政治生态土壤，坚决反对搞两面派、做“两面人”。

（三）激发干部队伍活力。坚持党管干部原则，把好干部标准落到实处。加大干部教育培训和实践锻炼力度，注重培养干部的专业能力和专业精神，

不断增强学习本领、政治领导本领、改革创新本领、科学发展本领、依法执政本领、群众工作本领、狠抓落实本领和驾驭风险本领。坚持严惩和厚爱结合，激励和约束并重，完善“四位一体”从严管理干部机制，把选、用、管、带、育统筹起来，完善干部考核评价机制，认真落实容错纠错机制，切实做到赏罚分明。认真做好新形势下老干部工作，传承好党的光荣传统和优良作风。创新人才工作体制机制，用好现有人才，引进优秀人才，培育未来人才。完善引才用才机制，不求所有，但求所用，不求所在，但求所为。

（四）夯实基层组织基础。基础不牢，地动山摇。以提升组织力为重点，突出政治功能，统筹推进全域党建工作，扩大基层党组织覆盖面。扎实推进基层党组织建设，注重把农村致富能手、外出务工返乡创业人员培养成党员，把优秀农村党员纳入“村支两委”后备干部培养，确保农村基层党组织后继有人。加强党员队伍建设，稳妥有序开展不合格党员组织处置工作。深入实施党建引领促脱贫行动计划，推进“党建+”模式，切实增强基层党组织的创造力、凝聚力、战斗力。持续加大村（社区）活动场所建设力度，不断提升基层党组织服务保障能力。积极推行村干部专职化管理，关心关爱离任村干部，妥善解决老党员、贫困党员、困难党员的实际问题。

（五）持之以恒正风肃纪。锲而不舍贯彻执行中央八项规定实施细则精神，继续在常和长、严和实、深和细上下功夫，推动优良作风成风成俗。密切关注享乐主义、奢靡之风新动向新表现，聚焦人民群众反映强烈的突出问题，持续深入开展“四风”专项整治，坚决防止回潮复燃。坚持群众路线，在反对形式主义、官僚主义上下更大功夫，对行动少、落实差的严肃问责。大兴比学赶超之风、调查研究之风、真抓实干之风、勤俭节约之风，推动各项决策部署和目标任务落地落实。

（六）巩固反腐败斗争压倒性态势。坚持无禁区、全覆盖、零容忍，坚持重遏制、强高压、长震慑，坚持受贿行贿一起查，着力解决选人用人、审批监管、资源开发、金融信贷等重点领域和关键环节的腐败问题，坚决减存量、重点遏增量。坚持抓“关键少数”和管“绝大多数”相统一，推动全面从严治党向基层延伸，坚决整治群众身边的腐败问题，特别是对扶贫和民生领域不作为、慢作为、乱作为的，坚决从严从重从快查处，绝不姑息手软，强化不敢腐的震慑。坚持思想建党和制度建党相统一，把制度建设贯穿全面从严治党全过程，深入推进反腐败斗争，扎实抓好巡察工作，稳步推进监察体制改革，扎牢不能腐的笼子。深化运用监督执纪“四种形态”，强化理想信念教育，增强不想腐的自觉。

各位代表、同志们，历史的画卷，总是在砥砺前行中铺展；时代的华章，总是在新的奋斗里书写。让我们紧密团结在以习近平同志为核心的党中央周围，以习近平新时代中国特色社会主义思想为引领，牢记嘱托，感恩奋进，认真落实中央和省委、市委各项决策部署，大力弘扬“创新开放、奉献担当”的新时代六枝精神，团结拼搏，苦干实干，确保如期实现脱贫攻坚“减贫摘帽”目标，向市委、市政府和全区各族人民交上一份合格而满意的答卷，续写新时代百姓富、生态美的画廊六枝新篇章！

政府工作报告

——2018 年 2 月 9 日在特区第十二届人民代表大会第二次会议上

六枝特区人民政府区长　方裕谦

各位代表：

现在，我代表特区人民政府向大会作工作报告，请予审议，并请各位政协委员和其他列席会议的同志提出意见。

2017 年工作回顾

2017 年，是特区十二届人民政府的开局之年，也是我区决战三年、摆脱贫困的关键之年。这一年，我们喜迎党的十九大胜利召开，迈进了中国特色社会主义新时代；这一年，我们全力决战脱贫攻坚、决胜同步小康，人民群众获得感、幸福感、满意度显著提升。

一年来，我们牢记嘱托、感恩奋进，在特区党委的坚强领导下，在特区人大、政协的监督和支持下，坚持以习近平新时代中国特色社会主义思想为指导，认真贯彻落实中央及省、市决策部署，坚持稳中求进工作总基调，统筹推进“五位一体”总体布局，协调推进“四个全面”战略布局，落实新发展理念，坚守“三条底线”，实施“三大战略”，主动适应新常态、积极应对新挑战、有效化解新矛盾，坚定不移转方式稳增长、创机制促改革、抓产业调结构、战脱贫惠民生、严监管防风险，圆满完成了特区十二届人大一次会议确定的目标任务，经济社会发展呈现出稳中有进、转型加快、质量提升、活力增强、民生改善的良好态势。全区生产总值完成 184.26 亿元，同比增长 12%；500 万元以上固定资产投资完成 238.9 亿元，同比增长 21.7%；规模以上工业增加值完成 34 亿元，同比增长 12.2%；社会消费品零售总额完成 45.78 亿元，同比增长 11.9%；一般公共预算收入完成 13.01 亿元，同比增长 5.27%；城镇居民、农村居民人均可支配收入分别为 25826 元、8698 元，同比分别增长 10.1%、10.4%；金融机构存贷款余额分别为 172.66 亿元、143.13 亿元，同比分别增长 22.75%、12.69%。

一年来，全区上下凝心聚力、抢抓机遇、攻坚克难、奋力赶超，重点抓了以下工作。

（一）全力决战脱贫攻坚取得新突破。坚持精准扶贫、精准脱贫基本方略，落实“六个精准”，狠抓“五个一批”，攻坚“四场硬仗”，减少贫困人口 25127 人，出列贫困村 29 个，贫困发生率降至 6%。农村基础设施进一步改善。完成“组组通”公路 473.6 千米，实现 83.7% 以上的村民组通硬化路；解决 2.12 万农村人口饮水安全问题；完成新一轮农村电网改造 413 千米；创建岩脚镇田家寨、落别乡水塘寨等 4 个示范型小康寨。产业扶贫效益进一步提升。统筹资金 12.82 亿元用于脱贫攻坚，实施到村扶贫项目 285 个，覆盖贫困人口 5.45 万人；农超对接、农校对接购销 9436 万元；新增农民专业合作社 148 家，带动农户就业 4.67 万人；“三变”改革全覆盖，累计分红 1.18 亿元，其中贫困户分红 7363.52 万元。易地扶贫搬迁进一步夯实。完成 2016 年度 1424 户 6034 人易地扶贫搬迁工程建设，其中贫困人口 893 户 3845 人，入住率 100%；稳步推进 2017 年度 1372 户 5989 人易地扶贫搬迁工程建设，其中贫困人口 1366 户 5965 人。民生保障能力进一步增强。落实教育资助24.35万人次1.16亿元；建档立卡贫困人口就诊住院1.02万人次，报销4426.96万元，报销补偿比达96.89%；建成小康房438户，完成农村危房改造424户；发放民政医疗救助资金802.41万元，覆盖1.02万人，发放民政低保救助资金1.18亿元，覆盖3.15万人；完成农村贫困劳动力培训3415人；补贴贫困户种植、养殖业政策性保险241.28万元；发放精准扶贫“特惠贷”1.27万户1.16亿元。决战脱贫攻坚取得阶段性胜利，撕掉贫困的标签指日可待！

（二）全力优化结构调整取得新突破。优化存量资源配置，促进传统产业优化升级，推动经济社会发展新跨越。三次产业比由2016年的19.81∶33.65∶46.54调整到2017年的19∶31.72∶49.28。农业产业转型发展。调整传统低效的玉米种植模式，畜牧业增加值占农林牧渔业增加值比重达25%，粮经比为26∶74。实施“龙头”带动战略，成功引进大北农集团建设生猪养殖基地，9个省级现代高效农业产业园区实现总产值85.91亿元、销售收入76.21亿元、利润27.74亿元。荣获“国家级粮改饲示范县”、“全国千年古杨梅名县”、“全国樱桃名县”、“贵州省首批有机产品认证示范区”称号，“六枝魔芋”、“岱瓮杨梅”、“郎岱猕猴桃”、“九层山茶”获国家地理标志产品认定。工业产业循环发展。实施创新驱动战略，新增发明专利申请35件，科技型企业备案达62家，高新技术产业产值达10亿元；采取“一矿一策”，兼并重组煤矿20处，实现矿井采煤机械化智能化4处；新增规模以上工业企业15家；完成技改投资11亿元；推进煤层气勘探开发综合利用，完成钻井34口；建成新能源汽车充电设施18个。总发电量达67.65亿千瓦时，同比增长239.2%。工业总产值达178.23亿元，同比增长97.8%。民营经济增加值达112.8亿元，同比增长15.7%。服务业优化发展。建成福地夜郎文化展示中心、云上牂牁、龙井温泉、318浪哨缘房车营地等旅游项目。举全区之力承办六盘水市第四届旅游文化产业发展大会，亮点纷呈、精彩出彩，唱响了六枝旅游“好声音”；成功举办全国皮划艇静水冠军赛、第七届中国摩托艇联赛，打造了“康养胜地·运动境界”，六枝首部少数民族风情电影《落绕》登陆各大院线，为我区旅游发展、文化传承贴上了靓丽标签；荣获了“中国最美休闲度假旅游胜地”、“中国十佳生态旅游城市”、“全国十佳文化生态景区”称号。大力发展乡村旅游，落别乡牛角村荣获“贵州省甲级乡村旅游村寨”称号，与梭戛乡高兴村同入列“中国少数民族特色村寨”。实现旅游收入44.29亿元，同比增长59%。推进农村电商发展，建成20个村级电商综合服务站，实现网络零售额3406万元。第三产业增加值完成90.8亿元，同比增长14.6%。产业结构“转”的步伐进一步加快，“好”的态势进一步扩大，“新”的动能进一步聚集，由“兴”转“强”的格局持续向纵深发展。

（三）全力统筹城乡协调发展取得新突破。加快推进城乡基础设施建设，着力改善城乡发展环境，促进新发展。坚持强基础补短板，城镇面貌日新月异。大力建设交通设施，投资17.52亿元建成大用至凉水井、郎岱至毛口、新华至老卜底等公路57.6千米，通达水平进一步提升。大力建设市政设施，实施地宗矿对外连接道路二期、人民路延伸段对外连接道路等路网工程；完成新兴农贸市场搬迁，新建停车场3个。推进牂牁、郎岱、岩脚、木岗、落别小城镇产城一体发展，辐射带动大用、龙河、新窑等小城镇错位发展，着力打造具有区域特色的小城镇升级版，城镇化率达42.05%。郎岱、岩脚、木岗、牂牁、新窑、落别分别荣获国家卫生乡镇、全省文明乡镇称号。坚持建机制强管理，美丽乡村生态宜居。采取下放、授权、委托、服务前移等方式，完善城乡基础设施建管养体制机制，农村基础设施管养法治化、精细化、便民化水平进一步提升。以农村生活垃圾治理、村庄绿化提升、传统村落保护等为重点，投资11.1亿元，实施11个乡镇人居环境改造。围绕“户分类、村收集、镇转运、区处理”目标，建成压缩式垃圾转运站18座，配套垃圾收集箱805个，城乡垃圾收运处理系统逐步完善。落别乡牛角村被评为“全国文明村”，岩脚镇金星村、新窑镇联合村、梭戛乡高兴村、月亮河乡补雨村被评为“全省文明村”。城乡特色优势进一步彰显、发展活力进一步释放、凝聚力吸引力进一步增强。

（四）全力推进生态文明建设取得新突破。坚持把生态文明建设融入经济建设、政治建设、文化建设、社会建设全过程，全力聚集经济社会发展新优势，荣获“国家卫生县城”、“中国绿色生态模范县”、“中国生态魅力城市”、“创新中国·绿色发展优秀城市”称号。强化“源头严控”。构建县乡村三级“河长”体系，全区57条河流实现“河长制”全覆盖。建成木岗、龙河、郎岱、岩脚污水处理厂和梭戛乡高兴村、落别乡水塘寨等生活污水处理系统，完成旧院水库保护区和13个乡镇千人以上集中式饮用水水源地保护区划分。建成关寨镇白岩冲、郎岱镇赖水井等11个千人以上集中式饮用水水源地环保设施。医疗废物处置中心投入运行，有效解决了医疗垃圾隐患。安装加油站油气回收装置17个。淘汰“黄标车”229辆。退耕还林15.22万亩，石漠化治理2.7万亩，森林面积达146.5万亩，森林覆盖率达54.5%。强化“过程严管”。加强水污染防治，城镇集中式饮用水源、千人以上集中式饮用水水源地水质达标率100%。地表水龙场国控断面达到II类水质标准，六枝河易黑断面、滴水潭断面等5个省控断面达到III类水质标准，城镇污水处理率达86.34%。强化大气污染防治，企业环保设施运行率达95%以上，固体废物综合利用率达86.78%，城区环境空气质量优良率96.7%，达到二级标准。开展生态乡村创建工作，申报2017年度省级生态示范乡镇2个，省级生态示范村6个。强化“恶果严惩”。开展环保执法“风暴”行动，建立完善环境污染责任追究体系，实行领导干部自然资源资产离任审计制度，严肃查处“未批先建”等环评违法行为，实现区域、流域及重点产业发展规划环评全覆盖。项目环评审批按时办结率100%，新建、改扩建项目环保设施“三同时”执行率100%。全区上下贯彻绿色发展理念的自觉性和主动性显著增强，生态环境保护的状况明显改善，环境污染治理力度更大、环境监管执法尺度更严、环境质量改善速度更快，发出了画廊六枝拒绝污染“最强音”。

（五）全力推动深化改革取得新突破。坚持创新发展机制，积极优化营商环境，全力探索经济社会发展新路子。审批制度改革深入推进。进一步简政放权，推动行政审批制度改革向纵深发展，共清理实施行政许可事项200项、取消15项、承接下放11项、纳入内部管理2项、转变为其他管理方式6项。农村承包土地的经营权抵押贷款累计1.56亿元，在全省9个试点县中排名第二。强化集体林业综合改革，推进“森林资源分类经营、改革采伐限额制度、创新森林管护机制”改革，不断增强生态林业、民生林业内生动力。城管执法体制改革稳步推进。按照大数据大城管“统一规划、依规建设、按需联网、整合资源、规范运用、分级保障、安全可控”的要求，不断推进数字化城市管理建设，理顺城市管理执法体制，提高城市管理和公共服务水平。完成县乡环卫职能职责移交工作。金融体制改革有序推进。创建省级金融精准扶贫示范县，结合“三变”改革，建立“2+N+4”创建体系，共推出30个金融扶贫融资产品和服务方式，打造8个有特色、有成效的典型金融扶贫案例。加快农村信用合作联社改革进程，推进农村商业银行筹建工作。成立六枝第一家本土法人股份制商业银行——六枝富民村镇银行。教育卫生改革创新推进。成立学前教育集团，以省级示范性幼儿园（特区实验幼儿园）为集团总园，辐射带动全区公办幼儿园及普惠性民办幼儿园发展，学前教育水平全面提升。启动实施“医共体”工作，形成基层首诊、双向转诊、急慢分治、上下联动的分级诊疗模式，县域内就诊率达90%以上，得到省市充分肯定并在全省推广。社会事务改革全面推进。完善户籍管理制度，推进农村人口市民化，新增城镇人口5025人。推进六枝工矿集团职工家属区“三供一业”分离移交工作。加强社会治理，加快推进社区网格化管理，通过政府购买服务，激发社会组织活力。改革增添动力、改革聚焦富民，惠及广大人民群众的改革向纵深推进，开启新时代六枝经济社会发展新征程的路径越发宽广。

（六）全力保障民计民生取得新突破。坚持以人民为中心的发展思想，把惠民工程做大做强做实，把惠民政策落地落深落透，全力保障广大人民群众共享经济社会发展新时代。保障民生之需。教育事业发展进入新阶段，市二中成功创建省级二类示范性普通高中，特区一中通过省级示范性高中复评；全面落实农村学前儿童和义务教育阶段学生营养改善计划，覆盖9.1万人。投入4.19亿元完善医疗服务体系，实现智慧管理、智能服务、智能监督，新型农村合作医疗参合率达99.56%。实施棚户区改造9767户，完成投资5.63亿元。“十件民生实事”

基本完成，完成投资21.38亿元。织密保障之网。夯实社会保障基础，城乡居民养老保险参保19.49万人，城镇职工养老保险及机关事业单位养老保险参保3.72万人，城镇职工医疗保险参保2.61万人，城镇居民医疗保险参保7.82万人。城镇新增就业2.13万人，农村劳动力转移就业2.3万人，职业技能培训1.64万人次，引导返乡农民工创业就业1.2万人，失业保险参保1.66万人，城镇登记失业率为3.38%。铸牢安全之盾。扎实开展社会矛盾纠纷“大排查、大化解”，保持社会和谐稳定。认真落实“党政同责、一岗双责、齐抓共管、失职追责”安全生产责任制，安全形势总体平稳。成功创建省级电梯安全示范城市，加强社会治安综合治理，大力推进立体化防控体系建设，巩固“省级平安建设先进县”成果，人民群众安全感全面提升。与此同时，工会、共青团、妇女儿童、民族宗教、外事侨务、老龄、残疾人、国防动员、人防战备、红十字会、档案、史志等工作取得新进展。

各位代表！奋斗充满艰辛，成绩来之不易。一年来的发展启示我们，在新的历史条件下推动新跨越、续写新篇章、开创新未来，必须绝对忠诚、感恩奋进，自觉维护习近平总书记核心地位，坚持以习近平新时代中国特色社会主义思想为指导，牢固树立“四个意识”，坚定“四个自信”，把忠诚刻进心坎里、写在岗位上、融入事业中，牢记嘱托，在解放思想上有新进步、在改革开放上有新突破、在后发赶超上有新成效、在全面建成小康社会中有新跨越；必须守好底线、走出新路，紧紧扭住发展这个第一要务，牢牢把握绿水青山就是金山银山这个最大的辩证法，以六枝人民面对困难不低头的硬气和攻坚克难的勇气，坚持新发展理念，坚定发展信心、抢抓发展机遇、破解发展难题、厚植发展优势，统筹速度质量效益，在加速发展中实现加快转型、提质增效；必须践行宗旨、人民至上，把以人民为中心的发展思想贯穿到政府全部工作中，把人民群众对美好生活的向往作为发展奋斗目标，把造福人民作为一切工作的出发点和落脚点，着力解决人民群众最关心、最直接、最现实的利益问题，不断增进民生福祉，让人民群众最大限度分享改革发展成果，更好满足人民日益增长的美好生活需要；必须团结拼搏、苦干实干，坚决维护山清水秀的政治生态，始终保持一股冲劲、一腔热血、一种拼命精神，不甘落后、凝心聚力，不畏艰难、勠力同心，一任接着一任干，一张蓝图绘到底，不断开创崭新未来。这些经验启示，我们必须倍加珍惜、长期坚持、丰富发展。

各位代表！成绩源于齐心之努力，成功源于共同的坚持！过去一年成绩的取得，得益于特区党委的坚强领导、科学决策，得益于特区人大、政协和社会各界的有效监督、鼎力支持，得益于全区人民的团结奋斗、苦干实干。在此，我谨代表特区人民政府，向全区各族人民、各级干部致以崇高的敬意！向人大代表、政协委员，向各民主党派、工商联、无党派人士和各人民团体，向驻境部队官兵、政法公安干警，向所有关心和支持我区经济建设和社会发展的各界人士，表示衷心的感谢！

在充分肯定成绩的同时，我们也清醒地认识到，前进的道路上还面临着许多挑战，发展的征程中还面临着诸多困难，主要表现在：经济总量小、人均水平低，贫困面广、贫困程度深，越往后越困难，极易出现返贫，决战脱贫攻坚、决胜同步小康任务仍然繁重；农业产业链短、传统工业有产能没产量、新兴产业培育不足，质量效益不够高，实体经济发展困难不少，产业投资占比低，民营经济发展不够充分，促增长支撑不够，优化产业结构、促进转型升级任务仍然繁重；人民群众就业、教育、医疗、养老等方面还有不少困难，安全生产、污染防治等领域还存在很多薄弱环节，矿群矛盾、征地拆迁、涉法涉诉、特殊群体等方面的信访事项易发多发，保障改善民生、加强社会治理任务仍然繁重；制约发展的体制机制障碍还不同程度存在，少数部门服务意识不强、创新不足，部分项目重申报、轻落实、慢推进，改善营商环境、推动项目建设任务仍然繁重；少数干部适应新常态、研究新问题、破解新难题的能力不强，敢担当、能担当、善担当的意识不强，对一些重大改革举措和政策落实不够到位，慢作为不作为乱作为的问题还不同程度存在，转变政府职能、提高行政效能任务仍然繁重。发展需要勇担当，打铁必须自身硬。面对脱贫攻坚的重大使命，我们一定要正视困难、直面问题、攻坚克难、只争朝夕，我们必须要忠诚履职、勇挑重担，朝着全面小康的目标接力奋斗、奋勇前行！

2018年工作主要任务

进入新时代，开启新征程。2018年，是全面深入贯彻落实党的十九大精神开局之年，也是实现“十三五”规划目标任务关键之年，更是我区脱贫攻坚减贫摘帽决胜之年。新时代历史机遇汇集于此，脱贫攻坚决战于此，同步小康决胜于此，全面建设社会主义现代化新征程开启于此。做好2018年政府工作，我们要弘扬“团结奋进、拼搏创新、苦干实干、后发赶超”的新时代贵州精神，坚持三个“一以贯之”，不忘初心，继续前进，用习近平新时代中国特色社会主义思想引领发展、推动发展。更加注重发展质量，大力推进机制创新、科技创新、业态创新，不断增强内生发展动力，推动传统产业提质增效，加快新兴产业发展突破，闯出创新驱动、转型升级、跨越发展新路子；更加注重城乡统筹，建立健全城乡融合发展新机制，全面实施乡村振兴战略，促进生产要素优化配置、协调联动，推进城乡统筹、三次产业协调发展，闯出区域协调、城乡一体、产业融合新路子；更加注重生态建设，深入实施大生态战略行动，大力实施农村环境整治，用好生态优势、打好生态品牌，实现绿水青山生态美与金山银山百姓富有机统一，闯出生态良好、绿色崛起、人民富裕新路子；更加注重民生福祉，坚持以人民为中心的发展思想，提高保障和改善民生水平，高标准决胜脱贫攻坚，闯出全民共享、全面共享、共建共享新路子，夺取决战脱贫攻坚、决胜全面小康新胜利，开启全面建设社会主义现代化新征程。

今年，全区经济社会发展的主要预期目标是：地区生产总值增长12%左右；一般公共预算收入增长5%以上；规模以上工业增加值增长10.5%左右；500万元以上固定资产投资增长20%左右；社会消费品零售总额增长12%以上；城镇居民、农村居民人均可支配收入分别增长9%、10%以上；城镇登记失业率控制在4.2%以内；减少农村贫困人口2.5万人以上，贫困发生率降至2%以内，按照国家标准实现整区“减贫摘帽”；完成省、市下达的节能减排目标任务。

实现上述目标，我们要努力把短板变为跳板、把挑战变为机遇、把思路变为出路，重点抓好以下工作：

（一）实现“减贫摘帽”，在增强内生发展动力上取得新进展。坚持把脱贫攻坚作为头等大事和第一民生工程，坚决打好精准脱贫攻坚战，高标准打赢“四场硬仗”，高要求推进责任落实，实现“减贫摘帽”目标。坚决打赢基础设施建设硬仗。按照“四好农村路”要求，建设贫困村通组公路671千米，实现全区30户以上村民组100%通硬化路；大力实施饮水安全巩固提升工程，解决26.03万农村人口饮水安全问题；新建和改造10千伏电力线路124千米，新增和改造低压线路912千米；实施贫困村光纤、4G移动通信网络全覆盖工程。坚决打赢易地扶贫搬迁硬仗。坚持城镇化集中安置为主，坚持以岗定搬、以产定搬，完成易地扶贫搬迁1067户4574人，同步落实“五个三”配套机制，推进旧房拆除复垦复绿、产业发展等重点工作，完善教育、卫生、文化等公共服务，确保群众搬得出、稳得住、有就业、能致富。坚决打赢产业扶贫硬仗。按照“529”脱贫攻坚战略布局，狠抓河南伊赛集团20万头肉牛养殖、大北农集团100万头生猪养殖、广东粤旺集团3000亩核心区蔬菜基地、原一（厦门）食用菌科技有限公司2700亩食用菌等项目落地见效。坚决落实“旱地基本农田全部种植经济作物”的要求，调减玉米种植面积8万亩。实施茶叶提质增效5万亩、蔬菜3万亩，管护精品水果11.45万亩、中药材1万亩，养殖家禽312万羽，发展特色水产养殖1000亩，覆盖农户9.3万户41.8万人。选择发展有市场潜力、有裂变空间的产业，完善生产、加工、销售一体化扶贫产业体系，做大产业，建强品牌，带动群众脱贫致富。坚决打赢教育医疗住房保障硬仗。实施义务教育和学前教育阶段学生营养改善计划9.1万人以上，落实教育惠民政策6.36万人次。落实医疗健康精准扶贫政策，确保建档立卡贫困人口医疗费用报销补偿比达95%以上。深入推进“三新一清洁”行动，全面实施农村“危改”、“三改三化”，完成1500户农户住房安全保障。从严压实扶贫责任。扎实开展脱贫攻坚作风建设年活动，扎牢脱贫攻坚责任链任务链，用好“扶贫云”、“扶贫专线”，全面加强督查巡察、审计监察，对弄虚作假、数字脱贫等行为“零容忍”。脱贫攻坚时不我待，发起总攻在此一举，我们要通过实施正向激励，解决后顾之忧，让干部在脱贫攻坚战场上建功立业；我们要以贫困不除愧对历史、群众不富寝食难安、小康不达誓不罢休的政治担当，坚决打赢这场输不起的攻坚战。

（二）注重投资拉动，在壮大发展载体上注入新能量。千方百计争项目、扩投资、促保障，推动经济发展质量变革、效率变革、动力变革。强化项目带动。谋划省、市重大工程和重点项目 128 个，总投资 554.9 亿元，计划完成投资 184.5 亿元。实施农村人居环境综合整治、基础设施建设、社会事业、环境保护等项目 49 个，总投资 40.38 亿元。全力做好安六城际铁路、纳晴高速公路、普盘高速公路六枝段建设服务工作；建成大用至木岗公路；启动建设六枝至关岭、G356 大用至落别段、大用至化处等公路及木岗接黄幺物流园大道；加快推进六枝至黄果树、西嘎至毛口公路建设；开工建设 S310 老卜底至两路口、S313 羊场至店子公路改扩建工程及水黄路中寨收费站至中寨二级公路。继续推进头塘、河头上等 8 座水库建设，实现懒龙河等 5 座水库下闸蓄水，深入推进小长冲等 5 座水库前期工作，开工建设母猪田、竹林脚水库。推进产业转型。改造提升传统产业，推进煤矿复工复产，年产原煤 190 万吨以上；推进六家坝、青菜塘等煤矿智能化机械化升级改造；新松煤矿、青菜塘煤矿、六龙煤矿瓦斯发电站建成投产。培育孵化新兴产业，加快煤层气勘探开发综合利用，完成建井 25 口；实施郎岱镇老虎大坪光伏发电项目、木岗镇小黄桶农业光伏电站项目；积极推进大健康医药、新型环保建材等产业发展，力争木岗园区建成高新技术产业园区、岩脚园区进入发展型园区行列。抓实招商引资。以新兴产业为主攻方向，以产业链招商为抓手，以重大项目为突破，开展“产业大招商突破年”活动，力争新引进项目 70 个以上，合同投资额达 232 亿元，到位资金 217 亿元；力争引进世界 500 强企业 1 家；力争引进碧桂园、大润发等企业落户我区。大力推进“双千工程”，完成千企引进 20 家，千企改造 30 家，民营经济增加值达 125 亿元。

（三）坚持产城一体，在统筹城乡发展上开创新局面。大力实施“城镇提升、业态发展、全域旅游、乡村振兴”四大工程，建设美丽、宜居、富饶的新家园。实施城镇功能提升工程。完善城区交通网络，加快推进六定路、胜利路、阳光路等城市路网建设；协调推进安六城际铁路六枝南站建设，以积极姿态迎接高铁时代的到来。切实保障住房供给，加快滨湖壹号、忠誉天城等项目建设进度；实施棚户区改造 7896 户。加大城市管理综合执法力度，强化市容环境整治，提升城市精细化管理水平；依托金指纹智能制造，打造智慧社区示范样板，提升城市发展形象。秉承“小而精、小而富、小而美、小而特”的城镇建设理念，加快推进特色小城镇“8+X”项目建设，打造望得见山、看得见水、记得住乡愁的山地特色新型城镇名片。城镇化率达 45.2%。实施业态布局发展工程。加快推进“十街百园千院”工程，打造集中连片的特色美食、购物、休闲街区。引进大中型综合超市、大型购物中心、大型仓储式商场，调整、规范和提升传统零售业态，引导中小型超市完善功能，提升服务档次和品位。推进以城区为中心，各乡镇为节点，农产品生产基地为末梢的冷链物流网络，冷库库容达 2 万吨，冷藏车 20 辆，肉禽类、果蔬类冷链流通率分别提高到 25%、11%。实施全域旅游推进工程。按照全景式打造、全季节体验、全产业发展、全方位服务、全社会参与、全区域管理的理念，强化统筹协调，加快推进牂牁江沿岸规模化、特色化种植业发展，加快推进阿志河生态旅游扶贫度假区、郎岱山地旅游扶贫度假区建设，着力打造精品民宿客栈、特色餐饮及旅游商品店面，力争创建国家 AAAA 级旅游景区 1 个、AAA 级旅游景区 2 个，进一步优化全域旅游新格局，实现旅游收入 57.58 亿元，同比增长 30% 以上。实施乡村振兴战略。按照“产业兴旺、生态宜居、乡风文明、治理有效、生活富裕”的总要求，制定实施乡村振兴战略规划。推进新一轮“四在农家·美丽乡村”小康行动计划，完成大用镇凉水井村、岩脚镇金星村等 7 个示范点创建工作，辐射带动其他村落建设。实施“10+N”行动计划，力争 9 月底前完成 211 个行政村人居环境整治。大力实施文化下乡工程，挖掘继承创新优秀传统乡土文化。整治陈规陋习，抵制封建迷信，形成文明乡风、良好家风、淳朴民风。坚持自治、法治、德治相结合，制定村级小微权力清单，惩治基层“微腐败”，创建一批村规民约示范村，培育一支懂农业、爱农民、爱农村的工作队伍，让农业成为有奔头的产业、让农民成为有吸引力的职业、让农村成为安居乐业的美丽家园。

（四）优化发展环境，在发展要素保障上达到新水平。坚持广延伸、全覆盖、高标准，强力推进生态建设和基础设施建设，破解发展瓶颈。提升生态文明水平。坚决打好污染防治攻坚战，建立完善环保责任体系和生态损害赔偿体系，持续推进“创模”工作，大力实施大气、水、土“三个十条”，扎实推进全国第二次污染源普查，积极开展第三次全国土地调查工作，加快推进加油站地下油罐防渗改造。城区空气环境质量优良率达95%以上，县城及乡（镇）千人以上集中式饮用水水源地水质达标率100%，国控、省控地表水断面达到水功能区Ⅲ类标准。加快污水处理设施建设，建成中寨乡、大用镇等7个污水处理设施。推进土壤污染防治工作，重点抓好城乡生活垃圾收运和处置项目建设，全力推进城乡垃圾清运一体化。开工建设垃圾焚烧发电项目，年底完成主体施工，城乡垃圾无害化处理率达88.48%。实施新一轮绿色贵州建设行动计划，增加营造林10万亩以上，开展森林保护“六个严禁”执法专项行动，加大依法治林工作力度，森林覆盖率达57%。提升防范风险能力。坚决打好防范化解重大风险攻坚战，严格落实政府性债务管理“七严禁”，严格控制增量，逐步消化存量，着力防范化解政府债务风险；强化金融监管，建立预防和处置非法集资长效工作机制，强力打击非法集资等违法金融活动，确保不发生系统性金融风险；加大道路交通、煤矿生产、建筑施工等重点行业领域的隐患排查整改力度，着力防范化解安全风险，切实维护社会和谐安定。提升信息服务能力。推动电信、联通、移动网络骨干节点直联点建设；开展“无限网络·满格贵州2020信息网络全覆盖”活动，消除城区移动通信盲区。推进大数据与实体经济深度融合，发展工业互联网和智能制造、智能农业、智能物流、智能商务、智能能源，加快形成智能经济形态，全力提升六枝数字经济软实力。

（五）深化改革创新，在释放潜能促动能上取得新成效。坚持把改革创新作为推动发展的强大动力，纵深推进各领域改革，释放发展潜能。深化供给侧结构性改革。坚持把发展经济的着力点放在实体经济上，持续推进农业、工业、服务业供给侧结构性改革，推动经济发展质量变革、效率变革、动力变革。进一步做好“三去一降一补”工作，实现规模以上工业增加值能耗下降3.5%。深化人事制度改革。深入推进公务员分类改革，进一步落实好县级以下机关公务员职务职级并行制度和待遇挂钩制度。加强公务员考核制度建设，推进公务员培训改革创新。深化事业单位人事制度改革，大力引进大数据产业急需紧缺的高层次、创业创新、专业技术人才，助推新兴产业发展。深化投融资改革。严禁财政收入空转，严禁收过头税，规范非税收入管理。密切关注中央及省、市财政资金政策支持动态信息，及时做好对接和资金争取工作，2018年争取资金同比增长10%以上。财政涉农资金整合率不低于80%，力争达85%，纳入整合的资金规模不低于4亿元，力争达5亿元。提高金融服务实体经济能力，深入政金企对接，优化信贷结构，推动乡镇银行县域全覆盖。深化平台公司改革。支持区级国有平台公司向实体经济转型发展，成立1家资产管理公司，盘活资源资产，推进企业做大做强，服务地方经济发展。深化“放管服”改革。坚持以人民群众需求为导向，进一步精简行政审批事项，优化政务服务流程，创新服务方式，建好政务服务“一张网”。开展“减证便民”专项行动，实行清单管理，全面推进“双随机、一公开”，努力实现群众办事“最多跑一趟”目标。积极深化商事制度改革，构建“亲”、“清”新型政商关系，营造更加便捷、公平、高效的发展环境。

（六）发展社会事业，在改善民生促公平上实现新提升。有效解决“美好生活需要和不平衡不充分的发展之间的矛盾”，充实人民群众获得感、幸福感、安全感。促进就业创业。实施新一轮就业创业政策，加大困难群体就业帮扶力度，城镇新增就业2万人，城镇调查失业率和登记率分别控制在5.5%、4.2%以内。办好公平优质教育。加强农村寄宿制学校标准化建设，推动普通高中学校改扩建，着力解决“择校热”、“大班额”等突出问题。积极发展民族教育、特殊教育和网络教育，构建产教融合、校企合作职业教育和培训体系；加强和改进中小学德育工作，抓好师德师风建设。15岁以上人口平均受教育年限达9.2年；制定实施儿童早期教育服务发展规划；推进特区第七中学创建省级示范性普通高中，确保特区实验幼儿园顺利通过省级示范性幼儿园复评；确保义务教育基本均衡发展顺利通过省政府督导评估和国家审核认定。强化医疗卫生服务。完成基层医疗卫生服务能力三年提升计划，以“医共体”为抓手，推进优质医疗资源下沉，推动“三医联动”，提高公共卫生服务水平；化解公立医院历史债务，取消以药养医，公立医院药占比低于30%，医疗费用增长低于10%，区域内就诊率达90%以上。完善社会保障体系。实施全民参保计划，完善城镇职工、城乡居民基本养老保险制度。稳步提高城乡低保标准，巩固提升城乡居民基本养老保险、大病保险，完善失业、工伤和生育保险制度；完善社会救助制度，加强未成年人、困境儿童、失独失能老人和农村“三留守”人员关爱保护。加快建立多主体供给、多渠道保障、租购并举的住房制度和稳定房地产长效机制，促进房地产市场平稳健康发展。加大养老基础设施建设力度，护理型养老床位占比达35%。推进社会法制治理。有效预防和化解矛盾纠纷，切实维护社会和谐稳定大局；继续完善安全生产责任体系，杜绝重特大生产安全事故发生；巩固省级电梯安全管理示范城市创建成果；实施食品安全放心工程和药品质量安全提升行动，保障人民群众“舌尖上的安全”；加强社会治安防控体系建设，严打农村黑恶势力和宗族恶势力，严打黄赌毒黑拐骗等违法犯罪活动，确保人民群众生命财产安全。

扎实办好十件民生实事。（1）减少农村贫困人口2.5万人以上，贫困发生率降至2%以内。为130个贫困村开办免费订单职业教育精准脱贫班。电商精准扶贫站点村级覆盖85%。（2）推进“厕所革命”，完成1500户农户无害化卫生厕所建设改造，新建或改扩建50个农村公共卫生厕所、10个旅游厕所。（3）实施农村公路安全生命防护工程，处置隐患里程80千米。建成懒龙河码头。实施六枝河治理9.2千米。开展农村生活污水处理“百乡千村”试点，建成农村二期污水处理工程20个。（4）推进农村学前教育儿童营养改善计划、城镇义务教育公共服务常住人口全覆盖，新建或改扩建教育工程100个。（5）推进贫困地区生鲜农产品直通车进城市社区。城区每千户聚居区建设1个生鲜农产品超市。（6）实现深度贫困村卫生室规范化建设、易地扶贫搬迁安置区卫生室建设、农村中小学校医务室标准化建设、疫苗数字化监控系统建设全覆盖。（7）建成1个残疾人康复中心，投入使用1个残疾人托养中心，建设2个城镇社区老年人日间照料中心和5个农村幸福院。（8）改造农村危房1500户，易地扶贫搬迁1067户，城市棚户区改造7896户。（9）新增多彩贵州“广电云”户户用工程5万户。实施公共安全视频监控联网应用“雪亮工程”建设全覆盖和“城市交通文明畅通提升工程”，城区主次干道绿化率达18%。实施“多彩宝互联网+便民服务”城乡全覆盖工程，覆盖58.88万人。（10）建设1个县级老年体育活动中心，新建1个乡级、8个村级农民健身设施，建成10千米健身绿道。办好民生实事，我们要牢固树立以人民为中心的发展思想，把人民群众的小事当作自己的大事，一件接着一件办、一年接着一年干，让老百姓生活得更加幸福美满！

加强政府自身建设

各位代表！贯彻新思想、迈进新时代、踏上新征程，对政府工作提出了新要求。我们要不忘初心、牢记使命，做到信念过硬、政治过硬、责任过硬、能力过硬、作风过硬，努力建设人民满意政府。

（一）提升政治站位，建设忠诚可靠政府。坚定执行党的政治路线，严守政治纪律和政治规矩，在政治立场、政治方向、政治原则、政治道路上同以习近平同志为核心的党中央保持高度一致。扎实开展“不忘初心，牢记使命”主题教育。坚决服从特区党委领导，全力维护心齐气顺、团结和谐的良好氛围。

（二）提高法治意识，建设依法行政政府。落实重大行政决策程序制度和合法性审查制度，推进科学民主协商，促进依法决策。加快推进综合行政执法体制改革，推行行政执法公示、过程全记录和重大行政执法决定法制审核制度，以良法促进发展、保障善治。自觉接受特区人大及其常委会的法律和工作监督，自觉接受特区政协的民主监督，主动接受社会和舆论监督，高度重视民主党派、工商联、无党派人士和各人民团体的意见建议。

（三）提升民生意识，建设公心为民政府。开展研究问题、破解难题活动，认真做好群众来信来访工作，坚决纠正损害群众利益的行为。坚持在发展中保障和改善民生，既尽力而为、又量力而行，切实把好事办实、实事办好。保持发展定力，强化预算刚性约束，加强财政收支管理，把有限的资金用在脱贫攻坚、改善民生等“刀刃”上。

（四）提升责任意识，建设担当有为政府。用苦干实干换来事业发展新变化、群众生活新改观，当好人民公仆，把人民群众放在心中，凡是群众反映强烈的问题都要严肃对待、凡是损害群众利益的行为都要坚决纠正；大力整肃庸政懒政怠政，为团结奋进者、拼搏创新者、苦干实干者撑腰，让不作为者、慢作为者、乱作为者无立足之地。

（五）提升效能意识，建设务实高效政府。坚持把转变政府职能作为深化行政体制改革和提升行政效益的核心，开展国家基层政务公开标准化规范化试点工作。兴“三风”纠“四风”，大兴调查研究之风、真抓实干之风、勤俭节约之风，大力推行政策设计、工作部署、干部培训、监督检查、追责问责“五步工作法”。坚决取消一切束缚经济社会发展的行政权力，坚决砍掉各类无谓证明和烦琐手续，最大程度便民利民。

（六）提升廉政意识，建设清正廉洁政府。严格执行《中国共产党党内监督条例》，打造“制度铁笼”，拓展民生监督，实现对所有行使公权力的公职人员监察全覆盖、公共资金使用审计全覆盖。严格遵守《中国共产党廉洁自律准则》，持之以恒贯彻落实中央八项规定及实施细则，省委、市委十项规定及实施意见；严查侵害群众利益的不正之风和腐败问题，努力营造风清气正的政治生态环境。

各位代表！新时代要有新气象！新时代更要有新作为！幸福是奋斗出来的，不驰于空想，不骛于虚声，我们唯有只争朝夕、苦干实干，才能书写新历史、创造新未来！让我们更加紧密地团结在以习近平同志为核心的党中央周围，全面贯彻落实党的十九大精神和习近平新时代中国特色社会主义思想，在特区党委的坚强领导下，全面贯彻落实省委、省政府，市委、市政府决策部署，大力弘扬“创新开放、奉献担当”的新时代六枝精神，紧密团结和依靠全区各族人民，牢牢抓住这一年，努力干好每一天，向决胜脱贫攻坚减贫摘帽发起总攻，为全面建成小康社会，续写新时代百姓富、生态美画廊六枝新篇章而努力奋斗！

六枝特区人民代表大会常务委员会工作报告

——2018 年 2 月 10 日在六枝特区第十二届人民代表大会第二次会议上

六枝特区人大常委会副主任　周金平

各位代表：

我受六枝特区第十二届人民代表大会常务委员会的委托，向大会报告工作，请予审议，并请列席会议的同志提出意见。

2017 年开展的主要工作

2017 年，是实施“十三五”规划、决战脱贫攻坚和决胜同步小康的重要一年，是推进供给侧结构性改革的深化之年，也是全面落实特区第十一次党代会决策部署的开局之年。特区十二届人大常委会在中共六枝特区委员会的正确领导和市人大常委会的指导下，以邓小平理论、“三个代表”重要思想、科学发展观和习近平新时代中国特色社会主义思想为指导，认真学习宣传贯彻党的十九大精神和习近平总书记在贵州省代表团重要讲话精神，省第十二次党代会、市第七次党代会和特区第十一次党代会精神，围绕全区工作大局，认真履行宪法和法律赋予的职责，为助推脱贫攻坚、同步全面小康和全区经济社会协调发展做出了积极的贡献。

全年共召开主任会议 21 次，人大常委会会议 7 次，听取和审议“一府两院”专项工作报告 25 项，会前组织常委会组成人员对“一府两院”专项工作进行调研，对办理人大常委会审议意见情况进行督查，向人大常委会提交专题调研报告 27 个，参与省、市人大赴我区开展执法检查 4 次，组织驻境的省、市人大代表和特区人大代表集中调研视察各 1 次，分片区视察 21 次，代表小组调研 77 次，代表小组活动 81 次，开展专题询问 2 次；依法任命国家机关工作人员 35 人，免职 15 人；补选市八届人大代表 2 人、特区十二届人大代表 6 人，接受 4 人辞去市八届人大代表职务、接受 9 人辞去特区十二届人大代表职务。

一、坚持党的领导，把握政治方向

特区人大常委会全面贯彻落实党的十八大和十八届中央历次全会精神，坚持以喜迎党的十九大和学习宣传贯彻党的十九大精神为主线，以习近平新时代中国特色社会主义思想为引领，准确把握正确的政治方向，把坚持党的领导、人民当家做主和依法治区有机统一起来，自觉在思想上、政治上、行动上同以习近平同志为核心的党中央保持高度一致，与特区党委同心同向。准确把握特区党委科学决策与人大依法监督的关系，准确把握贯彻党的主张与反映人民意愿的关系。紧紧围绕特区党委工作大局和建设“中国凉都·画廊六枝”总目标，统筹安排特区人大各项工作和重要活动，确保特区党委重大决策部署的贯彻落实。严格执行《中国共产党党组工作条例》，对特区人大工作中的重大问题、重要事项，特区人大常委会党组及时向特区党委请示、报告。经请示特区党委批准，成立了六枝特区牂牁江环境保护议案及立法草案工作小组，为按程序申请省级层面采取立法措施加强对牂牁江环境保护，积极开展了前期工作。

二、围绕促进发展，依法行使职权

（一）依法行使监督权。紧紧围绕全区发展大局与人民群众普遍关心的经济、社会和民生热点难点问题，以专题调研、听取和审议政府专项工作报告、执法检查、专题询问等形式开展法律监督和工作监督，为全区经济社会发展实现稳中求进、稳中向好的目标提供了有力保障。一是听取和审议了2017年1至6月国民经济和社会发展计划、财政预算执行情况报告、2016年财政决算的报告、2016年财政预算执行和其他财政收支的审计报告、2017年财政预算调整方案（草案）报告，审查批准了2016年财政决算。听取和审议了特区人民政府关于农村安全供水工作、学前教育、全面建成小康社会、工业经济发展、农村人居环境综合整治、医疗卫生工作、交通基础设施建设、公安机关执法规范化建设、“六五”普法工作完成情况及《法制宣传教育第七个五年规划（2016—2020年）编制起草情况、《中华人民共和国环境保护法》贯彻实施情况等专项工作报告；听取和审议了特区人民检察院关于2012年以来反渎职侵权工作开展情况报告，特区人民法院、特区人民检察院2017年上半年以来工作情况报告；听取所任命“一府两院”国家机关工作人员2016年履职情况的报告。二是针对有关问题，向特区人民政府提出要把经济增长和质量效益放在首位，立足区情，挤干水分，推进一二三产业协调发展；严格执行财政预算，加强资金监管，严控债务风险；坚持政府主导、规划先行，加快实施乡村振兴战略，多方参与、多元投入，改善农村人居环境；围绕“一达标、两不愁、三保障”目标，坚持扶贫工作的精准性、针对性和公平公正性，打好“四场硬仗”、“七大战役”，确保如期实现“减贫摘帽”目标；深化医疗体制改革，提升医疗卫生服务能力；抓好教育管理，提升办学质量；以提升环境质量为重点，抓细抓实水、气、渣、土壤污染防治工作；建立农村供水管理制度，确保供水工程高效建成、管护到位、群众受益；加大优惠政策落实力度，扶持实体经济发展并采取措施促进煤炭产业健康发展；以筹办全市第四届旅发大会为契机，推进旅游事业发展；加大公安机关执法规范化建设力度，做到保障有力和多渠道多形式开展法治宣传教育，确保法治宣传教育取得成效等意见，督促特区人民政府不断强化措施，推进各项工作。三是特区人大常委会始终大力支持“一府两院”依法行政、公正司法，强化法律监督，维护法律权威，推进民主法治建设。督促“两院”切实维护社会公平正义，巩固深化司法体制改革成果，努力促进司法公正。监督法律法规执行，配合并参与省、市人大开展《贵州省大数据发展应用条例》、《贵州省大扶贫条例》、《中华人民共和国固体废物污染环境防治法》、《中华人民共和国城乡规划法》等法律法规的执法检查，配合做好省人大常委会《贵州省生态文明建设促进条例》实施情况，全市农村公路养护情况、煤电价格联动情况专题调研，统筹做好市人大常委会对北盘江流域牂牁江核心区环境保护河长制“河长”巡河调研和六盘水市人大常委会赴六枝开展投资环境巡视工作等相关服务工作。四是不断加强和创新人大监督方式，针对人民群众关注的事关全区发展大局、事关民生福祉的城市棚户区改造及征地拆迁和脱贫攻坚有关问题，开展专题询问，督促特区人民政府有关部门进一步重视和加强推进有关工作。通过开展专题询问，特区人民政府及其部门负责人对有关工作重要性的认识更加提高、目标更加明确、措施更加具体，确保了有关问题得到更好解决。按照特区党委的安排部署，特区人大常委会领导班子成员分别担任特区生态草食畜牧业、农村饮水安全、六枝至黄果树公路六枝境内段项目、六枝至关岭公路项目、优质肉猪养殖项目及瀑布源循环生态农业项目、农产品批发市场项目、蔬菜产业、退耕还林、粮油批发市场项目和煤炭机械化智能化开采及煤层气勘探开发综合利用项目等重点项目指挥部指挥长和副指挥长，在推进全区重点工作（项目）建设中，开展有效监督，全面指挥、协调和调度。在依法行使地方国家权力机关职能过程中，摆正自身位置，不搞本末倒置，坚持做到监督不包办、支持不添乱、到位不越位，全力推进特区党委决策部署的贯彻落实。

（二）依法行使重大事项决定权。围绕特区党委的重大决策，在认真调查研究的基础上，按照《六枝特区人大常委会讨论决定重大事项规则》，对事关全区的重大事项和重大资金使用等方面的问题依法行使决定权。一年来，特区人大常委会依法审查批准了特区人民政府提请的财政预算调整方案、财政预决算等3项议案；根据特区人民政府提请，作出了关于批准G356六枝大用至凉水井公路改扩建工程项目、六枝特区城南大道及人民路延伸段工程项目、六枝特区河头上水库工程项目、贵州省老王山国家生态型多梯度运动训练基地建设项目、六盘水市第二中学校园改扩建项目、六盘水市牂牁江景区夜郎王城文化区（一期）建设项目、牂牁江景区旅游基础设施（一期）建设项目、六枝特区人民医院改扩建项目等服务采购资金纳入预算管理的决定。作出了特区人大常委会关于开展第七个五年法治宣传教育的决议。

（三）依法行使人事任免权。坚持党管干部和依法任免相结合，坚持任前法律知识考试及供职报告制度。落实宪法宣誓制度，组织新任命的国家机关工作人员向宪法宣誓，增强宪法意识，强化自我约束。一年来，共任免国家机关工作人员50人，接受特区人大常委会委员辞职8人，接受在本行政区域选举产生的市八届人大代表辞职4人，接受特区十二届人大代表辞职9人。对所任命的"一府两院"国家机关工作人员上年度履职情况进行了综合考核评定。

三、加强代表工作，提高履职能力

（一）完善服务机制。建立健全和完善《六枝特区人大常委会组成人员联系代表制度》，密切常委会组成人员与代表之间的联系。坚持每年为特区人大代表订阅《人大论坛》，并利用各类媒体、网络平台，公开人大常委会有关工作和重大活动。坚持邀请市、特区两级人大代表，乡镇人大主席、街道办人大工委主任、社区议事会主任、公民列席人大常委会会议制度。通过组织代表小组活动、开展专题调研和集中视察等形式，通报人大常委会及"一府两院"工作开展情况，为代表履职创造良好条件。

（二）督办代表建议。建立跟踪督办制度，对代表提出的议案、建议、批评和意见进行分类，交特区人民政府研究办理，明确有关委室进行跟踪督办。人大常委会听取特区人民政府对代表所提建议办理落实情况报告，并针对存在问题，提出要层层负责，提升办理质量、提高办结率等意见。通过加大对重点建议的督办，推动了"将城市区域内居委会活动室纳入统一规划修建"、"加强非物质文化遗产保护"和仡佬族陈列馆项目的申报等一些群众关心的热点、难点问题的推进落实。特区十二届人大一次会议共收到代表议案建议122件，答复率为100%，代表满意率为82%。

（三）加强代表培训。不断加强和改进代表培训工作。全年分4期组织240名人大代表、人大干部赴深圳、大连、井冈山、杭州等培训基地培训；组织39名乡镇人大主席、街道办人大工委主任、社区议事会主任、人大秘书到市人大集中学习培训；选派9名优秀人大代表、人大工作者参加省、市人大组织的赴厦门全国人大培训基地培训学习。特区人大常委会还举办了全区人大干部培训班，对人大工作应知应会知识进行了培训。换届以来，对240名特区人大代表、986名乡镇人大代表进行了人大法律法规培训，使人大代表和人大干部增强了法治思维、更新了思想观念、强化了责任担当。

（四）规范代表活动。认真学习宣传贯彻落实《贵州省乡镇人民代表大会工作条例》，重视抓好乡镇人大制度建设，确保了代表小组活动的正常开展。各代表小组结合自身实际，聚焦脱贫攻坚和民生事业开展活动，人大代表牢固树立投身脱贫攻坚的责任意识，切实扛起"人民选我当代表，我当代表为人民"的责任担当，实现了全区乡镇各级代表参与精准扶贫专题调研和分片视察全覆盖。针对代表活动、调研、视察中发现的问题，特区人大常委会提出要加大《贵州省大扶贫条例》和精准扶贫政策的宣传力度，加快整合涉农资金进度，统筹解决好贫困村、贫困户水、电、路、信、房、寨等基础设施保障问题的意见转交特区人民政府研究办理。通过丰富代表活动载体，促进了乡镇人大规范化建设，涌现出岩脚镇人民代表大会、落别乡人民代表大会等基层人大工作先进典型，迎来了2017年全市乡镇人大规范化建设现场会在我区成功召开。

四、强化民本意识，助推脱贫攻坚

特区人大常委会认真学习贯彻落实以人民为中心的发展思想，高度重视和关注全区脱贫攻坚工作，始终把脱贫攻坚作为人大工作的重要内容，不折不扣地贯彻落实特区党委关于脱贫攻坚工作的各项决策部署，多次召开会议对脱贫攻坚工作进行安排落实，积极主动发挥了人大职能作用，有力助推脱贫攻坚，加快推进全面小康进程。一是自觉做到统筹指挥抓协调。特区人大常委会牵头指挥东部战区脱贫攻坚战，先后组织发起脱贫攻坚"春季攻势"、夏季"大比武"和"秋季攻势"行动，协调各方力量积极投入脱贫攻坚主战场，精准发力助攻坚，收到阶段性战果；二是自觉做到监督支持相统一。把听取和审议特区人民政府扶贫工作开展情况、全面建成小康社会工作进展情况纳入特区人大常委会年度工作要点，并对脱贫攻坚工作开展专题调研，形成调研通报，对政府提出20余条推进工作的意见，做到寓监督于支持之中；三是自觉做到包保帮扶解民困。实行特区人大干部职工包保联系贫困乡、贫困村制度，派驻党员副科级干部蹲点履行驻村第一书记职责，落实干部职工结对帮扶制度。人大机关干部职工结对帮扶贫困户115户，挂钩帮扶贫困村2个。人大副县级以上领导干部包保联系8个乡镇（社区）21个贫困村。常委会领导班子成员多次深入挂帮联系点，围绕“一达标、两不愁、三保障”目标和“三率一度”要求，结合基层精准脱贫推进情况、基础设施建设、产业扶贫、易地扶贫搬迁、民生保障等方面问题开展监督、指导和帮扶工作。全年为挂钩帮扶村和干部联系村解决党建扶贫及有关工作经费20.5万元，为联系乡镇协调落实项目资金及物资折价200余万元，帮助贫困村协调办理修建村组公路、安全用电、文化场所建设及种养殖业等民生实事30余件，切实帮助基层解决脱贫攻坚中一些实际问题。

五、加强自身建设，提升工作水平

（一）加强机关党建和党风廉政建设。认真学习贯彻新时代党的建设总要求，着力加强人大常委会党组自身建设，把政治建设摆在首位，旗帜鲜明讲政治，始终在政治立场、政治方向、政治原则、政治道路上同以习近平同志为核心的党中央保持高度一致。研究制定《中共六枝特区人大常委会党组理论学习中心组年度学习计划》和《中共六枝特区人大常委会党组关于推进“两学一做”学习教育常态化制度化的实施方案》，修订《六枝特区人大机关工作制度》，按计划举行特区人大常委会党组中心组集中学习，推进“两学一做”学习教育常态化制度化。强化人大机关党的组织建设力量，严格党内政治生活，机关党建工作不断加强，人大机关干部综合素质不断提高。认真落实党风廉政建设主体责任，推动人大党组班子成员党风廉政建设“一岗双责”的落实。贯彻执行民主集中制，严格实行“三重一大”事项集体决策制度，切实抓好领导干部重大事项请示报告制度的督促落实。始终把纪律和规矩挺在前面，坚决贯彻落实全面从严治党的要求。改进人大机关作风，强化对人大干部的教育和监督，坚决支持纪检监察机关履行监督、执纪、问责职责，积极配合、协助对有关案件的查处，努力营造现职在岗人大干部队伍干净干事的风清气正的政治生态。

（二）加强信访工作，维护社会和谐。坚持用法治思维接访处访，认真落实常委会领导班子信访接待制度，人大常委会主任会议组成人员深入到包保乡镇化解信访积案，在重要事件节点和敏感时期，坚持对矛盾纠纷化解责任的层层传递，始终做到工作不松懈，思想不麻痹。全年共接到信访案件73件，接待信访人员154人次，转办交办31件，现场疏导42件，信访案件办结率100%。

各位代表，一年来，特区人大常委会坚持党对人大工作的领导，围绕中心，服务大局，寓监督于支持之中。坚持依法履行职责，始终把服务脱贫攻坚放在首位，把维护人民根本利益摆在重要位置，依靠代表，依靠人民，正确处理好与“一府两院”的关系。加强沟通，强化监督，有力地推进了各项工作。过去一年所取得的成绩，是特区党委正确领导和市人大常委会关心指导的结果；是全体代表、人大工作者、常委会组成人员共同努力的结果；是“一府两院”、各乡镇人大、街道办人大工委、社区议事会、全区各族人民共同努力的结果；是社会各界、老领导、老同志们关心支持的结果。在此，我代表特区第十二届人大常委会，向各位代表、政协委员及其他列席会议同志，向关心支持特区人大工作的各界人士及全区各族人民致以崇高的敬意和衷心的感谢！

回顾过去，我们取得了一定成绩，但同时也要清醒地认识到，人大常委会的工作还存在一定差距和不足。主要表现在：监督工作的方式方法还不够创新，亟须改进和完善；代表的履职能力参差不齐，亟待培训和提升；人大常委会审议意见和代表所提建议意见的办理落实力度不够，特别是代表对议案建议办理的满意度较上年有所下降，亟待提高工作质量；部分乡镇人大干部“一肩挑多担”而不专职的问题较为突出，亟待种好基层人大工作“责任田”；常委会开展调查研究的力度和深度不够，自身建设有待加强；过去发生在个别人大党员干部身上的违纪问题足以引起深刻反思。针对这些问题，我们将广泛调研，完善措施，在今后的工作中不断克服并加以解决。

2018 年的主要任务

2018 年是全面贯彻党的十九大精神的开局之年，是我区脱贫攻坚“减贫摘帽”的决胜之年，也是实施“十三五”规划承上启下的关键之年。特区人大常委会工作的总体要求是，全面贯彻党的十九大精神、习近平总书记在贵州省代表团重要讲话精神及中央、省委、市委、特区党委关于新时代人大工作的决策部署，以习近平新时代中国特色社会主义思想为指导，加强党对人大工作的领导，坚持稳中求进工作总基调和新发展理念，紧紧围绕高质量发展、效益优先和统筹推进稳增长、促改革、调结构、惠民生、防风险等重点工作强化监督，树立新时代人大工作新气象，展现人大工作新作为，为推动我区决胜脱贫攻坚、实现全面小康和促进经济社会持续健康发展作出新的贡献。

一、坚持理论武装，强化自身建设

“打铁必须自身硬”。特区人大常委会将始终把自身建设摆在突出位置，坚持和依靠党的领导，深入学习贯彻党的十九大精神，用习近平新时代中国特色社会主义思想武装头脑，指导工作。持之以恒加强人大党的建设，把管党治党的螺丝拧得更紧，把全面从严治党的措施落实得更细。坚持学用结合，立学立干，边学边改，深入开展“不忘初心，牢记使命”主题教育，牢固树立“四个意识”，坚定“四个自信”。深入学习宣传贯彻新时代人民代表大会制度，采取中心组学习、集中培训、外出轮训、专题讲座、代表活动等形式，加强对人大代表和人大工作者进行理论、法律法规和业务的综合学习与培训，努力提高人大工作水平。认真组织党员、干部深入学习、深刻领会习近平总书记关于进一步纠正“四风”、加强作风建设的重要批示精神，弛而不息正风肃纪，锲而不舍抓好作风建设，认真落实主体责任和领导班子成员“一岗双责”，推进人大机关党风廉政建设，预防和杜绝各类违纪现象和腐败行为的发生。

二、决胜脱贫攻坚，助推同步小康

紧紧围绕全区中心工作，坚持发展第一要务，以决胜脱贫攻坚，聚焦“减贫摘帽”，助推同步小康统揽人大工作全局。强化责任担当，转变工作作风，发动各级人大组织，动员各级人大代表积极投身于脱贫攻坚伟大实践，整合人大资源和工作力量，发挥人大监督职能作用和人大代表的积极作用，坚决把特区党委的决策部署贯彻执行好，推进脱贫攻坚各项政策落实生效。

三、围绕工作大局，增强监督实效

认真履行宪法和法律赋予的职责，围绕全区工作大局实施重点监督，确保我区经济社会持续健康发展。以脱贫攻坚和生态环境保护为重点，加强民生、生态环保领域监督，助力脱贫攻坚，守护绿水青山；以发展实体经济为重点，加强在推进供给侧结构性改革中的政策措施落实情况的监督，提升经济发展质量；以解决民生问题为重点，加强对基本民生保障的监督，提高基本公共服务水平；以重点领域风险防控为重点，加强对政府性投资措施落实情况的监督，提高对各类风险的防控水平。依法加强对“一府两院”的法律监督和工作监督，创新监督方式，提高监督实效，促进“一府两院”依法行政，公正司法。

四、抓住工作重点，决定重大事项

在特区党委的正确领导下，特区人大常委会将紧紧围绕中心，抓住工作重点，对涉及全区经济建设、政治建设、文化建设、社会建设、生态文明建设“五位一体”总体布局的重大事项，充分行使好决定权，及时把区委的重大决策部署通过人大的法定程序变成全区人民的共同意志和自觉行动。

五、坚持党管干部原则，依法做好人事任免工作

坚持党管干部和依法任免相结合，认真行使好人大人事任免权。紧紧围绕发展大局，把那些政治坚定、实绩突出、敢于担当、群众公认、清正廉洁的干部充实到经济发展一线，为决胜脱贫攻坚、同步建成小康奠定坚实的组织基础。

六、丰富活动载体，做好代表服务

通过人大各类刊物和媒体，大力宣传人民代表大会制度和人大代表在经济社会发展中的先进事迹，讲好人大故事，奏响我区新时代人大工作最强

音。加强代表培训，不断提高代表依法履职能力。不断完善代表列席人大常委会会议制度，邀请代表参加集中视察、执法检查、专题调研、专题询问和“一府两院”有关活动，加强人大常委会组成人员联系代表工作。创新代表小组活动内容，层层压实责任，抓好代表建议督办工作，提高对代表建议的办理质量和满意度。深化宣传贯彻落实《贵州省乡镇人民代表大会工作条例》，树立典型，全面推开我区乡镇人大规范化建设工作，努力提升服务代表的能力和人大工作整体水平。

各位代表，抓好新时代人大工作责任重大，脱贫攻坚使命光荣，“减贫摘帽”时不我待，同步小康催人奋进。让我们紧密团结在以习近平同志为核心的党中央周围，高举中国特色社会主义伟大旗帜，牢记嘱托，感恩奋进，大力弘扬“创新开放、奉献担当”的新时代六枝精神，在中共六枝特区委员会的坚强领导下，充分发挥人民代表大会制度的作用和优势，撸起袖子加油干，迈开步子加快赶，积极作为，敢于担当，为夺取决胜脱贫攻坚、同步全面小康的最后胜利，续写新时代百姓富、生态美的画廊六枝新篇章而努力奋斗！

中国人民政治协商会议第九届六枝特区委员会常务委员会工作报告

——2018 年 2 月 7 日在特区政协九届二次会议上

六枝特区政协主席　吕　荣

各位委员、同志们：

我受政协第九届六枝特区委员会常务委员会委托，向大会报告工作，请予审议，并请列席会议的同志提出意见。

2017 年工作回顾

2017 年，是九届特区政协立足新起点、实现新发展的开局之年。一年来，在中共六枝特区委员会的坚强领导和上级政协的关心指导下，在特区人大和特区政府的大力支持下，特区政协常委会认真贯彻落实中共十八大、十八届历次全会和十九大精神，突出团结和民主两大主题，围绕中心谋事，聚焦发展干事，关注民生成事，充分发挥政协职能作用，为助推六枝经济社会转型跨越发展作出了积极贡献。

一、始终坚持中国共产党的领导，不忘初心牢记使命，政治方向更加坚定

始终把加强思想政治建设摆在首要位置，提高政治站位，积极引导政协委员把思想行动统一到中央及省委、市委和特区党委的决策部署上来，巩固团结合作的共同思想政治基础。

政治站位进一步提高。以深入推进“两学一做”学习教育常态化制度化为契机，组织政协委员、政协各参加单位和政协机关干部，通过会议学习、专题培训、座谈研讨、个人自学等方式，深入学习贯彻中共十八大及十八届历次全会精神，认真学习贯彻中共十九大精神和习近平总书记系列重要讲话精神，牢固树立政治意识、大局意识、核心意识、看齐意识，自觉提高政治站位，在思想上、政治上、行动上坚决同以习近平同志为核心的中共中央保持高度一致。

政治基础进一步夯实。始终坚持在党的领导下开展政协工作的高度政治自觉，深入学习贯彻中共中央和省委、市委、特区党委关于加强和改进人民政协工作、推进协商民主建设的有关文件精神，牢牢把握社会主义协商民主的政治方向和人民政协的性质定位，坚定不移走中国特色社会主义政治发展道路。坚持把思想引导贯穿到政协工作的全过程，通过政协各项履职活动，引导政协委员始终把工作的出发点和落脚点定位在特区党委决策部署的贯彻落实上，定位在全力支持特区政府抓好中心工作任务的落实上，定位在服务关系全区改革发展稳定和群众切身利益的重大问题上，确保政协工作始终与特区党委同心同德、同心同向、同心同行。

二、始终坚持把促进发展作为履职重点，认真履行政协职能，献智出力助推跨越发展

紧紧围绕全区发展大局和重点工作，组织委员深入协商议政、积极献智出力，努力为全区改革发展稳定增势助力，较好地发挥了围绕中心、服务大局的作用。

服务中心工作，协商民主取得新成效。搭建协商平台，注重协商质量，加强协商前专题调研和沟

通情况，提高协商深度、广度，增强建言献策的科学性、可行性。围绕特区党委、政府中心工作精心选择协商议题，召开常委会议5次、主席会议16次、月协商座谈会9次、对口协商会8次，提出协商意见建议300余条。选择全面建设小康社会、公路建设、脱贫攻坚等10个议题进行常委会重点协商。就《关于对新建山体公园环境保护的建议》、《关于规范农村用电户电费收缴管理的建议》提案和新能源发展、旅游产业发展等8个议题开展对口协商。借鉴全国政协“双周协商座谈会”经验，建立月协商座谈会机制，围绕“农村生活垃圾治理”、“农村饮水安全工程后续管理”、“壮大农民专业合作社，发挥其在脱贫攻坚中的引领作用”等课题召开月协商座谈会，形成调研报告、会议纪要或信息专报送特区党委政府及相关部门决策参考。

聚焦热点难点，民主监督得到新提升。寓监督于政协各项协商活动之中，组织政协委员对事关六枝经济社会持续健康发展重大问题开展协商监督和调研监督，对重大工程项目、重点工作任务、重要民生举措的推进、落实开展视察监督，并通过社情民意开展民主监督。同时，继续抓好提案监督，通过加强协商沟通、强化领衔督办、开展跟踪问效、开展联合督查等多项措施，提高提案办理质量，增强提案监督实效。推荐政协委员担任各类特邀监督员，组织政协委员参与法院有关案件庭审，委派政协委员参与特区人资社保局、教育局有关考聘工作巡视等，发挥了政协委员的民主监督作用。

深入调研考察，参政议政再添新贡献。按照特区党委部署安排，政协领导班子成员积极参与中心工作，尽心竭力完成领衔工作任务，经常深入联系乡镇调查研究、督促工作，全力协助特区党委、政府完成经济社会发展目标任务。把调研考察放在政协履职更加突出的位置，坚持把协商议政建立在调研考察的基础上，围绕有关协商议题和推进农业供给侧结构性改革、乡镇（社区）卫生院建设管理、工业园区发展等11个专题，组织部分政协委员和相关部门负责人深入调研，提出意见建议100余条，形成调研报告报送特区党委、政府及有关部门。根据工作需要，组织部分政协委员和相关人员分别赴盘州市、水城县、西秀区、平塘县、凤冈县、印江县考察学习相关工作，借鉴先进经验，助推相关产业转型升级。组织六枝片区市政协委员视察工业经济发展情况，形成视察报告报市政协转市委、市政府决策参考。

三、始终坚持把履职为民作为根本宗旨，聚焦社会事业发挥政协优势，聚力聚智促进民生持续改善

坚持以人民为中心的发展思想，把实现和维护好最广大人民群众的根本利益作为政协工作的出发点和落脚点，坚持履职为民，搭好“连心桥”，努力增进民生福祉。

聚焦民生事业助力脱贫攻坚。坚持协商议政服务民生，调研视察突出民生，建言献策紧贴民生，紧扣促进教育公平、完善社会保障体系、深化医疗卫生体制改革等民生难题，综合运用调研视察、协商座谈、提案和信息等形式，推动各项民生事业持续改善。特区政协主席会议成员认真落实特区脱贫攻坚战区部署要求，经常深入所在战区、联系乡镇蹲点调研，走访贫困村、贫困户，帮助研究解决扶贫工作中的有关困难和问题，促进扶贫工作顺利开展。鼓励动员委员在做好本职工作、发展自身企业的同时，积极为贫困户脱贫办实事、送温暖。组织政协机关干部职工深入党建扶贫联系点郎岱镇簸箕田村开展脱贫攻坚“三送三促”活动，将党和政府的脱贫政策送到贫困户手中，进一步激发贫困户脱贫致富的内生动力。认真做好结对帮扶工作，深入贫困户家中走访，宣讲落实扶贫政策，帮助贫困户解决生产生活难题，改善生活环境，推进精准脱贫。

聚焦民生福祉真情智力支边。大力开展捐资助学、扶贫济困、送医送药等活动。组织选送困难孤儿赴丽江民族孤儿学校就读；联系九三学社六枝支社、市二医、人民医院、银壶社区卫生院开展“同心同行智力支边·互助互爱精准扶贫”活动，为基层群众免费健康体检；联系九三学社六枝支社、六枝特区房开协会、六枝邮政局到郎岱镇簸箕田村小学、月亮河乡第二小学开展“关爱留守儿童·播撒爱心阳光”活动，捐赠价值3万余元的图书及学习用品，免费为88名留守儿童体检；协调上海慈慧公益基金会为我区24名贫困大学生捐资助学；协调中国民间助学网、香港慈恩基金会对我区240余名贫困高中生进行捐资助学；联系《课堂内外》杂志社对部分小学师生开展知识培训；协调联系北京

正和恒基有限公司投资115万元修缮郎岱一中教学楼等，智力支边工作深入开展。

四、始终坚持突出大团结大联合优势，深化团结合作，主动服务和谐社会建设

发挥政协组织大团结大联合优势，凸显团结联谊功能，积极为各界人士搭建好参政议政平台，凝聚各界力量，助力画好六枝发展最大同心圆。

合作共事氛围更加浓厚。不断完善工作机制，搭建协商议政平台，积极为民主党派、工商联、无党派人士和其他社会各界人士参政议政、发挥作用创造更好的条件、提供更多的机会。充分尊重和保障民主党派、工商联、无党派人士在人民政协的各项权利，鼓励支持他们利用政协平台、通过合理的方式反映诉求，提出批评建议。有计划地邀请政协委员和社会各界人士通过列席特区政协常委会、参加月协商座谈会和视察调研等，扩大社会各界有序政治参与。认真贯彻落实党和国家的民族宗教政策，切实维护民族宗教界人士合法权益，充分发挥民族宗教群众在促进社会和谐中的积极作用。

互动交流学习更加活跃。注重发挥政协联系广泛的优势，扩大交流合作和对外联谊，参加黔滇两省北盘江流域十六县（市、区、特区）政协第二轮协作会第十三次年会活动、石阡县首届中国（石阡）夜郎文化高峰论坛、全市推进政协委员履职经验交流会、市长与市政协委员座谈会等活动；接待广东省政协、广东惠州市政协、余庆县政协等省内外政协到我区开展交流、调研、考察活动16次，互相学习借鉴工作经验，开阔了发展视野，拓宽了工作思路，促进了政协工作水平的提升。

五、始终坚持把务实高效作为基本要求，不断加强自身建设，政协工作水平不断提高

坚持把能力建设作为推进政协工作的基础性工程，全面加强政协组织自身建设，不断提高履职能力和水平。

委员队伍建设不断加强。注重提高政协委员履职能力和水平，编印《政协知识选编》、订购《党的十九大报告辅导读本》、《政协委员手册》、《贵州政协报》等学习资料，让委员第一时间学习把握中共中央的决策部署，为委员履职奠定正确的思想政治基础。搭建学习平台，强化履职培训，组织举办了4期共计240余人次参加的政协委员和政协机关干部履职能力提升专题培训班，选派政协委员40余人分别参加全国政协、省政协以及省委党校、市委党校培训班学习。搭建履职平台，拓宽政协委员履职渠道，鼓励委员积极参与各方面工作，组织委员开展协商议政、调研视察、学习考察，为委员知情明政、锻炼提升创造条件。创建“六枝特区政协工作”微信群，建立畅通、快捷、互动的信息交流平台，促进经验共享、信息共知。开展委员走访活动，提高委员对政协组织的认同感和归属感，激发委员履职的热情和动力。支持乡镇（社区）政协工作联络组抓好自身建设，加强工作指导联系，促进作用发挥。

机关建设不断深化。切实加强政协党组织建设，强化政协党组的领导核心作用，认真落实从严管党治党主体责任，坚持民主集中制原则，注重加强班子成员和机关干部党风廉政、思想道德和纪律法规等方面的学习教育，确保中共中央和省委、市委、特区党委决策部署在特区政协的贯彻落实。加强党支部建设，严格执行党的组织生活制度，充分发挥政协党支部战斗堡垒作用，不断增强机关政务服务能力和统筹协调能力。围绕提升工作效率和工作质量这个目标，强化干部队伍建设，调整充实干部队伍，加大政协机关干部履职担当的教育培养力度和实践锻炼强度，干部职工思考谋划、推动落实的能力得到提升，作风得到转变。

政协工作影响力不断拓展。丰富宣传形式，积极宣传政协委员履职亮点和特色。创建“六枝特区政协网站”，及时发布工作信息近400条。密切与新闻单位的联系与合作，协调新闻单位加强对特区政协重要协商议政活动、政协委员履职成效的宣传报道，向省、市、特区主流媒体报送政协工作信息100余篇，宣传政协好故事，传播政协好声音，增进社会各界对人民政协的了解，扩大人民政协履职影响。组织我区特色菜品参加“大美黔菜·寻味凉都”评比活动和“多彩贵州·大美黔菜”品鉴推广活动，推介六枝特色饮食文化和特色农产品。举办六枝特区“喜迎十九大·展望新六枝”书画摄影巡回展共27场次，广泛宣传六枝经济社会发展所取得的辉煌成就，为深入学习贯彻中共十九大精神营造良好的社会氛围。围绕“存史、资政、团结、育人”功能，继续抓好六枝文史资料的征集、挖掘、整理工作，

并加强与有关县区的文史交流，积极宣传六枝的历史与文化，增进文化自觉和文化自信。

各位委员、同志们：使命重在担当，实干铸就辉煌。一年来，特区政协常委会工作取得了一定成绩，这是特区党委高度重视、正确领导和上级政协精心指导的结果，是特区人大和特区政府大力支持的结果，是政协各参加单位和全体政协委员团结进取、通力合作的结果，是社会各界关心帮助的结果。在此，我代表特区政协常委会，向所有关心、支持、参与政协工作的各级组织、社会各界和政协工作者表示衷心的感谢并致以崇高的敬意！

在看到成绩的同时，我们也清醒地认识到，与新时代、新形势、新任务的要求相比，与特区党委的要求和广大人民群众、政协委员的期望相比，还存在一些不足和差距。比如，有的协商议政活动实效性不够；提案办理落实的质量需进一步提高；部分单位对政协工作重要性的认识还不够，为政协委员履职保障服务不到位；民主监督力度还需要进一步加强；界别组活动开展较少；部分委员的履职能力和履职意识有待提高等等。这些都需要认真研究，并在今后的工作中切实加以解决。

2018 年工作安排

2018 年，是深入学习贯彻中共十九大精神的重要一年，是我区决胜脱贫攻坚、同步全面小康的关键一年。特区政协 2018 年工作的总体思路是：全面贯彻落实中共十九大精神和习近平总书记在贵州代表团的重要讲话精神，以习近平新时代中国特色社会主义思想为指导，高举中国特色社会主义伟大旗帜，坚持团结和民主两大主题，聚焦特区党委、政府中心工作和重点任务，认真履行政治协商、民主监督、参政议政职能，始终不忘初心、牢记嘱托、砥砺奋进，为新时代六枝决胜脱贫攻坚、同步全面小康作出新贡献。

一、着力强化思想引领，在增进思想认同中凝聚新共识

习近平总书记在中共十九大报告中指出：“党政军民学，东西南北中，党是领导一切的”。坚持中国共产党的领导，是政协必须遵循的根本原则，也是政协事业不断进步发展的根本保证。当前和今后一个时期，政协的首要政治任务是把中共十九大精神学习好、领会好、贯彻好、落实好。始终把习近平新时代中国特色社会主义思想作为统揽人民政协各项工作的行动纲领，把牢正确政治方向，从政治和大局上向核心看齐，坚决维护习近平总书记在中共中央和全党的核心地位，坚决维护以习近平总书记为核心的中共中央权威和集中统一领导。认真学习中共十九大关于加强政协工作的战略部署，坚持政协性质定位，加强协商民主建设，推动政协工作与时俱进，不断创新发展，充分发挥政协在新时代中国特色社会主义事业中的重要作用。切实把政协履职要求落实到围绕中心、服务大局、助力民生的实践中，与特区党委同向前进，为全区经济社会发展凝聚正能量、扩大新共识。

二、着力推进协商民主实践，在发展社会主义民主政治上展现新作为

中共十九大报告指出：“协商民主是实现党的领导的重要方式，是我国社会主义民主政治的特有形式和独特优势”、“人民政协是具有中国特色的制度安排，是社会主义协商民主的重要渠道和专门协商机构”，这是在新的历史时期中共中央对人民政协的新定位。要以构建中国特色社会主义制度优势的政治自觉，更好地发挥政协作为协商民主重要渠道和专门协商机构作用，提高政协协商的计划性和实效性。着力推动协商民主广泛、多层、制度化发展，努力形成多元协商主体，充分发挥界别、委员、各参加单位的作用。进一步完善全体会议、常委会议、月协商座谈会等协商平台，推进专题协商、对口协商、界别协商、提案办理协商有序开展，努力形成多层协商格局。按照“有事好商量、众人的事情由众人商量”的要求，聚焦党委政府中心工作，完善协商议政内容和形式，指导各专委会与党政对口部门就共同关心的问题进行对口协商，动员各界别就涉及界别相关领域的问题与党政有关部门进行界别协商，增进共识，促进团结，推动工作。继续推动工作创新，拓展调研深度，提高协商议政质量，为特区党委、政府科学民主决策提供参考。加强对乡镇（街道、社区）政协工作联络组的指导，推动协商民主向基层延伸。

三、紧扣中心服务大局，在推进我区经济社会发展中作出新贡献

深入贯彻中共十九大报告提出的“人民政协工作要聚焦党和国家中心任务”、“把协商民主贯穿政治协商、民主监督、参政议政全过程”的要求，牢固树立新发展理念，坚持把推动发展作为履行职能的第一要务，紧紧围绕特区党委、政府工作重点来谋划政协工作，找准结合点和切入点，围绕脱贫攻坚、全面建成小康社会、供给侧结构性改革、生态文明建设、乡村振兴等方面，开展调研视察，广泛协商议政，积极献计出力，推动全区经济社会持续健康发展。不断拓展民主监督领域，完善监督程序，聚焦党委、政府重大决策部署落实、重要工作推进和群众普遍关心的民生问题解决，综合运用提案办理、视察调研、特邀监督、社情民意信息等形式，多献良策、多建诤言，担当作为，助力发展。

四、充分发挥政协组织优势，在促进民生改善社会和谐上务求新成效

充分利用人民政协爱国统一战线组织优势，在凝聚人心、增进团结、维护稳定上发挥作用。更好地调动各民主党派、工商联和无党派人士参政议政的积极性。关注和反映各族各界的愿望需求，积极协助特区党委、政府做好群众诉求表达、利益协调、权益保障等工作，促进党群和睦、政商亲清、民族团结、社会和谐。贯彻落实以人民为中心的发展思想，把人民对美好生活的向往作为奋斗目标，认真贯彻落实特区党委脱贫攻坚部署，紧扣决胜脱贫攻坚、同步全面小康目标，扎实做好精准扶贫工作，助力如期完成脱贫任务。紧紧围绕教育、就业、医疗、住房、养老等民生事业中的重要问题，组织政协委员建诤言、谋良策、出实招，协助特区党委、政府解决好人民群众最关心、最直接、最现实的利益问题。丰富界别活动，引导支持政协委员深入基层、深入群众，倾听民声、传递民情、解决民忧，引导各界人士积极参与慈善公益事业，多做暖民心、聚民力、汇民智之事，着力提升人民群众幸福指数，切实增强人民群众的获得感。

五、围绕履职能力提升，在加强自身建设上力求新进步

充分发挥政协党组的领导作用，加强党的建设，严守政治纪律和政治规矩，严肃党内政治生活，坚定理想信念，锤炼忠诚担当品格，以党的建设新成效带动政协自身建设取得新进展。更加重视政协委员队伍建设，有针对性地加强政协委员的业务学习培训，重点学习把握中共十九大精神、统一战线理论和习近平总书记关于人民政协工作的一系列新思想新部署新要求，着力提高委员政治把握能力、调查研究能力、联系群众能力和合作共事能力，打造懂政协、会协商、善议政、守纪律、讲规矩、重品行的委员队伍。加强委员的服务管理，引导广大委员以大局为重、以民生为念，深入调查研究、认真履职尽责，努力做到建言建在需要时、议政议到点子上、监督监在关键处，充分发挥委员在政协工作中的主体作用、本职工作中的带头作用和界别群众中的代表作用。切实发挥专委会的基础作用，积极组织专委会开展调研、视察、提案等各种履职活动，加强专委会与社会各界联系，完善专委会协调协作机制，促进专委会与党委政府对口部门、与所联系界别以及各专委会之间的协作，不断凝聚工作力量、增强工作活力。全面落实党风廉政建设主体责任和意识形态主体责任，深入开展“不忘初心、牢记使命”主题教育，巩固和扩大“两学一做”学习教育成果，对内提振精气神，对外树立新形象，努力建设和保持政协机关风清气正、积极健康的良好政治生态和担当履职的工作作风。

各位委员，同志们！迈进新时代，扬帆新征程。让我们紧密团结在以习近平同志为核心的中共中央周围，在中共六枝特区委员会的坚强领导下，不忘初心、不负重托，忠实履职、务实作为，为建设百姓富、生态美的画廊六枝新未来而不懈努力奋斗！

◇ 中国共产党六枝特区纪律检查委员会工作报告 ◇

加强党内监督　忠实履职尽责
服务保障决胜脱贫攻坚同步全面小康

——2018年1月24日中国共产党六枝特区第十一届纪律检查委员会在中国共产党六枝特区第十一次代表大会第二次会议上的工作报告

六枝特区纪委书记　龙　超

各位代表：

我受中国共产党六枝特区第十一届纪律检查委员会委托，向中国共产党六枝特区第十一次代表大会第二次会议报告工作，请予审议。

一、2017年工作回顾

2017年，特区党委坚持党要管党、全面从严治党，认真学习宣传贯彻中央和省委、市委党风廉政建设和反腐败工作部署，将党风廉政建设和反腐败工作纳入党委常委会工作要点，与脱贫攻坚等各项工作同安排、同部署、同检查、同考核。特区党委常委会带头落实党风廉政建设主体责任，学习重大决策，部署重要工作，研究重要案件60余件次。特区党委主要领导认真履行第一责任人责任，坚持重要工作亲自部署、重大问题亲自过问、重点环节亲自协调、重要案件亲自督办，主持召开书记专题会研判“一事一议”专项监察、教育“9+3”等重大案件，研究部署落实省委巡视“回头看”反馈意见整改工作，安排部署落实特区深化国家监察体制改革试点工作。全区各级纪检监察机关紧跟中央和省委、市委、特区党委决策部署，在市纪委和特区党委坚强领导下，认真学习贯彻十八届六中全会、党的十九大和习近平总书记在贵州省代表团重要讲话精神，旗帜鲜明讲政治，牢固树立“四个意识”，着力增强“四个自信”，综合运用“四种形态”，认真履行党内监督专责机关职责；全区各级党组织党内政治生活气象更新，党内政治生态明显好转；全面加强纪律建设，坚持越往后执纪越严，一寸不让纠正“四风”，不断巩固拓展落实中央八项规定精神和省委、市委、特区党委十项规定成果；聚焦脱贫攻坚，强化监督执纪问责，着力查纠侵害群众利益的不正之风和腐败问题，为决胜脱贫攻坚、同步全面小康提供了坚强纪律和作风保障；保持政治定力，坚持力度不减、节奏不变，着力巩固反腐败斗争压倒性态势，推动全面从严治党向纵深发展。2017年，全区纪检监察机关受理信访举报403件次，同比下降20.9%；立案254件266人，同比增长4.53%；党政纪处分267人，同比下降2.9%；移送司法机关2人，同比下降81.82%。

（一）抓思想从严，理想信念宗旨更加坚定

深入学习宣传贯彻十九大精神。坚持原原本本学报告、认认真真读党章，组织全区纪检干部认真学习党的十九大精神，迅速掀起学习宣传贯彻党的十九大精神高潮。特区纪委常委班子带头学，干部职工会集中学，党员大会辅导学，党小组会议讨论

学，深入党建扶贫联系点宣讲学，努力做到学懂、弄通、做实。特区纪委常委会对纪检系统学习宣传贯彻党的十九大精神进行安排部署，制定学习计划、丰富学习载体、确保学习实效。对全区各级各部门学习宣传贯彻党的十九大精神情况开展监督检查，确保十九大精神在我区落地落实。

强化党章党规教育。构建“网站—学校—讲座—基地”多维度教育阵地，深入开展党章党规党纪教育。改版升级“六枝纪检监察网”，开辟党的十九大、护民生促脱贫等专栏，丰富教育载体和内容；开通“六枝特区纪委监察局”微信公众号，10000余人关注。将党章党规党纪纳入特区党校教学内容，1000余名学员接受教育。开展《中国共产党纪律处分条例》、《中国共产党问责条例》、《中国共产党党内监督条例》等党章党规党纪专题讲座50余场，受训5000余人次。建成新窑廉政文化展厅，2000余人接受教育。与特区妇联联合开展“家庭助廉”活动，400余人参与“倡清廉家风・建幸福家庭”道德讲堂，倡导廉洁和谐家风养成。

严肃党内政治生活。推进“两学一做”学习教育常态化制度化，着力解决党章意识不强、看齐意识淡薄的问题，促进党员干部在思想、作风、纪律上实现新进步，坚定理想信念宗旨。开展“当好党内政治生态‘护林员’，以新面貌新气象迎接十九大”主题教育，深入分析研判全区“树木”和“森林”状况。召开全区全面从严治党工作推进会暨党风廉政建设集体约谈会议，通报全区政治生态状况。开展党内政治生活和党的组织生活制度专项检查，发现11个方面问题，提醒谈话7人，问责党组织3个。督促各级党组织认真执行《关于新形势下党内政治生活的若干准则》，严格党的组织生活制度，加强本单位政治生态状况分析研判，认真落实“护林”主体责任，推动党内政治生活气象更新。

（二）抓执纪从严，坚持惩治腐败力度不减

夯实执纪审查基础。认真执行《中国共产党纪律检查机关监督执纪工作规则（试行）》和《贵州省纪检监察机关贯彻〈中国共产党纪律检查机关监督执纪工作规则（试行）〉实施办法》，严格监督执纪工作程序和流程。开展执纪审查规范化专项检查，确保“事实清楚、证据确凿、定性准确、处理恰当、手续完备、程序合规”。抽调4人组成审理小组专司审理，分片区把关乡镇、社区纪委案件，有效保障基层执纪审查质量，2017年纪律审查结案率达100.79%。升级更新谈话室录音录像等设备，定期排查、及时消除隐患，守牢执纪审查安全“生命线”。

强化“四种形态”运用。运用监督执纪“四种形态”，对反映问题轻微的12人进行函询，对如实说明的予以采信，体现党对干部的信任。立足抓早抓小、预防提醒在前，集中约谈财政、卫计、教育、政府平台公司等部门干部600余人。初核了结信访件294件，为180名干部信访举报失实进行澄清。2017年，全区纪检监察机关实践“四种形态”，用严明的纪律管党治党，运用第一种形态处理493人，占64.87%，使红脸出汗真正成为常态；第二种形态纪律轻处分、组织调整240人，占31.58%；第三种形态纪律重处分、重大职务调整19人，占2.5%；第四种形态严重违纪违法开除党籍8人（其中涉嫌犯罪移送司法机关2人），占1.05%，真正成为极少数。

着力推动标本兼治。注重发挥执纪审查治本功能，督促案发部门认真剖析违纪根源，深化标本兼治。在教育“9+3”有偿招生案中，全区17个乡（镇、社区）25所中学26人涉案，涉案资金27.05万元，5人主动交代问题，上缴违纪资金9.05万元，党政纪处分13人，转主管部门处理12人。召开教育系统党风廉政建设大约谈暨警示教育大会，按照宽严相济原则，对主动交代问题、主动上缴违纪资金的15人免于问责，督促特区教育系统建章立制堵塞漏洞，推动实现标本兼治。认真贯彻《六盘水市关于容错纠错的实施办法（试行）》，坚持尽职免责、失职追责，旗帜鲜明为敢担当者担当、敢负责者负责，对6名党员干部予以从轻、免于问责，保护和激发干部干事创业激情。

（三）抓作风从严，深化作风建设步步深入

抓实自查自纠。坚持言出纪随、久久为功，驰而不息纠正“四风”。认真开展“四风”问题自查自纠，发现问题148个，整改率100%，督促制定制度114个，修订完善58个，约谈417人。开展《贵州省公务活动全面禁酒的规定》执行情况监督检查，对84家单位开展违规公款购买消费高档白酒整治工作，督促54家单位按规定封存公务用酒。对“四风”问题开展专项检查，发现并督促整改问题35个。督促各级党组织以永远在路上的坚韧和执着，锲而不舍深化作风建设，不断巩固拓展落实中央八项规定精神和省委、市委、特区党委十项规定成果。

抓紧监督检查。坚持一个节点一个节点抓，紧盯关键节点，节前提醒预防、节中监督检查、节后执纪问责。在元旦、春节、五一、中秋、国庆等重要节点，向全区副科级以上干部发送廉洁短信5000余条，教育提醒党员干部守好“廉洁关”。协助特区党委出台《六枝特区脱贫攻坚帮扶工作问责实施方案》，围绕脱贫攻坚“四场硬仗”、信访维稳、环保督查等开展10余次监督检查，重点查处乱作为、不担当问题，综合运用书面检查、通报批评、提醒谈话、诫勉谈话、纪律处分等方式问责80余人。

抓严执纪问责。坚持经常抓、抓经常，持续释放越往后执纪越严强烈信号。把握监督重点，抓住“关键少数”，密切关注“四风”问题新动向，着力发现隐形变异“四风”问题。对巡视巡察、信访举报和执纪审查中发现的“四风”问题，优先调查处置、及时通报曝光。坚决查处十八大后、中央八项规定出台后、党的群众路线教育实践活动开展后仍不收手不知止、顶风违纪的党员干部。2017年，查处违反中央八项规定精神问题39件42人，党政纪处分39人，党政纪处分比例达92.86%，点名道姓通报曝光6批次13起14人。

（四）抓民生从严，保障脱贫攻坚全面聚焦

充实基层监督力量。出台《六枝特区村纪检委员（民生监督员）管理办法（试行）》，完善“人员进出、待遇保障、考核管理”机制，配齐243名村民生监督员，在全市率先实现行政村（居）民生监督员全覆盖。民生监督员走访群众7.7万余户次，列席村支“两委”会议2700余次，监督检查党务、村（居）务公开2000余次，召开群众会、院坝会300余场次，直接或参与化解矛盾200余起，发现问题线索190余个，转立案50件，挽回经济损失85.74万元，返还群众16.61万元。

建好用活“两个平台”。投入资金130万元，率先在全市建成“民生监督电视公开平台”和“民生监督云大数据平台”，着力畅通完善民生政策项目资金公示、监督渠道，为监督插上科技的翅膀。通过“两个平台”数据比对预警信息6000余条，发现729人死亡后继续享受城乡居民最低生活保障金105.33万元，365人死亡后继续享受养老保险金50.91万元，责任追究175人，其中立案31件34人，督促主管部门追回资金69.13万元。

聚焦民生服务大局。聚焦扶贫领域深化专项监察，开展“一事一议”财政奖补资金、市级“216”极贫乡镇精准扶贫建档立卡和扶贫项目资金等5项专项监察，对2015至2016年度专项监察进行“回头看”。坚决惩治群众身边的腐败，严肃查处贪污挪用、截留私分，优亲厚友、虚报冒领，雁过拔毛、强占掠夺等问题，严肃问责扶贫工作不务实不扎实等行为。2017年，民生领域立案191件198人；责任倒查问责党员领导干部29人、党组织1个。民生监督工作先后2次得到市纪委主要领导批示肯定。

（五）抓巡察从严，利剑震慑作用初步彰显

迅速组建巡察机构。认真贯彻中央和省委、市委巡视巡察决策部署，坚决落实推进市县巡察全覆盖工作要求。2017年年初，及时制定实施方案，成立领导小组，设立巡察机构，抽调93人组建巡察人才库，落实经费保障。着力解决好“巡什么”、“谁来巡”、“怎么巡”的问题，蹄疾步稳推进巡察工作。

提高巡察政治站位。切实将巡察作为践行“四个意识”的实际行动，作为全面从严治党向基层延伸的重要抓手，作为加强基层组织建设的有效途径，作为密切党群干群关系的创新之举，提高巡察政治站位，聚焦坚持党的领导、加强党的建设、全面从严治党这个关键和核心，提高政治站位，突出政治巡察，反馈被巡察单位党的领导弱化等“三大问题”128个，切实加强对被巡察党组织的党性体检。

提升政治巡察实效。将《中国共产党巡视工作条例》作为巡察工作的根本遵循，在实践中探索方法、积累经验、提升实效，切实做到工作方法在巡察中同步改进、一般问题在巡察中同步整改、重大问题在巡察中同步上报、问题线索在巡察中同步移交，提升政治巡察实效，彰显利剑震慑作用。2017年，启动三轮巡察，完成巡察党组织11家，发现问题128个，列为问题线索初核56个，立案31人，转主管部门处理8人，移送司法机关立案处理1人。

（六）抓改革从严，监察体制改革有序推进

坚持审慎稳妥推进。认真贯彻落实党的十九大全面推开国家监察体制改革试点工作重大决策部署，深刻领会改革目的，准确把握改革重点，坚决落实改革任务，严格按照中央及省委规定的“时间表”、“路线图”，“按图索骥”、“照图施工”，审慎稳妥推进改革试点工作。坚决执行“不搞形式化，不要冒进，不要超前”要求，对改革试点工作中拿不准、吃不透，不清楚、不明白的环节和问题，及时请示汇报，争取上级指导支持，与省、市步调保持高度一致，确保改革试点工作经得起历史检验。

全面落实党委主责。特区党委始终深刻认识深化国家监察体制改革是党中央作出的重大决策部署，是事关全局的重大政治体制改革，是推进国家治理体系和治理能力现代化的重大举措，是实现加强党对反腐败工作统一领导的必然要求、实现对所有行使公权力公职人员监察全覆盖的务实举措、整合反腐败力量的关键手段、运用法治思维和法治方式反腐的重要保障。抓好改革试点工作，是贯彻十九大精神和习近平总书记在贵州省代表团重要讲话精神的重要体现，是决战脱贫攻坚、决胜同步小康的重要保障。全面落实党委主责，制定实施方案，成立工作小组。特区党委主要领导切实履行“施工队长”和第一责任人责任，主持召开3次常委会、3次工作小组会议研究部署、协调落实改革试点工作任务。

切实履行纪委专责。特区纪委充分发挥主力军和突击队作用，细致谋划、具体操作、主动作为，切实抓好改革试点工作任务具体落实。坚持“一日一调度”、“一日一报告”，协调督促改革试点工作推进。召开3次主任办公会加强协调调度，形成工作合力。加强拟转隶人员档案审核和谈心谈话，引导转隶人员拥护改革、支持改革、参与改革。落实合署办公场所，制定编制划转、转隶人员名单、线索移交处置及案件办理工作衔接、转隶过渡期临时机构等方案，设立转隶党员临时党支部。12月26日，12名涉改人员正式转隶到岗；12月28日，召开特区深化监察体制改革试点工作转隶大会，实现合署办公，改革试点工作迈出坚实第一步。

（七）抓自身从严，干部队伍建设不断加强

优化队伍结构。拓宽选人用人视野和渠道，注重从公安、检察、基层一线选人充实队伍力量，优化队伍结构，增强队伍活力。畅通干部出口，加大纪检干部交流力度。特区党委高度重视、全力支持纪检监察队伍建设，2017年，研究纪检监察干部人事33人次，提拔15人，交流18人。

强化业务培训。将纪检干部培训纳入全区干部培训计划，参加上级组织的纪检监察、经济工作、脱贫攻坚等业务培训380人次，组织包括村级民生监督员开展培训4期500余人次，其中2期外出浙江大学受训；选派3名干部到省、市纪委挂职锻炼，强化业务学习培训，提升执纪监督能力。

严格监督管理。落实“打铁必须自身硬”要求，践行忠诚干净担当，坚持信任不能代替监督，出台《六枝特区纪检监察干部监督管理办法（试行）》，把监督的手电筒照向自身，强化自我监督，坚持刀刃向内，坚决防止“灯下黑”。2017年，问责纪检干部10人，其中党纪处分3人。

过去的一年，在市纪委和特区党委的坚强领导下，特区纪委团结带领全区纪检监察一班人，忠实履职尽责，强化党内监督，加强纪律建设，助力全面从严治党，服务保障脱贫攻坚，巩固反腐败斗争压倒性态势，推动全面从严治党向纵深发展。这些成绩的取得，是市纪委和特区党委坚强领导的结果，是全区各级党组织和纪检监察机关共同努力的结果，是全区广大党员干部和人民群众支持和参与的结果。在肯定成绩同时，我们更清醒地认识到工作成效与上级要求和群众期盼还有较大差距，我区党风廉政建设和反腐败斗争形势依然严峻复杂，全面从严治党永远在路上。严肃党内政治生活还未形成自觉，构建山清水秀政治生态必须常抓不懈。专项监察、政治巡察、监督检查等工作中发现党的领导弱化、党的建设缺失、全面从严治党不力的问题依然突出，有的党组织执行党章党规党纪不严格，贯彻上级决策部署不坚决；有的党员领导干部管党治党责任意识不强，担当精神缺乏，压力传导、责任落实层层递减。群众身边的不正之风和腐败问题仍然多发，“四风”问题时有反弹。有的纪检干部缺乏执纪自信，能力不足、作风不实，影响和制约监督执纪实效。这些问题，必须高度重视，认真加以解决。

二、2018年工作建议

2018年，是全面贯彻落实党的十九大精神的开局之年，是党团结带领人民进行伟大斗争、建设伟大工程、推进伟大事业、实现伟大梦想，全面推开深化国家监察体制改革试点工作的关键之年，是我区打赢脱贫攻坚战、确保实现“减贫摘帽”目标的决胜之年。抓好今年的党风廉政建设和反腐败工作任务艰巨、意义深远。2018年工作的总体要求是：持续深入学习宣传贯彻党的十九大和习近平总书记在贵州省代表团的重要讲话精神，以习近平新时代中国特色社会主义思想为指导，全面落实党的十九大战略部署，认真贯彻十九届中央纪委二次全会和即将召开的十二届省纪委二次全会、七届市纪委三次全会精神，增强“四个意识”，坚定“四个自信”，不忘初心、牢记使命，紧紧围绕坚持和加强党的全面领导，紧紧围绕维护习近平总书记在党中央和全党的核心地位，紧紧围绕维护党中央权威和集中统一领导，坚持党要管党、全面从严治党，忠实履行党章和宪法赋予的职责，全面加强政治建设，强化党内监督，严肃党内政治生活，坚持不懈改进作风，全面落实深化国家监察体制改革试点工作任务，强化不敢腐的震慑、扎牢不能腐的笼子、增强不想腐的自觉，巩固反腐败斗争压倒性态势，建设忠诚干净担当的纪检监察队伍，为我区决胜脱贫攻坚、同步全面小康，确保实现“减贫摘帽”目标，续写新时代画廊六枝发展新篇章提供坚强的纪律和作风保障。

（一）认真贯彻十九大精神，全面加强政治建设

全区各级党组织要始终把全面贯彻落实十九大精神作为当前和今后一个时期的首要政治任务，坚持以政治建设为统领，把旗帜鲜明讲政治的要求贯穿全面从严治党全过程，坚决服从和维护以习近平同志为核心的党中央权威和集中统一领导。加强对十九大精神、党内政治生活状况、党的路线方针政策和民主集中制等制度执行情况的监督检查，引导和督促全区各级党员干部特别是领导干部牢固树立“四个意识”。加强对全区各级党组织履行全面从严治党责任情况的监督检查，做到失责必问、问责必严，用好问责利器，推动管党治党责任全面覆盖、层层传导。严明政治纪律和政治规矩，坚决杜绝自行其是、阳奉阴违，有令不行、有禁不止，确保政令畅通、令行禁止。

（二）深化标本兼治，巩固反腐败斗争压倒性态势

认真贯彻执行《监督执纪工作规则》和省纪委《实施办法》，严格审查调查程序和流程。坚持无禁区、全覆盖、零容忍，坚持重遏制、强高压、长震慑，坚持不松劲、不停步、再出发，减少腐败存量、重点遏制增量。强化警示教育，充分发挥典型案例和违纪违法干部忏悔录的反面教材作用。坚持抓早抓小，强化监督执纪“四种形态”运用。紧盯“关键少数”特别是一把手，促使党员领导干部知敬畏、存戒惧、守底线。坚持惩治腐败力度不减、节奏不变，深化标本兼治，构建不敢腐、不能腐、不想腐的体制机制，以永远在路上的坚韧和执着，巩固反腐败斗争压倒性态势。

（三）持续改进作风，推动党风政风全面好转

认真贯彻落实《中共中央政治局贯彻落实中央八项规定的实施细则》和省、市、特区实施细则、实施方案精神。发扬钉钉子精神，驰而不息抓好作风建设，坚持不懈改进作风。全面加强作风建设和纪律建设，密切关注“四风”问题新动向，紧盯潜入地下等隐形变异“四风”问题。着力解决人民群众反映强烈的“四风”问题，坚持越往后执纪越严，抓早抓小，动辄则咎，监督执纪寸步不让，把纠正“四风”往深里抓、实里做，把作风建设不断引向深入，推动形成知畏知止、收敛收手的压倒性态势。充分激发党内监督、群众监督、自我监督正能量，强化党员领导干部示范引领作用发挥，严格约束自己，严格家教家风，营造向善向上良好氛围，推动党风政风全面好转，推动社会风气持续好转。

（四）坚持“照图施工”，完成国家监察体制改革试点工作

坚决落实中央和省、市深化国家监察体制改革试点工作部署，切实履行好纪委专责，“按图索骥”、“照图施工”，如期完成特区监委组建挂牌。吃透改革精神、领会改革意图，牢牢把握总体目标、关键环节、职能职责、权限手段，以高度的思想自觉和行动自觉拥护改革、支持改革、参与改革。着力抓好“人”、“事”、“物”的衔接，在思想、理念、感情、人员、工作上实现深度融合磨合，确保过渡期各项工作有机衔接，实现“合编、合心、合力”。认真履行监委监督、调查、处置职责，全面探索试

用12项调查措施，探索形成高效顺畅的监察工作运行机制，实现执纪审查与依法调查有效统一，使反腐败的拳头攥得更紧、威力更大，以反腐败斗争实际成效彰显改革成果。

（五）深化政治巡察，铸造全面从严治党利剑

坚决落实省、市巡视巡察工作部署，加快巡察机构建设，加强与组织、人事、编制等部门沟通协调，加快推进区委巡察办、巡察组组建工作，制定巡察工作五年规划。加强巡察队伍建设，提升发现问题、分析问题、驾驭问题的综合能力，在巡察组成立临时党支部，加强理想信念宗旨教育，强化战斗堡垒作用，将巡察利剑铸造得更加锋利。以政治建设为统领深化政治巡察，突出巡察重点，将贯彻十九大精神、严肃党内政治生活及脱贫攻坚工作责任落实等情况作为政治巡察的重要内容。强化巡察成果运用，督促被巡察党组织抓好巡察反馈问题整改落实，推动被巡察党组织认真贯彻中央和省、市、特区决策部署，开展严肃认真党内政治生活，严格党内监督，营造良好政治生态，切实发挥政治巡察的“探照灯”和“显微镜”作用，让巡察利剑作用更加彰显。

（六）护民生促脱贫，增强人民群众获得感

坚定不移护民生促脱贫，紧紧围绕打赢脱贫攻坚战，深化拓展民生监督工作，扎实开展第二轮“访村寨、重监督、助攻坚”专项行动和农村新型经济实体运行管理情况专项监察，聚焦扶贫领域开展监督检查和专项监察，对扶贫领域失职失责行为实行“一案双查”、“一案双问责”，把全面从严治党覆盖到“最后一千米”。管好用活“两个平台”，加强村级民生监督队伍教育培训和监督管理，强化监督力量，夯实基层基础。将脱贫攻坚作为监督执纪问责重点领域，紧盯扶贫项目落地、扶贫资金管理、帮扶责任落实等情况开展监督检查，坚决整治扶贫领域的不作为、慢作为和乱作为。坚持凡是群众反映强烈的问题都要严肃认真对待，凡是损害群众利益的行为都要坚决纠正，确保脱贫攻坚成效真正惠及广大人民群众，增强人民群众获得感。

（七）打铁必须自身硬，建设对党忠诚的纪检监察队伍

坚持把始终对党绝对忠诚作为纪检监察干部第一位要求，教育引导纪检监察干部牢固树立“四个意识”，坚定“四个自信”。以深化国家监察体制改革试点工作为着力点，加大纪检监察干部轮岗、交流和培训力度，做好全员培训，对原纪委干部重点开展法律法规知识培训，对检察院转隶干部着重开展党章党规党纪知识培训，全面提升纪检监察干部监督执纪问责、监督调查处置本领。坚持打铁必须自身硬，信任不能代替监督，强化自我监督，保持做好新时代纪检监察工作的定力、耐力、活力，以坚定的理想信念和铁的纪律，努力建设一支忠诚、干净、担当的干部队伍。

各位代表，抓好党风廉政建设和反腐败工作责任重大、使命光荣。让我们更加紧密地团结在以习近平为核心的党中央周围，在市纪委和特区党委的坚强领导下，不忘初心、牢记使命，忠于职守、忠实履职，不断巩固党风廉政建设和反腐败斗争压倒性态势，努力营造风清气正的政治生态，为我区决胜脱贫攻坚、同步全面小康，确保实现“减贫摘帽”目标，续写新时代画廊六枝发展新篇章提供坚强的纪律和作风保障。

大事记

◎1月

2日　2016年CCTV《星光大道》贵州六枝选手选拔活动六枝决赛开赛。

5日　贵州省、六盘水市国家三类城市语言文字工作专家组一行到六枝特区开展国家三类城市语言文字工作评估验收工作，对照《国家三类城市语言文字考核评估标准》，对六枝特区部分机关单位、学校、乡（镇、社区）、企业进行实地抽查考核评估。

6日　六枝特区人民医院改扩建PPP项目签约仪式在六枝宾馆五楼会议室举行。

六枝特区人民医院改扩建PPP项目是贵州贵州省第一个采用PPP模式规范实施的医院类PPP项目，其运作模式为“建设—运营—移交（BOT）”，总投资约48461.55万元，总用地面积35524.8平方米，约53.28亩。项目分两期建设，其中，一期总投资34559.15万元，用地面积12150.6平方米，约18.26亩。

10日　六盘水市首批重点学（专）科现场评审汇报会在六枝特区人民医院召开。

20日　组织召开六枝特区与苏州协鑫新能源投资有限公司座谈会暨项目签约仪式。六枝特区副区长蒋家梁代表特区政府与苏州协鑫新能源投资有限公司签署《六枝特区光伏发电项目》投资框架协议。

24日　中国共产党六枝特区第十一次代表大会第二次会议在特区人民会场召开。会议应到代表275名，实到237名，符合党章规定。会议通过了《中国共产党六枝特区第十一届委员会2017年工作报告的决议》、《中国共产党六枝特区第十一届纪律检查委员会2017年工作报告的决议》、党代表提案审查情况的报告。

是月　六枝特区城管局在休闲广场附近安放的首个移动公厕已安装调试完毕，正式投入使用。

是月　六枝特区月亮河种养殖农民专业合作社被认定为国家农民合作社示范社，全贵州省共20家农民合作社获此殊荣。

◎2月

6日　梭戛“跳花节”在梭戛乡高兴村广场举行，来自意大利、英国、加拿大、澳大利亚等国的33名游客，全国各地的文化研究者和学者，国内外各家媒体记者及群众3万余人到场参加活动。

7—11日　中国人民政治协商会议第九届六枝特区委员会第二次会议在六枝特区人民会场召

开。会议表决通过《中国人民政治协商会议第九届六枝特区委员会提案委员会关于九届二次会议提案审查情况的报告》和《中国人民政治协商会议第九届六枝特区委员会第二次会议决议》。

8 — 12 日　六枝特区第十二届人民代表大会第二次会议在特区人民会场召开。会议应到代表234名，实到214名，符合法定人数。会议表决通过《六枝特区第十二届人民代表大会第二次会议关于六枝特区人民政府工作报告的决议》、《六枝特区第十二届人民代表大会第二次会议关于六枝特区2017年国民经济和社会发展计划执行情况及2018年国民经济和社会发展计划的决议》、《六枝特区第十二届人民代表大会第二次会议关于六枝特区2017年财政预算执行情况及2018年财政预算的决议》、《六枝特区第十二届人民代表大会第二次会议关于六枝特区人民代表大会常务委员会工作报告的决议》、《六枝特区第十二届人民代表大会第二次会议关于六枝特区人民法院工作报告的决议》、《六枝特区第十二届人民代表大会第二次会议关于六枝特区人民检察院工作报告的决议》。

10 日　六盘水市2017年脱贫攻坚春季攻势动员部署会议召开，市委书记周荣，市委副书记、市政府代理市长李刚在会上讲话。会议全文传达《中共贵州省委贵州省人民政府2017年脱贫攻坚春季攻势行动令》，市委书记周荣，市委副书记、市政府代理市长李刚在会上讲话，对全市脱贫攻坚工作做出安排部署，提出要求。

12 日　长春市电影制片厂副厂长韩志君，原长春市委常委、市委宣传部部长殷丽侬，长春市电影制片厂导演彭蓝郁一行到六枝特区采景。

13 日　六枝特区小城镇建设“整区推进”工作会议召开，安排部署六枝特区2017年度小城镇建设发展情况。

15 日　六枝特区与葵花药业集团签约仪式在六盘水市举行，特区党委书记杨昌显出席会议并讲话，特区党委副书记、政府区长方裕谦与葵花药业集团副总裁关彦明签订投资合作协议。

24 日　中国共产党六枝特区第十一届纪律检查委员会第二次全体会议召开，深入学习贯彻中央和贵州省、市关于全面从严管党治党系列重大决策部署，总结全区2016年党风廉政建设和反腐败斗争，分析研判当前形势任务，安排部署2017年党风廉政建设和反腐败斗争。

是月　六枝特区月亮河乡第一中学、郎岱镇第二小学获“2016年‘四在学校·幸福校园’贵州省级示范校”称号。

◎ 3月

2 日　六枝特区十二届人民政府第一次全体会议召开。六枝特区党委副书记、政府区长方裕谦会上要求，一是明确一个信号。就是时间信号。实现一季度开门红，时间紧迫、不能等，各乡镇、各部门必须抓紧行动起来，抓住每一小时、每一天、每一周，做到以旬保月、以月保季、以季保年；二是突出一个导向。就是工作导向。围绕一季度开门红和2017年各项目标实现，要抓大事、抓重点、见成效，就是要时时刻刻把2017年工作目标牢记在心，抓在手上，落实到工作中，坚决做到抓一件、成一件，不干则已、干则干成，不抓则已、抓则必优；三是提振精神士气。就是保持工作状态。做好各项工作，必须时刻在状态、有激情、敢担当，始终保持夙兴夜寐、激情工作、马上就办、办就办好的工作作风，努力把政府的各项工作做到精致、细致、极致，确保2017年各项目标任务圆满完成。

是日　六枝特区十二届人民政府第一次廉政工作会议召开。会上特区党委副书记、政府区长方裕谦指出，2016年，特区政府紧紧围绕贯彻落实十八届中央纪委六次全会、十一届省纪委五次全会、六届市纪委六次全会和特区十一次党代会精神，深入“学思践悟”，增强“四个足够自信”，树立“四个意识”，践行“四种形态”，党风廉政建设和反腐败斗争取得明显成效。全区立案243件266人，同比增长59.87%；结案254件，同比增长68.21%；给予党政纪处分275人，同比增长61.76%。移送司法机关11人，同比下降31.25%。不敢腐的震慑作用充分发挥，不能腐、不愿腐的效应初步显现，为全区脱贫攻坚、全面小康提供坚强的纪律保障。

4 日　中国养蜂协会省内外专家及观摩团一行

赴六枝特区大用镇车厘子基地、六枝特区落别乡抵耳玛瑙红樱桃基地、养蜂基地进行实地观摩，六枝特区党委副书记杨锦陪同。

6日　贵州大学监测组赴六枝特区开展农村“三变”改革试点统计监测工作。

调研座谈会上，六枝特区党委副书记王光全汇报六枝2016年农村“三变”改革试点工作情况，并介绍六枝特区紧紧围绕“以‘三变’改革为引领、以特色产业为依托、以新型农业经营主体为抓手、以产城一体化发展为路径”做出的系列改革部署。

是日　六盘水市教育局调研组到六枝特区调研民办学校党建工作并召开座谈会。

调研组实地察看六枝林园幼儿园、纽绅中学等民办学校，通过查阅资料、听取介绍，了解学校党建工作的开展情况。调研组要求，要加快民办学校的党建工作建设，实现党组织全面覆盖，加大力度把优秀教师特别是青年教师吸收进党组织，坚持业务和党建工作一起抓，让党员在民办学校中发挥模范作用，成为推动学校发展的中坚力量。

7日　民盟六盘水市委、六枝特区妇联到六枝法院就妇女儿童权益保护工作开展调研，实地参观了解六枝法院妇女儿童维权工作的开展情况。

7－8日　共青团六盘水市委书记李睿一行赴六枝特区调研产业链团建及共青团改革工作。

李睿一行实地调研全市“216”脱贫攻坚主战场——六枝特区牛场乡、关寨镇两个极贫乡镇，与牛场乡云盘村垄鑫盛泰农业发展公司肉牛养殖基地、关寨镇西克村五娃创种养农民专业合作社、落别乡鸿森茶业有限公司，同创业青年交流座谈。

9日　六盘水副市长李丽到六枝调研教育均衡恒发展情况。李丽先后到新窑镇四角田小学、六枝特区思源中学、六盘水市第二中学、六枝特区第九小学、大用镇一中等学校进行实地走访，详细了解学校食堂管理、安全教育、经费使用、学前大班额、学校师资力量和农村留守儿童等方面情况。她指出，全区教育机构要树立迎难奋进、勇于开拓创新的精神，努力将教育事业做实做优；学校领导要充分调动广大教师的工作积极性、主动性，始终把教育工作摆在前面，进一步提高六枝教育事业整体发展水平，为全市教育事业做出表率。

11日　六枝特区审计工作会议暨2017年度区管干部经济责任审计领导小组联席会议召开。特区党委副书记、政府区长方裕谦出席会议并讲话。会议贯彻落实省委副书记、省长孙志刚和市长李刚对审计工作的批示精神，并安排部署2017年六枝特区审计工作任务。

是日　贵州省深化文明城市创建和“文明在行动·满意在贵州”活动督查调研组组长李海一行四人，赴六枝特区调研指导相关工作。调研期间，督查组一行先后对嘉年华农贸市场、百汇农贸市场、都香高速岩脚服务区、落别乡农旅结合情况等进行一一检查，并提出指导意见。

是日　贵州省扶贫办党组成员、总经理师杨宏一行赴六盘水市开展脱贫攻坚“春季攻势”督查工作，并在六枝召开情况反馈会。

杨宏强调，市委、市政府要把六枝作为脱贫工作重点来帮扶，来检查，其他县区做好脱贫摘帽的早安排，早部署，早落实，努力夯实摘帽工作基础。全力以赴，把脱贫攻坚工作抓在手上，对贫困工作做到心中有数，有条不紊。扎扎实实做好脱贫攻坚工作，完成国家及省交给的脱贫任务。

14日　由六盘水市档案局组织盘县特区、水城县、钟山区、六枝特区等档案局组成验收组对六枝特区银壶社区服务中心、大用镇精准扶贫档案工作进行验收。

是日　甘肃省高台县委副书记梁吉东一行赴六枝特区考察“三变”改革情况。考察组考察了大用镇猕猴桃基地，并就猕猴桃嫁接、育苗、管理、生长气候土壤条件、农民分红模式等问题与基地负责人深入交流，还实地考察了玛瑙红樱桃基地、落别乡螃蟹峡休闲养老中心、牛角村民族文化广场。

15－16日　贵州省委宣传部部务委员、省文改发展办专职副主任柳盛明一行赴六枝特区调研文化产业扶贫工作开展情况。调研组一行深入梭戛乡长角苗生态博物馆、落别乡六枝云上运营中心、牛角村布依生态博物馆，深入调研六枝特区文化产业扶贫工作开展情况。

22－24日　六枝特区政协九届二次常委会议召开。会议通过了政协九届二次常委会议议程（草案）、日程（草案）；组织学习了全国及省、市“两会”精神；听取了特区人民政府关于全面建设小康社会、农村电商、公路建设等相关工作的情况通报。

◎ 4月

10日　织金县人大常委会主任陈石光一行赴六枝特区考察农业产业暨农旅结合情况。

在郎岱镇，陈石光一行先后参观了蔬菜基地、营养餐配送中心、玫瑰大棚、猕猴桃基地，并仔细听取相关负责人介绍六枝“三变”+特色产业、“三变”+精准扶贫、“三变”+民俗旅游等模式。考察团一行还到落别乡实地察看布依风情小镇、龙井温泉小镇、螃蟹峡，车览红樱桃基地。

是日　福建省泉州市泉港区委书记吴礼源率泉州市泉港区考察团赴六枝特区岩脚镇考察。考察团一行先后到岩脚面博园、明清盐商文化街、乡集文化博物馆、廻龙溪温泉度假区进行参观、考察，听取六枝风土人情、旅游资源、产业发展、脱贫攻坚工作等介绍，并与工作人员展开深入交流。

11日　六枝特区金融扶贫示范县暨农村金融信用区创建工作推进会召开。

会上，中国人民银行六枝支行通报六枝特区金融扶贫示范县创建工作开展情况，并对《六枝特区创建金融扶贫示范县工作方案》进行宣读讲解；六枝特区信合联社通报六枝农村金融信用区创建工作开展情况，并对《六枝特区2017年创建“金融信用区”工作推进方案》进行宣读讲解；会议对2016年成功创建信用乡镇的岩脚镇、中寨乡、郎岱镇、关寨镇进行授牌。

12日　贵州金指纹科技有限公司与浙江京禾纳米科技有限公司在城市展览馆举行战略合作签约仪式，标志着纳米离化复合绿色镀膜技术转化基地入户六枝特区木岗园区。

13日　天津市津南区政协副主席申利坤率队赴六枝调研考察郎岱镇、岩脚镇特色小城镇建设情况。调研组一行先后参观考察郎岱镇夜郎百草园、文峰广场、东门街、迎祥广场和岩脚镇明清盐商文化步行街牌坊、太和广场、火焰山乡村公园，认真听取六枝风土人情、旅游资源、特色小城镇建设情况等介绍。

17日　六枝特区召开2017年全区农村土地承包经营权确权登记颁证工作推进会。特区确权办通报六枝特区农村土地承包经营权确权登记颁证工作情况及2017年4月7日省政府对六枝特区农村土地确权登记颁证工作督查中发现的问题；有关乡镇和单位作经验交流和表态发言。

17日　陕西省长武县委书记任杰带队赴六枝考察学习脱贫攻坚工作。任杰一行先后深入六枝特区岩脚镇草原村肉牛养殖基地、大畅面业加工厂、岩脚镇小城镇建设、龙河镇猕猴桃基地、落别精品水果采摘体验园、落别凉都红樱桃基地和落别乡牛角村新寨组开展实地考察。

22—23日　六盘水市委书记周荣，市委副书记、市长李刚率队，先后到盘县、水城县、六枝特区和钟山经济开发区，对全市产业扶贫和易地扶贫搬迁项目进行实地督导调研。

23日　2017年中国凉都·红樱桃高峰论坛在六枝落别召开。论坛达成了“六枝共识”——樱桃产业与生态文明、健康养生、乡村旅游、产业扶贫等六个共识，让凉都红樱桃走出大山，走向世界，真正让凉都红樱桃带来绿色大生态、拉动健康大旅游、促进产业大扶贫、推动全民奔小康。

26日　六枝特区迎接中央第七环境保护督察组工作部署会议召开。

是日　贵州省工商联副巡视员陈曼丽率省工商联扶贫部、民营经济服务中心相关人员一行到六枝特区考核“五好”县级工商联创建督查工作。陈曼丽通过听取汇报、观看特区创建“五好”县级工商联视频宣传片、实地走访、查阅资料等方式详细了解六枝创建“五好”县级工商联创建工作和行业协会创建情况。

26—27日　六盘水市党建引领促脱贫现场观摩会在六枝特区举行。观摩团实地考察六枝特区党建引领促脱贫工作的具体做法和成效。

是月　由新华社《半月谈》杂志社、《中国名牌》杂志社、中国国情调查研究中心共同主办的“全国百佳生态文明城市与景区”大型推选活动，六枝特区荣获“中国最美休闲度假旅游胜地”称号。

是月　六枝特区“月亮河鸭蛋”申报国家农产品地理标志登记通过评审。

◎ 5月

3日　六盘水牂牁江风景名胜区申报通过创国家AAAA级旅游景区景观质量测评。

3日　六枝特区纪念五四运动98周年暨2017年全区共青团工作会议召开。会议全面总结了2016年六枝特区共青团工作，安排部署了2017年工作任务，并对2016年六枝特区共青团战线上涌现出来的先进青年、先进集体进行表彰。

4日　由六盘水市人民政府主办，市国土资源局、六枝特区人民政府承办的2017年六盘水市地质灾害应急处置示范演练在六枝特区岩脚镇锦钟村举行。市国土资源局局长曾晓芳主持演练，参演人员约500人。六枝特区政府副区长彭良国现场指挥该演练活动。

10日　国家“十三五”重大专项“H型高血压”精准医学项目在六盘水市第二人民医院启动，“H型高血压”精准医学项目副研究员邓圆圆出席启动仪式。

是日　北欧可持续发展集团执行总裁兼中国区董事长官小平、中建六局城建公司副总经理兼水务环保事业部总经理毕源、北京巅峰智业旅游文化创意股份有限公司投资总监单树锋等企业领导到六枝特区，实地考察云上六枝运营中心、落别乡龙井温泉、可布瀑布群、瀑布源循环生态农业项目等旅游景点。

11日　大连市委常委、市委组织部部长赵大光一行赴六盘水市送挂职干部暨开展对口帮扶调研考察。赵大光一行先后到落别乡易地扶贫搬迁安置点、党建引领创业示范区、大用车厘子基地等地，考察并听取相关负责人的详细介绍。

11－16日　第十三届中国（深圳）国际文化产业博览交易会在深圳会展中心开幕。

贵州馆设立在会展中心2号馆，围绕“山地公园贵州省多彩贵州风”主题，全面展示多彩贵州文化产业发展新成果，重点突出文化与“大扶贫、大数据、大生态”的融合发展，展示贵州丰富的文化资源与创意、科技结合的“创造性转化和创新性发展”。贵州省第11次组团参加深圳文博会，六枝尚盛竹艺公司作为六枝唯一推荐参展企业，在分会场同步进行竹编工艺品的展示展销，推介六枝特区丰富的民族文化和独具特色的手工艺，展示六枝特区新面貌。

14日　全国政协第五专题调研组杜鹰一行到六枝特区开展“深化农村综合改革”调研。调研组一行先后到落别牛角广场、落别布依民俗博物馆、凉都红樱桃基地，详细了解六枝特区开展“三变”改革所取得的成绩。

15日　“《课堂内外》爱心公益大讲堂”全国巡回公益讲座走进六枝特区第四小学、岩脚镇高桥小学。

17日　六枝特区2017年度市、区人大代表专题调研召开汇报会。政府副区长蒋家梁在会上就特区脱贫攻坚工作情况与特区筹办全市第四届旅发大会工作进展情况作出报告。汇报会后，市、区人大代表赴牂牁镇、新窑镇、岩脚镇等地，分别对旅游基础设施建设、易地扶贫搬迁工作与草原村肉牛养殖基地等情况进行实地调研。

18日　贵州省统计局党组书记王文忠一行赴六枝特区调研。调研组一行先后到大用镇猕猴桃基地、落别乡特色水产养殖基地、大用车厘子生产基地、岩脚镇草原合作社养殖基地、郎岱农业园区猕猴桃基地、玫瑰花种植基地、蔬菜种植基地进行实地调研。

18－20日　六枝特区党委书记杨昌显率队赴北京开展专题招商活动。分别考察了中投凌空（北京）国际投资管理有限公司、中国华录集团（央企）北京易华录公司、光合文旅控股股份有限公司3家企业。该招商活动，共计签订项目1个，对接意向投资项目3个，拟投资金额28.6亿元。

20日　岩脚镇举办六盘水首届温泉节暨廻龙溪美食文化周活动。

21日　“2017中国·六枝互联网＋生态旅游高峰论坛暨EGO六枝众创空间启动仪式”在六枝举行，该论坛以“互联网＋生态旅游”为主题。中央组织部“一带一路”专家咨询团成员、中国云计算应用联盟主席团主席汤兵勇、颐高集团副总裁顾鹏等人出席。论坛期间，颐高集团还分别与入驻企业举行了签约仪式。

26日　六枝特区迎接全贵州省文明城市验收之首届乡村学校少年宫文化艺术节成果展示活动在休闲广场举行。

是日　贵州省“多彩贵州·最美高速”暨“平安高速”创建办检查组赴六枝进行双创工作及2017年上半年综合检查，就高速道路安全隐患、环境卫生、绿化带以及收费站文明服务等情况进行全面检查。

是月　六枝特区品改站荣获“全国基层农技体系改革示范站”称号。

是月　由国家发改委宏观经济管理编辑部、《人民日报》、《中国城市报》、中国林业与环境促进会共同主办的首届“推进绿色发展·建设美丽中国”创建工作已正式启动。贵州省六枝特区凭借得天独厚的生态文化和生态文明建设的成绩，入选为2017年“中国十佳生态旅游城市”。

是月　贵州省旅游资源规划开发质量评定委员会对六盘水市申报创建AAAA级旅游景区进行通报：六枝特区的迴龙溪康养休闲度假区、牂牁江景区达到申报创建AAAA旅游景区景观质量要求，已将其列入创建AAAA级旅游景区名单。

◎ 6月

1日　共青团贵州省委书记涂妍、团市委书记李睿一行到六枝特区落别乡调研共青团的工作。涂妍一行实地考察了落别乡易地扶贫搬迁点“青创汇——创益志愿者服务联盟”，听取相关负责人关于“青创汇”品牌内涵和创益志愿者服务联盟地域特色的介绍，并详细询问了解六枝特区的村团支部书记配备情况和团建工作开展情况。

7日　贵州省质监局党组成员、总工程师黄春银率队赴六枝调研“岩脚面地理标志产品保护示范区”工作情况。

8日　六盘水市地方公路“平安工地”建设现场观摩会在六枝特区召开。市交通运输局质安处处长曲野主持观摩活动。全市各县、区（市）交通运输局，各一级、二级公路业主单位，施工单位项目经理和项目总工，共100余人参会。观摩人员现场参观了G356六枝特区大用至凉水井公路改造工程高边坡、路基涵洞、路基填方、桥梁T梁预制场、隧道标准化施工情况等，听取特区交通运输局和项目施工单位东北军辉路桥集团质量安全管理和施工经验汇报。

13—14日　六盘水市政协副主席禄祎一行赴六枝调研民族特色村寨打造情况，调研组一行先后到牛场乡箐脚村、月亮河乡月亮河村、落别牛角村调研民族特色村寨打造情况，并召开座谈会。

15日　六盘水市创建“五好”基层关工委活动推进会在六枝召开。与会的相关关工委主任、副主任、秘书长等先后参观了九龙社区河湾居委会关工委阵地建设、六枝特区第一小学、郎岱镇花脚村、“岱山书院”、郎岱镇关工委，通过现场查看、听取汇报、查阅资料等形式，了解关工委阵地创建“五好”基层关工委工作的主要做法、成效和经验。

15—16日　贵州省政府督查室副主任吴克一行赴六枝特区开展易地扶贫搬迁专项检查。检查组一行先后到落别乡、中心城区、新窑镇、牛场乡、梭戛乡、龙河镇、关寨镇易地扶贫搬迁安置点，通过采取现场查阅资料、随机抽查搬迁户、查看档案信息等方式对六枝特区易地扶贫搬迁进行专项检查。

16日　六盘水市第四届农村青年致富能手表彰会在六枝召开，鼓励青年致富能手奋发进取。会议宣读关于表彰六盘水市第四届农村青年致富能手的决定。全市45位农村青年致富能手获奖。

17日　在“中国凉都·画廊六枝”2017年“千年等岱·梅扬天下”杨梅嘉年华旅游文化活动上，六枝特区被中国经济林协会授予“千年古杨梅名县”称号。

20日　贵州省“保护母亲河·河长大巡河”主题活动三岔河分活动在六枝特区牛场乡黔中水利枢纽工程平寨水库观景平台举行。

21日　六盘水市公安机关“迎接十九大、忠诚保平安”主题宣讲巡回报告会在六枝特区公安局举行。

24日　六枝特区2017年第一期村（居）党组书记专题培训班在特区党校举行开班典礼，各乡镇支部书记、第一书记80余人参加培训开班典礼。

26日　多彩贵州“广电云”户户用现场安装

模式在木岗镇瓦窑村开启。

29日　2017年凉都·月亮河“六月六”布依风情节在六枝特区月亮河乡开幕，来自六枝特区的布依族同胞、周边十多个县乃至云南、广西的部分布依族同胞会聚到“中国布依第一村”，共同参加“六月六”布依风情节，上万人共同祭拜大铜鼓祈福安康。

是月　住建部、文化部、国家文物局等部门联合发文公布2017年列入中央财政支持范围和2018年拟列入中央财政支持范围的中国传统村落名单，六枝特区落别乡长湾村长田组入选。

◎ 7月

3日　六枝特区在落别乡长寨段举行“保护母亲河河长大巡河”主题活动启动仪式。

10日　“中国凉都·六盘水——气候·养生·旅游论坛”六枝特区筹备工作会议召开。特区生态旅游局通报了“中国凉都·六盘水——气候·养生·旅游论坛”有关工作情况，与会单位先后作交流发言并提出意见和建议。

11日　六盘水市第四届旅游产业发展大会青年志愿者动员大会暨第一期培训会在六枝特区职校举行。来自特区各单位的90余名志愿者参会。

是日　贵州省慈善总会、贵阳癫康癫痫病医院研究院联合开展以“关爱癫痫·慈善先行”基层癫痫病普查为主题的活动走进六枝。

18日　大连市委宣传部率大连日报社、大连广播电视等八家媒体赴六枝开展“山海情缘心手相连”主题采访活动。

24日　六盘水市首个“扶贫订单爱心食堂”在六枝特区牛场乡举行揭牌签约仪式。

25日　山东省政协副主席、党组成员许立全一行到六枝特区考察小城镇暨新农村建设。许立全一行先后到落别乡云上运营中心、易地扶贫搬迁安置点、温泉小镇，听取落别乡各项目具体规划、建设情况的介绍，询问落别乡文化、山水、特色产业等资源的开发利用情况，了解落别乡小城镇暨新农村建设、“三变”改革等情况介绍。

30日　六盘水市“医共体”建设启动部署暨现场观摩会在六枝特区举办，来自市直相关部门，全市各县区相关部门、乡镇、社区、医疗系统的参会人员齐聚六枝，观摩六枝“医共体”建设成果，共同探讨研究全市“医共体”发展。

是月　“学习贯彻贵州省第十二次党代会精神”主题宣讲风采展示活动在贵阳举行。六枝特区第一小学教师宋艳华代表六盘水参加活动，并荣获贵州省十佳选手称号。

◎ 8月

2日　六枝特区首届“千娃创”创业大赛启动仪式在六枝特区颐高创业园举行。

是日　六枝特区科协在滨河广场公园城市展览馆举行中国流动科技馆赴六枝特区城区巡展暨六枝特区科学技术普及馆开馆仪式。

3日　六枝特区移民局与国土资源局、档案局、设计、监理等10余家单位代表及有关专家对六枝特区茅草寨水库工程导（截）流阶段移民安置工作进行验收。经参会代表及专家充分讨论评议，一致同意六枝特区茅草寨水库工程导（截）流阶段移民安置工作通过验收。

14日　六枝特区2017年“雨露计划·‘三女’培育”——持家女培训班在大用镇凉水井村开班。村妇女主任、妇女致富带头人、农村建档立卡贫困家庭妇女共50余人参加培训。

15日　第七届中国摩托艇联赛“中国凉都·画廊六枝”牂牁江大奖赛新闻发布会在北京召开，国家体育总局水上运动管理中心五部部长姚新培，国家体育总局水上运动管理中心正处级、中国摩托艇运动协会副秘书长魏星，六盘水市体育局党组副书记、副局长杨继军，六枝特区党委常委、宣传部部长、统战部部长王国华出席新闻发布会。人民日报、新华社、中央电视台、新浪网、优酷、爱奇艺等40余家知名新闻媒体参加新闻发布会。

19日　六枝特区举行头塘水库开工仪式。

24日　贵州省国土资源厅党组成员、副厅长肖才忠率省油气输送管道安全隐患集中排查整治第二督导组赴六枝特区督导。省督导组一行前往六枝特区关寨镇箐头组六枝——水城天然气支线管道 LA210# 桩段进行现场督导。现场详细了解了六枝——水城天然气支线管道 LA210# 桩段的地质、周边环境安全隐患、管道管理制度等情况。

27 日　香港特区政府社会工作主任协会考察团一行到六枝特区落别乡考察布依民族文化。考察团详细了解民族音乐、民间工艺、民族建筑和农耕、民族饮食等传统民族文化，领略别样的布依民族风情。

29 日　陕西省彬县考察团赴六枝特区进行考察。考察团一行先后前往岩脚镇草原村肉牛养殖基地、六盘水龙井生态温泉旅游度假区、大用园区车厘子基地、呈祥农业学生营养餐配送中心进行考察。并车览郎岱农业园区猕猴桃基地，步行考察郎岱镇特色小城镇建设情况。

是月　2017 年上半年全贵州省市州和县域经济发展综合测评及排位揭晓，六枝特区以 63.39 分列县域经济第一方阵第 19 位。

◎ 9月

3 日　六枝特区在城市展览馆召开创建国家环保模范城市“百日攻坚”推进会。

4 日　统一战线“泛海助学行动”六枝特区捐助仪式启动。该次六枝特区“泛海助学行动”140 名精准扶贫建档立卡大学新生获得资助，每人获得资助 5000 元。

5 日　六盘水市特殊人群就业基地揭牌仪式在六枝特区木岗园区举行，基地成立以后，将能够为全市安置 500 名以上社区矫正人员和帮教对象等特殊人群就业，使其顺利回归社会，安居乐业，维护社会和谐稳定。

6 日　六枝特区正式得到全国爱国卫生运动委员会授予的国家卫生县城牌匾，成功获得国家卫生县城称号。同时，六枝特区郎岱镇、岩脚镇、木岗镇、落别乡也获国家卫生乡镇称号。

7 日　六枝特区产业扶贫“农旅一体化创业扶贫小额担保贷款”现场办理及联合入股经营首期分红发放仪式在木岗镇把仕村举行。该发放仪式是六枝特区推动金融扶贫，打赢脱贫攻坚战的一项重要举措，通过政府平台公司主导，采用“三变 + 金融 + 扶贫”模式，引导贫困农户将贷款资金参与到平台公司统筹的营利性产业项目，并在人力资源和社会保障局贴息的基础上，贫困户参与每年分红，保证贫困户收益的稳定性，直接推动六枝“三变”改革发展工作，实现公司与贫困户的合作共赢。

是日　六枝特区召开 2017 年定兵会。

10 日　六盘水市政协主席杨宏远率市安监局、国土资源局到六枝特区督查地质灾害防治工作。

11 — 13 日　仡佬族同胞一年一度的“吃新节”在关寨镇居都村举行，特区民宗局、统计局、文体广电新闻出版局、关寨镇等单位领导参加。

13 日　贵州省能源局局长张应伟率队到六枝特区华润电厂调研。

是日　六枝特区全面从严治党工作推进会暨党风廉政建设集体约谈会议召开，会议通报六枝换届候选人用人情况及党建引领促脱贫工作情况，通报六枝党的十八大以来执纪审查情况，分析当前存在的问题与不足，结合当前形势，对下一步工作提出安排部署。会议还通报六枝特区广电云户户通工程进展情况。

15 日　贵州省政府办公厅政务信息处处长、省政务公开领导小组办公室副主任、省基层政务公开标准化规范化试点联席会议办公室主任罗琳一行到六枝特区对政务公开工作进行督导检查，六盘水市政府副秘书长陈泉与督查组一行先后到特区人资社保局、特区政府政务服务中心进行实地督查，并在六枝宾馆召开座谈会。

16 日　六枝特区远程教育站点管理员暨“万村千乡”网页管理员培训班开班，各乡（镇、社区）负责远教工作的工作人员、“万村千乡”管理员参加培训。

20 日　六盘水市政协主席杨宏远到区木岗园区调研金指纹集团纳米镀膜技术及产业扶贫情况。

23 — 24 日　2017 中国凉都特色农产品（重庆）推介展示会在重庆国际会议展览中心拉开帷幕。六枝特区共有 19 家农业企业参展，岩脚面、绿壳鸭蛋、猕猴桃等特色农产品亮相展示会。

25 日　零时起，六枝特区 312 辆出租汽车将统一启用计价器，并按运价标准计价收费。计价器的启用，将对促进六枝城市出租汽车市场健康有序发展起到积极的推动作用。

26日　六枝特区召开基层政务公开标准化规范化试点工作启动大会，贯彻落实《国务院办公厅关于印发开展基层政务公开标准化规范化试点工作方案的通知》、《省人民政府办公厅关于印发贵州省开展基层政务公开标准化规范化试点实施方案的通知》精神，进一步深化六枝基层政务公开，提高行政效能加快建设法治政府、服务型政府，切实抓好六枝特区开展国家基层政务公开标准化规范化试点工作。

27日　贵州省人力资源与社会保障厅厅长韩先平率队到六枝特区调研就业脱贫及农村贫困劳动力全员培训工作推进情况。

是日　六枝特区东部战区脱贫攻坚秋季攻势行动推进暨工作座谈会在落别乡召开。落别、大用、木岗三个乡镇政府主要负责人及其有关村支书分别对各自近期脱贫攻坚工作作简要汇报。

28日　六枝特区2017年"国庆"、"中秋"暨第四季度安全生产工作会议召开。

30日　六枝特区在大用镇烈士陵园庄严举行"烈士纪念日"公祭活动，缅怀革命先烈，弘扬爱国情怀。特区党委书记杨昌显、四套班子部分成员、区直各部门主要负责人及部分职工代表、学生代表、公检法代表、驻境官兵代表，大用镇干部职工近400人参加活动。

是月　在贵州省文化厅公布的第五批"三个一"工程审评中，月亮河乡月亮河村获贵州省文化产业示范村称号，成为六盘水市唯一一家申报省级文化产业示范村成功的村寨。

是月　六枝特区2016年度全面小康实现程度达93.4%、超过省级验收标准（90%）3.4个百分点，"三项核心指标"全部达标，为六枝特区迎接省级实地验收奠定良好的基础。

是月　六枝特区金融机构各项存款余额168.06亿元，同比增长20.54%，增速位居全市第一；金融机构各项贷款余额150.66亿元，同比增长25.93%，增速位居全市第一。

◎ 10月

8日　六枝特区易地扶贫搬迁工程建设专题会召开。特区移民局汇报全区2016年易地扶贫搬迁工程总体情况及2017年易地扶贫搬迁工程推进情况、2018年易地扶贫搬迁项目准备情况。

10日　六枝特区与市住投公司召开座谈会，就深化合作、互利共赢进行沟通交流。六盘水市住投公司通报六枝特区棚改贷款、国开资金、"三变"基金、脱贫攻坚基金落实情况，介绍阿志河生态旅游扶贫度假项目涉及的建设用地摘牌建议方案。

11日　中国三线建设研究会副会长、中国国史学会常务理事、中国社会科学院研究员陈东林一行到六枝特区召开三线记忆博物馆展陈内容中期评估会议。

13日　贵州省住建厅厅长张鹏一行到六枝特区落别乡调研，调研组先后到落别乡易地扶贫搬迁安置点、龙井生态温泉旅游度假区、318房车营地进行实地调研。

16日　六枝特区2017年退耕还林工程暨今冬明春产业扶贫推进会召开。

是日　六枝特区创建省级食品安全示范乡镇现场观摩会在牂牁镇召开。与会人员观摩了三街十二坊餐饮店及多梯度训练基地食堂等基础设施建设情况，并召开了现场大会。

16—17日　中航三鑫股份有限公司董事长朱强华、中国贵州航空工业集团有限公司副总经理谢嘉宁等一行到六枝特区实地考察。考察团一行先后到路喜循环经济产业园区、月亮河乡郭家寨石英砂基地进行实地考察，详细了解六枝特区社会经济发展情况，就路喜循环经济产业园区玻璃项目进行深入探讨。考察组表示将进一步加强交流沟通，力争早日达成开发协议。

17日　六枝特区召开2017年农村"组组通"公路大决战项目建设推进会。交通运输局传达《六枝特区农村"组组通"公路大决战实施方案》，通报全区2017年农村"组组通"公路建设情况；牛场乡、梭戛乡、新窑镇负责人作表态发言；随后，特区政府与各乡镇（社区）签订农村“组组通”公路建设目标责任书。

18 日　国家统计局贵州调查总队党组书记、总队长程军虎一行到六枝特区调查队检查指导工作。座谈会上，六枝调查队就调查队工作开展情况进行汇报。特区党委常委、常务副区长杨刚介绍了六枝特区经济社会发展情况，并对分市县“两个收入”数据评估等事项提出建设性建议。

19 日　六盘水市政府党组成员、市安委办主任、市安全监管局局长李恒超率队到湘发煤矿督查安全生产工作。督查组一行查阅湘发煤矿相关安全生产资料，对井口安全布置和视频监控室进行检查，听取煤矿关于安全生产工作的规划和部署的汇报。

20 日　六枝特区市场监管局配合省计量院工程师对六枝城区眼镜店进行检定工作。该检查主要针对六枝城区眼镜店在用的电脑验光仪、瞳距仪、焦度计、验光镜片箱等眼镜配制仪器，确认商家所配备的焦度计、验光仪、验光镜片箱、瞳距仪等器具是否检定合格并在使用有效期内；是否使用国家规定废除的非法定计量单位；眼镜店的加工条件、人员资质及眼镜成品是否具有检验记录。参检眼镜店计量器具配备都能满足验光、配镜的工作需要，受检的眼镜店都能主动配合，检定合格率为100%。

23 日　贵州省发改委副主任、省移民局副局长张杰一行到六枝特区开展易地扶贫搬迁秋季攻势专项督查。督察组一行先后到落别乡易地扶贫搬迁安置点、中心城区易地扶贫安置点、新窑镇易地扶贫搬迁安置点开展易地扶贫搬迁秋季攻势专项督查，并听取相关工作人员所作的情况介绍。

23 日　贵州省住房城乡建设厅党组成员、副厅长陈维明一行到六枝特区开展重点工作督查。

是日　六枝特区召开全区平台公司工作情况汇报会，专题听取民生公司、水务公司、益正公司、旅文投公司、华汇交投公司、强农公司等九家平台公司工作情况汇报。

24 日　六枝特区召开“十三五脱贫攻坚规划”及两个极贫乡镇脱贫攻坚规划评审会。关寨镇、牛场乡从本乡镇地理区位、资源状况、经济社会、贫困状况、致贫原因及存在问题等方面分别汇报极贫乡镇脱贫攻坚实施方案编制情况，参会相关区直单位就两个乡镇汇报的脱贫攻坚实施方案编制情况作发言，并提出意见和建议。

24–25 日　贵州省委政研室副主任胡吉宏率省验收组到六枝对同步小康创建达标工作进行实地验收，验收组先后深入到云上六枝运营中心、落别乡易地扶贫搬迁安置点、大用园区车厘子基地、落别乡浪哨“318”房车营地、落别乡牛角村新寨组、郎岱镇花脚村、郎岱园区猕猴桃基地、文峰广场等地进行实地考察，在六枝特区城市展览馆查阅相关资料并召开六枝特区同步小康创建省级达标验收汇报会。

25 日　贵州省经信委副主任宛会东一行赴六枝特区葵花药业集团（贵州）宏奇有限公司开展“千企改造”工程督促检查工作。

26 日　六枝特区在新广场召开贵州省第二十届环卫工人节庆祝大会暨表彰大会，对六枝环卫战线涌现出的先进集体和先进个人进行表彰。

27 日　六枝特区召开绿色贵州三年行动计划2017 年考核工作汇报会。

◎ 11月

1 日　国家安监总局指派研究中心处长、教授级高工、全国安全生产专家颜爱华，国家安监总局研究中心科长、高级工程师侯蕊芳到六枝特区指导标本兼治遏制重特大事故暨“双重”预防机制建设培训。

2 日　六枝特区人大常委会副主任周金平深入关寨镇调研煤矿环境保护工作，特区环境保护局、关寨镇、猴子田煤矿相关负责人陪同调研检查。

是日　贵州省人民防空办公室党组书记、主任管群带队赴六枝特区就人民防空（交通战备）开展情况开展调研工作，并召开座谈会。

6 日　贵州省政协新闻采访团到六枝特区采访政协工作。“省政协新闻采访团”活动已经连续举办 18 年，是省政协十分重要的工作亮点和品牌。该次采访团涵盖报纸、电视、广播、新媒体等全媒体形式。走进乡镇、社区、企业采访报道，集中展示和反映六枝近年来经济社会发展的成就和变化，以及政协组织和广大政协委员履职中的新实践、新作为、新成果。

7—8日　台湾经贸观光协会考察团赴六枝特区考察旅游文化产业发展情况。考察团一行先后到云上运营中心、落别龙井温泉、318房车基地等地进行考察。与当地工作人员深入交流经验和做法，详细了解六枝特区的产业布局发展规划、特色小城镇打造和旅游资源开发情况。

8日　六枝特区召开2017—2020年度贵州省著名商标认定企业座谈会。贵州省天香茶业有限公司、六枝特区月亮河有机农业专业合作社、六枝特区月亮河种养殖专业合作社、六枝特区好万家超市有限公司4家企业获贵州省著名商标，分别获六盘水市政府奖励16.5万元、六枝特区政府奖励15万元，现场举行颁奖牌仪式。

11—12日　六盘水市第四届旅游文化产业发展大会在牂牁江景区召开。

14日　六枝特区与贵阳银行六盘水分行举行座谈会。特区基金专班汇报省扶贫产业子基金进展情况；特区金融办汇报扶贫攻坚投资基金进展情况；贵阳银行领导与特区参会单位分别发言。贵阳银行六盘水分行行长张倞表示，贵阳将紧紧围绕六枝发展战略，大力支持六枝重大项目建设，积极支持六枝发展，重点支持六枝精准扶贫产业，为六枝经济社会跨越发展提供有力的助推力。

15日　《六枝特区母猪田水库工程防洪评价报告》技术审查会召开，参加该审查会的有六市水务局、特区水务局、特区水利投资有限责任公司及贵州省水利水电勘测设计研究院（设计单位）4家单位代表。参会专家对报告进行认真审查并提出相应修改意见，最后通过《六枝特区母猪田水库工程防洪评价报告》技术审查。

16日　六枝特区2017中国凉都·画廊六枝全国高校大学生微拍大赛启动仪式在落别乡牛角广场举行。300余名"90后"大学生齐聚六枝特区，用他们的镜头和独特的视角，展现画廊六枝的自然风光、民族风情。

是日　六枝特区人大常委会组织开展2017年度市、区人大代表集中视察活动。六盘水市人大常委会主任黄金率队深入乡镇视察医疗、金融、教育精准扶贫等工作。代表们先后到月亮河乡、六枝特区一中、六枝特区职业技术学校、银壶社区卫生服务中心进行视察，了解2017年六枝精准扶贫工作开展情况。

是日　2017年贵州省第四批重大项目集中开工仪式六盘水市分会场在六枝特区那固片区城市棚户区改造项目现场举行开工仪式。

17—19日　第七届中国摩托艇联赛"中国凉都·画廊六枝"牂牁江大奖赛在牂牁江景区开展。

20日　六盘水市离退休干部工作系统实施"311"工程第三次现场观摩会在六枝特区召开。观摩组一行实地观摩了林下中草药种植基地、野生菌种植基地、郎岱花脚村、郎岱猕猴桃产业园区并召开座谈会。

21日　六枝特区召开2017年农村饮水安全巩固提升工程推进会。会议通报六枝特区2017年农村饮水安全巩固提升工程推进情况；安排部署全区2017年农村安全饮水巩固提升工程工作；牛场乡、龙河镇作表态发言并与特区政府签订目标责任书。

22日　贵州省住建厅党组副书记、副厅长、机关党委书记周宏文带队先后到六枝特区岩脚镇、大用镇、落别乡调研岩脚镇青杠林村村委会项目、岩脚镇联合村村委会项目、大用镇城乡生活垃圾收运处置项目、落别龙井温泉项目和落别阳光垃圾房项目。

27日　六枝特区2017年秋冬季传染病防控和建设全民健康大数据中心工作会议召开。

是日　六枝特区2018年新农合筹资工作会议召开。会议首先通报2017年1—10月新农合工作情况，安排2018年新农合筹资工作；解读2018年新农合协议筹资工作实施方案。

27—28日　高级工程师李久才带队组成省级验收组到六枝特区对农村土地承包经营权确权登记颁证工作进行验收并组织召开验收会。

28日　六枝特区2018年重大项目和重大工程申报专题会召开。

是日　四川省通江县政协到六枝特区考察学习农业产业及生态旅游等发展情况。

29日　六盘水市安全监管局副局长蒋弟明率市安全监管局、市消防支队、市住房城乡建设局等单位有关人员到六枝特区开展消防安全考核工作。考核组通过查看现场、听取汇报、查阅资料等方式，分别对六枝特区文化路居委会、广和苑小区、彩虹弯商业广场、人民医院、金海大酒店及消防大队进行实地考核。

30 日　由国家体育总局汽车摩托车运动管理中心主办，在广西桂平开展的第四届中国汽车（房车）露营大会开幕式上，国家体育总局副局长赵勇为六枝 318 浪哨缘房车营地获中国 5 星级房车露营基地授牌，全国仅有 7 家房车营地获此荣誉。

◎ 12 月

1 日　大连市甘井子区政府副区长李荣久率队赴六枝特区开展对口帮扶工作并召开座谈会。考察组先后到落别乡板照水产养殖基地、大用车厘子基地、路喜工业园区、关寨镇长箐牧场中药材基地及蛋鸡养殖场、郎岱农业园区扶贫园及宜枝魔芋加工厂、牂牁江景区等地进行实地考察，听取各基地发展情况及询问产值效益等情况。考察组还走访银壶社区、东风村贫困户，并为 10 户贫困户分别送上 2000 元的慰问金。

是日　第 30 个“世界艾滋病日”，六枝特区艾滋病防治工作委员会联合老年大学举办以“共担防艾责任，共享健康权利，共建健康中国”为主题的防艾宣传活动。

2 日　六枝特区政府副区长、六枝河综合治理项目指挥部副指挥长彭良国组织召开六枝河综合治理项目建设推进会。相关单位领导参会。由施工方汇报项目进展情况，特区水务有限责任公司汇报项目推进中存在的问题。

4 日　贵定县人大常委会副主任张贵林带队，县人大、县政府相关领导赴六枝特区考察岩脚镇、落别乡小城镇建设项目。黔南州贵定县地处黔中山原中部，是 2017 年第七届全省小城镇建设发展大会承办地，该考察旨在学习六枝特区的好经验、好做法。

5 日　六枝魔芋、郎岱猕猴桃顺利通过国家地理标志保护产品专家组技术审查，特区地理标志产品呈现出井喷式发展，为推动特区品牌建设、产业精准脱贫提供强有力助力。

6 日　六枝特区庆祝党的十九大胜利召开暨纪念“一二·九”运动 82 周年中华经典诵读大赛在特区影剧院举行。

7 — 8 日　六枝特区安全监管局组织全区烟花爆竹批发企业负责人和烟花爆竹零售经营户参加安全警示教育暨学习培训会，共 480 余人参加会议。

8 日　遵循国家相关建设标准，结合贵州省应急管理和应急平台体系建设实际业务需求，贵州省应急平台体系正式开通。按照预防和处置并重、平战结合、资源共享的设计思路，该平台覆盖省本级、9 个市（州）、21 个应急管理相关部门、88 个县（区）政府的应急应用系统，以全面提升应急管理常态工作和非常态突发事件处置能力。

11 日　贵州省督导评估考核验收团对六枝特区“普十五”暨“两项督导”教育工作督导评估考核验收会召开，正式拉开了为期三天的评估考核工作帷幕。

12 日　位于六枝特区大用镇岱港村全长 1263.006 米的特大桥完成了最后一跨桥梁，标志着六枝区域内最长特大桥全面建成。

13 日　中国皮划艇队备战东京奥运会 2017 冬季牂牁江大集训开训仪式在六枝牂牁江畔的画廊六枝·福地夜郎文化展示中心举行，标志着这支首家入驻六枝的国家队集训正式开训。

14 日　贵州省旅游发展委党组书记、主任李三旗率队赴六枝考察旅游文化产业发展情况。李三旗一行实地考察郎岱古镇、老虎岩山体公园、云上牂牁福地夜郎文化展示中心等，并在国家生态型多梯度户外运动基地召开专题汇报会，听取六枝旅游发展情况及规划。

是日　贵州省质监局科技处苏月照一行到六枝特区实地验收岩脚面省级地理标志产品保护示范区创建工作。通过到示范区核心区域岩脚面生产企业、小作坊等地实地考核，验收专家组对示范区创建中的宣传工作、小麦种植基地建设、小作坊示范点打造等工作表示肯定，并对示范区下一步工作提出要求。

25 日　六盘水市首届“青创汇”创新创业大赛总决赛在六枝落幕，鸿霖山林下菌种植技压群雄，夺得大赛冠军并获得 8 万元现金大奖。

26 — 28 日　省质监局对六枝特区创建省级电

梯安全管理示范城市工作进行验收，通过审查资料和实地查看电梯使用单位管理情况两个方面进行，六枝特区被评为优秀等次，综合评分103.7分，顺利通过验收。

27日　贵州省质监局公布“第一批贵州省有机产品认证示范创建区”名单，六枝特区获批贵州省首批有机产品认证示范创建区。

28－29日　举行的中央农村工作会议上，六枝特区月亮河有机农业专业合作社理事长韦仕龙获“全国农业劳动模范”称号，并得到中共中央总书记、国家主席、中央军委主席习近平，国务院总理李克强，副总理汪洋等中央领导人的接见。

月亮河有机农业专业合作社于2008年6月成立。2010年，月亮河有机农业专业合作社获得《有机产品认证》证书，并通过了ISO 9001质量管理体系认证和ISO 22000食品质量安全管理体系认证，成为省级扶贫龙头企业和省级农业产业化龙头企业。

是月　全国畜牧总站下发《关于公布2017年基层畜牧（草原）技术推广示范站名单的通知》，公布了全国201个2017基层畜牧（草原）技术推广示范站名单，六枝特区畜禽品种改良站获此殊荣。

是月　民政部命名2017年“全国综合减灾示范社区”，六枝特区河湾社区榜上有名。六枝特区已成功创建文化路社区、四方坡社区等“全国综合减灾示范社区”7个。

是月　六枝特区最后1个贫困乡镇（箐口乡）减少贫困人口287户1304人，贫困发生率为6.38%，下降了9.22个百分点，人均可支配收入为8612元，比上年递增10%，达到省级“减贫摘帽”标准。

2017年六枝特区领导名录

（本名录时限为2017年，姓名后面有 * 号为2017年年底去职，无 * 的仍在职）

◎ 副县级以上领导

党委书记、经开区党工委书记、六盘水木岗产业园区党工委书记、六盘水路喜循环经济产业园区党工委书记 杨昌显（苗族）
党委副书记、政府区长，经济开发区党工委副书记、管委会主任，六盘水木岗产业园区管委会主任，六盘水路喜循环经济产业园区管委会主任 方裕谦
党委副书记 王光全 施 玲（女） 郭宇辉
党委常委、副区长 杨 刚 郭 萌（女）
夏文彧 * 徐 烽
陈少鸿（土家族） 陈 超
党委常委、区纪委书记 龙 超（彝族）
党委常委、区委组织部部长、党校校长
潘 静（女，布依族）
党委常委、落别乡党委书记 周合平
党委常委、区委政法委书记、公安局党委书记、局长
詹 勇
党委常委、区委宣传部部长、区委统战部部长
姚 斌（白族）*
党委常委、区委宣传部部长、区委统战部部长、郎岱镇党委书记 王国华

人大常委会党组书记、主任 王朝荣
人大常委会党组副书记、副主任 周金平
人大常委会党组成员、副主任
何益贵
王 菁（女，布依族）
王道洪 谭 枫（苗族）
人大常委会副主任、工商联主席 撒玉怀（回族）

政府党组成员、副区长 周 龙 蒋家梁
杨 强（苗族）
何立强
彭良国（穿青人）
杨金贵
政府副区长 杨秀爱

政协党组书记、主席 吕 荣（白族）
政协党组副书记、副主席 余红亚
政协副主席 黄秋英（女） 黄世杰
卢启达（彝族） 叶发伦
政协党组成员、副主席，总工会主席 吴文英

人民法院院长 肖 健（满族）

人民检察院检察长 余 松（蒙古族）
公安局党委副书记、政委 李学刚
矿区社区服务管理局局长 韩学智

六盘水市第二人民医院党委书记、副院长 周福良
六盘水市第二人民医院党委副书记、院长 林 海
六盘水市第二人民医院党委委员、纪委书记
侯东何
六盘水市第二人民医院副院长 陇文菊（女，彝族）
张 旗 王世其
六盘水市第二中学党委书记、校长 王选进
六盘水市第二中学党委委员、副校长 陈永军
六盘水市第二中学副校长 刘 容（女）
六盘水市第二中学党总支专职副书记
陶玉国（彝族）
六盘水市第二中学正县级干部 樊国庆

经济开发区党工委副书记 赵孝和（布依族）
陈俊松（壮族）
经济开发区党工委委员、管委会副主任
王文明（彝族）
何啟筠（彝族）
经济开发区党工委委员、纪工委书记
周定忠（仡佬族）
六盘水路喜循环经济产业园区管委会专职副主任
郭旭照
六盘水牂牁江风景名胜区党工委书记、牂牁镇党委书记 肖忠学（彝族）
六盘水牂牁江风景名胜区管理委员会主任
陈 刚（彝族）
六盘水木岗产业园区党工委专职副书记
赵孝和（布依族）*
杨 彬*
六盘水木岗产业园区管委会专职副主任、六盘水木岗产业园区党工委专职副书记、木岗镇书记
杨 锦（苗族）
六盘水郎岱农业产业园区管委会主任
张 卓（彝族）

◎ 中共六枝特区委员会工作部门

中共六枝特区委办公室

党办主任 卢昱龙（彝族）
党办副主任、政研室主任 付应荣
党办副主任江明权 付锡清（女）
党委政府督查室主任 杜应良
“三变”改革办主任 王 鹏（穿青人）
党委机要局副局长 徐贵恒
国家保密局局长 方志萍（女，布依族）*
邵伟奇
党委政府督查室副主任 卢红梅（女） 陈诗贤
刘 波
党委政研室副主任 陈平亮
全面小康社会建设服务中心主任 杨明维（女）
依法治区办专职副主任 胡 颖（女彝族）
“三变”改革办副主任 白红梅（女）
“三变”改革服务中心主任 张永志（彝族）
“三变”改革服务中心副主任 彭家国
全面深化改革领导小组办公室专职副主任
卢 泉（彝族）

纪律检查委员会

纪委常委、副书记 王 将（苗族）
纪委常委、副书记、监察局局长 贺建贤
纪委常委、监察局副局长 殷 琼（女）
纪委常委 彭德刚 王显圣(蒙古族) 陈爱梅(女)

第一纪工委

书 记 张清龙
副书记（监察分局局长） 赵燕鸿（女）
副书记 严兴华* 王发昌
委 员 王 勇

第二纪工委

书 记 高良翠（女）
副书记（监察分局局长） 汪 涛
副书记 何文娟（女）

委　员　付　梅（女）　杨建洲

第三纪工委
书　记　吕阳益＊
副书记（监察分局局长）　甘　露＊
副书记　夏　娟
委　员　王　翔　卢　涛

第四纪工委
书　记　安仕学（仡佬族）
副书记（监察分局局长）　刘劲松
副书记　何天林
委　员　邓连华

第五纪工委
书　记　彭德刚
副书记（监察分局局长）　王　润（女）
副书记　胡小飞
委　员　龙　山　黄红霞（女）　肖启芬（女）

第六纪工委
书　记　何　蕊（彝族）
副书记（监察分局局长）　潘祖英（女）＊
副书记　彭　峰＊　安　江
委　员　李寒梅（女）

组织部
常务副部长　金家琪
副部长、非公经组工委书记、远教办主任
姚世明＊　赵东进
部务委员　齐丽娜（女）＊　肖华兰（女）
非公经组工委专职副主任　张东明
党代表联络服务办专职副主任　谭达鑫＊　王荣云
远教办专职副主任　张家顶

宣传部
常务副部长　李万军
副　部　长　刘佐祥
办公室主任　宋　慧（女）
创建办主任　程　慧（女）
网信办专职副主任　李正东＊　龙　翔
文产办专职副主任　曹　伦
文明办专职副主任　勾　雯（女）

统战部
常务副部长　赵　勇＊
齐丽娜（女）＊
韦如电（布依族）
台办主任　陈　芳

直属机关工委
书　记　韦如电（布依族）＊
齐丽娜（女）
副书记　杨　珂（苗族）　彭　峰

离退休干部局
局　长　陈　方（女）
副局长　何剑华（回族）　吴桂梅（女）

史志办公室
主　任　焦兴敏（女）
副主任　黄继洪（苗族）
田文媛（女）＊
罗道勇

党　校
常务副校长　周　龙
副　校　长　龚小龙　杨　娟（女）

信访局
党办副主任、群众工作中心（信访局）主任（局长）
王　晟
群众工作中心（信访局）副主任（副局长）
方　勇　刘家祥
联合接访中心主任（投诉受理中心主任）　田　鹏
信访督查专员　李荣琼（女）　柏　平

编委办公室
主　任　王　春（女）
副主任　吴文娣（女）　周小玲（女）
事业单位登记管理局局长　曾正美（女）
机构编制信息域名管理中心主任　罗春英（女）

老年大学

校　长　周元军

副校长　杨　冬（女）

◎ 六枝特区人民代表大会

办公室主任　李清洋

办公室副主任　肖丽娟（女）*

选举任免联络工作委员会主任　杜　娟（女，彝族）*

选举任免联络工作委员会副主任　李顺勇

教育科学文化卫生工作委员会主任　吴文刚

教育科学文化卫生工作委员会副主任　赵永红（女）*

财政经济工作委员会主任　杨　彬

财政经济工作委员会副主任　王　荔（女）*

民族宗教侨务与农村经济工作委员会主任　刘廷和（回族）

民族宗教侨务与农村经济工作委员会副主任　左　玲（女）*

信访办公室主任　钱国富

法制工作委员会主任　喻　勇

法制工作委员会副主任　吴开敏（女）*

环境与资源保护工作委员会主任　胡小单（女）*

◎ 六枝特区人民政府

政府办公室

国教办主任　敖　勇

国教办副主任　田锦坤（彝族）

政府办副主任　李　丽（女）　彭清宇（苗族）　吴辉刚（彝族）　唐　勇（回族）　吴胜坤　王光耀*

法制办主任　龚代彪

法制办副主任　蔡　敏（女）　王　泰

外事侨务办主任　李　新

外事侨务办副主任　彭　青（穿青人）

人防办主任　吕阳光（苗族）

人防办副主任　金　霞（女，彝族）

机关事务管理局局长　吴国琴（女）*　李世然（女）

机关事务管理局副局长　谢全文*　江维祥

应急办副主任　王　虎（彝族）

电子政务办主任　张家祥

民政局

党组书记、局长　卢运勇

副局长　汪元祥　何剑梅（女）

副主任（老龄办副主任）　杨洪武

社救局局长　周　雯（事业副科级）

殡葬稽查大队队长　姚革平

人力资源和社会保障局

党组书记、局长　刘廷和（回族）*　李志军（女）

党组副书记、纪检组组长　吕阳益*

党组成员、副局长　陈家富*　戴文生*　田孟琴（女）

党组成员、社保局局长　陈　瑾*　田洪权（土家族）

劳动监察大队队长　石小帮

人事争议仲裁院院长　袁　敏（女）

就业局局长　张德平*

社会保险事业局副局长　万　祥　周　琼（女）　付锡敏（女）*

发展和改革局

党组书记、局长　吴　萍（女，苗族）

党组成员、副局长　李　湘（女）　胡　红

党组成员、纪检组组长　王　勇

副局长　杨　熙

投资促进局

局　长　牟　艳（女）

副局长　韦世艺（女）　宋家浩

安全生产监督管理局

局　长　吴　江（苗族）

副局长、安全执法监察局专职副局长　卢加志

副局长　李红毅　左洪松　戴　浩

安全执法监察局副局长　李　爽（黎族）

民族宗教局

党组书记、局长 马敏龙（回族）
党组副书记、纪检组组长 李寒梅（女）
党组成员、副局长 卢升学 肖 猛

档案局

局 长 蔡兴忠* 王剑梅（女，彝族）
副局长 王剑梅（女，彝族）* 潘盛璇 张 亚（女）

◎ 中国人民政治协商会议六枝特区委员会

秘 书 长 胡 平（彝族）
办公室主任 胡 平（彝族）
办公室副主任 陆 会（女）
提案委主任 邓进仁（苗族）
提案委副主任 郭 丽（女，彝族）
文史委主任 陈本义
文史委副主任 刘安康（彝族）
社法委主任 陈 华
社法委副主任 张南凯（穿青人）
经科委主任 王道平* 丁勇
经科委副主任 吴庆华（女）
政协委员联络办主任 陈学武（穿青人）
智力支边办主任 艾 妮（女）

◎ 群众团体

六枝特区总工会

党组书记、副主席 杜昌黎（彝族）
党组成员、副主席 娄成江* 蒋 红（女）
党组成员、经审委主任 杨 协（苗族）

共青团六枝特区委员会

书 记 韩林君（女）
副书记 周琰琰（女） 王 勇

六枝特区妇联

党组书记、主席 李玉萍（女）
党组成员、副主席 田文媛（女）
副主席 罗 涛（女）

六枝特区科协

党组书记、主席 任官科（仡佬族）
党组成员、副主席 甘孝兵* 李绍芬（女）* 伍 江（布依族） 方志萍（女，布依族）

六枝特区工商联

党组书记 赵 勇
副主席（副会长） 马 燕（女，布依族）* 姜 芳（女，彝族）

六枝特区文联

党组书记 黄微波
副主席 陈文洪 何爱蓉

六枝特区残联

理 事 长 关 勇
副理事长 谭达鑫

六枝特区红十字会

常务副会长 陈米突（女）
专职副会长 王丽娟（女）

◎ 产业园区

六盘水郎岱农业产业园区

管委会主任 张 卓
党工委副书记、纪工委书记 胡 涛
管委会副主任 王兴凯 马贤琨
管委会办公室主任 谢兴明
财政局局长 李兰勇
住房和城乡建设局局长 王道国
招商引资局局长 姜 龙

六盘水路喜循环经济产业园区

管委会副书记、纪工委书记　王崇万
管委会副主任　陈　洪　关　红
管委会财政局局长　万　虹
管委会住房和城乡建设局局长　江　华
管委会办公室主任　关　红*

六盘水牂牁江风景名胜区管理委员会

管委会党工委副书记、纪工委书记　洒金华
管委会副主任　杨大贤（彝族）
管委会副主任、牂牁镇镇长　王　涛（苗族）
管委会财政局局长　陈　兴（布依族）
管委会住建局局长　国　祥
管委会办公室主任　余　傑*
管委会旅游局局长　朱力军*（女）

大用现代农业园区

管委会主任　张远斌
管委会副主任　肖　雄

经济开发区

开发区党政办公室主任　胡　庆（穿青人）
开发区党政办公室副主任　潘　华
开发区经济发展局局长　杨丽梅（女）
开发区监察室主任　何　新
开发区建设服务中心副主任　付　涛
六枝特区岩脚产业园区办公室主任　金开忠
六枝特区岩脚产业园区办公室副主任　王书良（布依族）

◎ 国防·法治

武装部

部　　长　王国权
政治委员　樊小华
副 部 长　陈　林
政治工作科科长　龚成举*
保障科科长　谭　波*
军事科科长　谢代秋
军事科参谋　王石磊*

政法委

副书记、维稳办主任　付　伟
副书记、综治办主任　卢　刚
副书记、国安办主任　彭建华

公安局

党委副书记、副局长　陈　浩
党委委员、副局长　田　波　马启国　闻　川　徐　波
党委委员、挂职副局长　孙华峰
党委委员、纪委书记　李燕强
党委委员、刑侦大队大队长　彭盛林
党委委员、政治处主任　李兴国
党委委员、指挥中心主任　赵千军

人民检察院

党组成员、副检察长　何奇零　廖军伟
副检察长　韩福彪
党组成员、政工科科长　石焕祥
党组成员、纪检组组长　陈钦利（女）
党组成员、党总支书记　余福泰（蒙古族）
党组成员、反贪污贿赂局局长　徐　海
反渎职侵权局局长　肖成祥（彝族）
政工科副科长　陈国玉
反贪污贿赂局副局长胡振荣　席志芳（蒙古族）
案件管理办公室主任　汪　恒（彝族）

人民法院

党组副书记、副院长　王文乐
党组成员、副院长　刘景刚　曹江洪
党组成员、执行局局长　付昭俊
党组成员、党总支书记　于晓涛
党组成员、纪检组组长　严兴华
党组成员、政工科科长　戴文生
行政审判庭庭长　张永平
审判管理办公室主任　全　莉（女）
工矿和环境保护审判庭庭长　肖　鸿（彝族）
法警大队大队长　王　杰（蒙古族）
法警大队教导员　杨明时

执行局副局长　张道箭
中寨法庭庭长　钟吉斌
落别法庭庭长　周定友
岩脚法庭庭长　肖维琼（女，彝族）
郎岱法庭庭长　陶　鑫（彝族）
新场法庭庭长　付尚伟

司法局

党组书记、局长　马武荣
党组成员、副局长　李恒付

◎ 经济监督与管理

国土资源局

党组书记、局长　龙启江
副局长　左　吕　李　江（苗族）
纪检组组长　周　磊
不动产登记中心主任　刘峻岗

市场监督管理局

党组书记、局长　安　庆
党组成员、副局长　李　林（彝族）　杨　霞（女）
党组成员、食安办专职副主任　房治绳（布依族）
党组成员、稽查局副局长　李勋红（女）

统计局

党组书记、局长　左永洪*　赵　刚
党组副书记、纪检组组长　杨建州
党组成员、副局长　汪希文　牟素贞（女，彝族）
曹　津（彝族）
党组成员、乡镇统计管理办公室主任　邓祖明
乡镇统计管理办公室副主任　周平四（彝族）
马平前（回族）

审计局

党组书记、局长　何兴品
党组成员、副局长　林　阳
副局长　刘永禄（回族）

经济和信息化局

局　长　朱建达
副局长　吴仕君　熊　翱
特区煤产办主任　熊　翱
煤产办副主任　牛　诚　田应海　肖富华

财政局

党组书记　杨光琦（彝族）
局　　长　索才欣（回族）
党组副书记、纪检组组长　王发昌
党组成员、副局长　王开虎
副局长　田　莉（女）
党组成员、非税收入管理局局长　秦其能
国库集中收付管理局局长　李建国
基层财政管理局长　胡　斌

供销社

党组书记、主任　黄　平
党组成员、副主任　郑　刚　姜　芳（女）
甘孝兵

国家税务局

党组书记、局长　孟曼莉（女）
党组成员、副局长　谭　立　龚红星
党组成员、纪检组组长　高晓云
副局长　魏正刚
岩脚分局分局长　杨代祥
那克分局分局长　黄振清

地方税务局

党组书记、局长　杨　珑
党组成员、纪检组组长　毛　宇
党组成员、副局长　林建森
副局长　顾家慧（女）
党组成员、机关党委书记　张玉堂

烟草局

党组副书记、副局长、副经理　张福全
党组成员、副局长　刘　旋
挂职党组成员、挂职副经理　赵银波（布依族）
邓　强

◎ 农林水·气象

农业局

党组书记、局长　王士福
党组副书记、局纪检组组长　卢　涛（布依族）
党组成员、科技事业局局长　王兴华
党组成员、副局长　姜　宏
副局长　廖　冰（彝族）
党组成员、农业综合培训中心主任　刘登海
草地生态畜牧业发展中心副主任　蔡兴鹏
叶祥文
贵州省农业广播电视学校六枝特区分校校长
黄　清
科技事业局副局长　杨厚科
地震台台长　谢燕燕（女）
农业科技园区管理委员会主任　马贵林（布依族）

林业局

党组书记、森林公安局局长（森林警察大队大队长）
龙家松
局　长　周　林（女）
党组副书记、纪检组组长　王　翔
党组成员、副局长　谌　雨
龙　军
副局长　刘登凤（女）

水务局

党组书记、局长　龚　伦
党组副书记、纪检组长　夏　娟（女）
党组成员、副局长　罗兴宏
副局长　李志忠
付应宏

气象局

党支部书记、局长　周　翔
副局长　唐　燕　潘　来

◎ 城建·环保

住房和城乡建设局

党组书记、局长　蔡　林
党组副书记、纪检组组长　汪　涛
党组成员、副局长　张录全＊　高　静（女）
李泽华　罗晓蓉（女）

城乡规划和城市管理局

局　长　江　浩
副局长　迟秀莉（女）＊　朱兴江（彝族）
汪　萍（女）
纪检组组长　龙　山
城市服务中心副主任　李兴付（苗族）

环境保护局

党组书记、局长　陈富强
党组副书记、纪检组组长　彭德刚
党组成员、副局长　罗向阳　龚晓棠（女）
肖雄腾

◎ 水库和生态移民·扶贫

水库和生态移民局

党组书记、局长　龚德祥＊　蒋家梁
党组书记、常务副局长　龚德祥
党组成员、副局长　王明秀（女）＊　谢仕德
贾　鸿
党组成员、纪检组组长　龙兴燕（女）

扶贫开发局

局　长　李世然（女）
副局长　胡　江　肖　炜
世界银行西南扶贫项目贵州省六盘水市六枝特区办公室副主任　王朝俊
社会帮扶服务中心主任　江　艳（女）

◎ 交通·电力

交通局
党组书记、局长 杨兴礼（穿青人）
党组成员、副局长 张录全
王万福（穿青人）
副局长 李　彪（仡佬族）

供电局
局　　长 粟周范
支部书记 程志坚
副 局 长 蒋家华　邹　勇　王华平

◎ 文体广电（新闻出版）·生态旅游

文体广电新闻出版局
局　长 王琼芳（女，彝族）
党组书记、副局长 李　桔　袁瑞岍
执法大队队长 赵晓理
文化馆馆长 高　霞（女）
电视台副台长 胡　娴（女）
图书馆馆长 谢文东
体育中心主任 李　展

生态旅游局
专职副局长 王琼芳（女，彝族）
副　局　长 黄美焦　伍　鹏

◎ 卫生和人口计生·医院

卫计局
党组书记、局长 王　春（女）*
高奎星（彝族）
党组成员 杨　诚
党组成员、特区计生协会专职副会长
刘盛奇（苗族）*
向忠花（女）
党组成员、副局长 卢德荣　徐　恒
副局长 吴胜平
爱卫办专职副主任 沙永平（女，仡佬族）
流管办主任 刘　鑫
计生协会秘书长 金　华（女）
医改办主任 钱烈芳（女）

六枝特区人民医院
党总支书记、院长 杨　芳（女）
党总支副书记、副院长 王立新
副院长 江甫祥　何天勇　王文勇

◎ 教育·学校

教育局
党组书记、局长 蔡洪江
党组副书记 蔡洪江*
专职副书记 杨文光（苗族）
党组副书记、纪检组组长 赵燕鸿（女）
党组成员、副局长 李　妍（女）　袁　岑
教育局副局长 帅学将*

六枝特区第一中学
校　　长 李　军
党总支书记 马茂林（布依族）
副　校　长 马茂林（布依族）　邱贵治　徐　俊

◎ 金　融

金融办
主　任 宋加荣

中国人民银行六枝特区支行
党组书记、行长 何恩齐

党组成员、副行长　周蓉生　顾家馨

六枝特区农村信用合作联社

党委书记、理事长　成　勇
纪委书记、监事长　陈福龙（布依族）
党委委员、副主任　秦其举　刘劲松
况月进　旷金柱
风险总监　杨　平
工会主席　王道勇

◎ 乡镇·社区

大用镇

党委书记　袁达平
党委副书记、镇长　王　霖（仡佬族）
党委委员、人大主席　杨　进
党委副书记、组织委员　杨敦宁
党委副书记、宣传委员　龙明萍（女）
挂职党委副书记　邵　鑫
党委委员、纪委书记　陈化春
党委委员、副镇长　李安龙（苗族）
郭贞华　谭　辉

岩脚镇

镇党委书记　程　虎（彝族）
镇党委副书记、镇长　林泉文＊　兰钰涛
镇党委委员、人大主席　程礼辉（彝族）
镇党委副书记、组织委员　黄　科
镇党委副书记、宣传委员　吴胜宇
镇党委委员、纪委书记　勾　平（彝族）
镇党委委员、副镇长、武装部部长　江甫刚
镇党委委员、副镇长　骆　乐　田　径
龚德芳（女）

木岗镇

镇党委书记　杨　锦（苗族）
镇党委副书记、政府镇长　吴　峰＊　黄　斌
镇党委委员、人大主席　刘　凯
镇党委副书记、政法委书记、宣传委员　王洪武
镇党委副书记、组织委员　吴桂梅（女）＊
镇党委委员、副镇长　王兴江（苗族）　刘　祺
罗泽霞（女）
镇党委副书记、同步小康驻村工作组组长（挂职）
杜昌涛
镇党委委员、纪委书记　钱召伟
镇党委委员、武装部长、副镇长　伍朝海

郎岱镇

镇党委书记　王国华
镇党委副书记、镇长　李文波
镇党委委员、人大主席　孙乾红
镇党委副书记、政法委书记、宣传委员　张政虎
镇党委副书记、组织委员　陈　慧（女）
镇党委委员、纪委书记　田　静
副镇长、武装部长　周　亚
镇党委委员、副镇长　李富银　唐传达　郭泰华
安　楠　狄星斌
副镇长　包金杰　刘洪太

新窑镇

镇党委书记　刘　义（彝族）
镇党委副书记、政府镇长　洪　军
镇党委委员、人大主席　李　玲（女）
镇党委副书记、政法委书记　施泽龙
镇党委副书记、组织委员　王天娥（女）
镇党委委员、纪委书记　安　江（彝族）＊
陈国玉（彝族）
镇党委委员、政府副镇长、武装部长　施辉伦
镇党委委员、政府副镇长　周　文
政府副镇长　杨　江（布依族）

牂牁镇

镇党委书记　肖忠学
镇党委副书记、政府镇长　王　涛
镇党委委员、人大主席　邓　凯
镇党委副书记、政法委书记、宣传委员　左金红
镇党委副书记、组织委员　左广来
镇党委副书记（挂职）　钟淑珺
镇党委副书记、同步小康驻村工作组组长（挂职）
李向惠（女）

镇党委委员、纪委书记 龙　波
镇党委委员、副镇长 杨　杰　潘　猛　伍　健　张　亮　邓瑞东
镇党委委员、武装部长、副镇长 邓健巍
副镇长 谢元平

龙河镇

镇党委书记 何天轶
镇党委副书记、镇长 洒科刚
镇党委委员、人大主席 涂　华
镇党委副书记、政法委书记 龙　腾
镇党委委员、党建挂职第一书记 刘　帅
镇党委委员、纪委书记 霍星辰
镇党委委员、武装部长、副镇长 胡　韬
镇党委委员、副镇长 彭清华　宗　茜（女）

新华镇

镇党委书记 龙殿声
政府镇长 彭　康
镇人大主席 洒海林
镇党委副书记、镇法委书记 杨兴龙
镇党委副书记、组织委员 谌业芳（女）
镇纪委书记 吴兆勇
政府副镇长、武装部部长 杨　颖
政府副镇长 夏昌信　沙　龙

关寨镇

镇党委书记 谭明勇*
镇党委副书记、政法委书记（综治办主任） 王光耀　吴胜坤*
镇党委副书记、政府镇长 朱　晶（女，仡佬族）
镇党委委员、人大主席 张　军（彝族）
镇党委副书记、组织委员、政协联络员 毛开华
镇党员委员、党建副书记 焦知春*
镇党建副书记、同步小康驻村工作分队队长 龚小龙*
镇党委委员、副书记 黄晓刚
镇党委委员、纪委书记 刘　奕*　刘登华（蒙古族）
镇党委委员、政府副镇长、武装部长 杨应达（苗族）

镇党委委员、政府副镇长 邹世斌　胡　波　白英胜　程　毅
副镇长 蔡　贵　贾小芸（女）

新场乡

乡党委书记 穆文俊
乡党委副书记、政府乡长 罗　文
乡党委委员、人大主席 施辉志
乡党委副书记（挂职） 彭　艳　张　宇
乡党委副书记、组织委员 商风华
乡党委副书记、政法委书记、宣传委员 敖文钢
乡党委委员、纪委书记 肖昌华
乡党委委员、政府副乡长、武装部长 胡　健
乡党委委员、政府副乡长 何　锐
乡政府副乡长 李金涛

落别布依族彝族乡

特区党委常委、落别乡党委书记 周合平
乡党委副书记、政府乡长 刘　涛
乡人大主席 余　祥
乡党委副书记、政法委书记 胡　雷
乡党委副书记 兰钰涛*　宫玉龙
乡纪委书记 蒲文芬（女）*　田锦雄
乡政府副乡长、武装部长 吴志成
乡政府副乡长 张　韦　杨　涛

梭戛苗族彝族回族乡

乡党委书记 李延斌
乡党委副书记、政府乡长 张亮才（彝族）
乡人大主席 张兴贤（仡佬族）
乡党委副书记 汪　勇
乡党委组织委员 谢根尼（彝族）
乡纪委书记 潘仁干（侗族）*　钱熠琛
副乡长 李德才（彝族）　刘　毅（回族）　江胜芳（女，苗族）

牛场苗族彝族乡

乡党委书记 张家兴（汉）*　王　鹏（苗）
乡党委副书记、政府乡长 刘佐友（苗）
乡党委委员、人大主席 安昌鹏（仡佬）

乡党委副书记、宣传委员、政法委书记 李发平＊ 施泽洪
乡党委副书记、组织委员 王 艳（女）
乡党委委员、纪委书记 陈国玉（彝）＊ 田 静
乡党委委员、政府副乡长 叶祥文（汉）＊ 龚鸿志（汉） 张 靖（彝）

月亮河彝族布依族苗族乡

乡党委书记 陈 瑾
乡党委副书记、政府乡长 刘 翠（女）
乡党委委员、人大主席 赵庆平
乡党委副书记、政法委书记、宣传委员 左儒伦
乡党委副书记、组织委员 吴小燕（女）
乡党委委员、乡纪委书记 张 鸽
乡党委委员、副乡长、武装部长 安 俊
乡党委委员、副乡长 江翰东 张艺川 沈际澜 吴洪刚 伍贤栋
副乡长 彭良江

中寨苗族彝族布依族乡

乡党委书记 金 涛
乡党委副书记、政府乡长 陈朝淮
乡人大主席 周 强
乡党委副书记、宣传委员 赵庆虎
乡党委副书记、组织委员 程 羽
乡党员委员、纪委书记 刘登华（蒙古族）＊ 刘 奕
乡党委委员、政府副乡长 李兴达 刘胜珍 牟克贵

九龙社区

社区党委书记 张 斌
社区党委副书记、中心主任 张 良
社区党委副书记、议事会主任 张晓寒（女）
党委副书记 王 成 夏思敬（彝族）
社区党委委员、社区副主任 蔡家勇
社区党委委员、武装部长 卢 俊
社区党委委员、纪委书记 李战七
社区副主任 汪明琼（女） 钟 剑 李 林

塔山社区

社区党委书记 叶玉平
社区党委副书记、服务中心主任 龙成胜
社区议事会主任 杨成祥
纪委书记 徐贵颖
服务中心副主任 马逢春 刘廷祥 赵启舟 聂 萍

那克社区

社区党委书记 毕 腱
社区主任 喻孟友
社区议事会主任 金 鑫
社区纪委书记 张绪鸿
社区副主任 蒋太金 王忠红（女）
社区党委委员 吕 峰 滕焕虎

银壶社区

社区党委书记 毕家玺
党委副书记、服务中心主任 卢红梅（女）
社区党委副书记、议事会主任 梁明丽（女，布依族）
社区党委副书记 李万银
纪委书记 付 鹏
社区副主任 王 霓 李龙虎 庄行权

中国共产党六枝特区委员会

◎综　述

【概况】　2017年，中共六枝特区委员会在省委、市委的坚强领导下，认真贯彻落实党的十八大和十八届中央历次全会精神，紧紧围绕迎接党的十九大胜利召开和认真学习贯彻党的十九大精神这一重大政治任务，以习近平新时代中国特色社会主义思想为指引，认真落实省、市和特区党代会的决策部署，决胜脱贫攻坚、同步全面小康，统筹推进“五位一体”总体布局，协调推进“四个全面”战略布局，久久为功、持续用力，经济社会发展和党的建设各项工作取得新的进展和成绩。

【从严管党治党】　一是全面加强常委会自身建设。修改完善《中共六枝特区第十一届委员会工作规则》等制度并严格执行，确保区委权力运行公开透明，工作运转高效、决策科学民主。二是深入推进“两学一做”学习教育常态化制度化。认真落实“三会一课”制度，注重把思想教育、干部管理、严肃党内政治生活等工作落到实处，开展“主题党日”活动，突出常态长效，健全制度，强化执行，将学习教育融入日常、抓在经常。组织党员干部重温入党誓词7000余人次。三是全力夯实基层组织基础。安排500万元专项经费解决10个村（居）活动场所建设维护，全面完成全区15个乡镇机关“5+N”基础设施建设任务。村（居）工作运转经费提高到每年5万元，支书、主任报酬提高到每月4000元，其他村干部报酬提高到每月3000元；面向社会公开招考160名村文书。共组建联村、联乡（镇）党委41个，覆盖170个村47.5万人和54个非公企业、26个专业合作社党组织。四是大力加强干部人才队伍建设。安排2000余万元开展干部大培训，培训干部103期16322人次。新提拔任用干部157人，交流干部119人，新引进人才151人。全面落实“四位一体”从严管理干部试点工作，干部监督管理更加有力有效。五是始终保持反腐败斗争高压态势。

特区党委书记杨昌显（左二）率队到大用猕猴桃基地调研　（六枝特区党办供稿）

坚持无禁区、全覆盖、零容忍，以铁的决心惩治腐败。共查处违反中央八项规定精神问题43件45人，党政纪处分42人，点名道姓通报曝光6批次11起12人。审核把关执纪审查工作100余件次，立案235件246人，给予党政纪处分206人，移送司法机关2人，民生领域责任倒查问责21人；开展“四类约谈”3513人次，55人主动交代问题。全面启动本届党委任期巡察全覆盖工作，完成巡察单位5个，正在巡察单位8个，发现问题111个。

特区党委书记杨昌显（房屋前中）率队到牛场乡尖岩村黄树林组调研并现场办公　（六枝特区党办供稿）

【学习贯彻习近平总书记系列重要讲话精神】　一是以安全稳定的环境喜迎中共十九大胜利召开。坚决把迎接中共十九大胜利召开作为首要政治任务，聚焦“迎接十九大·合力保稳定”的主题，采取超常规措施扎实抓好安全稳定各项工作，实现了“三个零”的目标，为中共十九大胜利召开营造和谐稳定的社会环境。二是坚定维护以习近平同志为核心的党中央权威和集中统一领导。特区党委团结带领全区上下牢固树立“四个意识”，增强“四个自信”，在政治立场、政治方向、政治原则、政治道路上同以习近平同志为核心的党中央保持高度一致。三是认真学习宣传贯彻中共十九大精神和习近平总书记在贵州省代表团重要讲话精神。先后组织召开特区党委常委会、常委（扩大）会议，区委十一届三次全会等对学习宣传贯彻中共十九大精神进行全面安排部署，在全区范围内掀起了学习宣传贯彻中共十九大精神和习近平总书记在贵州省代表团重要讲话精神的热潮。

【脱贫攻坚】　一是聚焦责任链条抓攻坚。认真落实“六主责任”，进一步完善《六枝特区精准脱贫“五级包保”工作方案》，落实结对帮扶责任和纪律，实现贫困群众结对帮扶全覆盖。2017年减少贫困人口6068户25122人，29个贫困村出列，最后1个贫困乡镇达到省级标准“减贫摘帽”。二是聚焦“四场硬仗”抓攻坚。把深度贫困地区脱贫攻坚摆在更加突出的位置。打好基础设施建设硬仗。全面实施2017年“组组通”公路建设473.68千米。

【产业扶贫】　按照“户户有增收项目、人人有脱贫门路”的目标和“五全六化”要求，重点发展优势产业，覆盖1.8万户46741人建档立卡贫困人口。打好易地扶贫搬迁硬仗。全面落实“五个三”经验，2016年项目全部建成入驻，2017年项目快速推进，2018年项目全面启动。打好教育医疗住房“三保障”硬仗。继续压缩党政机关行政经费的6%用于教育精准扶贫，全面开展贫困劳动力全员培训和上岗就业，全面落实农村建档立卡贫困学生各项资助政策，全区各教育阶段共资助学生12.19万人次6030万元。大力推进健康医疗精准扶贫，以户为单位建立“四重医疗保障”兜底政策，因病致贫、因病返贫得到有效遏制。加快实施农村危房改造（同步实施“三改”）和住房保障行动计划，扎实推进1763户农村危房改造任务。

【协同协作促扶贫】　党建引领促脱贫示范点串点成线，成功承办全市党建引领促脱贫六枝第一轮现场观摩会。驻村帮扶扎实有效，共组建130个驻村工作组、选派650名驻村干部对所有贫困村和后进村实现全覆盖。对口帮扶更加深化，“百企帮百村”精准扶贫积极推进。督查问效常态开展，共问责脱贫攻坚工作不力20人。

【经济发展】　直面困难和挑战，认真贯彻执行中央宏观调控政策，主动适应新常态，引领新常态，统筹做好保增长、调结构、促改革、惠民生、防风险各项工作。主要经济指标呈现良好运行态势。2017年，地区生产总值完成184.26亿元，同比增长12%；500万元及以上固定资产投资完成238.9亿元，同比增长21.7%；规模以上工业增加值完成34亿元，同比增长12.2%；社会消费品零售总额完成45.78亿元，同比增长11.9%；一般公共财政预算收入完成13.1亿元，同比增长5.27%；城镇居民、农村居民人均可支配收入分别为25826元、8698元，同比分别增长10.1%、10.4%；金融机构人民币存贷款余额分别为172.66亿元、143.13亿元，同比分别增长22.75%、12.69%；以县为单位全面小康实现程度预计数达95.3%。

【“三大产业”发展】 一是转型升级步伐加快。坚持一产做特。2017年新增农业特色产业25.02万亩，全区农业特色产业面积达131.8万亩，引进和培育省、市级农业产业化重点龙头企业35家。完成无公害产地认定28万亩，无公害产品认证申报14个，绿色食品认证申报6个，启动有机认证4个。岱瓮杨梅、九层山茶叶获国家农产品地理标志登记保护，六枝特区荣获“千年古杨梅名县”称号。坚持二产做强。“一区三园”整合办公，全力推动新型工业企业持续健康发展，新增规模以上工业企业12户，工业增加值预计完成48.35亿元。推进6个规模以上工业企业复工，较上年增加3家。推进煤矿企业复工复产12处，产能390万吨。民营经济增加值预计完成100.7亿元，同比增长20.54%。坚持三产做优。把创建全域旅游示范区作为新的经济增长点，建成多个景区景点。2017年累计接待游客827.97万人，实现旅游收入54.37亿元，同比分别增长88.93%、95.15%。成功承办全市第四届旅游文化产业发展大会、牂牁江摩托艇大赛等旅游文化活动，中国皮划艇队备战东京奥运会进驻牂牁江冬训。新建准星级以上酒店3家，新增餐饮业403家，建立“黔邮乡情六枝县馆”，建成18个农村电商服务站，实现线上销售2569万元。引进中国电商百强企业颐高集团打造EGO六枝众创空间，实现产值达692万元。区内贵阳银行、邮政储蓄银行、六枝信合联社实现乡镇金融网点全覆盖。二是重大基础设施强力推进。成立16个重大项目建设指挥部，以项目建设拉动投资促进发展。交通网络织密织牢。实施国、省干线改造项目6个，完成投资8.67亿元。乡村家园行动计划扎实推进。全面启动脱贫攻坚村庄规划农房设计大会战，实施农村人居环境建设和乡村家园行动计划，加快“整区推进”小城镇建设步伐，农村人居环境累计完成投资约5.8亿元，成功创建9个“四在农家·美丽乡村”示范点。落别乡牛角村新农村建设项目获“中国人居环境奖”。

【民生事业】 一是切实加强民生和社会事业。城镇新增就业21308人，农业劳动力转移就业22975人，城镇登记失业率为3.38%，全年控制在4.2%以下。各项社会保险累计参保31.34万人；新农合参保51.49万人，参保率达99.56%；全区农村低保标准统一提高到3612元/年，城镇低保标准统一提高到600元/月。全区享受农村义务教育学生营养改善计划学校188所，受益学生86039人，营养餐工程获省、市点赞。顺利通过国家三类城市语言文字工作评估验收。城市公立医院综合改革有序推进，“医共体”改革得到省、市充分肯定。完成全区所有乡镇卫生院和74个村（居）卫生室标准化建设。引入社会资本3.41亿元兴办4家民营医疗机构。二是持续加强和创新社会治理。坚持领导干部带头下访接访，明确34名县级领导包保131件重点难点信访案件，全力化解矛盾纠纷和信访积案。中共十九大期间，全力做好安保信访维稳工作，实现了“三个零”的目标。惩治各类违法犯罪活动，全面治理“黄赌毒”和治安突出问题。认真开展宗教关系和谐示范区建设及无邪教创建活动，持续巩固人民群众安全感和满意度。三是坚决盯牢安全生产不放松。牢固树立安全生产红线和底线意识，紧盯安全管理重点领域，巩固安全生产良好态势。建立安全生产失信行为联合惩戒机制，推进安全生产诚信体系建设。加强重点行业和领域的安全防范工作，连续3年未发生较大及以上生产安全事故。四是全力推动文体事业和产业健康发展。《牂牁江渔民》、《天井追踪（上）》、《老来无闲寿延年》等本土节目在央视播出。精心打造《夜郎传奇》、《侬》等大型剧目，深受观众追捧。电影《落绕》在加拿大温哥华金枫叶国际电影节获得“最佳青年演员单项奖”，并获院线类电影“杰出成就奖”提名。月亮河乡月亮河村获“贵州省文化产业示范村”称号。六枝特区先后获“省级水上运动示范基地”和“贵州省攀岩运动基地”称号。多彩贵州“广电云”户户用实施2.58万户9.288万人。

【生态文明发展】 一是强力推动绿色发展。狠抓工业企业管理，推动清洁生产，加快中心城区燃煤锅炉淘汰力度。贵州六矿瑞安（海螺）水泥有限公司、华润（六枝）电厂均通过清洁生产审核。积极推广清洁能源汽车73辆，淘汰老旧车和黄标车285辆。建成汽车加气站2座。中心城区、木岗、岩脚垃圾转运系统与六枝特区医疗废物处置中心建成投入使用，实现全区医疗废物100%无害化处置。城乡生活垃圾无害化处理率达91.17%，城镇污水处理率达86.11%。完成石漠化治理2.25万亩，治理水土流失面积4.5万亩，完成营造林7.2万亩，森林覆盖率达49.73%，环境空气质量AQI优良率达98.5%，创建省级生态乡镇2个，省级生态示范村6个。二是加强环境保护和治理。认真办结中央环保督察交办的25件案件，受理各类环境信访投诉162件，共约谈10人、问责4人。

【"四创"工作】 深入开展"四创"（全民动员人人参与创建国家卫生县城、国家园林县城、省级园林县城和文明县城争创全国文明县城和国家生态县）工作，加大对城区餐饮油烟的整治力度，不断加强环评服务及"三同时"（建设项目中防治污染的措施，必须与主体工程同时设计、同时施工、同时投产使用）执行力度，新建和改（扩）建投产项目环保"三同时"执行率100%。全面落实砂石矿山扬尘专项整治。六枝特区获"国家卫生县城"称号。三是加强水环境综合治理。出台《六枝特区2017年全面推行河长制年度工作方案》等制度文件，编制"一河一策"方案，以"百千万清河行动"为契机，开展河流集中整治工作，加大污水处理厂及配套管网建设与管理，积极推进六枝河综合治理工程。集中式和农村千人以上饮用水水源地水质达标率分别为100%和95%以上，全区5个省控以上地表水监测或考核断面水质达到Ⅲ类以上。

【信访维稳工作】 开通信访专线和书记、区长信箱，增设信访接待窗口，建立区、乡、村、组四级联动调处机制，配齐配强村级矛盾纠纷调解员，进一步畅通民意诉求渠道。一是高度重视，抓好落实。制定特区县级领导接访表，确保每天一名县级领导到特区联合接访中心公开接访。在特区领导的带动下，各乡（镇、社区）也掀起走访下访高潮，每天到信访人家中做工作。县、乡两级领导接待上访群众92批次131人次，下访110批次110次，约访55批次82人次。中共十九大前期，按照"横到边、纵到底、不漏一户、不漏一人"的工作思路，确保社会和谐稳定。二是突出重点，狠抓关键节点。强化特殊时期的稳控机制。利用思想疏导、有理部分采取政策解决、经济解决或民政解决等方式，着重解决集访、越级访、重复访问题，坚决把可能发生的各类矛盾、纠纷化解在萌芽状态，实现了全国"两会"、党的十九大、省"两会"、市"两会"、"全市第四届旅游发展大会"和"特区第十一次党代会"期间全区社会稳定。

【改革创新】 坚持用改革创新的办法解决前进中的困难和问题，紧跟中央及省委、市委改革步伐，抓好改革任务的落地落实。一是"医共体"改革得到了国家及省、市相关部门的肯定，"医共体"改革成立以特区党委书记、政府区长为组长的"医共体"双组长工作领导小组，组建了"医共体"管理办公室，印发《六枝特区医共体管理办公室组建方案》、《六枝特区"医共体"政府投入及财政管理暂行办法（试行）的通知》、《六枝特区"医共体"内乡（镇）卫生院、社区服务中心委托管理实施方案》、《六枝特区医共体成员单位绩效考核实施细则（试行）》等方案，通过每季度召开现场观摩会，在全区推行实施。现六枝特区乡村两级的门诊及住院人次均有大幅提升，2017年，村级门诊人次增长11.13%，乡镇门诊人次增长19.59%，住院增长40.30%，人民群众就医满意度、获得感得到很大程度的提升。二是以易地搬迁为抓手推动扶贫开发体制改革，全面落实"五个三"经验和后续发展配套措施，有效整合资源，解决搬迁突出问题。如2013年新窑镇那玉坝项目将312套生态移民房与廉租房有效整合，解决项目资金的短缺问题和房屋面积过小的实际问题，深得搬迁群众的好评。三是探索"营养餐+基地+扶贫"模式，打造"产供销"一条线，推动"贵州特色"营养餐改善计划向"规范、精细、科学、营养"方向迈进，建立学生营养餐"智慧云"综合服务管理云平台，开发学生营养餐综合数据分析库，促进全区学校食堂管理规范化、信息化、科学化。大数据管理平台对学校点单和食品进出库科学测算实时监控，对不合理、不规范操作进行红色报警，解决学生营养餐"食品安全难追溯、干部安全难监督、学生营养难监控"等问题。2017年底，营养餐"智慧云"综合服务管理云平台覆盖11乡（镇）20所学校22800名学生，对十个种类食品进行科学测算和实时监控，科学调整种养殖产业10个。全区187所中小学8.3万余名学生吃上可口、安全、放心的家乡菜，带动贫困户6615人脱贫致富。

【民主法治建设】 坚持把党的领导和人民当家做

主有机结合，以法治建设保障人民民主，凝聚各方力量参与经济社会建设。一是全力加快推进依法治区进程。以中共十八大、十八届三中、四中、五中、六中以及中共十九大全会精神为指导，深入推进依法治区各项工作，使宣传预防与综合治理有效结合，为全区经济发展和社会稳定营造和谐法治环境。建立和完善行政权力清单制度，完善政府权力公开透明运行机制。深入开展法治宣传教育，推动全民学法用法尊法守法，全面完成“七五”普法规划任务。大力支持特区人民法院和检察院依法独立行使审判权和检察权，为社会公平正义提供良好法治环境。扎实推进基层民主法治化建设，提高基层法治化管理化水平。二是全力支持人大依法履行职责。加强和改进党对人大工作的领导，全面贯彻中央及省委、市委关于坚持和完善人民代表大会制度的要求部署，采取广播、电视、报刊、网络等多种方式拓宽人大代表知情知政渠道。人大听取和审议专项工作报告、开展法律监督、任命干部监督。加强和改进党对人大工作的领导，特区党委常委会先后多次听取特区人大常委会党组讨论并通过《六枝特区人大常委会 2017 年工作要点》等文件和其他相关事宜。积极支持特区人大依法加强对“一府两院”工作的监督，开展对宪法和法律实施情况的监督检查，顺利召开特区十二届人大二次会议，审议政府工作、国民经济和社会发展计划、财政、检察院、法院等有关报告。对事关全区经济社会发展和涉及人民群众切身利益的重大事项、重大改革举措及相关人事任免，及时提请特区人大作出决议和决定，使党的主张和人民意志统一起来，提高决策的科学性和民主性。督促抓好人大代表提出的议案、建议、批评和意见的办理落实。积极支持人大围绕全区经济发展工作开展监督和专题调研。三是积极引导政协发挥重大作用。坚强和改进党对政协工作的领导，全面贯彻中央及省委、市委关于坚持和完善政治协商和广泛民主的要求，使政协参政议政、民主监督、政治协商职能得到充分行使。积极听取政协党组有关工作情况汇报，研究和通过了《政协六枝特区委员会 2017 年工作要点》等文件和其他相关事宜。积极引导政协发挥参政议政作用，顺利召开政协九届二次会议，审议政府工作报告。坚持重要决策、重大问题、重点工作、重要人事安排、重大资金使用等政治协商机制，积极支持政协围绕全区经济社会发展重大问题开展协商议政和视察调研。认真听取和积极采纳政协提出的意见和建议，支持政协依照章程开展工作和加强自身建设，确保政协的职能、作用得到充分发挥。四是扎实推动统战、群团和武装建设。充分发挥统一战线的重要法宝作用。高度重视和加强统战工作，将统战工作纳入年度综合目标考核。积极支持民主党派、工商联和无党派人士参与经济社会发展各项工作。全面贯彻落实党的民族、宗教、侨务政策。五是高度重视党的群团工作。大力支持工会、共青团、妇联、残联、计生协会、关工委等人民团体、群众组织依法依规依矩开展工作，定期听取群团组织工作情况汇报，群团组织服务经济社会发展的桥梁纽带作用明显增强，不断巩固党的执政基础。六是深入推进军民融合发展。认真落实党管武装制度，深入推进国防后备力量建设，抓好双拥共创，军政军民关系更加融洽。

【宣传思想文化工作】 高度重视宣传思想文化工作，把开展学习贯彻中共十九大精神、中共十八届六中全会、省委十一届八次全会、省第十二次党代会，市第七次党代会、全市“两会”、六盘水市脱贫攻坚推进会暨“大比武”动员部署会议和特区第十一次党代会精神作为理论武装工作的主线，以特区党委、政府中心工作为重点，因势而谋、应势而动、顺势而为，夯实党对意识形态工作的掌控权，为全区经济社会发展提供坚强的思想保证和舆论环境。一是突出主题，深入基层，大力加强思想理论建设。围绕特区党委、政府中心工作，以中共十八大、十八届三中、四中、五中、六中全会精神以及中共

中国皮划艇队备战冬奥会 2017 年冬季牂牁江大集训开训仪式　（六枝特区党办供稿）

十九大精神等为主要内容，确定中心组学习专题。2017年，共组织特区党委中心组集中学习4次。注重理论宣传与文化惠民活动紧密结合，通过理论宣讲，把政策、文化送进千家万户。制定印发《六枝特区党委（党组）理论学习中心组2017年专题学习指导意见》、《中共六枝特区委理论学习中心组2017年学习计划》，开展了“两学一做”学习教育、社科理论春季扶贫攻势、党的十九大精神宣讲等工作，组织开展“党的声音进万家、总书记话儿记心上”暨“科学理论走基层”活动，不断提升群众政策知晓率。2017年共组织开展宣讲7800余场次，参加听讲的干部群众达78万余人次。二是深入挖掘，高端推介，推动文化产业健康发展。借助文博会平台，推广六枝特区文化产品，不断使特区刺绣、剪纸、竹编等走向海外市场，特区“箐林之声”乐队演唱的《打亲》歌曲到长沙、武汉、重庆、成都、辽宁、广州、深圳进行巡演，深受欢迎；加大文化产业扶持和宣传力度，邀请中央及省、市媒体大力宣传六枝特区长角苗跳花节、“中国凉都红樱桃”、“六月六”、“杨梅节”、牂牁江“国际滑翔伞”等文化产业项目，展示六枝特区独特的民族风情及浓郁的原生态文化魅力。梭戛乡长角苗示范新区项目建设成功进入省“十三五”重大文化项目，成为六盘水市唯一申报成功的项目；积极参与清华设计院对地宗矿老矿区的规划设计，打造“六枝记忆·三线公园”；建立3个农民文化专业合作，发展壮大文化产业企业。

（杨　帆）

◎ 区委办公室工作

【概况】　六枝特区党委办公室是特区党委的综合办事协调机构，承担着参政设谋、督查落实、综合协调、后勤保障等诸多重要职能，是确保党委正常运转、党委决策贯彻落实的重要机构。特区党委办公室共有内设机构11个，分别是党委政府督查室、“三变”改革办、秘书一股、秘书二股、秘书三股、文书股、信息股、政工股（财务室）、政研股、行政股、法规股；隶属单位4个，分别是特区党委政策研究室（改革办、依法治区办）、全面小康社会建设服务中心、信息中心、“三变”改革服务中心；归口单位3个，分别是特区党委机要局、特区国家保密局和党委政府联合信访办公室。

【办文办会工作】　2017年，完成各类文稿起草、审核、呈批、校对、印制、分发共540余份，处理各级文件1400余件，办结率为100%。完成特区党委常委会会议、常委（扩大）会议以及电视电话会议等各类会议100余场次，参与全市第四届旅游文化产业发展大会等重大活动筹备或服务工作20余场次，完成省、市、特区领导调研和考察团考察活动服务40余场次，服务工作得到各级领导一致认可。

【理论调研工作】　围绕供给侧结构性改革、城乡住房去库存等重点工作，深入发改、住建、规划、农业、旅游、扶贫等部门以及有关乡镇开展课题调研，准确掌握基层工作情况，提出对策建议，为特区党委及领导决策提供有力支撑和科学依据。2017年共完成调研报告20余篇。

【信息工作】　2017年共编发信息16期，其中《六特信息》13期、《六特信息·增刊》3期。省委办公厅信息采用得分265分，完成目标任务150分的177%，市委办公室信息采用得分181分，完成全年目标任务150分的121%，全市排名第二。参与处置网络舆情32条，成功处置“新窑镇联盟村3·27事件”、“岩脚镇河头上水库矛盾纠纷”等敏感舆情事件。及时处理市委办公室交办网民留言29条，办理区委书记信箱网民留言68条，有效解决群众反映的合理诉求。

2017年1月22日，党办举行迎春活动

（六枝特区党办供稿）

发放小康宣传资料　（六枝特区党办供稿）

【督促检查】　紧紧围绕特区党委中心工作开展督查，做到“工作开展到哪里，督查就跟进到哪里”。2017年，共对特区党委常委会议定事项跟踪督办17次，对脱贫攻坚等中心工作开展专项督查120余次，完成上级和特区领导交办事项70余项，有效促进了上级和特区党委各项重要决策部署的落实落细。

【机要保密】　严格贯彻执行保密工作相关规定，对密码电报和密件严格实行跟踪管理、清退销毁制度。2017年，共译传办理各类电报1036份，其中秘密电报719份，明传电报317份；清退和销毁2016年度密码电报409份；在全区开展2次电子政务内网安全大检查。全年未发生丢失、错办、漏办机要密件等责任事故和失泄密事件。

【同步小康创建工作】　积极服务全区同步小康创建工作，2016年六枝特区同步小康总体实现程度为93.4%，2017年顺利通过省级同步小康创建达标实地验收。

【深化改革和依法治区】　出台《六枝特区2017年重点改革专题》等文件，完成改革任务27项，出台试点实施方案8项，向省、市改革办报送改革信息66期，被省委《改革情况交流》采用2期，《改革动态》采用10期。

【“三变”改革】　紧盯“四个更多”（让更多贫困户参与、让更多农民增收、让更多村级集体经济增长、让更多农村资源增长）目标，以农业供给侧结构性改革为主线，以打造股份农民为核心，整合财政资金1.37亿元，撬动社会资本6.99亿元参与“三变”（农村资源变资产、资金变股金、农民变股东改革）改革，实现贫困户“三变”改革全覆盖，带动4.7万人实现就近就业，务工收入达8050万元。5.35万户农户累计分红1.42亿元，户均分红2645元。

【党风廉政建设】　准确把握党风廉政建设和反腐败斗争新形势新任务，研究制定《2017年党风廉政建设工作要点》、《党风廉政建设和反腐败斗争责任清单》，先后2次调整办公室党风廉政建设和反腐败工作领导小组，召开6次主任办公会议、10余次全办干部职工会议，专题研究和安排部署党风廉政建设工作。传达各级党风廉政建设有关文件、会议精神30余件次，组织观看《打铁还需自身硬》、《输掉的人生》、《镜湖》等警示教育片8场次，组织全办干部职工到大用烈士陵园开展爱国主义教育1次，开展重温入党誓词活动1次，到新窑镇廉政文化基地开展警示教育1次，开展纪律讲堂7次，扎实推进约谈常态化，主要领导开展集中约谈2次，班子成员分别对各自分管股室进行约谈100余人次。

【意识形态工作】　紧紧抓住思想政治建设的主动权，深入贯彻中共十九大精神和习近平总书记在贵州省代表团重要讲话精神，制定《关于学习宣传贯彻党的十九大精神和习近平总书记在贵州省代表团重要讲话精神的实施方案》，以“学习十九大·实干创佳绩”为主题，先后开展“十个一”活动（即组织一次集中学习、组织一次专题讨论、开展一次党小组日活动、上好一堂主题党课、举办一次主题演讲比赛、开展一次“缅怀革命先烈、重温入党誓词”活动、签订一份党员承诺书、举办一次党的十九大精神“四进”活动、开展一次“送党章、学党章”活动、开展一次“岗位大练兵、业务大比武”活动），推进“两学一做”学习教育常态化制度化，切实用

党办参与治理河道垃圾　（六枝特区党办供稿）

习近平新时代中国特色社会主义思想武装头脑、指导实践、推动工作。

【党建扶贫】 把责任紧紧抓在手上、扛在肩上、落实在行动上。一是成立由党办主要领导任组长，分管领导任副组长的脱贫攻坚工作领导小组，层层压紧压实工作职责，确保责任到人、到事。二是认真组织学习教育医疗扶贫、易地扶贫搬迁、“三变”改革等脱贫攻坚知识，邀请特区扶贫局有关负责同志到办公室进行业务培训、到脱贫攻坚包保联系村进行业务指导，进一步提高全体干部职工懂扶贫、抓扶贫的政策水平。三是扎实开展大走访、大帮扶工作。选派1名精干人员到党建扶贫联系点岩脚镇龙泉村开展同步小康驻村工作，组织全办干部职工深入脱贫攻坚包保联系点岩脚镇岱瓮村、二道岩村开展结对帮扶等工作。2017年累计开展结对帮扶工作1500余人次，建立贫困户档案170余份，解决群众实际生产生活困难60余个，看望慰问困难留守儿童30余名。

（王顺志 徐 刚 欧阳希）

◎ 纪检监察

【概况】 2017年，在中央及省、市纪委坚强领导下，六枝特区各级纪检监察机关牢固树立“四个意识”，着力增强“四个自信”，综合运用“四种形态”，充分发挥党内监督专责机关职能作用，全面加强纪律建设，坚持越往后执纪越严，一寸不让纠正“四风”，不断巩固拓展落实中央八项规定精神和省委、市委、特区党委十项规定成果；保持政治定力，坚持力度不减、节奏不变，着力巩固反腐败斗争压倒性态势，推动全面从严治党向纵深发展、向基层延伸；聚焦脱贫攻坚，持续强化监督执纪问责，着力查纠侵害群众利益的不正之风和腐败问题，全区坚持党要管党、全面从严治党不断深入，政治生态持续好转，风清气正、干事创业的政治氛围日益浓厚，为决胜脱贫攻坚、同步全面小康提供坚强的纪律和作风保障。

【机构建设】 特区纪委机关、特区监察局设13个内设机构，行政编制24名，工勤人员4名。定

2017年9月20日，六枝特区纪委开展“四风”问题专项检查 （六枝特区纪委供稿）

领导职数：书记1名、副书记2名；特区监察局局长1名（由特区纪委副书记兼任）、副局长2名；室主任职数13名（副科级），办公室副主任职数1名（股级）。下属事业单位2个，参公（事业）编制9名。派出机构6个纪工委监察分局，行政编制35名。领导职数：纪工委书记6名、副书记12名（其中6名兼任监察分局局长），纪工委委员10名，综合室主任6名（股级）。

【宣传与教育】 深入学习宣传贯彻十九大精神，组织对全区各级各部门学习宣传贯彻十九大精神情况开展监督检查。开展党内政治生活和党的组织生活制度专项检查，督促全区各级党组织认真执行《新形势下党内政治生活的若干准则》。将党规党纪纳入特区党校教学内容，1000余名党校学员接受教育。开展党规党纪专题讲座50余场受教5000余人（次）。建成新窑镇廉政文化展厅，2000余人接受警示教育。组织400余人开展“家庭助廉”活动。

【党风政风监督】 深化作风建设，不断巩固拓展落实中央八项规定精神和省委、市委、特区党委十项规定成果。开展“四风”问题自查自纠，发现问题148个，整改率100%。开展“禁酒令”执行情况监督检查，督促54家单位按规定封存公务用酒。2017年，查处违反中央八项规定精神问题39件42人，党政纪处分39人，党政纪处分比例达92.86%，点名道姓通报曝光6批次13起14人。

【信访与举报】 2017年，六枝特区纪检监察机关受理信访举报403件次，同比下降20.98%。其中实名举报270件，占66.99%；反映乡科级干部74件，占18.36%；转立案61件，占15.14%；初核了

结341件，占84.62%。对180名干部信访举报失实或问题轻微的予以澄清。

【案件管理】 2017年，运用“四种形态”处理党员干部760人，第一、二、三、四种形态处理人数占比分别为64.87%、31.58%、2.5%、1.05%。认真落实容错纠错机制，坚持尽职免责、失职追责，旗帜鲜明为敢担当者担当、为敢负责者负责，对6名党员干部予以从轻、免于问责。坚持用严明的纪律管党治党，对反映问题轻微的13人进行函询，对如实说明的予以采信，体现党对干部的信任。集中约谈财政、卫计、教育、平台公司等部门干部600余人。

【纪律审查】 2017年，六枝特区纪检监察机关立案254件266人，同比增长4.53%；党政纪处分267人，同比下降2.9%；移送司法机关2人，同比下降81.82%。

【案件审理与复查复议】 2017年，六枝特区共结案256件267人，结案率100.79%。无复查复议案件。

【组织建设】 认真落实“三会一课”制度，扎实推进党的组织建设。将特区纪委监察局支部分为6个党小组，定期组织学习，严肃党的组织生活。制定《六枝特区纪委监察局党的组织生活制度学习计划》，深入推进“两学一做”学习教育常态化制度化，开展4次中心组集中学习。班子成员围绕学习宣传贯彻党的十九大精神，为支部全体党员上党课4次，推动党的组织生活严肃认真开展。到遵义会议、苟坝会议会址开展党性教育，到区内爱国主义教育基地开展“重温入党誓词”主题党日活动，加强党性锤炼，提高党性修养，增强党员意识。

【纪检监察信息】 2017年，向各级各类媒体报送信息276条，中纪委网站采用2条，省纪委网站采用23条，六盘水市纪委网站采用166条。开通“六枝特区纪委监察局”微信公众号，关注人数达7800余人，转载（刊登）各级各类媒体廉政信息188条。

【民生保障】 聚焦扶贫领域深化专项监察，开展“一事一议”财政奖补资金等5项专项监察，严肃查处贪污挪用、截留私分，优亲厚友、虚报冒领，雁过拔毛、强占掠夺等问题，坚决惩治群众身边的腐败。2017年，全区民生领域立案191件198人。投入资金130万元建成“民生监督电视公开平台”和“民生监督云大数据平台”，通过“两个平台”数据比对预警信息核查，立案31件34人，督促主管部门追回资金69.13万元。

书写春联送贫困户 （六枝特区纪委供稿）

启动第二轮“访村寨、重监督、助攻坚”专项行动

【脱贫攻坚监督检查】 出台《六枝特区脱贫攻坚帮扶工作问责实施方案》，围绕脱贫攻坚“四场硬仗”等开展10余次监督检查，综合运用书面检查、通报批评、提醒谈话、诫勉谈话、纪律处分等方式问责80余人。出台《六枝特区村纪检委员（民生监督员）管理办法（试行）》，配齐243名村民生监督员，实现行政村（居）民生监督员全覆盖。民生监督员走访群众7.7万余户次，发现问题线索190余个，转立案50件，挽回经济损失85.74万元，返还群众16.61万元。

【深化国家监察体制改革】 认真贯彻落实中共十九大全面推开国家监察体制改革试点工作重大决策部署，严格按照中央及省委规定的“时间表”、“路线图”，“按图索骥”、“照图施工”。召开3次主任办公会加强协调调度，形成工作合力。加强拟转隶人员档案审核和谈心谈话，落实合署办公场所，制定编制划转、转隶人员名单、线索移交处置及案件办理工作衔接、转隶过渡期临时机构等方案，设立转隶党员临时党支部。12月26日，12名涉改人员正式转隶到岗；12月28日，召开特区深化监察体制改革试点工作转隶大会，实现合署办公，改革试点工作迈出坚实第一步。

（周定喜）

◎ 组织工作

【概况】 2017年，六枝特区党委组织部始终坚持“一条主线、二个围绕、两个坚持、五项重点”的工作思路，紧紧围绕“五位一体”总体布局、“四个全面”战略布局和“守底线、走新路、奔小康”发展大局，坚持稳中求进工作总基调，坚持落实从严治党要求，以“开展基层组织创新提升年”为抓手，以推进“两学一做”学习教育常态化制度化、严肃党内政治生活和强化党内监督、推动全面从严治党向基层延伸、推进人才发展体制机制改革等为重点，聚焦主业主责、精准科学施策、强化担当作为，着力打造模范部门和过硬队伍，全面提升新形势下组织工作水平，为全区经济社会发展和决战脱贫攻坚决胜全面小康提供坚强组织保证。

【机构职能】 特区党委组织部是特区党委主管组织工作和干部工作的职能部门，主要职责有：一是贯彻落实党的组织、干部路线、方针、政策制定或参与制定全区组织、干部、人事工作的有关政策制度；研究和指导全区干部人事指导改革；搞好组织、干部、公务员工作的检查督促。二是研究和指导全区党组织的建设；规划、协调和指导党员教育、管理和发展工作；负责党员电化教育和组织工作信息化建设；指导组织队伍建设；组织开展新时期党建理论研究。三是负责区委管理的领导班子和干部的考察，提出调整、配备的意见和建议；负责区委指定管理的国有企业领导班子的考察、调整、配备工作；办理区委管理干部的任免、工资、待遇审批手续；指导领导班子的思想作风建设；负责区级党群、人大、政协、法院、检察院、公安局等部门一般行政职务任免的审查、审批和公务员管理工作及干部的调配、待遇、退休、备案工作。四是负责全区科

特区党委常委、区委组织部部长潘静（左二）陪同省委老干局一行慰问离退休老干部

（六枝特区组织部供稿）

级后备干部的培养选拔工作和区委交办的县级后备干部的有关工作。五是加强对科级以上领导干部的监督管理，承办干部监督的有关工作；处理党员干部的来信来访。六是规划、指导、协调、督促和检查干部教育工作；负责干部的培训工作，配合做好上级组织部门调训工作；指导干部培训基地、师资队伍建设等工作。七是负责全区知识分子工作和科级人才队伍建设的宏观指导；调查了解知识分子工作情况，制定或参与制定有关政策规定，检查贯彻执行知识分子政策的情况。八是负责离休干部和副科级以上退休干部管理工作的宏观指导。九是负责党员、干部的统计和区委管理干部及有关部门干部的档案管理工作。十是完成区委、市委组织部交办的其他事项，归口管理区委离休退休干部工作局和农村党员干部远程教育领导协调小组办公室。

【干部选拔】 2017 年，共选派区直单位 130 名干部到村任第一书记，选派区 17 名干部到乡镇挂任党委副书记，选派 13 名机关年轻干部到乡镇挂任乡镇长助理，后备干部库人数达到 279 人，其中基层一线干部 97 人；特区党委常委会议研究干部议题 24 批次，研究干部 475 名，其中提拔 157 人，试用期转正 60 人。从乡镇事业编制人员、优秀村干部、大学生村干部、优秀村党支部“第一书记”、驻村干部中提拔 18 人。

【干部档案“两率”指标提升】 在开展全区干部档案专项审核拓展工作的同时，同步开展档案数字化建设工作，在原先数字化档案建设的基础上，再次将档案与散材料进行编号、扫描、入档。并定期或不定期对特区人资社保局、教育局 2 家管档单位档案数字化建设进行督促指导。

【干部监督】 严格执行“四项监督制度”及省、市规定的报批及征求意见事项，及时征求纪委、审计等 15 家部门意见。酝酿调整干部时，严格要求向特区编办发函征求职数空缺情况。

【干部教育培训】 依托特区党校、中心组学习、“周末大讲堂”、新时代农民（市民）讲习所等阵地，举办各类培训班 111 期，对全区所有区管干部进行全员轮训，示范带动全区各级党组织和广大党员干部学懂弄通、真信真用，树牢“四个意识”、坚定“四个自信”，切实用习近平新时代中国特色社会主义思想武装头脑、指导实践、推动工作。

区委组织部到中寨乡扯扭村走访调研，到贫困户家中了解生产生活情况 （六枝特区组织部供稿）

【规范公务员调任工作】 规范公务员调任程序，严把调任关，严格审查公务员调任资料，对不符合资格条件、表现不突出、存在问题反映的人员一律不进行调任。认真核实调任人员的编制、职务职数，梳理调任材料清单，确保提升调任审批通过。2017 年，共申报调任 25 人，批复同意调任 24 人，批复暂缓调任 1 人。

【落实党建工作责任制】 签订脱贫攻坚帮扶工作责任状，对县级以上党员领导干部及区直单位党建扶贫联系点进行明确。全区在职 46 名县级领导联系党建扶贫联系点 130 个，109 家区直单位联系党建扶贫联系点 58 个，帮助指导贫困乡、贫困村制定发展目标、拟定责任清单，全面推动整体脱贫，县级领导干部或单位均建立党建扶贫联系点。

【非公有制企业党组织全覆盖】 六枝共有非公企业 586 家，累计组建党组织 96 个，累计单建党组织 54 个，联建 42 个，联合建立党组织的企业计 385 个。共有社会组织 49 家，累计单建党组织 7 个，全区非公企业和社会组织组建率分别达 74.9% 和 100%。选派 133 名党建指导员进驻 286 家非公企业和社会组织，进一步加强对非公企业和社会组织党建工作的指导。

【后进村党组织整顿】 对后进基层党组织制定整改计划，实行挂图作战，11 个后进基层党组织全部整改完成，并建立长效机制，党员群众代表大会对整顿工作评估问效满意度均达到 90% 以上。

【驻村帮扶】 精准选派驻村干部 650 人，其中中央选派 1 人，省级选派 6 人，市级选派 38 人，调整 154 名驻村干部，组建 130 个工作组并选派 130

区委组织部全体干部职工到后山看守所开展廉政警示教育 （六枝特区组织部供稿）

名党员干部到村任第一书记，实现驻村工作组和第一书记双覆盖。管好用好第一书记和驻村干部，保证第一书记和驻村干部真蹲实住，并在同步小康第一书记管理中推行“三亮三比三评”（“三亮”：亮身份、亮标准、亮承诺；“三比”：比技能、比作风、比业绩；“三评”：领导点评、党员互评、群众评议）工作法，对驻村干部驻村成效进行综合评估考核。

【村干部职业化管理】 进一步加大对基层的投入力度，村（居）工作运转经费提高到5万元每年，支书、主任报酬提高到4000元/月，其他村干部报酬提高到3000元/月；在编制极为紧缺的情况下，拿出160个事业编制，面向社会公开招考村文书，充实了一线力量。按照“五小”（小食堂、小澡堂、小宿舍、小厕所、小图书室）工程标准，整合各级各类资金120万元，用于9个深度贫困村活动场所建设维护，让村干部能安心基层、扎根基层、服务基层。

【人才队伍建设】 深入推进“乡村人才库”建设，持续开展区管专家走基层活动，推动人才共管共享共用。2017年，引进高层次和急需紧缺人才158人，其中硕士研究生18人，副高级专业技术人员1人。鼓励企业、机关事业单位通过项目入股、技术合作等形式，柔性引进博士研究生4人。举办高层次人才培训班2期。组织农业专家对全区9个深度贫困村开展“集中会诊”活动。

【网络宣传工作】 在共产党员网先锋文汇、新华网发展论坛、人民网强国论坛等论坛发表网评文章1632篇，被市委组织部推荐上报省委组织部1352篇，每月均完成市委组织部要求不少于100篇的任务指标。

（邓忠林）

◎ 宣传工作

【机构设置】 内设：办公室、理论股、宣传股、网信办、文明办、文产办、报社。

【理论宣讲】 2017年，宣传思想文化工作结合学习宣传贯彻中共十九大、省第十二次党代会、市第七次党代会和特区第十一次党代会精神，做好《习近平总书记系列重要讲话读本（2016版）》、《习近平谈治国理政》、《习近平总书记系列重要讲话文章选编（领导干部读本）》等理论读物的学习宣传。全区各级各部门党报党刊征订工作完成，其中征订《习近平总书记系列重要讲话读本（2016年版）》6100册，征订理论与当代232册，党建170册；《人民日报》、《光明日报》、《贵州日报》、《当代贵州》等7958份。为特区党委中心组，县级干部、各单位和部门发放《学习活页文选》第1期至第46期4600余册，《当代贵州》、《当代六盘水》各

3000余册，《贵州发展解读2016》150册，《守底线走新路奔小康——贵州省第十一次党代会以来经济社会发展解读》180册，《全面从严治党面对面》984册。

【专题宣讲活动】 围绕“党的声音进万家、总书记话儿记心上”暨“科学理论走基层”工作，“两学一做”学习教育、社科理论春季扶贫攻势宣讲工作等，开展专题宣讲活动，制定出台《六枝特区党委（党组）理论学习中心组2017年专题学习指导意见》、《中共六枝特区委理论学习中心组2017年学习计划》、《关于认真做好省第十二次党代会精神集中宣讲工作的通知》、《关于认真开展“三送三促”助推脱贫攻坚集中宣讲工作的通知》、《关于开展喜迎党的十九大“算好惠民账，感恩共产党”集中宣讲活动的通知》、《六枝特区党的十九大精神集中宣讲工作方案的通知》、《六枝特区学习宣传贯彻党的十九大精神“七进”宣讲活动方案的通知》、《六枝特区党的十九大精神文艺宣讲方案》。

组织开展宣讲学习贯彻中共十九大精神，中共十八届六中全会、省委十一届八次全会、省第十二次党代会，市第七次党代会、全市“两会”、六盘水市脱贫攻坚推进会暨“大比武”动员部署会议、有关文件精神宣讲和六枝特区第十一党代会精神宣讲报告会7850余场次，参加听讲的干部群众达78.5万余人次。

【宣传工作】 2017年，六枝特区新闻宣传工作按照“四个全面”战略布局、五大发展理念和三个主基调，围绕“守底线、走新路、奔小康”工作要求，着力宣传好六枝特区大扶贫、大数据、大健康三大

“金鸡报晓　诗意家园”迎春书画、奇石、楹联展

（六枝特区宣传部供稿）

战略行动和循环经济、农村改革、山地旅游三件大事，着力宣传好产业生态路、现代农业路、健康旅游路、城乡一体路“四条新路”，开展各项新闻宣传工作，为六枝特区决战脱贫攻坚、决胜全面小康营造良好的舆论氛围。《六枝报》、六枝电视台、微视六枝等区内媒体和市级以上主流媒体刊发刊播新闻稿件9300余条。组织六枝报社、六枝电视台、微视六枝等媒体对“四重一典”、践行“五大发展理念”、决战脱贫致富、决胜全面小康等中心工作进行宣传报道。共在市级以上媒体刊发刊播新闻稿件4257余条。其中，国家级媒体中央电视台用稿15条次，中央人民广播电台用稿48条次，新华网用稿146条，新华社客服端用稿133条，中国新闻网用稿74条，中国网用稿342条，光明网用稿26条，人民网用稿133条，《参考消息》用稿8条，中国经济网用稿4条，《人民日报》用稿4条，《光明日报》用稿2条，《经济日报》用稿1条；省级媒体《贵州日报》刊用稿18条，《当代贵州》用稿20余条，今贵州用稿30余条，《贵州都市报》用稿27条，《贵州民族报》用稿181条，《贵阳晚报》用稿70条，多彩贵州网用稿1200余，《贵州都市报》用稿112条，新浪网用稿77条；市级主流媒体六盘水广播电视台用稿259条，《六盘水日报》用稿645条，《乌蒙新报》用稿227条，中国凉都·六盘水网用稿457条。

【文化产业】 2017年共有统计文化产业单位376余家，规上文化产业企业9家，文化个体231户，文化企业112户，行政事业单位29家，社团4户。文化产业增加值2014年为3.39元，占GDP比重2.66%；2015年为1.36亿元，占GDP比重0.92%；2016年初步核算为5.549亿元，占GDP比重3.36%。

【价值观宣传】 一是开展“明礼知耻·崇德向善”主题实践活动。围绕《关于深化2017年“明礼知耻·崇德向善”主题活动的通知》文件精神，开展“明礼知耻·崇德向善”主题实践活动，在党员干部和城乡群众中大力倡导明“五礼”知“五耻”、遵守社会公德、履行职业道德、践行家庭美德和提升个人品德的热潮。二是开展“身边好人”评选推荐活动。围绕《关于做好2017年“身边好人·凉都榜样”推荐评选活动的通知》、《关于开展向英雄周明洪同志学习的通知》、《关于开展向倪裔豹同志学习

的通知》文件精神，先后向市文明办1—6月份上报30人，其中敬业奉献类6人，诚实守信类6人，见义勇为6人，孝老爱亲类6人，助人为乐类6人；二月份龙兴江获评贵州好人，三月份吴开华获评贵州好人，四月份周明洪获评贵州好人，并组织全区上下对周明洪的英雄事迹进行学习宣传。组织协调新闻媒体对卢贵英、龙兴江、吴开华进行采访，制作视频材料，在六枝电视台播放；邀请中国好人向莉、贵州好人龙兴江参加在道德讲堂总堂举行的身边好人说身边事道德讲堂活动。2—5月，在中国文明网“我推荐·我评议身边好人”工作平台，组织全区干部职工共推荐身边好人线索8523条。四月给“中国好人榜”高辉投票数为4848票，五月给“中国好人榜”王恩彦投票数为1326票，六月份给“中国好人榜”孙思勇投票数为3980票。三是开展“道德讲堂”主题活动。特区文明办与特区人力资源和社会保障局联合拟发《关于将参加道德讲堂总堂活动时间列入事业单位人员学时的通知》，明确将参加道德讲堂总堂活动的时间纳入到事业单位的学习之中；将开展道德讲堂活动情况好坏的单位进行分类，定期召开观摩交流活动，以此使全区各道德讲堂活动质量得到全面提升。2017年共有道德讲堂515个，共开展活动1132余堂次，其中道德讲堂总堂（含流动道德讲堂总堂活动）开展活动10次，区直单位（部门）共开展活动241次，乡镇（街道）、社区服务中心共开展活动145次，社区、村（居）共开展活动807次，学校（含点上学校）62次，参与活动人员10.19万人次。

【精神文明创建建设】 以《六枝特区2017年创建全省文明城市实施方案》为统领，主抓《六枝特区创建全省文明城市十大整治攻坚实施方案》、《六枝特区公民素质提升工程实施方案》。一是大力开展文明单位、文明村镇创建。创建37个市级文明单位、20个村（镇）申报市级文明村镇，14个省级文明单位、11个省级文明村镇，1个全国文明单位，1个全国文明村。二是大力开展文明城市创建。

1. 评选美德少年。通过“认星”、“创星”、“争优”活动，从自己做起、从小事做起，日积月累养成好思想、好品德、好习惯，争做德智体美全面发展、在“仁、义、诚、敬、孝”方面表现突出的美德少年。评选出朱心语等10名区级美德少年，吴忻玗等4名全市十佳美德少年，并将他们的事迹制成展板在全区各校进行展示，为全区未成年人树立学习榜样。

2. 开展清明祭英烈活动。以传统清明节为契机，组织未成年人登录中国文明网、央视网专门网页，向烈士献花敬礼、签名寄语，表达追思。组织未成年人到烈士陵园、爱国主义教育基地和红色景区景点，扫墓宣誓，礼敬先烈先贤，增强爱国情感，坚定理想信念。在校园宣传栏、校园广播、黑板报推出“清明祭英烈”专题专栏，介绍清明节的来源、风俗、意义。开展读书、征文、演讲等活动，讲述英烈故事，传承革命精神，宣传文明祭奠，引导未成年人慎终追远、缅怀先烈、文明过节。

3. 开展“童心向党”活动。一是组织全区未成年人广泛学唱传唱歌颂党、歌颂祖国、歌颂中国梦的优秀歌曲，教育引导未成年人一心向党、感谢党恩，自觉培育和践行社会主义核心价值观。二是以书法、绘画等形式开展活动，通过描绘书写贵州、六盘水和六枝的革命文化、红色文化、历史文化、自然风光、民族风情，丰富未成年人精神文化生活。三是开展爱国主义教育读书活动，建设书香校园，号召未成年人爱读书、多读书、读好书，营造“为中华之崛起而读书”的浓厚氛围。四是“六一”期间，全区各中小学纷纷组织开展形式多样的庆“六一”活动。关心、支持、关爱和激励未成年人健康成长，让全区全体儿童过好一个快乐祥和、有趣有味、有文化有艺术的“六一”国际儿童节，激发儿童热爱生活、热爱祖国、热爱艺术的丰富情感。形成关心和支持少年儿童事业发展的良好氛围。

4. 集中开展关爱“特殊群体未成年人”慰问活动。“六一”期间，开展多种形式的救助帮扶、关爱慰问活动，特别关注留守流动儿童、流浪儿童、重残重病儿童、孤儿及贫困家庭儿童等特殊困境儿童群体，开展庆“六一”关爱儿童活动，为贫困、残疾、留守儿童等特殊群体送书籍、送体育器材、送学习用品、送文艺、送爱心，为关爱儿童群体营造了浓厚的氛围。

5. 举办乡村学校少年宫成果展。5月26日，在六枝新广场成功举办迎接全省文明城市验收之首届乡村学校少年宫文化艺术节成果展示活动。表彰3所优秀乡村学校少年宫和10名美德少年。通过少年宫文艺作品会演和书法、绘画、手工作品的展示，表达孩子对美好未来的憧憬。

【文明在行动·满意在贵州】 调整充实“四创”、“文明在行动·满意在贵州”及“整脏治乱”专项行动工作领导小组，制订完善《六枝特区“文明在行动·满意在贵州”及“整脏治乱”专项行动实施方案》，制定《六枝特区“四创”督查办法》、《六枝特区“四创”工作考核办法》。

1. 旅游景观投入。主城区景观提升项目总投资1.3亿元，新建山体公园5个、小广场3个。投资100余亿元，打造牂牁江湖滨旅游度假区、郎岱古镇生态文化旅游区、迴龙溪温泉旅游度假区、月亮河夜郎布依文化生态园区、牛角布依风情体验区、梭戛生态博物馆等旅游景区（点）；成功申报国家AAA级旅游景区2处。收集整理特色旅游商品30余种，引入电商入驻17个景区景点。

2. 优化人居环境。全面实现绿化提质、美化提速、亮化提档、净化提标。一是深入实施“绿色贵州”建设六枝三年行动计划，完成营造林56.8万亩，森林覆盖率达51.5%，建成区绿地面积5.42平方千米，人均公园绿地面积8.29平方米；二是加大城乡环卫设施投入，在中心城区主次干道安装垃圾分类垃圾箱1400个，投资343.57万元建设垃圾中转场，投资2760.03万元为各乡镇、社区统一配置垃圾清运设备；三是实施便民行动，新增大中型商贸市场4个，优化改造城区地下排水系统，升级改造18个停车场2074个车位，升级改造农贸市场2个，城区主要干道进行弱电入地；四是大力实施农村人居环境治理，按“整区推进”要求，计划投资约186.67亿元，2018年计划投资46.97亿元打造127个精品型村庄，221个提升型村庄，383个普及型村庄，2019年计划投资40.24亿元打造79个精品型村庄，180个提升型村庄，240个普及型村庄。

3. 专项整治严格化。整治交通秩序，共查处各类道路交通违法行为8325起，治理行人不走斑马线1300余起，查获并扣押非法营运车辆40台。整治建筑工地，对建筑工地开展集中整治8次，共检查工地32家次，处理沿途抛洒遗漏物影响市容环境卫生等违法违章行为50余起。整治河道，投入75万元对城区河道进行维护和维修改造，对沿河两

2017年7月25日，召开倪裔豹同志先进事迹报告会

岸居民进行保护河道环境宣传教育，加强对河道进行巡查，及时制止向河道乱扔垃圾行为。整治占道经营，共治理占道加工、占道经营摊点1900余处次，清理各类流动摊点3000余处次。开展公益广告专项整治，对3000余块公益广告、500块灯箱广告进行规范户外广告专项治理300余次，开展医疗广告专项整治100余次，整治违法广告100余起，清除野广告5000余条。

4. 环境维护常态化。推进城乡环卫作业市场化。启动城乡生活垃圾收运处置PPP项目，该项目包括中心城区和乡镇政府驻地的清扫保洁、覆盖六枝特区城乡垃圾收运服务。投资2.5亿元，建设处理规模500吨/天的垃圾焚烧发电厂及配套设施设备，该项目于2016年8月30日立项，正在前期准备工作。六枝特区环卫设施覆盖中心城区、乡镇政府驻地和主要过境公路沿线，环卫设施覆盖的区域列入正常清扫保洁范围。

2017年8月，六枝特区创建国家卫生县城工作成功通过第二次复核，已获得国家卫生县城称号。文明城市创建工作获得省级文明城市称号，六枝特区落别布依族彝族乡、岩脚镇、郎岱镇、新窑镇获得省级文明乡（镇）称号，落别乡牛角村、岩脚镇金星村、新窑镇联合村、月亮河乡补雨村、梭戛苗族彝族回族乡高兴村获得文明村称号。

【“四创”工作】 一是“文明在行动·满意在贵州”暨“多彩贵州文明行动（整脏治乱）”任务。经省年终综合考核，六枝特区在88个县（市、区、特区）中排名24名，较2016年增位17名。二是“四创”工作任务。举行誓师大会，下发“四创”实施方案、考核办法、督查办法。“创文”：完成省文明城市考核组对六枝特区的考核工作，已经获得“省级文明城市”称号；“创卫”：通过了省级复核，已获得“国家卫生县城”称号；“创模”：落实国家环保督查的交办任务，辖区重点污染企业“一源一档”资料、机动车辆修理厂废弃物转运台账规范收集已基本完成；“创循”：逐步落实涉及项目，开展专项督查，完成年市创循办安排的任务。三是同步小康创建达标验收任务。四是旅发大会环境整治。拟写专项整治方案，分组对落别、郎岱、牂牁及沿线现场整治，完成交办的各项任务。五是临时

英国BBC记者拍摄跳花节 （六枝特区宣传部供稿）

交办的工作。完成57次现场会、观摩会、大型调研等活动涉及点、线、面环境卫生督查整治。2017年，通过“四创”微信群、电话、现场交办万余次，发出任务交办书137期，通报预警13期，通报2期，微视六枝曝光20余期。

（勾　春）

◎ 统战工作

【概况】 2017年，在省委、市委的正确领导和上级统战部门的大力指导下，六枝特区高度重视发挥统一战线的法宝作用，深入学习习近平总书记系列重要讲话精神，从“四个全面”战略布局高度认真贯彻落实《中国共产党统一战线工作条例（试行）》和中央及省委、市委关于加强统一战线工作一系列重大决策部署，迅速掀起学习宣传贯彻十九大精神的热潮，以促进发展、服务民生为第一要务，突出凝心聚力、服务大局，为推进全区“三变”改革、精准扶贫工作提供广泛的力量支持，统一战线工作取得一定成绩。

【内设机构】 中共六枝特区委统一战线工作部（含中共六枝特区委台湾工作办公室、六枝特区人民政府台湾事务办公室），简称六枝特区统战部，定行政编制5名，工勤人员编制1名。设部长1名，常务副部长1名，副部长1名，台办主任1名（由副部长兼任），办公室主任1名，业务股股长1名。2016年六枝特区归侨侨眷联合会成立（简称六枝特区侨联），为正科级事业单位，归口六枝特区统战部统一管理。六枝特区侨联定事业编制4名，主席1名，副主席（兼秘书长）1名，办公室主任1名，工作人员1名。

【队伍建设】 一是加强学习，提高干部队伍素质；二是认真贯彻执行民主集中制原则，做到大事由集体讨论或部务会议讨论决定，小事由领导班子讨论决定，做到民主与集中的有机结合，坚决实行“一把手”负责制，严格履行领导责任制，把好领导关，同时注意加强班子内部的团结与协作，加强分工与合作，树立全局观念和整体意识，增强统战队伍的吸引力，维护统战部的整体形象，取得了显著的成效。三是围绕中心、发挥优势，创造性地做好各个领域的统战工作，进一步健全反映社情民意的平台，建立“党外知识分子联络员”制度等，积极引导统一战线各界人士从不同层面、不同角度广泛了解群众的意愿和呼声，及时准确地反映社情民意，使党委、政府做出的决策更能体现广大人民群众的利益和愿望。四是做好非公有制经济领域的统战工作，建立完善区委常委联系非公有制经济代表人士联系制度，认真做好非公有制经济人士的思想政治工作，帮助他们解决实际困难，激发广大非公经济人士的创业精神和爱国爱乡热情。五是切实加强廉政建设，从制度上、源头上消除腐败现象。

【民主党派工作】 一是支持民主党派加强思想建设。开展以“五学三贡献”为主要内容的坚持和发展中国特色社会主义学习实践活动。引导民主党派成员、无党派人士不断增进中国特色社会主义道路自信、理论自信、制度自信。协助民主党派定期开展组织生活，同时抓好学习辅导，创新学习机制，多形式开展学习活动，先后组织民盟六枝总支开展支教、义诊下乡、关爱留守儿童等活动，组织九三学社六枝支社开展“五学三贡献”学习教育活动、下乡开展农技培训、六一儿童节健康普查等。二是发挥民主党派、无党派人士的积极作用。引导、支持各民主党派、无党派人士把实施“十三五”规划、打赢脱贫攻坚战等重大问题作为议政建言的重点，多献务实之策。围绕重大改革举措、重要政策贯彻执行情况和精准脱贫同步小康等开展民主监督，更好地体现多党合作制度效能。抓好党外人士意见建议落实反馈、政府部门同民主党派工商联对口联系制度的落实。按照“党委出题、党派调研、政府采纳、部门落实”的工作机制，为九三学社六枝支社和民盟六枝总支开展考察调研指明方向，明确课题责任人。与各有关部门加强沟通，进一步对特约人员工作加强管理。三是支持民主党派开展脱贫攻坚民主监督。做好民盟市委到六枝特区围绕脱贫攻坚工作开展调研的协调服务工作，第三季度以来，民盟市委多次深入六枝特区各乡镇进行民主监督，了解乡镇贫困人口精准识别、项目帮扶、脱贫目标任务落实等方面情况。民主党派六枝特区基层组织也结合自身的实际情况开展脱贫攻坚民主监督工作。做好民盟省委对口帮扶六枝月亮河乡何家寨村的服务保障工作。

【党外干部工作】 继续推进“215”党外代表人士发现培养计划的实施。8月初，区委组织部、统战部、党校共同举办一期党外干部培训班，来自六枝特区各区直机关、医疗系统、教育系统、乡镇社区等46名党外干部先后在特区党校、井冈山干部教育学院学习，教学内容注重理论学习与实际运用相结合，课堂讲授和考察学习相结合，有效提高学习效果。同时，区委组织部、统战部联合开展党外代表人士“六支队伍”的信息收集，进一步做好党外代表人士的物色、发现和推荐工作。

【非公有制经济工作】 一是深入开展以守法诚信为重点的理想信念教育实践活动。指导工商联组织六枝房地产协会、青年商会等商（协）会100余名非公经济人士到大用烈士陵园开展缅怀革命先烈暨理想信念教育实践活动，引导广大非公经济人士以实际行动表达对革命先烈的感恩怀念，继承先烈遗志、弘扬中华民族传统美德和优秀传统文化；宣传文明新风，营造“移风易俗，文明祭祀，绿色清明，文化清明”的氛围。举办“加强司法保护、服务‘三变’改革、助力脱贫攻坚”、“两长”（检察长、董事长）座谈会，进一步加强检企共建，提升企业产权保护意识，有效惩治和预防损害企业产权的职务犯罪。着眼于坚定非公有制经济代表人士理想信念，增强发展信心，促进交流合作，提升能力素质，筹办一期非公有制企业党组织书记及非公有制经济代表人士培训班。二是认真做好工商联换届工作。认真学习中央及省、市关于严肃换届纪律工作要求，坚持标准、保证质量，严格执行“九严禁”换届纪律要求，增强遵守换届纪律意识。把好人选关，有针对性地走访具有一定经济实力、有一定议事能力、有较强社会工作热情的非公有制经济代表人士，并与他们交流沟通，征求意见，搞好调研摸底。综合评价到位。对于拟进工商联执委以上人选的非公经济代表人士进行综合评价，充分利用评价成果，按谁优谁进的原则，来确定拟进人选，确保客观公正，保证候选人的整体素质。三是综合评价工作取得的积极成效。积极做好非公有制经济代表人士综合评价复核工作，为非公人士政治安排筑牢基础，“凡进必评”的原则基本确立，成果应用机制逐步形成。

【“帮村脱贫”工作】 一是着力推进“千企帮村”精准扶贫行动。支持、引导、鼓励民营企业向山地

2017年8月7日，举行统一战线“泛海助学行动”六枝捐助仪式 （六枝特区统战部供稿）

特色农业、山地特色旅游业、大数据大健康产业转型发展。因地制宜采取形式多样的帮扶模式，促进农民增收致富、农村经济发展。引导民营企业发扬中华民族传统美德和扶危济困精神，组织民营企业开展扶危济困活动，引导他们致富思源、富而思进，自觉履行社会责任，在搞好安全生产、节能减排、劳动保障的同时，积极吸纳就业，踊跃参与扶贫攻坚、慈善公益等事业。二是经区委统战部牵头，明确专人负责，组织特区教育局、特区扶贫局等部门联动，协调“泛海助学行动”开展，助力精准扶贫。通过广泛宣传，将资助政策宣传到每一位符合条件的学生；通过精准核查，信息比对，查漏补缺，确保其清楚申报资助要求。最后，按要求加密上报，圆满完成全区 19 个乡镇 140 名贫困学子的资助申报工作。

【民族宗教工作】 一是加强少数民族工作。认真贯彻党的民族政策，巩固社会主义民族关系。召开全区民族宗教工作会议，签订民族宗教工作目标责任书。2017 年向上争取到少数民族发展项目资金 3 次共 283 万元，其中省级的 2 个共 273 万元纳入特区财政涉农资金进行整合，市级 1 个 10 万元，纳入“三变”改革项目。为加强对民族团结进步创建工作安排部署，特区统战部和民宗局联合下发《六枝特区 2017 年民族团结进步创建方案》，进一步明确创建目标和任务，做好创建督促指导工作，各项工作均在稳步推进中，预计在 12 月进行检查验收、挂牌管理。二是依法管理宗教事务。高度重视宗教执法工作，加强宗教执法队伍建设，设立宗教执法大队，由宗教办人员负责。加强宗教活动场检查，对寺观教堂贯彻宗教政策、开展宗教活动、人员进出、食品卫生、场所建筑、防火防盗安全等进行全面检查。六枝特区登记有宗教团体 2 个（六枝基督教“两会”及六枝佛教协会），有依法批准设立的宗教活动场所 45 处，依法登记 43 处，有登记在册的信教群众 6531 人，已登记备案的宗教教职人员 64 人，其中，佛教 10 人，道教 1 人，伊斯兰教 4 人、基督教 49 人。六枝特区宗教教职人员与信教群众相处融洽，宗教领域总体和谐稳定。

【对台工作】 2017 年，统战部提高对做好新时期统战对台工作重要性的认识，从战略的高度，把统战对台工作纳入重要议事日程，为统战对台工作提供保障和支持，坚持原则性与灵活性、一致性与多样性统一，妥善处理统战对台工作中遇到的热点、难点问题，及时传达学习省、市对台工作会议精神，拟定贯彻落实意见，突出抓好各项统战对台工作，健全统一战线工作机制，确保各项工作有序推进。

2017 年 7 月 4 日，六枝特区统战部到月亮河乡深度贫困村何家寨村开展“三送三促”活动

【侨联工作】 一是着力发挥统一战线争取人心的作用。加强与港澳台同胞及海外侨胞，特别是港澳台青少年学生的沟通互动，加强与有关社团的联系交往，在各种交流互动中宣传推荐六枝，同时积极做好人心转化工作，推进港澳人心回归、台湾民心认同、海外侨心凝聚。先后开展“亲情中华·多彩贵州”华裔中学生六盘水夏令营赴六枝特区活动，台湾中天电视台赴六枝开展“魅力东方——走进六盘水”专题宣传拍摄活动。二是认真做好侨联筹建工作。成立六枝特区侨联，从乡镇抽调侨联工作人员 2 名，其中一名已于 2017 年 8 月提拔至特区组织部任职。六枝特区侨联的各项基础性筹备工作有条不紊，拟定工作方案，起草章程，推荐产生大会代表，经资格审查，初步确定 35 名大会代表。

（左洪祥）

◎ 直属机关工委工作

【概况】 2017 年，六枝特区直属机关工委坚持以邓小平理论、“三个代表”重要思想、科学发展观为指导，认真贯彻落实中共十九大、十八届六中全会和省、市、特区党代会精神，紧紧围绕机关党建工作“围绕中心，服务大局，建好队伍”的总体要求，积极创新机关党建思路，推动区直机关党组织建设。

2018年4月10日，六枝特区直属机关工委到落别乡抵耳村开展“三送三促”活动 （六枝特区直属机关工委供稿）

【思想建设】 把加强理论学习作为一项十分重要的政治任务来抓，结合“两学一做”学习教育，采取每周一集中学习、每季度中心组学习、个人自学等多种形式，认真学习中共十九大、十八届六中全会、省十二次党代会、市委七届二次、三次、四次全会、区委十一次党代会、党章党规、习近平总书记系列重要讲话精神，努力提高全体干部职工的政治理论水平和思想政治素养，不断增强督促指导和服务区直机关党建工作的能力和水平。

【组织建设】 根据区直机关各党组织行业性质，分类制定党建责任清单，划分为机关事业单位、学校、医院、离退休、企业和社会组织党组织五大类，发挥区直机关各党组织的战斗堡垒作用和广大党员的先锋模范作用，全面贯彻落实党要管党，从严治党各项要求。一是以推进“两学一做”学习教育常态化制度化、加强区直机关党的思想建设、组织建设、作风建设、反腐倡廉建设和制度建设为目标，特制定印发《六枝特区直属机关2017年党的建设工作要点》。二是结合区直机关实际，联合特区党建办制定印发《2017年区直机关党建责任清单》，明确2017年区直机关党建工作要求及考核方式。区直机关各党组织根据党建领导小组及机关工委的要求开展好平时的工作，机关工委按季度进行督查，结合工作开展情况和党建考核量化标准实时打分，未完成季度工作任务的及时扣除相应分数，年终不进行一次性考核，不上交考核资料。除完成基本任务外，区直机关各党组织创新开展党建工作或因某项党建工作完成非常好受到上级党组织表彰的，经党建考核领导小组研究，给予一定加分。

【基层组织建设】 根据《中国共产党章程》、《中国共产党党和国家机关基层组织工作条例》的规定，加强对区直机关各党组织“撤、并、建”换届选举工作的指导和督促，对软弱涣散的基层党组织进行撤换和优化，对届满的基层党组织及时督促指导换届选举工作，对符合条件的单位及时指导和帮助建立健全党的基层组织。2017年新任命3名机关党委书记，督促指导35个党组织进行届满换届、新成立17个党组织、22个党组织进行补选、撤销党组织3个。深入贯彻落实中央及省、市和特区有关会议精神，强化分类指导、细化任务措施，统筹推进机关、国企、学校、医院、离退休、非公有制企业等领域党建工作。2017年新成立国企党支部5个。

【党员发展工作】 执行发展党员“控制总量、优化结构、提高质量、发挥作用”十六字方针，严把党员发展入口关，坚持把政治标准放在首位，突出先进性，注重对发展对象的理想信念、道德品行、模范作用、入党动机等方面的考核和审查。严格按照《贵州省发展党员工作规程（试行）》程序，注重在生产、工作一线、青少年、妇女、少数民族和“两新”组织中发展党员，不断扩大党的基础，壮大党员队伍。认真实行发展党员和预备党员转正公示制、票决制，2017年共发展党员37名，预备党员转正14名，取消预备党员资格1名。同时，对2016年党员组织关系集中排查中排查出的8名失联党员给予停止党籍处理，对1名不合格党员给予自行脱党除名处理。

【教育培训】 为提高发展党员质量，2017年，机关工委联合特区组织部、党校举办4期发展对象培训班，共计76名发展对象参加培训。授课内容包括：“中国共产党党史”、“端正入党动机，争取做合格党员”、“新形势下的党风廉政建设和反腐败工作”、“习近平总书记系列讲重要话精神”、“国学讲座”、“中国共产党章程”等内容，并进行理论考试，通过培训使发展对象对党的认识进一步提高，党性观念、宗旨观念进一步增强。另外，在特区党校和浙江大学举办了一期党务干部培训班，在湖南大学举办了一期先进基层党组织专题培训班和一期优秀共产党员示范培训班，共计 150 余人参加培训提升。

【建党 96 周年庆祝活动】 为开展好建党 96 周年纪念庆祝活动，“七一”前夕，下发《关于开展庆祝中国共产党成立 96 周年系列活动的通知》进行专门的安排部署，组织开展表彰、慰问等活动。一是对在平时工作生活和脱贫攻坚工作中涌现出的优秀共产党员 37 名、优秀党务工作者 23 名、先进基层党组织 13 个进行表彰；二是集中走访慰问 77 名生活困难党员、1 名优秀共产党员遗孀、15 名老党员，每名慰问金额 500 元，共计 46500 元。同时要求区直机关各党组织结合实际，采取上党课、到烈士陵园缅怀先烈、重温誓词等多种形式进行爱国主义教育。

【走访慰问困难党员和新中国成立前老党员活动】为贯彻落实党内激励、关怀、帮扶机制，充分体现党对困难党员和老党员的关怀，切实做好春节期间走访慰问困难党员和老党员工作，春节期间慰问新中国成立前老党员 16 名，困难党员 79 名，共发放慰问金 47500 元，把党的关怀和温暖送到困难党员和老党员心坎上，让他们度过一个欢乐祥和的节日，增强党组织凝聚力和影响力。

【民主评议党员工作】 为全面客观准确地评议党员在思想、工作、作风、纪律等方面的具体表现，进一步加强党员队伍建设，保持党的先进性和纯洁性，不断提高党员队伍整体素质和党的执政能力。特区直属机关工委积极组织区直机关各党组织共 5000 多名党员，扎实开展民主评议党员工作，全体党员的个人评议既肯定成绩，又查找存在的差距。经过评议，2016 年度共评出优秀党员 342 名。

【党费收缴管理工作和党员组织关系转接工作】明确专人做好党费收缴管理工作，2017 年，共收缴党费 120 万余元；共返 5 个离退休支部党费 28364 元；共转接党员党组织关系 500 余人次。结合实际情况，认真维护党组织信息、党员信息及入党积极分子信息，为向上级党组织提供可靠数据打下良好的基础。

【制度建设】 严格组织生活制度。严格落实“三会一课”、专题组织生活会、民主评议党员等制度，把“两学一做”作为“三会一课”基本内容固定下来、坚持下去，丰富组织生活内容、创新组织生活形式，提升党员素质，推动中心工作。党员领导干部要严格执行双重组织生活会制度，既要认真参加领导班子民主生活会，又要以普通党员身份参加所在党支部的组织生活会。2017 年对下属 78 个党组织“三会一课”、党员领导干部参加双重组织生活等情况进行督促检查共 4 次，切实规范程序、严格标准、细化要求，确保组织生活经常、认真、严肃。强化党内民主监督。按季度进行党务公开，营造党内讨论、民主监督的良好环境。认真贯彻落实《中国共产党党内监督条例》，严格执行各项监督制度，加强职责范围内的监督工作，既加强对本单位的内部监督，又强化对直属党组织的日常监督。

【作风建设】 严格贯彻落实有关规定精神。严格执行中央八项规定和省委、市委、区委十项规定等精神，坚决正风肃纪，防止“四风”反弹回潮。严格控制“三公”经费支出，全面规范国内差旅和因公临时出国（境）、公务接待、会议活动，严格执行办公用房、公车配备、职务消费等规定。加强机关作风督查。要求区直机关各党组织对本单位范围内每季度至少开展 1 次作风督查，重点督查区直机关党员干部工作纪律、工作作风、服务态度；开展约谈等监督工作，盯紧重要时间节点，采取多种方式强化监督，对苗头性问题及时批评教育，对顶风违纪、影响恶劣的案件要公开曝光。机关工委对各单位作风督查情况每季度开展一次督查，2017 年对 78 个直属党组织进行 4 次全覆盖督查。并将督查结

2018 年 4 月 10 日，开展“敬老月”活动

（六枝特区直属机关工委供稿）

果运用于机关党建年度目标考核，切实推进区直机关作风建设常态化。

【党风廉政建设】　一是按照党风廉政建设“两个责任”的总体要求，特区直属机关工委结合实际制订印发《中共六枝特区直属机关工作委员会2017年党风廉政建设和反腐败工作要点》；二是按照中央及省、市和特区党委党风廉政建设和反腐败斗争工作部署，全面贯彻中共十九大和十八届五中、六中全会精神，深入贯彻习近平总书记系列重要讲话精神，坚决维护以习近平同志为核心的党中央权威，认真落实十八届中央纪委七次全会、十一届省纪委六次全会、七届市纪委二次全会及十一届特区纪委二次全会精神，严肃党内政治生活，加强党内监督，推进标本兼治，强化监督执纪问责，驰而不息正风肃纪，坚定不移惩治腐败，推动区直机关全面从严治党向纵深发展。2017年，机关工委开展四次集体约谈，共约谈全体干部职工等共27人次，开展“四风”突出问题自查自纠工作1次，排查清理领导干部违规兼职取酬工作1次，开展高档白酒整治3次，认真落实好春节、元旦、端午、五一、中秋、国庆等节假日期间值班报备等相关纪律工作。

【驻村帮扶】　为开展好驻村帮扶工作，选派工作能力强、有责任心人员到帮扶村任同步小康第一书记。2017年，共为帮扶村抵耳村解决办公经费13000元、解决1100元办公用品，“六·一”期间购买2000元图书和文具慰问留守儿童，开展“三送三促”、党的十九大宣讲活动，开展节前慰问，共慰问15户贫困户，发放慰问金共计3000元。协调解决用水用电问题，向村民以及贫困户宣传精准扶贫相关政策知识，特别是我区移民搬迁方面的政策知识，鼓励贫困户开动脑筋、通过自身发展脱贫出列，通过移民搬迁再就业实现脱贫。

（邓世再）

◎ 离退休干部工作

【概况】　2017年，六枝特区委离退局按照十九大提出“认真做好离退休干部工作”的要求，紧紧围绕“让党委放心，让老干部满意”工作目标，突出离退休干部为党和人民事业增添正能量这条主线，认真贯彻落实全国、全省老干部工作“双先”表彰会议精神和中央《关于进一步加强和改进离退休干部工作的意见》文件精神，加强离退休干部思想政治建设和党组织建设，发挥老干部独特优势和作用。

【机构设置】　2017年，特区离退局人员编制20人，其中行政编制6人，局长1名，副局长2名，主任科员1名，一般行政人员1名，工勤人员1名；事业编制12人，其中老干所正所长1名（正股级）、副所长1名（副股级），一般干部4名，工勤人员1名；活动中心主任1名（正股级），一般工作人员4名，其中包括老体协2名新招考人员；离退局下设股室关工委办公室2名工作人员参公管理，其中办公室主任为副科级。

【开展正能量活动】　以“展示阳光心态·体验美好生活·畅谈发展变化”为内容，围绕“畅谈十八大以来变化，展望十九大胜利召开”主题正能量活动，组织开展“建言十九大”活动，12月20—21日，省委老干部局、市委离退局赴六枝开展“畅谈”、“建言”调研工作，组织8名离退休老干部召开专题座谈会；上门访谈老干部30余人次，形成调研报告3篇、主题征文1篇。通过参观考察、座谈、访谈、调研、征文，切实把广大老干部对十八大以来六枝特区取得的巨大变化、对十九大以后的美好愿景展示出来、传播出去。

【老干部讲堂活动】　4月25—26日，配合市委离退局举办以“悠悠岁月三线情·喜看凉都气象新”为主题的第三期贵州省老干部讲坛活动，印发“情暖夕阳”六枝老干部工作宣传册200本。各乡镇（社

老干部宣传党的十九大精神

（六枝特区离退局供稿）

2017 年 6 月 25 日，离退休干部参观到湖南考察
（六枝特区离退局供稿）

区）、各单位组织开展“小讲堂”，创新推进“微讲堂”，组织引导老干部“重温‘三线’历史、再叙奋斗豪情”、“弘扬‘三线’精神、发挥助推作用”“点赞‘三变’改革、展望美好愿景”，持续传递正能量。

【离退休老干部助推脱贫攻坚】　一是成立“银发服务团”。105 名离退休老干部申请加入“银发服务团”，协助创建“脱贫攻坚示范户”。二是组建离退休干部团队。动员离退休老干部组建学法用法、医疗保健、脱贫攻坚、革命传统、老教师宣讲团，法制教育关爱团、心理咨询服务团等 10 个离退休干部团队。三是成立夕阳助推党建服务团。指导郎岱镇离退休党支部成立夕阳助推党建服务团助推脱贫攻坚。四是成立老专家服务团。指导农业局离退休党支部成立老专家服务团。7 名老党员老专家主动加入农业局扶贫专班，对口帮扶郎岱镇花脚村、关寨镇荒田村，充分利用退休老党员畜牧业、种养殖的专家优势，为农户提供技术服务。

【关心下一代工作】　抓党建带关键。一是规范基层组织；二是督查乡镇党建带关键；三是筹备全市“党建带关建”暨基层“五好”关工委创建推荐会。组织开展第三届“关爱明天·普法先行”青少年普法教育评选选优活动、法律知识竞赛及总结表彰会议。组织人员参加全市青年科技培训；组织 24 名农村青年参加全区青年科技培训；组织 20 名关工委系统干部参加市关工委培训班。征订《青少年普法建议读本》2500 册分发 11 所学校；召开创建“青少年普法建议示范区”、“零犯罪学校”培训会议。

【开展活动】　把集中学习与送学上门、送学进医院等多种方式灵活结合在一起。建立“六枝老干”微信群，创新推进“微讲堂”，邀请老干部讲革命传统等，组织引导老干部积极发声，传递正能量。为六枝离休干部和副县以上退休干部征订《晚晴》50 余份，送《中国共产党十九大报告》、新《党章》等学习资料。2017 年送学上门 300 余人次，送学习资料 400 余份；组织学习 4 次、80 余人次参加。拓展老干部参观考察。组织老干部参观黔中水利枢纽、岩脚镇小城镇建设、草原村养殖场、新窑镇徐家桥自来水厂；组织离休及副县级以上退休老干部赴韶山、井冈山等地参加“体验高速时代·学习红色文化”主题培训学习；组织老干部学习“继承好红色基因·争做新时代先锋”井冈山精神。提高老干部座谈会议规格。坚持组织老干部参加重大节日座谈会、特区领导的情况通报会。让老干部们及时了解六枝特区经济、文化等工作开展情况；老干部积极参政议政。充分发挥老干部“经验丰富、有广泛人脉关系、关心经济发展、关心干部成长”的四大优势，组织老干部积极参政议政。老干部参加特区党代会 30 人次、“两会”35 人次、领导干部会 5 人次、纪委座谈会 1 人。

【老干部待遇落实】　加强领导，明确责任，在继续巩固和完善离休干部“三个机制”的基础上，确保离休费按时足额发放，配合四大班子春节走访慰问老干部 134 人，发放慰问金 12.18 元，确保离休干部两费不拖欠；严格审核，规范程序，保障离休干部医疗管理。对医药费票据进行严格审核，规范医治和用药，使老干部医药费按规定及时得到实报实销，有效杜绝浪费。截至 2017 年 10 月共发放资

2017 年 11 月 20 日，六枝特区离退局在新窑乡把仕村召开脱贫攻坚院坝会　（六枝特区离退局供稿）

金143.3万元；关心易地安置和异地居住老干部，慰问易地安置和异地居住老干部7人次，发放慰问金3000元；做好三级实地走访，2017年走访慰问老干部和离休干部遗孀300余人次，电话慰问120余人次，确保“五必访”落到实处；开展特困帮扶工作，发放帮扶资金3.7万元，切实解决好16名特困离休干部及遗孀、副县级以上退休干部、建国初期干部生活方面的实际困难和问题；开展志愿者服务，对建国初期干部及副县级以上的离退休干部采取“一帮一”结对子，每月至少走访一次老干部，及时了解老干部所思所想；对科级以下退休干部配合原单位落实各项待遇，协助做好相关工作。

【党风廉政建设和反腐败工作】 落实中央八项规定，省委、市委、特区党委十项规定，组织干部职工学习“四条例二准则”、《贵州省禁酒规定》及党风廉政建设有关文件精神等文件精神，明确领导班子及干部职工责任，抓好“两个责任”的落实；开展落实“两个责任”暨严肃换届纪律集体约谈、层层约谈、全体党员干部签订承诺书，开展集体约谈；组织全体党员到龙桥烈士陵园、大用烈士陵园开展警示教育活动，提升党员干部防腐拒变能力。

（刘　琴）

◎ 史志办工作

【概况】 2017年，六枝特区史志办按照“围绕中心、服务大局”理念，不断加强自身建设，提升班子凝聚力和战斗力，认真贯彻落实党和国家的方针、政策以及区委、区政府重大决策部署，以围绕业务工作目标为中心，按“总体规划、分段推进、突出重点、确保质量”的工作思路，按目标内容层层进行分解并作出工作计划，推进业务工作规范化、标准化建设。履行好部门工作职责，开拓创新，务实工作。

【思想政治建设】 2017年，史志办采取集中学习、个人自学、专题学习等多种形式相结合，坚持把理论学习与史志业务知识结合起来，把党性教育和理想信念教育结合起来，把学习教育与推动自身建设结合起来，营造良好的学习环境和氛围，重点学习习近平总书记的系列讲话和十九大精神、《中国共产党章程》、《中国共产党廉洁自律准则》、《中国共产党纪律处分条例》、《中国共产党问责条例》、《习近平治国理政》、《习近平总书记系列重要讲话读本》、《地方志工作条例》、《贵州省地方志工作规定》、《六盘水市关于推进地方志工作又快又好方志的意见》以及《全国地方志事业发展规划纲要（2015—2020）》。以提高干部职工的思想政治素养、政策理论水平。

【二轮志书的修编】 为强化编纂和评审质量，《六枝特区志（1978—2011）》在通过县、市、省三级的有关专家的评审后，史志办按照提出的修改意见进行修改。《六枝特区志（1978—2011）》2016年年底通过省级终审，2017年6月通过省级验收，同意出版。现正在按规范程序采取招投标，预计志书到2018年上半年印刷出版。

【编纂《六枝年鉴（2017）》】 2017年2月，下发《中共六枝特区委办公室关于做好〈中共六枝特区委执政纪要（2016）〉和〈六枝年鉴（2017）〉组稿工作的通知》文件，向全区各单位各部门征集有关资料。资料征集完成后，编纂人员本着高质量、高标准的原则进行编纂。2017年11月，已全部按要求完成初稿，共十二篇，35万字，163幅图片，已送排版印刷。

【地方党史编研】 按“一突出、两跟进”的要求，以地方党史正本编研为重点，积极推进地方党史的编研工作。一是按计划完成了《中共六枝特区委执政纪要（2016）》初稿。2017年2月，下发《中共六枝特区委办公室关于做好〈中共六枝特区委执政纪要（2016）〉和〈六枝年鉴（2017）〉组稿工作

2017年4月7日，史志办到精准扶贫村召开院坝会

（六枝特区史志办供稿）

2017 年 12 月 5 日，史志办到落别乡进行史志宣传　（六枝特区史志办供稿）

的通知》文件，开展执政纪要的征集工作，通过编纂人员的共同努力，初稿已完成印刷，正在开展审核校对。《中共六枝特区委执政纪要（2016）》共 70 余万字，图片 72 幅。二是开展《中国共产党六枝历史（1978—1998）》党史资料的补录。为进一步完善地方党史资料，在收录中国共产党六枝特区历史的基础上，把补录工作纳入目标内容，2017 年，共补录资料 3 万余字，进一步完善地方党史资料。

【《中国共产党六枝历史大事记（2017）》】　通过到六枝门户网站、有线电视台、党办、档案局等单位、部门查找并整理，截至 11 月底，共收集整理相关资料共计 3 万字。

【《六枝记忆——三线建设在六枝》印刷出版】　2017 年 8 月，为进一步抢救性挖掘“三线建设”成果，组织开展《六枝记忆——三线建设在六枝》的编纂工作，成立编纂小组，通过召开专题会议、讨论该书的名称、收录内容、篇目设置等工作后，展开资料收集、整理和编纂工作。共收录图片 100 余幅、文字 10 余万字。该书已经印刷完成，为宣传“三线精神”起到积极的宣传作用。

【指导乡镇志编纂工作】　《六枝特区乡镇志》编纂工作自 2016 年开展以来，史志办先后多次对乡镇志的编纂工作进行业务指导。一是编制具有指导性的编纂目录，为乡镇编纂工作提供资料收集、整理、分类参考；二是组织专人编纂《方志编纂知识》、《志书的文体文风以及行文规范》，制作了“乡镇志资料收集和资料长编编纂”PPT（课件），对乡镇编纂人员进行指导；三是定期不定期对编纂工作开展督导的同时，对乡镇志的编纂工作进行业务指导。

【史志宣传及地情咨询服务】　按照史志宣传“六进”（进机关、进企业、进学校、进军营、进社区、进农村）要求，结合史志工作存史、资政、育人的功能，开展多形式的史志宣传和地情咨询服务工作。向区内单位部门、企业提供地情咨询服务 100 余次，向群众开展地情咨询服务 200 次，赠送相关书籍 500 余本。2017 年分别到中心城区的桃源广场和关寨镇、郎岱镇开展史志宣传教育活动，发放宣传资料 200 余份。

（李玉梅）

◎党　校

【概况】　六枝特区党校成立于 1962 年 6 月，引进硕士研究生 4 人。2017 年特区党校有在职人员 35 人，其中，事业人员 19 人，含高级讲师 2 人、讲师 4 人、助理讲师 5 人、无职务 6 人；参公 12 人；工勤 4 人。

【机构设置】　内设机构有：办公室、图书资料室、总务科、教务处、网络信息办、科研办、法学教研室、中共党史党建教研室、科学社会主义教研室九个科室。

【干部教育培训】　一是整合培训资源。坚持党管干部的原则，将全区各类培训纳入党校培训范围，

特区党委书记杨昌显（右二）、政府区长方裕谦（右一）、组织部部长潘静（左一）率队为特区党校新校区选址　（六枝特区党校供稿）

全年共举办村干部培训班、科级干部培训班、大健康产业培训班、远程教育培训班等43期，培训学员4822人次。二是创新办学模式。与名校合作，创新办班模式，借助名校师资力量、教育资源，先后与浙江大学、湖南大学、厦门大学等高校联合，增强培训的实效性。加强横向联系，创新现场办学模式。先后与平坝区委党校、普定县委党校、水城县委党校、钟山区委党校、盘州市委党校等周边党校联合，采取教师互动，学员异地考察的办学模式，增强培训的实践性、直观性。三是扩大阵地覆盖。创建乡镇（社区）党校，将党校业务延伸至乡镇（社区）和村（居），拓宽干部教育培训途径。2017年在特区挂牌成立乡镇（社区）党校19个。

贵阳乌当区考察团到特区党校调研"三变"+旅游
（六枝特区党校供稿）

【教学改革】 一是充实教学内容。着力加强党的理论教育和理论传播，完善党性教育课程机制建设，结合党校的工作实际，把中央及省、市各级新部署、新要求，特别是十九大精神和习近平新时代中国特色社会主义思想等内容充实写进教材、走进课堂。二是改进教学方法。结合"三变"改革，成立六枝特区"三变"改革研究与培训中心，强化对"三变"改革课题的调研、师资的培养和课件的撰写，积极收集各级各部门在"三变"改革中的经验、做法，将"三变"改革纳入教学。在教学中，采用案例式、情景模拟式、体验式、现场教学方式，强化课堂互动环节，充分发挥学员主观能动性，鼓励支持师生交流、合作科研。创新推出主讲教师的AB角制度，保障在各类培训班教学有序开展。三是开展精品课程。以校园大讲堂为助力，开展精品课、优质课评比活动，强化精品课的示范导向，突出教学效果的示范性和品牌效应。

【深化科研改革，提升咨政能力】 加大科研支持力度，发挥党校理论研究和决策咨询的作用，2017年，修改完善《科研工作管理和奖励办法》，进一步规范科研管理，推动形成调研工作运行保障机制及科研成果奖励激励机制。2017年立项、结题"用'三变'理念建设田园综合体——实现农业供给侧新突破"、"六盘水市农旅一体化发展路径研究"等10项课题。其中"有效遏制脱贫人口返贫路径研究——以贵州省为例"、"六盘水市农旅一体化发展路径研究"获省委党校课题立项，《六盘水统筹城乡改革和发展要素配置的对策研究》完成市社科联课题结项，撰写理论文章、调研报告10篇，5篇在省级刊物发表，真正发挥党校科研为特区党委、政府决策服务作用。

【队伍建设】 一是筑牢思想提素质。采取集体学习与个人自学相结合、专题讲座与宣讲辅导相结合、新课试讲与研讨交流相结合的方式，强化学习。成立宣讲队，深入基层一线宣讲党的声音，全年宣讲110场6564人次，开展周末大讲堂12期5509人次。二是夯实组织转作风。修订完善纪律、考勤、学习等相关制度，认真执行"三会一课"，强化理论素养和党性修养，开展示范典型教育活动，提高党员队伍整体素质，不断促进作风转变。三是建强队伍聚活力。以"校园大讲堂"活动为载体，实行新人新课试讲、老教师示范讲课活动，培养教师理论综合素养和课堂语言表达能力。引进4名研究生年轻教师充实学校师资队伍。同时，建立和完善领导干部到党校讲课制度，选聘政治素质过硬、实践经验丰富、理论水平较高、善于课堂讲授的党政领导干部、企业管理人员、专家学者以及先进典型人员20人担任兼职教师，打造一批理论教育和党性教育的"名师"、"名课"。

（刘成城）

◎信　访

【机构设置】 2017年，特区群众工作中心（信访局）人员编制21人，其中行政编制5人（含工勤人员1名），下设六枝特区联合接访中心（六枝特区投诉受理中心），事业编制16名。主要职责：拟定有关信访工作的制度机制并组织实施；代表特区党委、政府受理人民群众来信来访，承办上级业务部门和特区党委、政府领导交办的信访事项，向有关单位转送、交办信访事项；跟踪督促检查上级和特区党委、政府领导批示件的落实情况、重要信访事项、信访案件的办理落实和处置情况；对重要信访案件实施个案监督，并提出对有关责任人的处理意见和建议，及时向特区党委、政府提供信访信息，并对重要问题提出意见和建议；负责信访工作的宣传和信息发布。

【群众信访情况】 2017年，六枝上访总量为636批次1241人次，其中进京访61批70人，赴省访264批562人，到市访92批244人，到区访219批365人。上级（国家、省、市信访局）转交424件，办结254件，办结率59.9%。其中：国家信访局交办61件，办结47件，办结率77%；省信访局交办264件，办结237件，办结率89.8%；市信访局交办92件，办结74件，办结率80.4%。

【建立信访隐患和矛盾纠纷排查调处机制】 各乡镇、各相关单位和部门每月都对本辖区可能影响社会和谐稳定的矛盾纠纷和苗头隐患，重点是征地拆迁、劳资纠纷、矿群矛盾、交通运输管理、就业安置、社会保障等容易引发群体性事件、非访群访、缠访闹访的问题进行清理排查。对排查出来的矛盾纠纷和问题层层进行责任分解，同时纳入"三个四级个案台账"管理；对已妥善化解的矛盾纠纷和问题要跟踪监测，确保在不反复、不反弹的基础上及时销账，切实做到底数清，情况明。对排查出的重大社会矛盾和突出问题落实"七个一"机制（一名包案领导、一个工作班子、一套化解方案、一套稳控措施、一定的化解时限、一个化解结果、一个效益后评报告），加大化解矛盾、解决问题力度，切实做到案结事了。

【加大投入、保障落实】 一是建立特殊疑难信访救助资金配套机制。2017年市拨付和特区配套特殊疑难信访救助资金共计20余万元，化解信访问题和矛盾纠纷10余件。二是解决各级"两会"、中共十九大等活动期间，进京、赴省和到市信访维稳工作组，以及六枝火车站、汽车站值班巡查组工作经费50余万元。三是增设四个群众接访窗口，增加了经信、国土、国土、住建等接访窗口和信访事项协调室，更加方便来访群众反映诉求。

【联合接访工作】 按照省群众工作中心《关于全省各县（市、区）领导干部公开接访的通告》要求，制定特区县级领导接访表，确保每天一名县级领导到特区联合接访中心公开接访。各乡（镇、社区）也正掀起走访下访高潮，每天利用下村工作时间或者晚上挤时间到的信访人家中做工作。2017年，县、乡两级领导接待上访群众92批次131人次；下访110批次110次；约访55批次82人次。

【"三率"工作】 一是网上信访总量：2017年以来，六枝特区共受理网上信访事项636件，其中，上级转交417件，县级录入转交乡镇219件。二是网上信访事项及时受理率：国家局转办件61件，及时受理61件，受理率100%，省级转交办件264件，及时受理264件，受理率100%，市级转交办件92件，及时受理92件，受理率100%。县级录入219件，及时受理218件，99.5%。三是网上信访事项按期答复率：信访总量636件，其中正在办理88件，按期办理506件，逾期未办结7件，逾期办结35件，按期办结率92.3%。四是网上信访事项处理群众满意率：信访工作机构信访事项处理群众满意率，对信访工作机构满意636件，满意率为100%；有权处理信访事项的行政机关信访事项处理群众满意率；国家局转交办件满意率83.33%，省转交办件92.58%，市转交办件满意率100%，县级转交办件满意率100%。

【"百日攻坚战"和重大节日、重要活动期间的信访维稳工作】 一是落实领导包保。省三轮交办1六枝特区信访案件59件，化解59件，其中办结35件，办结率59.3%；市三轮交办26件，化解26件，办结15件，办结率57.7%；县、区三轮共交办74件，化解74件，其中办结37件，办结率50%；"五个专项治理"共交办62件矛盾纠纷信访问题，化解62件，其中办结39件，办结率63%。二是开展接访下访约访。为确保各级"两会"和中共十九大等会议期间特区社会的和谐稳定，切实将信访群众吸附在当地，每天有安排1名在职副县级领导干部接待群众来访。

【建立机制】 一是建立健全机构。特区党委成立群众工作中心，进一步强化对群众工作的组织领导。二是完善工作机制。特区党委、政府一手抓群众诉求的解决，一手抓长效机制建设，相继建立10余项工作制度，有力地促进群众信访工作水平的整体提升。在源头预防层面，制定重大事项社会稳定风险评估实施办法，出台《六枝特区信访工作责任追究办法（试行）》。在联系群众层面，出台《六枝特区党员干部联系和服务群众工作制度》。建立健全联合接访、连接联调和定期通报等工作机制。在问题解决层面，出台群众信访问题首问首办、限时办结、督查督办、复查复核、领导包案、领导接访、干部下访等方面的工作制度，对如何处置化解好群众信访事项作出明确规定。在权力监督层面，积极开展“阳光晒权”评议活动，对各乡镇、区直部门主要负责人和重点股室负责人开展群众评议，确保人民群众依法有效行使监督权，促进各乡镇各部门及其工作人员履行职责，转变作风，提高效率，优化发展软环境。三是拓宽诉求渠道。特区党委、政府充分尊重和保护群众反映问题的权利，采取一系列措施畅通信访渠道，“信、访、网、电”的立体联系群众信访诉求网络初步形成。坚持领导接访下访；实行网上接信处访；开通绿色信访通道。群众向特区党委、政府、信访部门和领导反映问题和诉求的信件通过“信访绿色通道”一律免收邮费，邮资费用全部由特区群众工作中心（信访局）结算。四是强化基层基础。五是加强责任落实。纳入目标考核范围。对各乡镇和区直部门的信访工作责任进行具体划分，配套出台信访工作责任追究暂行办法，针对信访工作中可能出现的决策不适当、履职不到位、处理不妥当等情形提出追究办法；实行逐级信访制度；实行横向联动机制；落实包保稳控责任。

（牟雷波）

◎ 机构编制委员会

【概况】 六枝特区编制委员会于1980年10月成立，与特区人事局合署办公。2001年1月，六枝特区编委办单独设置，不再与特区人事局合署办公。2001年3月，六枝特区事业单位登记管理局成立，与六枝特区编委办合署办公。2011年9月，六枝特区机构编制信息域名管理中心成立，隶属于六枝特区机构编制委员会办公室。2017年4月，为进一步推进“放管服”工作，在编委办增设“行政审批股”。在六枝特区机构编制信息域名管理中心增设政务信息股。

2017年12月20日，六枝特区编委办到新窑乡开展帮扶贫困户活动 （六枝特区编委办供稿）

【行政机构编制管理】 为特区公安局内设机构“法制大队”增设“综合中队”、“信访中队”、“案件审查中队”、“案件监督中队”4个二级股级内设机构。明确设立的1名六枝特区人民政府正科级教育督学所占编制为特区教育局行政编制。在特区公安局内设机构“治安管理大队（爆炸危险物品监管大队、生态安全环境保护大队）”加挂“旅游警察大队”牌子，实行“一个机构、四块牌子”工作机制，并增加其景点安全防范、监督管理、统筹协调等职责。调整六枝特区民生监督组有关机构编制事宜，重新明确其机构设置、主要职责、领导职数、管辖范围等相关事宜。为经开区调剂3名行政工勤编制。

【事业机构编制管理】 成立六枝特区扶贫开发贫困监测中心、六枝特区新闻中心、六枝特区人大代表服务中心、贵州黄果树瀑布源国家森林公园管理处、中共六枝特区委党的建设工作领导小组办公室（挂牌在六枝特区农村党员干部现代远程教育工作领导协调小组办公室）、六枝特区林业科技推广站、六枝特区煤炭产品验票中心、六枝特区新能源综合开发服务中心、六枝特区岩脚片区水务服务中心、六枝特区新场片区水务服务中心、六枝特区新窑片区水务服务中心、六枝特区郎岱片区水务服务中心、六枝特区大用片区水务服务中心、六枝特区纪委监察局信息服务中心、六枝特区公证处、六枝特区河长制服务中心16家事业单位。撤销六枝特区郎岱镇红那孔小学、六枝特区岩脚镇第二中学、六枝特区新窑镇上云盘小学、六枝特区落别乡五菱小学、六枝特区落别乡板照小学、六枝特区波榨小学、六枝特区落别煤炭产品验票站、六枝特区南环路煤炭产品验票站、六枝特区岩脚煤炭产品验票站、六枝特区花园洞煤炭产品验票站、六枝特区堕却煤炭产品验票站、六枝特区郎岱煤炭产品验票站、六枝特区中寨煤炭产品验票站、六枝特区纳骂煤炭产品验票站、六枝特区新窑煤炭产品验票站、六枝特区新窑镇沙地小学和瓦缸小学、六枝特区牂牁江风景名胜区岩脚廻龙溪景区管理所、六枝特区城管监察大队、六枝特区建设执法大队、六枝特区直溜水库和12个乡镇水务站共33个事业单位。增加了六枝特区第八小学、六枝特区第九小学、六枝特区第三小学、六枝特区第四小学、六枝特区第七中学等9所学校副校长职数，增加特区房屋征收和补偿管理办公室领导职数，增加六枝特区人民医院总会计师领导职数。按照“控制总量，盘活存量，分级管理，动态核编”的原则，为六枝特区旅游质量监督管理所、六枝特区机关事务管理局、六枝特区第十一中学、六枝特区青少年活动中心、六枝特区远程教育维修站、六枝特区机构编制域名管理中心、六枝特区第七中学、六枝特区人民政府政务服务中心、六枝特区价格认证中心、六枝特区现行文件阅览中心、六枝特区文化馆、六枝特区体育中心、六枝特区文物管理所、六枝特区纪委监察局信息服务中心、六枝特区河长制服务中心、六枝特区公证处16家事业单位增加62名事业编制。对六枝特区看守所卫生所、六枝特区公路管理所、六枝特区电视转播台、六枝特区矿区社区服务管理局、六枝特区社会福利院、六枝特区城市服务中心、六枝特区职业技术学校、六枝特区第二幼儿园、六枝特区第三小学等40家区直事业单位编制进行了调整。对15个乡镇156所学校编制进行重新核定，核定后对部分空余编制收回统一管理。在六枝特区机关事务管理局设置7个内设股室，增设六盘水市第二中学内设机构，在六枝特区人民政府政务服务中心增设公安消防综合事务股。理顺风景名胜管理机构机制体制。

【公务员招录】 严格按机构编制管理规定和控编减编工作相关规定，对单位报送招考岗位编制情况进行审核。2017年，共计审批62名行政编制招录公务员，其中乡镇公务员（含选调生）31名、政法机关公务员18名、区直机关13名（含3名特殊公务员），为6家参公单位审批10名编制用于招考公务员。

【事业单位招考】 审批630名事业编制招考和人才引进，审批2017年乡镇特岗教师210名，充实事业单位人员队伍。审核行政工勤人员调动10人，审核行政事业单位人员调动276人。在领导干部调配工作中，积极与组织部门配合，审核128家次单位领导干部配备编制审核工作。

【机构编制实名制管理】 根据《地方各级人民政府机构设置和编制管理条例》以及《中共贵州省委办公厅贵州省人民政府办公厅关于进一步加强和完善机构编制管理严格控制机构编制的通知》文件精神，为规范和加强机构编制管理，按照机构编制实名制管理工作要求，特区编委办在机构设置、人员列编、人员上下编的同时，完善机构编制实名制管理信息系统，积极开展“机构编制管理证”新证核发、换证等工作，对行政事业单位机构编制执行情况进行有效管理和监督。2017年，共为63家行政事业单位核发新证和办理编制人员信息更新业务。

【综合行政执行体制改革】 一是摸清底数。2016年12月印发了《关于开展全区执法机构专项调查

六枝特区编委办到大用烈士陵园开展主题党日活动

（六枝特区编委办供稿）

的通知》，明确调查范围、内容。通过摸排，具有承担行政执法类的事业机构43个，共核定事业编制526名（其中，管理岗位329名，专业技术162名，工勤岗位35名），实有事业人员375人（其中，管理人员198人，专业技术人员117人，工勤人员60人）。承担行政执法类的行政机构主要为市场监督管理局稽查局及18个市场监督管理局基层分局，市场监管系统共核定行政编制79名，其余承担行政执法类的机构均为部分政府工作部门内设机构。并通过开展调研、座谈、发函等形式掌握执法机构运行情况。二是梳理下放权限。积极梳理需县级下放乡镇行政处罚、行政强制权限目录，为综合行政执法体制改革工作延伸乡镇做准备。对承接县级政府工作部门的部分行政执法事项（主要集中在住房和城乡建设执法、国土资源执法、城乡规划执法、安全生产执法、农林水务执法领域）情况进行调研。三是拟定特区城市执法体制改革有关机构设置工作方案，完成城市管理综合行政执法体制改革工作。

【事业单位登记管理】 积极开展2017年度的事业单位法人年度报告工作，完成事业单位法人年检393家，审核并公示385家，事业单位注销登记8家，完成年度报告公示率100%。2017年以来办理事业单位名称变更、法人变更、住所变更、资金变更登记等135家；补领证书的1家；新设立登记10家。完成事业单位统一社会信用代码赋码395家，收集整理完善事业单位登记管理档案资料159家。根据“双随机一公开”的原则，完成7家事业单位法人网上信息公示抽查、30家事业单位法人实地检查工作。

（周小玲）

群众团体

◎ 六枝特区总工会

【概况】 2017年，六枝特区总工会在特区党委和市总工会的正确领导下，深入学习贯彻落实中共十九大和习近平总书记在贵州代表团重要讲话精神，团结动员广大职工，紧紧围绕特区党委脱贫攻坚的中心工作和工会自身业务目标，扎实推进各项工作任务，狠抓落实，务求实效，为推动六枝特区决胜脱贫攻坚，同步全面小康作出应有的贡献，努力促进全区工会工作全面发展。

【机构设置】 六枝特区总工会系特区党委下属的党群工作部门，内设六委室两中心，即主席室、党组书记室、副主席室、办公室、财务室、经审委、困难职工帮扶中心、职工活动中心。2015年6月，六枝特区区划调整后，特区总工会有直管和代管工会51个〔其中：机关工会8个、系统工会12个、乡镇（园区、社区）工会21个、行业工会1个、企业工会9个〕，辖498个基层工会，涵盖基层法人单位4475个，其中，国有、集体企业工会46个，非公企业工会169个，煤矿工会36个，有工会会员4.99万人，农民工会员4.7万余人。

【落实工会帮扶品牌】 2017年，特区总工会继续加大帮扶力度。“两节”期间，慰问2户困难企业、363名特困职工、1227名困难职工、农民工，发放慰问资金95.85万元。“六一”期间慰问留守儿童27名。累计发放女职工关爱基金2万元，为5名困难职工解决医疗大病救助资金1.9万元。累计为10名职工申请解决36423元职工医疗互助金，扩大职工医疗互助影响面。

【“金秋助学”】 2017年8月14日，六枝特区总工会与省、市总工会同步启动2017年“金秋助学”活动。至8月底，“金秋助学”活动共资助50名困难职工、农民工子女上大学，资助资金达21.2万元，为困难职工子女圆梦上学提供及时的帮助。

2017年8月16日，六枝特区总工会2017年“金秋助学”活动启动仪式现场

（六枝特区总工会供稿）

2017 年 12 月 4 日，六枝特区总工会举行新时代职工讲习所授牌仪式 （六枝特区总工会供稿）

【建工会“温暖帮扶超市”】 2017 年，在新窑镇那玉坝建成“工会温暖帮扶超市”1 个。5—12 月为搬迁入住群众补贴购物金额达 40479.1 元，同时解决 1 名困难职工就业，间接带动 10 人实现就业。

【“凉都工匠场”建设】 按照《六盘水市总工会关于创建“凉都工匠场”的实施意见》精神，从 5 月初开始，历时半年，分别在新窑、落别、月亮河、郎岱、塔山社区等乡（镇、社区）建成以竹编工艺、菌类种植、酱业、民族刺绣工艺品为主的工匠场，投入建设资金 10 余万元，预计带动 8 个村 800 余农户约 5000 人就业。

【弘扬劳模精神，开展“劳动模范上讲课堂”】 2017 年 5 月，总工会启动 2017 年度“明礼知耻·崇德向善在企业”职工践行社会主义核心价值观主题实践活动和劳模上讲堂活动。六枝 35 名劳模结合自身实际，在乡镇、社区、机关、企业掀起“劳模上讲堂”活动，大力学习宣传贯彻中共十九大精神，宣传讲解职工思想道德建设，弘扬中华民族传统美德和新时期六枝精神。全年共开展活动 30 堂，参与职工人数达 2000 余人。

【开展各类工会活动】 2017 年，特区总工会开展“安康杯”竞赛。“三·八”期间，联合特区道路运输管理局开展安全知识竞赛活动 1 次，下拨经费 4 万元。3 月 15 日，联合特区市场监管局主办“3·15”消费者权益保护大型宣传活动 1 次，从保护职工群众生命财产安全、播放安全生产专题片和开展职工群众喜闻乐见的文艺演出等活动加大安全生产宣传力度，有效提升职工安全生产意识；5 月 16 日，联合银壶社区开展“安全知识”竞赛，由社区组织的 12 支代表队参赛，竞赛“安全生产”知识，参与职工达 230 余名，既丰富职工精神文化生活，又对安全生产有关知识宣传起到了积极的推动作用。

【易扶点“建工会·促就业”，助力脱贫攻坚】 按照《贵州省总工会关于开展“拔穷根·助圆梦”集中行动方案》精神，2017 年 10—12 月，分别在新窑镇那玉坝等 7 个易扶点建立工会组织，发展会员 2280 名，促进就业 284 人；落实连续三年每个点 1 万元经费补助，申报解决 200 余名易扶点生活困难的农民工会员每人 500 元工会福利费补助，确保困难群众“搬得进、稳得住、能致富”。

【提升创业就业和职工能力素质】 组织新干线等 15 家企业参加 2017 年“脱贫攻坚专场招聘会”，解决就业岗位 20 余个。8—12 月，共开展“三送三促”助推脱贫攻坚职工“一户一技能”、农村青壮年培训 4 期，培训职工、农民工、农村青壮年 200 人。同时选派 6 名基层工会干部参加上级学习培训。深入实施“雁归圆梦”农民工创业贴息。2017 年初，为振兴服装厂等 4 家企业申请省、市总工会贴息资金 133249.6 元，特区总工会配套贴息资金 42166.4 元；2018 年 1 月，为尚盛竹艺公司等 4 户企业申请省、市总工会贴息资金 73017 元，特区总工会配套贴息资金 24771 元。

【设立新时代工人讲习所，开展进企业宣讲活动】 按照省、市总工会工作部署，先后在新干线超市等 8 个点设立新时代六枝工人讲习所 8 个，聘请讲习员 11 名。按照“七进”工作部署，开展十九大精神进企业集中宣讲报告会 20 余场；8 个讲习所 11 名讲习员结合实际，开展中共十九大精神、习近平总书记在贵州代表团重要讲话精神和党各个时期方针政策宣传宣讲，使中共十九大精神及时传送到企业职工，营造了良好的氛围。2017 年，已开展集中宣讲 22 场，参与职工达 2000 余人。

【突出“中心”核心大局，集中力量助推脱贫攻坚】 一是分类做好城镇困难职工解困脱困工作。用中央财政专项资金 30.48 万元为精准识别建档立卡 363 名特困职工解困脱困。二是倾情挂钩帮扶点脱困解困。选派 1 名第一书记，落实单位 8 名领导干部、职工包保贫困户 27 户，按时每月 2 次以上的遍访、核访、回访工作，实现动态管理；为挂帮村解决村级活动室维修经费1.7万元，解决救灾救济资金2万元，划拨人文关怀资金2000元，捐赠桌椅40套，复印机1台，慰问计生户5户、留守儿童27名、困难党员7名，协调广电网络公司解决关寨镇过瓦村村长期未通宽带网络问题。三是组织发动职工积极参与特色农产品“爱心订单”活动。有2308名会员参与扶贫“爱心预定”活动，用工会福利费46.16万元向贫困户订购农特产品，实现工会会员福利和贫困户农特产品销售“双赢”。

（刘兴平）

◎ 共青团六枝特区委员会

【概况】 共青团六枝特区委员会是在六枝特区党委、政府和共青团六盘水市委领导下的先进青年的群众组织，以组织青年、引导青年、服务青年和维护青少年合法权益为基本职责职能。机关设2个内设机构，分别为：办公室、青农部，下设1个事业单位：六枝特区志愿者服务指导中心。2017年，共青团六枝特区委紧扣党政中心工作，按照全团决策部署，全面深化共青团工作改革创新，充分发挥职责职能，团结带领青年在助力脱贫攻坚、全面建成小康社会中发挥生力军和突击队作用，全区共青团工作取得明显成效。

【青少年思想教育】 以活动为载体，积极开展对广大青少年的爱国主义、集体主义、中华优秀传统文化和社会主义核心价值观等教育，以推动全区广大青少年思想道德素质提升，开展“践行一学一做·手抄习语”、青年歌唱比赛、演讲比赛、青年朗读比赛、清明祭英烈、“传承三线精神汇聚青春能量”分享会、中华经典诵读大赛、暑期夏令营等10余个主题教育活动；以选树典型为示范，激励先进，引导青少年树立正确的价值取向，激励全区各级团组织和广大团员青年更加奋发有为，锐意进取。表彰2016年度优秀共青团员20人、优秀团干部12人、优秀团组织17个；表彰2016年度优秀少先队员15人、优秀少先队辅导员10人、优秀少先队集体16个；表彰2017年度先进集体10个、先进个人10人、青年标兵5人、优秀志愿者48人，并积极推荐优秀个人和集体参与上级评选表彰，21名同志获市级各类表彰，获评省级优秀团员1名、省级优秀团委1个，全国优秀团干部1名。

2017年5月3日，六枝特区团委召开2017年六枝特区共青团工作会议暨2016年度团内表彰大会

（六枝特区团委供稿）

【青年服务】 结合青年的实际需求，进一步加强对青年的有效服务和引导，增加共青团组织的吸引力和凝聚力。开展“青创汇创新青年”户外素质拓展、爱心送考、暑期大学生社会实践、青年创绿行动、预防艾滋病素质拓展等活动。举办首届“青创汇·千娃创”青年创新创业大赛，共吸引169名青年70余个项目报名参赛，参赛项目覆盖互联网、电子商务、农副产品等行业领域；开展2017—2018年度区级“青年文明号”创建工作，确定9个拟创建集体，并向团市委推报6个创建集体；开展志愿者服装及吉祥物设计大赛，挖掘青年设计人才，服务旅发大会。

【帮扶工作】 争取“习酒·我的大学”公益助学金5万元，资助贫困学子10人；争取“国酒茅台·国之栋梁”公益助学金107万元，资助贫困学子214人；争取大连团市委对口帮扶助学金3.85万余元，帮助优秀贫困学生24人；联合特区组织部发起“青春扶贫扶智”基金募集活动，共募集资金7万余元，主要用于贫困学子就学、贫困青年就业扶持；开展“新春送温暖”慰问、“圆爱工程”关爱贫困儿童留守儿童慰问、“六一”儿童节慰问等活动10余次，覆盖贫困群众及留守儿童120余名。

【志愿者工作】 组织带领全区广大青年积极投身脱贫攻坚、城镇建设、生态文明建设等各项工作，充分发挥生力军和突击队作用。组建脱贫攻坚青年突击队230余支，在产业发展、项目建设、政策宣讲、环境卫生整治等各个领域助力脱贫攻坚；组织培训青年志愿者1400余人次，组织1100余人次志愿者参与特区级以上大型赛会志愿服务21次，圆满完成全省文化产业项目建设观摩会、六盘水市第四届旅游文化产业发展大会等志愿服务工作；组织500余人次志愿者参与生态建设、爱心送考、“四创”、关爱弱势群体等社会服务活动。

【组织建设】 深入贯彻落实各级党的群团工作会议精神和《关于加强和改进党的群团工作的意见》相关要求，切实加强和推进团的改革创新，制定出台《共青团六枝特区委改革实施方案》；严格落实从严治团要求，开展“学习总书记讲话做合格共青团员”教育实践活动，深入学习习近平总书记系列重要讲话精神，不断强化各级团组织和团员干部的思想政治引领；推动机关事业团组织、非公企业团

2017年3月12日，六枝特区团委组织开展青创汇“厚植生态优势·助力脱贫攻坚”暨2017青年创绿行动 （六枝特区团委供稿）

组织建设工作，指导特区政府办、司法局、水务局、人资社保局、实验幼儿园等10个区直单位部门及颐高创业园等2个非公企业成立团支部，指导纽绅中学成立团委，指导市二医、特区一中、三中3个单位完成团组织换届工作；组织53名团干部赴上海交通大学进行综合能力提升培训，组织200余名村团支部书记在特区党校进行团务知识和履职能力培训，全区各级团干部能力水平进一步提升；切实做好团员发展和管理工作，2017年度全区新发展团员3400余名。

【新媒体宣传】 充分运用“六枝青年”微信公众号和官方微博等新媒体平台加强工作宣传，2017年共发布微信239期，微博228条，推送信息750余条，累计浏览量达到20万人次；通过微信平台发布并开展手抄习语、喜迎党的十九大、志愿者服装大赛评选、青年朗读比赛线上展播和评选、青年创新创业大赛报名、“六一儿童笑脸”照片征集、七夕情侣合照征集、“青年之声”脱贫攻坚网络大比武、公益助学、就业信息等各类信息公告和线上互动活动30余次；“青年之声FM·六枝青微电台”2017年共播出10期节目，受到青年喜爱和社会各界的广泛关注。

【阵地建设】 全力打造以“青年、青春”为服务主体，“创新、创业”为工作内涵，“汇集、汇聚”为活动氛围的“青创汇”活动和工作阵地，发挥共青团凝聚服务青年作用。2017年，在新窑镇和落别乡易地扶贫搬迁点、落别乡“依依布舍”青春驿站、月亮乡隆茂村、颐高创业园、特区九中、特区一小、新窑镇中学等地方建设“青创汇”共8个，实现“青

创汇”进企业、进景区、进易扶搬迁点，进学校的目标；做好助力脱贫攻坚工作，在月亮河乡隆茂村、关寨镇堕却居委会和牛场乡平寨村建设3所青年志愿者脱贫攻坚夜校，通过开展职业技能培训、文化知识教学、汉语教学等，提高贫困群众的文化和生产生活技能。

（彭　尹）

◎ 六枝特区妇联

【概况】　六枝特区妇女联合会内设机构2个：妇联办公室，妇女儿童工作委员会办公室；下设一个事业单位：六枝特区妇女儿童活动中心。共有行政编制6名，实有人数4名，事业编制5名，实有人数4名。

【党建工作】　一是坚持并完善党务公开制度。力使妇联工作让群众知道，社会了解，公开透明，阳光操作。二是坚持“三会一课”制度，每季度召开1次支部党员大会，上1次党课，组织政治理论学习，通报支部工作，开展主题活动；每月召开1次支委会，组织理论学习，研究党支部的建设等。按期按要求做好党组织换届选举工作。按照专题民主生活会和专题组织生活会的方式，每年度召开1次专题民主生活会和党支部组织生活会。认真落实党员领导干部双重组织生活会制度及开展好党内生活。三是由妇联党组书记落实主体责任、“一岗双责”，形成谁主管、谁负责，一级抓一级，层层抓落实的工作局面。四是党员干部强化组织观念，重大问题和个人有关事项必须按规定按程序向组织请示报告。坚持重大事项报告制度。

【党风廉政建设和反腐败工作】　六枝特区妇联党组认真履行职责，加强组织领导，把党风廉政建设与各项业务工作同规划、同部署、同落实，进一步增强主体责任意识和“一岗双责”意识。一是及时调整机构：人事变动后，调整了以党组书记、主席为组长，副主席为副组长，相关人员为成员的党风廉政建设工作领导小组；二是根据《六枝特区2017年党风廉政建设和反腐败斗争工作要点》精神，结合妇联工作实际，制定《六枝特区妇联党风廉政建设和反腐败斗争工作计划》，将党风廉政建设落实“主体责任”工作与妇联业务工作同计划、同安排、同落实；三是明确职责分工，进一步明确把党风廉政建设和反腐败斗争工作任务分解到领导班子成员和各股室，党组书记、主席切实承担起第一责任人的职责，对妇联党风廉政建设工作负主体责任，分管领导负责分管范围的党风廉政，负直接领导责任。

【家庭建设】　一是开展“明礼知耻·崇德向善在家庭”主题实践活动，与文明办联合下发《关于深入开展传承家风家教暨“明礼知耻崇德向善在家庭”主题活动的通知》，评选区级最美家庭共有20户，区级建示范单位（社区或村寨）12户。二是开展“最美家庭”、“五好家庭”、“文明家庭”推选宣讲活动，2017年被评为市级优秀家庭共13户，其中“持家女”3名，文明家庭4户，“贤妻”、“孝女”、“慈母”各2名。三是举办家庭教育公益讲座等宣传活动，帮助家长树立科学家教理念，邀请北京大学全国知名家庭教育专家李世杰教授为400余名妇女群众开展家庭教育专题讲座；邀请当地的名师名校长为473名贫困妇女和村（居）妇联主席开展家庭教育专题讲座；邀请特区纪委领导为60名领导干部家属开展“倡清廉家风·建幸福家庭”主题讲座，组织领导干部家属到监狱接受警示教育活动。

【妇女创业】　一是积极开展“锦绣计划”及“雨露计划”——“三女”培训项目，即“家政女”、“持家女”、“锦绣女”，来自各乡镇的贫困、留守妇女、贫困骨干绣娘和刺绣蜡染巧手230余人参加了培训。二是创建“凉都锦绣坊”，搭建妇女创

2017年3月25日，特区党委书记杨昌显（左一）视察牂牁锦绣坊民族手工艺品业态布置工作

（六枝特区妇联供稿）

业就业平台，充分挖掘民间妇女手工技艺，让更多的妇女在异地扶贫搬迁点有业可创、有业可就，引导贫困妇女、易地搬迁户进一步增收致富，从而摆脱贫困。三是加强组织领导和宣传引导，采取“担保灵活，范围放宽、额度增大、服务优质”的巾帼妇女创业贷款模式开展工作，2017年，共发放妇女小额担保贷款537笔，发放金额5150.5万元，实现1564名妇女创业就业。

2017年10月28日，组织全区副科级女干部及科级干部女家属参加“家庭助廉”警示教育活动

（六枝特区妇联供稿）

【妇女维权】 一是利用“三八”维权周期间，以“万家联动·送法到‘家’”为主题，开展维权宣传咨询活动，营造尊重妇女权利、维护妇女权益的良好社会氛围。二是及时发现涉及妇女儿童权益的苗头性、倾向性问题，努力推动矛盾化解在基层，问题解决在萌芽状态。2017年共接待来信来访43件次，办结率达100%。三是通过积极争取上报，六枝公安局获“全国维护妇女儿童权益先进集体”称号，六枝法院民二庭庭长朱琪瑨获“全国维护妇女儿童权益先进个人”称号。

【妇联改革】 一是乡镇妇联全面完成扩大基层组织成员工作，243个村居完成村“妇代会”改村“妇联”工作，村妇联主席243人，兼职副主席587人，执委3368人。二是开展乡镇（街道）妇联区域化改革工作，19个乡镇完成区域化建设工作，乡（镇、社区）妇联主席16人（其中3个乡镇领导班子中无女性领导，妇联主席暂时空缺），专职副主席19人，兼职副主席87人，常委194人，执委475人。三是扩大妇女之家覆盖面，积极创建星级示范妇女之家，2017年共创建5个市级“示范妇女之家”、1个“贵州省五星级示范妇女之家”，1个“贵州省四星级示范妇女之家”。

【妇儿工委工作】 一是加强未成年人思想道德建设，要求区直“两规划”成员单位及各乡镇结合单位实际情况开展庆祝第68个“六一”国际儿童节，开展“祖国好·家乡美”主题活动。二是开展好妇女“两癌”宣传及录入工作，2017年救助农村建档立卡妇女共14名，救助金额共计14万元。

（徐再丽）

◎ 六枝特区科协

【概况】 2017年，六枝特区科协组织开展群众性、社会性、经常性科普活动，弘扬科学精神、普及科学知识、传播科学思想和科普方法；推广先进技术，开展青少年科技教育活动，提高公民科学文化素质。

【机构设置】 六枝特区科学技术协会（简称六枝特区科协），是六枝特区党委、政府联系科技工作者的桥梁和纽带，内设科（处）室2个，包括办公室、科普股。六枝特区科协向广大人民群众普及科学技术知识，让群众了解必要的科普技术知识，掌握基本的科学方法，提高他们解决生活实际困难的能力。

【科普宣传】 一是充分利用休闲广场、文化路、市二医三个科普宣传栏开展春季传染病防治、森林及家庭防火、禁毒、艾滋病防治、预防食用野生菌中毒、爱护牙齿、食品安全、秋季传染病防治等科普知识宣传，2017年共开展宣传3期60多个内容的科普知识。二是利用休闲广场、新广场电子宣传栏滚动播放科普知识。三是利用科技日、科技活动

2017年9月30日，流动科技馆——城区馆开馆仪式 （六枝特区科协供稿）

2017 年 9 月 30，流动科技馆开馆现场

（六枝特区科协供稿）

周、安全宣传月、禁毒日、全国科普日等时间节点组织广大科技工作者到那克社区、九龙社区、关寨镇、牛场乡开展科普宣传活动。创新工作思路，与民主党派（九三学社六枝支社、民盟六枝特区委员会）联合开展科普活动，充分发挥民主党派知识分子分布广、业务精的优势，到牛场乡、关寨镇等乡镇开展科技咨询和义诊义疗活动，2017 年，共开展科技咨询 3 次，义诊义疗 1000 多人次，为群众解决实际问题。

【青少年科技教育】 一是开展消防知识进校园活动，组织消防大队官兵分别到六枝特区九中、六枝特区四小开展消防演练，促进学生防火意识，通过“小手拉大手”的形式提高全区消防意识，两校 2800 余名学生参与消防演练；二是开展大篷车进校园活动，分别到六枝特区关寨镇一中、二中、牛场乡中学、牛场乡代家包小学、中寨乡中学开展大篷车进校园活动，进一步提升偏远乡镇未成年人的科普知识，共惠及 5 个学校 3400 余名偏远乡镇儿童；三是开展流动科技馆巡展活动，一年来，共巡展 2 站——大用镇小学站和六枝特区城区站，组织大用镇一小、大用镇二小、大用镇凉水井小学、大用镇一中、落别乡小学、落别乡中学、落别乡索考小学学生 11000 余人到大用镇小学站参观，组织特区一小、二小、三小、四小、五小、十一小、一中、二中、三中、七中、九中学生 15000 余人到城区站参观体验。

【农民科学素质提升】 一是在落别乡马头村开展农业专业培训，邀请六枝特区农业局罗猛、周定众等专家到落别乡马头村开展农村实用技术培训；二是邀请农业局专家杨胜英等实地到田间地头，深入讲解马铃薯种植及病虫害防治知识；三是向省科协申请，分别在六枝特区 6 个深度贫困乡镇的 10 个深度贫困村建立百万公众网络学习点，配置电脑加强学习，从而提升农民科学素质。

【城镇居民科学素质提升】 一是邀请人民医院医务人员为社区居民开展健康知识培训。二是邀请疾控中心专家在文化路社区、银壶居委会举办合理用药知识讲座。三是邀请人民医院医师到社区科普大学为居民讲解中老年人心脑血管疾病的预防和保健知识。四是在老年大学成立社区科普大学教学点，举办合唱、二胡、书画、舞蹈等培训，普及艺术知识，丰富老年人精神生活。

【居民及公务员科学素质提升】 一是与特区人资社保局联合行文，组织全区公务员、企事业单位工作人员、乡镇全体干部职工参加网上答题活动，并给予网上答题测试超过 90 分的专业技术人员 20 个学时鼓励，激发广大干部群众参与学习的积极性。二是与特区教育局共同行文组织全区中小学生参与网上答题，对组织完成任务好的学校，对乡镇中心校、区直学校前三名分别给予奖励，激发乡镇中心校、区直学校组织学生参与学习活动的热情。三是要求各农技协会组织广大会员参加百万公众网络学习，积极学习相关业务知识和种养殖技术，提升会员科技水平，2017 年参加网上答题人数为 59170 人，完成市科协下达任务数 41000 人的 144.3%。

（马　华）

◎ 六枝特区工商联

【概况】 六枝特区工商联成立于 1953 年 8 月，现内设机构为办公室（行政）和非公有制经济服务中心（事业）。现有干部职工 9 人（其中行政编 5 人，即主席 1 名，党组书记 1 名，副主席 1 名，科员 1 名，工勤人员 1 名。非公经济服务中心工作人员 4 人）。不驻会副主席（副会长）10 人。

【理想信念教育】 以“两学一做”学习教育为抓手，组织党员干部和非公经济人士深入学习党章党规、习近平总书记系列重要讲话精神、中共十八届六中全会精神及省第十二次、市第七次、特区第十一次党代会精神。

2017 年 7 月 20 日，六枝特区工商联召开七届二次执委会　（六枝特区工商联供稿）

【换届工作】　认真学习中央及省、市关于严肃换届纪律工作精神，深化思想认识，坚持标准、切实增强做好工商联换届工作的政治责任感和历史使命感，严格执行“九严禁”（严禁拉帮结派，对搞团团伙伙、结党营私的，一律给予纪律处分。

严禁拉票贿选，对在民主推荐和选举中搞拉票、助选等非组织活动的，一律排除出人选名单或者取消候选人资格，并视情节给予纪律处分，贿选的依法处理。严禁买官卖官，对以谋取职务调整、晋升等为目的贿赂他人或者收受贿赂的，一律先停职或者免职，并依纪依法处理。严禁跑官要官，对采取拉关系或者要挟等手段谋取职务或者职级待遇的，一律不得提拔使用。严禁造假骗官，对篡改、伪造干部档案材料的，一律对相关人员给予组织处理或者纪律处分。严禁说情打招呼，对搞封官许愿或者为他人提拔重用说情打招呼的，对私自干预下级干部选拔任用的，一律记录在案，情节严重的严肃追究责任。严禁违规用人，对突击提拔调整干部、超职数配备干部和违反规定程序选拔任用干部的，一律宣布无效，并视情节对相关人员给予纪律处分。

严禁跑风漏气，对泄露、扩散涉及换届人事安排等保密内容的，一律追究相关人员责任。严禁干扰换届，对造谣、诬告他人或者妨害他人自由行使选举权的，一律严厉查处，涉嫌违法犯罪的移送司法机关处理。）换届纪律，增强遵守换届纪律意识。2 月 26 日圆满完成工商联换届。选举产生新一届工商联领导班子，领导班子实现年轻化、知识化，班子建设不断加强。

【“五好”建设】　在特区党委、政府的坚强领导下，在工商联全体人员的努力下，扎实抓好“五好”（领导班子好、办公条件好、制度落实好、活动开展好、作用发挥好）工商联建设工作，2017 年 6 月，六枝特区工商联获贵州省第三批“五好”县级工商联称号。

【脱贫攻坚】　认真开展干部职工结对帮扶工作，组织干部职工结对帮扶郎岱镇青龙村精准贫困户 17 户。按照脱贫攻坚春、秋攻势要求，认真开展回访走访，为贫困户谋划脱贫措施。

【“四好”建设】　紧紧抓住“四好”（班子建设好、团结教育好、服务发展好、自律规范好）商会建设中的突出困难和问题，发扬改革创新精神，积极争取党委政府支持，搞好协调推动和加大督促指导；着力加强商会党建工作，推动统战工作向商会组织有效覆盖，此项工作正在有序进行。

【服务企业】　积极服务企业，建立服务中小企业联席会议制度。召开联席会议，现场解决企业反映问题 4 个。组织企业参加特区国税局、地税局联合举办的“问需求送税法——对话领军人便民办税春风行动”税收宣传暨互动交流活动，为税务部门和企业搭建良性互助平台，为企业介绍税制的宏观改革方向及“营改增”最新政策，加强企业对新税制的了解，促进企税间的交流。先后两次组织 10 余名企业董事长参加“两长”（检察长、董事长）座谈会，以加强司法保护、服务‘三变’改革、助力脱贫攻坚和服务大健康为主题，倾听企业在发展中的所需所想所盼，积极为企业解决存在的困难和问题。组织煤炭企业参加六枝煤炭企业座谈会，组织

2017 年 5 月 11 日，特区工商联、特区经信局共同组织 6 家煤炭企业参加市工商联到六枝调研煤炭产业座谈会　（六枝特区工商联供稿）

外来企业参加六枝外来投资企业座谈会，积极开展走访调研，走访调研砂石行业、物管行业、公交运输行业等，通过召开座谈会、个别走访等形式，深入了解企业经营情况及存在的困难和问题，充分听取和收集企业家的意见建议，进一步落实非公经济政策，服务会员企业发展，发挥党委、政府联系企业的桥梁和纽带作用。

【履行社会责任】 一是组织开展扶危济困活动。春节期间组织会员企业为结对帮扶的贫困户送去大米、食用油等生活用品和每户300元慰问金，确保贫困户过好春节；协调会员企业捐赠资金为结对帮扶的贫困户购买化肥，帮助贫困户发展生产。结合“三送三促”活动的开展，组织医疗商会会员到青龙村开展送医疗服务，为群众解决看病难的问题。通过多种形式的帮扶，精准扶贫工作取得一定效果。二是商会组织积极开展爱心助学活动。六枝特区青年商会组织动员会员企业、社会爱心人士在六枝特区岩脚镇设立“爱心家园”，支助贫困学生22人（其中5个特别贫困学生每月资助600元，17个一般贫困学生每年资助800元）。三是动员民营企业开展“扶贫日”捐赠活动。2017年“扶贫日”期间共计捐款6200元。四是抓好“千企帮村”精准扶贫行动。2017年以来，特区工商联认真组织民营企业参与脱贫攻坚精准扶贫工作。积极开展台账管理月活动，走访遍访非公企业23家，结合实际，修改完善“千企帮村”工作台账，全面落实台账的动态管理，动员组织38家民营企业积极参与“千企帮村”工作，帮扶行政村46个，其中贫困村43个，涉及农户3829户12001人。

【对外交流】 9月27日，黔南州罗甸县工商联（商会）组织10余名商会人士及企业家到六枝考察交流并与六枝特区工商联（商会）正式缔结友好商会关系。

（郭启祥　陈　宇）

◎ 六枝特区文联

【概况】 六枝特区文学艺术界联合会（简称六枝特区文联）是六枝特区党委、政府领导下的群众性文艺团体，是党和政府联系六枝文艺家的桥梁和纽带，是繁荣六枝文艺、助推六枝先进文化的重要力量。2017年在职职工6人。文联内设办公室和《六枝文艺》编辑部，编制4人，现实有6人。有团体会员8个，即文学戏剧协会、音乐舞蹈协会、书法协会、美术协会、摄影协会、京剧协会、民间文艺协会和桃花诗会。现有会员500余名，是六枝文艺创作、评论和理论研究的团体。

2017年10月24日，六枝剪纸艺术家剪纸献礼十九大　（六枝特区文联供稿）

【《六枝文艺》、《桃花诗萃》编辑出版】 两份刊物的编辑出版展现六枝文化、推介六枝文艺家，也积极联系外地知名作家投稿，以提升刊物的质量并达到与本地作家交流的目的。到2017年《桃花诗萃》已经出版整整30辑，每辑刊登古体诗、新体诗、散文诗、词曲赋、评论等300余篇。

【文艺活动】 2017年，文联组织书法家深入乡镇、街道、警营、企业为老百姓义务书写春联8000余幅。与特区图书馆联合举办迎春书画展，展出书画、奇石作品300余件；与特区文明办、特区青少年活动

2017年12月8日，六枝特区“喜迎十九大”书画摄影巡回展　（六枝特区文联供稿）

中心共同组织“中国好家乡美”少儿书画活动，收到作品300余件，并组织评奖活动；在落别民俗博物馆成立“山野风书画沙龙”，供六枝美协、书协创作、交流使用。组织六枝摄影协会、美术协会、书法协会等积极参与樱桃节、旅发大会、山地自行车赛、少儿绘画大赛等活动；组织音乐舞蹈协会、民间文艺家协会积极参与特区旅游宣传、现场会表演10余场次；与特区政协办公室联合，结合“精准扶贫”、“三送三促”活动，组织美协、书协、摄协以“喜迎十九大、展望新六枝”为主题的100余幅书画摄影绘画作品巡回展，到13个乡镇13所学校展出，同时组织书协、美协、摄协会员创作“喜迎十九大”近70件作品参加省市级展览活动。摄协开展小团队采风活动20余次，为六枝城镇、乡村建设发展留下珍贵的历史资料；民间文艺协会为全区各种活动表演20场次；音乐舞蹈协会开展各种排练、讲座、演出30场次，并积极参与市、特区的对外旅游推介，分别到南京、武汉进行多场表演，展示六枝文化，彰显旅游资源。

【其他工作】 参与全市党建扶贫现场会、全省项目观摩现场、全省文化产业现场会、全国名嘴话六枝活动、第四届旅发大会；完成“樱桃节”、“画廊六枝”、“六盘水森林小镇”、“贵州汇马”、“画廊六枝”、“第四届旅发大会吉祥物”、“牂牁江旅游”的标识、形象设计；协助完成六枝本土歌曲征集及评选、六枝旅游景点部分导游词的撰写工作；完成特区政协办组织的书画摄影展画册《喜迎十九大展望新六枝》；完成特区小康验收画册《小康路上》设计；历时30天设计第四届旅发大会标识；完成郎岱到牂牁江的夜郎文化、民族文化设计；完成为全市、全区制作招商礼品、接待礼品、政务礼品60余件。

2017年1月20日，六枝特区开展“送文化到军营”活动 （六枝特区文联供稿）

2017年4月18日，六枝特区作家协会“相约清风古镇·品味别样乡愁”采风活动

（六枝特区文联供稿）

【创作活动】 组织作者在《人民日报》、《光明日报》、《贵州日报》、《贵州政协报》、《贵州民族报》、《六盘水文学》、《六盘水日报》、《乌蒙新报》等主流媒体发表散文、诗歌等50余篇，书画、摄影、剪纸等作品近百幅。用人文乡土、人文乡愁贯穿四期《六枝文艺》和一辑《桃花诗萃》的主体内容，配合六枝承办的旅发大会，对宣传六枝，推介六枝，起到阶段性推动作用。

【作协创作基地挂牌】 组织作协开展基层采风3次，为特区林业局创作微电影剧本2部，并成功拍摄，创作基地挂牌于红林山林下种植基地。组织推荐文艺作品30余万字发表27万字，实现文学创作扎根基层，扎根六枝，实现文旅结合的初步实验，实现与境内企事业单位共同开展工作、互通有无的结合。

【协会活动】 组织书协、美协、摄协在图书馆开展迎春书画展活动；组织诗社在图书馆开展“喜迎新春楹联大赛”征集及评奖活动；组织美协开展笔会活动1次；组织美协参加六盘水市党建促教育六盘水市现场会在市二中展出作品50幅；组织美协、书协评选“祖国好·家乡美”参赛作品40幅；组织摄协作品参加全省文产现场会摄影展62幅；组织摄协拍摄旅发大会图片（采风2次）；组织摄协、书协参加钟山区摄影、书法大赛；组织书协、美协、摄协会员创作“喜迎十九大”省市区三级展赛活动；组织美协、书协、摄协创作“喜迎十九大展望新六枝”书画摄影巡回展作品100余幅。协会在开展活动中，宣传贯彻“双百”方针及“二为”方向，坚持正确导向，助推文艺繁荣。

（陈文洪　赛　平）

◎ 六枝特区残联

【概况】 2017年，六枝特区残联在特区党委、政府的坚强领导下，在各级残联的关心指导下，始终坚持以邓小平理论、“三个代表”重要思想、科学发展观和习近平新时代中国特色社会主义思想为指导，全面深入贯彻落实中共十八大、十八届三中、四中、五中、六中全会、十九大及省委、市委、特区委会议精神，认真学习贯彻落实和执行党的基本理论、基本路线、基本方针和基本政策，以“两学一做”学习教育为契机，始终把发展作为第一要务，努力克服残疾人事业发展中出现的矛盾和问题，全面履行残联的工作职责，较好地完成了特区党委、政府及各级残联交办的各项目标任务，有力地促进残疾人事业更高质量、更有效率、更加公平、更可持续的发展。

【机构设置】 六枝特区残疾人联合会前身是六枝特区盲人聋哑人协会，成立于1984年7月，由特区民政局代管。1990年9月，成立六枝特区残疾人联合会，为副科级事业单位，编制7人，计划单列，1993年机改，定为全额科级事业单位，编制7人，计划单列，2002年机改，定为全额参公单位，编制7人，计划单列，2013年增设就业服务中心，事业编制2人，总编制9人，其中，参公编制7人，事业编制2人。内设机构4个：办公室、教育就业股、康复股、就业服务中心。

【残疾人创业就业】 创建残疾人创业就业示范点。已建立县级示范基地3个，市级2个，省级1个共6个示范基地，为任务数2个的300%。每个示范点都解决了5个以上残疾人就业。残疾人就业工作。新增残疾人就业181人，为任务数80人的226%。扶持残疾人家庭创业工作。扶持残疾人家庭创业54户，为任务数20户的270%。残疾人培训。完成残疾人农村实用技术培训120人，为任务数120例的100%。残疾人城镇职业技能培训60人，为任务数60人的100%。残疾人创业培训39人，为任务数60人65%。盲人按摩培训7人，为任务数7人的100%。

【残疾人精准扶贫工作】 由特区政府行文出台《六枝特区加快推进残疾人同步小康进程的实施意见》，明确相关单位在助推残疾人小康工作中的职能、职责和任务。对残疾人精准扶贫户进行系统摸底排查，并建档立卡。2017年，六枝建档立卡贫困残疾人共8816人，已脱贫2487人，未脱贫6329人。

【残疾人社会保障】 主要包括重度残疾人生活补贴和护理补贴工作。生活补贴工作。按照特区政府〔2016〕75号文件要求，提高一二级重度残疾人生活补贴30%，三四级残疾人生活补贴每个月提高50元，已由特区财政局打到残疾人银行卡中。护理补贴工作。已审核发放一级残疾人护理补贴16251人次，资金81.365万元，二级残疾人护理补贴42259人次，资金169.044万元。累计发放重度残疾人护理补贴58510人次，发放资金250.409万元。

【残疾人权益保障】 1.开展残疾人法律法规宣传。2017年，分别集中在六枝火车站广场，特区新广场开展残疾人法律法规宣传4次，发放宣传资料600余份，咨询132人次。2.残疾人机动轮椅燃油补贴项目工作。已完成2017年度275人71500元残疾人机动轮椅车燃油补贴审核发放工作。审核新增2018年残疾人燃油补贴26人。3.信访维稳工作。2017年共接待残疾人来电来访27人次，妥善处理残疾人信访事件2起，办结率100%。

【社会公共服务】 残疾人康复工作。完成大小腿假肢安装6例，为任务数4例的150%。发放辅具

2017年4月25日，残联帮扶村木岗镇把仕村残疾人农业培训班现场　（六枝特区残联供稿）

2017年9月14日，六枝特区残疾人联合会党支部在帮扶村木岗镇把仕村开展“三送三促”活动

（六枝特区残联供稿）

447件，为任务数447件的100%，其中：发放成人轮椅45台，腋杖220对，坐便椅75个，盲人手机37部，盲杖50根，电饭煲20个。发放助听器28例，为任务数20例的140%。安排符合康复条件的16例残疾儿童到六盘水市第二人民医院康复科进行康复训练，为任务数十例的160%。完成盲人定向行走训练15例，为任务数15例的100%。残疾人托养中心已基本建成，拟于2018年投入营运。残疾人康复中心已和人民医院整合建设，正在建设中。残疾人特殊教育工作。入学残疾儿童学前救助项目审核申报情况：完成4名入学残疾儿童学前救助项目审核申报救助，每人3000元，共计1.2万元。抓好“三残”儿童少年义务教育阶段入学，2017年新招入校残疾学生数60人，在校残疾学生223人，其中：特殊学校69人，随班就读108人，送教上门46人。丧失学习能力27人，入学率90.3%。残疾大学生救助。完成残疾大学生救助9人，每人2000元，共计1.8万元。残疾人扫盲工作。完成50名残疾人扫盲任务，为任务50名的100%。

【基层组织建设】 残疾人证办理监管工作。进一步规范残疾人证的办理程序，现残疾人办证档案齐全，管理规范，持证残疾人每人有档案，每份档案有申请表、残疾评定表、身份证或户口本复印件。所有的办证程序、办证时限、残疾状况和评定等级相匹配。现持证残疾人35300人，六枝现有疑似残疾人8671人，残疾人证核发率达80.28%。乡（镇、社区）残联组织规范性建设工作。2017年19个乡（镇、社区）都配有专兼职残联理事长和乡（镇、社区）、村（居）的残疾人专职委员。六枝乡村两级残疾人组织办公场所、残联标牌、办公设施、残联工作职责、残疾人基本情况一览表及残疾人办证流程等，都全部建立健全并上墙。都有工作计划、半年工作小结、有持证残疾人名册、贫困残疾人名册、纳入精准扶贫人员花名册、残疾人信访记录，并建有残疾人基本信息档案。乡（镇、社区）、村（居）残疾人专职委员待遇落实。明确残疾人专职委员待遇，乡（镇、社区）残联残疾人专职委员每人每月500元，村（居）残疾人专职委员每人每月150元。2017年6月以后，乡（镇、社区）残疾人残联专职委员报酬按全市最低工资水平提高到每人每月1570元，并按月发放到位，充分调动乡（镇、社区）专职委员的积极性，为发展残疾人事业增强基层组织保障。

（宋卫权）

◎ 六枝特区红十字会

【概况】 2017年，六枝特区红十字会在特区党委、政府的领导下，在特区人大、政协的关心及上级业务部门的指导下，认真履行《中华人民共和国红十字会法》赋予的各项职责，与广大会员、志愿者一道，坚持人道、博爱、奉献的红十字精神，抓住机遇，务实求新，开拓进取，狠抓各项工作落实。

【机构设置】 2002年，成立六枝特区红十字会，人员编制5名，设常务副会长1人，副会长1人，

2017年5月8日，六枝特区已举行纪念第70个世界红十字日宣传活动

（六枝特区红十字会供稿）

六枝特区红十字会2017年春节“博爱送万家”活动启动仪式　（六枝特区红十字会供稿）

内设2个股室。现有常务副会长1人，副会长1人，主任科员1人。六枝特区红十字会是从事人道主义工作的社会救助团体，主要围绕“传播人道精神”和“救助弱势群体”的崇高使命开展宣传、贯彻《中华人民共和国红十字会法》及有关法律、法规；组织开展备灾救灾工作，在自然灾害和突发事件中，对伤病人员和其他需要帮助的人员进行救助；开展人道领域的志愿服务和公益活动，参与输血献血工作，宣传和动员无偿献血；普及卫生救护和防病治病知识，开展初级卫生救护培训，组织群众参加现场救护；对青少年进行人道主义及健康知识的宣传教育，开展红十字青少年活动；负责同区内外红十字组织的联系，开展人道主义方面的往来、交流和合作工作；完成区委、区人民政府和市红十字会交办的其他工作。

【红十字传播】　以弘扬红十字精神为主线，开展“5·8”世界红十字日、“6·14”无偿献血、“12·1”世界艾滋病日及“12·4”法制宣传日宣传活动。

【红十字博爱送万家】　2017春节期间，筹集60余万元款物，在关寨镇、那固社区举行“红十字助力脱贫攻坚——博爱送万家”启动仪式，组织特区40余家单位和部门到乡镇开展“博爱送温暖”慰问40余次，发放救助金6000元，家庭包、大米、面粉、面条、食用油、水鞋、棉衣、枕芯、棉被等物资，走访慰问困难群众800余户，3000余人。

【初级卫生救护培训】　为普及红十字应急救护知识，提高六枝特区学生和群众防灾减灾意识，增强对突发事件的防范意识和保护能力组织红十字志愿者到学校、敬老院开展防灾减灾知识、心肺复苏、急救处理和应急救护等初级救护培训5次，培训人员421人。

【送医、送药、送健康】　联合市第二人民医院、特区人民医院、疾控中心、特区中心血库、现代妇产医院、特区老年大学志愿者到牛场乡、落别乡开展“送医、送药、送健康”活动，为500余群众开展测血压、听心率，看病咨询义诊，免费发放感冒药、儿童药等常规药品价值2000余元。

【造血干细胞和参与无偿献血】　深入到机关、社区、农村广泛宣传无偿献血、造血干细胞和人体器官捐献工作6余次，网上登记人体器官（遗体）捐献2人，造血干细胞1人。

【拓宽救助领域】　认真履行《中华人民共和国红十字会法》赋予的职责，汇集社会力量，开展“关爱困难群众”、“关爱留守儿童”等活动，发放救助金10.09万元。开展白血病救助工作，获批中国红基会小天使基金资助2人，救助专项基金6万元。

【博爱家园项目】　积极向上级申报落别乡牛角村“博爱家园”项目，获省红十字会批准，援助资金45万元。

【召开第四届红十字会员代表大会】　10月25日，六枝特区红十字会第四次会员代表大会召开，依法选举产生六枝特区红十字会第四届理事会和第一届监事会；第四届红十字会会长、常务副会长、副会长及兼职副会长、理事；第一届监事长、副监事长、监事。

（张　平）

◎ 老年教育

【概况】　六枝特区老年大学始建于1991年3月，属特区党委直接管理的正科级参公事业单位。内设办公室、教务室。职工编制数为5人，校长职数1人、副校长职数1人，内设正股级职数3人。六枝特区老年大学一直遵循“增长知识、丰富生活、陶冶情操、增进健康、服务社会”的办学宗旨，坚持“提高老年群体的政治思想素质和科学文化素质”办学根本任务。2005年，六枝特区老年大学加挂六枝特区老年教育工作领导协调小组办公室牌子，同时承

2017年8月4日，六枝特区庆祝建军九十周年双拥文艺会演　（六枝特区老年大学供稿）

担全区老年教育工作指导、规划、协调和督促检查工作。到2017年底，六枝乡镇建校率完成100%，村社区建校数增加2所，入学率六枝特区完成4.5%，学员入学人数达到4304人。现全区基层老年学校33所，其中乡镇校18所，村（居）校15所。特区老年大学开展声乐、戏曲、书画、舞蹈、体育健身、器乐等六大专业，按学员需求和学科层次设置23个教学班。

【机构设置】　内设办公室、教务处。组织实施老年学员书法、绘画、医疗保健、时事政治、声乐、舞蹈、武术、花卉等教学。组织开展各种有益于老年人身心健康的活动及相关社会服务，使老年人增长知识、丰富生活、陶冶情操、促进健康、服务社会。

【学科设置】　六枝特区老年大学开设有声乐、戏曲、书画、舞蹈、体育健身、器乐等六大专业，按学员需求和学科层次设置23个班。乡（镇）、村（社区）老年学校不仅开设时事、保健、舞蹈、门球、音乐、太极等学科，还开设了具有地方特色的地戏、花灯、文琴戏等学科。

【队伍建设】　六枝特区老年大学本级校聘用教师21人，常年在校学员1349余人。组建了艺术团、学委会。

【老年教育发展情况】　六枝特区15个乡镇、3个社区建立了老年学校，25个村（社区）设立教学点。全区2017年常年在校学员4304人。全区从事老年教育的教职工共有160人。

【指导督促】　制定下发《六枝特区2016老年教育工作要点》，对全区老年教育工作进行全面安排部署。10月，组成2个督查组对乡（镇）、社区贯彻落实省、市、特区老年教育十三五规划和老年学校教学情况进行督查。通过督查，有力推进老年教育向基层拓展。

【思想教育】　通过第一、二、三课堂宣讲宣传十九大精神和习近平总书记参加贵州省代表团的重要讲话达8次，参加人数5000余人，通过远程教育宣传十九大精神达1万人次。11月28日，六枝特区新时代市民（农民）讲习所揭（授）牌仪式在特区老年大学举行。采取“两结合”开展学习，一是结合“两学一做”的常态化学习机制，学原著，

2017年8月4日，六枝特区举办建军九十周年双拥文艺会演　（六枝特区老年大学供稿）

学党章，每周例会组织全体党员干部职工学习，同时围绕老年教育工作实际开展“六个一”活动，即“一次党课、一次宣讲、一次走访、一次专栏、一篇体会、一次重温入党誓词”；二是结合“三送三促”脱贫攻坚工作，根据宣传部宣讲会议要求，特区老年大学拟定“文艺+宣传”方案，组织队伍创作快板、花灯、情景剧等老百姓喜闻乐见的作品加以宣传，积极协助特区文广局开展十九大精神宣讲巡演活动；三是利用微信、网站、宣传栏对十九大精神进行宣传达38次。

2017年7月5日，六枝特区举办“展夕阳风采·喜迎十九大”文艺会演　（六枝特区老年大学供稿）

【积极开展二、三课堂】　围绕党委、政府的中心工作，极力展现师生乐为精神，把培育和践行社会主义价值观作为一项根本任务，从创新活动的组织形式、发挥活动的导向作用、打造活动的品牌效应、发展活动的地域特色、展示活动的社会影响等方面，一是把握新常态，着力深化老年教育改革，组织开展18次丰富多彩的教学活动，参加活动975人次。二是用好用足“六枝百姓大学堂（流动道德讲堂）”舞台，弘扬民族文化促进社会文明发展。三是以上率下，树长者风范，传播正能量。

【远程老年教育】　拓展面向广大中老年人的平台建设，进一步完善六枝老年教育大数据平台、微信公众平台、微信群、网站等功能，规范发布流程，推广相关体制建设。校队伍建设以班级、社团为单位，以各班级教师、班干、社团负责人为抓手，构建特区老年大学的各学习点；乡（镇）社区老年学校以各中心站点为基础，开展灵活多样的教学服务。以网站、微信为平台的面向广大中老年人群的移动终端服务。以传统学科、传统文化、民族文化、地方特色文化为依托，通过图片、音频、视频、ppt、电子文档结合发展中的热点、难点共建共享，有针对性的集中创作一批可操作、有效的精品课件。联合特区组织部远教办完成“习总书记的话儿走进民族村寨”布依族和长角苗课件；联合小康办开发六枝原创花灯歌舞《爱在新农家》课件；联合区委政府、特区民宗局收集《布依族原生文化素材》、《箐苗原生文化素材》等共同打造少数民族大型歌舞诗《依》参加六盘水市第五届少数民族文艺会演获银奖。联合特区文明办创作歌曲《文明六枝》及音乐短片，《文明六枝》宣传片拍摄制作8分钟；本级校创作长角苗箐歌《咕垌茹峒》、布依族《迷依迷走》等原生态无伴奏合唱的基础课件，参加央视星光大道贵州赛区、六盘水市山歌大赛等，本级校艺术团联合岩脚镇党委共同打造“大美岩脚情景歌舞诗”12个课件；拍摄制作教师关书扬、柴方洪书画教学系列课件；帮助京剧班、交谊舞班、民舞班、葫芦丝班收集整理相关音频视频教材等等。已完成民族歌舞诗《依》、《大美岩脚主题情景歌舞诗》、牂牁江夜郎王宫主题交响音乐诗《千古夜郎》的打造等等。并将其运用于中老年课堂教学中，为其课件的创作、开发、拍摄、应用和推广做前期准备工作，发挥校艺术团服务社会作用。

（张真海）

六枝特区人民代表大会

【概况】 2017年特区人大紧紧围绕全区工作大局，聚焦民生实事，依法行使对“一府两院”监督权、重大事项决定权、人事任免权，认真履行宪法和法律赋予的职责，不断加强人大代表工作和自身建设，不折不扣贯彻落实特区党委重大决策部署，为助推脱贫攻坚、同步全面小康和全区经济社会协调发展做出积极贡献。

【机构设置】 内设机构有办公室、信访办公室；人大机关设6个专门委员会，即选举任免联络工作委员会、教育科学文化卫生工作委员会、法制工作委员会、财政经济工作委员会、民族宗教侨务与农村经济工作委员会、环境与资源保护工作委员会。

【监督工作】 围绕全区工作大局，聚焦民生热点、难点问题，以专题调研、听取和审议政府工作报告、执法检查、专题询问等形式开展法律监督和工作监督，2017年共召开主任会议21次，人大常委会会议7次，听取和审议“一府两院”专项工作报告25项，依法任命国家机关工作人员35人，免职15人；补选市八届人大代表2人、特区十二届人大代表6人，接受4人辞去市八届人大代表职务、接受9人辞去特区十二届人大代表职务。一是听取和审议2017年1—6月国民经济和社会发展计划、财政预算执行情况报告、2016年财政决算的报告、2016年财政预算执行和其他财政收支的审计报告、2017年财政预算调整方案（草案）报告，审查批准2016年财政决算。听取和审议特区人民政府关于农村安全供水工作、学前教育、全面建成小康社会、工业经济发展、农村人居环境综合整治、医疗卫生工作、交通基础设施建设、公安机关执法规范化建设、“六五”普法工作完成情况及《法制宣传教育第七个五年规划（2016—2020年）》编制起草情况、《中华人民共和国环境保护法》贯彻实施情况等专项工作报告；听取和审议特区人民检察院关于2012年以来反渎职侵权工作开展情况报告，特区人民法院、特区人民检察院2017年上半年以来工作情况报告；听取所任命“一府两院”国家机关工作人员2016年履职情况的报告。二是针对有关问题，向特区人民政府提出“要把经济增长和质量效益放在首

2017年11月21日，市、特区两级人大代表视察电煤价格联动情况　（六枝特区人大供稿）

位，立足区情，挤干水分，推进一、二、三产业协调发展；严格执行财政预算，加强资金监管，严控债务风险；坚持政府主导、规划先行，加快实施乡村振兴战略，多方参与、多元投入，改善农村人居环境；围绕“一达标、两不愁、三保障”目标，坚持扶贫工作的精准性、针对性和公平公正性，打好“四场硬仗”、“七大战役”，确保如期实现“减贫摘帽”目标；深化医疗体制改革，提升医疗卫生服务能力；抓好教育管理，提升办学质量；以提升环境质量为重点，抓细抓实水、气、渣、土壤污染防治工作；建立农村供水管理制度，确保供水工程高效建成、管护到位、群众受益；加大优惠政策落实力度，扶持实体经济发展并采取措施促进煤炭产业健康发展；以筹办全市第四届旅发大会为契机，推进旅游事业发展；加大公安机关执法规范化建设力度，做到保障有力和多渠道多形式开展法治宣传教育，确保法治宣传教育取得成效等意见，督促特区人民政府不断强化措施，推进各项工作。三是特区人大常委会始终大力支持“一府两院”依法行政、公正司法，强化法律监督，维护法律权威，推进民主法治建设。督促“两院”切实维护社会公平正义，巩固深化司法体制改革成果，努力促进司法公正。监督法律法规执行，配合并参与省、市人大开展《贵州省大数据发展应用条例》、《贵州省大扶贫条例》、《中华人民共和国固体废物污染环境防治法》、《中华人民共和国城乡规划法》等法律法规的执法检查。

【专题调研和询问】 2017年，组织常委会组成人员对“一府两院”专项工作进行调研，对办理人大常委会审议意见情况进行督查，向人大常委会提交专题调研报告27个，组织驻境的省、市人大代表和特区人大代表集中调研视察各1次，分片区视察21次，代表小组调研77次，代表小组活动81次，开展专题询问2次。一是配合做好省人大常委会《贵州省生态文明建设促进条例》实施情况，全市农村公路养护情况、煤电价格联动情况专题调研，统筹做好市人大常委会对北盘江流域牂牁江核心区环境保护河长制“河长”巡河调研和六盘水市人大常委会赴六枝开展投资环境巡视等相关服务工作。二是针对人民群众关注的事关全区发展大局、事关民生福祉的城市棚户区改造及征地拆迁和脱贫攻坚有关问题，开展专题询问，督促特区人民政府有关部门进一步重视和加强推进有关工作。通过开展专题询问，特区人民政府及其部门负责人对有关工作重要性的认识更加提高、目标更加明确、措施更加具体，确保有关问题得到更好解决。按照特区党委的安排部署，特区人大常委会领导班子成员分别担任特区生态草食畜牧业、农村饮水安全、六枝至黄果树公路六枝境内段项目、六枝至关岭公路项目、优质肉猪养殖项目及瀑布源循环生态农业项目、农产品批发市场项目、蔬菜产业、退耕还林、粮油批发市场项目和煤炭机械化智能化开采及煤层气勘探开发综合利用项目等重点项目指挥部指挥长和副指挥长，在推进全区重点工作（项目）建设中，开展有效监督，全面指挥、协调和调度。在依法行使地方国家权力机关职能过程中，摆正自身位置，不搞本末倒置，坚持做到监督不包办、支持不添乱、到位不越位，全力推进特区党委决策部署的贯彻落实。

【信访工作】 坚持用法治思维接访处访，认真落实常委会领导班子信访接待制度，人大常委会主任会议组成人员深入到包保乡镇化解信访积案，坚持对矛盾纠纷化解责任的层层传递，始终做到工作上不松懈，思想上不麻痹。2017年共接到信访案件73件，接待信访人员154人次，转办交办31件，现场疏导42件，信访案件办结率100%。

【代表工作】 一是完善服务机制。建立健全和完善《六枝特区人大常委会组成人员联系代表制度》，密切常委会组成人员与代表之间的联系。坚持每年为特区人大代表订阅《人大论坛》，并利用各类媒体、网络平台，公开人大常委会有关工作和重大活动。坚持邀请市、特区两级人大代表，乡镇人大主席、街道办人大工委主任、社区议事会主任、公民列席人大常委会会议制度。通过组织代表小组活动、开展专题调研和集中视察等形式，通报人大常委会及“一府两院”工作开展情况，为代表履职创造良好条件。二是督办代表建议。建立跟踪督办制度，对代表提出的议案、建议、批评和意见进行分类，交特区人民政府研究办理，明确有关委室进行跟踪督办。人大常委会听取特区人民政府对代表所提建议办理落实情况报告，并针对存在问题，提出要层层负责，提升办理质量、提高办结率等意见。通过加大对重点建议的督办，推动“将城市区域内居委会活动室纳入统一规划修建”、“加强非物质文化遗产保护”和仡佬族陈列馆项目的申报等一些群众关心的热点、难点问题的推进落实。特区十二届人大一次会议共收到代表议案建议 122 件，答复率为 100%，代表满意率为 82%。三是加强代表培训。2017 年分 4 期组织 240 名人大代表、人大干部赴深圳、大连、井冈山、杭州等培训基地培训；组织 39 名乡镇人大主席、街道办人大工委主任、社区议事会主任、人大秘书到市人大集中学习培训；选派 9 名优秀人大代表、人大工作者参加省、市人大组织的赴厦门全国人大培训基地培训学习。举办全区人大干部培训班，对人大工作应知应会知识进行培训。换届以来，对 240 名特区人大代表、986 名乡镇人大代表进行人大法律法规培训，使人大代表和人大干部增强法治思维、更新思想观念、强化责任担当。四是规范代表活动。认真学习宣传贯彻落实《贵州省乡镇人民代表大会工作条例》，重视抓好乡镇人大制度建设，确保代表小组活动的正常开展。针对代表活动、调研、视察中发现的问题，特区人大常委会提出要加大《贵州省大扶贫条例》和精准扶贫政策的宣传力度，加快整合涉农资金进度，统筹解决好贫困村、贫困户水、电、路、讯、房、寨等基础设施保障问题的意见转交特区人民政府研究办理。通过丰富代表活动载体，促进了乡镇人大规范化建设，涌现出岩脚镇人民代表大会、落别乡人民代表大会等基层人大工作先进典型，召开 2017 年全市乡镇人大规范化建设现场会。

【脱贫攻坚】 一是自觉做到统筹指挥抓协调。特区人大常委会牵头指挥东部战区脱贫攻坚战，先后组织发起脱贫攻坚“春季攻势”、夏季“大比武”和“秋季攻势”行动，协调各方力量积极投入脱贫攻坚主战场，精准发力助攻坚，收到阶段性战果；二是自觉做到监督支持相统一。把听取和审议特区人民政府扶贫工作开展情况、全面建成小康社会工作进展情况纳入特区人大常委会年度工作要点，并对脱贫攻坚工作开展专题调研，形成调研通报，对政府提出 20 余条推进工作的意见，做到寓监督于支持之中；三是自觉做到包保帮扶解民困。实行特区人大干部职工包保联系贫困乡、贫困村制度，派驻党员副科级干部蹲点履行驻村第一书记职责，落实干部职工结对帮扶制度。人大机关干部职工结对帮扶贫困户 115 户，挂钩帮扶贫困村 2 个。人大副县级以上领导干部包保联系 8 个乡镇（社区）21 个贫困村。常委会领导班子成员多次深入挂帮联系点，围绕“一达标、两不愁、三保障”目标和“三率一度”要求，结合基层精准脱贫推进情况、基础设施建设、产业扶贫、易地扶贫搬迁、民生保障等方面问题开展监督、指导和帮扶工作。2017 年为挂钩帮扶村和干部联系村解决党建扶贫及有关工作经费 20.5 万元，为联系乡镇协调落实项目资金及物资折价 200 余万元，帮助贫困村协调办理修建村组公路、安全用电、文化场所建设及种养殖业等民生实事 30 余件，切实帮助基层解决脱贫攻坚中一些实际问题。

【会议筹备】 认真做好六枝特区第十二届人民代表大会第二次会议筹备工作。印发《六枝特区第十二届人民代表大会第二次会议筹备工作方案》，成立会议筹备工作领导小组。常委会牵头负责领导多次召开会议，安排工作，各组各司其职，各负其责，以高度的政治责任感，认真负责地做好各项工作，为大会成功召开、顺利闭幕提供坚强保证。

【作风建设】 研究制定《中共六枝特区人大常委会党组理论学习中心组年度学习计划》和《中共六枝特区人大常委会党组关于推进“两学一做”学习教育常态化制度化的实施方案》，修订《六枝特区人大机关工作制度》，按计划举行特区人大常委会党组中心组集中学习，推进“两学一做”学习教育常态化制度化。强化人大机关党的组织建设力量，严格党内政治生活，机关党建工作不断加强，人大机关干部综合素质不断提高。认真落实党风廉政建设主体责任，推动人大党组班子成员党风廉政建设“一岗双责”的落实。贯彻执行民主集中制，严格实行“三重一大”（重大事项决策、重要干部任免、重要项目安排、大额资金的使用）事项集体决策制度，切实抓好领导干部重大事项请示报告制度的督促落实。始终把纪律和规矩挺在前面，坚决贯彻落实全面从严治党的要求。改进人大机关作风，强化对人大干部的教育和监督，坚决支持纪检监察机关履行监督、执纪、问责职责，积极配合、协助对有关案件的查处，努力营造现职在岗人大干部队伍干净干事的风清气正的政治生态。

（杨婷婷）

六枝特区人民政府

◎综　述

【概况】　六枝特区坚持稳中求进工作总基调，统筹推进“五位一体”总体布局，协调推进“四个全面”战略布局，落实新发展理念，坚守“三条底线”，实施“三大战略”，经济社会发展呈现出稳中有进、转型加快、质量提升、活力增强、民生改善的良好态势。2017 年六枝特区生产总值完成 184.26 亿元，同比增长 12%；500 万元以上固定资产投资完成 238.9 亿元，同比增长 21.7%；规模以上工业增加值完成 34 亿元，同比增长 12.2%；社会消费品零售总额完成 45.78 亿元，同比增长 11.9%；一般公共预算收入完成 13.01 亿元，同比增长 5.27%；城镇居民、农村居民人均可支配收入分别为 25826 元、8698 元，同比分别增长 10.1%、10.4%；金融机构存贷款余额分别为 172.66 亿元、143.13 亿元，同比分别增长 22.75%、12.69%。

【脱贫攻坚】　2017 年，六枝特区坚持精准扶贫、精准脱贫基本方略，落实“六个精准”〔扶贫对象精准、措施到户精准、项目安排精准、资金使用精准、因村派人（第一书记）精准、脱贫成效精准〕，狠抓“五个一批”（发展生产脱贫一批；易地搬迁脱贫一批；生态补偿脱贫一批；发展教育脱贫一批；社会保障兜底一批），攻坚“四场硬仗”（一要打好基础设施建设硬仗；二要打好易地搬迁扶贫硬仗；三要打好产业扶贫硬仗；四要打好教育医疗住房“三保障”硬仗），减少贫困人口 25127 人，出列贫困村 29 个，贫困发生率降至 6%。农村基础设施进一步改善，完成“组组通”公路 473.6 千米，实现 83.7% 以上的村民组通硬化路；解决 2.12 万农村人口饮水安全问题；完成新一轮农村电网改造 413 千米；创建岩脚镇田家寨、落别乡水塘寨等 4 个示范型小康寨。提升产业扶贫效益，脱贫攻坚统筹资金 12.82 亿元，实施到村扶贫项目 285 个，覆盖贫困人口 5.45 万人；农超对接、农校对接购销 9436 万元；新增农民专业合作社 148 家，带动农户就业 4.67 万人；“三变”改革全覆盖，累计分红 1.18 亿元，其中贫困户分红 7363.52 万元。夯实易地扶贫搬迁，完成 2016 年度 1424 户 6034 人易地扶贫搬迁工程建设，其中贫困人口 893 户 3845 人，入住率 100%；稳步推进 2017 年度 1372 户 5989 人易地扶贫搬迁工程建设，其中贫困人口 1366 户 5965 人。增强民生保障能力。落实教育资助 24.35 万人次 1.16 亿元；建档立卡贫困人口就诊住院 1.02 万人次，报销 4426.96 万元，报销补偿比达 96.89%；建成小康房 438 户，完成农村危房改造 424 户；发放民政医疗救助资金 802.41 万元，覆盖 1.02 万人，

2017 年 9 月 11 日，六枝特区政府区长方裕谦（中）、贵州六枝经济开发区党工委专职副书记赵孝和（右）赴长三角纳米研究院考察

（六枝特区政府办供稿）

发放民政低保救助资金 1.18 亿元，覆盖 3.15 万人；完成农村贫困劳动力培训 3415 人；补贴贫困户种植、养殖业政策性保险 241.28 万元；发放精准扶贫“特惠贷”1.27 万户 1.16 亿元。

【民计民生工作】 坚持以人民为中心的发展思想，全力保障广大人民群众共享经济社会发展新时代。教育事业发展进入新阶段，市二中成功创建省级二类示范性普通高中，特区一中通过省级示范性高中复评；全面落实农村学前儿童和义务教育阶段学生营养改善计划，覆盖 9.1 万人。投入 4.19 亿元完善医疗服务体系，实现智慧管理、智能服务、智能监督，新型农村合作医疗参合率达 99.56%。实施棚户区改造 9767 户，完成投资 5.63 亿元。“十件民生实事”基本完成，完成投资 21.38 亿元。夯实社会保障基础，城乡居民养老保险参保 19.49 万人，城镇职工养老保险及机关事业单位养老保险参保 3.72 万人，城镇职工医疗保险参保 2.61 万人，城镇居民医疗保险参保 7.82 万人。城镇新增就业 2.13 万人，农村劳动力转移就业 2.3 万人，职业技能培训 1.64 万人次，引导返乡农民工创业就业 1.2 万人，失业保险参保 1.66 万人，城镇登记失业率为 3.38%。扎实开展社会矛盾纠纷“大排查、大化解”，保持社会和谐稳定。认真落实“党政同责、一岗双责、齐抓共管、失职追责”安全生产责任制，安全形势总体平稳。成功创建省级电梯安全示范城市，加强社会治安综合治理，大力推进立体化防控体系建设，巩固“省级平安建设先进县”成果，人民群众安全感全面提升。

【产业结构发展】 优化存量资源配置，促进传统产业优化升级，推动经济社会发展。2017 年三次产业结构比为 19 ∶ 31.72 ∶ 49.28。转型发展农业产业。调整传统低效的玉米种植模式，畜牧业增加值占农林牧渔业增加值比重达 25%，粮经比为 26 ∶ 74。实施“龙头”带动战略，引进大北农集团建设生猪养殖基地，9 个省级现代高效农业产业园区实现总产值 85.91 亿元、销售收入 76.21 亿元、利润 27.74 亿元。六枝特区获“国家级粮改饲示范县”、“全国千年古杨梅名县”、“全国樱桃名县”、“贵州省首批有机产品认证示范区”称号，“六枝魔芋”、“岱瓮杨梅”、“郎岱猕猴桃”、“九层山茶”获国家地理标志产品认定。循环发展工业产业。实施创新驱动战略，新增发明专利申请 35 件，科技型企业备案达 62 家，高新技术产业产值达 10 亿元；采取“一矿一策”，兼并重组煤矿 20 处，实现矿井采煤机械化智能化 4 处；新增规模以上工业企业 15 家；完成技改投资 11 亿元；推进煤层气勘探开发综合利用，完成钻井 34 口；建成新能源汽车充电设施 18 个。总发电量达 67.65 亿千瓦时，同比增长 239.2%。工业总产值达 178.23 亿元，同比增长 97.8%。民营经济增加值达 112.8 亿元，同比增长 15.7%。优化发展服务业。建成福地夜郎文化展示中心、云上牂牁、龙井温泉、318 浪哨缘房车营地等旅游项目。承办六盘水市第四届旅游文化产业发展大会；成功举办全国皮划艇静水冠军赛、第七届中国摩托艇联赛，打造“康养胜地 · 运动境界”，六枝首部少数民族风情电影《落绕》登陆各大院线，宣传六枝旅游发展、文化传承；六枝特区荣获了“中国最美休闲度假旅游胜地”、“中国十佳生态旅游城市”、“全国十佳文化生态景区”称号。大力发展乡村旅游，落别乡牛角村获“贵州省甲级乡村旅游村寨”称号，与梭戛乡高兴村同入列“中国少数民族特色村寨”。实现旅游收入 44.29 亿元，同比增长 59%。推进农村电商发展，建成 20 个村级电商综合服务站，实现网络零售额 3406 万元。第三产业增加值完成 90.8 亿元，同比增长 14.6%。

【城乡协调发展】 加快推进城乡基础设施建设，着力改善城乡发展环境，促进新发展。大力建设交通设施，投资 17.52 亿元建成大用至凉水井、郎岱至毛口、新华至老卜底等公路 57.6 千米。大力建设市政设施，实施地宗矿对外连接道路二期、人民路延伸段对外连接道路等路网工程；完成新兴农贸市场搬迁，新建停车场3个。推进牂牁、郎岱、岩脚、木岗、落别小城镇产城一体发展，辐射带动大用、龙河、新窑等小城镇错位发展，着力打造具有区域特色的小城镇升级版，城镇化率达42.05%。郎岱、岩脚、木岗、牂牁、新窑、落别分别获“国家卫生乡镇”、“全省文明乡镇”称号。坚持建机制强管理，美丽乡村生态宜居。采取下放、授权、委托、服务前移等方式，完善城乡基础设施建管养体制机制，农村基础设施管养法治化、精细化、便民化水平进一步提升。以农村生活垃圾治理、村庄绿化提升、传统村落保护等为重点，投资11.1亿元，实施11个乡镇人居环境改造。围绕“户分类、村收集、镇转运、区处理”目标，建成压缩式垃圾转运站18座，配套垃圾收集箱805个，城乡垃圾收运处理系统逐步完善。落别乡牛角村被评为“全国文明村”，岩脚镇金星村、新窑镇联合村、梭戛乡高兴村、月亮河乡补雨村被评为“全省文明村”。

【生态文明建设】 2017年，六枝特区获“国家卫生县城”、“中国绿色生态模范县”、“中国生态魅力城市”、“创新中国·绿色发展优秀城市”称号。强化“源头严控”，构建县乡村三级“河长”体系，六枝57条河流实现“河长制”全覆盖。建成木岗、龙河、郎岱、岩脚污水处理厂和梭戛乡高兴村、落别乡水塘寨等生活污水处理系统，完成旧院水库保护区和13个乡镇千人以上集中式饮用水水源地保护区划分。建成关寨镇白岩冲、郎岱镇赖水井等11个千人以上集中式饮用水水源地环保设施。医疗废物处置中心投入运行，有效解决医疗垃圾隐患。安装加油站油气回收装置17个。淘汰“黄标车”229辆。退耕还林15.22万亩，石漠化治理2.7万亩，森林面积达146.5万亩，森林覆盖率达54.5%。强化“过程严管”。加强水污染防治，城镇集中式饮用水源、千人以上集中式饮用水水源地水质达标率100%。地表水龙场国控断面达到II类水质标准，六枝河易黑断面、滴水潭断面等5个省控断面达到III类水质标准，城镇污水处理率达86.34%。强化大气污染防治，企业环保设施运行率达95%以上，固体废物综合利用率达86.78%，城区环境空气质量优良率96.7%，达到二级标准。开展生态乡村创建工作，申报2017年度省级生态示范乡镇2个，省级生态示范村6个。强化“恶果严惩”。开展环保执法“风暴”行动，建立完善环境污染责任追究体系，实行领导干部自然资源资产离任审计制度，严肃查处“未批先建”等环评违法行为，实现区域、流域及重点产业发展规划环评全覆盖。项目环评审批按时办结率100%，新建、改扩建项目环保设施“三同时”执行率100%。

【深化改革】 坚持创新发展机制，积极优化营商环境。审批制度改革深入推进。进一步简政放权，推动行政审批制度改革向纵深发展，共清理实施行政许可事项200项、取消15项、承接下放11项、纳入内部管理2项、转变为其他管理方式6项。农村承包土地的经营权抵押贷款累计1.56亿元，在全省9个试点县中排名第二。强化集体林业综合改革，推进“森林资源分类经营、改革采伐限额制度、创新森林管护机制”改革，不断增强生态林业、民生林业内生动力。城管执法体制改革稳步推进。按照大数据大城管“统一规划、依规建设、按需联网、整合资源、规范运用、分级保障、安全可控”的要求，不断推进数字化城市管理建设，理顺城市管理执法体制，提高城市管理和公共服务水平。完成县乡环卫职能职责移交工作。金融体制改革有序推进。创建省级金融精准扶贫示范县，结合“三变”改革，建立“2+N+4”创建体系，共推出30个金融扶贫融资产品和服务方式，打造8个有特色、有成效的典型金融扶贫案例。加快农村信用合作联社改革进程，

2017年9月29日，六枝特区政府常务副区长杨刚（前排右二）在信合联社调研

（六枝特区政府办供稿）

推进农村商业银行筹建工作。成立六枝第一家本土法人股份制商业银行——六枝富民村镇银行。教育卫生改革创新推进。成立学前教育集团，以省级示范性幼儿园（特区实验幼儿园）为集团总园，辐射带动公办幼儿园及普惠性民办幼儿园发展，学前教育水平全面提升。启动实施“医共体”工作，形成基层首诊、双向转诊、急慢分治、上下联动的分级诊疗模式，县域内就诊率达90%以上，得到省市充分肯定并在全省推广。社会事务改革全面推进。完善户籍管理制度，推进农村人口市民化，新增城镇人口5025人。推进六枝工矿集团职工家属区“三供一业”分离移交工作。加强社会治理，加快推进社区网格化管理，通过政府购买服务，激发社会组织活力。

（李玉梅）

◎ 政府办公室

【概况】 2017年，特区政府办公室紧紧围绕全区工作大局，认真贯彻落实特区党委、政府决策部署，始终秉承“高、精、准、细、严、实”的工作要求，始终坚持“高效、务实、廉洁”的工作作风，以高度的责任感、精细化的服务、高效率的工作，圆满完成既定目标任务，办公室干部队伍建设、效能建设、作风建设明显加强。

【机构设置】 特区政府办公室内设9个机构：秘书股、文书股、综合股、政工股、信息股、计财股、行政股、建议提案办理股、效能室。行政编制35名（含特区政府领导8名、法制办7名）。定领导职数：主任1名（兼任应急办主任）、副主任6名；纪检组组长1名（副科级，由特区纪委统一管理）；法制办主任1名（正科级）、副主任1名（副科级）、行政复议委员会办公室专职副主任1名（副科级）、法律顾问室专职副主任1名（由特区法制办副主任兼任）；国教办主任1名（正科级）、副主任1名（副科级）；应急办副主任1名（副科级）；人防办主任1名（正科级）、副主任1名（副科级）；外事侨务办主任1名（正科级）、副主任1名（副科级）；正副股长（主任）9名。工勤人员编制16名。

【思想建设】 一是加强干部职工思想教育。制定《六枝特区人民政府办公室推进“两学一做”学习教育常态化制度化实施方案》，以中心组学习、民主生活会、干部职工集中学习等为主要抓手，开展经常性的交心谈心活动。2017年，组织集中学习18次，办公室干部职工集中学习28次，办公室干部职工集中培训5次。二是加强干部队伍建设。加大干部学习培训力度，选送10余人赴浙江大学、厦门大学、湖南大学、上海交通大学培训，抽派3人到省政府办公厅、市政府办公室及市委组织部跟班学习。加强作风建设，大力弘扬马上就办、严谨细致、精益求精的工作作风，树立良好的时间观念和细节意识，对各项工作任务第一时间落实，雷厉风行、立说立行，细心细致对待会议活动中的每一个流程、接待工作的每一个环节、文件文稿中的每个字眼，不断强化办文、办会、办事的精品意识，努力追求“零差错”、“零失误”。加强队伍建设，制定出台《办公室跟班人员管理制度》，做到培养锻炼干部与提拔使用干部并重，采取提拔任用、外派挂职、跟班学习等形式，不断拓宽干部培养通道，建立科学合理的“进出”机制，不断激发干部队伍活力。

2017年7月1日，政府办“七一”党建活动

（六枝特区政府办供稿）

【党风廉政】 一是强化“两个责任”落实。办公室主要领导积极履行党风廉政建设“第一责任人”职责，办公室班子成员认真履行“一岗双责”职责，认真抓好日常纪律监督和检查，开展干部职工廉政谈心谈话活动，层层签订《党风廉政建设责任书》。2017年，开展集中及个别约谈11次，对苗头性问题进行预防提醒约谈。二是严格执行党规党纪。组织办公室干部职工认真学习《中国共产党廉洁自律

准则》、《中国共产党纪律处分条例》、《中国共产党问责条例》、《中国共产党党内监督条例》等党纪党规，督促党员干部增强纪律和规矩意识，严守各项纪律规定，持续抓好中央八项规定精神及省委、市委、特区党委“十项规定”的贯彻执行，强化领导带头，树立标杆、以上率下，不折不扣推动落实。三是加强反腐倡廉教育。充分利用爱国主义教育基地、廉政教育基地，加强干部职工理想信念教育；综合运用警示教育、党规党纪教育等形式，筑牢拒腐防变的思想防线，不断提高党员干部的廉洁自律意识。实行节假日自律提醒制度。春节、“五一”劳动节、国庆、中秋前，对全体干部职工提出自律方面的针对性要求，未出现收受有关单位和个人现金、有价证券等情况。同时，严格管好配偶子女和自己身边的工作人员，杜绝任何违法违纪的行为发生。

【办文办会】 紧紧围绕政府的中心工作，紧跟领导思路，坚持把抓好智力服务、当好参谋助手作为首要任务，全面提高以文辅政水平。一是着力提升办文办会质量。2017 年，共拟写请示、报告、会议纪要、通知、函等各类公文 1291 件。承办区长办公会议 13 次，拟写会议纪要 13 件；承办政府常务会议 13 次，拟写会议纪要 13 件；承办各类专题会议 59 次，拟写专题会议纪要 59 件。成立写作专班，完成政府工作报告、廉政工作会议、经济工作会议、政府全会等大型会议及其他会议讲话稿的拟写工作。二是大兴调查研究之风。组织综合调研和专题调研活动 20 余次，编辑发布《六枝政务信息》7 期，共收集整理政府门户网站信息 2100 余条，编辑上报市政府办公室《政务信息》25 期，其中《六枝特区探索“医共体”办医模式》被市政府办公室采用并获市长李刚签批。共编辑上报省政府办公厅政务信息 20 余条，其中：《六枝特区“三链合一”平稳推进安全生产工作》被省政府办公厅采用、《六枝特区校园安全情况》被省政府办公厅推荐到国务院办公厅。三是着力提高综合协调能力。围绕易扶搬迁、道路交通等重大项目，积极协助特区政府领导及时解决项目建设中存在的问题和困难，有力地推进项目实施。围绕项目落地、项目建设提供优质服务，属办公室承办的涉及项目建设的文件，做到快速及时办理；需办公室协调处理的事项，不分节假日、休息日，即报即办、特事特办，努力营造良好的服务环境。充分发挥办公室枢纽作用，利用全省 2017 年第一次项目观摩会、全省医共体建设现场观摩会、全市第四届旅游文化产业发展大会等大型活动在六枝特区召开契机，主动搞好协调服务，将办公室全体人员充实到项目推进、后勤接待、会务服务及交通保障等各个方面，确保各项会议顺序进行。

【督查督办】 一是抓好各项工作督查督办。紧紧抓住特区政府重要会议决定、重点工作以及各个时期的中心工作开展督查，重点督查上级批示件和特区政府交办件的办理，重点项目、重大会议的贯彻，政策文件的执行等方面的情况，确保各项工作取得实效。认真贯彻《特区人民政府重大决策部署跟踪督查暂行办法》，采取电话催办、分项督查和集中督查等方式，进行经常性的跟踪督办，逐项逐件抓落实，提高政府公信力和执行力。2017 年，开展督查督办 60 余次，行文全区通报 10 期，下发《督办通知书》23 份。二是抓好建议提案办理的督查督办。围绕人大代表、政协委员及广大人民群众反映强烈的问题，准确快捷地搞好建议提案办理工作。采取电话催办和下发《督办通知》相结合的方式及时了解各承办单位的办理情况，并对一些重点建议提案进行专题督查，以确保建议提案的办理工作真正取得实效，提高代表和委员的满意率。创新开展人大代表建议和政协提案办理工作“回头看”活动，对人大代表建议、政协委员提案跟踪督查，2017 年，特区政府承办的代表建议共 122 件办复率

2017 年 10 月 24 日，特区政府办公室开展“三送三促”送法律知识下乡宣传活动

（六枝特区政府办供稿）

达100%，代表、委员满意率达100%。对领导同志批示件、“人民网省委书记、省长留言板”涉及六枝的网民留言和“人民网市长留言板”的网民留言全部按时办结回复。

【后勤保障】 严格执行中央八项规定、省委及市委十项规定以及各项规章制度，用制度管人、管物、管事，切实加强办公室的内部协作和管理，全面提高办公室服务的质量和办事效率。一是加强财务管理，严肃财经纪律，严格执行政府采购和国有资产的管理使用，做到开源节流，物尽其用。加强财务票据审核，严把审核关口，有效杜绝违规报账现象的发生。二是加强公务用车使用和管理，大力推进公务用车制度改革工作，严格按照有关规定保留公务车辆，对取消的公务用车一律封存停驶，严禁公车私用。购买公务车辆严格执行审批程序，未经批准严禁购买公务车辆。三是深入开展安全文明小区和“无毒”社区创建工作，加强门卫值班，机关安全保卫工作得到保障。深入推进“四创”工作，不断提升环境卫生及文明行为。强化老干部服务工作，春节等重要节假日期间，组织看望慰问老干部，做好思想沟通和交流。

【脱贫攻坚】 一是强化责任落实。按照特区党委、政府工作部署，该办干部职工包保153户建档立卡贫困户，涉及新窑镇新河村、鸭塘村、上营盘村、联合村，择优选派2名科级干部分别挂帮新窑镇播雨村、马路村，并由1名班子成员驻党建联系点播雨村开展轮战工作，帮扶责任人每月入户走访两次以上。二是强化精准帮扶。制定详细帮扶发展计划，制定帮扶措施30余条。组织干部职工扎实开展“万名干部下基层活动”，完成走访表153份。督促帮扶责任人反复精准建档立卡贫困户基础信息，纠错贫困户信息55条。大力协调发展各项扶贫产业，积极帮助部分贫困户协调解决公益性岗位，拓宽贫困户致富增收渠道。2017年，投入0.7万元资金用于帮助贫困户发展养殖产业，为贫困户购买生猪8头。三是强化政策宣传。建立办公室脱贫攻坚工作微信群，传达上级安排部署，普及脱贫攻坚新政策、新理念。2017年，累计发放《脱贫攻坚精准扶贫宣传日历》、《贵州省脱贫攻坚政策汇编》200份，上墙爱心联系卡153张。

（王玉蓉）

◎民　政

【概况】 六枝民政局在职领导6人，职工56人，其中行政14人（工勤2人）事业48人，（工勤5人）。内设：办公室、优抚安置股、救灾股、基层政权与社区建设股、社会福利与慈善事业促进股、社会事务股、六枝特区老龄工作委员会办公室、六枝特区救助管理站、六枝特区社会救助局、民间组织管理股。

【城乡低保】 一是城乡低保提标。制定出台低保提标工作方案。明确2017年全区农村低保标准统一提高到3612元/年，城市低保标准统一提高到600元/月，城乡低保标准涨幅分别为10%和15%，从2017年1月起执行。逐级开展业务培训。按规定开展年度核查。严格按照“三环节、十步骤”的程序和动态管理、应保尽保、应退则退的原则，完成城乡低保提标核查工作。提标核查工作完成后，全区共有城市低保对象2934户4511人，较2016年12月减少1480户2947人，月发低保金189.38万元；共有农村低保对象17041户29958人，较2016年12月减少8117户15333人，月发放低保金681.47万元。进一步加强农村低保与扶贫开发两项制度的有效衔接。二是建立健全救助申请家庭经济状况核对机制。逐步建立完善跨部门、多层次、信息共享的社会救助申请家庭经济状况核对机制，确保准确、高效、公正认定低保等社会救助对象。三是加强督促指导，基本实现动态管理下的“应保尽保”、“应退则退”、“按标施保”。四是低保资金的筹集与管理。将城乡低保所需配套资金足额纳入本级财政预算，按要求配套其他各项救助资金。2017年特区财政预算安排各项社会救助资金共2417.64万元（其中城乡低保资金1804万元）。严格执行救助资金专户管理、专款专用。进一步规范资金拨付渠道。六枝特区社会救助资金全部实现社会化发放，确保资金安全、高效、规范运行。五是全面运用低保管理信息系统。全面应用低保信息系统，及时更新完善低保数据，提高数据信息质量，基本实现与民政财务统计台账及有关部门信息共享。

【季节性缺粮食救助工作】 2017年度投入季节性粮食救助资金86.60万元，采购发放救助粮33.70万斤，累计救助季节性缺粮对象3328户5266人。

【医疗救助工作】 根据《六盘水市医疗救助实施办法》、《六枝特区医疗救助实施办法》，结合《六枝特区提高农村贫困人口医疗救助保障水平促进精准扶贫试点工作方案》、《六枝特区提高农村贫困人口医疗救助保障水平促进精准扶贫试点工作实施细则》，按要求投入医疗救助资金，2017年特区财政配套医疗救助资金20万元，有效保障医疗救助资金需求。提高广大人民群众医疗保障水平，最大限度减轻其医药费用负担，将医疗救助与基本病种医疗保险、大病保险相衔接。全面开展重特大疾病医疗救助工作及医疗救助费用“一站式”即时结算，不断完善医疗救助“一站式”即时结算电子管理系统，2017年，共救助9962人，拨付医疗救助资金580.38万元。

【特困供养工作】 一是敬老院建设。2017年，计划对新窑镇敬老院进行改造提升，关寨镇敬老院进行设施添置。市、县两级配套资金已全部拨付到以上两个乡镇，相关工作已基本完成。二是敬老院管理。敬老院现有床位880张，投入使用704张，床位利用率达80%。现有特困供养人员974人，集中供养681人，集中供养率达70%。落实农村养老服务机构管理人员编制，原18所农村敬老院（养老服务中心）共核定事业编制45名，已招考到位36人。完成所有敬老院法人登记工作，现有农村敬老院15所，全部完成事业单位法人登记工作，

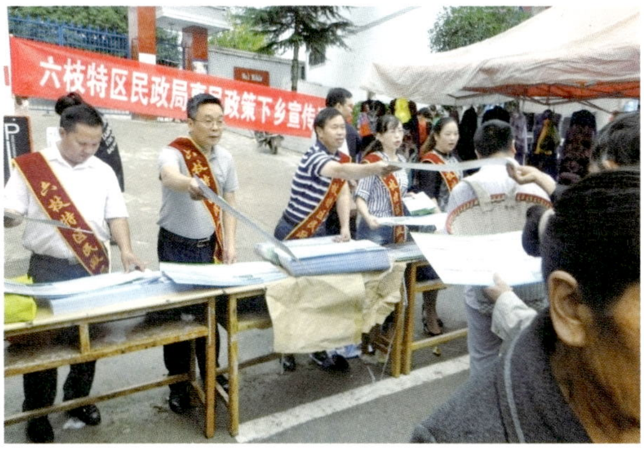

2017年6月28日，特区民政局到大用镇开展惠民政策下乡宣传活动 （六枝特区民政局供稿）

登记率100%。落实敬老院管理服务人员，现有敬老院管理人员92人（社会事务办兼职管理人员34人，敬老院编制管理人员36人，临聘人员22人），管理人员与集中供养人员比例达1 ： 10。按要求落实供养人员管理经费，确保农村敬老院正常运转。三是逐步提高供养水平。加大特困供养资金的投入，扎实做好特困供养工作，逐年提高供养水平，2017年，特区财政按集中供养4800元/人·年，分散供养2244元/人·年的标准落实特困供养金，1—6月发放五保供养金199.99万元。上半年，综合供养对象享受的农村低保金、供养金等，集中供养综合供养水平为12206元/人·年，分散供养为6990元/人·年。2017年7月起，将特困人员从低保对象中剥离出来，单独发放生活费和照料护理费，不再享受低保待遇。2017年，特困供养人员基本生活费按900元/人·月标准发放。全护理照料护理费按1570元/人·月标准发放，半护理照料护理费按785元/人·月标准发放，全自理的集中供养人员照料护理费按314元/人·月标准发放。2017年，共有特困人员935户974人，7—12月共发放救助供养资金662.67万元。

【20世纪60年代精减退职老职工定期定量救济】 认真对照相关政策，按每人每月不低于200元的标准，落实好60年代精简退职老职工生活费发放工作，按月及时发放补助资金。六枝特区现有60年代精减退职老职工58人，2017年1—12月，共发放资金14.7万元。

【临时救助和“救急难”工作】 根据《六盘水市临时救助制度实施办法》明确的救助范围、救助标准、救助程序、救助方式及资金筹集等，特区财政按要求投入临时救助资金20万元。按照救急救难的原则，采取分级审批和后置审批的方式进一步加大救助力度。截至12月，共救助4435人，发放临时救助资金645.69万元。全面落实《六枝特区“救急难”工作方案》，紧紧围绕急难对象发现机制、认定机制、快速响应机制、社会力量参与机制和监督检查机制等方面的建设，建立由政府牵头、民政部门统筹协调、各相关部门参加的个案会商机制，明确部门职责、社会救助的条件和程序、工作措施等，对单个救助管理部门难以解决的急难问题，以及靠落实现有救助政策难以解决，需发动社会力量

参与救助的急难问题，及时组织开展会商，研究实施综合救助措施。全面开展急难救助工作，有效防止冲击社会道德底线和心理底线的悲剧性事件发生，2017年12月，共救助急难救助对象13人，发放救助资金21万元。

【灾害救助和政策性农房保险工作】 2017年，19个乡镇先后遭受风雹、洪涝等灾害侵袭，不同程度受灾，全区受灾人口76363人次，紧急转移安置548人，农作物受灾面积2417.9公顷，成灾面积725.37公顷，绝收面积115公顷；倒塌房屋1间，严重损坏房屋46间，一般损坏房屋931间；因灾造成直接经济损失4243.35万元。灾情发生后，全区各级各部门高度重视，形成“上下齐心、部门联动、社会参与”的救灾工作机制，切实保障灾民基本生活。2017年，共投入救助资金1120余万元，采购60吨大米、2000件棉衣、2000床棉被、100顶帐篷用于受灾困难群众基本生活救助，下拨956.2万元自然灾害生活补助资金到各乡镇安排发放，共救助约44970人。深入实施政策性农房灾害保险，投入省级统保补助资金49万元、市县统保补助资金49.2万元，支持全区11.7万户农户参保，通过加大宣传力度，促进3680户群众自愿增保，增保金额5.69万元。截至2017年12月，保险公司已查勘定损因灾受损农房759户，共赔付资金39.95万元，切实提高受灾农户抵御自然灾害风险能力。

【基层政权和社区建设】 一是完成六枝特区第十届村（居）民委员会换届选举工作。在该次换届选举中，登记选民396392人，选民参选数为328414人，参选率为82.85%，成功选举村（居）委会成员1062名（其中：主任238名、副主任及委员824名）。二是加强城乡社区建设。下发《六枝特区加快推进农村社区建设工作试点方案》，细化推进全区农村社区建设工作任务、实施步骤及工作要求，充分整合各部门社区建设资源，发动社会力量，形成农村社区建设整体工作合力，切实推动农村社区建设。下拨城乡社区建设以奖代补资金61万元，用于支持9个深度贫困村及部分城乡社区的社区建设工作。三是扎实做好区划地名工作。全面完成六枝特区第二次全国地名普查并将成果资料报省厅迎接省级验收和国家抽查，

2017年11月9日，六枝特区民政局带动群众开展卫生保洁活动 （六枝特区民政局供稿）

对全区旅发大会观摩线路的地名标牌进行更换，按照年度平安边界创建工作要求开展排查并妥善处置边界纠纷隐患，对8条总计297.012km边界线进行一次全面“体检”，就排查出的问题及时妥善处理，确保边界地区和谐稳定。

【“双拥”工作】 2017年共发放义务兵家属优待金395人，资金180.45万元。按时足额发放各类定期抚恤补助，2017年共发放重点优抚对象定期抚恤补助2036.7万元。全面落实优抚对象医疗保障政策，按照每人每年300元的标准发放重点优抚对象医疗门诊补助2129人，资金63.87万元；全额为重点优抚对象代缴参合金1999人，资金23.988万元；解决优抚对象住院二次医疗救助527人次，资金41.21万元。安置退役士兵就业5人，发放待安置期间生活补助经费1.92万元，全面完成安置任务。2017年接收退役士兵161人，发放自主就业金156人，发放金额161万元；完成退役士兵职业技能培训74人。坚持走访慰问部队及重点优抚对象，慰问3家驻境部队，发放慰问金18万元；慰问重点优抚对象6267人次，资金125.52万元。

【社会福利、民生民政服务工作】 加大社会组织培育扶持力度。六枝现有社会团体组织44家，民办非企业35家，2017年新成立社会团体3家、民办非企业5家。落实培养发展农村专业经济协会政策措施，培育农村专业经济协会14家，社会组织在“促培育”、“促发展”、“促和谐”、“促孵化”方面取得了明显成效，活动范围拓展到体育、艺术和动物保护等方面，类型更加丰富。认真实施《婚姻登记条例》，着力提高依法登记水平。社会事

务工作有序开展，婚姻登记合格率均达到100%，2017年共办理结婚登记6863对，离婚登记794对，办理国内收养登记2件。开展流浪乞讨人员救助。2017年，通过加大部门联动、强化街面巡查等措施，救助各类流浪乞讨人员共计540人，其中未成年人29人，对流浪精神智力障碍人员进行在院治疗共计33人。

【养老事业工作】 围绕大健康养老基地打造战略，推进养老服务体系建设。利用独特的气候资源优势，探索开展“医养结合”、“农旅养结合”、“候鸟式”等养老模式。六枝现有收养性养老机构23个，养老床位达3025张，每千名老人拥有床位30张。在建养老项目有廻龙溪老年养护楼、俊康医养养护楼、福寿泉颐养中心、宜枝老年养护楼、螃蟹峡老年养护楼，总投资逾4亿元，建设床位3800余张。推进日间照料和社区养老，建成新型日间照料中心2所，并规划申报日间照料中心10个。落实老年人优惠政策，按时审核发放80周岁（含）以上高龄津贴107.9万元。春节期间开展各类老年人慰问，支出慰问金24.04万元，重阳老年节慰问百岁老人21人支出6300元。2017年办理老年人优待证4000余本。利用十九大、重阳节等重要时间节点，开展内容丰富的老年文体娱乐活动。完成2017年度农村幸福院建设任务，争取省级资金18万元建成农村幸福院4所；争取市级资金68万元，为19个农村幸福院进行改扩建和设施设备添置。

【殡葬改革工作】 贯彻落实“节约土地、保护环境、移风易俗、减轻群众负担”的殡葬改革工作宗旨，2017年共火化遗体1013具，火化率以34%居全市前列，实现集中安葬296例，节地生态安葬率为29.2%，中心城区集中治丧率100%，取缔非法碑石加工制作点13处，劝止违规治丧41起，乱埋乱葬现象得到有效遏制，城市文明形象大幅提升，殡仪服务单位服务意识和水平进一步提高。指导梭戛乡付家大坡、牂牁镇九层山、牂牁镇营盘山公益性公墓投入建设。实施惠民殡葬救助385例，减免基本丧葬费用59.08万元。

（田　瑞）

◎ 人力资源和社会保障

【概况】 2017年度，六枝特区人力资源和社会保障局在六枝特区委、区政府的正确领导和市人社局的有力指导下，立足服务全市经济发展，坚持以“服务民生、服务发展、服务基层”为主题，突出抓好创业就业、社会保障、人才发展、劳动关系等重点工作，牢固树立人才是第一资源、社会和谐稳定是基础的思想，不断开拓创新，进一步改进工作作风和工作方法，劳动就业、社会保障、人事人才工作取得新的突破，为维护社会稳定、优化发展环境、建设和谐六枝做出积极贡献。

【机构设置】 六枝特区人力资源和社会保障局是主管全区人事工作、推行人事制度改革及劳动和社会保障行政事务的特区人民政府的职能部门。内设办公室、公务员综合管理股、事业单位人事管理股（六枝特区军队转业干部安置工作小组办公室）、专业技术人员管理股、工资福利股、劳动保障监察股、调解仲裁股、社会保险股、资金基金监督股9个股室。核定行政编制18名。定领导职数：局长1名、副局长3名、正副股长（主任）9名，工勤人员编制3名。下辖正科级事业单位：六枝特区社会保险事业局，副科级事业单位：六枝特区就业局、六枝特区劳动人事争议仲裁院、六枝特区劳动监察大队，股级事业单位：六枝特区人事档案室、农民工综合服务中心。

2018年3月1日，2017年六枝特区“脱贫攻坚”专场招聘会（六枝特区人力资源和社会保障局供稿）

【就业创业工作】 城镇新增就业。完成21308人，完成任务数20800人的102.44%，其中，失业人员再就业1072人，完成目标任务1050人的102.10%；解决就业困难人员实现就业851人，完成任务数840人的101.31%，促进大学生就业773人，完成任务数700人的110.43%，促进大学生创业90人，完成任务数90人的100%。引导返乡农民工创业就业12028人；引导留守儿童困境儿童家庭劳动力返乡创业就业1758人。农业富余劳动力转移就业。农村劳动力转移就业完成22975人，完成任务数21970人的104.57%，转移方向主要为浙江、江苏、上海、福建、广东、重庆、贵阳和省内部分县市及省外其他地区。城镇登记失业率。城镇登记失业率为季度数，第四季度城镇登记失业人员3897人，城镇从业人员111266人，城镇登记失业率为3.38%，有效控制在任务数4.2%以内。职业技能培训。开展职业技能培训16112人，完成任务数16000人的100.7%，其中创业培训2502人；农村劳动培训3702人，完成任务数3700人的100.05%。小额担保贷款。发放937户8779.1万元，拉动社会资金投入约15377.1万元，带动城镇新增就业21308人就业；其中微型企业57户547.6万元。创业就业各项扶持。2017年贫困户创业担保贷款42户，提供贷款420万元，拉动630万元社会资本投入，带动50余人；五项扶持发放14万余元，涉及人数23人。2017年共建设六枝特区创业孵化基地及创业品牌基地创业实体7个，创业者人数34人，带动就业人数368人。2017年度精心组织两场大型招聘会，“六枝特区2017年‘脱贫攻坚’专场招聘会”招聘500余人，“招才引智千人就业创业大会”招聘600余人。

【社会保障工作】 2017年度六枝特区城乡居民养老保险参保194899人，城镇职工养老保险及机关事业养老保险参保37226人，失业保险参保16561人，城镇职工医疗保险参保26145人，城镇居民医疗保险参保78215人，工伤保险参保20618人，生育保险参保20533人，均超额完成目标任务数。收缴城乡居民养老保险基金1877万元、城镇职工养老保险基金和机关事业养老保险基金31163万元、失业保险基金959万元、城镇职工医疗保险基金9724万元、城镇居民医疗保险基金253万元、工伤保险基金916万元、生育保险基金520万元，均超额完成目标任务数。

2017年6月17日，六枝特区全民参保登记工作启动　（六枝特区人力资源和社会保障局供稿）

【人事人才工作】 按照干部管理权限，做好干部的任免、调配、处理（处分）、公务员职务职级审批等工作。2017年度，六枝人社局认真贯彻执行《中华人民共和国公务员法》，做好公务员及参照公务员法管理事业单位工作人员日常管理工作。完成公务员（参公）登记123人，完成一般干部调动1057人，事业工勤调动92人，行政工勤调动11人，调往外县（区）人员101人。完成新录（聘）用公务员及事业单位工作人员试用期满考核388人，任（聘）职331人，双推股级干部72人，解除聘用合同56人，取消聘用资格14人，上报特区政府请示开除8人，划转人员39人。完成六枝特区2017年公务员（参公人员）年度统计工作，2017年，政府系统共有公务员1252人，参公事业单位工作人员204人。全面推行招录（聘）用人员新机制。按照“公开、平等、竞争、择优”的原则，严格招聘程序，组织完成六枝特区2017年公务员招录工作，招录公务员（参公人员）共29人。完成2017年六枝特区广播电视台面向社会公开招聘事业单位工作人员相关工作，共聘用5人进入广播电视台工作。完成2017年第二季度面向社会公开招聘事业单位工作人员工作，共聘用231人。完成2016年12月赴高校引进学校紧缺急需专业技术人才、2017年3月赴高校引进医疗卫生系统紧缺急需专业技术人才工作，共引进人才85人。组织参加中国贵州第五届人才博览会为六枝特区引进高层次和急需紧缺人才18人。组织开展2017年公开引进急需紧缺人才工作，拟引进岗位97个，已完成人才评审、体检、政审工作，下文聘用48人。

【工资福利保障工作】 一是完成六枝特区2016年度79家机关（参公）单位年终一次性奖金审批工作，2282人享受2016年年终一次性奖金。二是为符合条件的150人正常晋升级别工资，253人两年考核合格晋升级别工资档次，9087人考核合格正常晋升薪级工资。三是办理机关及参公单位岗位变动、职务调整人员的工资变动318人。办理事业单位岗位变动，职务调整人员的工资变动1894人。办理警衔津审批88人，办理教护津贴596人。四是办理干部退休102名，工人退休20名。

【职称评审及聘后管理工作】 据省、市关于职称工作相关文件精神，六枝特区在2016年推荐评审的专业技术人员中，共计73人获得相应专业技术职务任职资格，其中正高级2人、副高级40人、中级29人、初级2人。2017年初按程序向市局审核上报了28人申报专业技术五、六级岗位资料，有25人通过市一级审核，并具备相应专业技术五、六级岗位任职资格，通过率为89%。2017年度，完成1152余名专业技术人员“资格证书”年审，办理并发放初聘专业技术职务任职资格证书659个，中、高级资格证88个。对事业单位岗位设置进行审核，并核准岗位聘用情况，审查各类聘用人员任职资格及条件。完成25家事业单位岗位设置资料的审核备案。因职务职级变动及到期续聘办理事业单位人员聘用备案手续1570人次。

【干部人事档案管理】 按照“六防”、“六改”内容加强对六枝特区股级以下（含股级）干部人事档案的规范管理，2017年，人资社保局共管理有股级以下（含股级）干部人事档案6248卷，全年共接待查阅干部档案700余人次，收进干部人事档案797卷，转出干部人事档案369卷，收进干部人事档案零散材料11500余份。按照要求积极启动事业单位人员干部人事档案专项审核拓展工作，现已整理、分类装订完近三年收集的散材料，完成13家单位551份《干部任免审批表》的认定工作，形成出生时间认定材料183份，参加工作时间认定材料128份。

【劳动维权工作】 抓好劳动仲裁的裁决与调解。收到仲裁案件申请160件，按规定立案受理135件，不予受理25件，2017年已结案136件（含上期末结案件3件），其中调解87件，按期结案率为100%，调解率为64%。依法开展劳动监察执法，保障劳动者权益。一是受理投诉欠薪案件44件，结案44件，清欠民工工资612.13万元，涉及民工599人。二是受理工伤认定案件123件，认定93件，不予受理1件，不予认定2件。三是用工备案306户，涉及工人4816人。四是工资保障金收取13户，涉及金额488.576万元。五是开展用人单位遵守劳动用工和社会保险法律法规专项检查224户，涉及劳动者912人，规范6家单位用工制度。

（黄华兰　邹桂宏）

◎ 发展和改革

【概况】 2017年，在区委、区政府的坚强领导下，在区人大、政协的有力监督下，特区发展和改革局认真贯彻落实中共十八大、十九大及省、市、特区相关会议及文件精神，牢牢守住生态和安全两条底线，全力实施三大战略，以提高经济发展质量和效益为中心，深化改革，抓项目，扩投资，调结构，促增长。高质高效完成区委、区政府交办的各项工作目标任务，并已取得一定成效。

【机构设置】 六枝特区发改局现有职工39人，其中事业编制20人，行政编制19人，领导班子设一正三副和专职纪检员。特区发展改革局行政编制18名（含特区铁路建设办公室2名）。定领导职数：局长1名、副局长3名；特区铁路建设办公室主任1名（正科级，由特区发展改革局局长兼任）、专职副主任1名（副科级）；正副股长（主任）11名。内设12个机构：办公室、规划改革和国民经济综合股（特区国防动员委员会国民经济动员办公室）、固定资产投资和项目股（政务服务股）、地区经济和农村经济发展股（以工代赈办公室）、社会产业就业和服务发展股（财政金融与利用外资股）、资源节约与环境保护股、项目稽查股（政策法规股）、工业建设和交通运输股、价格与收费管理股、价格监督检查股、价格监测调控股（基金管理股）及特区铁路建设办公室。

【学习教育】　一是建立学习机制，强化政治理论知识学习。建立由党组书记负总责，局办公室及支部具体抓的学习教育常态化机制。二是强化学习成果，科学运用理论指导工作实践。定期组织全局开展理论知识学习，促进干部职工政治意识升华。三是深入贯彻落实中共十九大精神及习近平总书记在参加贵州省代表团讨论时重要讲话精神。四是加强政治纪律教育，强化作风建设。出台《特区发展和改革局工作规章制度》等，集中学习《党政机关厉行节约反对浪费条例》、《党政机关国内公务接待管理规定》、《贵州省公务活动全面禁酒的规定》等一系列文件精神。

【脱贫攻坚】　一是强化要素保障。领导高度重视，成立由局党组书记、局长为组长的工作领导小组，领导小组下设办公室于农经股，负责统筹协调开展脱贫攻坚工作。科学制定帮扶措施。积极争取各方资金支持脱贫攻坚工作。配齐配足驻村工作人员的办公设备及经费。筹措关爱资金购买书包、文具、书等物品发放到帮扶点的留守儿童，为留守儿童献爱心。二是强化项目实施促进产业发展。安排到贫困村以工代赈项目6个，总投资352万元。涉及公路、小型农田水利等基础设施建设，为当地农户增产增收奠定坚实基础。采取多种形式，要求项目业主协调建档立卡贫困农户参与项目建设，及时足额发放劳务报酬，解决贫困农户就业难、增收难问题。全面推进“组组通”公路建设。为打赢脱贫攻坚、全面同步小康奠定坚实基础。

【500万元以上固定资产投资情况】　2017年，1—11月，六枝500万元以上固定资产投资累计上报228.9亿元，预计全年500万元以上固定资产投资经评估可完成237.8亿元，同比增长21%。1—11月，六枝产业投资占固定资产投资比重达36.8%，位居全市第一。

【项目入库工作】　2017年，六枝特区在库500万元以上项目172个，总投资504.95亿元。其中，1—11月新增5000万元以上项目102个（含退库3个项目），实际新增99个，总投资239亿元；流转项目27个。

【服务业企业入库工作】　2017年，六枝特区在库其他服务业企业33户，其中其他服务业企业19户，其他营利性服务业企业14户。2017年新增入库8户，12月有3户正在办理入库；其他营利性服务业企业1-10月增速为43.18%，1—11月增速达51%。

【大健康医药产业统计监测工作】　六枝特区在2017年上半年大健康统计监测名录认定工作中综合上报411户名录信息，最终认定名录为210户，并通过省、市行业主管部门审核。2017年全年大健康统计监测工作于12月20日启动。

【重大项目及重点工程】　2017年六枝特区重大项目115个，总投资480.46亿元，年投资计划186.39亿元，其中：收尾项目1个，总投资0.92亿元，年度投资计划0.07亿元；续建项目39个，总投资265.6亿元，年度投资计划87.8亿元；新开工项目67个，总投资175.5亿元，年度投资计划86.4亿元；预备项目8个，总投资38.3亿元，年度投资计划12.1亿元。2017年，完成投资165.46亿元，占年度计划的89%。

2017年4月18日，省发改委重大项目督查
（六枝特区发改局供稿）

【“十件民生实事”项目】　2017年，六枝特区涉市“十件民生实事”项目24个，总投资35.37亿元，年计划投资13.21亿元，项目涵盖教育、卫生、就业、城市低保、农村危房改造、卫生远程、三变改革、交通、消防安全及全民健身路径工程等。已到位资金4.09亿元，累计完成投资10.23亿元，占年度投资计划的77%。

【集中新开工项目】　2017年，六枝特区共实施新开工项目196个，总投资355.11亿元（其中亿元项目74个，投资326.06亿元），2017年计划投资139.21亿元，2017年底累计完成投资122.56亿元，占年度投资计划的88.03%；累计开工项目196个，开工率100%；入库项目139个，占项目总个数的70.91%。

【国家专项建设基金项目】 六枝特区1—7批国家专项建设基金项目共获批30个，总投资116.43亿元，获得国家专项建设基金12.99亿元，已投放专项基金12.04亿元，已支付专项基金7.74亿元。30个项目已全部开工，累计完成投资41.78亿。

【中央预算内投资项目】 2017年，六枝特区获得中央预算内投资项目26个，总投资9.63亿元，获得中央预算内资金3.25亿元，已开工项目22个，累计完成投资2.79亿元，已支付中央资金0.96亿元。

【服务业引导资金项目】 2017年，六枝特区有2个项目获得2017年省级服务业发展引导资金，其中六枝特区云贵中蜂产业公共服务平台建设项目获得服务业引导资金120万元；六枝特区落别云上旅游平台建设项目获得服务业引导资金40万元。同时粮油仓储及专业市场建设项目获得2017年第二批中央预算内投资190万元，项目建设正在有序推进。

【石漠化综合治理工程】 完成石漠化治理面积15平方千米；完成小型水利水保工程机耕道6.5千米，占总工程量的56%，投资完成850万元，预计2018年元月中旬全部完工，种植项目2018年元月底全部完成。

石漠化综合治理 （六枝特区发改局供稿）

【安六城际铁路建设项目】 安六城际铁路已完成投资25.2亿元，占总投资的76%。其中，征地计价2531.38亩，6666万元，拆迁房屋计价89422.97平方米，房屋、坟墓及其他建筑共计1.96亿元。房屋拆迁448户，已收集资料448户，正在进一步规范各类档案管理。

【政府与社会资本合作（PPP）工作开展情况】 一是出台文件方面。先后制定出台《六枝特区有序推进政府和社会资本合作（PPP）项目工作实施方案》及《六枝特区推广政府和社会资本合作（PPP）三年行动计划（2017年—2019年）》。二是项目储备方面。2017年六枝特区进入市发改PPP项目库的项目共80个，估算总投资553.52亿元，拟引入社会资本403.85亿元；进入省级发改PPP项目库的项目共49个，总投资317.64亿元，拟引入社会资本257.39亿元。三是获得资金支持方面。2017年六枝特区共3个项目获得省级PPP项目前期费200万元，占全市的50%。

【物价工作】 一是开展价格监测及成本监审工作。积极开展农产品成本调查，已完成种植业（玉米、中籼稻）、生猪等农畜产品的成本调查工作。二是完成价格与收费管理工作。对市场价格进行规范化管理，包括制定中心城区天然气销售价格等一系列市场价格的制定或核定工作。清理规范六枝特区行政事业性收费和涉企收费项目。对民办教育机构进行收费备案工作。三是严格开展价格监督检查工作。2017年，共检查客运车辆50余辆，景区7个，旅游相关行业商户50余家，房地产企业6家、房地产中介3家，大型超市10家，医疗机构和药店80余家，对其中存在的乱收费、明码标价不规范现象的，予以限期清退、责令整改、处以罚款等行政处罚，有效促进全区市场价格的稳定。处理“12358”价格举报平台咨询件7件，投诉件9件，举报件2件。四、认真开展价格认证工作。2017年共接受人民法院、公安机关委托涉案物品价格鉴定累计182件，鉴证涉案物标的累计约561万元，为司法机关办理案件、解决经济纠纷提供有力保证。

（陈　颖）

◎ 投资促进

【概况】 2017年，完成招商引资新引进项目75个，为全年目标任务66个的113.64%，同比增长38.89%；合同投资总额221.89亿元，完成全年任务数218亿元的101.78%；到位资金212.21亿元，完成全年目标任务数204亿元的104.02%，同比增长11.81%；新引进项目开工率100%；年度投产项目67个，完成全年投产项目数67个的100%。

2017年6月2日，2017中国凉都·六盘水走进昆明夏季旅游文化系列活动

（六枝特区投资促进局供稿）

【机构设置】 六枝特区投资促进局于2011年12月成立，为全额拨款事业单位，根据《六枝特区机构编制委员会办公室关于增加六枝特区投资促进局事业编制等相关事宜的通知》编制数新增至20个，现实有人数为17人（其中：管理人员16名，工勤人员1名）。内设机构6个，即综合股、投资招商股、投资促进股、代办服务股、企业扶持股、宣传招商股（其中：代办服务股于2015年7月经编委办批准增设；企业扶持股、宣传招商股于2016年3月经编委办批准增设）。

【职责职能】 六枝特区扶持实体经济发展工作职责：在六枝特区促进实体经济发展领导小组的领导下，具体承担全区扶持实体经济综合协调组的日常工作；负责办公室日常工作的联络协调、调研决策服务工作；负责政策宣传工作；负责领导小组重要文件精神和会议决定事项、重点工作落实情况的督查工作；负责发展实体经济工作专项考核和相关评比工作；负责牵头组织相关部门将扶持政策兑现到位。

【项目储备】 一是以产业扶贫招商政策为导向，以有市场需求、有资源条件为标准，活用“三变”改革为目标精心编制储备项目121个，总投资203.6亿元。二是为提高六枝招商引资工作的针对性、成功率，杜绝区域内耗，聘请专业公司结合六枝特区产业情况、社会经济基础等制定产业发展规划，根据规划以及现有资源、精深包装项目15个，策划项目总投资43.8亿元。其中：旅游文化类7个，总投资13.44亿元；现代山地高效农业类3个，总投资5.367亿元；医药大健康产业类1个，总投资1.5亿元；循环高效型工业类3个，总投资22.45亿元；物流产业类1个，总投资1.08亿元。

【扶持实体经济工作】 2017年，六枝特区扶持实体经济新增企业1044家，（其中：新增企业891家，农民专业合作社153家），占全年目标任务数500户的208.8%。

【企业引进工作】 2017年，六枝特区新引进500强企业1家，即龙元建设集团股份有限公司（民营500强），在六枝特区投资建设六枝特区人民医院改扩建PPP项目；未引进新入黔500强企业。六枝特区正在对接洽谈500强企业有开元集团、康美药业股份有限公司、中国·三鼎控股集团有限公司、碧桂园、红星美凯龙、中国绿地博大绿泽集团有限公司、大润发购物广场有限公司等7家企业。

2017年2月23日，六枝特区与苏州协鑫新能源投资有限公司签订合作协议

（六枝特区投资促进局供稿）

【代办服务工作】 2017年，完成金指纹科技有限公司、葵花药业、协鑫新能源有限公司等招商引资项目代办服务工作，申办事项108件，代办项目108个，办结事项108件，办结率达100%。

【招商工作】 一是利用“双微”及网站进行宣传，完成“画廊六枝招商”微信公众号共计发布信息272余条；微博共计发布信息119余条；门户网站共计发布各类信息80余条。二是制作宣传画册。2017年，制作各类招商引资宣传画册4300余册，用于各类省市推介会、自主招商推介会、企业洽谈座谈会等活动进行发放。2017年，六枝特区赴经济发达的“京津冀”、“长三角”、“珠三角”等地区开展多形式外出招商活动，其中：党政主要领导带头招商12次，区分管领导干部带头招商65次，小分队招商28次，接待到访客商350余次，电话咨询380余次。2017年，完成投资人信息后台管理系统完成录入301次，招商引资活动管理系统录入90次，招商项目管理系统完成录入112次。2017年完成招商引资活动90次，党政主要领导带头招商12次，小分队招商38次，对接102余家企业，邀请客商350余人次到六枝特区实地考察，引进省外亿元以上项目44个，成功引进龙元建设集团入驻六枝特区，该集团属于国内500强企业。

【项目评审工作】 对即将签约项目做好落地前期评审工作，拒绝高污染、高能耗和粗放型项目进驻六枝特区，达不到合理用能标准和节能设计规范要求的项目，不得审批、核准、备案。项目建成后，达不到合理用能标准和节能设计规范要求的，不予验收。对未经批准擅自建设的，要依法追究直接负责人的责任。2017年，由特区投资促进局牵头组织环保、住建、国土、规划等部门召开项目评审会议12次，涉及评审的项目共76个，项目评审率达100%。

【委托招商工作】 结合区位优势及自然资源优势，利用《六枝特区招商引资市场化运作暂行办法》，创新招商引资模式，提升招商引资成效，充分调动市内外社会团体或组织以及企业、商协会参与六盘水市招商引资的积极性，鼓励以市场化招商（中介招商、委托代理招商）等方式开展招商引资，全力打造全社会招商的良好氛围，形成全市大招商的工作格局。2017年，与自然人签订委托招商协议12份。

【促进实体经济工作】 根据《六枝特区进一步促进实体经济发展的实施意见》，对循环经济产业、电子信息产业、医药养生产业、现代山地高效农业、文化旅游业和新型建筑建材业进行融资、规费、奖励等方面进行扶持。2017年共收到企业申请扶持事项18项，涉及奖励资金兑现、手续办理等。已兑现2016年符合实体企业扶持奖励条件的企业3家：黔鹰电器、华兴管业、九层山茶业，共价45万元。全年全区扶持实体经济新增企业1171家（其中：新增企业1017家，农民专业合作社154家）；占全年目标任务数500家的213.47%。

【项目储备包装】 项目储备和包装工作是全区开展招商引资工作的基础性和关键性工作，特区投资促进局重点围绕大数据、大健康、大旅游、大扶贫等产业，统筹区域优势，多方收集资料，充分论证筛选，储备了121个操作性强、投资回报率高的项目。并从中筛选30个作为产业扶贫招商项目进行包装推介，推介项目总投资85.79亿元；其中旅游文化产业项目11个，投资额37.6亿元，编制项目册1000份，策划包装医药大健康项目18个，投资额75.66亿元，策划包装民俗项目7个，投资额13.96亿元，为精准对接相关企业做好充分推介准备。

【代办服务工作】 2017年，着力完善招商引资项目行政审批和代办服务制度，集中办理行政审批事项，简化审批环节、优化工作流程、压缩办结时限，提高审批效率。同时，指定专人负责项目代办服务工作，为招商引资项目提供全程代办服务，做好招商引资项目前期手续代办服务工作，加快项目建设进度。全年共完成代办项目108个，完成工商营业执照、税务登记和项目立项等代办服务108件，努力促进政策招商转变为环境招商。

【协调服务工作】 坚持“想企业之所想，急企业之所急”，安排专人不定期深入企业走访调研，及时掌握企业的困难和问题。2017年，帮助葵花药业（贵州）宏奇有限公司、六枝特区元如亨实业有限公司、六枝特区九层山土特产品开发有限公司等19个项目协调解决生产建设过程中遇到的困难和问题。努力形成“服务招商、以情留商”的比较优势，切实维护企业利益，全力推进招商引资项目落地。

（刘　芳）

◎ 安全生产监督

【概况】 六枝特区安全生产监督管理局于2004年6月在六枝特区安全生产委员会办公室的基础上组建，为财政全额预算管理的正科级行政单位，是六枝特区人民政府综合监督管理全区安全生产工作，依法履行安全生产监督管理的行政执法单位，履行特区政府赋予的安全生产监督管理职能。内设机构有办公室、综合股、非煤矿山安全生产监督管理股、八大行业安全生产监督管理股、危险化学品安全监督管理股，职业安全与健康监督管理股。安全监管局行政编制13名（含工勤编2名），现有人员13人（工勤人员2人）。

【安全责任落实】 一是特区政府与乡（镇、社区）、安委会有关责任部门、园区管委会、六枝工矿（集团）等煤炭集团公司签订2017年目标责任书，形成“横向到边纵向到底”的安全生产工作格局，并层层落实责任。二是成立特区政府各分管副区长任主任的15个安全生产专业委员会，各专业委员会结合自身职责开展各行业领域相关工作。三是实行特区副县级以上领导包保煤矿、水库、地质灾害、汛期等行业领域安全生产工作责任制度，进一步强化领导责任，推进煤矿、地质灾害等重点行业领域安全稳定。四是对各乡（镇、社区）、部门和重点企业开展督查，按季度将安全生产工作进行通报，2017年，特区综合督查组共督查173次，提出问题1126条，已全部整改回复。

【安全生产大检查和专项整治工作】 下发《六枝特区开展2017年“元旦”、“春节”暨第一季度安全生产大检查工作的通知》、《关于切实加强全国全市“两会”期间安全生产工作的紧急通知》、《关于印发六枝特区安全生产“百日攻坚”行动方案的通知》、《六枝特区人民政府办公室关于在全区范围内开展今冬明春安全生产大检查的通知》等文件，切实开展煤矿、非煤矿山、道路交通、危险化学品烟花爆竹、建筑施工等行业领域安全生产督查检查工作，及时化解安全风险，保障节假日期间和重要时段的安全稳定。据统计，全区共组织4个督查组、31个行业领域专项检查组开展隐患排查整治，开展暗查暗访947次，联合执法126家次，查出各类安全隐患17820条，已整改17758条，整改率99.65%。发现重大隐患1条，已按相关要求进行挂牌督办复查销号摘牌。

【煤矿安全监管】 一是制发《六枝特区煤矿安全生产集中专项整治工作方案》、《关于开展全区煤矿雨季“三防”及防治水专项检查工作的通知》等文件，按照市8个“100%”和“1077”治本攻坚措施要求，切实开展以“八查”（查超层越界、查复产复工验收、查淘汰退出、查“六大系统”、查采煤工艺和方法、查超能力和超强度生产、查通风系统、查安全生产投入）和煤矿雨季“三防”（防汛、防雷击、防排水）为主要内容的安全生产大检查，2017年，共检查巡查872矿次，查出安全隐患4363条，全部落实整改，发现重大隐患1条，已按相关要求进行挂牌督办复查销号。二是全面开展煤矿安全“体检”，进一步摸清六枝特区煤矿薄弱环节和风险隐患问题，及时消除煤矿安全症疾，促进煤矿安全生产。三是按照省、市有关要求，于11月14日依法关闭六枝工矿（集团）化处煤矿分公司，完成下达的煤矿关闭任务。四是全面推进煤矿企业班组建设和“手指口述”安全确认，把班组建设作为煤矿安全生产抓基层打基础的重要内容，采取“手指口述”和“安全确认”方式，强化煤矿现场管理和隐患排查治理能力，全区正常生产矿井已开展班组建设和“手指口述”安全确认相关工作。

【道路交通安全监管】 一是加强路面排查，对区内事故多发路段实行重点管控，集中开展专项整治

2017年6月6日，六枝特区安监局与水务局落别乡政府检查茅草坝水库 （六枝特区安监局供稿）

312 次，有效防范重大事故发生。二是广泛深入开展道路交通安全宣传“五进”（进乡村、进社区、进企业、进家庭、进学校）活动，共组织大型宣传活动 17 次，媒体曝光违法行为 710 起，开展交通安全讲座 26 次，发放交通安全提示卡 4100 份，发放宣传材料 32000 份，受教育群众达 42100 人次，增强群众和驾驶人交通法规意识。三是以“两客一危”车辆为重点，加大对客运、危货运输车辆动态监控力度，全面开展对 108 个交通在建子项目进行安全检查，查出各类安全隐患 3031 条，全部落实整改。四是积极开展“六类车”（客车、校车、货车、危险品运输车、农村面包车、摩托车）车辆集中专项整治，共查处各类道路交通违法行为 113702 起，依法扣留交通违法机动车 1955 辆，80 人被行政拘留。

【危化、烟花安全监管】 一是制发危险化学品和烟花爆竹专项整治攻坚方案，强化危险化学品、易燃易爆物品及烟花爆竹储存、经营、运输、使用等环节专项检查，2017 年，共查出隐患 2510 条，全部落实整改。二是切实开展联合执法。联合公安、交通、市场监管等有关部门检查乡（镇、社区）烟花爆竹 47 次，打击非法行为 39 起，收缴土炮 116080 头，私炮 2849 串，烟花 110 个，9 人被行政拘留。三是制定《六枝特区安委办关于印发〈六枝特区 2018—2019 年度烟花爆竹经营（零售）许可工作实施方案〉的通知》，按要求开展烟花爆竹审批工作。

【非煤矿山安全监管】 一是服务指导 26 家砂石厂取得建设批复，其中，14 家建设完毕通过验收，其中 13 家已取得安全生产许可证。为提高准入门槛，要求非煤矿山全部按二级安全质量标准化进行建设，将视频监控与特区信息化平台互通作为验收前置条件，不断夯实非煤矿山安全生产管理基础。二是以整治非煤矿山 13 类重大生产安全隐患和 10 类非法违法生产建设行为为重点，切实开展日常安全管控，排查隐患或问题 1593 条，已全部落实整改。

【其他行业领域安全监管】 全面深化建筑施工（含老旧危楼）、地质灾害、园区建设、城市基础设施建设及宾馆、饭店、商场、网吧、歌舞厅、车站、医院、景区、码头等场所安全生产大检查、大排查、大整治，狠抓相关行业领域风险防控，确保六枝特区安全稳定。

【强化法治秩序，依法严惩违法违规行为】 一是关闭取缔违法违规和不符合安全生产条件的企业，如：六枝工矿集团化处煤炭分公司、山泉洗涤服务中心、郎岱镇磨卜村、牂牁镇鲁嘎村小煤窑等不符合安全生产的设施设备和非法生产点。二是开展安全生产失信行为联合惩戒机制建设，制定“黑名单”管理制度，约谈处理煤矿安全管理人员 66 人次，对“五职”矿长扣分处理 12 人次，扣分达 49 分，推进安全生产诚信体系建设。三是对全区 8000 起交通违停、违反禁令标志、闯红灯等违法违章行为在电视微信上进行曝光；对关寨镇兴旺砂石厂违反安全生产法律法规行为进行现场处罚，并在有线电视台上进行曝光，推进企业主体责任落实。四是加大安全处罚力度，提高安全执法权威性和震慑力。对全区各类非法违法行为开展打击共 4556 起，无证驾驶和非法制售烟花爆竹人员的 93 人被行政拘留，处罚金额 335.5599 万元（其中煤矿 64.26 万元，道路交通 241.8 万元，非煤矿山 19.9999 万元，危化和烟花爆竹 3.8 万元，建筑施工 5.7 万元）。

【狠抓安全生产宣传教育，强化安全基础】 一是利用广播电视、六枝公众信息网、微视六枝等媒体加大对安全生产法律法规和安全生产工作的宣传报道，增强人民群众安全生产意识，普及安全生产知识。二是扎实开展安全生产宣传月和全国第一次“安全生产法”宣传周活动，共设立宣传咨询台 52 个、展板 45 块、悬挂横幅 433 条、解答群众咨询 16560 人次、发放宣传资料 7000 余份，发放宣传纪念品 6000 余份。三是组织煤矿、非煤矿山、危险化学品、地质灾害、学校等行业领域开展应急救援演练共 466 次，提高六枝特区应急救援实战能力。

（刘旭楠）

◎ 民族宗教

【概况】 2017 年，六枝特区民宗局在特区党委、政府的坚强领导下，在上级民宗委的关心指导下，全面深入学习贯彻落实中共十八大、十八届五中、六中、七中全会和中共十九大精神以及省市委和特区委相关会议精神，认真学习贯彻习近平总书记在贵州代表团重要讲话精神，全面严格贯彻落实和执行党的基本理论、基本路线、基本方针和基本政策，团结动员广大职工，紧紧围绕特区党委脱贫攻坚的中心工作和工会自身业务目标，扎实推进各项工作任务，狠抓落实，务求实效，较好地完成特区党委、政府及上级民宗委交办的各项目标任务，为推动六枝特区决胜脱贫攻坚，同步全面小康作出应有的贡献。

【机构设置】 六枝特区民宗局编制13人，2017年在岗干部14人，退休干部9人。其中，在职党员7人，退休党员4人。内设机构有为办公室、宗教办、古籍办。

【抓好民族节庆扶持，落实好古籍普查】 安排资金12万元，资助18个村开展民族节庆活动，签订2017年民族古籍普查员约定书，全年收集整理古歌词条167条，收集翻译整理《箐苗古韵》一部10余万字，指导有关民族村小学开展“双语教学”工作。

【少数民族发展资金项目建设】 组织人员对少数民族发展资金项目实施情况进行检查指导20次。做好少数民族发展项目资金整合工作，2017年特区整合少数民族发展资金278万元，申报7个891万元项目争取整合资金，2017年底特区整合办批准安排项目1个，资金20万元。区级少数民族发展项目50万元，实施项目4个，已全部竣工验收并报账。

【民族文化教育工作】 督促2016年度民族教育文化资金项目实施，确保项目竣工投入使用。争取2017市级民族教育项目2个资金5万元，发放市级少数民族贫困大学生补助12人，发放资金2.4万元。配合特区有关单位开展布依“油团节”、樱桃嘉年华“浪哨之夜”民族时装秀演出活动。安排民族教育经费25万元实施项目4个，项目在年内全部竣工验收并报账，安排25万元民族教育经费参与打造剧目参加全市少数民族文艺会演。争取资金160余万元打造民族音乐舞蹈诗剧《依》参加全市第五届少数民族文艺会演，获得银奖及最佳编导奖。

【民族团结进步工作】 牵头拟定《六枝特区2017年民族团结进步创建方案》，组织开展民族团结进步“四项教育”（一是将民族团结教育与学习相关内容落到实处。二是将民族团结教育与开展扶贫帮困活动落到实处。三是将民族团结教育与丰富职工文化生活落到实处。四是将民族团结教育与关爱少数民族干部落到实处。）的“六进”（宣传进校园、进宗教场所、进机关、进企业单位、进社区、进民族村组）活动，制作并发放《民族宗教政策法规宣传读本》500余份。出资2万元，联合月亮河乡第一中学开展民族团结进步宣传活动，用文艺节目的形式向群众、师生宣传党的民族政策。

【民族统计监测工作】 建立民族统计监测员队伍，指导各乡（镇、社区）建立民族统计监测员队伍员，并对各乡（镇、社区）的民族统计监测员进行培训，按时上报统计监测有关统计表。

【完成危旧寺观教堂改造】 2016年实施的危旧寺观教堂项目3个，资金共10万元，2017年上半年全部竣工投入使用。对2017年下半年下达的5个50万元危旧寺观教堂改造项目，正在组织实施。

【帮助和引导宗教团体完善自身建设】 一是组织开展宗教政策法规宣传活动4次，发放宣传资料3000余份。二是2017年春节期间走访慰问宗教人士10人，发放慰问金3000元。三是争取特区政府分别召开会议对宗教领域安全维稳、十九大期间安全稳定、新修订的《宗教事务条例》学习贯彻进行安排部署。四是指导宗教团体开展金秋助学活动，发放助学金2.2万元。五是在宗教政策法规宣传月活动期间，发放宗教宣传资料500余份，书写宗教永久性宣传标语5条。六是在六枝基督教堂、六枝天主教堂组织开展中共十九大精神宣讲3次。

【开展宗教关系和谐示范点创建】 联合特区统战部研究制定宗教关系和谐示范区创建方案，对创建宗教团体1个、乡镇4个、场所8个开展检查验收并进行授牌。

2017年7月1日，民宗局组织党员到郎岱烈士园扫墓并重温入党誓词 （六枝特区民宗局供稿）

2017年11月6日，六枝特区民宗局到天主教活动点进行十九大精神宣讲　（六枝特区民宗局供稿）

【完善三级宗教网络】　特区党委、政府调整充实六枝特区民族宗教工作协调领导小组，各乡（镇、社区）调整充实及完善宗教管理人员和村级宗教信息联络员，确保区、乡、村三级宗教管理网络健全。

【“四创”工作任务】　开展单位的清洁卫生评比活动，在单位及网格制作健康教育宣传栏各6期，组织人员到网格召开群众会议4次，发放“四创”宣传资料100余份，清理垃圾5吨，清理野广告80余条，投入资金7000余元。

【全面从严治党】　一是落实党建工作，坚持“四位一体”从严管理干部工作，抓好领导干部及一般干部岗位责任清单的落实，按时收集和报送单位重点工作台账和主管业务台账。按照特区要求组织召开2016年度民主生活会、专题组织生活会及民主评议党员工作。组织学习每月“两学一做”学习教育及党建工作要点并进行安排部署，报送“两学一做”信息简报29期，报送组织工作信息29篇，根据局党组制定的中共十九大精神宣讲有关方案，11月和12月共开展宣讲7次。二是落实党风廉政建设工作，落实党风廉政建设“一岗双责”，组织开展签字背书工作，层层签订党风廉政建设责任书。组织学习党风廉政建设相关制度、条例，学习贯彻作风纪律执行情况的通报，做到警钟长鸣。根据制定的约谈方案，积极开展干部约谈工作。2017年，在受处理情况中，该局因往年少数民族发展项目资金监管问题有1名党员受到党内警告处分，共有2名干部受到组织处理。

【扶贫工作】　认真落实省委“1+10”、“1+10+6”文件（为全力打赢扶贫攻坚战,2015年10月18日，贵州省扶贫开发大会在贵阳召开。会议下发了《关于坚决打赢扶贫攻坚战确保同步全面建成小康社会的决定》及10个配套文件,鲜明地提出了全省精准扶贫的奋斗目标、着力重点和具体措施。“1+10+6”：2015年12月18日，六盘水市根据贵州省委下发的“1+10”,下发了《关于打造“三线六带”特色产业带推进精准扶贫行动方案》及6个配套文件。）涉及少数民族地区脱贫攻坚工作的落实，年初组织人员到小康驻村和党建扶贫村（月亮河乡折溪村、牧场村）开展慰问,发放慰问金1.4万元、棉被15床、棉衣19件、衣服3套。6月份以后，民宗局的小康驻村和党建扶贫村都调整为月亮河乡牧场村，组织人员到村、组、户进行走访，宣传国家扶贫优惠政策，同时抓好包保户“一户一档”信息的收集整理，完善“爱心包”资料，干部职工每月到村开展走访帮扶都达到2次以上。抓好党建扶贫工作，安排12万元民族教育资金在牧场村小学实施完成；安排15万元少数民族发展资金用于门前田至中寨木则毛路修建4.5千米。

（肖　猛）

◎ 档案工作

【概况】　2017年，档案局在区委、区政府的正确领导和市档案局的具体指导下，深入学习贯彻中共十八大、十九大和习近平总书记系列重要讲话精神，紧紧围绕区委、区政府中心工作，认真落实中央及省、市关于加强和改进新形势下档案工作的实施意见，打造六枝档案升级版，以档案强区为目标，专注发展定力，开拓创新，推动六枝档案可持续发展，圆满完成各项工作任务。

【机构设置】　六枝特区档案局隶属于特区政府下属的参公管理事业单位。内设三股一室一中心（档案管理股、监督指导股、宣教法规股、办公室、现行文件阅览中心）。2017年12月，共有在职参公管理人员10人，事业人员4人，退休人员5人。

【档案鉴定】　根据《中华人民共和国档案法》、《中华人民共和国档案法实施办法》、贵州省档案局《关于进一步加强贵州省各级国家档案馆馆藏档案鉴定开放工作的意见》文件的规定，进行第三批次的鉴定划控工作，拟对特区人大、工会、人事局、民宗局、发改局、机关工委等23个全宗单位1981—1987年馆藏档案进行鉴定划控。一是形成《六枝特区档案局（馆）第三批鉴定拟暂不开放档案审查目录》于2017年10月25日报市档案局审批、备案；二是形成《六枝特区档案局（馆）第三批鉴定拟开放档案目录》于2017年11月20日报请特区政府审批，并于11月24日在六枝特区政府信息网站向社会公布，方便社会各界查阅利用。

【档案保管】 一是成立由局（馆）长任组长，副局（馆）长为副组长的档案安全工作领导小组，制定工作实施方案，将档案安全工作落到实处，保障档案安全工作的顺利开展。二是建立健全档案安全管理制度。研究制定《六枝特区档案局档案安全突发事件应急预案》、《六枝特区档案局档案安全管理应急预案》，修改完善《档案管理员工作职责》、《档案保密制度》、《档案移交、接收制度》、《档案借阅利用制度》、《库房管理制度》等档案安全管理制度。三是落实好“八防”（防尘、防火、防盗、防潮、防高温、防光、防蛀、防腐）措施，做好库房的各项台账登记，如温湿度记录、季度安全检查等。四是抓好每年一次的库房盘点工作。对所有馆藏档案进行逐一排查，防止霉变、虫蛀、鼠咬、丢失、损毁等情况发生。

【重点档案抢救保护与开发】 一是按照国家及省、市档案局的部署安排，积极组织开展国家及省级重点档案抢救保护与开发项目的申报工作，围绕

2017年3月14日，市档案局一行验收精准扶贫档案工作市级示范点 （六枝特区档案局供稿）

六枝仡佬族语言文化、彝文档案翻译、苗族跳花节等少数民族题材，共申报2017年贵州省重点档案抢救保护与开发储备项目3个、省级重点档案资金项目1个、2018年国家重点档案保护与开发项目1个。二是与贵州文鼎民族民间文化传播公司签订合同，采取合作方式，共同对六枝苗族、仡佬族文化档案进行研究与开发，制作完成“箐苗三眼萧”仡佬族吃新节为主要内容的专题片2部。三是征集到少数民族服饰20件（牛场乡歪梳苗服饰16件，中寨乡四印苗服饰6件），抗美援朝纪念奖章、黑族饰品等实物22件。四是按照国家基础目录体系建设任务要求，完成民国、清朝档案文件级目录录入29510条，圆满完成国家下达的目标任务。

【档案信息化工作】 一是制定2017年度档案信息化建设工作实施计划，拟完成馆藏档案30万幅的全文数字化扫描工作。二是争取地方财政资金30余万元，用于购买数字化工作设施设备及相关费用支出。三是与贵州宏创信息技术有限公司签订全文数字化外包合同，对馆藏档案的0号、1号、2号、14号、41号全宗进行全文数字化处理，现已完成307754幅的数字化扫描，超额完成市级下达的10万幅目标任务数。

【档案保管利用服务】 2017年共收集整理现行文件资料52份，接待档案利用者421人次、提供档案1253卷。其中：工作查考385卷次，编史修志588卷次，其他280卷次。内容涉及人事任免、劳动保障、土地承包、政策法规等，为六枝特区经济建设、编史修志、落实政策、机关查考、调解纠纷等提供大量翔实的第一手资料，解决大量问题，得到社会各界好评。

【旅游资源大普查档案工作】 督促指导国土局完成旅游资源大普查档案的立卷归档工作，形成管理类档案永久10盒62件，30年3盒41件，成果类永久2盒11件，相片档案1盒9张，刻制光盘档案1张。

【农村土地确权登记档案工作】 到农业局、岩脚、木岗、郎岱三个片区指导土地确权档案工作15次，指导六枝特区农业局建立健全土地确权档案材料的收集、整理、归档、保管、利用和保密等六个工作制度，编制《六枝特区土地确权档案档号编制方案》，整理了六枝特区确权办公室2014—2016年度综合

管理类档案24盒222件。完成六枝特区47074户“一户一档”的建档工作，收集整理了4453盒档案，完成72个村232张外业调查底图和266张公示图的整理，图筒22盒。

【精准扶贫档案立卷归档工作】 2017年对六枝所有乡、镇、社区精准扶贫档案工作进行了22次现场业务监督指导。建立新窑镇、月亮河乡2个县级精准扶贫档案工作示范点，并进行了5次业务指导。共收集整理区级精准扶贫档案综合类6盒77件（其中永久56件、10年21件），精准施策类5盒35件（其中永久5件、30年30件），精准识别类1盒6件，精准脱贫类7盒27件；共整理2009–2016年度项目档案390卷；会计档案96卷；共收集整理乡镇级综合管理类2349件，脱贫管理类（一户一档）33935盒（件），特殊载体类照片档案3册103张，会计档案285盒673卷（30年：190盒572卷；10年：95盒101卷）。

【规范建档意识业务指导】 一是已经完成66家机关单位、19个乡镇（社区）245个村（居委会）档案业务的督促指导，共指导149次489人，2017年，报送2016年度归档文件目录的有83家单位，其中永久21776条，30年3775条。二是督促指导教育局项目档案工作8次，已完成2016年前已竣工341个项目1107卷档案资料的立卷归档工作。三是督促指导发改局收集整理了2002—2012年度“以工代赈”项目档案资料，共形成档案194卷。四是督促指导小康办立卷归档610盒783件，圆满完成省级验收工作任务。指导旅发大会档案资料收集4次，10人。五是指导六枝特区木岗园区、大用园区、郎岱园区、路喜园区、牂牁园区、六枝经济开发区的档案工作6次，完成并接收六枝经济开发区2016年度文书档案归档文件目录永久158件、30年13件，路喜园区2016年度文书档案归档文件目录永久48件、30年17件，木岗园区2016年度文书档案归档文件目录永久70件、30年11件，郎岱园区2016年度文书档案归档文件目录永久139件、30年7件，牂牁园区2016年度文书档案归档文件目录永久128件30年8件。

【重大项目档案登记工作】 印发《关于做好重点建设项目档案管理登记工作的通知》，2017年9月1日，对六枝特区旅游局、住建局、国土局、农业局、民政局、水务局、交通局、规划局、移民局、教育局等单位涉及的重点建设项目档案登记工作进行指导，已收到41个项目的“重点建设项目档案管理登记表”。

2017年8月9日，特区档案局到新华镇指导土地确权档案工作　（六枝特区档案局供稿）

【档案宣传教育工作】 以“6·9国际档案日”、“9·5档案法颁布30周年纪念日”为契机，搞好档案宣传工作。宣传活动共发放资料2000余份，接受群众参观、咨询1000余人次。2017年6月9日，在街心花园宣传“6·9国际档案日”。7月1—15日举办“档案——我们共同的记忆”纪念《中华人民共和国档案法》颁布三十周年有奖征文活动。开展征文及摄影评选工作，共评选出摄影作品2幅、参赛征文4篇参赛作品到市档案局统一参选参评；订购“宝葫芦杯”档案法律法规知识竞赛报刊100张试卷，发给各单位分管档案工作的领导和从事档案工作的人员参赛，收回91份竞赛答题卡寄至中国档案报社发展部参赛。

【档案行政执法检查】 六枝特区档案局牵头，六枝特区党委政府督查室、六枝特区人大教科文卫委、六枝特区政府法制办组成检查组，于2017年8月7—11日对六枝特区所辖19个乡镇（社区）、4个园区及20家机关单位2017年度的档案工作进行行政执法检查，其中11家单位没有建立综合档案室，9家单位的档案门类单一，5家单位文书档案整理不规范，5家单位精准扶贫档案没有规范整理。

【档案馆建设工作】 六枝特区档案馆总建筑面积3272平方米，其中库房面积1311平方米，总投资741万元（中央资金601元，地方资金140万元）。

到位资金584万（其中中央资金300万元，市级160万元，县级124万元），2013年支付场平施工方124万元，2015年拨付六枝特区民生发展有限责任公司460万元(中央资金300万元,市级160万元)。余下的301万元中央资金已拨到六枝财政，尚未划到档案局账上。2014年11月26日主体工程开工建设，2016年5月土建工程完工。2017年1月10日，市档案局局长何楠到南环路调研、考核档案馆建设情况，并强调抓紧装修，在2018年投入使用。2017年，特区民生公司正与广州市第四装修有限公司商讨装修施工方案，待方案审核通过后，立即转入装修，档案局将向特区党委、政府汇报工作，配合民生公司督促施工单位加快施工进度，争取档案馆早日投入使用。

【精准扶贫工作】 联系帮扶的月亮河乡新春村已通过省市验收，退出贫困村，2017年的主要任务是进一步巩固成果，开展“回头看”、“回头帮”活动。多次召开会议研究部署相关工作，针对不同的帮扶户，分别制定帮扶措施。一是明确一名干部随时与村委保持联系，及时跟进相关工作。二是全局职工每月至少2次深入贫困户家中，与贫困户面对面交流，深入了解当前群众实际困难。针对精准扶贫涉及档案收集工作进行专题调研，制定了文件资料归档范围和保管期限，多次下乡进村专题指导。三是慰问帮扶贫困户。2017年档案局向新春村投入计生关怀资金2000元，发动职工捐款帮助贫困户3800元。

（办公室）

政协六枝特区委员会

【概况】 2017年，特区政协在中共六枝特区委员会的坚强领导和上级政协的关心指导下，在特区人民政府的大力支持下，认真贯彻落实中共十八大、十八届历次全会和十九大精神，突出团结和民主两大主题，与区委、区政府同频共振凝心聚力促发展，与广大政协委员、政协各参加单位和衷共济携手共进开新局，在推动改革创新发展中，展示人民政协的风采与担当，为助推六枝经济社会转型跨越发展作出积极贡献。

【机构设置】 中国人民政治协商会议六枝特区委员会成立于1984年。内设：政协机关（即政协办公室）、提案委员会、社会法制教育文卫委员会、

2017年3月11日—12日，六枝特区政协组织部分政协委员到盘州市娘娘山考察学习“三变”改革

（六枝特区政协供稿）

经济科技委员会、学习文史联谊委员会、政协委员联络办公室5个专门委室。机关现有在职干部职工27人（含六枝特区智力支边联系小组办公室），其中行政编制18人，参公事业单位2人，工勤编7人。

【思想政治建设】 以深入推进“两学一做”学习教育常态化制度化为契机，组织政协委员、政协各参加单位和政协机关干部，通过会议学习、专题培训、座谈研讨、个人自学以及领导干部到乡、村宣讲中共十九大精神等形式，深入学习贯彻中共十八大及十八届历次全会精神，认真学习贯彻中共十九大精神和习近平总书记系列重要讲话精神，切实增强“四个意识”，坚定“四个自信”。

【资政建言】 2017年，共召开常委会议5次、主席会议16次、对口协商会8次，分别就全面建设小康社会、公路建设、脱贫攻坚、新能源发展、旅游产业发展等事关全区经济社会发展大局的议题和群众关心的热点难点问题广泛深入协商，为促进六枝经济社会转型跨越发展和全面建成小康社会建言献策。借鉴全国政协“双周协商座谈会”经验，建立月协商座谈会机制，召开月协商座谈会9次，围绕“农村生活垃圾治理”、“农村饮水安全工程后续管理”、“壮大农民专业合作社，发挥其在脱贫攻坚中的引领作用”等课题组织专家、学者、委员、职能部门座谈协商，形成信息专报送特区党委政府及相关部门决策参考。组织政协委员对事关六枝经济社会持续健康发展重大问题开展协商监督和调研监督，对重大工程项目、重点工作任务、重要民生举措的推进、落实开展视察监督。继续推进提案监督，特区政协九届一次会议以来，共提出提案165件，经审查，立案150件。积极推荐政协委员担任各类特邀监督员，组织政协委员旁听法院有关案件庭审，委派政协委员参与特区人资社保局、教育局有关考聘工作巡视等，切实发挥民主监督作用。围绕推进农业供给侧结构性改革、乡镇（社区）卫生院建设管理、工业园区发展等11个专题深入调研，提出意见建议100余条，形成调研报告报送特区党委、政府及有关部门。组织部分政协委员和相关人员分别赴盘州市、水城县、西秀区、平塘县、凤冈县、印江县考察学习相关工作，借鉴先进经验，助推相关产业转型升级。组织六枝片区市政协委员视察工业经济发展情况，形成视察报告报市政协转市委、市政府决策参考。

【智力支边】 发挥政协联系面广、渠道畅通的优势，大力开展捐资助学、扶贫济困、送医送药等智力支边工作活动。组织选送困难孤儿赴丽江民族孤儿学校就读充。组织选送3名困难孤儿赴丽江民族孤儿学校免费就读；联系九三学社六枝支社、市二医、人民医院、银壶社区卫生院开展“同心同行智力支边·互助互爱精准扶贫”活动，为基层群众免费健康体检；联系九三学社六枝支社、六枝特区房开协会、六枝邮政局到郎岱镇簸箕田村小学、月亮河乡第二小学开展“关爱留守儿童·播撒爱心阳光”活动，捐赠3万余元图书及学习用品，为88名留守儿童义诊；协调上海慈慧公益基金会、中国民间助学网、香港慈恩基金会捐资助学240余名学生；联系《课堂内外》杂志社培训700余名师生；协调联系北京正和恒基滨水生态环境治理股份有限公司投资115万元修缮郎岱一中教学楼。

2017年9月8日，六枝特区政协在郎岱镇头塘村开展义诊、扶贫回访 （六枝特区政协供稿）

【议政建言】 充分尊重和保障民主党派、工商联、无党派人士在人民政协的各项权利，鼓励支持他们利用政协平台、通过合理的方式反映诉求，提出批评建议。有计划地邀请政协委员和社会各界人士列席特区政协常委会、参加月协商座谈会和视察调研，合作共事氛围更加浓厚。参加黔滇两省北盘江流域十六县（市、区、特区）政协第二轮协作会第十三次年会、石阡县首届中国（石阡）夜郎文化高峰论坛、全市推进政协委员履职经验交流会、市长与市政协委员座谈会，接待广东省政协、广东惠州市政协、余庆县政协等省内外政协到六枝特区调研考察活动

16次。在联谊交流中互相学习借鉴工作经验，广泛宣传推介六枝品牌，扩大六枝特区的知名度和影响力。创建“六枝特区政协网站”和“六枝特区政协工作”微信群，发布工作信息400余条，向省、市、特区主流媒体报送政协工作信息100余篇，扩大履职影响，增强社会认知。组织六枝特区特色菜品参加“大美黔菜·寻味凉都”评比活动和“多彩贵州·大美黔菜”品鉴推广活动，推介六枝特色饮食文化和特色农产品。举办六枝特区“喜迎十九大·展望新六枝”书画摄影巡回展27场次，宣传六枝经济社会发展所取得的辉煌成就，为深入学习贯彻中共十九大精神营造良好氛围。

【提高委员履职能力】 注重提高政协委员履职能力和水平，编印《政协知识选编》订购《党的十九大报告辅导读本》、《政协委员手册》、《贵州政协报》等学习资料，让委员第一时间学习把握中共中央的决策部署，为委员履职奠定正确的思想政治基础。组织举办4期共计240余人次参加的政协委员和政协机关干部履职能力提升专题培训班，选派政协委员40余人分别参加全国政协、省政协以及省委党校、市委党校培训班学习。创建“六枝政协”微信公众号和“六枝特区政协工作”微信群，建立畅通、快捷、互动的信息交流平台，促进经验共享、信息共知。开展委员走访活动，提高委员对政协组织的认同感和归属感，激发委员履职的热情和动力。进一步强化干部队伍建设，调整充实干部队伍，加大政协机关干部履职担当的教育培养力度和实践锻炼强度。切实加强政协党组织建设，强化政协党组的领导核心作用，认真落实从严管党治党主体责任，严格执行党的组织生活制度，充分发挥政协党支部战斗堡垒作用。

（艾　妮）

国防·法治

◎军　事

【概况】　六枝人武部隶属于水城军分区，同时是中国共产党六枝特区委员会的军事工作部门和六枝特区人民政府的兵役机关机构，受水城军分区和六枝特区党委、政府的双重领导，正团级单位。主要负责辖区内的民兵、兵役、动员工作和预备役部队建设，担负民兵军事训练、战备动员、城市防空、抢险救灾、维护社会稳定等任务。

【机构设置】　内设机构：军事科、政治工作科、保障科。

【思想政治教育】　按照“理论武装固根本，聚焦主业履职责、依法从严抓规范、稳中求进谋发展”的思路，围绕政治建军要求，加强思想政治教育。深入学习领会习主席系列重要讲话精神，及时传达学习贯彻中共十九大、全国“两会”和省军区、军分区党委全会等重要会议精神，在学习上级文件精神和指示要求中不断统一思想认识，凝聚智慧力量，鼓足工作干劲，强化政治自觉。坚持政治教育和理论学习制度，组织完成4个季度党委中心组带机关理论学习，积极推进“两学一做”学习教育常态化制度化，扎实开展“护核心、听从指挥”主题教育，组织开展“百团万人”宣讲中共十九大精神。

【突出安全抓稳定，依法从严抓管理】　六枝人武部始终坚持依法从严治军，认真贯彻学习上级安全稳定工作会议精神，扎实开展“安全大检查”和“百日安全”活动。注重加强安全教育，及时传达学习各类事故案件通报，做到借锤敲钟，警钟长鸣。扎实做好安全基础工作注重正规“四个秩序”（一是以干部管理量化评比推进四个秩序的落实。二是以宣贯新条令规范部队“四个秩序”。三是以制度落实促部队管理实效。四是以预防安全事故工作促落实。），严格落实值班执勤、人员请销假、一日生活制度等，定期开展安全形势分析和安全隐患排查，严格车辆派遣使用，广泛开展谈心交心活动，始终确保单位安全。

【加强针对性演练提高民兵应急分队快反能力】坚持以任务为牵引，结合自身积极开展民兵应急分队、专业技术分队抢险救灾、应急处突演练，大力提高民兵队伍多样化军事能力和应急处突能力，强化日常战备制度。

【参与地方政府工作】　着眼推进军民融合深度发展，结合实际，积极组织参与脱贫攻坚、“四创”、综治等工作，维护驻地社会稳定，推动特区经济社会发展。

【稳定工作】　根据上级关于正规化建设的标准要求，认真抓好人武部营区正规化建设，科学设置库室，完善硬件设施，正规各项秩序。坚持依法从严治军，从点滴养成抓起，建立完善制度，规范“四个秩序”，以“条令学习月”、“百日安全”等活动为载体，强化法规制度意识，加强安全管控，始终坚守安全稳定底线。

（陈　林　谢代秋）

◎ 政法委及综治

【概况】 2017年，六枝特区政法委在特区党委、政府的坚强领导下，在市委政法委的具体指导下，紧紧围绕“平安六枝”创建目标，不断提升政法综治工作水平，在全省率先推进县乡村三级综治中心暨“雪亮工程”建设，补齐政法综治云大数据运用不足短板，进一步提升人民群众安全感和满意度，巩固“省级平安建设先进县”称号。

【内设机构】 设综治办、维稳办、办公室、政工科、铁路护路办、国安办、综治信息中心等科室。

【职能职责】 一是贯彻执行党的路线、方针、政策以及党的有关决策和部署，统一政法各部门的思想和行动。二是组织政法工作中有关法律及重大政策的调查研究；指导政法工作改革，对依法治理工作提出意见、建议。三是研究处理政法工作的重大问题并及时向同级党委提出建议；对一定时期的政法工作作出全局性部署并检查落实；四是维护政法各部门依法独立行使职权；依法组织开展执法监督；指导、协调政法各部门的工作。五是组织调查、协助处理重大事件，确保政法各部门正常开展工作。六是组织、协调、指导本级维护社会稳定工作、社会治安综合治理工作、禁毒工作、防范与处理邪教问题工作等。调查掌握社会治安综合治理方面的新情况、新问题；制订并检查落实社会治安综合治理的重大措施。七是协助党委及其组织部考察、管理政法部门领导班子和干部队伍。八是承办党委和上级政法委员会、维护稳定及社会治安综合治理委员会交办的其他事项。

【政法队伍建设取得新突破】 不断提升政法队伍业务能力，组织政法各部门干部参加中央政法委主办的2017年政法干部学习讲座4次，组织乡镇（社区）政法委书记、综治成员单位干部、特区政法各部门共120人到中国政法大学参加政法队伍能力提升专题研修班培训。强化政法队伍作风建设，实现

2017年3月20日，六枝特区政法工作会议召开　（六枝特区政法委供稿）

"三出三不出"总体目标。2017 年度，六枝政法干警无重大违法违纪现象和问题。

【社会治安立体化防控建设取得新突破】 安装摩托车 GPS 定位系统 5000 余台，以综治中心暨"雪亮工程"建设为突破口，在全区全面启动县乡村三级综治中心建设，以政府购买服务方式全面推进"雪亮工程"建设。从 2018 年起，将"雪亮工程"建设服务费用 490 万元 / 年纳入财政预算。2017 年，县级综治中心，郎岱镇、牂牁镇、岩脚镇 3 个乡级综治中心，扁朝村、牂牁村、岩脚村、青菜塘村 4 个村级综治中心已完成。郎岱镇、牂牁镇、岩脚镇落别乡综治信息系统正常运行；综治视频会议开始运用；全区安装上线视频探头 200 路，提升综治防控体系科技化水平。

【惩治各类违法犯罪取得新突破】 共发刑事案件 980 起，同比下降 20.90%，刑事拘留犯罪嫌疑人 475 人，同比上升 37.28%，逮捕 300 人，同比上升率为 41.5%，移送起诉 364 人，同比上升 19.73%。实现了刑事案件大幅下降，打击质效大幅提升目标。

【平安六枝宣传取得新突破】 收集电话台账 2 万余份，印发平安创建小常识 10 万余份，开展集中宣传 20 余场次，悬挂宣传标语 50 余条幅，滚动播放宣传标语 20 余万条次，利用短信、微信、QQ 等转发宣传信息 10 万余条次，确保实现省级测评达 90% 以上的目标任务。

【网格化服务管理建设】 采取"专职 + 兼职"形式全面推进网格化服务管理，全区共划分 1447 个网格，共有网格员 1447 名（其中专职 124 名，兼职 1323 名）。对牂牁、郎岱、岩脚、落别 4 个乡镇 74 名网格化管理系统操作员进行专业培训。

2017 年 12 月 6 日，六枝特区在全省率先推进综治中心暨"雪亮工程"建设项目

（六枝特区政法委供稿）

【人民防线建设】 深入开展反渗透破坏、反暴力恐怖，有效阻止了敌对势力和境外非政府敌对组织在六枝实施各类渗透破坏活动，全面加强重点要害部位防范工作。

【信访维稳工作】 切实抓好维护社会稳定工作，确保辖区无 50 人以上的重大群体性事件发生，全面推动社会稳定风险评估，从源头预防矛盾纠纷"增量"，圆满完成党的十九大及各重大节点的安保维稳任务 200 余次，9 项重大特殊利益诉求群体全部落实台账管理，实现目标任务。

【防范和处理邪教问题】 通过"网底行动"、"敲门行动"等系列工作开展，不断加大对邪教的打击工作和涉邪人员的教育转化和防范打击工作。进一步规范乡镇（社区）涉邪人员档案管理工作，完成涉邪人员调查数据录入 340 份。排查龚红英等"门徒会"成员，打击并刑事拘留李某、王某等 4 人为首的岩脚镇民乐村邪教组织。九龙社区波乍村、郎岱镇阿乐村、月亮河乡补雨村被中央防范办授予"无邪教示范村（居）"称号。

【司法救助工作】 出台《六枝特区国家司法救助实施办法》、《六枝特区县级国家司法救助资金使用管理暂行办法》、《六枝特区律师参与化解和代理涉法涉诉信访案件工作实施办法》等制度。化解典型涉法涉诉案件 20 件，落实司法救助 140 余万元。每周二安排律师坐班接待上访群众，共接待接访 70 余人次。

（付　伟）

◎公　安

【概况】 六枝特区公安局位于六枝特区牂牁大道，现有派出所 23 个、内设机构 20 个。党委成员 12 人（局长 1 名，政委 1 人，副局长 5 人，挂职副局长 1 人，政治处主任 1 人，纪委书记 1 人，党委委员 2 人），民警 545 人（包括工勤、事业编制人员），协警 623 人。

【机构设置】 内设指挥中心（办公室）、政治处、纪律检查委员会、情报信息大队、警务督察大队、

2018 年 1 月 30 日，特区公安局开展抗凝冻保畅通工作 （六枝特区公安局供稿）

警务保障室、网络安全保卫大队、国内安全保卫大队、法制大队、经济犯罪侦查大队、出入境管理大队、治安管理大队、刑事侦查大队、禁毒大队、交通警察大队、特（巡）警大队、反恐怖工作大队、六枝特区看守所、六枝特区戒毒所、六枝特区拘留所等部门及 23 个派出所。

【党的十九大安保工作】 面对中共十九大安保信访维稳“大考”的严峻考验，六枝特区公安局主动履职，全局统筹，牢固树立“四个意识”，切实提高政治站位，思想上高度重视，行动上狠抓落实，凝心聚力，全力以赴，以“零进京、零劝返、零事件、零炒作”的优异成绩，实现了“七个坚决防止”（坚决防止发生影响社会稳定的重大政治事件、坚决防止发生暴力恐怖事件和个人极端事件、坚决防止发生大规模群体性事件、坚决防止发生重大到市进京上访事件、坚决防止发生重大恶性刑事治安案件、坚决防止发生重大公共安全事故、坚决防止发生重大舆情炒作事件。）和“三个不发生”（不发生暴恐案事件、不发生在全国有重大影响的大规模群体性事件、不发生重大公共安全案事件。）的工作目标，圆满完成中共十九大各项安保信访维稳工作任务。

【刑事侦查】 六枝特区公安局以打开路、重拳出击，不断凸显“保平安、促和谐”的工作成效。2017 年，六枝特区公安局刑事案件发案同比下降 20.09%；现行案件发案同比下降 19.37%；共拘留各类刑事犯罪嫌疑人 475 人，同比上升 37.28%；逮捕 300 人同比上升 41.5%；移送起诉 364 人，同比上升 19.73%；发命案 1 起破 1 起，命案发案下降 300%。

【禁毒工作】 2016 年六枝特区被纳入全国外流贩毒重点整治县，六枝特区公安局积极主动，广辟渠道，进一步加强禁毒工作。2017 年，共查处吸毒人员 495 人，强制隔离戒毒 376 人，同比分别增长 6.27%；打击毒品犯罪嫌疑人 134 人，同比增长 95.45%；缉毒执法排全省 18 位。缴毒 35842.76 克，同比增长 451.49%。9 月 9 日六枝特区公安局禁毒大队破获一起特大贩卖毒品案，缴获海洛因 27 公斤，抓获犯罪嫌疑人 8 名，查扣嫌疑车辆 4 台，是六枝特区公安局有史以来破获最大的贩毒案。

【派出所基层基础工作】 2017 年六枝特区公安局补短板，抓基础，进一步夯实派出所工作，4 个派出所的成绩为 100 分，几乎所有派出所的成绩均在全省中等以上，没有一个派出所排名全省后 50 名，六枝特区公安局派出所在三年攻坚战的总成绩排名全省第 33 位。在省公安厅“一标三实”（标准地址、实有人口、实有房屋、实有单位）采集核实工作排名中，六枝特区公安局在全省排第 17 名。

【队伍建设】 六枝特区公安局民警完成十九大安保、全省第一次项目观摩会、全省第二次项目观摩会、全省文化产业项目观摩会、旅发大会等 180 余次安保工作，共出动警力 18256 人次，民警队伍综合能力素质显著提升，成为了一支“听党指挥、来之能战、战之必胜、作风优良”的人民警察队伍，得到了特区党委、政府及市局的高度评价。六枝特区公安局党委严格执行民主集中制、“三会一课”、民主生活会等规定，引导班子成员以普通党员身份过双重组织生活，着力夯实领导干部的党员意识。举办开展庆祝建党 96 周年系列活动，积极组织参加特区和市局开展的“两学一做”学习教育的相关

2017 年 11 月 12 日，落别安保现场踏勘旅游发展大会 （六枝特区公安局供稿）

活动。2017年六枝特区公安局共有4个集体、119人得到省、市、区各级表彰。其中1个集体获二等功，1个集体获三等功，2个集体获嘉奖，1名个人二等功，15名个人三等功，39名个人嘉奖，15名民警得到通报表扬，49名民警被评为安全稳定工作先进个人。4人被提拔为正科级干部，18人被提拔为副科级干部、23人被提拔为股级干部。

【执法质量工作】 一是规范重大决策程序。树立依法决策意识，召开局长办公会研究执法制度、部署行政执法工作时，安排法制部门负责人列席会议，听取法制部门意见建议。2017年，六枝特区公安局共召开8次党委会，法制大队长均列席会议，并把听取法制部门的法律意见作为会议的必经程序，从源头上预防和控制执法过错风险。二是编制和公布行政权力清单和公共服务事项目录。按照合法、合理、高效、便民和权责统一、监督有效的原则，对六枝特区公安局公安行政权力和政务服务事项进行全面清理，与省厅、市局2017年取消和下放管理层级的行政审批项目衔接，对保留的行政许可和其他行政权力逐一制作行政权力清单，统一上网公布，强化动态管理，接受社会监督。三是规范执法主体。对协警员实行统一管理，明确协警员不具备执法主体资格，必须在正式民警带领下参与治安工作，不得直接从事涉密工作或直接参与侦查办案、决定行政处罚等执法行为。四是规范自由裁量权。2017年，公安部重新修订《公安机关办理行政案件程序规定》及《公安行政案件处罚标准》，对公安机关办理行政案件的主要环节、标准和步骤作出全面规定。六枝特区公安局以这些制度为蓝本，结合六枝特区公安局执法实践，制定《六枝特区公安局行政处罚裁量权基准》，对自由裁量权的使用情形和处罚标准进行细化、量化，明确自由裁量权的行使原则、适用条件和具体幅度，制定出标准化的适用框架，从源头上防止和减少自由裁量的随意性。2017年，行政案件审核共受理2305起，办结1921起，其中警告6人，罚款74人，行政拘留645人，行政拘留并处罚款110人，强制隔离戒毒413人；刑事案件审核共受理1208起，审核立案1061起，其中刑事拘留543人，报捕469人，批捕354人，不捕115人，移送起诉438人；审核取保候审案件共125人，审核监视居住案件共149人。2017年前三季度全市执法质量考评获得一次第一名、一次第二名、一次第

2017年4月3日，特区公安局到大用烈士陵园瞻仰英烈、重温入党誓词 （六枝特区公安局供稿）

三名，总成绩排名全市第一名；命案卷宗考评被抽查两次，都获得全市第一名的好成绩。

【坚持公安改革、提高服务能力】 一是抓情报建设。增加情报工作专门力量，成立情报信息大队，进一步明确情报信息比对加工、分析研判、流转发布、处置反馈、监督考核、组织协调等任务职责，充分发挥综合情报职能，为综合性、体系化打击提供支撑。二是抓实战指挥。按照“研判准、看得见、喊得应、调得动、处得当”要求，统筹整合必要的技术手段和数据资源，提升指挥中心在资源汇聚、情指一体、情勤对接、警情处置等方面的实战中枢作用。三是抓科技应用。加快“地网”整合建设，落实内保组织条例规定的企事业单位、金融网点、金店、中小学校、场所行业、大型商场等内部监控建设100%到位。全面摸清农村大牲畜、摩托车的具体数量、分布状况，大力推进农村大牲畜技防报警和摩托车防盗设施建设。四是抓户籍制度改革。聚焦户籍人口城镇化率年度任务，紧盯户籍城镇化改革难点，顺应群众心理期盼，推出一批让易地扶贫搬迁、学生等户籍调整重点群体乐于接受的办法措施。2017年，通过办理户口登记、鼓励农村人口迁入城区城镇等途径共新增11604人，户籍人口城镇化率可达32.4%。五是抓便民服务。在继续抓好“窗口规范服务”各项要求的基础上，深入实施“窗口建设月”活动。六是抓公安“精准扶贫”。继续提升攻坚能力，在农村警务改革、农村社会稳定、治安防控建设、突出问题整治、公共安全防控、重点帮扶帮教、惠农便利措施、公安党建扶贫等8项重点工作上实现较大突破，切实把各项“精准扶贫”措施抓细抓实抓好。2017年，六枝特区公安局结对帮扶责任人（含事业编）517人，结对帮扶对象1663户。六枝特区公安局帮扶责任人“送政策”（深入基层开展扶贫政策宣讲、党的理论宣讲等）4575次，“送技能”（深入基层开展家禽产业培训、指导、帮教等）73次，“送文化”（开展送图书下乡、送电影下乡等）674次，“促素质”（帮助理清脱贫和发展思路）93条，“促脱贫”（制定脱贫发展规划或方案等）153条，“促发展”（为基层和群众办实事、办好事；化解矛盾纠纷）512起，通过开展5个月的“三送三促”工作，帮扶成效显著。

（黎　波）

◎检　察

【概况】 六枝特区人民检察院是国家法律监督机关，在六盘水市人民检察院领导下，依据宪法和法律独立行使检察权，对六枝特区人民代表大会及其常务委员会负责并报告工作。

【机构设置】 六枝特区人民检察院政法专项编制80名，工勤编制8名。设机构改革试点结束后，领导职数为检察长1名、副检察长3名、政工部主任1名、纪检组组长1名、反贪污贿赂局局长1名。内设机构领导职数22名。现有领导职数在改革试点期间通过逐步消化过渡到改革后的领导职数范围内，确保试点结束后领导职数不超。共设11个内设机构。业务机构设置：反贪污贿赂局（预防职务犯罪工作委员会办公室）、侦查监督部、公诉部、刑事检察部（举报中心）、民事行政检察部、未成年人检察部、案件管理办公室。综合管理类机构设置：办公室、政工部、信息技术部、计划财务装备部、纪检监察机构、机关党组织。

2017年9月29日，六枝特区人民检察院举行员额制检察官首次等级晋升颁证宣誓仪式

（六枝特区检察院供稿）

【坚持惩防结合，严治职务犯罪】 特区检察院强化责任担当，始终保持查办和预防职务犯罪的强劲力度，持续深入推进反腐败斗争。立案侦查贪污贿赂犯罪案件9件11人，侦查终结9件11人，移送审查起诉8件10人，移送不起诉1件1人。立案

侦查渎职侵权犯罪案件1件3人，侦查终结移送审查起诉。强化职务犯罪源头预防，扎实开展职务犯罪预防工作。2017年开展预防警示教育和廉政教育23次，预防宣传125次，发出检察建议9份，提供行贿犯罪档案查询1655次，开展预防调查14次，形成书面调查报告14份。

【整合检察优势，严查生态犯罪】　发挥“检察一体化”优势，深入推进生态环保检察专项工作。立案查办职务性生态环境资源犯罪2件，批准逮捕3件，提起公诉4件，通知公安机关立案11件。发出督促行政机关履职检察建议39份，发出修复受损生态补植复绿检察建议13份。督促落实补植复绿资金160余万元，在新场乡建立补植复绿基地，完成补植复绿造林面积250亩。办理公益诉讼诉前程序案件20件。提起行政公益诉讼2件，诉讼请求得到受诉法院判决支持，胜诉率为100%，为国家和集体挽回经济损失79万余元。

【刑事检察】　依法履行批捕、起诉职责，始终保持对刑事犯罪的严打高压态势。共受理提请批准逮捕刑事案件353件520人，批准逮捕247件349人；受理移送审查起诉刑事案件378件518人，提起公诉281件389人。突出打击非法集资、非法吸收公众存款等涉众型犯罪，严厉惩治严重暴力犯罪、多发性侵财犯罪和涉恶涉毒等严重影响群众安全感的犯罪。

【深化诉讼监督，维护司法公正】　加强立案监督和侦查活动监督。对公安机关应当立案而未立案的，依法监督立案30件36人；对不应当立案而立案的，监督公安机关撤案6件。对公安机关违法侦查行为发出《纠正违法通知书》46份，纠正漏捕犯罪嫌疑人24人，纠正遗漏罪行5桩，追加起诉11人。加强刑事执行监督。将全区417名社区矫正人员全部纳入检察监督，防止脱管、漏管。加强监管场所安全防范，及时关注在押人员思想动态，确保监管场所安全稳定。

【注重人权保障，防止冤假错案】　秉持理性平和文明规范的司法理念，认真贯彻落实宽严相济刑事政策。对证据不足的109人、不构成犯罪的11人、无社会危险性的49人（刑事和解11人）依法决定不批准逮捕。加大刑事和解力度，全年适用刑事和解作相对不起诉案件44件45人。严格执行未成年人刑事诉讼特殊保护制度，受理提请批准逮捕未成年人刑事案件23件26人，批准逮捕14件16人，不批准逮捕9件10人，不捕率为38.46%。对3名涉罪未成年人决定附条件不起诉。

2017年5月2日，特区人民检察院、林业局、森林公安局、环保局、市场监督管理局、盐务局等多个部门，在城区内开展专项执法行动，严厉惩治破坏环境资源和危害食品药品安全违法犯罪活动

（六枝特区检察院供稿）

【推进司法改革，落实员额责任】　2017年，员额制检察官共办结案件2448件，人均办案98件。发挥检察官联席会议类案参考、专业咨询、业务交流和决策服务的功能，重大疑难案件必须经联席会议讨论，共召开检察官联席会议28次，召开检察委员会会议7次，案件质量和办案效率明显提升。遵循“谁办案谁负责，谁决定谁负责”原则，制订员额制检察官、检察辅助人员权力清单，严格落实办案质量终身负责制和责任倒查问责制。

【国家监察体制改革】　按照特区党委和特区监察体制改革试点工作小组要求，认真做好思想政治工作，配合特区纪委做好机构调整、职能划转、人员转隶、案件线索移送、资料移交等工作，确保改革过程中队伍思想稳定、人心不散、工作不断。职务犯罪侦防部门拟转隶12人，已于2017年12月26日转隶到岗。

【人民监督员制度改革】　落实人民监督员制度改革有关要求，邀请人民监督员对1件拟不起诉职务犯罪案件进行监督评议。举办以“大数据引领司改，开创检察工作新未来”为主题个性化对外联络活动，邀请部分市、区人大代表、政协委员和人民监督员参加座谈，接受监督，广开言路，改进工作，切实保障人民监督员的知情权和参与权，推动人民监督员制度改革落到实处。

【司法建设】 强化案件日常管理，督促办案人员严格按照流程规范办案，向办案部门提示到期预警494次，有效做好司法办案风险防控。坚持“一案一评查，每案必评查”，实现案件评查全覆盖。2017年，开展案件质量评查26次，评查案件688件，以评查倒逼办案质效提升。

【加快科技强检，提升检务水平】 按照全省检察机关“大数据应用推进年”专项工作要求，深刻认识科技信息化在检察工作中的战略性、基础性、全局性地位，积极投入“硬件”、提升“软件”，着力推进检察大数据工作。按要求上线运行6大平台20项25个系统，实现案件网上办理、动态监控，做到全程留痕、实时预警，办案智能化程度大幅提升。

（管　娟　刘金龙）

◎法　院

【概况】 2017年，六枝法院紧紧围绕“努力让人民群众在每一个司法案件中都感受到公平正义”的目标，牢牢把握“司法为民，公正司法”主线，始终坚持司法公正、司法为民，强化审判管理和队伍建设，结合全区工作大局，切实抓好以执法办案为中心的各项工作，全力推进“平安六枝·法治六枝”建设，为实现全区经济社会发展提供强有力的司法保障。2017年全年，共受理各类案件4789件，结案4401件，结案率91.9%，一审服判息诉率88.99%。其中多项指标在全市基层法院名列前茅，未出现一起干警因违规违纪受到党政纪处分及追究刑事责任的情况发生。2017年，六枝法院获得“2015—2017年度全省精神文明建设工作先进单位”称号；执行局立全市法院集体三等功；朱琪瑨被全国妇联授予“全国维护妇女儿童权益先进个人”称号；全省优秀共产党员肖维琼参加省第十二次党代会，是全省法院系统为数不多的省党代表之一。

【机构设置】 六枝特区人民法院现有正式在编干警96人，具有法官资格的有48人，其中具有本科以上学历82人（含硕士、研究生4人）。根据工作职责，设有政工科、审判管理办公室、执行局、机关事务管理中心、法警队、办公室、研究室、监察室、书记员室、刑事审判庭、民事审判一庭、民事审判二庭、工矿与环境保护庭、行政审判庭、审判监督庭、立案庭等16个内设机构及4个人民法庭。

【职责职能】 一是依法审判法律规定由该院管辖的刑事、民事、行政等第一审案件。二是依法审理上级法院指令再审的案件；审理该院判决、裁定发生法律效力后，当事人提起再审的案件；审理经该院院长发现提交审判管理委员会决定再审的案件。三是依法审判由特区人民检察院按照审判监督程序提出抗诉的案件。四是针对案件审理中发现的问题提出司法建议。五是根据法律法规的要求，监督该院各项审判工作。六是依法行使司法执行权和司法决定权，接受上级人民法院对执行工作的统一管理，协调该院的案件强制执行工作以及相关执行案件事宜。七是组织该院同区外法院之间的司法交流活动。八是组织开展该院的思想政治和教育培训工作；管理该院的干部队伍；按照权限考核、奖惩、管理法官和其他人员；协同机构编制主管部门管理该院的机构编制工作，配合协助有关部门搞好该院离退休干部工作。九是抓好该院的监察工作和司法警察工作。十是管理该院的有关经费和物资装备。十一是负责搞好该院审判法庭和人民法庭建设。十二是在审判工作中宣传法制，教育公民自觉遵守宪法、法律。十三是承办其他应由该院负责的工作。

【刑事审判】 以群众安全感满意度为导向，依法

2017年12月21日，第二人民法庭的干警们到堕却乡中坝村二组巡回审理一起同居关系子女抚养纠纷　（吴　娟　摄）

严厉惩治各类犯罪活动，维护社会稳定，推进平安六枝建设。2017年共受理刑事案件305件461人，审结292件409人，结案率95.74%。其中：受理“两抢一盗”犯罪案件112件174人，审结112件174人；受理贪污贿赂犯罪案件12件17人，审结10件15人；受理毒品犯罪案件67件84人，审结66件82人。受理刑事附带民事诉讼案件16件，审结16件，结案率100%。生效判决中，未成年犯罪28人，其中判处缓刑5人。

【民商事审判】 坚持“尊重契约自由、强化平等保护、维护诚实守信、权利义务责任统一、实体公正与程序公正统一”的原则，化解矛盾纠纷，保障经济社会发展。受理民商事案件3218件，审结3105件，结案率96.49%。其中，调撤1963件，调撤率63.45%。民商事案件总体呈“三升二降”态势，即婚姻家庭、劳动争议和金融借款案件大幅上升，占受理民商事案件的71.8%，民间借贷、财产损害案件同比下降20.78%。为服务全区工作大局，成立“三变”改革审判庭，主动提供法律咨询服务，规范法律行为，有效防控和降低风险，妥善处理“三变”改革中的矛盾纠纷，确保法院在“三变”改革中有新作为。2017年，共协调处理涉及“三变”改革案件51件。

【行政审判】 全面贯彻落实修改后的行政诉讼法，有效处理行政争议，促进依法行政。从2015年5月1日起，六枝特区范围内的行政案件主要由钟山法院集中受理，六枝法院负责审理被诉行政机关适用简易程序当场处理的行政案件。2017年8月1日起，根据省高院的安排部署，涉及六枝、水城辖区内的环境保护一审行政案件均由六枝法院受理。2017年，共审查行政非诉案件22件，总体收案数同比上升6.38%。

【执行工作】 以“基本解决执行难”评估验收为契机，强化制度建设及组织保障，丰富执行措施，全力破解执行难问题。受理执行案件1244件，执结982件，结案率78.94%，实际执结率65.28%，标的到位率64.97%。工作开展中，区委办、区政府办联合下发《关于支持人民法院基本解决执行难工作的意见》，明确细化“基本解决执行难”的目标任务和工作要求，法院以党组1号文件出台《基本解决“执行难”的十项保障措施》，建立健全执行

2017年11月7日，六枝特区人民法院开展“重温入党誓词”活动 （李奉鲜 摄）

工作机制，全面构建党委领导、法院主办、多方配合、社会参与的“大执行”工作格局，切实破解执行难。2017年，共执结保险担保保全案件64件；通过悬赏执行成功执结积案1件、通过执行指挥中心平台研判并远程指挥重大疑难案件5件；限制出境245人，将304名失信人员纳入失信被执行人名单库；对因拒不履行生效裁判的45案46人实施了司法拘留；查封房屋47套、控扣车辆12辆；通过微视六枝公众号、法院微博和网站、金融机构显示屏等平台进行失信曝光27期270人，因惩戒和曝光迫使其中11案12人履行了法律义务；开展“春雷行动”、“飓风2017”、“夜鹰行动”等系列专项行动，执结案件61件，到位标的186万元。2017年11月15日，省法院“基本解决执行难”预评估中，六枝法院位列全省首批受检法院的第一方阵。

【信访工作】 坚持严格落实信访维稳第一责任的原则，通过主动接访、包案领导带案下访等方式，进一步做好释法答疑工作，尽力解决上访人员困难，为国家及省、市、区重大活动营造和谐、稳定的社会环境。在特区政法委的统筹协调下，在特区公安局、检察院、金融办、信访局以及相关社区乡镇的大力支持下，妥善处理了汇信行等涉法涉诉案件。2017年，共处理群众来信15件，接待重点来访人员30人次，全部化解答复；清理排查涉诉信访案件46件，化解39件，化解率85%；上级交办信访案件2件，化解1件，化解率50%。在十九大召开期间，六枝法院涉诉涉执案件实现零上访。

【阳光司法工作】 构建便民诉讼服务体系。在诉讼服务中心安装便民交款机、启用导诉仪，开通诉

讼服务网和“12368”诉讼服务热线，提供诉讼咨询、联系法官、案件信息查询、申诉信访、意见建议等诉讼服务的基础上，按照“系统化、信息化、标准化、社会化”的要求，充分运用现代信息技术，实现网上信息技术服务与窗口传统服务的对接，开放网上立案和律师网上阅卷功能，努力让信息多跑路，群众少往返，切实减轻群众诉累。2017年，共进行网上立案172件，律师网上阅卷560件。强化民生案件服务保障。强化涉民生问题的司法保护，实行涉民生案件“绿色通道”，在人民法庭推行100元以下的诉讼费免交，让经济确有困难的当事人打得起官司。对涉及群众生活、就业、住房、消费、教育、医疗等民生权益案件，实行优先立案、优先审理、优先执行，及时有效化解矛盾纠纷，切实保障和改善民生。在诉讼服务中心立案大厅设立专门的执行立案窗口，实现执行服务窗口前移，负责办理执行案件的立案、财产查控、分案及日常的信访接待工作，减少中间工作环节和误差，提升执行工作效率。2017年，启用绿色诉讼通道审理案件共57件，减、缓、免交诉讼费23.94万元，执结涉及民生的案件347件。提升人民法庭服务水平。为适应法庭优化设置后的司法需要，六枝法院举全院之力加大投入，实现科技法庭全覆盖，强化人民法庭的规范化、规模化、标准化建设，切实提升服务群众的质量和水平。以人民法庭为基点和纽带，完善巡回审判机制，扩大巡回审判范围，将巡回审判延伸到人民群众最需要的地方，在第一时间、第一现场处理好关系群众切身利益的问题，打通司法服务群众“最后一千米”，努力解决偏远地区群众诉讼难。1月以来，共巡回审理各类案件980件。

【队伍建设】　坚持大党建工作思路，以党建带队建，以队建促审判，努力建设忠诚、干净、担当的法院队伍，为做好人民法院各项工作提供有力的组织保证。加强思想政治建设。以政治为统领，在全面推进“两学一做”学习教育常态化制度化基础上，把学习宣传贯彻中共十九大精神和习近平总书记重要讲话精神作为首要政治任务，确保党对法院工作的绝对领导。开展以“不忘初心，牢记使命，感恩奋进，砥砺前行”为主题的演讲比赛等活动，让中共十九大精神和习近平总书记的重要讲话精神根植于干警心中，转化为司法为民的自觉行动。加强司法能力建设。以培训为重点，大力加强教育培训工作，推进法院队伍正规化、专业化、职业化建设，完善人才培养和用人机制，不断提高司法能力水平。

2017年3月7日，民盟六盘水市委、六枝特区妇联到六枝法院调研并开展联谊活动　（杨　娟　摄）

在全面落实上级法院和有关部门统一培训规划的基础上，加强与省内外法院系统的学习交流，实现资源共享，促进共同提高。2017 年，共组织参与培训 35 期 158 人次，与省内外法院进行座谈交流 7 次。同时以运行“四位一体”从严管理干部试点为契机，明确目标责任，强化日常管理，客观公正评价，促进干警政治思想及能力的全面提升。

【党风廉政建设】 以预防为先导，全面落实党风廉政建设的主体责任和监督责任，坚持把纪律和规矩挺在前面，推进岗位腐败风险防控机制建设，始终以零容忍的态度惩治司法腐败，纯洁法院队伍。实行审务督查常态化，纠正违反“中央八项规定”和“四风”方面存在的问题，落实约谈常态化，做到抓早抓小，最大程度杜绝“六难三案”（“门难进、脸难看、事难办”“立案难、诉讼难、执行难”问题和“人情案、关系案、金钱案”问题）现象，不忘初心，使法院工作更加符合社情民意。2017 年，共进行审务督察、机关纪律作风及会风会纪督察 17 次，下发督察通报 17 期，对 4 名干警进行提醒谈话，对 1 名干警进行诫勉谈话。

【文化建设】 以创新文化平台为支撑，在全面开启“13579”文化建设常态化工作机制的基础上，丰富文化活动载体，提升干警文化素养，以优秀的法院文化凝聚干警的向心力。在建党 96 周年之际，以“铭记历史，不忘初心”为主题，开展“五个一”系列文化活动，弘扬党的丰功伟绩，唱响时代主旋律。2017 年 11 月 7 日，在大用烈士陵园开展重温入党誓词活动，激励广大党员干警不忘初心，牢记使命。

【亮点工作】 根据特区党委和上级法院的统一部署，六枝法院的司法体制改革工作坚持顶层设计与探索创新相结合，稳步推进，积极探索。在推进司法体制改革工作中，在完成常态改革工作的基础上，重点创新推进以下特色亮点工作：在民商事审判方面，重点运行“321”动态梯度式案件繁简分流机制，案件繁简分流机制进行以来，速调团队调撤率为 99.6%，平均结案周期为 4.14 天，较之前案件周期减少 28 天；实现减少群众诉累、缩短办案周期，调解撤诉率上升、司法效率上升、群众满意率上升的“两减三升”目标；2017 年 6 月，贵州省高院将六枝法院“动态梯度式”案件繁简分流经验作为贵州四个典型经验之一上报最高人民法院；在刑事审判方面，作为贵州省试点法院，在推进以审判为中心的刑事诉讼制度改革工作中，出台《六枝特区人民法院以审判为中心的刑事诉讼制度改革实施方案》，在非法证据排除、庭前会议、案件繁简分流方面积极探索，确保在刑事审判中正确应用法律，在惩治犯罪同时，保障无罪的人不受刑事追究；为推动该项改革，出台《六枝特区人民法院轻微刑事案件表格式刑事判决书适用方案》等系列工作规范并取得初步成效；在执行工作方面，作为贵州省“基本解决执行难”的首批法院，积极推进执行联动机制和失信人员惩戒机制建设，运行悬赏执行机制，破解“执行难”问题，充分保障申请执行人合法权益。工作开展中，创造探索执行案件“体检”方式，进一步规范执行行为，保证案件质量，得到省、市法院的肯定并推广。

（办公室）

◎ 司法行政

【概况】 六枝特区司法局属于政府职能部门，成立于 1980 年 12 月，内设办公室、政工科、法制宣传股、律师公证工作管理股、法律援助工作股（特区法律援助中心）、基层工作股（政务服务股）、社区矫正工作办公室、法规股、司法鉴定股 9 个职能科（股、室），下设九龙、银壶、塔山、郎岱、关寨、牂牁、龙河、岩脚、落别、大用、木岗、新场、

2017 年 9 月 8 日，特区司法局到新场乡落龙村开展“法律进乡村”法治宣传活动暨宣讲《中华人民共和国人民调解法》活动 （六枝特区司法局供稿）

中寨、牛场、梭戛、新华、新窑、月亮河18个基层司法所，主要从事法治宣传教育、法律服务、人民调解、法律援助、律师公证、社区矫正等工作。2017年，紧紧围绕特区党委、政府中心工作，按照“平安六枝”建设目标，主动适应新常态，充分发挥司法行政工作的职能优势，扎实开展人民调解、法治宣传、社区矫正、安置帮教、法律服务和法律援助等工作，为维护全区社会和谐稳定作出积极贡献。

2017年9月8日，特区司法局到新场乡落龙村开展“法律进乡村”法治宣传活动现场

（六枝特区司法局供稿）

【法治宣传教育】 以“法律十进”为载体，开展各类法治宣传教育活动500余次。开展城市房屋征地拆迁法治宣传教育14场次，开展涉及房屋拆迁、医疗纠纷、交通事故、拖欠农民工工资等集体信访上访事件法治宣传27场次。印发《宪法》20000册，购买《中华人民共和国民法通则》10000份，提供法律咨询700余人次，法治展板展出60余场次，不断扩大群众受教育面。

【人民调解】 六枝特区各级人民调解组织共调解各类矛盾纠纷1036件，调解成功1022件，调解成功率98.6%，引导达成调解协议双方当事人申请司法确认1件。补贴调解纠纷案件1040件，补贴金额17.35万元。

【安置帮教】 六枝特区共建立安置帮教小组256个，帮教工作人员1012人，形成区、乡镇、村（社区）三级网络，实现机构建设规范化。2017年，六枝特区共收到刑满释放人员通知书583件，接回重点“必接人员”144人，返乡300人，安置130人，帮教300人。

【社区矫正】 2017年，六枝特区累计接收社区服刑人员1347人，累计解除社区服刑人员1107人。现有在册社区服刑人员240人，其中缓刑199人，暂予监外执行13人，假释28人。对265名犯罪嫌疑人或被告人进行审前评估，为法院依法裁决提供依据。

【法律援助】 2017年，共审查受理法律援助案件445件，其中民事案件356件、行政案件2件、刑事案件87件（申请辩护4件，指定辩护83件，涉及侦查阶段31件、审查起诉阶段35件、审判阶段21件）。受援人数445人，其中涉及老年人65件，妇女93件，农民工67件，残疾人32件。接待咨询676人次。协助特区政府处理信访纠纷34件。案件回访群众满意率100%，法律援助案件办理实现“零投诉”。

【律师公证】 六枝特区律师事务所律师代理各类诉讼案件162件，其中，民事案件96件、刑事案件9件、行政案件4件、法律援助案件53件，担任法律顾问3家，收费共计72.6万元。成功申办6名公职律师、3名公司律师。公证处共办理各类公证事项730件，其中：民事684公证件，经济公证46件，接受援助中心指派的法律援助公证案件17件，接待法律咨询2216人次，接待来访3997人次，为经济困难户减少公证费214件，公证回访179次，调解纠纷29件，办理公证事项涉及金额1000万元，公证业务收费47万余元。

【基层法律服务】 2017年，大力推进六枝特区基层法律规范执业活动，进一步规范财务管理、卷宗内容及装订、处罚等行为，对合格所和个人进行年检注册初审。5月3—5日组织全区4个法律服务所31名基层法律工作者开展业务培训。

【脱贫攻坚】 根据精准扶贫工作要求，特区司法局安排2名第一书记进驻新场乡落龙村及沙地村，帮扶63户扶贫户，建档立卡63户；要求全局干部职工每月至少到村走访帮扶对象2次，通过宣传政策、产业帮扶、小额信贷等方式，加大帮扶力度。同时，结合司法局职能，通过与帮扶对口村共建党支部，创建民主法治示范村，制作扶贫宣传片，强化帮扶效果，顺利完成2017年的脱贫任务。

（杨　维）

经济监督与管理

◎ 国土资源管理

【概况】 1987年成立特区土地管理局，由土地管理局依照《中华人民共和国土地管理法》及相关法律法规的规定履行土地管理职能。1993年8月，特区土地管理局与环保局、地矿局合并，成立特区国土资源管理局。1994年8月，特区国土资源管理局、环保局和地矿局分别从国土资源管理局分离出来，由国土资源管理局履行土地管理职能。2002年，特区国土资源管理局与地矿局合并，成立特区国土资源局。2005年，按照党中央、国务院的部署，进行了省以下国土资源管理体制改革。改革后的特区国土资源局属特区人民政府的工作部门，实行双重领导体制、以上级国土资源部门管理为主，除副科级以上领导干部由市国土资源局党组任命和管理外，其他经费、机构、编制、人事、组织等事宜仍属特区人民政府，乡（镇）国土资源所属国土资源局的派出机构。

2017年6月26日，特区党委书记杨昌显（前排左一）到郎岱镇检查地灾防治工作

（六枝特区国土局供稿）

【机构设置】 根据特区人民政府核定的《六枝特区国土资源局（六枝特区测绘管理局）职能配置和人员编制规定》，特区国土资源局依法履行土地、矿产、测绘、地质环境行政管理各项法定职能，现机关内设6个行政职能股室〔办公室、规划测绘股、耕地保护与建设用地股（地籍管理股）、地质环境股、矿产资源管理股、政策法规股〕和7个事业单位（国土资源执法监察大队、土地勘查规划所、地籍管理站、国土资源储备交易中心、土地开发整理中心、地质灾害防治中心、不动产登记中心），派出18个国土资源所（各乡、镇、街道分别派驻1个）。六枝特区国土资源局现有在职职工116人，其中行政9人，参公管理3人，全额事业81人，自收自支事业23人。

【深化改革】 办结农村村民建房711宗，面积85237.35平方米。积极推进农村房地一体确权登记发证工作，落别乡作为房地一体确权登记试点乡镇，现已完成3个村航拍数据采集、分析。实现“停旧发新”。受理办结不动产登记业务7702件，出具不动产登记证明6272份，颁发不动产权证书1430本。完成不动产登记土地、房屋“落地挂宗”23895户。

【小康社会建设】 完成以县为单位全面建设小康社会指标，耕地保有量指数为103.53%，达到≥100的指标要求；单位GDP建设用地占用面积49.4252公顷，低于基准80公顷水平。

【土地整治工作】 开展六枝特区1480人、涉及10个“村民自建”的土地整治工作。建设规模12274.23亩，预计建成高标准农田9086.07亩，新增耕地43.263亩，已全部竣工。

【环境保护工作】 对六枝特区28个砂石矿山、27对煤矿企业编制了《矿山地质环境治理恢复方案》和《矿山土地复垦方案》；对11对复工复产的煤矿企业、在建及生产的21家非煤矿山企业开展超层越界开采专项检查；完成第三轮矿产资源资源规划初稿编制上报工作；获批3个中央资金地质灾害治理项目，批复资金2000万元；投入县级资金117.27万元治理15个小型险情危急的地质灾害隐患点；投资230.05万元治理1起突发性地质灾害点。

【其他工作】 扎实开展“平安单位”创建相关工作，2017年来发生一起涉及黄赌毒案件，未发生特大案件和恶性事故，未发生群体性事件和其他刑事案件，也未发生国土资源领域严重影响六枝特区稳定和发展的重大问题。

【地灾防治工作】 六枝特区168处地质灾害隐患全年未发生造成人员伤亡和重大财产损失的地质

2017年4月26日，全区地质灾害防治工作暨地质灾害防治业务培训会 （六枝特区国土局供稿）

灾害。处置险情16起，组织群众撤离避让314户1204人。成功对中寨乡小补王村马宗岭地质灾害进行了险情避让，保护了10户25人的生命安全。中寨国土资源所被贵州省国土资源厅授予地质灾害防治工作“先进集体”称号。

【土地报批工作】 2017年建设用地计划报批147公顷，上报197.8892公顷，完成计划数的135%；获批2016年度上报的用地138.6534公顷，与同期相比，增加25.7531公顷，同比增加22.81%。

【土地征收工作】 2017年计划完成征地任务2300亩，实际征地2908.2724亩，完成计划数的126.45%，涉及30个项目。

【土地收储、出让工作】 完成储备3080亩；出让土地20宗，面积359.35758亩，成交价款2.2978亿元，面积同比增加114.25%，成交价款同比增加70.46%。

【耕地保护工作】 完成102.9174公顷已批不具备开发条件国有建设存量土地调整，节约用地报批费用约1.7亿元。

【农村集体建设用地使用权确权和宅基地使用权确权工作】 完成农村集体建设用地使用权确权365宗，面积13.07公顷；宅基地使用权确权74107宗，面积1234.55公顷。

【2016年度土地矿产卫片执法监督检查工作】 国土资源部下发六枝特区2016年度土地变更调查遥感监测图斑共413个，面积8369亩。最终核定违法图斑49个，涉及12个违法案件，违法用地总面积198.34亩（耕地面积141.18亩），违法占耕比为8.06%，已全部处罚到位。下发矿产疑似违法图斑5个，经实地调查核实，5个图斑全部判定为伪变化，已举证并通过审核验收。

【固投工作】 亿元项目完成投资8.17亿元，新增亿元项目已报入库任务5个，圆满完成任务。

【招商引资工作】 引进省外3000万元以上项目4个，到位资金2.405亿元，圆满完成任务。

【亮点工作】 2017年5月4日，在岩脚镇锦钟村老鹰窝组举办2017年六盘水市地质灾害应急处置示范性演练；为六枝特区172名监测人员每人购买了200元的人身意外保险；在六枝特区承办全市第四届旅游文化产业发展大会工作中，被评为“先进集体”。

（李顺燕）

◎ 市场监督管理

【概况】 2017年，六枝特区市场监督管理局紧紧围绕特区党委、政府的中心工作，主动适应改革发展新常态，进一步深化市场监管体制改革，强化队伍建设，深入开展市场准入，大力扶持微型企业，加强食品、药品和特种设备安全监管，推进质量发展建设和品牌建设，开展执法打假、打击传销、计量检定等工作，都取得明显成效。

【市场主体培育】 继续贯彻落实商事登记制度改革的一系列措施，放宽市场准入条件，大力培育市场主体。2017年共登记市场主体5335户，其中个体工商户4135户，企业1200户，市场主体户数增长速度25.75%。

【微型企业发展】 2017年共发展微型企业302户，超额完成市政府下达的微型企业发展指标任务，注册资金1.13亿元，带动就业1100人，兑现财政补助资金145户，共计金额652.5万元。

【食品安全监管】 2017年六枝特区共有食品生产企业28户，持有营业执照的小作坊35户，食品流通经营户1605户，餐饮单位1743户，根据年度食品抽检计划，共抽检2806批次，其中农业局2031批次，市场监管局755批次（含省市委托第三方抽检）食用农产品240个批次，合格239个，合格率99.6%，公示率100%，发布抽检信息11期；食品流通环节共抽检172个批次，不合格3批次，合格率98.3%；餐饮环节46批次，不合格1个批次，合格率97.82%；生产环节18个批次，合格率100%；对不合格食品后处置率达100%。

2017年4月29日，六盘水市市场监管局观摩牂牁镇三十二坊示范街

（六枝特区市场监督管理局供稿）

2017年3月14日，特区党委书记杨昌显（右一）率队检查节前食品安全检查工作

（六枝特区市场监督管理局供稿）

【药械安全监管】 按照全市的药品抽检方案，六枝特区药品监督抽样100批次，快检200批次，社区、乡镇抽验覆盖率达100%，村卫生室监督覆盖率达到100%。抽样及快检单位涉及县级医院1家，乡镇卫生院14家，民营医院9家，村卫生室1家，诊所1家，药品经营企业35家，乡、镇药品监督抽样覆盖达100%。100批次药品抽样中：中成药52批次，化学药品37批次，中药饮片11批次，监督抽样率达100%，药品抽样合格率99%，现收到药品检验报告书100份，其中：不合格中药饮片1批次，已立案查处。检查涉药单位795家次（其中：医疗机械325家次，药品经营企业470家次）。结案30起，罚款31.36万元。

【设备安全监管】 制定《特种设备日常监督检查计划》，2017年共检查特种设备使用单位62家，抽查特种设备252台（套），排查安全隐患21起，排查出的特种设备安全隐患已全部整改到位。开展特种设备安全生产隐患“大排查”专项监督检查，共排查企业340家，排查安全隐患150条，下发指令书54份，立案3起。2017年上述隐患已整改到位，隐患整改率100%。超额完成创建省级电梯安全管理示范城市的工作指标，六枝特区被评为优秀等次，综合评分103.7分，顺利通过创建省级电梯安全管理示范城市验收。

【品牌建设】 一是积极引导扶持，扩大商标注册量，完成特区政府“十三五”主要目标任务分解。共引导“谷大夫”、“凉都云”、“黔中半岛”等50件商标申请注册，引导牂牁江假日酒店办理“牂牁江”商标及九层山土特产开发有限公司办理“郎岱”商标转让。二是开展2017年度贵州省著名商标认定推荐工作。共收集7家贵州省著名商标申请材料，申请认定商标为“郎岱凉粉”、“中黔阳光”、“隔夜香”、“SNCV神贵”、“CJX”、“岩脚”、“廻龙溪”，其中前5家为新申请认定，后2家为延续认定。三是顺利完成岱翁杨梅、九层山茶、郎岱猕猴桃、六枝魔芋四个国家地理标志产品的保护申报工作，使六枝特区地理标志产品保护数量排位六盘水市第一。

【计量检定、校准】 按照计量器具周检计划进行检定，2017年共检定13个单位汽车衡31台（件），调试12台；15个单位天平46台（件）；7个单位电子计价秤366台；14个单位台案秤88台（件），调试47台；35个加油站加油机265枪，调试227枪，复检8枪；12个单位的混凝土拌和站23组204台配料秤，调试90台；3个单位的血压计142台，修理调整67台；6个单位的压力表93台；2个单位戥秤7把；3个单位电子吊秤6台。检定计量器具1289台（件），比2016年同期增长10%。

【案件查办及消费维权工作】 办理行政处罚案件215件，辖区未出现系统性、集中性、区域性、行业性的制售假冒行为；受理消费者投诉、举报128件，挽回经济损失46.27万元，确保六枝特区经济建设持续健康发展。

2017年3月15日，市场监管局“3·15”宣传活动现场 （六枝特区市场监督管理局供稿）

【打击传销规范直销暨创建“无传销城市”评估验收】 通过查阅资料、现场查看、听取汇报等方式对各乡（镇、社区）进行评估验收，完成了2017年创建“无传销乡（镇）、村（居）”示范数分别不低于辖区乡（镇）、村（居）总数的30%工作目标，并在政府网站上进行公示。

【食品安全示范创建】 一是制定工作方案，成立六枝特区创建国家食品安全示范城市领导小组，主要负责创建工作的组织协调、宣传发动、督导检查等日常工作。全区共有各类餐馆、学校食堂等餐饮服务单位1743家，实行量化分级总户1156户；食品生产企业27家，其中A级风险等级企业6家、B级风险等级企业18家、D级风险等级企业3家。已创建桃源新区1条餐饮服务示范街，六枝特区四中、五中、纽绅中学被省食药监局评为餐饮服务示范单位。二是正在创建的示范学区食堂初步整治已经完成，资料已基本完善，已在申报中；示范街彩虹湾规范整治已完成、设施设备已完善，已进入验收阶段；嘉年华示范农贸市场制度、台账、入场销售档案已基本完成，基础设施设备、划行规市等已经规范，正在逐步完善；示范超市（阳光超市、佳惠超市）、示范店（新干线六分店）、示范农贸市场（嘉年华农贸市场）工作已经完成、正在筹备快检室；示范乡镇（牂牁镇创省级示范乡镇、落别乡创市级示范乡镇）牂牁镇已经完成创建，并在10月16日召开示范乡镇观摩会；落别乡主要街道已经完成，正在逐步完善中；示范企业岩脚大畅面业已通过验收；2个农业示范园区（郎岱、大用）建设已完成。

（卢　芬）

◎审　计

【概况】 2017年，共完成特区本级财政预算执行及其他财政收支等审计项目22个，其中：政府性投资自审项目11个、财政管理审计项目5个、经济责任审计项目2个、专项资金审计项目2个、民生审计项目2个。查出违规金额0.0041亿元，管理不规范金额0.6983亿元。对查出的问题，依法进行相应处理，其中：应上缴财政资金0.5243亿元，应归还原渠道资金0.0116亿元，应调账处理金额0.0231亿元，促进增收节支0.5262亿元，挽回（避免）损失0.0279亿元，核减固定资产投资2.7069亿元。移送纪检案件线索1件，移送主管部门处理事项1件。向被审计单位提出审计建议53条，现被采纳42条。

【机构设置】 2017年1月，六枝特区审计局人财物由省统一管理，包括行政机关单位1个（六枝特区审计局）、参公事业单位1个（六枝特区固定资产投资审计中心）。其中，六枝特区审计局（正科级行政单位）行政编制14人，实有人数10人，内设6个股室，分别为办公室、政策法规股、财政金融审计股、行政事业审计股、经济责任审计股、社会保障审计股。六枝特区固定资产投资审计中心（正股级参公事业单位），事业编制11人，编制内实有人数8人。

2017年6月20日，特区审计局实地查看正在修建的新场乡白果村1.2千米通组公路

（六枝特区审计局供稿）

【财政预算执行及其他财政收支审计】 2017年，特区审计局对特区2016年度财政预算执行和其他财政收支情况进行审计，并延伸审计地税、司法局、部分乡镇决算及其他财政财务收支情况。在审计中发现以下问题：一是受营改增等政策因素的影响，本级收入在上年基础上减少了3818万元；二是收入来源不稳定，一次性税源占收入比重较大；三是预算执行不严，六枝特区财政局下达2016年农业局专项补助资金预算2532.74万元，2016年财政拨付资金1927.94万元，预算执行率仅为76.12%；四是往来款项清理不及时，发现财政局基建专户项目前期费、收回水投公司注册资金、旧院水库借款等挂账2176.10万元超过3年以上未清理；五是特区教育局和财政局保障性住房专户非税收入2964.21万元未及时上缴国库；六是六枝特区住房和城乡建设局违规多收取存量住房交易手续费5.46万元尚未退还等问题。

【政府性投资审计】 完成政府性投资结（决）算审计项目312个（含委托中介审计），审计总金额21.2014亿元，核减投资2.7069亿元。移送纪检监察机关及主管部门处理事项1起。

【专项资金审计】 以维护民生，促进和谐社会建设为目标，加强对关系经济社会发展、涉及人民群众切身利益的部分专项资金审计。组织实施特区2015年石漠化治理项目和特区2016年粮食增产工程项目2个专项审计。并抽出人员参加纪检监察机关组织的民生项目专项检查。

【重大政策措施落实情况跟踪审计】 全力配合省、市审计机关持续对“稳增长、促改革、调结构、惠民生、防风险”政策落实情况跟踪审计。通过对23个方面涉及的27个单位审计，加快项目审批或实施进度项目10个，促进完善制度51项。完成六枝特区关寨镇党政主要领导2015至2016年度自然资源资产责任试点审计。抽10人参加全省易地扶贫搬迁跟踪审计，高质量完成审计任务。

【狠抓党风廉政建设，确保廉洁从审】 一是严格遵守党的政治纪律、组织纪律、廉洁纪律、群众纪律、工作纪律和生活纪律，在任何时候、任何情况下都要保持清醒的政治头脑和政治本色，决不能触犯政治纪律和政治规矩的“红线”和“底线”。二是要认真履行党风廉政建设“主体责任”，高标准履行“一岗双责”，以严的标准落实“主体责任”，以严的要求管理约束干部，加强廉政风险防控，带头纠正“四风”，在落实中央八项规定和实施细则精神、持续改作风转作风上当好表率。三是要有效发挥审计监督职能，树立大人才观、大审计观、大格局观、大发展观，着力推进审计全覆盖，加强审计质量建设，依法进行审计监督，充分发挥审计在党和国家审计监督体系中的重要作用。四是建章立制约束从审行为。不断完善机关管理制度和审计业务制度，通过关注审计权力运用的主要程序、关键环节、重点部位，建立具有针对性、预防性、有效性的权力约束机制。严格执行中央"八项规定"，省委、市委、区委"十项规定"，省委"十严禁十不准"以及审计纪律"八不准"等规定，规范审计人员的职责行为，提高审计人员自我防范的免疫力。

【脱贫攻坚、精准脱贫】 一是派出1名党组成员、副局长到新场乡白果村驻村任第一书记，2名业务骨干分别到新场乡白果村和旧院村驻村。二是加强和组织单位干部职工完成结对帮扶贫困户的走访和一户一档资料的完善，引导各帮扶责任人根据各自的情况拟定帮扶措施并进行落实。三是从特区审计局争取9万余元支持村"五小"（小食堂、小澡堂、小宿舍、小厕所、小图书室）工程建设，并有效化解2013年村活动室建设时遗留下来的群众上访问题。四是积极争取特区扶贫、财政、文广、交通、国土供电、电信等单位和部门，投入100余万元新建村岩九组到岩二组通组公路一条；投入10余万元完成岩三组、八组、九组的串户路；投入20余万元建成白果村地质灾害避险场所；投入30余万元建设白果村蔬菜基地；争取到省电信公司投入40余万元建设村宽带和移动通信设施等等。五是帮助贫困户用足用活"特惠贷"政策，引导123户贫困户申请"特惠贷"资金1350余万元入股平台公司参与分红和小规模发展养殖业。六是用足用活"三变"改革政策，推进全村产业发展，动员和发动群众建设500余亩的蔬菜基地并完成了120亩的蔬菜种植，组织村支两委及农村致富带头人到水城县青林乡考察人参果种植技术并引导群众成功试种3亩，有序推进1600亩的刺梨种植，有效带动贫困户脱贫致富的积极性。七是1户贫困户之子车祸后，帮其协调社会组织捐赠和特区民政急难救助等解决21200元。八是争取特区审计局解决6000元资助3名就读大专的贫困户学生等。

2017年1月25日，特区审计局党组书记、局长何兴品（左一）在白果村组织召开脱贫攻坚群众工作会　（六枝特区审计局供稿）

（谢永东）

◎统　计

【概况】 1978年，六枝特区统计局成立，是主管全区统计和国民经济核算工作的特区人民政府工作部门。内设4个股室，即办公室、综合核算股、政策法规股（投资股、服务业股）、工农业能源股。下设1个正科级事业单位，即六枝特区乡镇统计管理办公室，1个正股级事业单位，即六枝特区统计信息中心。六枝特区乡镇统计管理办公室内设综合股和小康监测中心，下设派驻19个乡（镇、社区）统计站。全局核定行政编制9名，事业编制73名（其中信息中心8名，乡镇统计管理办公室65名），共82名。现实有在职人员71名，其中行政编制9名，事业编制62名。

【常规统计工作】 一是完成统计年定报工作。二是开展各项统计专项调查。2017年在完成各项统计报表任务的基础上，全面完成了"一套表"单位年报、季报、月报任务，完成GDP核算及投资、商贸、农业、劳动工资、贫困监测、农业月季报和名录库维护等常规统计调查任务。圆满完成规模以下工业、限额以下商业、服务业、劳动力抽样调查、住户调查、1%人口抽样调查、非公经济人才调查等多项调查任务。三是提升统计服务水平。精心编印各种统计资料。发布《2016年国民经济和社会发展公报》，为特区党委、政府各部门印送《2017年领导干部手册》。坚持办好每月一期的《综合统计信息》，2017年共11期，成为特区党政领导和相关部门掌握全区经济形势，了解统计法律法规知识的重要渠道。

【经济指标完成情况】 2017年，地区生产总值完成184.26亿元，为年度目标任务183亿元的100.7%，同比增长12%，增速低于年度目标任务1个百分点，人均GDP达36650元。

2017年4月20日，六枝特区三农普数据核查现场
（六枝特区统计局供稿）

【第一产业经济指标完成情况】 第一产业增加值完成35.01亿元，为年度目标任务35.2亿元的99.5%，同比增长6.6%，增速低于年度目标任务0.4个百分点，畜牧业增加值占农林牧渔业增加值比重为25%，低于年度目标任务2.7个百分点。

【第二产业经济指标完成情况】 第二产业增加值完成58.45亿元，为年度目标任务60.6亿元的96.5%，同比增长11.4%，增速低于年度目标任务1个百分点。工业增加值完成48.35亿元，为年度目标任务49亿元的98.7%，同比增长10.9%，增速高于年度目标任务0.8个百分点，其中，规模以上工业增加值完成34亿元，为年度目标任务32亿元的106.3%，同比增长12.2%，增速高于年度目标任务1.2个百分点。

【第三产业经济指标完成情况】 第三产业增加值完成90.8亿元，为年度目标任务87亿元的104.4%，同比增长14.6%，增速低于年度目标任务1.4个百分点。

【投资工作经济指标完成情况】 500万元及以上固定资产投资完成238.9亿元，为年度目标任务235亿元的101.7%，同比增长21.7%，增速高于年度目标任务1.7个百分点，产业投资占固定资产投资比重为35.3%，低于年度目标任务0.7个百分点。

【消费品经济指标完成情况】 全社会消费品零售总额完成45.78亿元，为年度目标任务46亿元的99.5%，同比增长11.9%，增速低于年度目标任务1.1个百分点。

【居民收入经济指标完成情况】 城、乡居民人均可支配收入分别达25826元、8698元，分别为年度目标任务26276元、8845元的98.29%、98.34%，增速分别为10.1%、10.4%，增速分别较年度目标任务低1.3个百分点、1.6个百分点。

【财税金融经济指标完成情况】 六枝特区一般公共财政预算收入完成13.01亿元，为年度目标任务的13.04亿元的99.8%，同比增长5.27%，增速低于年度目标任务0.23个百分点，地方税收收入占一般公共预算收入比重为76.6%，高于年度目标任务0.6个百分点，人均一般公共预算收入达2581.35元；税收收入（全口径）完成15.11亿元，为年度目标任务的12.33亿元的122.5%，同比增长15.33%，高于年度目标任务8.73个百分点；12月末，金融机构人民币存、贷款余额可分别达172.66亿元、143.13亿元，同比增速分别为22.75%、12.69%，增速分别低于年度目标任务7.25个百分点、17.31个百分点。

【脱贫攻坚】 2017年初，为精准扶贫结对帮扶联系点新华镇新寨村和新坪村20名困难党员、贫困户等送去棉被25床、棉衣25件、大米15袋、面粉15袋；春节为新华镇新寨村和新平村21户贫困户送去10600元，其中8000元人民币从统计局工作经费中拨付，2600元人民币为职工筹集。6月30日，开展"党建带团建·扶智青春"募捐活动，共募捐扶贫款1620元；10月17日开展"邀您一起：为深度贫困地区贫困群众奉献爱心"募捐活动，共募捐扶贫款2400元。根据相关文件精神，自2017年4月16日起，统计局负责关寨镇居都村、上寨村、西克村三个村的驻村帮扶工作以及新华镇成功村、新寨村结对帮扶工作。

【驻村工作】 特区统计局为居都村、西克村、上寨村每个村拨付10000元驻村工作经费，拨付2000元计生人文关怀基金。开展"三送三促"活动，累计为贫困户送扶贫政策宣传手册、养殖技术手册、法律法规宣传手册等各类宣传手册共计350余份，送文化演出1场。认真指导居都村后进村党支部积极整改，帮助居都村党支部建立各项规章制度，为居都村后进党支部整改解决工作经费10000元。为上寨村解决5000元工作经费用于维修村委活动室等。利用多种宣传手段，为广大群众宣传国家相关政策等。利用院坝会、"龙门阵"、走访贫困户等形式，积极向广大群众宣传国家相关政策、宣讲“十九大”及习近平总书记系列重要讲话精神，为开展扶贫工作打下坚实的思想基础。

【结对帮扶工作】 2017 年，特区统计局脱贫攻坚结对帮扶包保点为新华镇成功村和新寨村共计 47 户，204 人。贯彻落实“春季攻势”行动令等各项会议精神，积极开展领导干部大回访、贫困户信息大核查工作，要求结对帮扶人走访包保户每月不低于 2 次；并在夏季农忙季节为贫困户送去化肥资金、秋季送去秋冬种良种补贴，共计 18800 元，为他们的生产提供保障。创新发展思路，与部分包保贫困户签订生猪养殖协议，通过提供猪仔、贫困户养殖后出售，继续养殖生猪的循环模式来提高贫困户收入，2017 年，统计局共出资 42000 元，为包保的特别贫困户购买生猪 16 头，一般贫困户购买生猪 66 头。

【党风廉政建设】 一是将党章、党风廉政建设有关的党纪法规和中央八项规定、贵州省党员干部纪律“十严禁”、作风“十不准”的精神纳入了学习的重要内容；二是在机关办公楼廊道内设置廉政文化宣传图片 28 块；三是领导班子研究分析 2017 年党风廉政建设及反腐倡廉工作 4 次；四是严格落实党风廉政建设主体责任，将党风廉政建设列入重要的议事日程，按照“一把手”负总责、分管领导“一岗双责”的原则，将党风廉政建设责任制与各项业务工作有机结合。组织全局干部职工签“党风廉政建设责任书”；五是认真开展党风廉政建设工作会，对党风廉政建设工作进行安排部署；六是认真贯彻落实党员干部约谈常态化工作，党组主要负责人约谈班子成员、班子成员约谈分管范围内的干部职工；七是认真贯彻落实党内监督条例，坚持民主集中制原则，严格执行“三重一大”集体讨论决定制度；八是积极开展党务、政务公开，创造透明、公正、清廉的工作局面，主动接受监督；九是向特区纪委报告领导班子成员季度履职及廉洁自律情况 4 次。

2017 年 7 月 3 日，特区统计局到新华镇开展“三送三促”活动 （六枝特区统计局供稿）

【“两学一做”学习教育实践活动】 一是制定支部学习计划，每月按时开展集中学习会议、支部讲党课，学习党章党规、学习习近平系列讲话精神等；二是结合该局“多彩贵州文明行动”及“四创”工作实际，深入开展党员志愿服务活动。

【第三次全国农业普查工作】 第三次全国农业普查工作重要分为宣传准备、数据采集和审核验收三个阶段。经过前期的精心准备和大力宣传，“三农普”工作共登记普通农户 121422 户、规模农业经营户 173 户、农业经营单位 2566 个，全面完成六枝特区 18 个乡（镇）、街道，231 个行政村普查表的填报工作，所有数据于 2017 年 5 月 19 日全部验收完毕。

【创建同步小康达标县】 2017 年，1—3 季度，地区生产总值完成 123.32 亿元，按可比价计算，比上年同期增长 12%，在全市四个县区中位列第一；1—10 月，规模以上工业增加值比上年同期增长 12%，增速在全市 4 个县区中位列第一，高于全市平均水平 1.5 个百分点；城镇居民人均可支配收入 18520 元，增速 9.7%，增速在全市四个县区中排第 1 位；农村居民人均可支配收入 6152 元，增速 8.7%。2016 年度全面小康实现程度达 93.4%、超过省级验收标准（90%）3.4 个百分点，“三项核心指标”全部达标。2017 年 11 月，经过前置指标审核、人民群众认可度测评和实地验收等环节，六枝特区各项指标均达标并顺利通过省小康办实地验收，现被省小康办拟认定为同步小康达标县。

（郑延鹏）

◎ 经济和信息化

【内设机构】 经济和信息化局内设 10 个机构：办公室（政务服务股）、信息化推进和管理股、经济运行和规划投资股（含工业“百千万”管理办）、企业股、行业管理与资源节约股、贸易市场与经济协作股、储备管理和调控股、煤炭股、非煤能源股、电商办。

【工业经济情况】 规模以上（2000万元）工业总产值预计完成75.01亿元，占计划数72.8%，同比增长58.4%，其中规模以上（2000万元）工业增加值预计完成30.25亿元（待评估），增速11.9%。规模工业企业入库13户、差任务4户，占涉市目标计划数76.5%。

【社会消费情况】 社会消费品零售总额预计完成40.02亿元，与全年同期相比增加14.6%。其中，批发零售业预计完成零售额34.05亿元；住宿餐饮业预计完成零售额5.97亿元。限额以上企业入统目标6户，完成入统1户（特区百联商贸公司），收集整理3家企业上报（春江花园酒店、明远大酒店、义繁商贸），资料上传待审核。预计完成4户，任务差距2户。

2017年3月12日，特区经信局非煤股联合多部门处理六枝到水城天然气管线压覆问题

（六枝特区经信局供稿）

【产品产量情况】 原煤产量286.38万吨，占涉市目标计划数102.28%，与上年同期相比下降11.26%；完成洗精煤63.53万吨，占涉市目标计划数70.59%，与上年同期相比下降41.75%；煤炭总产值29.5亿元；完成水泥产量243万吨，与上年同期相比增长58.72%；完成发电量58亿千瓦时，占计划128.8%。

【深化煤炭转型，推进煤矿生产发展】 采取“一矿一策”，推进矿井复工复产12处（化处、六龙、凸山田、播雨、湘发、中渝、六家坝、猴子田、兴旺、郎岱青菜塘、新窑联兴、苦竹林），占计划120%。复建矿井1对（联兴）、产能30万吨。推进煤矿兼并重组，已批复设计兼并重组保留矿井2处（安家寨煤矿、聚鑫煤矿），待批复初设矿井1处（杉树林煤矿）；兼并重组技改建设保留矿井17处（90万吨1处、60万吨年6处、45万吨10处）；未批复重组30万吨/年及以上煤矿4处（新华、苦竹林、联兴、新宝园）；2017年拟关闭煤矿1处（化处南井）、产能35万吨。

【耗能安全管理】 2017年1—11月累计发电58亿千瓦时，累计完成全年任务指标45亿千瓦时的128.8%。其中：火电累计发电51亿千瓦时；水电累计发电4.76亿千瓦时；余热累计发电1.09亿千瓦时；当月瓦斯累计发电0.1亿千瓦时；光伏累计发电1.06亿千瓦时。全区累计用电量10.39亿千瓦时，其中：工业累计用电量3.94亿千瓦时；发电企业累计自用电量6亿千瓦时。井工抽采煤层气累计完成0.64亿立方米，完成年任务0.68亿立方米的91.7%。

【充电设施工程项目】 六枝特区新能源汽车充电设施工程项目规划配置396套充电设施（其中慢充362套，快充34套），覆盖面积约4万平方米（涉及中心城区、旅游区、产业园区、火车站、高速路等区域），项目总投资2.1亿元。经过与财政局等部门协商后采取公开招投标方式引入社会资本方，项目已完成招标，中标社会资本方（贵州淇铃交通建筑工程有限公司）和政府出资方（六枝特区民生发展有限责任公司）已组建项目公司，完成充电桩建设15个，占计划10%。

【煤层气开发综合利用】 2017年1—11月，作为PPP项目，按照PPP流程的法定程序完成社会资本方的招标工作，签订PPP合同，完成项目公司组建，全区完成30口井（牛1井、牛3井、牛4井、牛1-6-1、牛1-4-X1、牛1-4-X2、牛1-6-X2、牛1-6-X3、牛1-8-X1、牛1-8-X3、牛1-3-X2、牛1-3-X3、牛1-1-X3、牛1-2-X1、牛1-1-X2、牛1-2-X2、牛1-9-2、牛1-7-X4、牛1-7-X2、牛1-9-X4、牛1-11-X2、牛1-9-X1、牛1-11-X1、牛1-9-5、牛1-7-X3、牛1-9-X3、牛1-7-X5、

牛 1-11-X5、牛 1-5-2、牛 1-7-X1 井）建设。

【天然气安全保供】 六枝到水城天然气支线管道于 2016 年 10 月 13 号正式建成通气，同时 10 月 25 日国贸燃气公司完成中心城区接六枝到水城天然气支线管道（六枝分输站至瓦窑段）的管道建设，实现了中心城区接中缅天然气管线，截至 11 月底，累计向六枝地区供气 149 万立方米，保障了六枝城区居民使用天然气。履行行业职责，加大监管力度，开展定期天然气管网安全检查 5 次，督促企业履行主体责任，确保全区天然气安全保供。

【光伏扶贫计划】 跟进《国家能源局国务院扶贫办关于"十三五"光伏扶贫计划编制有关事项的通知》文件和 2017 年 8 月 11 日省能源局光伏扶贫工作会精神落实进程，于 8 月 15 日组织编制《六枝特区光伏扶贫村级电站规划及实施方案》，向上报市能源局和省能源局申报六枝特区"十三五"光伏扶贫计划，加强与省、市能源局对接联系，获得工作支持，省能源局已向国家能源局进行申报项目。

【民营经济健康发展】 以开展"民营企业服务年"活动为契机，强力优化民营企业投资及发展环境工作，组织中小企业召开六枝特区经信系统 2017 年涉企收费工作座谈会；按照市经信委的安排，在 15 户中小企业中开展企业诚信档案建立的前期工作；开展领导班子成员民营经济问题课题调研；组织中小企业积极参加贵洽会；开展企业工会组织建设、推进助企管理发展；完善 2011 年以来的中小企业建设项目资料，等待市专家组的验收等。1—11 月份，全区民营经济预计完成增加值 100.7 亿元，同比增长 20.54%，完成市下达计划任务的 61.55%；民营经济增加值占全区 GDP 比重达到 60%。

【成品油市场管理】 落实 2017 年市级下达六枝限额企业入统的目标任务（6 家），细化工作推进进度，制定目标时间表。根据《中共六枝特区委办公室六枝特区人民政府办公室关于对六枝特区 2017 年经济社会发展主要指标进行责任分解的通知》文件精神，限上企业入统目标 6 户，完成入统 1 户（特区百联商贸公司），收集整理 3 家企业上报（春江花园酒店、明远大酒店、义繁商贸），资料上传待审核。2017 年预计完成 4 户，任务差距 2 户。加强对六枝辖区现有 17 个加油站（点）的监督管理工作，加大检查、督查、督办力度，检查落实整改到位。1—11 月正常运营的加油（气）站点，未发生安全事故，确保成品油储存与销售安全。

【信息基础设施】 2017 年 1—11 月，累计完成信息基础设施"三年会战"建设投资 1.95 亿元，占计划 97.5%。信息产业规模总量完成 13.74 亿元（含电子信息产业主营业务、电子信息制造业软件和信息服务业收入）。开展各类通信保障业务，完成 2017 年全电梯安全路线通信覆盖 88.53%。完成 2017 年全市第四次旅发大会的通信保障预案。包含主会场的通信保障，嘉宾入住酒店的电梯、房间、过道及大会参观路线通信覆盖。推进政府数据"聚通用"工作，在完成 13 个信息系统迁云的基础上，有序推进策划政府数据"聚通用"的目录梳理工作。

【中心城区免费 Wi-Fi 工程】 围绕全市第四届旅发大会的目标要求，认真落实启动包括那平路、牂牁大道及中心城区的第一阶段中心城区免费 Wi-Fi 工程建设规划。完成第一阶段初步方案，征求十余家单位意见上报特区政府，投资概算 199 万元，完成专家评估。9 月底完成招标并签订合同，10 月初施工进场排查，设备采购到位，进入紧张布线，11 完成第一期工程建设、正在组织接入合同签订，12 月底全面开通。

【粮食安全管理】 加强粮食安全管理，推进省、市和特区粮食安全计划实施工作；规范粮食出入库管理，指导国有粮食收购企业"依质论价"抓好农村闲散粮食收购工作；完成粮食库存检查工作等；六枝特区商品粮油批发市场启动建设、工期正常、预计 2018 年下半年完成；六枝农产品批发市场启

2017 年 6 月 26 日，特区经信局煤产办到六家坝煤矿开展行业检查 （六枝特区经信局供稿）

动建设，建成六枝呈祥配送有限责任公司4000立方米冷链物流中心、冷藏车11台，开展北部乡镇学生营养餐配送工作，市场监管、教育、经信部门有序、有效跟踪常规食品安全管理。

【电商扶贫运营】 全力抓好省级电子商务进农村综合示范县验收工作，做好准备迎接省商务厅委托第三方机构组织专业的会计师事务所审计人员、业务专家人员组成的考核评审专家小组，开展2015年省级示范县现场绩效评价工作；编制《六枝特区电商扶贫实施方案》、《六枝特区深度贫困地区脱贫攻坚行动责任分解表》交特区政府审定；建档立卡贫困户人口总数5.34万人，电子商务累计服务建档立卡贫困户人口总数0.22万人，累计帮助建档立卡贫困户销售总金额21万元，累计带动建档立卡贫困户增收总金额17.9万元；组织电商办人员考察学习学生营养餐线上交易相关情况；推荐贵州汇商电子商务有限公司负责人、京东家电六枝负责人作为六枝企业代表参会。加强电商建设和营运结合，推进电商业态发展。

【加强能耗监控，保持良好生态环境】 切实加强对年耗能5000吨标准煤以上企业的能耗监控。2017年六枝规模以上工业能源消耗原煤295.74万吨，同比增长27.74%；电力5.85亿千瓦时，同比增长178.15%；综合能源消费量86.57万吨标准煤，同比增长414.76%。重点企业六矿瑞安水泥有限公司、六枝工矿（集团）有限责任公司、华润（电力）六枝公司能源消耗量为57.78万吨标煤。一般工业固体废物产生量125.92万吨，综合利用量78.49万吨，一般工业固体废物利用率72.85%。

【实施多措并举，保障全区电煤供应】 协调加快电厂配套煤矿复工建设进度，建立大煤保大电的生产供应格局，启动国电安家寨煤矿等复工复产进度，提高区内生产供应比重，减少外界的依赖，确保稳定的供应；督促落实电煤采购供应主体责任，向外拓展市场，加快签订区内区外煤矿的长期电煤供应协议，稳定供应煤源；督促电厂最大化解决煤矿与经营公司的资金压力，缩短结算周期，促进生产供应积极性。境内煤矿企业及煤炭经营企业累计供应电煤99.4万吨，占计划99.4%。

（李开娟）

◎供　销

【概况】 2017年，特区供销社贯彻落实《中共中央国务院关于深化供销合作社综合改革的决定》、《中共贵州省委贵州省人民政府关于深化供销合作社综合改革的实施意见》、《中共六盘水市委六盘水市人民政府关于深化供销合作社综合改革的实施意见》精神，按照“改造自我，服务农民”的要求，坚持为“三农”服务的思想，围绕2017年各项工作目标开展工作。

【机构设置】 六枝特区供销社是直属于特区人民政府管理特区供销合作社的联合组织，事业编制，所需经费由财政全额预算管理。内设：办公室、人事教育股、资产管理与财务股、合作指导与经济发展股、农村电子商务股。

【深化供销合作社综合改革】 根据中央及省、市供销合作社改革文件精神，结合六枝实际，由特区供销社牵头，拟写《六枝特区深化供销合作社综合改革实施方案》，经系统内多次讨论修改，并征求相关部门意见后，最后修改完善形成送审稿报特区党委、政府审批，特区党委、政府于2017年8月15日印发《六枝特区深化供销合作社综合改革实施方案》，现特区供销社正按照特区党委、政府的文件要求稳步推进特区供销合作社综合改革工作。

【化肥淡季储备】 2016年8月至2017年4月完成化肥淡季储备14243吨，超额完成市下达的目标任务，保证全区农业生产用肥需求。8月以后化肥销售进入2017—2018年淡季阶段，与赤天化、云天化等化肥生产厂家签订供货合同，已到库化肥3500吨。

【“三位一体”综合合作】 2017年，特区供销社指导木岗供销社通过领办农民专业合作社、组建股金服务公司创办“三位一体”新型供销合作社，利用自身优势为“三农”提供新型服务，已评为“三位一体”省级示范社。

【供销系统农业资料经营监管】 2017年开展农资检查4次，全区供销系统无假冒伪劣化肥、坑农害农的情况出现；1—11月销售化肥15000余吨，保证全区农业生产用肥需求，全年销售化肥 13000 吨的指标已完成。

【指导、服务农合经济组织】 郎岱供销社红那孔专业合作社、中寨供销社伟力专业合作社已登记注册成立，平寨供销社的艺苑专业合作社、堕却供销社的顺丰专业合作社、木岗供销社的友华专业合作社正在办理登记注册手续；正在办理全区农民合作经济联合会成立的各项手续。

【农村电子商务工作】 2017 年共开展电商业务培训 3 次，已培训电商从业人员 230 余人次，电商公司和贵阳银行到站点实操培训并现场办理 ETC 信用卡的工作持续进行中；根据市供销社文件《关于调整部分综合业绩考核指标和综合业绩考核分值设置的通知》，取消“年度重点工作考核指标——农村电子商务”中“村级电商服务站点”的考核指标。

2017 年 12 月 5 日，特区供销社开展“河长制”巡河工作 （六枝特区供销社供稿）

【党建工作】 一是及时开展党组织生活。根据工作实际，找准党建工作和规划工作的结合点，以专题民主生活会、集体座谈会等形式，加强党组织对党员干部的教育、监督、管理，不断增强党组织的工作活力，提高机关党组织服务发展、解决问题的能力；二是认真开展供销社党费收缴工作。建立党费收缴台账，严格规范供销社党支部党费收缴、使用和管理；三是开展向优秀共产党员倪裔豹学习活动，并将向倪裔豹学习与“两学一做”学习教育紧密结合，加大“两学一做”学习教育力度；四是组织开展供销社 2017 年度干部职工政治理论学习考试，提高干部职工政治理论素养，并按时完成分数统计及报送。

【党风廉政工作】 一是加强领导，成立以党组书记、主任黄平任组长，副主任郑刚、甘孝兵任副组长，各股室负责人为成员的党风廉政建设责任制领导小组，确保党风廉政建设和反腐败工作责任制落到实处。党组一个季度召开一次党风廉政建设专题会议，研究部署党风廉政建设和反腐败工作，贯彻执行供销社党风廉政建设责任制；二是加强宣传教育，结合“两学一做”学习教育常态化制度化，充分利用“三会一课”制度，把学习内容覆盖到全体党员，细化落实“两份清单”，认真制定供销社全面从严治党主体责任清单和各层级岗位责任清单，推动各层级岗位责任清单落实；三是努力形成制度管权、按制度办事、靠制度管人的有效机制，注重加大源头反腐工作力度；四是以廉政约谈的方式对落实党风廉政建设两个责任情况进行督促，促使约谈常态化，增强执行党的政治纪律、组织纪律、财经纪律和贯彻落实中央八项规定、廉洁自律方面的自觉性。

（彭子珊）

◎财　政

【概况】 六枝特区财政局包括行政机关单位 1 个（六枝特区财政局）、事业单位 5 个（六枝特区非税收入管理局、国库集中收付管理局、基层财政管理局、特区政府采购办公室和信息中心），其中，六枝特区财政局（正科级行政单位）行政编制 19 人，实有人数 16 人，内设 7 个股室，分别为办公室、预算股、国库股、农业股、基层财政管理股、税政法规与财政监督股、社会保障与经建股。六枝特区政府采购办公室（正股级事业单位），事业编制 2 名，编制内实有人数 1 名。信息中心（正股级事业单位）：事业编制 3 名，编制内实有人数 3 名。六枝特区国库集中收付管理局（副科级参公事业单位），事业编制 26 人，编制内实有人数　19 人。六枝特区非税收入管理局（副科级参公事业单位），事业编制 10 人，编制内实有人数 5 人。六枝特区基层财政管理局（副科级事业单位），事业编制 11 人，编制内实有人数 10 人。

【一般公共预算收支】 2017 年六枝一般公共预

算收入完成130103万元，为调整预算（以下简称预算）的100.08%，较上年同期（以下简称同比）增长5.27%。其中：税收收入完成99623万元，为预算的100.87%，同比增长11.99%；非税收入完成30480万元，为预算的97.59%，同比下降11.97%，非税收入占一般公共预算收入的23.43%。上级补助收入356638万元，一般债券转贷收入111871万元，调入预算稳定调节基金13055万元，调入资金2070万元，上年结余1594万元，收入合计615331万元。一般公共预算支出489455万元，为预算的101.34%，同比增长9.71%，上解上级支出9665万元，一般债务还本支出111871万元，安排预算稳定调节基金2650万元，支出合计613641万元。收支相抵，结余1690万元。

2017年5月10日，六枝特区财政局局长索才欣（左四）调研新窑镇“一事一议”建设项目情况

（六枝特区财政局供稿）

【政府性基金收支】 政府性基金预算收入完成38974万元，为预算的106.88%，同比增长60.28%，上级补助收入6195万元，专项债券转贷收入24071万元，上年结余6835万元，收入合计76075万元。政府性基金预算支出完成46112万元，为预算的111.14%，同比下降1.12%，专项债务还本支出24071万元，调出资金2070万元，支出合计72253万元。收支相抵，结余3822万元结转2018年安排使用。

【社会保险基金收支】 社会保险基金预算收入完成49131万元，为预算的58.83%，同比增长109.26%，上级补助36724万元，上年结余9243万元，收入合计95098万元；社会保险基金预算支出59820万元，为预算的58.41%，同比增长83.35%，上解上级支出31334万元，支出合计91154万元。收支相抵，结余3944万元结转2018年安排使用。

【村级“一事一议”财政奖补项目建设】 完成2017年度涉农资金整合项目351个，财政涉农资金整合6673.27万元，其中：完成村内道路硬化项目184个，硬化长度274千米，财政涉农资金整合3732.86万元，完成庭院硬化项目19个，128156平方米，涉农整合资金467.43万元，完成公厕项目11个，修建19个公厕，涉农整合资金70.8万元，完成文体广场项目17个，20420平方米，涉农整合资金138.16万元，完成垃圾收集处理项目21个，涉农整合资金121.5万元，完成排洪沟项目1个，涉农整合资金11.88万元，完成水源地保护项目1个，涉农整合资金19.7万元，完成污水处理项目12个，涉农整合资金498.99万元，完成照明设施项目85个，安装太阳能路灯5023盏，涉农整合资金1611.95万元。

【农业综合开发项目建设】 一是完成六枝特区2017年度农业综合开发高标准农田建设项目，总投资1170万元（其中中央投资836万元，省投资301万元，市投资33万元），已完成投资90%。二是抓好建设工程财政预算评审工作。采取购买服务的方式，做好全区建设工程财政预算评审工作，加强对评审公司评审质量的管理，监督评审公司合法合规开展预算评审，坚决杜绝恶意串通评审行为的发生。截至目前，完成建设工程财政预算审核工程129个，送审金额1308840859.78元，审定金额1124367578.63元，审减金额184473281.15元，审减率14.09%。

【确保重点支出】 严控行政运行成本，将有限的财力用到支持经济发展和民生改善上来。一是投入资金116216万元，优先保障教育发展。在抓好薄弱学校改造、提高高中办学条件、落实好“三免一补”、义务教育营养餐等政策的同时，按每生每年300元的标准执行公办学前教育生均公用经费，参照编制内教师工资标准，解决403名编制外教师待遇、落实公办学校556名安保宿管人员报酬，提高教师年终目标考核奖励标准。二是投入资金62327万元，推进医药卫生改革。积极支持城市公立医院、“医共体”改革工作，将六盘水市第二人民医院实行药品零差率后财政补助标准从15%提高到25%，强化新农合基金和医疗救助资金的统筹使用力度，在确保四重医疗保障的同时，区级安排资金对困难群众开展第五重医疗扶助，确保建档立卡贫困人口医疗费用报销比例在95%以上。三是投入财政资金12581万元，推进农村土地承包经营权确权、集体建设用地确权、集体林权确权和全面清产核资，加快农村产权流转，助推“三变”改革，促进农业转型，农民增收。四是投入资金49928万元，促进社会保障体系不断完善。提高城乡低保、优抚对象、残疾人护理费补助标准；增加退休人员生活补助，做实行政事业单位在职人员养老保险和职业年金，促进社会和谐稳定。五是投入资金9856万元，撬动社会资本成功打造牂牁江特色旅游镇，提升改造郎岱、岩脚、落别小城镇，确保全市第四届旅游文化产业发展大会顺利召开。

【财政监督】 加大财政资金使用的事前、事中、事后的监督，提高资金使用效率。一是严格执行政府投资预算评审制度。2017年，完成政府投资预算评审项目149个，审减资金23730万元，审减率15.33%。二是加大政府采购力度。全年组织开展政府采购60次，申报采购资金5608万元，实际采购资金4835万元，节约资金773万元。三是加强财政资金的监督检查。完成财政扶贫资金、教育资金及乡镇财政资金安全检查62次，纠正违规使用资金338万元。

【严控债务风险】 一是严控政府债务规模。2017年上级下达六枝特区政府债务限额为371073万元，

2017年3月22日，六枝特区财政局在党建扶贫点中寨乡费戛村带领村民寻找水源

（六枝特区财政局供稿）

实际政府债务余额367005万元，债务规模在规定的限额内。二是积极申报省财政置换债券转贷资金，减轻短期内政府偿债压力，降低政府债务风险。2017年，共争取到置换债券转贷资金135942万元，累计争取置换债券转贷资金316331万元，置换率达86%。三是积极推动PPP项目化解存量债务。已启动六枝特区水务一体化扶贫PPP项目，可化解存量债务3600万元。四是建立债务风险预警控制制度，对政府性债务进行动态监控和评估，超前做好应急响应措施。

【脱贫攻坚】 一是成立六枝特区财政局精准扶贫工作领导小组，明确1名班子成员分管精准扶贫工作，将所包保的贫困户进行分解到具体的责任人，做到“四明确”。二是按照“两不愁、三保障”和“五定五看”要求，组织帮扶人员进村入户开展遍访，对包保人员进行精确识别，修改和更正人员档案100多份。三是针对扶贫人员不同情况，制定出精准帮扶措施。2017年，在两个贫困村，争取资金74.93万元，实施通寨路、人行步道硬化8620米；争取资金124.5万元，实施庭院硬化30600平方米；争取资金31.13万元，安装太阳能路灯113盏；争取资金11.49万元，修建1个民族文化活动广场；向7户贫困户发放鸡苗500羽；引导费戛村成立江鑫农民专业合作社，把费戛村列为全区首批扶持壮大村集体示范村，注入扶持资金100万元，年收益的60%覆盖贫困户；引导146户以土地入股六枝特区费戛村凤凰农民种养殖专业合作社，2户10万元特惠贷入股六枝特区费戛村凤凰农民种养殖专业合作社（每户每年固定收益3000元）。争取资金7.8万元改善村委会办公条件，完善村委会办公设备。

（李俊宏）

◎烟 草

【概况】 2017年，六枝局（分公司）在市局（公司）党委和区委、区政府的坚强领导下，坚持全面从严治党，以围绕中心、服务大局为抓手，狠抓党的思想理论建设。制定对标、精益管理、降本增效方案，各业务部门结合工作实际开展对标课题研究，制定

科学、合理的对标、精益、降本增效方案和配套措施，强化日常监管和同级监管，对卷烟营销烟叶生产等全程进行监督管理，卷烟营销量呈良好态势。

【机构设置】 六枝特区烟草专卖局（分公司）成立于1984年4月，受六枝特区区委、区政府和六盘水市烟草专卖局(公司)双重领导，实行统一领导、垂直管理、专卖专营的管理体制，主要负责六盘水市六枝特区区域卷烟销售、专卖管理及烟叶生产工作。2017年，六枝共设有城区、郎岱、岩脚三个客户服务大厅，牛场、梭戛两个烟叶收购点，稽查中队3个，后勤服务部门6个、业务部门3个，共有在职员工84人。机关内设9个部门：综合办公室(含车队)、专卖管理办公室、区域营销部、烤烟项目组、内部专卖管理监督派驻组、纪检监察室、财务室、安监办、人事政工办公室，下辖三个中队、三个大厅、两个站（厅），即稽查一中队（城区）、城区服务大厅、稽查二中队（岩脚）、岩脚服务大厅、稽查三中队(郎岱)、郎岱服务大厅、稽查机动中队、牛场烟叶收购点、梭戛烟叶收购点。

【烟叶生产】 2017年共收购烟叶6202.8担，均价1085元/担，同比增长92.7元/担，亩产量103.38公斤，亩产值2243.56元，烟农种烟收入673万元，实现烟叶税148万元。

【卷烟销售】 2017年，六枝区域累计销售卷烟18756.18箱，完成销售收入52296.16万元。

【市场监管】 2017年共查获无烟草专卖品准运证运输烟草专卖品案件1起，逮捕5人，查获烟叶6540公斤，涉案金额173.85万元；查获国际网络案件1起；查获“双30”案件1起，查获卷烟

2017年5月8日，六枝特区烟草局组织烟农召开育苗现场会 （龙粉仙 摄）

2017年10月26日，六枝特区烟草局到牛场乡开展“关爱老年人·欢庆十九大”敬老月活动
（龙粉仙 摄）

1582条，案值14.38万元；完成五万元以上案件5起，涉案卷烟2932条，涉案烟叶8100公斤，涉案金额66.41万元；2017年，共查获未在当地烟草专卖批发企业进货案件45起，涉案卷烟4217.7条，涉案金额47.23万元；查获销售非法生产的烟草专卖品案件8起，涉案卷烟117条，涉案金额4.45万元；查获无烟草专卖零售许可证经营烟草制品零售业务案件25起，涉案卷烟1015.8条，涉案金额11.57万元。

（龙粉仙）

◎ 国家税务

【概况】 2017年，六枝特区国家税务局正常管户11199户（其中，个体6869户，一般纳税人580户，“营改增”3750户）。2017年以来，六枝特区国家税务局认真贯彻落实上级各项重大决策部署，主动适应税收新常态，充分发挥税收职能作用。依法组织税收收入，质优量增完成全年税收任务，各项工作百花齐放，税源管理逐步强化，后勤保障有力有效，税收宣传有声有色，内部行政运转高效有序。取得全国巾帼文明岗、全省2015—2017年度文明单位称号，并获得区委、区政府主要领导肯定性批示9次，全市国税系统绩效考核中获特等奖。

【机构设置】 六枝特区国家税务局编制85人，2017年在岗干部75人，退休干部53人。其中，在

职党员 37 人，退休党员 30 人。六枝特区国家税务局内设 10 个正股级部门，1 个副科级直属机构，3 个副科级派出机构，1 个正股级事业单位。

内设机构：办公室、政策法规科、收入核算科、征收管理科、人事教育科、监察室、办税服务厅、税源管理科、机关党委办公室、财务科；1 个副科级直属机构，即稽查局；3 个副科级派出机构分别是：岩脚税务分局、郎岱税务分局、那克税务分局；1 个正股级事业单位，即信息中心。

2017 年 9 月 20 日，六枝国税局与六枝公安局、消防大队开展娱乐行业专项清理行动 （胡桂兰 摄）

【从严治党】 加强党对税收工作的领导，坚定不移全面从严治党，落实管党治党的政治责任。一是落实十九大对管党治党的要求。把学习贯彻中共十九大精神作为首要政治任务，加强党的纪律建设。以纪律为尺管党治党，严明党的政治纪律和政治规矩，层层落实管党治党政治责任，严格落实“一岗双责”，与各部门签订《党风廉政目标管理责任书》，形成一级抓一级、层层抓落实的工作格局，推进党的建设向纵深发展。二是履行好党建工作责任。树立起“抓好党建是本职，不抓党建是失职，抓不好党建是不称职”的理念，通过“中心组学习”、“我是党员跟我干”主题活动来推进班子建设，增强班子的凝聚力和战斗力。领导班子带头履行好党建工作责任，2017 年共组织班子成员讲党课 5 次，开展集中学习 6 次，党员干部撰写心得体会、调研报告及学习笔记 3 万字以上。三是全面从严治党深入推进。运用“两个责任”监督管理平台，认真履行主体责任，落实好监督责任。用好一台一卡制度、反腐倡廉学习记录本，深化运用监督执纪“四种形态”，强化监督问责，2017 年共对 9 人进行提醒谈话，1 人进行通报，队伍作风持续好转。

六枝国税局、地税局联合举办“贯彻党的十九大开启新征程”文艺宣讲会

【脱贫攻坚】 局领导班子带头深入帮扶点，详细了解贫困户的致贫原因、家庭收入、生产生活等情况，开展涉农政策专题讲座，号召党员干部群众向榜样看齐，将“倪裔豹精神”传承下去。2017年对帮扶村投入帮扶资金6.4万元，全局干部职工结对帮扶贫困户222户，走访3552人次，送去慰问金近万元。

【组织收入】 借力小城镇建设，通过组织收入台账式管理、“两核查一比对”有效运用、重点税源管理分片包干等措施，2017年累计完成税收收入5.18亿元，同比增收2.47亿元，增长91.22%，为历年最高，其中增值税完成43412万元，同比增收22378万元，增长106.39%；企业所得税完成4202万元，同比增收839万元，增长24.96%；车辆购置税完成4166万元，同比增收1493万元，增长55.87%；消费税完成6万元，同比减收7万元，下降53.56%。六枝特区政府公共财政收入（县级收入）完成14201万元，同比增收7296万元，增长105.67%。

【减税免税】 2017年共计减免税7713万元，同比增加1246万元，同比增长19.22%，其中小微企业减免3333万元，节能环保减免1342万元、西部开发减免836万元，支持三农减免672万元。优惠政策的落实，使政策红利得到充分释放，减轻中小企业及个体工商户的负担，对促进其发展发挥积极作用。

【法治建设】 落实税收法定原则，依法办理税务行政许可和审批事项，持续开展“法治国税推进年”活动，建好法治税务基地，严格落实稽查三项制度，

2017年10月30日，六枝特区国税局在牛场乡大箐村开展“喜迎十九大　向榜样看齐　弘扬时代精神　为党旗添彩”活动

建立六盘水市国税系统第一家标准电子可视化税务询问约谈室，建立税警联合监控询问室，有效遏制税收违法犯罪。2017年，稽查共查补税款310万元，其中税警联合办案4件。

【纳税服务】 着力打造不见面的纳税服务，纳税人可以通过互联网进行发票申领，自助办税机代开发票，2017年，纳税人通过互联网申领发票5140份，审批并配送发票3.1万份，缓解办税服务厅压力。推进邮政“双代”合作，为纳税人打造“家门口的税务局”，2017年，在各乡镇推行11个邮政代开点，委托邮政代开发票5471份，代征税款261万元，实现办税便利化程度和纳税人满意度双提升。

【风险应对】 依托市局“税收指挥中心”管理平台，加强风险管理信息互通和管理互助，与地方政府各部门建立涉税信息交换机制，通过第三方数据获取纳税人的实际经营情况，做好风险监测防控工作。2017年，对47户纳税人开展风险管理，查补税款并加收滞纳金436.86万元。

【以管促收】 加强与地税、经信、财政、住建、发改、金融等部门的信息互通，组织专业团队对辖区内的房地产、电力、交通运输等9个行业、28户纳税人开展纳税评估检查。2017年评估检查共计入库税收1048.45万元。

【深化改革】 一是“放管服”改革持续推进。全面清理非行政许可审批事项，仅保留7项行政许可事项，统一行政处罚标准，实现权责透明，实施涉税资料清单化管理，清单之外的资料不再要求纳税人报送。平均办理时间节约50%以上。认真开展实名办税信息采集，完成率为100%。完善纳税人分类分级管理办法，做好风险应对。二是转方式工作持续深入。为缓解人员不足、风险激增、管理要求加大的困难，着力开展税收改革，围绕新税收管理员制度的“剥离+前移+分级分类+有限责任+尽职免责”五项要求，制定《六枝特区国家税务局转变税收征管方式提高税收征管效能工作实施方案（试行）》，着力优化实体化办税服务厅、分类分级管理、岗责调整、团队衔接等方面的配套制度，形成用制度管权、管人、管事的良好机制。三是营改增持续发力。统筹做好营改增税负分析与政策辅导，采取“全面采集，精细管理，统筹分析，跟踪服务”的征管模式开展税收征管工作，2017

年营改增四大行业累计完成2.4亿元，同比增长214.27%，增收1.6亿元。四是国、地税合作持续升级。与六枝地税局召开以“与信仰对话、话税收发展”为主题的党建工作联席会议，联合制定党建方案，着力开展好税收征管、纳税服务、扶贫工作等六项合作事项，以《国地税合作规范》为契机，联合开展基础数据大清理，对双方基础数据不一致的疑问数据进行专项清理，涉及双方数据修改量达6000余条。

【提升队伍素质】 坚持正确的用人导向，选拔任用正股级干部2名，副股级干部4名，推选青年干部挂职负责人，加强对青年干部的历练。将“业务大比武、岗位大练兵”与全面实施“升蓝”行动紧密融合，通过“考试”+“比试”，着力培养行家里手；通过“实训”+“实战”，着力培养岗位能手，形成“比学赶超”的良好氛围，动员干部职工积极参加社会化资格考试，7名副科级及以上领导干部率先带头报名参加税务师考试，有22人报考税务师，1人报考注册会计师，1人报考审计师，2人通过单科税法考试。

（谭　瑾）

◎ 地方税务

【概况】 六枝特区地方税务局成立于1994年，位于贵州省六盘水市六枝特区那平路。现有干部职工80人，退休职工32人，其中中共党员49人，肩负着全区10462户企事业单位和个体工商户的税收征收管理工作。内设：办公室、政策法规股、计划财务股、人事股、机关党办监察室、征管和科技发展股、电子税务中心、风险应对分局、纳税服务分局。

【组织收入】 结合经济发展及税源实际，认真开展税收调查，及时分解收入预期目标；并加强对各税源管理分局的指导，牢牢把握组织收入工作的主动权。同时，以纳税评估为抓手，以税收风险管理为载体，以税收强制措施为后盾，切实加强税收征管，堵塞征管漏洞，大力组织收入。2017年累计完成两项收入99996.03万元，扣除“营改增”因素（上年同期征收营业税16045.09万元，同比增长13.02%，增收11526.28万元）。

【学习、宣讲中共十九大精神】 十九大召开后，组织收看中央、总局、省委、省局相关专题学习5次，组织各类十九大精神学习、宣讲活动共计35次，全局干部职工人人撰写学习心得。开展十九大精神“进机关、进企业、进农村”系列宣讲活动17次，扩大宣传覆盖面，其中“我带头讲党课”1次，下企业宣讲2次，进贫困村宣讲1次。结合十九大精神推进“转征”工作、决战脱贫攻坚，并于11月16日在主区举办以“不忘初心，牢记使命，贯彻习近平新时代中国特色社会主义思想，共创六枝税务工作新辉煌”为主题的文艺宣讲活动，在特区党政各部门间获一致好评。

【“党建合作+”模式促征管、服务升级】 以六枝特区纳税服务党支部为载体，提升国地税干部职工凝聚力。在开展“服务深入融合、管理高度聚合、执法适度整合”的基础上，探索、创新、构建六枝国地税“党建合作+”党建合作+纳税服务支部、党建合作+学习教育、党建合作+交流培训、党建合作+绩效考评、党建合作+精准扶贫、党建合作+党风廉政新模式，2017年与国税将党建合作领域延伸到联合数据治理、联合风险管理、联合网上办税及联合征管改革。进一步提高纳税优质服务，真正做到党建税收两手抓，全面深化国地税合作，同心协力，共赢前进。

【税收宣传】 在第26个税收宣传月，六枝特区国地税与六枝邮政分公司以党支部联合税收宣传文

2017年8月5日，六枝特区地方税务局“三送三促”助推脱贫攻坚集中宣读院坝会

（六枝特区地税局供稿）

艺演出为载体，深化“税邮通”合作，全面推进三家资源整合和业务合作，逐步实现税收管理社会化和纳税服务便利化。六枝邮政分公司在辖区内各行政村的110个宣传栏也将成为六枝国地税新的税收宣传阵地，极大地扩展了税收政策的宣传面。开展“向纳税信用A级企业联合授牌及税银贷业务推介”活动、“六枝国地税税收征管服务进乡镇”活动，实现六枝国地税业务融合1+1=1，办税成本1+1 < 2，纳税服务1+1 > 2的改革目标。

【落实优惠政策】 按照不同审批项目、备案项目的具体要求，认真审核相关资料、数据，对审批项目由减免税委员会集体审议，增加征管透明度。按照相关政策规定，2017年减免税2393.50万元，其中，减免契税（个人）590户次，减免税款214.34万元。减免耕地占用税（个人）379户次，减免税57.19万元。减免土地使用税（企业）12户，减免税款39.94万元。减免企业所得税（企业）85户，减免税139.90万元。减免资源税（企业）1户，减免税74.87万元。减免印花税（个人）983户，减免税11.38万元。减免车船税（个人）12户，减免税0.17万元。减免房产税（企业）4户，减免税0.18万元。减免个人所得税（个人）190个，减免税103.15万元。减免增值税（个人）506户，减免税494.39万元。减免土地增值税（个人）509户，减免税459.38万元。个体工商户减免7236户，减免个人所得税798.61万元。

【从严治党】 全方位构筑拒腐防变堤坝，着力提升工作作风。一是及时贯彻传达各级党风廉政建设和反腐败工作会议，各级纪委全会精神；二召开党风廉政建设专题会议，对党风廉政建设和反腐败工作进行研究部署；三是及时开展警示教育，用发生在大家身边的案例警示大家要养成良好的习惯；四是签订2017年度党风廉政建设责任书，层层分解党风廉政建设责任制，将党风廉政建设责任层层落实到人；五是“两个责任”约谈常态化，2017年党组书记担任主谈人约谈29次，党组班子成员担任主谈人约谈10人次；纪检组组长担任主谈人约谈35人次。六是继续在抓制度建设上下功夫，与时俱进、实事求是开展制度“废改立”工作，不断建立和完善各项制度，用制度管人、管事、管权。七是坚持每季度一次的“党风廉政日”活动，切实开展廉政教育，增强广大地税干部拒腐防变能力。八是

2017年4月27日，六枝特区国地税、财政局联合开展建筑行业税收宣传 （六枝特区地税局供稿）

进一步贯彻落实中央八项规定精神，持之以恒以纠正“四风”为抓手，以整顿区局纪律作风方面的问题为中心，通过特邀税务监察员和特约税务监察员加大对各窗口单位明察暗访力度，执行绩效问责处理、整改落实；九是党组会议研究决定明确兼职监察员，各分局兼职监察员要积极参与分局重大事务的决策并对分局开展的日常性工作负有监督检查的责任。

【开征环境保护税、完善地方税系】 一是全面启动环境保护税开征工作，依托“党委政府主导，职能部门协作，税务机关征收，环保部门监管”的环保税征收管理协作机制，加强重点纳税户宣传辅导，与特区环保局协作，作好环境保护税征收管理工作。二是与盘县地税局共享水资源税管理机制，设置超声波探测仪，监控水资源流量，防止税款流失。三是加大砂石行业资源税与大型项目耕地占用税的征管力度，与乡镇社区、村居建立信息互通机制，完善“信息管税”机制。四是做好税收政策宣传辅导。针对2017年以来税制改革带来的新税收政策，主要是水资源税、环境保护税、资源税等政策作好专项宣传、纳税辅导，防止政策硬着陆。

【税收征管】 一是优化征管资源配置。着力解决征管资源配置的结构性问题，将税收管理员从繁杂的事务性工作中解放出来，重点向从事税收风险管理工作转型。合理配置内设机构人员，实现人力资源向各级税务机关征管一线倾斜。二是加强薄弱环节管理，从加强税种管理着手，拓展税源，弥补“营改增”后税源的不足。三是进一步深化分类分级管理。推进以“行业化管理、精细税种征收”为基础的征管体制改革。四是加强数据治理工作，提升征管数据质量。认真抓好贵州省地方税务局风险监控平台应用工作，充分发挥其对税收工作的支撑作用，深入推进第三方涉税信息获取工作。五是积极完善和构建第三方涉税信息平台建设，做好与国税、国土、银行、财政、住建等相关部门定期数据传递，保持信息互联互通，实现信息共享，全面准确汇集由各相关部门提供的涉税信息，形成全面实时、动态化的税源监控网络体系，避免少报漏报。

（范　琛）

农林水·气象

◎农　业

【概况】　六枝特区农业局属特区人民政府下设正科级行政单位，下设正科级单位（六枝特区科技事业局、六枝特区草地生态畜牧业发展中心），4个副科级单位（农村综合培训中心、贵州省农业广播电视学校六枝特区分校、地震台和农业科技园区管理委员会）及18个正股站（所、室、中心），特区农业局内设办公室、政策研究股等10个行政股室。经费全部由特区财政全额预算管理。编制共169名，其中行政22名，参公12名，事业135名。现有干部职工161人，其中：行政26人，参公11人，事业124人（副高级职称9人，中级职称47人，初级职称48人，管理岗位20人）。

【职责职能】　贯彻执行有关农业农村经济工作的方针政策和法律法规；承担完善农村经营管理体制责任；指导全区农业生产；促进农业产前、产中、产后一体化发展；负责农产品质量安全监督管理；依法开展有关农业生产资料行政许可及监督管理；负责动物重大疫病及农作物重大病虫害防控；承担农业防灾减灾工作；管理农业和农村经济信息；指导农业科技创新和技术推广工作；负责农业农村人才队伍建设；负责农业资源区划和资源保护工作；承担农业生态和农村能源具体工作；协调农业各产业和农村经济发展；组织和指导全区社会主义新农村建设；承办农村涉外事务；承办特区人民政府和上级业务主管部门交办的其他事项。

【党建工作】　2017年，按照从严治党的要求，始终坚持把党建工作作为“一把手”工程来抓，把党建目标管理列入党组工作的重要议事日程。常态化开展“两学一做”学习教育，定期听取各支部党建工作汇报，按季度开展督查活动。认真落实党建工作目标管理责任制，实行党组织书记抓党建工作述职评议制度，严格落实考核问责机制，局党组严格规范党内组织生活，将开展警示教育活动作为常态性工作，认真组织全局干部职工学习党章党规，学习系列重要讲话，学习中央和省、市、特区纪委全会精神，深刻把握领会新形势下党风廉政建设和反腐败工作的新任务和新要求。全面落实“三会一课”、民主生活会和组织生活会等组织生活制度，增强党员党性观念、先锋模范作用和党组织的关怀。

【干部教育和管理】　共开展案例通报学习26次，共通报典型案例30余起，收看警示教育片2次。牢固树立抓作风促发展的意识，把“服务也是生产力”的观点植根于作风建设之中，不断增强服务意识，营造良好的发展环境。加大对“四风”问题督查力度，不定期对各办公区域工作人员进行督查，及时纠正干部职工在工作中存在的突出问题。加强干部日常监督管理，特别是在节假日期间强化廉洁自律要求，杜绝“吃拿卡要”、收受红包礼金、接受服务对象的吃请等现象发生。2017年，农业局5名职工操办红白喜事均事前事后报备，5名干部职工自觉签订高考不操办升学宴承诺书。

【对口帮扶工作】 一是牵线搭桥引项目。引进大北农公司与龙潭村银春合作社合作，发展养猪816头。引进强农公司到补底村发展特色水产养殖。强农公司已规划选定建池地点，土地流转已基本达成，各项工作正有序推进。二是精选项目助规划。加强同关寨镇的联系，帮助围绕减贫摘帽谋划农业产业来安排和推动产业，2017年春季攻势实施产业扶贫项目14项，除中蜂项目外，其他项目实施良好，有的已实现分红，如龙潭村的生猪、鹅，已实现每户贫困户分红312元。秋季攻势谋划了5个项目即生姜300亩，育肥牛225头，生猪500头，青脆李提质增效1250亩，蔬菜1500亩，总投资365万元，涉及毛稗田、荒田、兴发、西克、堕却、坝子等村（居）。三是紧盯项目强服务。及时审定项目实施方案报特区扶贫开发领导小组审批，尽快实施；加强技术指导，确保扶贫项目做实做好。扶贫开发领导小组专班成立已来，先后40余次到关寨镇“五娃”合作社、程彪合作社、银春合作社等10个合作社进行技术跟踪服务。四是引导企业献爱心。协调贵州省城幸农业责任有限公司免费发放鹅苗2000羽给六枝特区贫困户饲养，其中1000羽投放到关寨镇坝子村，1000羽投放牛场乡云盘村，涉及建档立卡贫困户50户。

【粮经生产】 一是新品种、新技术及绿色增产增效示范工作得到推广。2017年完成各项试验示范6项。完成绿色增产增效示范推广2.572万亩。二是土肥工作全面完成。搞好辖区内肥料市场监管，完成秋季有机肥样品采集3个；实施农业部“耕地休耕”项目土壤养分定点监测点10个。三是粮经作物快速发展。完成粮食播面50.31万亩，总产量19万吨，预计小麦产量1.37万吨，薯类产量3.21万吨，杂粮0.96万吨；完成经济作物播面146.78万亩。

【畜牧业工作】 2017年完成畜牧业增加值7.89亿元，占目标任务9.14亿元的86.32%。畜牧业增加值占农林牧渔业增加值28.63亿元的27.56%。一是规模养殖场建设有序推进。建成岩脚镇草原村种养殖农民专业合作社千头牛场、六枝特区垄鑫盛泰农业发展有限公司等5个标准化肉牛养殖示范基地。六枝特区现有畜禽规模养殖场173个，比2016年的89个增加84个。二是品种改良工作有所突破。完成猪人工授精点50个，牛改点36个，羊改点24个，推广良种禽132万羽，推广良种兔3100只，推广蜜蜂4820群。三是水产面积大幅增加。2017年六枝特区淡水养殖面积为392公顷，比上年增加330公顷；水产品产量达589吨，捕捞产量60吨。四是饲草饲料推广工作全面完成。完成人工种草20000亩，秸秆、草料青贮（氨化）处理40050吨，完成粮改饲13000亩。五是重大动物疫病防控及动物卫生监督工作有序开展。扎实抓好畜禽基础免疫和家禽H7N9流感防控工作，切实抓好各项防控措施的落实。积极抓好动物卫生监督，开展产地检疫面达100%。

【特色农业产业】 2017年农业产业主要围绕“三线三区三带”规划布局，以全市旅游发展大会为契机，以农业园区建设为载体，以现有产业基地为核心，以“三变”改革为抓手，依托政府平台公司，以农业企业或农民专业合作社牵头为实施主体，着力打造六六、水黄、六郎公路等重要交通沿线、旅游景区景点周边产业，打造规模化、标准化、特色化产业基地。2017年完成农业产业25.02万亩，占总任务数的104.86%，其中，茶叶1.22万亩、蔬菜3.58万亩、猕猴桃1.01万亩、银杏0.19万亩、玫瑰0.34万亩、中药材0.3万亩、刺梨5.46万亩、特色经果6.95万亩、核桃1.04万亩、种草2.12万亩，竹子、甜玉米、薏仁、小麦、优质稻等其他特色产

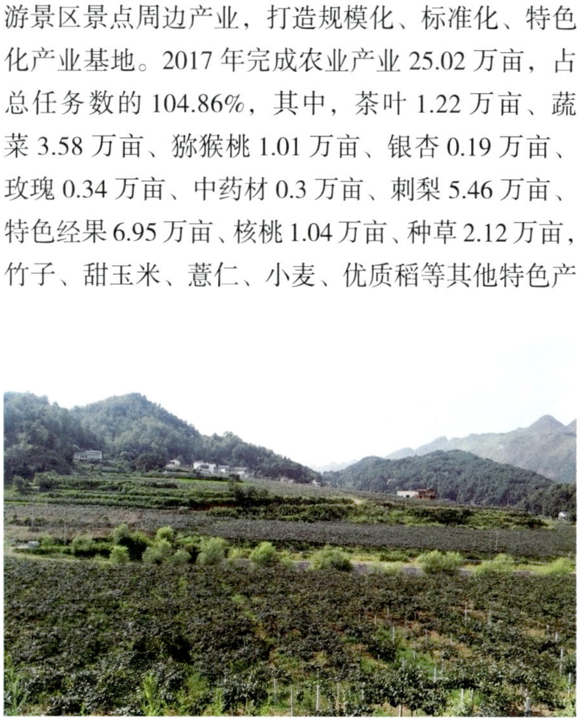

月亮河补雨村猕猴桃基地 （六枝特区农业局供稿）

业2.81万亩。覆盖贫困户1.67万户5.09万人。累计发展“3155工程”131.8万亩，完成茶叶、猕猴桃、刺梨、特色经果、核桃等产业补植补种19.2万亩；完成中耕除草、水肥管理、绿色防控等产业管护面积61.6万亩，整形修枝29.2万亩，疏花疏果22.1万亩。建成产业基地52个，其中标准化基地18个，规模化基地34个。

【现代农业园区建设】 2017年六枝特区建成省级现代高效农业产业园区9个（其中：省级重点园区3个，省级一般园区6个），各项工作完成情况较好：一是招商引资。新增招商引资签约项目41个，签约资金54.58亿元，超出年度计划数30亿24.58亿，到位资金19.63亿元，资金到位率35.96%。二是经营主体。现有企业135家，其中省级及以上重点龙头企业32家；现有农民专业合作社167家，社员1.82万人。三是主导产业规模。种植业现有基地59.32万亩，生产商品蔬菜、茶叶、车厘子、猕猴桃、核桃、刺梨、中药材、其他精品水果等农产品12.06万吨，出栏猪、牛、羊等20.22万头（只），禽323.42万羽，鱼79.8万尾。四是总产值及总销售收入。总产值85.91亿元，销售收入76.21亿元，销售利润达27.74亿元。五是总投资。已完成投资51.83亿元，修建园区主干道835千米、机耕道654千米、生产便道等642千米、沟渠（含管网）809千米、蓄水池容量116422立方米、喷（滴）灌设施9045.65千米、温室大棚200088平方米等。

【美丽乡村及新农村建设】 六枝特区“六项行动计划”（小康路、小康水、小康房、小康电、小康寨、小康讯）基础设施建设完成投资45104.65万元，

2017年11月10日，全市农业产业结构调整助推脱贫攻坚现场会　（六枝特区农业局供稿）

占计划的100.39%：一是小康路完成路基190千米，路面190千米；窄路面加宽项目完成路基48千米，路面48千米，完成投资14485万元，占计划的100.03%。二是小康水完成农村饮水安全巩固提升工程，解决1.27万人安全饮水，解决耕地灌溉面积1.19万亩，投资5758.2万元，占计划100.19%。三是小康房完工438户；危房改造完工424户，完成投资4720万元，占计划的100%。四是小康电完成农村电网改造升级，项目已竣工，投资7352.446万元，占计划的101%。五是小康寨完成实施通组（寨）路266千米，人行步道95千米，“三改三治及庭院硬化6230户，垃圾收集处理站9个，集中式饮用水源地保护2个，便民设施42个，文体活动设施30个，污水处理设施85个，照明设施3980套，其他2个，完成投资12789万元，占计划100.8%。（注：小康讯贵州省通信管理局未下达任务）；全区5个“四在农家·美丽乡村”示范点紧紧围绕“十个升级”内容正在开展示范创建工作，累计完成投资22770万元。

2017年，省级扶贫新农村建设专项资金50万元，分别落实于关寨镇龙潭村和牛场乡平寨村，其中：关寨镇龙潭村20万元，购垃圾车1辆、垃圾箱18个、安装太阳能路灯18盏，2017年，已经进行询价采购。牛场乡平寨村建公共厕所1个、文化活动场所1个、安装太阳能路灯40盏，公共厕所基础已打好；文化活动场所平整完毕，正在硬化；太阳能路灯已打完灯座基础，正待安装。

【农村土地承包经营权确权登记颁证工作】 六枝特区确权颁证工作涉及15个乡（镇）、3个街道，220个村（居），涉及二调国土面积101.33万亩。2017年底，全区累计完成实测面积94125.51亩、906587块承包地，已签订合同125392份，完成登记簿建立125392份，220个村（居）完成数据库建立，数据库已成功交省农委。已通过县级自查、市级核查，于11月28日顺利通过省级验收。

【农产品质量安全监管工作】 一是对全区农产品质量安全监管重点区域、范围、对象等进行认真排查，加强生产源头监管，保证农产品质量安全。完成农产品质量安全例行检测1784个样品，占任务数1760个样品的101.4%。其中：速测完成1624个样品，占任务数1600个样品的101.5%；完成定量

检测160个样品，占任务数160个样品的100%。合格率100%。二是检查各类企业及种养殖生产基地16次，签订生产承诺16份，印发宣传资料800余份。三是全区无公害产地面积达65.4万亩，获得无公害农（畜）产品认证8个、有机食品2个、地理标志产品6个。2017年，完成无公害产地认定28.1万亩；完成无公害农产品产品认证申报11个，启动绿色食品认证企业8家。

（林开中）

◎林　业

【概况】　六枝特区林业局属六枝特区林业行政管理职能部门，正科级行政单位，核定领导职数4名（局长1名，副局长3名），在职干部职工57名，局机关设2个内设机构：局办公室（政务服务股）、业务股，下属1个行政单位：六枝特区森林公安局（森林警察大队），7个事业单位：贵州黄果树瀑布源国家森林公园管理处（正科级）、六枝特区绿化委员会办公室、六枝特区森林病虫检疫防治站、六枝特区林业局林业站、六枝特区木材检查站、六枝特区林政资源管理站、六枝特区天然林保护工程管理中心。主管六枝特区月亮河省级森林公园管理处（六枝特区花德河国有林场）、木材公司。

【营造林工作】　2017年，完成上级下达给六枝的营造林任务数为18.1924万亩，其中：完成退耕还林工程15.22万亩，植被恢复费造林0.1924万亩，石漠化治理2.7万亩（人工造林0.3万亩，人工促进封山育林2.4万亩），重点区域绿化0.08万亩。涉及全区19个乡（镇、社区），林种主要以经济林为主（经济林15.7924万亩，生态林2.4万亩），经济林树种主要有：李子、枇杷、沃柑、樱桃、茶叶等，生态林树种为构树、刺槐、柏木等。

【林业产业】　2017年，以生态建设为基础，按照良种化、规模化、标准化、优质化的要求，实施林业产业战略，发展绿色经济，实现农民增收，经济增长。强化点线面结合，科学规划林业产业，建立乡镇林业产业示范点，以高速公路、景区道路、河流沿线产业打造、提升为线，带动面上产业发展，

刺梨修剪培训

做到科学规划，点、线、面结合，努力营造一个分布均衡、结构合理、效益兼顾的林业产业网络体系；创新模式，助农民增收，采取“平台公司+村级合作社+退耕农户”的模式，由平台公司负责组织实施，统一经营管理，村级合作社负责组织协调，退耕农户以土地及退耕还林补助金（1200元/亩）入股，有力保证产业顺利实施及后期管理，确保产业出效益，农民得利益；打造重点产业，确保产业成效，根据六枝特区产业基础，结合六枝特区实际，重点打造刺梨、精品水果、茶叶等特色产业，由六枝特区民生发展有限责任公司、六枝特区强农农业有限责任公司、六枝特区扶贫开发投资有限责任公司、六枝特区旅游文化投资有限责任公司、六枝特区顺发林业开发有限公司负责牵头实施，确保种一片活一片，活一片出效益一片；积极争取资金，加大林业产业投入，整合林业、扶贫等部门资金，积极动员农户将闲散资金入股，进一步加大林业投入，使林业生产从粗放型转为精细型，2017年共完成林业投资25886万元；强化监督调度，确保按期完成任务，成立技术指导组及质量监督工作组，工程技术人员分片包保乡镇造林技术指导及质量监督，并实行一天一调度，一周一通报制度。2017年共实施林业产业17.1724万亩，其中：茶叶1万亩，热带精品水果1万亩，猕猴桃0.45万亩，刺梨5万亩，板栗0.95万亩，玫瑰0.185万亩，银杏3万亩，花椒0.12万亩，精品水果5.4674万亩。

【林下经济】　利用林下土地资源和林荫空间优势，发展林下种养殖业，选优林下经济模式（林粮、林药、林菌、林蔬、林苗、林禽、林畜等模式），实现资源共享、优势互补、循环共生、协调发展，促进生

态和谐，富民增收。2017年，六枝完成林下经济种植20.26万亩，林下养猪100头，林下养鸡30000羽，林下养鹅500羽，共涉及农户7.23万户，其中贫困户0.92万户，贫困人口3.036万人，可实现户均增收1200余元。

【森林资源管护责任】 2017年共聘请常年护林人员118人，聘请建档立卡贫困人口生态护林员270名，签订管护责任状，落实管护面积为70.7万亩，管护落实率达100%。

2017年8月5日，六枝特区林业局指导后期抚育
（六枝特区林业局供稿）

【林业有害生物防治】 六枝林业有害生物发生面积为5.45万亩，无公害防治面积4.97万亩，无公害防治率91.19%，成灾率为0，做到有虫不成灾。

【依法治林工作】 开展“六个严禁”及“黔金丝猴”专项执法行动，严厉惩治各类涉林违法犯罪，共受理各类林业案件105起，查破104起，破案率达99.04%。其中：立刑事案件25起，侦破结案24起，移送24起，破案率达96%，移送率达100%；立行政案件受理80件，查处80件，共依法处理各种违法人员80人次（9人被行政拘留），收缴罚没款61.763万元。林业行政案件查处率达100%，结案率达100%。

【林木采伐限额管理】 遵循严格保护、积极发展、科学经营和持续利用的基本方针，严格执行森林限额制度，坚持生态环境脆弱、重要生态区位不审批的原则，重点把握好伐前调查设计、伐中监督检查、伐后更新检查验收三个环节，有效保障全区森林资源总量不减，持续增长。2017年，办理林木采伐许可证3份，采伐面积14.12公顷，采伐蓄积2757.23立方米（上级下达的采伐限额为65640立方米），无超限额采伐现象发生。

【野生动植物资源管理】 对辖区内经营野生动物的餐馆、酒楼和经营花鸟的市场采取现场监督检查的方式进行管理，开展检查24天次；监督管理特种野生动物养殖、经营场所26天次，协助审核办理野生动物驯养繁殖许可证4份；完成古树大树名木调查工作，对498株古树大树名木进行挂牌管理，建立“一树一档”，严格落实管护责任。

【森林防火工作】 多形式加强森林防火宣传，利用乡村广播、宣传车及发放宣传围腰、纸杯、环保袋等方式，高频率、大密度开展森林防火宣传，共出动森林防火宣传车100余次，发放宣传资料35000余份。加强重点林区、重点时段森林防火隐患排查，加大野外违规用火的打击力度，共查处野外违规用火5起，5人被行政拘留，严惩火灾肇事者。森林火灾受害率为0。

【公益林森林保险】 积极宣传森林保险相关政策，加强沟通协调，有效促进全区森林保险工作开展。2017年，六枝70.3782万亩公益林全部完成投保，投保率100%。

【生态扶贫】 积极开展脱贫攻坚春季攻势、秋季攻势及大比武活动，通过林业产业帮扶、生态补偿和林下经济建设助推扶贫攻坚工作。实现生态产业脱贫一批，完成退耕还林15.22万亩，共投资1.8亿元，涉及农户11000户，覆盖贫困户3870户，户均增收3600余元；实现生态补偿脱贫一批，兑现公益林森林生态效益补偿金857.9万元，涉及贫困户2594户，8976人，户均增收174.7元；聘用贫困生态护林员270名，投入270万元，户均年

2017年9月30日，农户土地入股发展产业分红
（六枝特区林业局供稿）

增收1万元；实现林下经济脱贫一批，完成林下经济种植20.26万亩，林下养猪100头，林下养鸡30000羽，林下养鹅500羽，共涉及农户7.23万户，其中贫困户0.92万户，贫困人口3.036万人，户均年增收1200余元。

【城乡绿化】 开展郎毛公路景观绿化项目建设、落别乡鲜花谷景观绿化提升改造、大用猕猴桃基地景观绿化、环城林带绿化建设项目申报等工作，绿化公路34.4千米，河道3千米，铺植草坪及播撒草种201000平方米，摆放景观石30个，土石方挖填210000立方米；建防腐木六角亭3座，防腐木栈道680米，配套基础设施4866平方米，共摆放鲜花94.3万株。推进黄果树瀑布源国家森林公园及牂牁江国家湿地公园建设，积极争取农发行贷款4.4亿投入森林公园建设，争取300万元资金投入牂牁江国家湿地公园建设。

【森林资源普查工作】 六枝特区第四次森林资源普查工作已按时完成，数据库顺利通过省级质检，认可六枝特区林地面积为80894.24公顷（其中：重点公益林面积52445.42公顷，一般公益林14871.91公顷，重点商品林680.51公顷，一般商品林12896.4公顷）。

【林地保护和管理】 上报征占用林地（小坝田水库）办理审核手续1起，对违法占用林地业主下发停止违法占用林地通知书41份。

【木材流通管理】 在木材运输管理上，坚决实行木材凭证运输制度，严格发证程序，加强木材经营加工企业管理，全区登记在册的木材经营加工企业共115户，年内共年审换发木材经营加工企业115户（6户为新办证），共审核办理木材及林副产品运输证23份，运输木材795.57立方米。

【兑现公益林森林生态效益补偿】 六枝特区69.67万亩公益林，共兑现森林生态效益补偿金857.9万元（其中：集体国家级公益林44.7万亩和国有国家级公益林678.94万亩共兑现678.94万元；地方公益林22.37万亩共兑现178.96万元）。

【树立林业形象】 承办六盘水市2017—2018年森林防火应急演练，承办“樱桃节”子活动“樱缘树”认建认养活动、“2017年中国凉都·红樱桃高峰论坛”活动；六枝特区获“樱桃名县”及“千年古杨梅名县”

森林防火演练　（六枝特区林业局供稿）

称号，在承办六盘水市第四届旅发大会工作中获“六枝特区承办六盘水市第四届旅游文化产业发展大会先进集体”称号，拍摄的生态文明微电影“森林日记”获全市生态文明主题微电影第一名，获贵州省第四次森林资源调查表现突出集体称号，在全省增比进位县域第一方阵中林业综合保护与发展指数从2016年第18位跃升到第9位；全区森林面积146.5万亩，活立木蓄积339万立方米，森林覆盖率54.5%，实现森林面积、蓄积和森林覆盖率的同步增长，六枝林业形象进一步得到提升。

（郑晓华）

◎水　务

【概况】　六枝特区水务局属全额拨款行政单位，内设4个机构：办公室、规划计划股、水资源股、水利工程质量安全股。下属正股级全额拨款事业站所共17个，现有职工184人（其中：行政人员8人，事业人员中，专业技术人员91人，管理人员77人，工勤8人）。

【水源工程建设】　一是开工建设头塘水库，2017年8月19日举行开工仪式，11月23日，PMC管理总承包开标，导流洞已贯通。二是加快推进7座在建水库建设，懒龙河、阿雨、松树林3座水库枢纽主体工程建设基本完成；河头上水库、茅草寨水库大坝回填至坝顶高程，正在进行面板混凝土浇筑；纳革水库完成单元及分部工程验收；小坝田水

2017年8月21日，六枝特区头塘水库工程开工仪式　（六枝特区水务局供稿）

库完成大坝左、右坝肩基础砼、坝身C15细石砼砌毛石。三是推进水源工程前期工作，围绕实现乡乡有稳定水源目标，合理规划水源工程项目，开展湾龙坡、母猪田、小长冲、丁孝塘、竹林脚5座中小型水库前期工作。水源工程项目2017年完成投资40757.83万元，其中：完成中央投资253.67万元、省级投资31522.23万元、市县投资3393.00万元、其他投资5588.93万元。

【小型农田水利项目】　完成投资235.00万元的月亮河乡大坝村龙井大沟水毁渠道、瓦窑水库维修养护等5个工程；水务供排水项目：实施六枝中心区配水管网改扩建工程、六枝中心城区供水二期工程、2015年懒板凳片区城市棚户区改造项目配套基础设施建设项目等7个工程，项目总投资59875.81万元，2017年计划投资22108.81万元，已完成投资10780万元；防汛抗旱工程：实施2017年山洪灾害防治项目，方案已批复并完成招投标工作；其他水利项目：完成总投资1678.39万元的2017年全市第四届旅游文化产业大会牂牁片区、半坡和西戛游客接待中心供水工程，解决1.3万人饮水安全；启动六枝河综合治理，项目总投资82356.10万元，完成投资7600万元。农村饮水安全巩固提升，解决贫困群众饮水困难问题。一是完成投资622.53万元的2016年易地扶贫搬迁饮水工程和2016年农村饮水安全巩固提升省级财政专项扶贫资金项目，解决0.888万人饮水安全。二是全面启动26.0354万人的农村饮水安全巩固提升工程。把“饮水安全到村、到户、到人全覆盖”作为扎实推进脱贫攻坚和民生保障重要抓手，围绕农村供水“全覆盖、保供应、强质量、稳水源”目标，重点围绕精准扶贫建档立卡缺水人口，兼顾其他缺水村民，实施农村饮水安全工程巩固、提升、改造，全面提高农村饮水安全保障水平。

【投融资体制改革】　新增亿元项目入库4个，完成工业产值1.01亿元，完成工业投资0.18亿元；2017年贷款到位资金3.2亿元，正在与银行对接贷款6.2亿元，相关手续正在办理；特区水务公司发行规模为15亿元的公司债券，期限7年，2017年11月已发行第一期7亿元；采用PPP模式组织实施六枝特区水利扶贫农村集中供水项目和污水项目，“一方案两报告”编制完成并通过评审，资格预审已挂网公示，待选取潜在社会资本方。

【防汛抗旱工作】 防汛抗旱工作做到早安排、早部署，强化联动、科学调度，积极应对处置水旱灾害。2017年六枝特区降雨较常年集中，对夏、秋两季农作物长势、播种及人畜饮水带来的影响不大，无旱情发生。及时调整特区防汛抗旱指挥部成员单位，进一步明确各成员单位工作职责；积极开展全区重点防汛部位度汛抗洪安全大检查，严格乡（镇）和防指成员单位24小时值班制度，做好防范突发水旱灾害的应急准备，保障信息政令畅通；加强物资储备和队伍建设，督促指导相关单位和部门做好防汛抗旱物资的清库备库工作，部门防汛抗旱指挥单位备有橡皮艇（带动力）2艘、救生衣198件、救生圈30个、防汛编织袋18000条、清水泵39台、汽油泵172台、潜水排污泵9台、深井泵1台、消防出水管723卷、3寸钢丝进水管176根、电缆线13800米，15个乡（镇）4个社区均配备有应急救援物资发电机38台、救生衣380件、雨衣380件、雨鞋380双、安全绳8550米、救援抛绳器19台；在队伍建设上，除特区人民武装部组建有50人民兵抢险应急队伍外，对交通、林业、水利等行业抢险队伍重新进行了调整，并进行科目训练；加强对各种重要信息的预警预报和科学调度，汛期中发出重大天气预报和预警信息4万余条次，将灾害造成的损失降到最低，六枝无重大人员伤亡事故。

【安全生产工作】 一是成立安全生产工作领导小组，具体负责全区水利系统安全生产工作的组织、指导和督促检查，认真开展安全生产隐患排查治理工作，全面排查治理防汛、供水、施工等方面的安全隐患和薄弱环节，有效防范和遏制重大特大事故的发生。二是严格落实“一岗双责”责任制，切实做到谁主管，谁负责，层层签订安全生产责任书，全面落实水利工程安全分级管理责任，责任上逐层分解。三是积极开展“安全生产月”和“安全生产六枝行”活动，突出“全面落实企业安全生产主体责任”的活动主题。通过水务局和水务公司LED显示屏持续进行宣传和悬挂横幅19条（含在建工程和水电站）、印发传单和发放培训资料9100余张，组织各项目部观看警示教育片，号召职工深刻汲取他人教训，促使其自觉抵制违章作业。四是加强汛期安全生产监督检查，及时消除事故隐患，为已建在建的水库水电站进行多次全面系统的检查，要求施工单位全面排查可能导致事故发生的各种危险因素、事故隐患和管理漏洞，强化隐患排查治理工作，对可能引起安全事故的苗头，发现一起妥善处置一起，坚决消除安全隐患，把安全生产措施及责任落到实处。五是抓好汛期应急与安全生产工作，严格执行24小时值班及领导带班制度，加强工程日常巡查。督促各水库在进入水库的道路、库区、溢洪道等路口设置至少2块永久性醒目警示标牌，并与水库周边学校加强联系，加大宣传和教育力度，共同发放“告学生家长通知书”10000余份。落实防汛物料的贮备和防洪抢险队伍。根据防汛工作的需要，要求各地、各工程单位认真抓好防汛物料的储备工作，按上级标准补充储备防汛物料，确保防汛抢险的需要。水利局和武装部加大对冲锋舟应急抢险演练的专门培训，增强防洪抢险队伍的能力。

2017年5月19日，六枝特区懒龙河水库大坝封顶

【脱贫攻坚】 积极响应特区工会脱贫攻坚200元爱心套餐订购活动，从中寨村订购105套红米套餐，费用总计2.1万元。该红米由贫困户种植，村委会统一收购。帮扶人也自主到贫困户家中额外购买2000余斤老品种红米以及鸡、鸭、鹅等，实现

贫困户收入1.5万余元。支助中寨村3000元用于购买红米包装袋，选派的同步小康驻村第一书记协调争取“洒志磨盘河红米”注册商标，一旦商标注册成功将更加有利于当地农产品的推广，持续实现该村贫困户发展产业脱贫。融合“三送三促”与干部结对帮扶。积极到中寨村开展“三送三促”活动。活动采取召开座谈会、帮扶人入户走访等形式，将适宜于贫困户的政策重点讲解。截至目前共计安排29名领导干部帮扶中寨村66户288人，帮扶人切实履行帮扶职责，自觉履行政策法规宣讲义务，进一步发挥了水务局在脱贫攻坚工作中的宣传引领作用和帮扶作用。抓好项目规划建设。结合脱贫攻坚、乡村旅游、农业产业发展，合理规划实施水利工程项目，将中寨村需巩固提升饮水安全的三家寨、大寨两个组纳入2017年农村饮水安全巩固提升项目，项目预计在2018年6月前全部建成并发挥效益，实现两个村寨的稳定供水。投资9211万元修建阿雨水库，水库已建成蓄水，待渠道工程建成后将彻底解决中寨村饮水困难问题。

（鲁海鹰　张　梦）

◎气　象

【概况】　六枝特区气象局，前身为郎岱县气象站，1957年始建。1981年改为六枝特区气象局，属科技型、基础性社会公益事业，为国家一般气象站，受贵州省省气象局和六枝特区人民政府双重领导，负责组织管理全区气象工作。

【内含机构】　下设机构有气象台、气象防灾减灾中心（加挂六枝特区人工影响天气办公室、预警信息发布中心牌子）、防雷减灾技术服务中心、农村综合经济信息中心。

【新建龙河镇新场坝村人影站点】　为保护龙河镇农业基地顺利生产，经市人影办批准，六枝局于龙河镇新场坝村新修一个人影站点。该人影站点的建设，将有效地改善龙河镇气象防灾减灾能力，为今后的防雹增雨、气象为农服务工作打下坚实的基础。

【人工影响天气外场作业培训】　3月7日，六枝特区气象局人工影响天气外场作业培训班举行开班典礼，区政府分管领导出席会议，来自全区12个乡镇的分管领导和作业民兵共计60余名人影作业民兵参加会议。

会议要求，各乡镇人影站点一定要牢固树立“安全是人影工作生命线”意识。培训期间要认真学习人影安全技能，提高业务能力，通过考核持证上岗。汛期期间要严格遵守人影工作各项规章制度，做好高炮日常维护，加强弹药储存管理。作业期间要完善程序，按操作流程规范进行作业，杜绝安全事故的发生。

【“3·23世界气象日”科普活动】　3月23日，六枝特区气象局围绕2017年世界气象日“观云识天”的主题，开展“3·23世界气象日”科普宣传活动。活动当日向群众介绍如何应对雷电、大风、暴雨、高温等气象灾害，并向群众发放《中华人民共和国气象法》、气象灾害防御知识手册、雷电灾害防御知识手册，下午组织特区二小学生近距离观察气象设施，了解气候“风云变幻”，学习气象知识，探索气象奥秘。

【“5·12防灾减灾日”科普宣传活动】　为深入宣传气象防灾减灾知识，进一步增强人民群众的防灾减灾意识，提高防灾减灾能力，值此第九个全国防灾减灾日之际，六枝特区气象局积极开展“5·12”防灾减灾日系列宣传活动。在活动现场，通过摆放展板、发放宣传资料手册、现场宣传等方式，向公众讲解气象防灾减灾知识及气象灾害防御措施，并积极科普气象预报常识和理解误区。此次宣传活动，共发放资料1500余份，进一步向全社会广泛宣传气象科普知识及防灾减灾常识。

2017年3月7日，六枝特区气象局人工影响天气作业培训开班　（六枝特区气象局供稿）

【人影业务安全专项检查工作】　为进一步加强和规范人工影响天气工作，将炮站安全、规范、科学、高效落到实处，杜绝安全责任事故的发生，检查组以随机抽查的方式深入到落别炮站进行安全检查。5月25日下午，六枝特区气象局开展人影业务安全专项检查工作。检查组采取“一听、二查、三看”的检查方式，一是听六枝特区各站点负责人汇报2017年上半年人影安全生产工作情况及主要存在的问题；二是对照“安全检查项目表”的内容进行全面检查，仔细查阅炮班工作日志、记录以及弹药存放仓库情况；三是查看高炮炮班协同训练是否规范，并对炮站的环境、值班室、休息室、弹药室、炮台、作业装备进行查看。

【多举措服务高考】　做好2017年高考气象服务，六枝特区气象局重点分析预测高考期间气温、湿度、降水概率等气象要素，为考生、家长和教育部门及时掌握天气动态，为考场服务提供可靠依据，并采取4项措施，为高考的顺利进行保驾护航。一是自6月1起开始制作连续一周的“高考专题服务”预报，并提出可能性发生的天气情况和相关建议，确保考生在考试期间不受各类天气影响。二是在6月7日和6月8日两天内，每天制作《气象信息报告》，

2017年12月5日，六枝特区气象局进村入户宣传十九大大精神　（六枝特区气象局供稿）

为各级党委、政府、教育、交通、公安、消防、电力等部门提供服务。三是通过电视、报纸、手机短信、“12121”电话、微信、微博、贴吧等媒体和渠道，向社会公众发布高考期间的天气预报和预警信息，提醒做好灾害性天气的防御应对。四是加强值守班人员力量，如遇强降水、雷电等不利天气，采取多种渠道和现场服务并举的形式，提前发布预警信息，第一时间将灾害性天气预警信息发送到有关部门和考生手中。

（夏光辰　刘廷义　唐　燕）

城建·环保

◎ 住房和城乡建设

【概况】 2009年12月，六枝特区住房和城乡建设局成立。由原来的特区建设局和房管局合并而成，综合管理全区住房和建设事业（工程建设、城市建设、村镇建设、建筑业、房地产业、房改政策指导、棚户区改造、市政建设等）的职能部门。随着机构建设的日趋完善，住房和城市建设工作的开展，住房和建设系统逐步实现正规化、系统化。住建局主要以居民住房管理、城镇建设、改善民生工程为己任，切实为构建“加快城市基础设施建设，促进建筑行业健康发展，继续保持房地产业和建筑行业的稳定增长，促进特区经济又好又快发展、大力改善民生”提供强有力的保障。

【机构设置】 六枝特区住房和城乡建设局为特区人民政府职能部门，属正科级行政单位。内设：办公室、政策法规股住房保障改革发展和房地产市场监管股、建筑市场和工程质量安全监管股、村镇建设与风景名胜管理股、计划财务股。所属事业单位有六枝特区牂牁江风景名胜管理处、六枝特区牂牁江风景名胜区岩脚迴龙溪景区管理所、六枝特区建设执法大队、六枝特区棚户区改造服务中心、六枝特区住房制度改革办公室政策指导室、六枝特区建设工程管理站、六枝特区建设工程质量监督站、六枝特区招标投标管理站、六枝特区房屋管理所、六枝特区产权产籍管理所、六枝特区抗震办公室、六枝特区建筑材料检测中心、六枝特区建设工程交易中心、六枝特区建筑设计院、六枝特区建设工程造价管理测定中心、六枝特区安居工程建设发展中心、六枝特区房地产交易中心、六枝特区房屋开发服务中心、六枝特区村镇建设管理站。主要负责全区住房和城乡建设、建筑业与房地产业、保障性安居工程、建筑质量和安全管理、建筑节能、勘察设计、监督和管理全区建筑市场，规范市场各方主体行为

2017年7月5日，六枝特区督查组到六枝特区住建局督查作风建设情况　（六枝特区住建局供稿）

等工作。

【经济指标运行和重点项目建设】 完成固定资产投资亿元项目入库个数10个，完成投资2017年目标任务数40亿元。完成招商引资3000万元以上项目3个，到位资金6.35亿元；完成建筑企业入库2家，建筑业产值上报产值8.2亿元。完成房地产业商品房销售面积42.38万平方米，同比增加30.86%，房地产业投资9.39亿元，同比下降9.92%。坚持抓好城市基础设施建设，进一步提升城市整体形象。2017年，工矿区对外连接道路路网工程六定路、醒狮路完工并投入使用，加快推进地宗矿对外连接道路二期工程、人民路延伸段对外连接道路等路网工程，督促和配合民生公司完成城东安置小区一二期工程建设。重点谋划六枝特区高铁站南站前广场枢纽一体化建设项目，六枝特区那平路与兴隆路、矿业路交叉口地下人行通道、六枝特区中心城区山体公园二期项目和六枝特区螺旋车道项目完善前期手续并开工建设。

【房地产业发展和棚户区改造】 城东商贸城二期完成项目总投资3.8亿，总面积16万平方米，2017年已投资7000万元，并于2017年9月28日取得商品房预售许可证；东方龙城·九龙城二期2017年累计完成投资1.8亿，总面积13万平方米，住宅620套。滨河步行街商业广场二期总投资1.5亿（含土地），总面积4.1万平方米。2017年棚户区改造项目采取货币安置、实物安置、综合整治等方式实施，共实施棚户区改造项目8个，惠及群众9763户，计划投资30.26亿元，完成投资5.64亿元。

【城镇化建设和农村人居环境整治】 2017年，实施小城镇建设项目345个，完成投资131.76亿元，打造特色小城镇5个（20个项目），完成投资49.87亿元，2017年新增城镇人口3439人，新增城镇就业人口4281人，镇村联动覆盖率达到75.44%，完成项目104个。2017年，启动187个村庄开工建设，累计完成投资6.52亿元。其中：落别乡牛角村于2017年10月获住建部颁发的“中国人居环境范例奖”。

【农村住房安全保障和配套基础设施建设】 2017年，统计出需改造危房4438户，其中4类重点对象2114户，其他户2324户，2017年上级任务424户，其中4类重点对象249户，其他户175户，已全部竣工且兑付补助资金887.5万元，为助推脱贫攻坚

郎岱青菜塘人居环境改造　（六枝特区住建局供稿）

工作，对4类重点对象提前安排，已开工1234户，完工950户，完成投资4293.78万元。2017年累计发放租赁补贴7556户381万元，实施的公共租赁住房配套基础设施项目2个，获得中央资金1600万元，完善郎岱、月亮河等16个点的乡镇教师、卫生公租房的配套基础设施建设。

2017年5月20日，六枝特区住建局召开二级班子工作调度会　（六枝特区住建局供稿）

【开展重点业务工作】 2017年，对新改扩建115个项目进行质量安全监督，开展“季度大检查”、“质量、安全月”、“地条钢”、“今冬明春”等专项行动检查共21次，检查项目288个，下达整改通知231份，停工通知书10份，受理工程质量投诉25起，及时协调处理25起，投诉办结率达100%，办理质量监督手续21个，竣工备案手续7个，共计接收资料236卷、图纸2432张、照片38张，光盘20张、文字材料4.49万张，竣工备案率达100%。对建设领域开展“百日攻坚”行动、老楼危楼安全排查整治等337组次，组织检查人员858人次，检查企业或场所454家。完成建筑节能改造项目3个点，改造面积2500平方米，总投资112.5万元，收缴新型墙体材料专项基金185.17万元。签订文明施工及扬尘治理责任书25份，专项或综合检查100余次，完成建筑业企业入库2家，一户一技能培训239人，协调民工工资投诉70余起，应急处理恶性讨薪事件3起。办理房屋转让备案1149件，面积131295.30平方米，转让金额12981.86万元，办理房地产抵押备案198宗，抵押贷款金额14491.8万元，办理商品房预售合同备案4077户，面积415427.85平方米，房款111210.3133万元。配合法院预查封登记13宗。协调处理物业管理及房屋管理方面问题28次，指导成立2个业主委员会，创建物业管理示范小区2个。完成招投标备案120余个。牂牁江风景名胜区的总规修编文本资料及图纸已基本完成，按省厅要求还需对景区9个违法违规建设项目的建设进行专题评估，增加总规修编的工作量及难度，2017年底，设计单位正在进行项目建设评估和总规修编的进一步完善工作。督促、指导、调度好六枝特区村镇污水处理（一期）5个乡镇16个村寨污水处理设施的建设。成功举办六盘水市城市管道燃气泄漏爆燃应急事故救援演练。

【旅发大会项目质量安全监督】 严格按照特区党委、政府安排部署，抽选精兵强将，组建技术专班组，深入牂牁项目点，全程对旅发大会项目建设进度进行管理和追踪，助推旅发大会圆满召开，并被特区党委、政府评为第四届旅发大会先进集体。

【强化基层党建和党风廉政建设】 紧紧围绕全区工作大局和中心任务，深入学习贯彻十九大精神及习近平总书记系列重要讲话精神，落实以“学”促“做”。加强组织领导，落实党建工作责任。组织班子成员讲党课9次，开展集中学习20余次，组织政治理论学习5次、理论考试2次，召开专题讨论10余次，切实增强党员干部的政治思想素质和综合素质。开展党建扶贫及慰问工作2次，提供扶贫资金1万元，送去慰问物资折合资金约4500元，为帮扶村党支部建设提供技术指导。2017年，局党组、纪检组在国家法定节假日、“防汛值班”等期间开展明察暗访9次，对执行工作纪律、值班情况、公车使用情况进行检查8次，开展廉政警示教育活

人居环境整治——落别乡牛角村新寨组垃圾处理站　（六枝特区住建局供稿）

动1次，上党风廉政教育课1次，组织学习违纪典型案例通报20余次，开展工作纪律检查10次。开展预防提醒100余人次，纠错诫勉（批评教育）3人次；问责处分约谈4人次，针对具有苗头性、倾向性问题的及时提醒，进一步督促“主体责任”建立健全相关教育、管理、检查制度，防止出现工作不实、财务不规范等情况。

（代仁祥）

◎ 城乡规划和城市管理

【概况】 2017年，规划和城管局以创建国家卫生城市、改善人居环境和投资环境为目标，促进“两型社会”建设和城乡统筹发展为重点，以“创新、协调、绿色、开放、共享”五大发展理念为引领，围绕构建“画廊六枝”这一主题，不断推进各项工作的开展。

【职能职责】 贯彻执行有关城乡规划和城市管理、市政、市容市貌、园林绿化、环境卫生等相关法律、法规、规章和政策；拟定城市总体规划、分区规划和详细规划编制并组织实施；负责城乡规划区各类建设项目选址、建设用地规划许可、建设工程规划许可、建设工程规划竣工核实认证、开山采石规划许可证、户外广告规划许可证、核发相关规划许可证；负责辖区内的城市管理工作，负责城乡规划、城市管理、城市园林绿化和城市市容环境卫生等管理及行政执法工作。

2017年3月22日，西南督察组检查六枝特区医疗垃圾处理进展情况及填埋场垃圾无害化处理运行情况 （六枝特区城管局供稿）

【内设机构】 内设：办公室、市政股、路灯股、规划管理站规划设计室、园林站、环卫站、城管监察大队、市场服务中心、兴城环卫公司。

【规划管理】 2017年，共办理《建设项目选址意见书》48份，拟用地面积3698665.71平方米；办理“建设用地规划许可证”30份，建设用地面积1333263.53平方米；办理“建设工程规划许可证”17份，建筑规模307528.36平方米；办理“乡村建设规划许可证”2份，建筑规模38246.71平方米；办理“建设工程竣工规划认可证”2份，建筑规模150444.98平方米。

【城市综合体建设】 六枝特区人民路城市综合体项目总用地面积75.06亩，总建筑面积9.46万平方米，总投资3.99亿元。2017年，该项目所有建筑主体均已完工，其中：地块一、地块二、地块三、9#—12#楼建设完工并投入运营；1#楼、2#楼一单元、8#楼、展览馆主体已修建完工，即将投入运营。圆满完成2017年度工作目标任务，达到2017年基本建成六枝特区人民路城市综合体目标。

【乡镇控制性详细规划编制进度】 2017年，启动岩脚镇、关寨镇、牂牁镇、落别乡、牛场乡、梭戛乡等6个乡镇控制性详细规划编制工作，招标工作已完成，设计单位已完成初步方案设计，正在进一步修改完善。

【清理违章占道经营】 加强市容市貌整治，对中心城区的市容市貌监管严格按照“安排到位、责任到人、工作到点”的要求进行，对于责任区域的控点严格实行两班倒，3个城管执法中队集中整治不间断，重点治理城区各主次干道、广场、道路违章占道经营等问题。全年以来共清理“店外店”31000多家次、拆除乱搭乱建门面户15家次、流动摊贩30000余人次，下发整改通知书128份，暂扣物品34件，出动执法车辆5000余台次，出动执法人员40000余人次。共下发整改通知书83份，拆除条幅广告293条，拆除灯箱广告110个，暂扣户外灯箱广告72，治理野广告136处，治理乱派发单420起，拆除存在安全隐患广告35处。清理流动商贩1426余次，疏导流动摊点833余家次，出动执法车辆1000余台次，出动执法人员5000余人次。共治理渣土运输560起，现场整改和批评教育327起，处罚13起。出动执法车辆800余台次，出动执法人员2400余人次。组织拆除违法建设行动20余次，拆除抢建违法建设40余户，责令停止建设350余户；行政处罚违法建设单位4家，行政罚款640余万元；拆除违法建设面积达7000余平方米，其中强制拆除26家（户），拆除面积4800余平方米，自行拆除和及控及拆2200平方米。全年共出动巡违控违人员16864人次，出动车辆11380台次。加大“门前三包”责任制落实及督促工作。与城区临街商铺签订“门前三包”责任状，共计2377份，签状率达到100%，在日常执法巡查中加强督促检查工作力度。

【市政设施维护】　投资估算7965.58万元，建设弱电通信管道27.867沟千米（含监控引接），工程于2017年2月18日开工建设，2017年7月30日完工，并于2017年9月27日竣工，改善了城区“蛛网满天飞”的现象。投资266.5万元，维修中心城区主次干道破损车行道路面共39762平方米，对维修路面划标识标线1981平方米，增设交警提示牌3套；投资76万元，更换城区破损检查井盖85套、雨篦子118套，维修城区破损人行道板2667.52平方米、树牙石10.8米、路牙石226.5米、降低人行道盲道路口6处，维修花池隔离护栏共171.8米、更换护栏底座8副，石护栏74.8米，坑洼路面53平方米；硬化路面562.02平方米；疏通堵塞下水道40米，新设置检查井5座；安装树篦子102.24平方米；开挖人行道疏通城区堵塞雨篦子25处；新增雨篦子6套、检查井1座；修复塌陷路面7平方米、检查井1座；恢复城区空缺行道树树池人行道板203.64平方米、花池84.6米，挖除空缺行道树树池树根115个；新增沿河路隔离石球12个；清掏疏通城区雨篦子1023个。

【路灯亮化管理】　累计投入123.974万元（含维修材料费、维修小工费）维修路灯2180盏次，维修电缆145余处，更换电缆445余米，使中心城区亮灯率及设施完好率达99%以上；投入6.6万元，城区主次干道悬挂迎春装饰灯笼4000个迎接2017年春节及元宵节的到来，烘托节日气氛，给市民营造一个喜气浓郁，整洁、优美的市容环境，让广大市民度过一个欢乐、喜庆、祥和的新春佳节。为迎接旅游文化产业发展大会召开，配合并督促灯饰亮化施工单位完成大用镇、郎岱镇亮化装饰工程，为旅游文化产业发展大会的召开奠定基础。

【园林绿化管护】　2017年，不断加强中心城区的绿化管护和补植补种工作，在旅发大会期间投入资金128.94万元，对中心城区枯死、缺窝的行道树共补种307余棵。在城东出口、街心花园及金海酒店摆放鲜花8万余钵；投入29.92万元铺设行道树树池树篦子1360平方米。为旅发大会的召开营造了清新靓丽的中心城区环境。投入6.34万余元购买农药，组织人员对城区行道树、绿化带及两个公园的绿化植物喷洒农药，进行病虫害防治；投入4万余元完善好城区绿篱、草坪修剪，绿化带杂草清除的常规管理工作。投资4.4万元购进储备铁护栏200块（400米）、柱子200根用于更换南环路、那平路隔离护栏。投入资金1.6万元，组织人员修剪城区各路段遮挡天网摄像头的行道树400余棵，协助公安局做好城区遮挡天网摄像头的行道树修剪工作。在休闲广场花池撒播三叶草10公斤，并在花池周围钉上木桩，绕上铁丝防护，同时在花池内插上提示牌4块，防止人为践踏。同时不断加强园区文明出游宣传教育，提升公民的安全文明意识，2017年共制止摩托车入园计400余次，清理园区流动摊点300余次，警告翻越围栏、攀折树枝、破坏设施等不良行为260余次。

2017年12月1日，六枝特区城乡生活垃圾收运和处置PPP项目签约仪式

（六枝特区城管局供稿）

【环境卫生保洁】　积极采取各种有效措施，提高全区道路清扫保洁作业质量，加大降尘力度，确保市容环境卫生整洁有序。每两天人工冲洗城区主次干道和贵烟线人行道各1遍，每天机洗贵烟线和中心城区车行道各3～4遍，晴天对中心城区和贵烟

线路面洒水降尘各3遍，阴天对中心城区和贵烟线路面洒水降尘各2遍，并以高压冲洗、机械吸尘配合，人工普扫为主，有效降低污染，改善环境及空气质量。2017年人工冲洗护栏、花池、隔离带和人行天桥各50余次，用清洁剂人工冲洗因摆放夜市摊点造成的油污地段各40余次。每天清洗果皮箱及玻璃钢垃圾桶1次，每周清洗垃圾清运车1次，清洗垃圾集装箱1次，将城区主次干道1400余个果皮箱更换为双箱式分类收集果皮箱，更换城区主次干道摆放的玻璃钢垃圾桶800余个。在东西互通安装果皮箱226个。为迎接旅发大会召开，抽调2辆洒水车和2名驾驶员从2月开始至旅法大会结束期间，配合六盘水生态园林绿化公司对毛口沿线的植物景观进行浇水，确保公路沿线的观瞻效果，取得好成效。

【市场服务工作】 加快新兴农贸市场搬迁和升级改造，在2017年1月5日，规划和城管局拟定《新兴农贸市场搬迁方案》上报特区政府进行研究，并组织嘉年华农贸市场业主及租赁户在环卫站二楼会议室召开新兴市场搬迁工作座谈会，统一涉及业主和租赁户思想，并于1月16日市场建设服务中心正式对外张贴《新兴市场搬迁公告》，2017年2月5日晚8时正式启动新兴农贸市场搬迁方案，将新兴农贸市场整体搬迁至嘉年华农贸市场，2017年3月份新兴农贸市场整体搬迁至嘉年华农贸市场全部结束。同时，为提升新兴农贸市场的升级打造，解决和疏导城区务工人员流动百货摊点规范经营问题，规划和城管局投资118.56万元，将新兴农贸市场改造为新兴小商品市场，该工程于2017年7月开工建设，2017年9月完工，2017年11月27日竣工验收，正在规划设置小商品经营统一摊棚。新兴小商品市场的建成投入使用，将对取缔占道经营、解决就业、提升城市形象、促进社会经济发展起到积极作用。由市场建设服务中心出资23万余元，在火车站站前广场右边修建临时活动板房疏导点，安置34户多年来长期占道经营的经营户。解决多年来在该区域占道经营严重及下岗职工、当地失地农村人员就业的民生难题，同时也对创文创卫工作取得好成效打下坚实基础。

【垃圾处置工作】 2017年六枝特区城乡生活垃圾收运和处置PPP项目已开展了PPP项目推进工作，并按程序办理相关手续。于2017年11月29日与运营公司顺利签约。六枝特区小城镇生活垃圾清运系统项目建设于2014年12月5日立项，于2016年3月1日完成获得可研批复，2016年11月16日完成获得初设批复。项目总投资7231.5万元，建设内容及规模为：收集系统建设规模：555吨/天，垃圾转运站设计规模：545吨/天，设置水平压缩式垃圾转运站18座，配套垃圾收集箱805个，环卫管理站（含环卫停车场）2座，环卫车辆191辆。2017年，该项目完成施工图审核，图纸会审等工作，并申请到中央资金1000万元。各乡镇垃圾转运站陆续完成征地并开工建设。六枝特区医疗垃圾处置中心项目于2014年11月19日立项，2016年11月16日获得初步设计批复。项目建设内容及规模为：建设医疗垃圾处置中心1座，处理能力5吨/天；配套医疗废物运输车9辆；医疗废物周转箱549个；医疗废物高温蒸汽处理设施1套。项目审定概算总投资1545.81万元，该项目采用BOT模式实施。2017年完成主体施工，附属设施施工，设备安装及调试。项目PPP模式公开招标于2月28日完成，于4月19日举行揭牌仪式，投入试运行。委托运营管理单位为六枝特区万通医废处置有限公司（贵州万通环保工程有限公司组建项目公司），项目启动运营后，万通公司根据合同约定投入运输车4辆，医疗废物周转箱549个；医疗废物高温蒸汽处理设施一套，设计处理能力5吨/天；医疗废物冷藏库一间，设计容积为90立方米，六枝特区医疗垃圾处置中心项目目前以试运行7月之久，其间，运行一切正常，最终处置成果达到规范要求并得到认可，已取得特种设备登记证、排放污染物许可证、环评等试运行手续。六枝特区餐厨废弃物收运及处理工程于2016年5月4日立项，建设规模为40吨/天的餐厨垃圾收运及处理系统，覆盖六枝特区中心城区及落别乡、郎岱镇、岩脚镇等重点乡镇，选址于六枝特区银壶社区杨丰村（六枝特区生活垃圾卫生填埋场旁）。估算总投资12500万元。六枝特区餐厨废弃物收运及处理工程于2017年完成了各类餐饮业餐厨废弃物统计工作，于2017年3月完成环境影响评价执行标准的批复，于2017年3月完成项目水土保持方案报告表的批复，2017年2月完成项目选址意见书、建设用地规划许可证等规划手续。

8月16日完成该项目环境影响报告书的评估意见，9月11日完成该项目环境影响报告书的预审意见，10月12日完成环境影响报告书的批复，并于11月28日完成社会稳定性风险评估备案。

（李　婷）

◎ 环境保护

【概况】　六枝特区环境保护局是六枝特区人民政府组成部门，主要负责全区环境保护工作，内设办公室。在编人员9人，现有9人。局直属事业（参公）单位有环境监察大队、环境监测站。共有在编人员18人。2017年，环保局坚持以中共十九大精神为指导，认真贯彻执行环境保护基本国策，坚持可持续发展战略，以解决突出环境问题为重点，以群众满意为目标，认真开展环境保护工作，在全区经济持续快速发展的同时，环境质量保持稳定并逐步得到改善。

【反馈问题整改工作】　中央环境保护督察组进驻贵州期间共交办六枝特区信访案件25件，省迎接中央环保督察工作领导小组认定办结25件，有4件（涉及大用镇耳红垃圾堆放场污染3件和老黑山垃圾填埋场污染1件）仍需要继续开展治理整改工作。

【环境空气质量】　环境空气质量AQI优良率为97.5%，达到小康创建指标85%的要求，环境空气质量优良率略高于六盘水市其他县区。

【饮用水源地水质】　六枝特区县城集中式饮用水源水质达标率为100%，千人以上集中式饮用水源地水质达标率也为100%；地表水5个省控断面水质达到Ⅲ类水质标准，达到小康创建指标要求。

【重点流域、区域和行业污染防治】　编制并上报旧院水库保护区划分方案并获得省批复。不断推进乡镇垃圾收集、污水处理工作，完成13个乡镇千人以上集中式饮用水水源地保护区划分，开展关寨镇白岩冲、郎岱镇懒水井等11个千人以上集中式饮用水源地环保基础设施，纳入以县为单位全面建设小康社会指标考核的农村千人以上饮用水源地的水质环保监测工作效果明显，千人以上集中饮用水源地水质达标率为100%，地表水5个断面水质达到Ⅲ类水质标准。机动车尾气环保检验工作有效推进，油气污染治理、涉煤重点行业和规模化畜禽养殖企业污染防治工作继续加强。

【环境执法工作】　依法抓好排污许可工作，杜绝违法排污和无证排污，规范工作标准。2017年依法征收排污费550万元。坚持按期对重点污染源、一般污染源和重点减排项目开展环境监察，实行网格化管理，发现问题，提出限期整改意见，并对环境违法行为依法进行查处。全年共联合出动环境执法人员480人次，检查企业170家次，立案查处环境违法行为28起，责令限制生产1起，移送公安机关1起，罚款208.4万元，确保辖区内的环境违法案件查处率达100%。同时，环保信访维稳、环保宣传教育、危险废物及化学品管理，固体废弃物管理等项工作顺利开展，均完成上级下达目标。2017年，六枝特区未发生较大及以上环境污染事件。

【土壤污染防治工作】　印发《六枝特区2017年度土壤污染防治工作方案》，把土壤污染防治工作分解到各职能部门，明确土壤污染防治工作内容和完成时限，为六枝特区土壤污染防治工作提供方向，督促六枝特区医疗废物处置中心建成投入运行，全区一级以上医疗机构的废物全部进入六枝特区医疗废物处置中心进行处理，实现医疗废物依法处置。

【农村环境综合治理工作】　开展生态乡村创建工作，2017年组织六枝特区关寨镇、岩脚镇申报2017年度省级生态示范乡镇，组织关寨镇朗树根村、岩脚镇木贡村、大用镇大用村、月亮河乡月亮河村、

2017年4月25日，六枝特区环保局陪同省环境监察局检查六矿瑞安水泥厂

（六枝特区环保局供稿）

2017 年 6 月 25 日，市县两级联合对华润电厂灰场地下水进行监测　（六枝特区环保局供稿）

郎岱镇花脚村、龙河镇永丰村申报 2017 年度省级生态示范村。

【城市环境综合治理】　强化建筑扬尘源头防范和过程监管，对城区建筑工地，要求施工单位对施工工地设置硬质密闭围挡和建设出口冲洗装置，施工中进行跟踪督查监管；加大对城区餐饮油烟的整治力度，对中心城区 24 家经营性餐饮单位下达整改通知，督促新广场夜食烧烤经营户 20 户进行油烟净化设施安装。

【项目建设环评服务】　严肃查处“未批先建”等环评违法行为，全面完成环保违法违规建设项目整改工作，严格执行新、改、扩建项目环境影响评价制度和建设项目“三同时”制度，依法实现区域、流域及重点产业发展规划环评全覆盖。2017 年共受理建设项目环评审批事项 232 件，所批项目环评中无“两高一低”项目。新投产建设项目“三同时”执行率达 100%，新开工建设项目环评执行率 100%。

【处理群众的来信来访】　严格执行“12369”环保投诉热线和 24 小时值班值守制度，认真受理、办理、答复群众的来信来访。2017 年共接到环境信访投诉 175 起，共处理 175 起，处理率 100%，处理结果均给信访人进行了回复。

（黄　敏）

水库和生态移民·扶贫

◎ 水库和生态移民

【概况】 2002年4月，成立六枝特区移民开发办公室，2010年3月，机构改革更名为六枝特区水利水电工程移民局；2014年11月，机构改革更名为六枝特区水库和生态移民局，为特区人民政府正科级事业单位。移民局内设办公室、政策法规信访股、水库移民股、财务审计股、扶贫生态移民股共5个股（室）。移民局现有干部职工18人，其中局长1人，副局长3人，纪检组组长1人，副科级非领导干部2人，股长4人，科员5人，工勤人员2人。

【职责职能】 贯彻执行大中型水利水电工程和扶贫生态移民工作方针政策和法律法规，研究具体措施并组织实施。组织开展全区大中型水利水电工程和扶贫生态移民对所在地综合影响的对策研究，及时向特区党委、政府报告工作情况并提出建议；建立工作联席会议制度，协调解决移民工作中的重大问题。负责大中型水利水电工程移民安置规划大纲和移民安置规划特区级审查，按程序报批；负责区内小型水利水电工程移民安置规划大纲和移民安置规划审核工作；审查报批扶贫生态移民工程项目实施方案并下达计划；牵头组织实施扶贫生态移民工程；配合发展改革部门做好易地扶贫搬迁工程规划编制和资金计划的上报下达；组织实施特区级移民安置验收和监督评估工作。组织全区大中型水利水电工程移民后期扶持和扶贫生态移民扶持规划的编制与审查；组织开展移民后期扶持政策实施情况的监测评估。监督检查有关移民工作法律法规的贯彻执行，对违反移民工作法律法规的行为实施处罚。负责安排全区大中型水利水电工程、扶贫生态移民安置和后期扶持资金及物资，并对资金及物资使用情况进行检查和监督；负责小型水库移民专项资金的安排、检查和监督。负责全区大中型水利水电工程和扶贫生态移民工作的干部培训和宣传教育。承办特区人民政府及上级水库和生态移民局交办的其

2017年10月9日，特区政府开展2018年易地扶贫搬迁项目选址工作　（六枝特区移民局供稿）

他工作。

【光照水电站六枝库区移民工作】 完成牂牁镇（原毛口乡）木城村木城组土地集体资产577.48亩土地补偿款兑付工作，兑付资金549.35万元。完成牂牁镇龙坡安置点对外连接公路24.85亩土地征地工作，兑付土地补偿款5.1万元。完成光照电站六枝库区库岸失稳地质灾害隐患点排查工作，排查出牂牁镇鲁戛村鲁戛寨子、鲁戛湾寨和扁朝村菜油山等三个地质灾害隐患点，涉及农户35户164人（其中：2户只补偿房屋，不进行搬迁安置），配合牂牁镇将库岸失稳地质灾害隐患点农户搬迁到安全地点临时居住，部分房屋正在拆除中，其中签订33户166人紧急避让搬迁安置协议。完成35户紧急避让移民房屋及附属设施等实物指标补偿兑付工作，兑付资金150万元。完成光照电站六枝库区周边安全隐患排查工作，对牂牁镇那当坡被水淹没的13户54人采取紧急撤离库区等安全措施，安排临时搬迁到安全地方。

【黔中水利枢纽工程】 完成黔中水利枢纽工程水源工程区2017年征收耕地长期补偿费兑付工作，兑付长补资金358万元。完成黔中水利枢纽工程水源工程区968.5亩临时用地征地和临时用地土地补偿款兑付工作，兑付临时土地补偿款2743.6万元。完成黔中水利枢纽工程专复建项目木岗镇燕子岩至驼背窝公路项目资金结算工作，共计兑付资金16.34万元。完成黔中水利枢纽工程输配水区支渠C2标段木岗镇境内151.4亩土地征地和三榜公示工作。完成黔中水利枢纽工程输配水区支渠C2标段落别乡境内11.04千米土地测量分解工作，共分解土地80亩。

【旧院水库工作】 完成旧院水库2017年征收耕地长期补偿费兑付工作，兑付资金162万元。

【懒龙河水库工作】 完成懒龙河水库工程建设移民人口认定的扫尾工作，认定移民人口64人。配合新场乡完成懒龙河水库工程影响区3户移民旧房拆除工作，共拆除房屋面积398.5平方米。完成懒龙河水库工程272.1亩土地长期补偿款兑付工作，兑付长补资金40.9万元。完成懒龙河水库工程管线8.2千米实物指标测量分解工作，完成土地分解172亩，并进行三榜公示。完成懒龙河水库工程房屋、土地、灌木林、坟墓等实物指标补偿款兑付工作，

2017年8月26日，特区移民局到2017年中心城区牂牁大道安置点督查项目进度工作

（六枝特区移民局供稿）

共计兑付资金63.4万元，其中兑付土地补偿资金3万元，兑付房屋补偿资金15.81万元，兑付灌木林补偿资金44.51万元；兑付坟墓补偿资金0.08万元。

【河头上水库工作】 完成河头上水库工程库区及枢纽工程区24所坟墓搬迁工作。完成河头上水库施工区搬迁人口调查工作；共调查核实人口16户110人。完成河头上水库围堰截流阶段县级验收工作。完成河头上水库第一批次移民人口认定工作，共认定搬迁安置人口6户21人。完成河头上水库施工区及库区9户移民房屋拆除工作，拆除房屋面积804.36平方米，兑付补偿补助资金51.99万元。完成河头上水库土地、零星树木等实物指标补偿款兑付工作，共计兑付补偿款2262.42万元，其中兑付土地补偿款2057万元，兑付零星树木补偿款205.42万元。完成河头上水库工程料场临时用地征地工作，征用土地66.55亩，兑付土地补偿款32.9万元。

【移民后期扶持工作】 完成贵州省水库移民后期扶持管理信息系统录入工作，截至2017年年底共计录入水库移民后期扶持人口9604人，完成117个后期扶持项目和项目管理进度信息录入工作。完成195人移民素质提升和农机具补贴信息录入工作，共计发放农机具补贴52.01万元。完成2017年度8119人后期扶持直补资金发放工作，发放后期扶持直补资金486.66万元。完成2016年度大中型水库移民及子女素质提升98人次补贴发放工作，发放补贴24.83万元。完成2017年度黔中、光照、旧院三个水库移民及子女素质提升等申请资料审核

工作，发放补贴18.8万元。完成2017年批复实施2016年备案项目8个，拨付项目资金7.2万元。完成整合2017年前未实施的项目、竣工决算项目结存资金2011.82万元，用于投资特区平台公司，预计从2018年起每年固定获得160余万元收益，使全区农村移民受益。

【移民资金监督管理工作】 及时与特区财政局、银行等部门核对资金收支情况，确保每笔移民资金收支账簿清晰，数据准确。及时划拨移民资金，确保各水库补偿资金和易地扶贫搬迁工程建设资金及时到位，做到各类专项资金专款专用，无挤占、挪用等现象发生。2017年，完成向上级业务主管部门和各水库业主筹集移民资金共计8060.3万元，其中：河头上水库1440.59万元、黔中水利枢纽工程3265.02万元、旧院水库176.28万元、光照电站1400万元、移民后期扶持资金1526.71万元、阿珠水库251.7万元，确保移民资金及时到位按时发放。督促移民资金代发银行及时发放水库移民补偿款共计4180.99万元，其中：河头上水库2893.63万元、黔中水利枢纽工程156.31万元、旧院水库164.86万元、懒龙河水库124.46万元、光照电站587.11万元、阿珠水库254.62万元。完成支付懒龙河水库工程专项复建工程款250万元。完成支付移民后期扶持项目工程进度款643.9万元。

【信访维稳工作】 完成接待移民群众来访共8批次13人。完成每月移民矛盾纠纷信访排查工作，2017年共12次。完成（协调办理）信访回复件6件，其中回复牂牁镇王玉伍信访1件，岩脚镇孙照虎、陈永祥、施渊等信访2件，牛场乡杨尚福、龙从怀等信访2件。按照《六枝特区信访事项复查复核委员会办公室关于杨发秀信访事项复查工作的授权委托书》要求，完成杨发秀信访事项复查办理工作。

确保全国“两会”、省“两会”、市“两会”等重大活动期间社会稳定，完成《关于做好2017年全国“两会”期间信访维稳工作方案》、《关于做好2017年省“两会”和“春节”期间信访维稳工作方案》、《关于做好2017年市“两会”期间信访维稳工作方案》、《关于做好2017年贵州省第十二次党代会期间维稳工作方案》、《2017年矛盾信访问题集中化解“百日攻坚”工作实施方案》、《2017年“一带一路”峰会期间信访维稳工作方案》、《移民局深入开展“五个专项治理”工作实施方案》等七个方案，促进六枝社会稳定。

【易地扶贫搬迁工作】 2016年易地扶贫搬迁项目扫尾完成情况：2016年，省下达六枝易地扶贫搬迁规模任务为1424户6034人（其中贫困人口893户3845人，贫困人口占比63%）。新建6个安置点，分两批实施，均采用统规统建模式，新建住房1405套，统筹保障性住房19套，2017年，全部实现搬迁入住，工程已经完成县级综合验收，项目工程基本收官。2017年易地扶贫搬迁项目建设完成情况：2017年，六枝特区实施易地扶贫搬迁1372户5989人，其中贫困人口1366户5965人，贫困人口占比99.6%。以中心城区集中安置为主，重点集镇安置为辅新建2个安置点，工程实施均采用统规统建模式，新建住房1372套。落别乡安置点为中心集镇安置型，统规统建住房124套搬迁安置农村人口124户537人（全部为贫困人口），现主体工程已完工，装饰装修基本完成，搬迁入住58户287人，入住率53%。中心城区牂牁大道安置点为县城安置型，统规统建住房1248套搬迁安置农村人口1248户5452人（建档立卡贫困户1242户5428人），现主体施工930套，完成住房318套，预计2018年2月中旬完成所有主体工程，2018年4月底开始搬迁入住，6月底前全部搬迁入住。

（李树华）

◎扶　贫

【概况】 2017年，紧紧围绕“一达标、两不愁、三保障”目标要求，按照市委、市政府的统一部署，深入贯彻习近平总书记的系列讲话重要精神，认真落实全省第三次大扶贫战略行动推进大会、全省深度贫困地区脱贫攻坚工作推进大会会议精神，着力推进2017年脱贫攻坚春（秋）季攻势行动令的安排部署，全面掀起春季攻势、夏季比武、秋季攻势等热潮，顺利推进各项工作的开展。完成减少贫困人口6069户25127人，贫困发生率降至6%；标注29个贫困村退出；最后1个贫困乡镇（箐口乡）减少贫困人口287户1304人，贫困发生率下降9.22

个百分点，人均可支配收入为8612元，比上年递增10%，达到省级“减贫摘帽”标准。

【机构设置】 根据相应的职责，特区扶贫开发局内设3个机构：综合股（政务服务股）、计划统计股、业务股，核定事业编制10名；领导职数3名：局长1名，副局长2名，正副股长（主任）3名。有局党支部1个。下属事业单位3个：扶贫开发服务中心（贫困监测中心）定编7人；社会帮扶服务中心，定编4人；世界银行西南扶贫项目贵州省六枝特区办公室，定编12人。

【职能职责】 贯彻执行扶贫开发工作方针政策和法律法规；组织开展全区扶贫开发调查研究、统筹协调、检查指导工作；按照市场需求开展产业化扶贫。拟定全区扶贫开发中长期规划，提出全区扶贫开发工作目标、任务、政策和措施并组织实施，组织调研扶贫开发工作中的重大问题并协调解决。负责扶贫资金和项目的监督管理并承担相应的安全监管责任；拟定各类扶贫资金与项目的分配方案，负责扶贫资金使用与项目的备案、监督管理、检查验收和绩效考核。负责对口帮扶工作的统筹协调和联络服务，联络协调集团帮扶；组织协调社会力量参与扶贫开发；承担特区外、境外非政府组织和个人帮扶六枝特区的联系、协调服务及交流与合作工作；负责联络协调特区机关企事业单位的定点帮扶工作。负责特殊困难地区的综合治理、整乡整村推进、连片开发工作。统筹、协调信贷扶贫工作；负责扶贫龙头企业的认定、审核、引进等工作；管理扶贫基金；组织开展贫困地区产业化扶贫和科技扶贫工作；负责扶贫开发项目中相关生态建设工作。组织实施贫困地区干部培训和人力资源开发工作。组织开展扶贫开发的统计监测、动态分析、成果宣传和经验交流工作；负责贫困乡镇发生率指标数据的采集、审核和报送。承办特区人民政府和市扶贫开发局交办的其他事项。

【精准扶贫建档立卡】 坚持“规模控制、动态管理、分级负责”的原则，对人均纯收入低于3335元标准的农户，按照“一评议一比对二公示一公告”的识别程序和“凉都六法”纳入贫困人口建档立卡系统。2017年共核实贫困人口15861户54537人。

【“五级包保”】 落实精准帮扶主体，针对扶贫对象的贫困状况定责任人和帮扶措施，对贫困户实行精准帮扶，形成点对点、人对人的帮扶办法，六枝特区财政供养人员1万多人对贫困户3.1046万户进行全面包保，并组建村级“3+N”脱贫攻坚专班

六枝特区岩脚镇草原村千头牛养殖场（扶贫项目） （六枝特区扶贫局供稿）

六枝特区塔山社区养鸡扶贫项目

（六枝特区扶贫局供稿）

213个，整合力量、开展集中帮扶，实现干部帮扶全覆盖。

【“三变”改革工作】 依托产业扶贫项目，纵深推进“三变”改革，采取“平台公司（企业）+合作社+基地+贫困户”的模式，安排产业扶贫资金12380万元，其中参与“三变”产业扶贫资金9616.5万元，占扶贫资金投入的77.6%，安排扶贫贴息资金1000万元，撬动金融资本4534.25万元入股扶贫产业，通过“三变”和异地置业等方式，覆盖六枝特区18个乡（镇、社区）、213个行政村（贫困村130个），带动全区贫困户18345户53203人增收，人均增收496元以上。

【供给侧改革工作】 2017年投入产业扶贫资金12380万元，采取“平台公司（企业、合作社等）+基地+贫困农户”的扶持模式，带动全区完成农业产业蔬菜3.58万亩、精品水果8万亩，出栏猪、牛等18.79万头（只），家禽101万羽，特色水产79.8万尾（只、斤），实现产值20个亿，销售收入17亿，利润1.7亿元，通过入股分红、异地置业、扶持到户等方式，带动全区贫困人口17482户61853人（其中脱贫人口1.69万人），人均增收628元以上。

【电商、旅游、生态等新业态扶贫】 2017年组织开展扶贫、农业、平台公司和订购企业相互对接，推行超市农副产品、食堂、学生营养餐供应与蛋禽养殖、蔬菜生产等有机结合，实现原材料本地生产、本地配送，产业发展和群众增收，共签订爱心产业扶贫订单约6200万元。投入财政扶贫资金2791万元，完成林—果—药生态扶贫产业17264亩；投入财政扶贫资金200万元，完成乡村旅游农家旅馆建设1000平方米。

【“雨露计划”培训】 2017年，省、市下达培训任务7880人，完成当年“雨露计划”（是由扶贫部门组织实施的，以提高扶贫对象自我发展能力、促进就业为核心，以政府财政扶贫资金扶持为主、动员社会力量参与，通过资助、引导农村贫困家庭“两后生”及劳动力接受职业教育和各类技能培训、培养贫困村产业发展带头人等途径，扶持和帮助贫困人口增加就业发展机会和提高劳动收入的专项扶贫措施。）培训7463人。

【扶贫小额贴息贷款】 2017年，六枝特区累计发放扶贫小额信贷12488户，累计发放金额5.72亿元，累计贴息资金1370.8万元。

【财政扶贫资金管理使用】 2017年安排财政专项扶贫资金14422万元，实施到村扶贫项目153个，覆盖18个乡镇132个村，受益农户20674户55806人，其中贫困农户19681户53264人。

（王　一）

交通·电力

◎交　通

【概况】　六枝特区交通运输局属六枝特区政府工作部门，主要负责全区公路和水路交通基础设施的建设、养护、管理和全区公路、水路客货运输、城区公共交通、装卸搬运、机动车（船）的维修与检测、运输服务以及汽车驾校和驾驶员培训工作的行业管理等。特区交通运输局下设特区地方海事处（1个正科级事业单位）和特区公路管理所、特区道路运输管理局、特区交通运输执法大队（3个副科级事业机构）以及特区公路勘测设计所（1个正股级事业机构），内设办公室（政务服务股）、交通运输股（安全法规股）、规划建设管理股等（3个正股级行政股室）。

【交通运输固定资产投资】　2017年六枝交通项目建设投资任务数为41亿元，已完成交通固定资产投资23.629亿元，新增亿元项目入库7个，占任务数的70%。

【国、省干线建设】　2017年六枝在建和续建国省道干线改造项目共6个，全长57.65千米，计划总投资16.786亿元。2017年底，G356大用至凉水井公路第一合同段主体工程已完工，正在完善扫尾工程，工程形象进度98%，完成投资35062万元。S310老卜底至新华公路改扩建工程主体工程已完工，正在完善扫尾工程，工程形象进度99%，完成投资5506万元；S310大草坝至新华公路改扩建工程完成投资4590万元，工程形象进度48%。S215郎毛公路完成投资32364万元，完成合同内工程总工程量的99%。S214岩脚至梭戛公路完成投资7731万元，工程形象进度31%。S213木岗至丁旗六枝公路改扩建工程现已完工。

【农村公路建设】　一是县乡道改造项目。化董至捞河段县乡道改造工程完成投资5007万元，工程形象进度97%；林场至新华段县乡道改造工程完成投资9164万元，工程形象进度63%；郎岱至洒志段县乡道改造工程完成投资2144万元，工程形象进度68%；长箐至黑塘段县乡道改造工程已完工；龙场至白泥公路改造工程完成投资1573万元，工程形象进度20%。二是撤并建制村通硬化路项目。2017年，共实施撤并建制村通硬化路70个项目190.28千米，总投资约需18400.6147万元（中央资金7611.14万元，地方自筹10789.4747万元）。已完成总投资11960.39万元，工程形象进度65%。三是产业路建设（四级公路）。新场（麻杆坡）至堕却（郎树根）产业路完成投资4498万元，工程形象进度100%；岩脚至金星公路完成投资3993万元，工程形象进度83%；岩脚高桥至草原村养殖场产业路完成投资1196万元，工程形象进度96%；大用猕猴桃园区道路完成投资835万元，工程形象进度80%；中寨猕猴桃园区产业路完成投资1238万元，工程形象进度86%。下嘎石至螃蟹峡产业路完成投资4816万元，形象进度95%。四是油路大修及安防工程。油路大修项目共5个12.6千米，预计12月份完工。提前实施“十三五”农村公路生命防护工程约1000千米，总投资23000万元，现已完成投资15594万元，工程进度67.8%。五是“组组通”项目。2017年农村“组组通”公路建设项目共计211个473.68千米，项目已完成总体形象进度92%。2018年“组组通”分两批次进行，第一批370千米设计已完成，正在按程序报批，第二批300千米正在开展设计工作。

【重大项目】 六枝至黄果树旅游公路现完成投资10850.05万元。西嘎至毛口环湖公路采用PPP建设模式，现开挖施工便道6.5千米。新场至牛场公路现完成投资2583万元，总工程量的7.3%。大用至木岗公路完成投资19384万元，工程形象进度53%。六枝至关岭一级公路现工可已批、初步设计正在编制、节能已备案、用地预审一批复、环评正在编制，“两报告一方案”已报待审批。

【行业管理】 一是加快推进“村村通”客运工作。六枝243个行政村（居委会）已开通客运232个，11个未开通的行政村已经通过会议形式对道路安全条件进行评估，并下发行政许可决定书，车辆正在购置，可实现行政村通客运率100%指标。二是提升城市公共客运服务质量。2017年，新增14辆纯电动新能源公交车，公交车总量达到119辆，其中新能源公交车达到70辆，占公交车总量的58%。9月25日启动312辆出租车计价收费工作，组织出租车驾驶员学习3次，培训人员300余人，处理出租车投诉30次，投诉回复率达到100%。2017年六枝公交企业1名公交车驾驶员和2名出租车驾驶员，被市文明办和市交通局评为“凉都最美司机”。三是优化驾培业务管理。全年完成驾驶初培学员2400余人次，完成道路运输从业资格审验及换证1400余人次。四是做好货运车辆的摸底排查。经过清理，营运货车在册登记数为2441辆，其中重型车71辆、中型车278辆、轻微型车2092辆。受理

已建好的通村路　（六枝特区交通局供稿）

新增普通货物运输申请企业9家，其中有车的企业4家，无车企业5家，按照拟投入车辆的期限，对无车企业进行清理。

【交通依法行政力度】 2017年，共投入执法人员4600余人次，出动执法车辆660余辆次，检查班线客运车辆3400余辆次，检查危货运输车辆90余辆次，检查非营运车辆（私家车）1260余辆次，依法查扣涉嫌非法营运车辆399辆次。查处违法违规班线客运车9辆次，查处违法违规旅游大巴15辆次，查处违法违规危货运输车6辆次。路政管理方面，共投入执法人员2200余人次，检查超限运输车辆580余辆次，收取公路赔补偿费13.75万元，查处超限冲关车辆3辆。清除路面堆积物500余处，共3160余平方米，拆除违章建筑9处，约62平方米。发放公路安全宣传册1000余份。水上巡航方面，2017年共开展巡航检查302次，巡航时间933.9小时，巡航里程20445.5千米；出动执法车114车次，行程11029千米；出动海事人员749人次，其他人员603人次；检查重要航路299次，船舶安全检查64艘次，检查渡口码头及城市园林景区276次，检查渡口（含渡船）779道次，船舶日常检查175次，检查船舶459艘次。

【交通安全】 2017年，交通领域实现零死亡、零事故目标。一是道路交通领域，认真履行“三关一监督”（严把运输经营者市场准入关，不符合许可条件特别是安全生产不符合要求的运输企业，要被责令退出道路运输市场；严把营运车辆技术关，对客运车辆进行定期维护、检测，及行车记录进行全面检查，不符合技术标准的客运车辆要被强制退出道路运输市场；严把客运驾驶员资格关，对所有客运车辆驾驶员要进行安全教育，并进行严格考试，不符合资格的客运车辆驾驶员一律不得进入道路运输市场，驾照已被交警部门记满12分或发生重大交通事故负有主要责任的驾驶员，坚决不得从事客运车辆驾驶）工作职责，积极落实安全生产监管责任，深入开展各项安全生产专项整治行动。2017年共检查企业228家次；出动检查人员718人次；发现一般隐患262条，已督促企业按时限整改完毕。二是水上安全领域，加大隐患排查治理及风险点巡查工作，2017年以来排查安全隐患14起，整改14起。强化水上安全培训，全年培训乡镇管理人员、企业负责人、船员300余人次；培训企业骨干30人次；牵头落实船员培训2次。三是工程建设领域，对全区国省道、县乡道、通村公路等在建项目开展全覆盖安全大检查，投入检查1400余人次，查出一般安全隐患点119条，已整改118条，隐患整改率达99%。四是管养公路领域，补栽或更换安全桩381根，安全警示标志22块；波形护栏损坏732米、恢复108米；桥护栏损坏14米、已恢复4米，路基下沉630.97立方米；恢复路肩及路肩墙50.491立方米，沙袋及沙回填39立方米；恢复钢筋混凝土护栏20米，恢复长兴线k5+120路基垮塌处和银姜线k2+950路基垮塌处挡墙。

抗凝撒盐　（六枝特区交通局供稿）

【交通环境】 一是强化维修企业废弃物处置，与环保部门开展联合检查3次，共计检查48家维修企业，其中二类以上维修业16家。要求其建立规范独立的贮存间、建立规范的管理台账和建立规范的管理制度。二是加大营运黄标车清理力度，2017年共清理营运黄标车145辆，圆满完成营运黄标车清理工作任务数。三是开展文明交通志愿者活动，组织干部职工及志愿者50余人，统一着装印有“文明交通志愿”服装，在公交站台、客运站场、道口开展文明出行宣传教育，活动共劝导逆向行驶、行人闯红灯、不按交通信号行驶、不排除上下车、不走人行横道等不文明行为50余人次，发放文明交通宣传资料200余份，整治车容车貌10台次。组织文明交通志愿者100余人携带劳动工具清扫道路5000余米。

【公路养护管理能力】 2017年纳入计划养护扶贫公路2389.037千米，实际养护2405.53千米；2017

年财政预算实际到位总资金470万元，拟安排养护扶贫资金328.28万元。完成县道养护368.28千米，乡道410.88千米；公路水毁坍塌方4980立方米，116处清理处置工作，投入资金19.92万元；恢复路基缺口49处，修复挡土墙1300立方米，恢复公路护栏109米，投入资金74.18万元；完成沥青路面坑槽挖补16400平方米，投入资金180.4万元；投入养护管理工资67万元。

【党建工作】 坚持党要管党、从严治党，牢固树立“抓党建就是抓关键”、“抓作风就是抓重点”的理念，全面落实党建工作责任制。认真开展党性教育，使党员宗旨意识更强，榜样力量更明显；在各基层支部中继续坚持开展亮牌行动，把党员的身份亮出来，把党员的承诺喊出来，将党员时刻置于群众监督当中；对组织工作的制度化管理进行完善，对各支部“三会一课”制度落实进行检查指导；完善“围绕脱贫抓党建，抓好党建促脱贫”工作思路。

【党风廉政建设】 2017年初交通局党组签订党风廉政责任书，层层压实责任。2017年共签订签字背书110余份，党组研究党风廉政建设工作7次，开展党风廉政建设相关检查10余次。党组书记上廉政党课1次，党组副书记、纪检组组长开展警示教育宣讲一次，每月至少组织一次“道德讲堂”活动。4月，组织系统干部职工开展党风廉政知识竞赛活动，组织职工答卷120余份。开展1次知识竞赛，评选3个获奖单位和3名优秀选手。局党组书记组织开展节前两个责任“集体约谈”2次，约谈人数100余人，对下属单位负责人“四风突出”问题预警谈话1次，针对项目业主代表开展预防提醒谈话1次，约谈人数5人，问责约谈人员签订承诺书。

（蒋玉梅）

◎电　力

【概况】 贵州电网有限责任公司六盘水六枝供电局成立于1996年，1999年由六盘水供电局代管，2008年上划贵州电网公司直管的全资子公司，2017年通过“子改分”成为贵州电网公司分公司。局设10个职能部门、1个挂靠部门、11个生产部门，2017年1月1日，贵州电网有限责任公司六盘水六枝供电局在册员工人数351人，退休员工20人。2017年4月31日，“子改分”注销后，需要重新签订劳动合同的员工337人，退休人员待遇按相关规定执行。六枝电网供电面积1799平方千米，供电人口49.46万人。管辖110千伏变电站6座，主变压器12台，容量549兆伏安。35千伏变电站10座，主变压器20台，容量105.15兆伏安。局所管辖的35千伏线路共27条，线路长度318.776千米，10千伏线路共86条，线路长度1842.187千米，400伏及以下线路5792.264千米。配变台数3513台。（含公变及专变），容量为532905千伏安。担负着六枝特区4个社区、15个乡（镇）、220个行政村的供电任务。

（办公室）

2017年8月23日，六盘水供电局到六枝牂牁江检查景区电网建设工作　（六枝特区供电局供稿）

【“三供一业”供电项目改造】 为减轻国有企业负担，集中精力发展主营业务，有利整合资源改造提升基础设施，进一步改善职工居住环境，《国务院办公厅转发国务院国资委、财政部关于国有企业职工家属区“三供一业”分离移交工作指导意见的通知》明确指出分离移交国有企业的供水、供电、供气和物业管理，六枝供电局承担六枝工矿集团电力设施的改造质量监督、移交等相关问题。国务院国资委、财政部将贵州作为“三供一业”改革试点，六枝工矿集团作为贵州省内试点。该项目分为两期进行，第一期项目于2017年4月开工，项目静态投资7684.9960万元，涉及用户8123户。架设线路总长度205.786千米，新建变压器68台、户外开关箱5座、电缆分支箱33座、柱上开关136台。已完成第一期进度85%，工期按预定计划进行，第二期计划2018年年初开工，8月完成。

（梁永海　黄鑫宁）

【完成六盘水市第四届旅发大会保供电任务】2017年11月11—12日，六盘水市第四届旅游文化产业发展大会在六枝特区牂牁镇“画廊六枝福地夜郎”文化展示中心点召开。为确保大会期间正常保供电，六枝供电局提前部署，由水城供电局等单位协助，调配3台500千瓦发电车、抽调应急抢修人员40余人，以“守点驻扎”的方式全面开展保供电任务。该次保供电为二级保供电任务，但是保电分散、点多面广工作量大，涉及六枝特区牂牁镇主会场、点将台、夜郎王宫、三街十二坊、牂牁镇、郎岱镇、落别乡3个乡镇，以及点将台、龙井温泉中心、318房车基地等旅游景点。六枝供电局成立以局安全生产第一责任人为组长的保供电领导小组。协同特区政府相关部门，对涉及保供电点进行勘察，不断对专项保供电方案进行修改，编制“一线一册”、“一户一册”，对重要联络开关点安排专人值守。对重要变电站、线路、设备等持续开展巡视测温，负荷监测等工作。此次保供电投入500千瓦应急发电车3台，投入巡视、监测、应急抢修等人员百余人。

（李　磊）

【“扶贫日”电力服务活动】　2017年10月17日是中国第4个扶贫日，六枝供电局开展“精准扶贫下基层、电力服务入户行”活动，由党员组织的红旗服务队到新窑移民搬迁点农户家服务。针对移民过去在山上居住用电少，搬迁后多准备添置空调、电磁炉等大功率电器，可能出现用电问题的情况，红旗服务队队员们对移民搬迁安置点的供电线路、设备进行了排查，消除安全用电隐患，保障移民搬迁户舒心、安全用电的同时，还就群众关心的智能电表、阶梯电价等问题进行宣讲和解答。

（李　政）

【“小康电”助力脱贫攻坚】　自2014年六枝“四在农家·美丽乡村”六个小康行动计划以来，通过“小康电”建设，全面解决农村电网供电可靠性低、电压质量差及农村经济发展较快地区用电瓶颈问题，加快缩小城乡电力差距，满足农村全面建成小康社会对电力的需求，助力六枝特区“四在农家美丽乡村”建设，为老百姓脱贫致富提供强有力的电力保障。2017年“小康电”工程共计投资8879.6万元，项目涵盖小城镇中心城电网改造升级、低电压台区整治、易地扶贫安置点及旅发大会双回路等重点区域项目。提前完成低电压台区整治项目69个。对六枝特区岩脚镇斗篷及关寨镇中坝扶贫生态移民点配套电网设施建设。

（侯志友）

2017年9月15日，供电局施工人员在配变台架开展电网检查　（六枝特区供电局供稿）

【解决易地扶贫用电】　六枝特区2016年三个易地扶贫搬迁安置点，分别为六枝特区关寨镇堕却中坝安置点、新窑镇桥梁坝子安置点、新窑镇那玉村那玉坝安置点。三个易地扶贫搬迁安置点共计解决551户住房问题，惠及2534人，均为建档立卡的贫困户，分别来自关寨镇、新窑镇39个行政村，有些整村、整寨、整组搬迁。2017年，551户精准扶贫户如期分到了房，六枝供电局与当地政府协同推进，以解决三个易地扶贫搬迁安置点“三通”工程“最后一千米”。为确保三个安置点顺利施工，主动对接，主动让位安置点建设，科学规划、精准到户，防止搬迁户因电力供应问题限制其发展。管辖内四条10千伏线路及其支线，分别为10千伏堕却Ⅰ回线、10千伏新窑线那玉支线、10千伏新把线、10千伏折溪线，部分杆塔在安置点红线以内，配合红线内电力线路迁改。充分用好“扶贫专线”，从10千伏供电线路架设，到配变安装，到400伏线路敷设，220伏线路下线到户表安装，精准测算，确保到户电压质量满足安置点用户需求。为下一步实现“搬得出、稳得住、能致富”奠定坚实的基础。

（陈胜华）

城区供电所开展降损“利剑”行动

（六枝特区供电局供稿）

【安六高铁牵引线路项目建设启动会召开】 11月10日，六枝特区安六高铁牵引线路项目建设启动会在六枝召开，会议通报该项目基本情况，分析制约工程建设存在的问题。并对下一阶段如何加快线路建设工作进行部署安排。安六高铁牵引线路项目在六枝区域内总投资6142万元，工程建设规模为220千伏42.969千米，涉及线路铁塔数量121基，工程覆盖六枝特区3个乡镇，主要是提供220千伏安六铁路长箐牵引变电源，工期要求在2018年底前全面竣工投产，为安六高铁2019年6月通车打下基础。

（宾　峰）

【保障临时安置点用电工作】 2017年9月5日，因受强降水影响，六枝特区箐口村包包组山体绽裂严重，山体随时崩塌，严重威胁该村组19户老百姓生命财产安全，六枝供电局积极配合六枝特区关寨镇政府，紧急出动人员15余人次，车辆2台次，第一时间参与劝村民搬出危险区域，紧急转移19户老百姓，并在临时安置点接通临时用电电源，确保转移的老百姓基本生活不受影响。村民搬至原箐口乡未启用的教师周转房，临时避灾，入住教师周转房的共计19户96名村民，无水无电。六枝供电局为临时安置点第一时间配齐通电所需工具和材料，安装插座19组，架通临时用电线路300余米，确保转移的老百姓基本生活用电不受影响。

（陈胜华）

文体广电（新闻出版）·生态旅游

◎ 文体广电（新闻出版）

【概况】 六枝特区文体广电新闻出版局为特区人民政府工作部门，正科级党政机关。内设：办公室（政务服务股）、文化产业发展股（新闻出版和版权股）、体育与广播影视股、纪检监察机构。

【文化活动】 在元旦、春节等重大节假日期间，开展丰富多彩的文体系列活动：“中国凉都·画廊六枝”2017 春节系列文化活动；中国凉都·布依油团节开幕式文艺活动；“喜迎十九大·国庆八天乐”系列活动。完成六盘水马拉松比赛文艺节目展演、全市第四届旅游发展大会、全省文化产业现场会氛围营造。

【获得奖项】 六枝少数民族文艺会演队参加六盘水市第五届少数民族文艺会演并获得银奖，六枝山歌代表队参加六盘水市首届山歌大赛并获三等奖。

【基层公共文化服务体系建设】 建设 15 个文化服务中心示范点、开展“三送三促”送文化活动 50 余次；组织、参与公益性免费开放培训 5 次；培训各类学员 2000 余人次；举办各类展览 10 余场。

【图书馆、文化馆工作】 坚持推进图书馆、文化馆评估定级并继续实施免费开放，为群众提供才艺培训服务和免费图书借阅，图书馆书籍馆藏总量超过 12 万册，接待入馆活动人数 15 万余人次。文化馆为乡镇、学校、机关、企业等培训文艺骨干 1000 余人次。

【“三线建设”老物件收集及“三线精神”弘扬】 收集三线建设老物件的物品 1000 余件，推进“三线博物馆”建设，弘扬三线精神。为 222 个行政村配送“十九大”书刊，有效推进“十九大”精神进乡村。

【文物保护】 一是全面排查六枝不可移动文物和可移动文物，其中不可移动文物 253 处，可移动文物 229 件（套）。可移动文物已建档并开展“四有”

2017 年 12 月 13 日，中国皮划艇队备战东京奥运会 2017 年冬季牂牁江大集训开训仪式

（六枝特区文广局供稿）

（有保护范围、有保护标志、有记录档案、有保管机构）工作，县级以上文保单位已设置保护机构并设置34处41块文物保护标识牌，4处省级以上文保单位已划定保护范围和建设控制带。可移动文物相关数据及时录入国家文物数据库。完成了一次全面的文保单位文物消防安全及古村镇消防安全排查工作。二是积极挖掘特区文物资源，将岩脚羊场近现代商贸建筑群和地宗矿井及其相关附属设施、关寨站等申报为第八批国家级文保单位。在牂牁江夜郎王宫放置实物展品202件、民族民间手工艺制品200件（套）、图文及导视牌128块及其他文化展示物品，有力展现六枝历史文化。

【体育活动】 竞技体育。完成贵州（老王山）国家生态型多梯度高原运动训练基地一期项目主体建设及装修工作，2017年9月基地开始运营。举办2017年六枝特区青少年运动会；开展自行车越野赛、悍车比赛等竞技活动；举办六枝特区第一届七人制足球赛、六枝银行杯篮球友谊赛。举办中国摩托艇联赛“中国凉都·画廊六枝”牂牁江大赛。群众体育。在2017年春节期间，指导各乡镇、村居开展春节体育活动，举办六枝特区春节体育系列活动，举办贵州省第二届茅台王子杯广场操舞大赛。完成六枝特区2017年“8·8”全民健身日系列活动。

【广电工作】 投入7500余万元实施多彩贵州广电云“户户用”工程，完成18个乡（镇、社区）、213个行政村的勘察设计，覆盖用户118000户；铺设通村光缆、用户分配网光缆、入户皮线光缆长度10500千米；建设村级机房133个、乡镇综合服务站4个，开通138个行政村信号，将17个村设为户户用示范村，收取61835户用户名单，安装相关设施设备3万余户。

2017年1月25日，六枝特区图书馆开展“共筑中国梦　共度书香年”赠春联活动

（六枝特区文广局供稿）

【电影放映】 牵头实施送电影下乡工程，播放的电影主旋律为宣传党的政策和农技知识，辅以热门电影和对话作品，全年共放映农村公益电影2556场，超额完成市级下达任务数并实现全区19个乡镇社区全覆盖。

乡镇农体工程　（六枝特区文广局供稿）

【媒体宣传】 一是2017年完成各类重大活动、会议宣传直播、录播近20场，包括旅发大会、樱桃节、特区“两会”、全国名嘴话六枝大型活动等。二是在《六盘水新闻联播》播发稿件587条，居全市第一，在省台发稿58条，中央级媒体发稿16条，同时在新华网、中新网、《六盘水日报》等媒体也有较多稿件刊出。三是2017年5月20日起，《六枝新闻》改为日播并新增《天气预报》，全年播报《六枝新闻》300余期，发布《微视六枝》图文消息近350期。四是立足本土开设《守底线走新路奔小康》、《精准扶贫进行时》、《十九大宣讲进行时》、《牢记嘱托感恩奋进》等60多个专栏，开展宣传近1000期。大力播出各类公益广告及六枝旅游宣传片。五是完成广播电视高山无线台站基础设施建设一期工程项目。

【上网服务场所管理】 采取日常检查与突击检查相结合、业务培训与加大处罚相结合，将单位职责范围内的审批事项全部安排进驻政务服务大厅并配备专人负责，在贵州省网上办事大厅网站公开审批事项、办事程序、设立依据、所需材料及时限等资料，坚决依法审批。持续加强“五老”（老干部、老战士、老专家、老教师、老模范）网吧监督员。2017年共检查文化市场经营单位600余家次，出动执法检查人员1300余人次，下发消防安全隐患整改通知书40余份。依法取缔“黑网吧”9家，收缴相关设备90余台。

【“扫黄打非”工作】 一是全力清查网吧、KTV、游戏厅，杜绝相关场所内出现淫秽色情、低俗、暴力等文化垃圾；严查出版经营单位，杜绝有宣扬淫秽、色情、恐怖、迷信等内容的各类出版物以及非法出版的少儿出版物和各类盗版教辅教材。集中销毁（填埋）违规音像制品10000余碟（件），违规书刊428余册。二是开展“扫黄打非”进基层活动。制定“扫黄打非”进基层活动方案，在相关单位及村居设置联络员，建成240余人的“扫黄打非”进基层联络员队伍；将落别乡牛角村、大用镇大用村和郎岱镇青菜塘村列为六枝“扫黄打非”进基层示范村。

【农民体育健身工程】 2017年，完成乡镇农民体育建设工程2个、村级农民体育建设工程20个、全民健身路径工程15个。积极向市局争取18万元小康寨补助资金购买6套健身器材并安装完毕。

（刘　威）

◎ 生态旅游

【概况】 2017年，六枝特区共接待旅游人数683.91万人，同比增长56.04%；实现旅游总收入44.29亿元，同比增长59%；外省游客354.8万人次，同比增长38.7%；入境游客372人次，同比增长85.77%。

【旅游招商引资】 2017年，引进北京正和等省外企业3个，引进资金122000万元；新增企业20个；招商引资实际到位资金5.1亿元；完成重点项目储备5个，总投资29.58亿元；亿元项目入库8个，完成固定资产投资21.1亿元。

【旅游基础设施建设】 一是建成牂牁镇旅游项目19个，建成龙井温泉一期工程、318浪哨缘房车营地等项目并试营业。二是继续推进阿志河生态旅游扶贫度假区、郎岱花果山湿地公园及村庄建筑立面改造工程、郎岱山地旅游扶贫度假区一期工程、落别龙井温泉度假区二期项目、六枝山地体育公园、宜爽大酒店装饰工程项目、阿珠湖生态旅游度假区等项目建设。三是谋划好六枝旅游项目，积极申报项目基金。

【行业管理】 一是成立生态文明建设和旅游发展安全专业委员会，年初与各涉旅企业签订安全生产目标责任书，在节假日、各重大时段制定方案，联合消防、安监、发改、市场监管等单位开展旅游安全综合检查，共排查出涉旅企业安全隐患162条，出动检查288人次，已整改160条，整改率98.8%；二是积极开展安全警示教育月活动、安全生产宣传周活动，每一季度召开旅游行业安全联席会议，巩固成果，交流总结经验，组织涉旅企业学习《中华人民共和国安全生产法》、《贵州省安全生产条例》，利用LED屏、横幅等方式广泛宣传安全生产标语，营造浓厚的安全生产氛围，督促涉旅企业全面落实安全生产主体责任；三是加强应急值守，在节假日、各重大时段严格执行领导带班及24小时值班制度，出现旅游突发事件第一时间处理，确保旅游市场秩序平稳有序。

【旅游培训】 2017年，共举办旅游培训4次，培训旅游从业人员837人。一是为进一步规范和提升六枝特区旅游从业人员服务形象，对六枝特区涉旅乡镇、旅行社（分社及营业部）、旅游饭店服务人员开展为期两天的培训，内容包括导游基础知识、导游礼仪、旅游服务技能、六枝特区景区介绍等课程，采取理论及实地讲解的方式，为六枝特区培育储备一批地接讲解员和礼仪人员；二是为筹备全市第四届旅发大会培育储备一批旅游地接讲解员，经请示特区政府领导同意，围绕旅发大会观摩路线，对第一期导游培训选拔出来的46人，在全区范围内开展第二期导服人员实训，主要以实地讲解我区各景区景点，增强六枝特区景区讲解服务水平；三是联合特区市场监管局为不断提升乡村旅游从业人员文明道德素质、经营管理水平和旅游服务基本技能，结合“旅游+扶贫”模式，以旅游知识、旅游从业技能为内容进行培训教学，培训乡村旅游从业人员97人，借旅游发展的机遇，助推脱贫攻坚；四是为突出抓好旅游市场主体培育，推进旅游产品高效运营，在全区范围内举办旅游扶贫重点村干部暨乡村旅游致富带头人培训，充分发挥旅游业带动作用，助推脱贫攻坚。

【景区提级改造工作】 一是《全域六枝旅游发展战略规划》进入成果编制阶段；二是制定六枝特区纳入贵州省100个旅游景区提级改造方案，加大基础设施建设力度；三是牂牱江景区、廻龙溪景区获批国家AAAA级旅游景区创建单位，已通过景观评审；四是积极将郎岱古镇生态文化旅游区、梭戛生态博物馆、凉都·月亮河夜郎布依文化生态园申报为国家AAA级旅游景区。

【旅游扶贫】 制定印发《六枝特区旅游扶贫实施方案》，通过实施旅游扶贫九大工程，到2020年，将带动全区1.6万以上贫困人口实现脱贫，约占全区建档立卡53407贫困人口的30%。2017年通过吸纳贫困户就业等形式，带动7200余名建档立卡贫困人口增收脱贫。

【宣传推介工作】 邀请省内外知名旅行社组团到六枝实地考察踩线20余次，参加省内外“客源城市”推介5次，承办全市夏季、冬季旅游宣传推介会2次，自主举办旅游文化推介会、推介活动6场次；发放六枝旅游手绘地图、宣传折页、画册、攻略、全域旅游杂志、美食指南等宣传资料50000余份；设立旅游咨询服务台提供咨询服务20000余人次，发布旅游信息1000余条，大力宣传六枝旅游。

【其他工作情况】 2017年，六枝特区分别获“中国绿色生态模范县”、“中国樱桃名县”、“中国千年杨梅名县”等称号；申报牂牁江景区、廻龙溪景区为国家AAAA级旅游景区创建单位，2017年已通过景观评审；建成六枝318浪哨缘房车营地并获全国5星级房车营地称号；建成六枝特区国家生态型多梯度户外运动基地并成功申报为贵州省精品级乡村旅游客栈、水上运动和攀岩运动基地；成功申报六枝特区落别乡牛角村为贵州省甲级乡村旅游村寨；成功申报六枝迴龙人家餐馆、迎祥食府为贵州省五星级乡村旅游经营户。

（办公室）

卫生和人口计生·医院

◎ 卫生和人口计生

【概况】 2017年，六枝特区共有户籍人口755710人，常住人口611090人，育龄妇女140310人，其中，已婚育龄妇女92320人，无孩3440人，一孩22149人，二孩40358人，多孩26373人。2017年度全区人口出生率10.62‰。2017年全区共有医疗卫生机构305个，其中县级医院2个；公共卫生机构5个；乡（镇）卫生院15个，社区卫生服务中心4个；社区卫生服务站17个；村卫生室213个；门诊部3个；个体诊所30个；民营医疗机构16个。医疗卫生机构总编制1991人，实有1750人，其中：卫生专业技术人员1518人，占86.74%；管理人员177人，占10.11%。按学历构成分类，全区卫生技术人员中本科学历851人，占56.06%；大专学历597人，占39.32%；中专267人，占17.59%。按职称构成分类，正高级职称16人，占1.1%；副高级职称80人，占5.28%；中级职称264人，占17.4%。

【采供血管理】 2017年无偿献血3518人，同比增长3.92%，采血量5453U，同比增长5.7%。向临床供应红细胞类成分血5071U，同比增长4.57%；新鲜冰冻血浆3615U，同比增长4.66%；全血2U，血小板2个单位治疗量。向上级血站调入红细胞类成分血51U，血小板2个治疗量，冷沉淀10U，新鲜冰冻血浆28U，调出红细胞类成分血到上级血站234U。

【新型农村合作医疗】 2017年度参合人数514851人，参合率99.56%，同比增长0.27%。其中，建档立卡贫困人口参合60314人〔除死亡、参加居民（城镇职工）医保、参军、服刑的921人外〕，参合率100%。新农合就诊722127人次，补偿报销新农合资金25297.83万元，受益率14.26%。基金使用率为95.85%（含大病保险支出及跨省即时结

龙头医院组织县乡村三级医生到龙河镇永丰村为群众开展家庭医生签约服务

（六枝特区卫计局供稿）

报拨款）。新农合大病保险报销补偿情况：大病保险理赔12995人次，保内医疗总费用11135.21万元，基本医疗报销7479.47万元，大病保险报销1786.33万元，合计报销9265.80万元，合计补偿比83.21%，新农合大病保险报销提高16.04%。建档立卡贫困人口报销补偿情况：建档立卡贫困人口产生住院10794人次，医疗政策内总费用4072.80万元，报销4644.31万元（新农合基本医疗报销3801.40万元；新农合大病保险报销517.40万元；民政医疗救助312.36万元；计生扶助13.15万元），补偿比97.11%；建档立卡贫困人口产生110376门诊人次，政策内医疗费用729.69万元，报销补偿698.58万元，补偿比达96%。

流动村医加油站进村入户开展健康宣教
（六枝特区卫计局供稿）

【卫生监督】 审核办理“公共场所卫生许可证”242个、“放射诊疗许可证”4个、“生活饮用水卫生许可证”1个，督促从业人员体检5986人。开展公共场所卫生监督检查672家1090次，监督覆盖率达99.85%，查处公共场所违法案件103件。完成对公共场所现场快速检测305家，“双随机”抽检42家，开展游泳场所专项监督检测5家。监督检查生活饮用水供水单位9家19次，监督覆盖率100%。监督检查学校193所496次，监督覆盖率达100%。监督检查医疗机构医疗废物332家760次，监督覆盖率100%。“两非”（非医学需要的胎儿性别鉴定、非医学需要的选择性别的人工终止妊娠）监督检查医疗机构713家次。传染病防治监督检查医疗机构752家次。监督检查职业健康检查机构2家5次。对放射卫生单位进行监督检查、风险评估15家34次。开展302家公共场所“四小”行业的监督检查整治，向242家公共场所投放了蟑螂诱饵、灭鼠药剂等开展病媒生物消杀。对17家消毒产品经营单位进行了监督检查。开展H7N9防控卫生监督检查。监督检查各医疗机构60余家。重点对13家医疗机构不明原因肺炎监测情况、预检分诊情况、消毒情况等进行检查。

【疾病预防与控制】 2017年无甲类传染病报告，报告乙、丙类传染病17种，发病1875例，发病率为371.29/10万，死亡39例，死亡率为7.72/10万，与上年同期1689例相比上升11.01%。乙类传染病发病12种1183例，发病率为234.26/10万，死亡39例，发病与去年同期1251例相比下降5.44%。丙类传染病发病5种692例，发病率为137.03/10万，与上年同期438例相比上升57.99%。基础免疫各类疫苗单苗报告接种率均达95%以上。加强免疫中由于A群C群流脑疫苗因罐缺苗原因，接种率为91.02%，其他疫苗报告接种率均为95%以上。监测报告疑似麻疹/风疹病例13例，按要求对病例进行个案调查、采样、血清学标本的检测，确诊3例麻疹病例，其中2例为外地报告，1例为本地报告，其余10例为麻疹/风疹排除病例。无流脑病例报告；报告乙脑病例1例，为外地报告。报告甲胎蛋白（AFP）病例2例，按要求对该病例进行了调查、送检等，2例均为排除病例。疑似预防接种异常反应（AEFI）报告。共报告5例一般反应，经积极的处治后均痊愈，无集聚性反应发生。2017年新报告人类免疫缺陷病毒（HIV）感染者191人，到2017年底六枝特区（按现住址统计）报告现存活艾滋病病毒感染者和艾滋病病人共602人（男性398人，女性204人），2017年艾滋病筛查92867人次。2017年共5例现症病人，对5例现症病人进行联合治疗。对符合近十年新复发病人51例的家属人进行调查，共调查家属159人；对5例现症病人的周围5～7户邻居进行调查，共调查周围邻居119人。

【妇幼保健】 2016年10月至2017年9月上报活产数8322人，住院分娩8314人，住院分娩率99.90%；孕产妇死亡3人，孕产妇死亡率36.05/10万；5岁以下儿童死亡81人，5岁以下儿童死亡率9.73‰；婴儿死亡60人，婴儿死亡率7.21‰；新生儿死亡35人，新生儿死亡率4.21‰；

低出生体重 97 人，低出生体重率 1.17%；0 ~ 6 个月婴儿母乳喂养 4062 人，0 ~ 6 个月婴儿母乳喂养率 65.66%；5 岁以下儿童生长迟缓 119 人，5 岁以下儿童生长迟缓率 0.38%；孕产妇系统管理率 87.85%；3 岁以下儿童系统管理率 88.86%，7 岁以下儿童保健覆盖率 87.89%。农村孕产妇住院分娩补助项目，2017 年 7 月 31 日止，共计补助孕产妇 2300 人，发放项目补助资金 92.02 万元。2017 年计划怀孕夫妇接受免费孕前优生健康检查 2310 对（化验室收到血液样本数），全区任务数 2260 对，任务完成率 102.17%。2017 年共计使用药具人数（人份数）12347。按时完成孕前优生的各项检查。对全区各乡镇、社区的 2310 对夫妇的标本进行了各个项目的检测。包括肝、肾功，血糖、乙肝两对半、TORCH、TSH、梅毒等项目的检测，并认真对化验结果进行及时录入。

【门诊病人检验】 接待门诊病人的各项检验：共检测门诊病人近 1720 人次。包括三大常规、凝血项目、白带常规、精液常规、血型鉴定、生化、乙肝五项等项目的检测。对特区内幼儿园近 1800 名儿童进行体检。对 160 余名幼儿园教师进行健康体检。

【医疗健康精准扶贫】 制定《六枝特区农村建档立卡贫困人口大病专项救治工作实施方案》，将 7 类 13 种病种纳入六枝特区实施重大疾病集中救治范围，集中救治率 100%。2017 年六枝特区建档立卡贫困人口大病专项救治 20 人，其中死亡 2 人，正在接受治疗的终末期肾病 13 人，因年龄大未手术治疗 1 人，已手术治疗 2 人。非建档立卡特困供养人员和低保对象 24 人，其中儿童先天性心脏病 1 人（已手术治疗），儿童白血病 1 人（治疗中），食管癌 4 人（死亡 3 人），胃癌 8 人（死亡 5 人），直肠癌 9 人（死亡 2 人），终末期肾病 1 人（治疗中）。为全区 54603 贫困人口每位建立一份动态管理电子健康档案，建立动态管理电子健康档案 47594 人（外出务工人员 7009 人），建档率 100%。农村贫困人口家庭医生签约服务完成 47594 人，完成率 100%。全区管理高血压患者人数共计 2973 人，完成签约管理人 2973 人，签约管理率达 100%；管理糖尿病患者人数共计 1171 人，完成签约管理人数 1171 人，签约管理率达 100%；管理严重精神障碍患者人数共计 678 人，完成签约管理人数 678 人，签约管理率达 100%。肺结核 103 人，签约管理率达 100%。将慢性病管理病种扩大到 36 种，并通过医共体建设，开展县乡村三级专家团队免费健康体检、疾病筛查、健康评估、健康干预、健康教育等个性化健康管理。建档立卡农村贫困人口在市内各级定点医疗机构普通疾病门诊及慢性病门诊就医，不设起付线，封顶线从 500 元提高至 1000 元（慢性病门诊封顶线 20000 元），政策范围内医药费用报销比例提高至 100%。建档立卡农村贫困人口在各级定点医疗机构和市外政府（含军队）举办的公立医疗机构住院就医，不设起付线、封顶线，不限医院级别和疾病病种，政策范围内医药费用报销比例提高至 80%。儿童先天性心脏病新农合定额补偿 80%，民政救助 20%；终末期肾病 13 人，新农合定额补偿 90%，民政救助 10%；其他重大疾病新农合补偿 80%。建档立卡农村贫困人口住院医药费用经新农合基本医保报销 80% 后，剩余政策范围内自付医药费用不设起付线、封顶线，由大病保险按 75% 的比例赔付。建档立卡农村贫困人口住院医药费用经基本医疗保险、大病保险、医疗救助报销后，政策范围内医药费用报销比例未达到 100% 的，差额部分由基本医疗保险补足。2017 年卫计全额代缴参合金 8594 人 103.08 万元；民政局给予全额代缴参合金 6138 人 73.65 万元，给予农村低保对象代缴 35 元 / 人，共计 42851 人 149.97 万元。

六枝特区召开医疗健康精准扶贫誓师大会

【医疗扶助制度】 制定《六枝特区医疗健康脱贫攻坚工作实施方案》及《六枝特区医疗扶助实施方案》，对建档立卡农村贫困人口中的重大疾病患者、特困供养人员、低保长期保障户、低保 80 岁以上老年人，经基本医疗、大病保险、医疗救助报销后剩余自付部分（包括目录外药品等），按照 100% 比例进行医疗扶助；其他建档立卡农村贫困人口，经基本医疗、大病保险、医疗救助报销后政策内剩余自付部分，按照 95% 比例进行扶助。对罹患 36 种慢性病的建档立卡农村贫困人口医保目录外药品费用，按照其年度自付费用在县级（含县级）以下公立医院不超过 1000 元、市级公立医院不超过 2000 元、省级公立医院不超过 3000 元的标准进行扶助。对到市外就医垫资困难的建档立卡农村贫困人口，由所在地村（居）委会出具证明，并经乡镇政府认可后，可依申请利用医疗扶助专项资金解决。在县域内定点医疗机构住院先诊疗后付费，患者无须交纳住院预付款，直接住院治疗。出院时定点医疗机构实行当日结算、即时结报，个人仅需结清自付费用。对于确有困难，出院时无法一次性结清自付费用的，可到所在村（居）委会开具证明，并经乡（镇）认可后，通过定点医疗机构签订延期、分期还款协议等方式，明确还款时间，予以办理出院手续。县域内实现“新农合 + 医疗救助 + 大病保险”一站式结算比例 100%。截至 11 月 30 日，先诊疗后付费 838 人次，累计垫付资金 578.12 万元。发生恶意欠费现象 1 人。建档立卡贫困人口普通门诊补偿 72594 人次，总费用 545.1829 万元报销费用 516.6728 万元，政策内补偿比例 94.77%；慢性病补偿 2496 人次，总费用 128.9497 万元，报销金额 120.3604 万元，补偿比例 93.34%。建档立卡贫困人口住院 10877 人次，总医疗费用 5272.4834 万元，政策内总费用 5026.0715 万元，新农合报销 3998.5966 万元，民政救助 367.9684 万元，大病保险 512.1474 万元，计生救助 14.01 万元，新农合 + 民政救助 + 大病保险 + 计生救助政策内报销比例 97.06%。2015—2016 年，为防止新的因病致贫、因病返贫现象，对经新农合基本医疗补偿、新农合大病保险理赔、民政医疗救助、计生扶助救助后政策内自付医疗费用在 1000 元（含 1000 元）以上的人员进行了二次补偿，建档立卡贫困人口 2015 年报销比例提高 1.25%；2016 年提高 5.39%。

（宋荣驹）

◎ 六盘水市第二人民医院

【概况】 六盘水市第二人民医院始建于 1965 年三线建设时期，当时系六枝矿区指挥部医院，至今已建院 52 年，是一所集医疗、急救、预防、保健、康复、教学、科研于一体的二级甲等综合医院和爱婴医院，担负着六枝特区 73.5 万人口的医疗急救和预防保健任务，同时承担着特区基层医疗卫生机构人员业务培训指导任务。

【机构调协】 设置有 19 个临床科室、11 个医技科室、11 个机关后勤职能科室。现全院在岗人员 764 人，正高级职称 19 人，副高级职称 53 人，中级职称 101 人，初级职称 398 人。

【医疗指标】 2017 年，业务收入达 1.74 亿元，同比增长 10.82%；门急诊诊疗人次 164192 人，同比增长 14.54%；入院人次 23156 人，同比增长 5.14%；手术例数 6276 例，同比下降 17.44%；床位使用率 103.03%，病床周转次数 45.8，平均住院日 8.54 天。

2017 年 7 月 1 日，六盘水市第二人民医院“七一”表彰大会　（六盘水第二人民医院供稿）

【争创三级综合医院】 2017 年，坚持“以评促建、以评促改、评建并举、重在内涵”的方针，全员行动，积极参与三级医院创建工作。上半年，组织各职能部门负责人及创建办工作人员到威宁县医院、石阡县医院学习创建三级医院的成功经验；制定《创建三级综合医院实施方案》、《创建三级医院评审奖惩办法》等文件；梳理全院的规章制度，修订编印《制度汇编》、《岗位职责汇编》、《应急预案汇编》等；设立医疗质量安全组、护理组、管理组、督导组等7个组，对照标准，积极整改完善各项工作。全院职工团结一致、评建结合、建章立制，取得了创建三级医院的初步成果。

【人才队伍建设】 在引进人才的同时医院加大了对现有人才的培养力度，通过“请进来、派出去”相结合的方式，开展业务培训与人才培养。选送中青年骨干外出参加学术交流和短期培训，2017年共有24名医务人员到首都医科大学附属北京妇产医院、大连市中心医院、四川大学华西医院等国家级三甲医院进修学习，320余人次参加市级以上学术会议及培训；邀请资深教授、上级医院专家到院授课讲学，共举办专题学术讲座11次，参加省医、贵医及遵医各种远程培训60余次；定期组织科主任、护士长等相关人员对该院医护人员进行培训13次；对新入职的82人进行岗前培训。

【信息化建设】 不断完善信息管理系统，加大信息化建设软件整改和升级力度，按照三级医院评审标准，对电子病历、临床路径进行整改。加强临床路径全程质控追踪、闭环流程管理，制作92个病种模板及临床路径的相关考核报表，保障临床路径的正常运转；加强“五个全面建设”（党的政治建设、思想建设、组织建设、作风建设、纪律建设），建立了六枝特区县级平台远程影像中心、远程检验中心、远程心电中心、远程病理中心，对乡镇卫生院进行远程会诊和远程培训。2017年共向省医、贵医附院发起远程会诊207次，接受远程示教71次，向乡镇卫生院开展远程示教5次，接受远程会诊3次；积极推行“按疾病诊断相关组（DRGs）”医保支付方式改革试点工作，2017年8月完成DRGs前置服务器安装及软件部署，正常上传出院病人病案信息和费用信息，每月入组率达到95%以上。

【医共体建设】 按照特区党委、政府的统一安排和部署，拟与区域内10家乡（镇）卫生院、社区卫生服务中心建立医疗共同体。成立医共体理事会，选派10名业务骨干到医共体成员单位任业务副院长。2017年，向医共体成员单位派出专家900余人次，开展查房、带教、会诊、坐诊及技术指导等，推广适宜技术，通过传、帮、带，实施对口专业帮扶；在关寨镇卫生院建立六枝特区首家乡（镇）卫生院高血压诊疗分中心。积极落实分级诊疗制度，开通双向转诊“绿色通道”，整合信息平台，实现医共体内信息互通。2017年，与五家乡（镇）卫生院、社区卫生服务中心建立紧密型医共体关系并正式挂牌，成功举办木岗镇卫生院、郎岱镇卫生院、关寨镇卫生院、银壶社区卫生服务中心现场观摩会。

【切实履行社会职责，彰显医院公益性】 一是实施医疗精准扶贫。在医保、农合窗口推行实施“一

2017年8月15日，民盟大连市委医疗专家赴市二医进行医疗对口帮扶　（六盘水第二人民医院供稿）

站式服务”，患者在“一站式服务”窗口就能够当场兑现各项医疗补助费用；对建档立卡的贫困患者，实行“先诊疗后付费”的惠民政策；积极开展“农村贫困人口大病专项救治”工作，2017 年该院大病救治共 13 人，为每位大病患者制定了一人一档治疗方案，跟踪治疗，实施动态管理，建立动态管理台账。二是切实履行社会职责。近三年来，积极参加全市各类突发公共卫生事件和应急救援任务 13 余次，院前急救出车达 7800 余次，为政府及相关部门各类重要会议和活动提供医疗服务保障 110 余次，切实履行公立医院的社会职责。

【六枝特区高血压诊疗中心成立】 2017 年 5 月，启动国家级科研项目“国家十三五精准医学项目 H 型高血压”，2017 年 11 月 12 日，在国内首个创建高血压科的北京安贞医院高血压科主任余振球教授的指导下，成立六枝特区高血压诊疗中心，使高血压病人得到规范化的诊断和治疗。为助推医疗精准脱贫，在关寨镇卫生院、落别乡卫生院、银壶社区中心卫生院等建立高血压诊疗分中心，并广泛开展和加强乡镇卫生院（社区卫生服务中心）对高血压防治知识的宣传与推广，让广大基层高血压患者在家门口就能得到有效治疗，从源头上缓解群众“因病致贫、因病返贫”等现状。

【创建党建促扶贫示范点——透析村】 自 2012 年以来，为解决农村贫困透析患者来回奔波之苦，减轻他们的负担，将原家属区幼儿园改造修缮后，免费供透析患者居住并减免水电等费用，并对每户村民提供一对一党员帮扶。2017 年，在特区党委、政府的安排指导下，对透析村进行全面翻修，进一步优化透析村村民的居住环境。

【药事质量管理】 严格执行国家药监局《医疗机构药品使用质量管理暂行规定》的要求，保障患者用药安全。2017 年，药品品种有 826 种（西药 696 中、中成药 130 种），其中基本药物有 437 种（西药 372 中、中成药 65 种），占药品品种数的 52.91%，抗菌药物品种小于 35 种。2017 年建立颗粒药房；继续落实抗菌药物专项治理工作，每月开展抗菌药物专项点评，全年抗菌药物使用率为 51.29%，使用强度为 40.47。坚持开展处方点评，促进合理用药，每月各抽取 100 张门急诊处方和中药处方进行点评，门诊处方通用名称使用率为 100%。继续实施药品不良反应和用药错误报告制度，全年上报药品不良反应 214 例、器械不良反应 93 例、化妆品不良反应 18 例。

【控制医疗费用不合理增长】 成立控制医疗费用不合理增长领导小组，并结合医院实际，制定《控制医疗费用不合理增长工作实施方案》，下发《关于收缴临床科室检验设备的通知》，同时将费用控制作为一项重要指标纳入绩效考核。通过实施各项控费措施，2017 年药占比为 23.88%，百元医疗收入卫生材料消耗为 12.31 元，医疗服务性收入占比为 36.76%，医疗收入已控制在 10.88%，各项控费数据均已达到国家规定的指标。

（任　娟）

◎ 六枝特区人民医院

【概况】 六枝特区人民医院是六枝特区人民政府主办的唯一一所三级综合医院。2017 年，六枝特区人民医院坚持以人为本和病人为中心的办院宗旨，以深化医药卫生体制改革创新为动力、与“医共体”成员单位及各兄弟单位一起为全区城乡居民的健康保驾护航。2017 年 11 月医院获评第五届“全国文明单位”。

【新院区建设】 2017 年，六枝特区人民医院在特区党委、政府及有关部门的关心及支持下，医院占地 303 亩，总投资预算 9.38 亿元的异地改扩建工程新院区建设。届时，一所集医疗、教学、科研、急救、预防保健、康复、医养结合为一体，配套有专家楼、职工公寓、游泳池、健身房等，绿化覆盖率

2017 年 5 月 7 日，医共体县乡村三级专家团队到六枝特区梭戛乡开展义诊 （六枝特区人民医院供稿）

达35%以上，床位1200张的智慧型现代化三级甲等综合医院将展现在六枝特区。

【机构调协】 现编制床位1070张，实际开放床位596张。医院现有职工812人，其中在编职工493人，聘用职工319人，高级职称46人，正高8人，中级职称110人，硕士研究生学历4人，在读研究生2人。医院设有52个科室，其中临床科室21个，医技科室14个、职能科室17个，其中普外科通过市级评审，成为六盘水市首批重点学科。

【医疗指标】 2017年全院门急诊24万余人次同比增长29.5%，出院2.4万余人次同比增长17.9%，手术4000余台次同比增长30%，平均住院日为7.11天同比减少0.31天，药占比为25.22%，比上年同期下浮4.88%；在医院大量开展新技术、新业务的情况下卫生材料收入占医疗收入比为19.8%，达到省医改控费目标要求，医疗业务指标进一步优化。

【医德医风建设】 加强理论学习，提高政治素养。医院党总支带头组织收看学习中共十九大会议及报告精神、学习习总书记系列重要讲话精神、《中国共产党廉洁自律准则》以及《中国共产党纪律处分条例》、《中国共产党巡视工作条例》，在全院党员及中层干部中开展手抄党章活动，不断加强医院干部职工的政治理论学习，进一步提升全院党员干部职工讲政治、顾大局、守纪律的自觉性。

【党建工作】 深入推进“两学一做”学习教育常态化制度化，将开展“两学一做”学习教育与加强基层组织建设结合起来，进一步提升医院党建工作水平，通过不同形式引导职工转变观念，认清医院面临的形势，进一步增强爱院敬业及提升服务质量的紧迫感和责任感。为发挥党员的战斗堡垒作用，创建服务型党组织，继续实施“党员在您身边”活动，开展党员到帮扶村看望留守儿童，进行义诊，到烈士陵园为先烈扫墓等活动，进一步增强党员的党性意识，保持党的先进性不褪色。在党员发展中严格履行发展程序，按照控制总量、优化结构、提高质量、发挥作用的总要求，成熟一个，发展一个。2017年吸收积极分子7人，接收预备党员1人，如期转正党员12人。2017年全院共有正式党员146人。

【党风廉政建设】 强化党风廉政建设和行风建设，健全机制，形成党总支统一领导、主要领导亲自抓，各分管工作的领导配合抓，工作人员具体抓的态势，确保党风廉政建设和“严肃行业纪律、预防职务犯罪”各项工作的正常开展。院党总支定期召开专题会议研究党风廉政建设工作，制定《2017年党风廉政建设与反腐败工作计划》和《六枝特区人民医院“严肃行业纪律·预防职务犯罪”专项活动工作方案》，层层签署“2017党风廉政建设责任书”。同时，加强党员廉政教育，组织观看廉政教育片，不断提高干部职工的廉洁意识，增强其拒腐防变的能力。约谈人次132人。2017年全年院领导班子共进行预防提醒约谈人次132人。

2017年7月20日，六枝特区人民医院举办创建三级综合医院应知应会知识竞赛

（六枝特区人民医院供稿）

【创建三级综合医院】 创建“三级综合医院”工作，是医院主动检验自我能力、主动适应发展需要、主动强化内涵建设、主动改善服务质量的内在要求，也是把握医疗卫生事业发展大好机遇、促进医院科学发展的重要举措。2017年3月24，该院顺利通过省卫计委专家组的现场评审，在全市二级甲等综合医院中率先步入三级综合医院，填补六盘水市县级公立医院及六枝特区医疗机构中无三级医院的空白。

【医院文化建设】 医院始终把精神文明建设作为一项战略性、全局性、基础性、长期性工作来抓。医院以社会主义核心价值观为引领，持续培育优秀的医院文化。一是构建具有自身特点的精神文化生活体系。健康向上的文体活动不仅可以丰富职工的文化生活、陶冶职工情操，增强思想交流，优化整体素质，而且对于激发和造成一种团结向上的协作意识和集体主义精神有着不可替代的潜移默化的作用，是该院加强精神文明建设的有效载体。医院“5·12”护士节、“7·1”建党节前夕组织丰富多彩的文体活动，举办全院性的拔河比赛、护士技能操作比赛、“青歌赛”、“朗咏比赛”、庆祝“十九大”胜利召开暨迎新合唱比赛等活动不断提升职工的文化素养，营造医院的文明形象。二是大力开展“进一步改善医疗服务行动计划”，改善人民群众就医体验。医院以“进一步改善医疗服务行动计划”为抓手，在就医环境、就医流程、规范医疗行为等方面不断提升改进，人民群众就医体验持续改善，群众满意度逐年提升，2017年群众满意度达97.8%较上年同比增长0.5个百分点，7月21日该院戚懋才、陆洪洋2人获六盘水市卫生和计划生育委员会颁发的2017年“凉都好医生”称号。医院呈现出团结奋进、求真务实、开拓创新的良好氛围，2017年11月17日，获评第五届“全国文明”单位。

【医院内涵建设】　坚持狠抓医院质量管理，保障医疗安全。从基础质量、环节质量、终末质量入手，加强对重点专业、重点领域、重点部门、重点人群的质量控制与管理，严格落实18项医疗护理核心制度，同时，运用PDCA循环管理，狠抓医院医疗质量管理。把循环管理理念和方法引入到医院管理之中，尤其是对涉及医疗安全、医院感染管理等重点环节紧盯不放。对每次检查所发现的问题，都以书面或口头通知各科室，并督导整改，形成较完整的医疗护理运行体系和工作机制。

【人才培养和学科建设】　一是加强医院重点学科建设，提升诊疗水平和专业特色。2017年1月，普外科通过市级专家组现场评审，成为六盘水市首批建设重点学科。2月，将心内科、普外科、妇产科、儿科、感染科，以及重症医学科、急诊科作为5+2重点学科建设，5个重点学科共增加床位37张，派

2017年4月5日，三级综合医院评审现场
（六枝特区人民医院供稿）

到上级进修4人，新购置设备7台，开展新技术新业务6项，增加卫生技术人员33人。重症医学科增加床位2张，派到上级进修学习1人，增加卫生技术人员1人。妇产科分为妇科及产前和产后三个病区，医院学科建设能力不断增强，人民群众就医体验不断得到改善。二是医院继续加大人才培养力度，通过人才引进、送培进修、外引内培等方式，不断优化医院人才队伍。2017年赴省内外高校直接招考入编12名人员（规培生2人）；通过招聘会签约13人，进一步充实医院的人才队伍。全年派出39名医务人员到上级医院进修学习（省外4人，省内35人）。同时，在全院举行青年医生上讲台活动，通过讲座互动的方式有效提升医生队伍学术素养。三是进一步优化“无缝隙”护理服务流程，推进优质护理服务进入常态化。各护理单元开展“护理品管圈”质量管理活动，为护理质量科学化管理奠定基础。2017年5月，该院护理部组织人员参加六盘水市护士技能竞赛，获得集体“三等奖”、杨艳及王猛获得个人三等奖，11月，该院护理人员在参加首届“手术室护理实践指南”授课比赛中取得集体三等奖的好成绩，其中徐莎及聂郡分别取得了个人一等奖及三等奖。四是医院感染管理工作卓有成效。认真落实医院感染管理制度、消毒技术操作规范和工作标准，医疗废物按规定分类收集并进行交接记录，有效预防和控制了院内交叉感染，严格落实院内感染控制措施和工作流程，加强医院卫生管理，强化对供应室、手术室、内镜室、血液透析室、重症监护室等重点科室的管理，消毒、灭菌、隔离与医疗废物处置基本符合标准要求。加强消毒药械和一次性使用无菌医疗用品管理工作，使消毒药械、一次性使用无菌医疗用品管理符合要求。强化多重耐药菌监测和生物监测，定期进行细菌耐药监测和压力蒸汽灭菌器生物监测，并向临床科室提出预警及防控措施。加强医院感染病例监测关注，全年共监测住院病人24717人次，发生医院感染243例次，医院感染发病率为0.98%，处于较低发病率水平。五是创新思维，积极引进先进技术、开展多学科会诊工作。该院先后与浙江省衢州市人民医院、贵州医科大学附属医院、六盘水市人民医院建立帮扶关系，开展多学科会诊、影像会诊、专家门诊、外科手术指导等多种形式的帮扶。共组织远程会诊445

次，累计完成手术697例，其中，在上级专家指导下完成腹腔镜下升结肠癌根治术、开腹降结肠癌根治、全结肠次全切除术、直肠癌根治术、十二指肠切除术、腹腔镜下左外叶切除术等难度较大的手术30余例。在贵州省首席心血管专家杨天和教授、贵州省首席神经外科专家杨华教授的带领下，该院介入室2017年共完成心脑血管介入手术450余台。上级专家的帮扶使患者直接接受到省内外知名医疗专家的服务，为患者节约了往返的费用，也赢得了宝贵的就诊时间。六是加强临床药事管理，促进临床合理用药。建立健全药事管理组织，严格执行《处方管理办法》、《麻醉药品和精神药品管理条例》、《药品管理法》等文件规定，处方书写规范、用药基本合理；麻醉药品、精神药品的使用管理规范，相应的采购、保管、发放记录齐全，符合相关要求。执行国家及省、市药品相关政策，落实药品集中带量招标采购、网上平台交易等政策，对重点监控目录品种进行限量采购、供应。完善细节管理，常态化开展Ⅰ类切口手术抗菌药物预防性应用专项点评、门急诊处方点评及住院医嘱实时点评分析。

【深化公立医院改革】　一是积极开展临床路径管理工作，控制医疗费用不合理增长。根据各临床科室专科疾病谱，开展临床路径工作，16个专业126个病种临床路径管理，通过分析、总结，不断进行优化改进实施内容，使临床诊疗水平得到了有效提高。2017年完成临床路径人次占全院出院人次比例为52.9%。二是严格控制药耗占比，降低医疗费用。为控制药品费用过快增长，根据贵州省公立医院改革年度改革目标任务要求实行药占比、耗材比的总体目标控制，制定《六枝特区人民医院药占比管理规定》、《六枝特区人民医院耗材管理规定》、《六枝特区人民医院辅助用药管理规定》，每月统计医院销售金额前10位的药品和全院抗菌药物使用指标，严格执行奖惩制度，2017年该院药占比为25.22%，百元医疗收入耗材占比19.8%，达到省医改控费要求，切实让广大患者享受到医改政策带来的实惠。三是对贫困人口实行“先诊疗、后付费”，实行一站式服务。2017年6月底，根据省、市、特区工作要求，对贫困患者住院实行“先诊疗、后付费”。对符合住院条件的贫困住院患者，该院简化流程，患者只需提供身份证、医疗卡、贫困证明三证其中之一，与医院签署协议后即可免交住院预交金，直接住院治疗。住院期间，按照规定控制此类病人住院费用，不允许使用自费药品，尽量减轻

人民医院干部职工合影

患者负担。出院时患者只需交纳自费部分，不能一次性支付自付费用的，提供村（居）委会、乡民政证明后，签订分期付款协议后可分期付款，切实减轻其精神负担和垫资压力。2017年7—12月，已为250余贫困人口实施“先诊疗、后付费”，垫付资金142余万元。

【“医共体”建设】 一是医院班子对九家成员单位进行任务分工，牵头推进“医共体”工作，同时任命10名业务骨干为九家成员单位的业务副院长。成立“医共体”医院管理、内外妇儿、感染、中医、急诊、医技、护理专家团队，定期到成员单位指导工作。二是派驻新场乡、岩脚镇全脱产医疗队共16人次。派驻全脱产医疗队，2组共6人，分别进驻新场乡、岩脚镇卫生院开展工作。三是拟定“医共体”培训计划，已经组织授课16次，其中远程授课14次，培训人次190余人，内容涉及财务、院感、影像、检验、卫生应急处置、抗生素合理应用、病历书写规范、产后出血处置等。免费接受成员单位人员3人到六枝人民医院进修、学习，进行一对一带教。四是制定“医共体”成员单位《医德医风考评制度》、《日常行为管理规范》、《护理核心制度》、《医疗核心制度》、《病历书写规范制度》等管理制度，规范成员单位医务人员的诊疗行为；制定《“医共体”成员单位绩效考核实施方案》，并在龙河镇卫生院率先试点开展并取得较好效果。五是推进县、乡、村三级家庭医生签约，助推医疗健康精准扶贫。2017年，共派出医务人员180人次开展了19次“医共体”健康巡回义诊和家庭医生签约活动，发放各种宣传资料4500余份，共义诊1200余人次，并现场与327余户建档立卡贫困户签订家庭医生协议。六是信息化建设。在各“医共体”成员单位建立标准化的网络环境，实现内网与外网分离，保证专网在内网的安全使用。建立远程医疗中心，并在远程医疗中心安装远程医疗管理软件，实现病历资料交互。各成员单位更换现有HIS系统，并安装了LIS系统、PACS系统等，实现了HIS系统数据与LIS、PACS系统的交互，为该院通过信息化指导成员单位开展业务诊疗活动奠定基础。七是成员单位业务能力得到增强。成员单位中医、外科、B超、口腔等诊疗项目上实现零突破，极大的提升成员单位的技术能力，服务能力得到有效增强。八是与贵阳金域医学检验公司共建“医共体”专科联盟，2018年1月6日，六枝人民医院“医共体”与贵州金域医学检验中心签署专科联盟协议，乡镇卫生院做不了的检验项目可以送至该院及金域医学检验中心，实现“乡镇卫生院没有做不了的检验项目”的目标。九是业务收入、人均绩效、诊疗人次“三增加”，职工、患者“两满意”。经过一年多的“医共体”建设，当地人民群众到卫生院看病就医人数明显增加，2017年较2016年诊疗人次增加36%；乡镇卫生院业务增加，2017年业务收入较2016年增加19%；人均绩效实现增加，2017年人均绩效较2016年增加25%。随着“医共体”工作的持续推进，卫生院职工、就诊患者满意度不断提升，职工满意度较2016年提升10个百分点达到95%，患者满意度达到90%较上年提升15个百分点。

【基础设施建设】 在特区党委、政府及有关部门的关心及支持下，医院占地303亩，总投资预算9.38亿元的异地改扩建工程于2017年3月9日动工。残疾人康复中心基础孔桩已全部完成，医疗核心区基础孔桩局部开挖，项目建设即将进入快速建设期。新院建设完工后，拟增加功能有：专家楼、单身职工公寓楼、职工休闲健身中心、独立区域设置的感染病房区、体检中心、康复中心、影像介入中心、市场化的供应中心及医养中心，医院设置、功能将更趋完善。

【公益性活动】 按照政府要求，积极组派医疗救援队伍，执行紧急医疗救援任务，积极参加政府组织的社会公益性活动，派遣医务人员对重大会议、活动进行医疗服务，积极开展健康教育工作，普及传染病防治知识，积极参与政府、卫生局、疾控组织的科普宣传活动（含“三下乡”活动）。2017年，共参加医疗服务31次，派出医务人员共191人，为特区重大会议、中高考及重大竞技活动保驾护航，有效完成任务、保障工作顺利进行。

（罗　宇）

教育·学校

◎教　育

【概况】　2017年，六枝教育局围绕“推进县域内义务教育基本均衡发展”主线，紧扣提升教育教学质量主题，全面补齐教育基础设施短板，全面强化教师队伍建设，全面推进教育信息化建设，紧紧围绕“办人民满意教育”的目标，带领全区教育工作者科学谋划，锐意进取，树立跨越赶超意识，积极适应新常态，加强统筹管理，为实现教育强区作出更大的努力。

【机构设置】　内设：办公室（特区党委教育工委办公室）、人事股（特区党委教育工委组织股）、计划财务股、基础教育股（政务服务股）、职业教育股、特区人民政府教育督导室办公室。六枝特区教育局在编在岗66人，内设行政股室6个。六枝共有各级各类学校326所，在校生136986人，其中幼儿园127所（公办幼儿园42所，民办幼儿园85所），在园人数22746人；小学156所，在校学生67019人；初中33所，在校学生31239人；普通高中6所，在校学生12855人；中职学校2所，在校学生2934人；特殊学校1所，在校生161人；育才学校1所，在校生32人。共有教职工6589人，其中，在编专业技术教师5767人，特岗教师421人，编外幼儿教师401人。

【教育教学】　2017年，六枝学前三年毛入园率为88.91%，九年义务教育巩固率为89.42%，高中阶段毛入学率为88.25%，“三残”儿童少年入学率达90.3%。小学生年辍学率为0.02%，初中生年辍学率为1.37%。2017年，普通高考人数4521人，二本以上上线人数2330人，上线率51.54%，比全市平均上线率高出5.52个百分点，居全市第一；参加中考人数6351人，中考成绩总均分405.83分，比全市总均分高出18分，居全市第一；小学质量监测总均分全市第一，其中郎岱镇高出乡镇总均分52.6分。

2017年12月13日，六枝特区义务教育基本均衡发展工作调度会　（六枝特区教育局供稿）

【示范学校创建】　市二中成功创建省级二类示范性普通高中，特区一中通过省级示范高中复评；创建国家级国防教育特色学校1所；创建“四在学校·幸福校园”示范校省级4所、市级8所；“校本研修”示范校省级1所、市级8所、区级12所；市级青少年校园足球特色学校国家级2所、市级2所；“减负增效提质”示范校省级2所、市级3所、区级3所；语言文字示范校省级2所、市级6所。通过创建各级各类示范学校，丰富办学内涵，提高办学水平和质量。

【教育投入】　为实现六枝义务教育均衡发展，总体谋划项目150个，其中幼儿园33个、义务教育阶段116个、高中阶段1个，总建筑面积773735平方米，总投资12.1229亿元，计划2018年全部建成使用。推进“全面改薄”项目54个，总建筑面积176361平方米，规划投资17095万元，2017年主体施工4个、主体完工及装饰装修13个、竣工37个，累计完成投资17954万元，占规划总投资105%。完成思源学校等7所新建学校设施设备采购7167套1220万元。投入6630万元补充更新中小学计算机、图书、实验仪器、配置普通高中标准化考场。

【教育信息化】　2017年，六枝教育系统基本完成“三通两平台”建设，六枝特区“互联网+教育云”基本搭建，实现各类教育教学应用资源的统一管理全覆盖。一是加快宽带网络“校校通”。实现各级各类学校互联网基本全覆盖，其中宽带接入比例达95%以上，农村完全小学及以上中小学校接入互联网171所，学校宽带总量为6645MB，学校网络带宽得到大幅度提升，最高为300M，基本完成网络条件下基本教学与学习环境建设。安装“班班通”设备447套，实现班班通乡镇村级完全小学及以上学校基本覆盖。实施“互联网+教育云”建设运营项目，完成个人网络学习空间注册教师4900余人，学生87600余人，开通率分别达90%以上。搭建统一的教育机构“两平台”（教育管理公共服务平台、教育资源公共服务平台），完成建设精品录播教室38间、学校食堂网络安全监控系统120所、网络阅卷系统35所，六枝特区第二小学、六枝特区第四中学开始“智慧教室”试点等，为“十三五”教育信息化发展奠定坚实基础。

【学前教育】　启动实施第三期学前教育行动计划。加快推进龙河镇新场坝幼儿园、新窑镇那秀幼儿园、新窑镇二塘幼儿园、关寨镇牛坡幼儿园、牛场乡平

2017年8月14日，中国科学技术大学帮扶贵州省六枝特区教育系统管理干部培训班在六枝特区纽绅中学开班　（六枝特区教育局供稿）

寨幼儿园等一批乡村幼儿园建设。2017年，新窑镇二塘幼儿园建筑面积1300平方米，中央资金安排140万元现装饰装修；关寨镇牛坡幼儿园建筑面积1200平方米，中央资金安排132.5万元，基础完成；牛场乡平寨幼儿园建筑面积1200平方米，中央资金安排132.5万元，基础已完成。所有项目预计2018年3月竣工。大力整顿民办教育。进一步规范民办学校审批程序，对无证民办学校进行全面清理整顿，通过一年的清理整顿，已审批并颁发办学许可证48所，限期整改16所，自动终止办学22所，取缔37所，拟取缔27所，43所正在申请办证。

【职业教育】 2017年市教育局下达六枝中职招生任务5000人，完成中职招生5025人，完成5000人任务的率100.50%。其中特区职校完成招生1371人（全日制778人，非全日制593人），省机械职校629（不含外县在六枝特区就读）人，省内其他职校1816人，省外中职学校1209人。完成2017年成人高考报名确认626人。完成脱盲再教育3014人，其中建档立卡贫困户903人。开展职业教育培训1649人，其中六枝特区职业技术学校面向农村和城镇困难人员，企业下岗职工开展职业技能培训和创业意识培训479人次，其中精准贫困户58人次；六盘水市征途培训学校2017年共完成培训990人。

【教师队伍建设】 建立教师补充机制。2017年，通过政府购买服务形式，招考学前教育编外幼儿教师416名；通过“特岗计划”、面向社会招考和人才引进等形式，招聘中小学教师276人（其中乡村特岗教师210人、人才引进58人、社会招考8人），有效缓解城区和乡（镇）学校教师不足的问题。建立教师轮岗交流制度。制定《六枝特区学校校（园）长、教师交流轮岗工作实施方案（试行）》，2017年校长、教师交流人数995人，交流率为19.5%，其中骨干教师219人，占交流总数的22%。有效促进优秀教师、骨干教师向薄弱学校流动，加大优质教师资源共享力度。教师培育力度持续加大。实施“走出去”战略，组织名校（园）长、名师、班主任等到北京、上海、大连等地参加各类交流、挂职、培训1237人次。实施“请进来”战略，邀请发达地区专家到六枝特区开展各类能力提升培训2938人次。大力开展培优工程，培养培育省级名师5名，县级名师72名，县级名校长10名，市级师德标兵4名，县级师德标兵17名。通过培训，促进教师专业成长，提高教师职业素养。

【脱贫攻坚】 精准落实资助政策。实施“营养改善计划”全覆盖，惠及农村中小学生（幼儿）9.1万人。精准兑现各类教育惠民政策。落实资助义务教育阶段家庭经济困难学生42188人次2501.325万元，发放高中阶段国家助学金5878人次659.16万元，高中阶段免学费5965人次387.76万元，受理生源地信用助学贷款6248人3991.271万元。帮扶模式不断创新。以实施学生营养改善计划为依托，采取“公司＋基地＋贫困户”模式，带动贫困人口增收脱贫，初步形成有效保障学校后勤和助推贫困户脱贫双赢的局面。特殊群体结对帮扶不断加强。以“精准扶贫”为载体，制定教师帮扶工作计划、措施，对农民工随迁子女、留守儿童、贫困儿童和学困生等特殊群体实行师生“一对一”、“一对多”帮扶。2017年共帮扶学生5120人，重点从学习辅导、心理疏导、经济资助等方面给予关心支持。

【推进素质教育】 六枝特区获“第三届贵州省青少年机器人竞赛”暨“第十七届全国青少年机器人竞赛（贵州赛区）选拔赛”Wer-J工程挑战赛三等奖，贵州省第二届“贵安杯”青少年3D打印创意设计大赛小学组一等奖3人，二等奖1人。获贵州省青少年科技创新大赛优秀组织奖、六盘水市青少年科技节优秀组织奖等。六盘水市第十五届青少年科技创新大赛获一等奖18人，二等奖18人，三等奖20人，获全市十佳科技辅导员奖3人，获优秀组织奖4家。举办六枝特区第二届青少年科技节，320名优秀学生参加六盘水市第三届科技节，116名学生获市级一、二、三等奖。开展“明礼知耻·崇德向善”在校园第六届全区校园文化艺术节6000人次。举办全区2017“祖国好·家乡美”中“童心向党”主题歌咏、书法绘画大赛。举办六枝特区第三届学生运动会，承办六盘水市第十六届学生运动会。举办六枝特区2017年校园足球联赛，创建国家级校园足球特色学校7所。

【评选表彰】 2017年2月，六盘水市教育局、六盘水市学校及周边治安综合治理工作领导小组办公室颁发：2016年学校安全稳定（综合治理）工作“先进单位”奖牌。

2017年3月，中共六盘水市委党的建设工作领导小组颁发：全市同步小康驻村工作“先进集体”奖牌。

2017 年 3 月，六枝特区总工会女职工委员会颁发：六枝特区总工会“三八”系列活动 2017 年《女职工劳动保护特别规定》知识竞赛“优秀组织奖”奖牌。

2017 年 3 月，六枝特区防火安全委员会颁发：六枝特区 2016 年度社会消防工作“先进部门”奖牌。

2017 年 3 月，中共六枝特区委员会、六枝特区人民政府颁发：2016 年“新两基”暨“两项督导”教育工作“先进集体”奖牌。

2017 年 5 月，六盘水市教育局颁发：六盘水市学生资助工作“先进单位”奖牌。

2017 年 6 月，六盘水市科协、六盘水市科技局、六盘水市教育局颁发：六盘水市第三届青少年科技节活动“优秀组织单位”奖牌。

2017 年 6 月，贵州省教育宣传中心、贵州教育期刊发展有限公司颁发：2017 年度教育宣传通讯工作“一等奖”奖牌。

2017 年 6 月，贵州省科学技术协会、贵州省教育厅、贵州省科学技术厅、贵州省环境保护厅、贵州省体育局、共青团贵州省委员会、贵州省妇女联合会颁发：贵州省青少年科技创新大赛“优秀组织奖”奖牌。

2017 年 6 月，六盘水市全民国防教育办公室、六盘水市教育局、水城军分区政治工作处、六盘水日报社颁发：六盘水市 2017 年国防知识竞赛“组织奖”奖牌。

2017 年 7 月，教育部关心下一代工作委员会颁发：第二十届全国青少年五好小公民主题教育活动“先进集体”奖牌。

2017 年 8 月，中国关心下一代工作委员会、司法部、中央社会治安综合治理委员会办公室颁发：关爱明天·普法先行青少年普法教育活动“先进单位”奖牌。

2017 年 8 月，中国关心下一代工作委员会、司法部、中央社会治安综合治理委员会办公室颁发：关爱明天·普法先行青少年普法教育活动“先进单位”证书。

2017 年 8 月，贵州省教育教育科学院、贵州省教育学会颁发：2017 年教育科研论文、教学设计“组织奖”奖牌。

2017 年 8 月，六盘水市教育局颁发：六盘水市中小学生书法大赛“优秀组织奖”奖牌。

2017 年 11 月，中共六枝特区委员会、六枝特区人民政府颁发：2012—2016 年度六枝特区科技科普工作“先进集体”奖牌。

2017 年 11 月，六盘水市科学技术协会、六盘水市教育局颁发：第 15 届六盘水市青少年科技创新大赛“优秀组织单位”奖牌。

（杨双龙）

◎ 六盘水市第二中学

【概况】 六盘水市第二中学（原六枝矿务局第一中学）创建于 1965 年，诞生于“三线建设”时期，五十余年来，学校师生发扬“艰苦奋斗、无私奉献”的三线精神，弘扬传统，开拓创新，逐步形成“国学精典育人，三线文化润校”的办学特色，系全国教育系统先进集体、贵州省首批办好的重点中学、全国煤炭系统标准化学校、贵州省德育先进单位、贵州省教育战线先进集体、贵州省文明单位，2017 年被贵州省教育厅授予“二类省级示范性普通高中学校”称号。

学校拥有 72 个高中教学班，4800 余名学生，324 名教职工，其中教师 310 人，教师学历合格率 99%，高级教师 37 人，中级教师 91 人。2014 年起学校积极申办省级示范性高中，2016 年进入申示攻坚阶段、2016 年年底顺利通过一评、2017 年 6 月通过二评。

2017 年 6 月 26 日，省评估专家听取创建六盘水市第二中学示范性普通高中评估汇报会

（六盘水市第二中学供稿）

【机构设置】 根据文件精神，市二中增加内设机构3个：党委办公室、图书馆和纪检监察室，增加内设机构领导职数3名；2017年，市二中共有内设机构16个。

【基础设施建设】 市二中二期改扩建工程新增校园用地80余亩，完成2.4亿规模的立项，已完成初步规划设计，二期建设项目正逐步推进。

特区领导与市二中老师合影

（六盘水市第二中学供稿）

【2017年高考及招生】 2017年市二中参加高考人数1701人，上线人数1258人，其中，一本上线382人，上线率为74.0%。2017年秋季，高一录取1725名学生，完成教育局下达的招生计划；高中教学班达到84个，在校学生4800余人。

【师资队伍建设】 2017年，市二中新进教师55名。公开招考教师39名，实际到位34人；赴贵州师范大学引进研究生4人、应届本科毕业生15人；从特区落别中学调入1人，特区七中调入1人。

【岗位聘任】 2017年6月，对43名初聘、职称岗位变动教师，2—9月分四批次对2017年新进、调入的55名教师进行岗位聘任、签订或变更合同并及时兑现工资待遇工作，2017年，聘任高级教师岗位37人，中级教师岗位91人。

【荣誉表彰】 2017年8月，六盘水市教育局、六盘水市语言文字工作委员会授予“市级语言文字工作规范化示范学校”称号；2017年3月获六枝特区委员会、六枝特区人民政府授予“2016年度‘新两基’暨‘两项督导’教育工作先进集体”称号；2017年获贵州省综合治理委员会授予“2016年全省学校安全稳定综合治理工作先进单位”称号。

【申示工作】 市二中2014年底申办省级示范性高中工作，2016年进入攻坚阶段，2016年12月28—30日省教育厅组织专家于对六盘水市第二中学进行第一次评估、2017年6月26—29日对六盘水市第二中学进行第二次评估；2017年8月22日，根据《省教育厅关于公布2017年省级示范性普通高中学校名单及收费有关事项的通知》文件精神，被贵州省教育厅授予“二类省级示范性普通高中学校”称号。

【党建扶贫】 市二中根据省委、市委有关文件精神，按照市委组织部要求，选派人事科科长韦忠宁挂任六枝特区银壶社区党委副书记，校党委积极对党建设扶贫点深度贫困村六枝特区银壶社区东风村开展助推脱贫攻坚工作；形成校班子成员轮战脱贫攻坚、中层干部挂职助推、优秀干部驻村帮扶的三级挂帮格局，助推决战脱贫攻坚、决胜全面小康。

【学生资助】 市二中2017年秋季有1152人享受国家助学金，共计115.2万元；2017—2018年度有866人享受教育精准扶贫，共计68.3804万元；2017年秋季有965人通过免学费审核，共免除学费59.57万元，三项合计2983人，享受资助、免除学费243.1504万元。

（韦忠宁）

◎ 六枝特区第一中学

【概况】 六枝特区第一中学始建于1960年，其前身为贵州省六枝中学。学校有校级领导4人（一正三副），中层领导23人。专任教师233名，高级教师44人，中级教师84人。校园占地面积

2017年六枝特区第一中学学校运动会

（六枝特区一中供稿）

63325平方米，校舍建筑面积21620平方米。学校有58个教学班，在校学生3511人，平均班额为61人；有60间均已接通互联网的班班通教室、高清录播教室、音乐教室、美术教室、舞蹈教室及藏书13万余册的图书馆等。

【内设机构】 内设：行政办公室、教务处、总务处、政教处、教科处、综治办、信息科、人事科、宿管科、学生资助中心、实验中心、团委等12个机构。

【基础设施建设】 六枝特区第一中学一期改扩建工程女生宿舍、食堂已完工并分别于2017年3月22日和5月31日投入使用，二期建设项目正逐步推进中。

【师资队伍建设】 2017年，六枝一中教师变动人数达33人，新进教师26名，含公开招考教师24名，从六盘水市第二中学调入1人，11月底赴西南大学引进历史研究生1名，调出4人，辞职1名，退休2名。

【荣誉表彰】 2017年5月获六盘水市教育局授予的“六盘水市学生资助工作先进单位”称号；2017年5月获共青团六盘水市委授予的“全市五四红旗团委”称号；2017年5月在六盘水市教育局、六盘水市文体广电新闻出版局联合举办的六盘水市第十六届学生运动会中获篮球比赛优秀组织奖、篮球比赛男子甲组第三名、跳绳比赛甲组第三名；2017年10月在六盘水市教育局主办的第四届六盘水市高中生交响乐团展演中获三等奖。2017年12月在贵州省体育局、教育厅联合举办的校园花样跳绳表演赛中分别获高中组一等奖、高中组团体总分第一名及3分钟10人同步跳第二名；2017年5月学校团委书记唐静获“2016年度全国优秀共青团干部”称号；2017年9月申建平、邓子燕获“2017年六盘水市优秀教师”称号。

【教研教改】 王天义被推荐为2017年市级科研课题立项评审专家；蔡永江被评为全市十六届学生

2017年5月4日，六枝特区一中举行纪念五四运动98周年活动 （六枝特区一中供稿）

运动会优秀裁判员；唐俊获省第五届实验教师技能大赛三等奖、2017年全市实验教师技能大赛一等奖；章诚、陈坤杨分别获全市第六届高中历史优质课评选一等奖、2017年全市高中生物优质课评选一等奖，并代表六盘水市参加省级优质课评选；王翠翠获全市学科渗透法治教育录像课一等奖；喻梅、王涛获全市第三届青少年科技节指导二等奖；姚应顺获2017年全市高中语文优质课二等奖；陶玉鑫、朱廷斌2017年六盘水市教科研课题结题，另有26个课题在研究中，其中省级课题1个，市级课题3个，区级课题4个，校级课题18个。

【办学特色】 2017年4月，该校足球队参加特区第三届中小学生运动会，男、女队均获高中组第二名；2017年11月，该校足球队参加六枝特区2017年校园足球联赛，男、女队均获得高中组第一名。

【学生资助】 2017年共资助学生达5812人次，资助金额达880余万，资助覆盖率接近30%，其中教育精准扶贫和普通高中免学费资助达3414人次，资助金额近450万。按照上级文件精神，学校从事业收入中提取将近4%专项经费用于“奖、勤、助、补、减”等学生资助。

（唐 静）

投融资平台公司

◎ 六枝特区民生发展有限责任公司

【概况】 六枝特区民生发展有限责任公司于 2012 年 2 月 17 日经六枝特区工商行政管理局批准设立，是具有独立法人资格的国有独资企业。公司由六枝特区经济和信息化局、六枝特区财政局、中国农发重点建设基金有限公司共同出资成立。

【机构设置】 公司内设综合部、法务部、财务部、投资融资部、国有资产管理部、工程项目部、人力资源部等 7 个职能部门。下设六枝特区大兴置业有限责任公司、贵州黔茂商贸有限责任公司、六枝特区新麦源农业有限责任公司、贵州雅乐居物业管理有限责任公司、六枝特区民生汽车服务管理有限责任公司、贵州黔韵酒店管理有限责任公司、六枝特区民生黔景建筑工程发展有限公司全资子公司 7 个，控股投资公司 1 个为贵州瀑源食品有限公司。

2017 年 8 月 9 日，大兴·滨湖壹号项目开工奠基仪式　（六枝特区民生公司供稿）

【经营范围】 公司主要经营房地产开发、自然资源投资与开发、土地收储与开发、商业贸易、一二三产业投资与开发、工程建设施工、国有资产管理、物业管理服务、房屋租赁、担保咨询等业务。

【农业项目建设】 2017 年，民生公司投资建设的农业项目共 4 个，包括六枝特区新窑镇生态农业观光园项目、六枝特区岩脚面全产业链项目、六枝特区刺梨农旅一体化项目、马铃薯示范种植基地项目，总投资达 4.9 亿元，项目的实施，将改善项目区农业产业结构、促进农村社会经济发展。同时，提高土地利用率，稳定农户的收入，减轻农业生产强度，节省劳动力，推进农村剩余劳动力转移，增加社会就业机会。使传统农业所需的劳动力减少，农业生产成本降低，农村剩余劳动力逐步转向非农产业，形成多种就业形式，增加农民增收渠道。

【农村环境整治一期项目】 农村环境整治一期项目共分 6 个标段，一标为牂牁镇农村环境整治，二标为郎岱镇农村环境整治，三标为梭戛乡、落别乡、

六枝特区云山牂牁项目　（六枝特区民生公司供稿）

岩脚镇农村环境整治，四标为农村码头，五标为打那停车场，六标为老王山玻璃栈道项目，项目总投资9.3亿元，2017年累计完成投资4.7019亿元。

【云上牂牁项目】　2017年，民生公司完成云上牂牁改造提升项目的建设，该项目总投资1亿元，为牂牁江景区旅游业发展奠定良好的基础。

【市政基础设施项目】　2017年，民生公司投资建设的市政基础设施项目共6个，其中滨湖壹号项目总投资3.89亿元，2017年完成投资1800万元；六枝特区阳光安置小区项目总投资6亿元，2017年完成投资400万元；六枝特区2015年懒板凳片区城市棚户区改造项目（一二期）总投资1.2亿元，该项目已完工；六枝滨河广场安置房项目总投资5000万元，2017年完成投资620万元；兴业大厦项目总投资1.1亿元，该项目已完工；六枝特区滨河公园城市综合体A单元（生产力发展中心）项目总投资1.27亿元，完成投资8300万元。

【委托代建项目】　2017年，民生公司委托代建项目共4个，其中贵州省六盘水市六枝特区新场乡采煤沉陷区综合治理项目总投资6.41亿元，已完成投资5300万元；贵州省六盘水市六枝特区龙河镇采煤沉陷区综合治理项目总投资2.6亿元，已完成投资2759.84万元；2016年棚户区综合整治委托代建7768户，计划总投资约2亿元；六枝特区独立工矿区对外连接道路工程总投资1.95亿元，累计完成投资7000万元。

【PPP建设项目】　2017年，民生公司投资建设的PPP项目共3个，其中六枝特区扶贫再就业培训中心项目计划投资3.1933亿元，已进入招标阶段；六枝特区新能源汽车充电设施工程计划投资2.2亿元，项目正在筹划当中；六枝特区煤层气勘探项目计划投资20.2亿元，2017年累计完成投资1.3亿元。

【党建工作】　为进一步深化银企合作关系，深入学习习近平总书记在全国国有企业党的建设工作会议上的重要讲话精神，促进国有企业党建工作和业务经营的深度合作，2017年6月15日上午，民生公司与中国银行六枝支行举行了银企党建结对共建签约仪式。

【助力脱贫攻坚】　为了帮助全区境内贫困户增收、致富、脱贫，实现农户共同富裕的目标，按照择优选择整合发展切实可行的原则，采取“村集体＋公司＋农户”的形式，用农村集体资产、资源、资金投资入股公司。2017年，六枝特区17个贫困村寨每个村寨入股100万元参与民生公司项目进行分红，民生公司将固定收益按不低于60%链接到村贫困户，其余部分用于发展壮大村级集体经济，带动贫困户发展。

【桃花湖“水舞秀”建设】　桃花湖大型多媒体音乐喷泉水舞秀由民生公司投资近千万元打造，规模面积为82米×25米。水舞秀的建设，为六枝特区增加了一道靓丽的风景线，提升了六枝特区的整体影响力，成为展现六枝文化文貌、现代生活、经济和谐发展的重要窗口。

【大兴·滨湖壹号项目开工】　2017年8月9日，六枝特区民生发展有限责任公司在人民路西侧丁字路口举行六枝特区大兴·滨湖壹号项目开工奠基仪式，项目的开工标志着民生公司实现转型推动跨越翻开了新的篇章。

【扶贫超市开张】　2017年底，民生公司扶贫超市开张。民生公司每年将从超市营业利润中抽出部分资金，从社区选取相对贫困的老百姓进行慰问帮扶，开创了一种有创意、有效果的助力脱贫新模式，助力黔货出山，推动地方特色产业发展，引领地方百姓脱贫致富。

（综合部）

◎ 六枝特区水务有限责任公司

【概况】　2017年，六枝特区水务有限责任公司资产总额75694186万元、负债总额26020699万元、所有者权益496734.88万元、营业收入2336.55万元。利润总额359.95万元。资产负债率34%，产权比率52%。企业资产构成：水投公司162187.01万元、水务公司资产519764.79万元，咨询公司92.89万元、多经公司39435.62万元、供排水资产35461.55万元。债务构成：水投公司25771.27万元、水务公司160814.86万元，咨询公司70.54万元，多经公司39241.6万元，供排水34308.71万元。成本费用：以供排水公司和多经公司为主。

【党建工作】 水务公司职工有部分是事业编制人员，隶属于水务局；有部分是纯企业人员，隶属于供排水（原自来水公司）编制；部分是新招聘人员，属水务公司编制。因人员身份原因，公司的党员按编制编入水务局机关党委下属不同支部。中国共产党六技特区水务供排水公司支部委员会现有22人，其中：在职党员15人，退休党员5人，内退党员1人病退党员1人。支委成员3人。

【投融资工作】 2016年，特区政府将水务公司列为特区8家重点平台公司之一，肩负特区水利项目及其他基础设施项目的投融资工作。根据《六棱特区人民政府办公室关于印发六校特区重投融资企业建设管理办法（暂行）等“五办法一意见”的通知》的相关规定，公司着力推进投融资工作。2017年，六枝特区水务有限责任公司与银行签订合同的融资金额为21.75亿元；到位金额10.15亿元；已使用7.73亿元。

【贷款工作】 2017年已贷款到位资金3亿元，其中:2016年以六枝河综合治理项目在农发行六枝支行申请贷款5.1亿元，2017年3月21日放款1.5亿元；2016年以六枝特区中心区配水管网改扩建工程项目在建行六盘水分行贷款1.5亿元，2017年1月3日放款1.5亿元；与银行对接贷款6.2亿元，其中：以河头上水库向工行六枝支行申请贷款3亿元，相关资料已初审通过；以头塘水库向农行六枝支行申请贷款3亿元，正在落实抵押问题；在六枝特区信用合作联社对接流动资金贷款1500元已进入放款阶段；子公司六枝特区水务多经有限公司在邮政银行对接500万元的流动资金贷款正在办理中。

【发债工作】 公司准备发行总规模为15亿元的公司债券，期限7年，第一期发行7亿元，其中:4亿元用于六枝特区郎岱农业园区农村产业融合发展项目，3亿元用于补充公司运营资金，资金已到账。

【工程建设情况】 水务公司2017年在建的重大项目有12个，总投资364348.9元。开工以来累计完成投资118648.33万元，2017年完成投资54709.37万元。

【懒龙河水库】 懒龙河水库总库容1305万立方米，总投资45839万元。于2014年7月2日开工建设，大坝于2017年5月20日封顶；管线青苗地隧洞于2017年5月18日贯通；支洞于2016年7月14日贯通；卜层追踪平洞开挖施工完成，深孔固结灌浆完成180米；左右帷幕灌浆完成96%，护坦完成60%，电站完成65%，底板固结灌浆完成80%。管理房主体施工完成，正进行装饰施工。2017年完成投资5987万元，累计完成投资38259万元，完成总投资的83.45%。

【阿雨水库】 阿雨水库总库容为165万立方米，总投资9211万元。工程于2014年12月11日开工建设，大坝已填筑完成，枢纽工程已完成，正在进行输水管道的渠道砌筑，完成坝顶扶栏安装工程；完成一级泵站主体混凝土浇筑及墙体砌筑，完成部分金属结构安装；完成2500平方米水土保持场地平整；正在进行灌区渠道的砌筑。2017年完成投资1608万元，累计完成投资8683万元，完成总投资的94.27%。

【松树林水库】 松树林水库总库容243万立方米，总投资15192万元、工程于2015年10月21日开工建设，松树林水库大坝已填筑完成，面板施工完成、溢洪道浇筑完成，灌区完成施工营地建设、征地工作，正在公示和赔款中；灌区于2017年4月9日开工，已完成钢管安装约850米，2017年完成1019万元，累计完成11010万元，完成总投资的72.47%。

【河头上水库】 河头上水库总库容1602万立方米，总投资46944万元。于2016年6月28日举行开工仪式，2016年10月12日签订项目管理总承包（PMC）合同，监理于2016年12月12日下发合同开工令。已完成导流洞分部工程验收和坝基开挖单元工程驱收，完成截流阶段验收。溢洪道浇筑完成。取水兼放空洞开挖完成。灌浆平洞内帷幕灌浆完成，大坝完成4块面板浇筑施工。2017年完成投资16938万元，累计完成投资23882万元，完成总投资的 50.87%。

【茅草寨水库】 茅草寨水库总库容 49.55 立方米，总投资 3717.74 万元。工程于 2015 年 10 月 26 日开工建设，完坝体回填至防浪墙底部高层，趾板混凝土全部浇筑完成；面板伸缩缝铜止水全部安装完成；溢洪道护坦段、泄槽段、溢流堰段侧墙及底板混凝土浇筑完成，交通桥钢筋混凝土浇筑完成。2017 年完成投资为 1071.02 万元，开工建设完成投资 3049.71 万元，完成总投资的 82.03%。

【小坝田水库】 小坝田水库总库容为 62 万立方米，总投资 5943.26 万元。工程于 2016 年 9 月开工建设，已完成河床段基坑清底，验收工作；大坝浇筑至 1495.0 高程达到整体高程的 57.9%；2017 完成投资为 1777.35 万元，累计完成投资 3698.36 万元，完成投资的 62.23%。

【纳革水库】 纳革水库总库容 371 万立方米，总投资为 17353 万元。工程 2016 年 12 月 12 日开工建设，左坝肩趾板土方开挖完成 60%，溢洪道边坡土石方开挖完成 90%，边坡支护开始搭设排架。取水塔土石方开挖完成，新料场变更审查会已召开，左坝府开挖 1245 高程；右坝肩开挖至 1250 高程。2017 年完成投资为 197 万元，累计完成投资 6954.26 万元，完成总投资的 40.1%。

【头塘水库】 头塘水库总库容为 1401 万立方米，总投资 65864 万元，2017 年 8 月 19 日举行开工仪式，11 月 23 日 PMC 管理总承包开标，正进行“三通一平”和导流洞等施工。完成投资约 1820 万元，完成总投资的 2.76%。

【六枝河综合治理项目】 六枝河综合治理项目总投资约 6.4 亿元，主要建设内容及规模为综合治理六枝河主河道（六枝黄家桥一污水处理厂）约 9.2 千米，城区内支流约 15 千米。该项目于 3 月 23 日正式启动。7 月 21 日完成 EPC 总承包招标工作。完成 K0+760–K1+100 左右两岸景观叠石。K1+200–K+280 右岸叠石；K1+500–K1+580 左岸叠石；完成 K0+900–K1+280 左岸施工便道，K0+240–K0+400 施工便道；完成 K0+760 左岸钞路桥下的管线；完成 KZ1 至 KZ10 支护桩的开挖，钢筋制作；完成 1 号厕所全部工程；完成投资 6500 万元，完成总投资的 10.16%。

【农村污水处理工程】 为抓好六枝特区农村污水处理工作，水务公司于 2016 年 12 月作为六枝特区乡镇污水处理项目业主介入该项目。通过住房和城乡建设局牵头，公司与天津膜天膜科技股份有限公司协商，于 2016 年 12 月 8 日按照 EPC 总承包方式签订提前进场施工协议。签订的项目点是群河镇镇区及西夏片区，落别乡政府区域及纳骂村、新寨村、长湾村、龙井沟寨，郎岱镇群峰村，岩脚镇青杠林村、羊场村、木贡村，梭戛乡高兴村，龙河镇永丰村、迎丰村，牛场乡所在区城黔中村、上寨村、肖家岩头村，新场乡三家寨村、大田村，关寨镇镇区计涉及 9 个乡镇 20 个污水处理点。估算投资 4995 万元。为满足环保要求，污水处理点增加至 31 个，投资增加至 8150.4 万元。由于原施工单位膜天脑公司退出该项目，根据政策及相关要求，项目拟按 PPP 模式寻找合作方垫资建设，经过与三家企业进行洽谈，在 2017 年 9 月 5 日与碧水源公司签订框架协议，碧水源公司已进场施工，抢抓胖河、龙河和落别三个乡镇镇区的污水处理工程建设。一期工程 31 个工程点已开工建设 25 点，6 个点未开工。2017 年，农村污水处理工程完成形象投资约 3692 万元，占总投资的 45.3%，公司已要求施工单位制定侧排工期计划。

【六枝特区水利扶贫农村集中供水项目】 六枝特区水利扶贫农村集中供水项目包括六枝特区 2017 年度饮水安全巩固提升工程和乡镇集中供水项目、项目涉及六枝特区 15 个乡镇约 160 个项目点，解决 29.1058 万人的饮水不安全问题。2017 年 9 月 5 日，与碧水源公司签订框架协议，碧水源公司已组织人员进场，抓紧实施 2017 年饮水安全巩固提升工程涉及的 9 个深度贫困村和 2 个极贫乡镇。已开工建设 70 个工程点，共完成投资约 7600 万元，占饮水安全工程总投资的 30%。

【六枝特区中心区配水管网改扩建工程】 六枝特区中心区配水管网改扩建工程总投资为 19634.84 万元。工程分两期实施，一期工程由原项目业主六特区水务供排水公司实施，建设内容为新建 DN300–DN600 配水网 18216 米，新建老虎坡 3000 立方米高位水池 1 座。二期工程由水务公司实施，建设内容为：新建旧院水库至徐家桥水厂输水主管 DN700 离心球墨铸铁管 30.45 千米；新建徐家桥水处理厂 1 座（供水能力为 4.0 万立方米 / 日）；新建提水系站1座（含提水管线），装机2130千瓦；新建徐家桥高位水池2座，总容积4000立方米。二期工程内容因是重大设计变更建设内容，变更手续和招标工作在2017年6月底才完成。施工单位已进场，项目部已组建，设计及业主已完成外业工作，10月19日项目业主邀请相关单位召开项目推进会，落实相关工作，11月20日水厂正式开工。两期工程共完成投资约3200万元，完成总投资的16.3%。

（综合部）

◎ 六枝特区强农农业开发有限公司

【概况】 2017年，六枝特区强农农业开发有限公司深入贯彻落实中共十九大会议精神，坚持“抓大事，抓重点，抓协调”的管理思路，把思想政治、理论教育、内外宣传、精神文明和企业文化建设工作的重点切实落到公司经营管理、安全生产及党风廉政建设上，为公司改革、发展和稳定及各项任务目标的顺利完成提供强有力的精神动力和思想保证。

【机构设置】 六枝特区强农农业开发有限公司成立于2011年11月，为六枝特区人民政府下属的国有平台公司。公司自2016年5月正式开展业务，下设行政管理部、计划财务部等9个部门，员工49人。主要经营：商品牲畜、家禽、水产品的养殖、加工及销售；经果林、蔬菜、茶叶、花卉苗木的种植、加工及销售；农副产品的冷链物流与批发贸易；农业产业化信息，技术服务；农用物资经营；农业观光旅游；项目投资及管理；广告经营；对外贸易等。

【制度建设】 结合工作实际，先后制定和完善《集中学习（工作例会）制度》、《公务接待管理制度》、《内部财务管理制度》、《公车管理制度》、《人员管理制度》等9个管理制度，逐步建立健全较为科学的运营管理机制，有效规范公司员工的职业行为和工作流程。坚持每周组织各部门、项目负责人员定期会议，全年累计共召开50余次工作例会，对工作中存在的问题和困难及时研究、及时解决，提高工作效率。

【党风廉政建设】 紧密结合党风廉政建设和反腐败工作形式任务和决策部署，牢固树立“四个意识”，严明政治纪律和政治规矩，进一步细化党风廉政建设主体责任，形成科学规范的责任体系、务实有效的落实机制和严格的责任追究机制。一是开展贯彻落实中央八项规定精神“回头看”。对照各级要求，从会议、文件的规范、车辆运行管理、隐形公款吃喝等方面入手开展自查自纠，查找问题，制定措施，扎实整改。二是加大对各级违反中央八项典型案件的通报剖析，用各级纪委查处的典型案例教育全体党员干部职工，形成震慑。三是开展“四风”突出问题自查自纠活动，把纠正“四风”抓深做实，逐步完善公司的廉政格局和各项制度。四是在民主集中制和“三重一大”制度贯彻落实方面，坚持集体决策的工作制度，凡属涉及公司利益的重要事项，均坚持沟通在会议之前，决策在会议之中，落实在会议之后，形成了阳光、公正、清廉的工作氛围。

【经营情况】 六枝特区强农农业开发有限公司下属子公司共9个，其中全资子公司2个，合资子公司7个。2017年，公司总投资共计7420.26万元，其中子公司投资情况：六枝特区瑞民农业投资开发有限公司投资800万元，六枝特区民源农业投资开发有限公司投资1200万元，贵州凉都弥你红产业发展有限公司投资330万元，贵州省六枝特区可为农业科技发展有限公司投资942.06万元（其中500万元为垫付土地保底收益），贵州省六盘水市佳河水产养殖有限公司投资385万元，六枝特区大北农农业科技有限公司投资180万元，六枝特区瑞禾丰生物有机肥料有限公司投资151.7万元。各项目投资情况：六枝特区云贵中锋保种扩繁养殖项目投资447.5万元，六枝特区瀑布源循环生态农业项目投资1120万元，牛场乡蔬菜种植项目161万元，六枝特区100万头优质肉猪养殖项目投资802万元，六枝特区农产品批发市场建设项目投资901万元。公司实现销售收入378万元，形成固定资产157万元、生产性生物资产842万元。

【融资情况】 2017年，六枝特区强农农业开发有限公司实现融资6.131亿元，其中六枝特区农产品批发市场建设项目3.36亿元。六枝特区瀑布源循环生态农业项目的5000万元。六枝特区100万头优质肉猪养殖一期项目1.8亿元。六枝特区云贵中锋保种扩繁养殖项目2000万元。六枝特区农旅一体化小额担保贷款2210万元。流动资金500万元。

【优质肉猪养殖项目】 该项目于2017年3月动工建设，已完成投资802万元，正在进行梭戛母猪场24.83万平方米的“五通一平”工程建设，中寨母猪场14.26万平方米的土地流转以及中柱煤矿育肥场1.85万平方米的前期手续工作。

【万亩玫瑰科技园建设项目】 已完成投资942.06万元（其中500万元为垫付土地保底收益）。因特殊原因，于2017年8月已暂停和北京可为公司合作，并请第三方评估机构对其进行资产评估，评估其资产价值为586万元，但北京可为公司不认可其评估价值，导致项目处于停滞状态。

【农产品批发市场建设项目】 该项目已完成投资901万元，项目临建基本建设完成，临水、临电、网络已接通并正式投用，由于项目地面附着物补偿工作（人人和合作社）未能按期拆除，严重影响项目推进，从2017年10月15日处于半停滞状态，进度缓慢。

【六枝特区云贵中蜂保种扩繁养殖项目】 已投资447.5万元，2017年，完成销售蜂群4669群，销售蜂蜜115千克，保有蜂群500余群。正在规划建设4个标准蜂场（新窑镇播雨村、银壶社区东风村、梭戛乡沙子村、岩脚镇岩脚村）。

【六枝特区瀑布源循环生态农业建设项目】 已完成投资1120万元，落别板照基地已完成土地流转450亩，其中水域面积330亩，均已投产使用。截至2017年8月底，小龙虾销售21000斤，销售金额为61万余元。大闸蟹销售9月底上市，截至12月11日，共销售4351斤，合计297869元。计划新增扩建600亩，已完成建设200亩。项目争取的贵阳银行承贷的产业扶贫子基金5000万元，已到款2000万元。

【六盘水市瑞民农旅一体化生态观光园建设项目】 已完成投资800万元，新窑猕猴桃产业示范基地已完成土地流转1090.36亩，现已全部整理完成，大力向龙河镇林场村方向延伸扩建猕猴桃产业基地，开展土地流转工作，现已完成土地测量140余亩。

【郎岱猕猴桃产业示范基地项目】 郎岱猕猴桃产业示范基地已投入资金4000万元，核心区已建成288.67万平方米猕猴桃种植基地。2017年，共挂果36.67万平方米，产量55000千克，销售额72万元。

【六枝特区蔬菜产业公共服务平台建设项目】 已完成投资161万元，已完成2048平方米的蔬菜育苗大棚建设并已投入使用，实现坝子地的种植全覆盖，预计第一轮种植物可采收200吨成熟蔬菜。2017年，销售蔬菜6吨，销售额4万余元。

【六枝特区瑞禾丰生物有机肥料生产项目】 已完成投资151.7万元。共流转土地100亩，部分供肥基地土壤采样已完成，已生产出有机肥10000吨。

（综合部）

◎ 六枝特区扶贫开发投资有限责任公司

【概况】 2017年，六枝特区扶贫开发投资有限责任公司正处于建设发展的初期阶段，大部分产业项目也在同年开始落地发展，公司经过不懈努力，超额完成了融资指标，公益性任务完成率达到100%，党建工作、信访维稳、计生、安全、环保、重大事项等共性指标也已基本完成，公司注册资本金5000万元，资产总量5.84亿（易地扶贫搬迁3.98亿）。公司正在发展的产业项目有商品蔬菜、特色猪、畜牧循环种草养牛、猕猴桃、中草药银杏、食用菌6个，产业覆盖六枝特区岩脚、牛场、关寨、木岗、九龙、大用、新场、中寨等乡镇，以“公司+合作社（企业）+农户”和“三变”模式转实增效助推产业发展和脱贫攻坚工作。

【机构设置】 共设5个部门，下辖4个子公司，即全资专营蔬果产业的六枝特区金扶农业发展有限责任公司，共有职工41人，控股专营食用菌产业的贵州国珍生物科技股份有限公司，控股专营牛产业的贵州凉都褐牛开发有限责任公司，控股专业从事易地扶贫搬迁群众服务、土地流转、管理和投资开发利用等工作的六枝特区惠众移民后续扶持发展有限公司。公司将成为一个融三产为一体，业务覆盖果蔬菌及中药材种植加工和销售、畜禽养殖加工及销售、易扶搬迁群众服务和土地流转、管理和投资开发利用等，下辖4个以上子公司的集团型企业。

【商品蔬菜扶贫产业项目】 2017年，项目计划总投资1.19亿，前期已累计投入489.5万元，完成1300亩土地流转工作（九龙社区五龙和沙子坡918亩、木岗镇云盘和地坝382亩），修建五龙和沙子坡灌溉设施，集中试种第一季蔬菜，通过一年种植经验的累积，初步搭建一定的销售市场。将重点打造以九龙社区五龙为核心的示范基地，辐射九龙社区的小寨村、波乍村、波凹村和木岗镇的小木岗村、大木岗村、木岗冲村等，带动梭嘎乡、牛场乡等其他乡镇实行集中连片规范化种植。按“边建边种、建好种好”的思路，现单体大棚已建86个，正在建设联体大棚，五龙村现已完成种植杂交红蒜200余亩，沙子坡完成种植杂交红蒜150亩，木岗蔬菜种植基地已完成种植冬季马铃薯330亩。

【畜牧循环种草养牛产业项目】　该项目已与六枝特区亿垚农业科技开发有限责任公司、六枝特区垄鑫盛泰农业发展有限公司、六枝高荣成林养殖基地合股组建六枝特区凉都褐牛养殖有限公司，按“公司+基地+合作社+农户（或建档立卡贫困户）”模式，在六枝特区岩脚镇草原村、六枝特区牛场乡云盘村、六枝特区木岗镇小黄桶村新建和改扩建繁养基地种植高产牧草。计划总体投资14.06亿元，一期项目总投资1.78亿元，已在岩脚镇草原村流转土地5000亩，按照合同规定以500元/亩的土地流转费累计支付250余万元，在木岗镇、牛场乡共种植2000亩牧草基地，并和当地农户签订回收协议，由农户种植、公司回收。一期工程正在办理土地手续，肉牛采购已于11月份谈妥，预计从内蒙古供应商购买新疆褐牛（公牛）500头，西门塔尔牛（公牛）2000头，并在六枝本地预计购买500头牛。

【中药材(银杏)产业项目】　该产业在关寨镇实施，与百灵集团所属贵州宜博经贸有限责任公司合作，按公司+基地+合作社+农户(或建档立卡贫困户)”模式，共种植527.96亩，其中：荒田村188.02亩，朗树根村128.39亩，左坝村211.55亩。2017年4月已种植完毕，现已进入日常管护阶段。已投入资金260万元，主要用“特惠贷”资金。

【猕猴桃产业项目】　中寨猕猴桃基地：按照与六枝特区梦源农业公司签订合作协议，公司以“特惠贷”资金600万元债权入股猕猴桃基地作为基地建设使用，现已投入使用473万元，基地一切建设内容由六枝特区梦源农业公司组织施工，并接受公司资金监管，合作期限为三年。已种植2347亩，现因梦源公司的管理不当，建设效果不佳，按照特区领导安排，经过多次协商已初步达成新的合作协议，公司预计以3000万元股权方式进入基地进行管理，后续管理资金将通过农旅贷方式筹集解决。水寨猕猴桃基地：2年已完成种植规模208亩，利用“特惠贷”投资246万元，完成了18720株猕猴桃苗移栽工作，现正处于管护期间，并装置管护设备来加强对基地的保护。存活率已达到97%以上，65%已上架。

【食用菌产业项目】　拟建厂房在郎岱园区，与神龙高科合作成立贵州国珍生物科技股份有限公司，公司已注册完成。拟开展1200亩林下菌，200亩标准化示范工厂化种植，年产1000万棒加工厂。种植地点以郎岱、月亮河为中心辐射其他乡镇。选点工作正在进行当中，测绘工作已经启动。资金来源主要是财政资金和扶贫产业子基金，1000万专项扶贫资金已经通过六枝特区扶贫局的审批，正在完善其他相关手续。

【生态特色猪养殖产业项目】　该项目在新场和新窑建成出栏生态特色猪3000头的3个养殖小区，新窑养殖小区水、路、电等基础设施已经修通，其他附属建设正在修建，新场2个养殖小区已流转土地149亩，其中1个养殖小区办公用地已平场完毕，正在加紧实施其他基础建设，共投入1251.5万元，现已整合新窑乡财政扶贫资金261.3万元，解决特区2017年第二批五大扶贫产业资金450万实施项目，不足部分公司自筹解决。

【2017年融资完成情况】　2017年10月止，已完成融资金额22353.75万元，其中：“特惠贷”，2017年公司利用“特惠贷”贷款发展产业，“特惠贷”贷款涉及914户，金额1971.75万元，到位资金1971.75万元，主要用于发展公司产业，其中包括畜牧循环种养殖项目785万元、蔬菜项目643万元、猕猴桃项目397万元、关寨银杏项目146.75万元，特惠贷资金已投入完毕。流动资金贷款，公司于7月份在六枝特区信合联社所申贷流动资金贷款3000万，已于当月落地并已划转民生公司。扶贫产业子基金，公司正在申请或已获批扶贫产业子基金的项目有六枝特区万亩商品蔬菜扶贫产业基地项目，六枝特区畜牧循环种养殖项目，其中，六枝特区万亩

商品蔬菜扶贫产业基地项目总投资1.19亿元，基金承接银行为贵州银行，已获批金额5882万元（包含各级财政配套资金882万元），基金1000万元已于11月30日投放，已使用额为18.7003万元，主要用于木岗蔬菜基地及五龙蔬菜基地；六枝特区畜牧循环种养殖项目总投资17800万元，基金承接银行为贵阳银行，已获批11500万元，4500万元的流动资金已于11月16日投放，该金额还未使用。

（综合部）

◎ 六枝特区鑫诺融资担保有限责任公司

【概况】 2017年，六枝特区鑫诺融资担保有限责任公司围绕全区农业产业化发展和脱贫攻坚中心工作，以服务中小微企业和“三农”融资担保为重点，在特区党委、政府的正确领导下，在省担保公司和特区财政局、经信局、政府金融办的大力支持和帮助下，公司健全和完善规章制度，拓展融资担保市场，规范担保业务流程，创新风险防控机制，工作起步初见成效。

【机构设置】 六枝特区鑫诺融资担保有限责任公司于2012年8月由六枝特区公益性担保公司变更而来。2016年6月，为贯彻《省政府办公厅印发支持我省地方金融机构“五个全覆盖”工程实施方案》，实现县域政策性融资担保机构全覆盖，由特区财政出资8000万元，省担保公司出资2000万元，共同变更为政策性担保公司，增资注册到1亿元。公司依法成立董事会和监事会，特区政府任命公司董事长及总经理，公司组建综合部、业务部、风控部、财务部，设置部门岗位职责，建立相关制度，现有员工12人。

【担保业务】 公司以服务县域经济发展、激活金融市场为根本，在推进融资担保业务工作中，努力做大做强融资担保业务。公司正式开展业务以来，累计担保业务32笔，累计担保金额10390万元，其中解保9笔，解保金额2150万元，2017新增业务24笔，担保金额8640万元，年末在保责任余额8240万元，完成年度目标任务的108%，涉及行业有建筑业、农业、旅游业、医疗服务业、零售业、工业，带动9538人次参与务工。2017年实现保费收入107.08万元。2017年公司对现有资金通过定期、协议存款方式进行资金运作，取存款利息收入230.58万元。

【健全组织机构】 一是公司严格按照《中华人民共和国公司法》和《公司章程》建立健全公司法人治理结构，完善公司组织架构。另外，2017年还先后成立公司工会和党支部。二是建立内部管理制度。作为新成立的公司，加强内部管理、建章立制是公司规范经营、稳健发展的基础。先后制定并完善以综合管理、业务管理、财务、风险控制为主要内容的制度与办法20余个。做到用制度管人管事，确保政令畅通，使担保业务工作运行科学化、规范化、制度化。

【业务拓展】 一是强化业务流程管理。公司先后制定和完善业务操作细则和管理办法，督促员工严格按照工作流程和制度操作，使业务操作更加规范科学。二是积极争取银行授信。通过上门对接、召开授信洽谈会等方式，申报授信准入。2016年公司只同六枝特区信用社合作，2017年增加同贵州银行六枝支行、中国邮政储蓄银行六枝支行办理签订了相关合作协议，建立合作关系并已开展业务，成功搭建金融和企业的“融资金桥”。三是建立融资担保信息资料库。通过走访特区市场监督管理局、中小微企业、专业合作社，调查涉农企业和种植养殖大户等方式，先后收集2000余家企业信息，为担保业务的开展打下坚实的基础。

【制度建设】 建立《六枝特区融资担保有限责任公司业务操作流程》、《六枝特区鑫诺融资担保有限责任公司债务追偿制度》、《六枝特区鑫诺融资担保有限责任公司担保业务风险管理制度》、《六枝特区鑫诺融资担保有限责任公司担保风险预警及应急处理机制》等系列项目办理制度，严格按照项目办理程序对项目资料合规、合法性进行严格审查，对企业的基本情况以及反担保物的市场价值进行现场调查，对在保项目的进展情况以及资金的使用情况进行定期保后检查。同时针对存在代偿风险或不良担保的项目制定应急预案。将风险控制涵盖到保前调查、保中审查、保后管理、代偿后追偿等全过程。以控制企业核心资产、核心人物为目的，落实反担保物的抵押登记，增强反担保控制的能力；按照融资担保档案整理的要求，公司分门别类整理装订项目档案 32 卷。

【队伍建设】 公司着眼于“提升素质、提高效率”。一是严把进入关。公司招聘 12 名员工，其中 8 名均有金融财会专业且部分人员拥有金融行业工作经历。二是加强员工培训。公司积极采取“走出去、请进来”等多种方式对员工开展培训，不断提高员工的综合素质和业务能力。2017 年组织公司董事长、总经理、业务部、风控部、财务部外出参加各类培训学习 6 人次。三是加强员工学习。公司先后组织员工学习《国务院关于促进融资担保行业加快发展的意见》、《推进普惠金融发展规划（2016—2020 年）的通知》、《融资担保公司监督管理条例》、《中华人民共和国中小企业促进法》和公司规章制度等，不断提升员工理论水平和综合素质。四是狠抓员工队伍廉政建设。推进公司反腐倡廉工作，实行“三不准”制度，即不准接受客户的吃请、不准接受客户的礼品、不准接受客户的红包，打造“阳光担保”，形象在客户中形成良好口碑。

（综合部）

金　融

◎ 金融办

【概况】 2017年，在特区党委、政府的正确领导下，在特区各部门、各金融机构的关心支持和帮助下，通过该办全体干部职工的共同努力，较好地完成了融资工作，争取省扶贫产业基金支持，参与谋划和指导PPP项目等各项工作任务。

【融资工作】 2016年批复2017年放款项目情况。六枝特区2016年批复2017年放款项目共6个，批复48.06亿元，放款29.57亿元。其中，贵阳银行，六枝特区思源实验学校建设项目，批复0.96亿元，到位0.96亿元；工行，老王山多梯度训练基地建设项目，批复2.4亿元，到位1.5亿元；地宗矿对外连接线道路（三变基金项目），批复5亿元，到位5亿元；农发行，六枝河综合治理项目，批复5.1亿元，到位1.5亿元。

国开行，农村人居环境整治项目，批复7.1亿元，到位7.1亿元；2016年城市棚户区改造项目，批复11.4亿元，到位8.01亿元；水务公司发债，批复15亿元，到位6.95亿元。

【2017年度融资批复到位情况】 2017年，银行贷款总计批复贷款规模47.18亿元，到位资金25.47亿元，批复未到位21.71亿元，其中银行批复贷款36.13亿元，到位17.02亿元；三变基金项目批复5.5亿元，到位5.5亿元；扶贫产业基金项目批复8.86亿元，到位2.95亿元。一是农发行：黄果树瀑布源森林公园建设与开发项目，批复贷款4.4亿元，放款0.6亿元；贵州省六枝特区西嘎至毛口旅游公路项目，批复4亿元，放款0.14亿元；2017那克及塔山片区城市棚户区改造项目，批复5.1亿元，放款2亿元。二是贵州银行：贵州省六盘水市六枝特区牂牁江景区旅游基础设施（一期）建设项目，批复7亿元，放款7亿；教育集群达标项目，批复3亿元，放款0.5亿元；六枝特区旅游文化开发投资有限责任公司酒店设备采购项目批复贷款0.05亿元，放款0.05亿元；2017年通组公路工程批复贷款0.945亿元，放款0.945亿元。三是工行：六枝特区牂牁江景区夜郎王城文化区（一期）建设项目，批复6.1亿元，放款3.35亿元。四是邮储银行：六枝特区强农农业开发有限公司流动资金贷款批复0.05亿元，放款0.05亿元；农旅一体小额担保贷款放款0.22亿元；六枝特区旅游文化投资发展有限责任公司逸爽酒店设备采购项目批复0.05亿元，放款0.05亿元；农旅一体小额担保贷款放款0.167亿元。五是信合联社：景区电力工程项目批复0.2亿元，放款0.2亿元；六枝特区养牛项目批复0.3亿元，放款0.3亿元；老王山多梯度训练基地装修项目批

复 0.298 亿元，放款 0.298 亿元。六是贵阳银行：2017 年通组公路工程批复 0.947 亿元，放款 0.947 亿元；

【争取省扶贫产业基金支持】 积极与财政、发改、农业、各平台公司以及银行机构对接，认真谋划产业扶贫基金项目，争取资金支持。2017 年，六枝特区拟谋划申报的项目 41 个，项目总投 125.14 亿元，申报基金 90.22 亿元，已获银行批准项目 9 个，审批金额 8.86 亿元，已投放 2.95 亿元。

【“三变”基金批复及到位情况】 2017 年，凉都“三变”基金批复 5.5 亿元，到位 5.5 亿元，分别为：牛场乡人居环境改造项目，总投资 5 亿元，审批基金 4 亿元，已全部放款到位；六枝特区供水管网改造工程项目，总投资 1.96 亿元，审批基金 1.5 亿元，已全部放款到位。

【PPP 项目】 2017 年，六枝现已有 66 个项目进入财政部 PPP 项目库，项目投资金额共计 353.87 亿元。2017 年有 4 个项目进入财政 PPP 项目库，分别为六枝特区水利扶贫农村集中供水 PPP 项目、六枝特区水务一体化扶贫 PPP 项目、六枝特区示范小城镇生态环境 PPP 项目、六枝特区教育工程 PPP 项目，项目投资金额共计 39.84 亿元。进入项目识别阶段的项目有 4 个。分别是：六枝特区水利扶贫农村集中供水 PPP 项目、六枝特区水务一体化扶贫 PPP 项目、六枝特区示范小城镇生态环境 PPP 项目、六枝特区教育工程 PPP 项目。进入项目准备阶段的项目有 2 个。分别是：六盘水市六枝特区医疗垃圾处置中心 PPP 项目、六枝特区扶贫再就业培训中心建设 PPP 项目。进入项目采购阶段的项目有 1 个，阿志河生态旅游扶贫度假开发 PPP 项目。项目执行阶段的项目有 4 个。分别是：分别是六枝特区人民医院改扩建 PPP 项目、六枝特区新能源汽车充电设施 PPP 项目、六枝特区煤层气勘探开发综合利用工程 PPP 项目、六枝特区城乡生活垃圾收运和处置 PPP 项目。上述各项目投资共为 73.55 亿元。

【“引银入区”工作】 为进一步满足多层次资金需求，为特区金融业发展注入新的活力，金融办积极与各金融机构沟通协调，争取更多金融机构入驻六枝或在六枝设立分支机构。一是富民村镇银行已于 2014 年在六枝正式营业；二是根据省改制办的要求，六枝信合联社于 2018 年 6 月 30 日前完成改制为农村商业银行工作。已完成清产核资等相关工作，清收不良贷款工作有序推进，截至 2017 年 12 月 10 日，不良贷款余额 25515.80 万元，不良率为 6.40%，不良贷款较上周下降 54.94 万元，不良率下降 0.02%，较 9 月末余额下降 25915.81 万元，改制各项工作正在有序开展。

【金融安全工作】 一是全面排查、重点打击。严格按照相关管理规定要求开展现场检查工作，排查数量达到 280 余家，出动执法车辆 57 台次，出动人员 160 余人，查处广告 60 余条，检查企业及经营户 70 余家。各乡（镇、社区）进村入户摸底调查，认真开展风险排查工作，同时对群众进行非法集资危害的讲解，增强风险防范意识。二是精心策划，广泛宣传。及时制定和下发实施方案、宣传活动等文件，广泛利用电视、广播、通告、横幅、标语、会议宣传、设置咨询台、展板、分发资料、现场讲解、答疑等多种形式，开展广泛宣传。处非办成员单位，各乡镇、社区服务中心协作配合，在 2017 年 5 月集中开展打击非法集资宣传活动月活动，并在 5 月 15 日于特区休闲广场举行大型打击非法集资宣传日活动，活动日共展出展板 10 余块，现场悬挂标语 20 余幅，发放各式打非宣传资料 2000 余份，接受百余名群众现场咨询。三是重拳出击，严惩重办。强化金融犯罪的侦办，对案件线索和问题隐患，努力做到早发现、早预防、早报告、早查处，主动靠前，及早跟进。四是根据省市要求，抓好案件处置工作，暂停办理投资性机构、融资中介、理财中介类型的机构。为保护贵州汇信行融资理财信息咨询服务有限公司案件涉及群众利益，金融办从案件侦办、维稳和信访接待、项目清查等方面全力做好各项工作。

【政策性农业保险工作】 为积极推进政策性农业保险工作的开展，积极对接农业局、林业局、财政局以及国元保险公司，重点推进水稻、玉米、能繁母猪、林业、肉（蛋）鸡等保险险种。助推脱贫攻坚，结合当前产业发展实际，将新增油菜、小麦、马铃薯、育肥猪等四个险种。2017 年，已完成 0.4 万亩水稻（非贫困），1.5 万亩水稻承保（贫困），0.7 万亩玉米（非贫困）与 5.9 万亩玉米（贫困），810 头能繁母猪（非贫困）与 508 头能繁母猪（贫困）承保，完成 6700 只家禽承保工作，完成 537 亩辣椒承保工作。大力推进特色农业保险，提高农业保险覆盖面和保障程度，加快特色产业发展。六枝特区完成猕猴桃投保面积11060亩，投保主体为6家种植企业；茶叶保险19800亩，投保主体为4家种植企业。下一步将推进刺梨、车厘子保险等险种的开展。2017年5月1日，六枝特区瑞民农业开发有限公司的1900亩猕猴桃发生冰雹灾情以后，经勘查定损，兑现理赔资金86万元，为产业发展提供有力保障。

【引导特区“三变”改革主体上市】　为加快推进企业上市，提高直接融资比重，优化产业结构，提升资本市场支持地方经济发展的作用，政府金融办与“三变”办、经信局、农业局共同推选区内8家“三变”改革经营主体和2家优秀中小企业向贵州省股权金融资金交易中心推荐挂牌展示。经贵州股交中心初步审核，六枝特区岩脚镇草原村种养殖农民专业合作社、六枝特区九层山土特产开发有限公司、六枝特区朝华农业科技有限公司、贵州省环领建筑材料有限公司、六枝特区强农农业开发有限公司共5家企业符合挂牌条件，六枝特区积极搜集挂牌主体展示资料，初审后送贵州股交中心六盘水分中心审核，5家企业都通过审核，全部在贵州股权金融资产交易中心挂牌展示。

（办公室）

◎ 中国人民银行六枝特区支行

【概况】　中国人民银行六枝特区支行内设办公室、金融管理部、国库会计发行部、保卫部四个部室，2017年末，有职工23人（其中女职工12人，中共党员11名）。负责辖内存款准备金、再贴现、利率等有关货币信贷政策的贯彻执行；监督管理金融市场；切实防范和化解金融风险，维护金融稳定。结合辖区经济发展特点，落实好各项金融宏观调控政策，引导金融机构积极支持地方经济社会发展。

【金融运行】　2017年末，六枝金融机构人民币存款余额为172.66亿元，较年初增加32.00亿元，同比增速22.75%；各项贷款余额为143.13亿元，较年初增加16.11亿元，同比增速12.69%，其中，涉农贷款余额为109.69亿元，占比为76.64%，同比增速11.85%。

【创建省级金融扶贫示范县】　六枝特区党委办公室下发《关于成立六枝特区金融扶贫示范县创建工作领导小组的通知》，成立以党委书记和区长为双组长的全区金融扶贫领导小组，人民银行、各银行业金融机构分别成立了以本单位主要负责人为组长的领导小组。在强有力的组织领导下，六枝特区制定了金融扶贫实施方案，形成具有特色的“2+N+4”创建思路（“2”是指“金融＋三变＋扶贫”、“金融＋市场＋贫困户”两个金融扶贫模式；“N”是指围绕两个模式创新，推广N个金融扶贫融资产品和服务方式；“4”是指支撑两个模式N个产品（方式）落地的组织领导、信息共享、风险分摊、考核激励的4个保障体系），推出“金融＋三变＋扶贫”和“金融＋市场＋贫困户”的特色金融扶贫模式，先后出台一系列政策措施支持金融机构增设网点和金融扶贫产品的推广。共推广金融扶贫产品和服务方式近30个，打造有特色、有故事、有成效的金融扶贫示范点8个，5.49万贫困人口直接或间接受益，支持113个贫困村改善人口和就业环境。

【创新金融】　创设“连心贷”：为解决贫困户“融资、销售”两大难题，积极引导六枝联社创设“连心贷”，推出了“融通市场·结对连心”的金融扶贫模式，让贫困户脱贫有路子、生产有资金、销售有市场，贴心帮助贫困户解决生产资金短缺和产品销售无市场的两大难题。2017年末，已通过该产品发放贷款331笔，1465万元，支持建档立卡贫困户350余户，户均增收8000元。该项工作获《六盘水日报》报道。

2017年6月1日，人行六枝特区支行为波乍村学龄儿童送上爱心书包等文具用品

（人行六枝支行供稿）

【组建“融资咨询团】 支行牵头，辖内各银行金融机构、政策性担保公司抽调信贷业务骨干组成融资咨询团，每15天上门对一家有融资需求的扶贫主体开展一对一、面对面的辅导，为企业在融资计划、担保组合、享受政策等方面提供全方位咨询。自2017年4月融资咨询团成立以来，累计为15家合作社（企业）开展辅导，协助融资4300万元，帮助其节约融资成本80万余元。该项工作得到金融时报和成都分行门户网站报道。推广村级小喇叭宣传金融知识：支行借助村级小喇叭固定在每天上午7点30、中午12点、下午6点广播金融知识，让广大农户在田间地头、工地和就餐等场合都能随时随地学习了解金融知识，有效解决了农户只能在特定地点、特定时间才能学到金融知识的问题，极大提升金融宣传覆盖面。该项工作得到人总行门户网站和金融时报的报道推广。推出国库会计资料专柜保管和资料登记无纸化：支行创新运用贵州省国库会计资料交接电子登记簿系统、布放电子密码交接柜，率先实现人民银行国库与银行机构、政府财税部门等国库服务对象会计资料交接登记无纸化、规范化的工作目标，为服务对象提供规范、便利的资料交接服务，有效提升国库管理标准化水平。此项工作得到上级行高度认可，并在全省推广应用。

【农村承包土地的经营权抵押贷款试点】 支行充分发挥农村承包土地的经营权抵押贷款试点工作领导小组办公室职能，一方面协助地方政府不断完善农村产权交易平台、风险补偿、评估等配套措施，另一方面指导各银行业金融机构积极开办业务。截至2017年末，全区成功发放农村承包土地的经营权抵押贷款313笔，贷款余额1.42亿元，位居全省第四位。

【征信管理与服务】 一是强化征信宣传，为进一步提升社会公众信用水平，增强信息主体权益保护意识，营造“学征信、懂征信、用征信”的良好社会氛围，组织在全区开展“6·14信用记录关爱日”系列专题宣传活动。二是做好征信查询服务，扩大个人、企业信用报告的社会影响力。2017年，人行六枝支行本年累计受理企业信用报告查询154份，个人征信查询8166份；办理机构信用代码1107户，更新机构信用代码125户。

【“两管理两综合”稳步推进】 一是对银行业金融机构首次开展“综合评价”。2017年2月首次对辖内9家银行业金融机构服务地方经济和执行中央银行政策法规方面开展评价并对两家排名靠后的机构进行工作指导。二是做好新设银行业金融机构（六枝富民村镇银行）开业管理与服务工作，提升人民银行对外履职水平。三是根据首次开展的“综合评价”结果，对排名靠后的银行机构首次开展反洗钱的专项执法检查。通过“两管理两综合”的运用，进一步理顺人民银行与银行业金融机构之间的关系，疏通货币政策在县域的传导渠道。

2017年7月1日，人行六枝支行党支部慰问梭戛乡贫困老党员 （人行六枝支行供稿）

【金融信息调研】 2017年，支行累计撰写上报的调研信息72篇，其中送阅总行3篇；成都分行采用1篇；贵阳中支及处室采用19篇；各级政府采用5篇；《金融时报》、《贵州民族报》、《六盘水日报》等报刊媒体先后宣传报道13期。采用率达57%。改变支行调研信息“走不出六盘水，到不了总分行”的局面。

【金融统计】 强化金融统计数据管理，严把数据出口关；注重金融统计成果的价值转化，通过《六枝特区金融统计月报》、《六枝特区金融机构人民币存贷款主要项目统计表》、《六枝特区金融机构人民币存款分类机构统计表》、《六枝特区金融机构人民币贷款分类机构统计表》、《六枝特区金融机构人民币存贷比分机构统计表》、《贷款按行业分类时序表》等平台为地方政府领导和相关部门研究六枝特区经济金融形势提供数据参考。

【国库会计核算】 一是国库核算方面：一机多库

模式下，六枝和六枝经济开发区国库正确履行国库履职，得到地方政府和财政、税务部门的高度评价；POS机缴税提升了预算资金收纳速度；进行辖区财政专户摸底调研；及时报送日报表、月表、季度和年度国库运行分析报告，并做好数据信息核对。二是事后监督工作：六盘水市全辖取消会计核算系统（ACS）中档案打印工作，为了确保事后监督工作有效实施，增加中国人民银行即时信息提示平台，实施实时监督。三是会计核算方面：通过ACS将工行六枝支行指定的零余额账户和资金归集户进行绑定，并成功推广上线。

【扶贫再贷款】 2017年，人行六枝支行积极向六盘水市中支申请扶贫再贷款限额5亿元，创历史新高。主要用于支持发放特惠贷、两权抵押贷款和精准扶贫主体等。

【党建工作】 支行党组班子抓住“两学一做常态化、制度化学习教育活动”、学习宣传贯彻落实中共十九大精神契机，着力推进支行党建工作，为正确履行基层央行职责提供纪律保障。一是强化组织保障，成立支行党建工作领导小组。二是强化制度保障，推进“两学一做”学习教育常态化制度化工作部署。开展学习中共十九大精神远程培训，对工作进行安排部署，分解落实部门任务和责任。三是贯彻落实党建工作各项要求。坚持按季度在党组会议上，传达学习中纪委和上级行会议精神、专题研究部署支行党风廉政建设和反腐败工作；日常在党组中心组学习会、行长办公会、全行职工学习会等各层级会议，通过党组班子带头学习，牢固树立四个意识，强化主体责任落实；加强案件风险防控工作，坚持问题导向，杜绝风险隐患，坚决遏制违纪违法案件发生，切实维护支行安全稳健发展。

（办公室）

◎ 六枝特区农村信用合作联社

【概况】 2017年末，六枝联社各项存款余额55.24亿元，较年初增加4.38亿元，增速8.6%，存款市场份额占比32.23%；各项贷款余额40.06亿元，较年初增加4.58亿元，增速12.9%，贷款市场份额占比27.99%，存、贷款市场份额均居全区金融机构首位；累计为1.3万户贫困户发放“特惠贷”6.45亿元，较年初上升2.63亿元，助力全区脱贫攻坚；实现各项收入3.71亿元，实现经营利润1.5亿元，净利润3500.91万元，其中：中间业务收入719万元，贷款利息收入占总收入的77.81%；节约费用910万元；缴纳各项税金1823万元，在六枝辖区内缴税综合排名第4位。

2017年1月6日，六枝联社党委书记、理事长成勇（左一）到新场乡慰问贫困农户

（六枝联社供稿）

【机构设置】 2017年，联社机关设19个部室（含3个二级部门），30个营业网点，实现了金融服务乡镇全覆盖，在全区境内安装使用ATM机86台，安装使用POS机（含农信银自助终端）603台。六枝特区农村信用社共有员工347人。其中：男性201人，女性146人；汉族245人，少数民族102人；合同制员工352人，劳务派遣制员工5人；35岁以下202人，36～45岁87人，46～55岁50人，56岁及以上8人；中共党员118人，共青团员20人；中级专业技术职称2人，初级专业技术职称50人；研究生学历3人，占员工总数的0.86%；本科学历238人，占员工总数的68.59%；大专学历89人，占员工总数的25.65%；中专及以下学历17人，占员工总数的4.9%。

【支持地方经济发展】 2017年，支持“3155”工程发展资金3.48亿元，发放扶持新型农村经营主体信贷资金1.2亿元。与财政及政策性担保机构建立“4321”风险分担模式，打通服务“三农”和小微企业融资的快捷通道，合作发放贷款22笔，贷款余额7990万元，其中支持涉农企业发展投放信贷资金3100万元，夯实基础业务，精准助力“三农”经济发展。推进行政企事业单位干部职工、个体工商户、农民专业合作社建档评级工作，推出“茶易贷”贷款产品，精准解决茶企业春茶采摘的流动资金难题，为7家茶企投放“茶易贷”流动资金贷款350万元。与特区卫计局合作，签约实施新农合筹资代理业务。推广“黔农e贷”，自2017年9月14日上线到12月末，累计注册用户6331户，认证用户6331户，签约用户4777户，发放贷款3020万元，贷款金额17681.53万元，为客户提供优质高效金融服务，助推六枝联社业务快速发展。

【小微企业金融服务】 对接税务部门，加强合作，增加获客渠道，参考税务部门对企业纳税信用评级情况，在按时足额纳税的小微企业中推广“诚税贷”产品。加大“4321”担保模式业务推广，持续提升经营主体评级授信率，加强各类新型农业经营主体服务，充分运用“黔微贷”、“金钥匙”等产品，匹配灵活的融资方式和便捷的办贷流程，尽力满足小微企业信贷需求。2017年末，小微企业贷款余额14.76亿元，较年初增加0.98亿元，增速7.13%，低于各项贷款增速5.77%，贷款户数较上年同期增加827户，申贷获得率与上年同期持平。

【农村金融服务】 2017年，累计创建信用乡（镇）12个，信用村188个，信用组1978个，评定信用等级农户108005户，评级面达77.82%，对信用农户授信664839.29万元，贷款余额400589万元。为有效满足优质农户信贷资金需求，创造性地开展“批量调增授信”信用提升工作，提升信用额度3亿元。不断丰富“助农脱贫流动服务站”工作内涵，积极推进“流动服务站”进村组服务，率先在全市实现行政村全覆盖，全年共开展流动服务1273次。持续开展“金融夜校”，全年开展金融夜校4945场，实现全区行政组全覆盖。巩固“信合小喇叭”的实时宣传成效，让老百姓更加了解金融政策和惠农政策，提升“村村通”金融便民服务运行质量，开展“村村通”升级3个试点工作，加大日常巡检、维护、管理工作。2017年发展村村通商户225户，POS终端226台，覆盖所有行政村组。

【社区金融服务】 2017年，全辖完成干部职工建档评级6317户，授信金额6.83亿元，发放贷款1.13亿元；新增个体工商户建档评级6696户，授信金额8.13亿元，发放贷款1.12亿元。

【精准扶贫】 加大信贷资金投入，通过“特惠贷”、“连心贷”、“创时贷”、“茶易贷”等一系列金融扶贫信贷产品，全力向贫困户给予资金补给，帮助他们创业就业自主发展，2017年各项扶贫信贷资金已覆盖70%的贫困户。2017年，共开办了全市首家“金融致富学校”15期培训班，培训贫困人口500余人次，根据六枝地域特殊性，创新推出金融宣传载体“信合小喇叭”，实现普惠金融村村响、组组播。2017年，建立贫困农户经济档案3.1万户，贫困户建档评级面100%，总计授信7.68亿元，累计为1.24万户贫困户发放“特惠贷”6.45亿元，覆盖4.5万贫困人口，占贫困人口的40.9%；在213个行政村建立助农脱贫流动服务站，将柜台搬进老百姓家中，共为留守的老弱病残群体提供1213次上门服务，现场办理信合卡512张、转账业务4768笔、贷款业务600笔2214万元，节省群众交通费50余万元；开展了4945场“金融夜校”，“信合小喇叭”累计播放21.4万次，让农村160万人次的老百姓足不出户就能知晓各类扶贫政策及信息；累计发放土地承包经营权抵押贷款14324万元，较年初增长11532万元，完成特区创建金融扶贫示范县8000万元任务数的144%。六枝特区在全省9个示范县中2017年度累计投放“土地承包经营权抵押贷款”1.34亿元，仅六枝联社就完成1.22亿元，占全区投放总量的91%，投放总量位居全省第三；发放“连心贷”扶贫信贷资金2565万元，同时将联社22个食堂改建为扶贫订单爱心食堂，根据各网

2017年5月18日，“农信乡村小舞台”走进六枝落别乡 （六枝联社供稿）

2017年11月1日，中共六枝特区农村信用合作联社第一次党员大会召开

点食堂实际需求向当地贫困户采购农产品。

【公益事业】 2017年，在全力实现经济效益的同时，积极创造社会效益，先后启动关寨镇中心小学、牛场乡中心小学“1+1”爱心育才帮扶工程，捐帮扶资金、慰问物品18.9万元；结对帮扶新场乡沙地村贫困户92户，捐赠8万帮扶资金用于新场乡沙地村村委活动室改造等；全年累计开展各类帮扶慰问活动20余场次，投入帮扶资金达70万余元。

【金融消费者保护和教育】 一是建立消费者权益保护工作机制，成立了以理事长为组长，分管领导为副组长，各部室（中心）、信用社负责人为组员的金融消费者权益保护工作小组，建立健全金融消费者权益保护工作机制，梳理金融消费者投诉处理工作流程。二是明确消费者权益保护范围与保护措施。在金融消费者办理金融业务、接受金融服务时，遵守法律法规及其他相关规定，不损害客户合法权益，遵循公平、公开、公正原则，充分揭示风险，避免对客户进行误导，保护消费者合法权益；对金融消费者的财产安全进行保护，个人隐私和消费信息充分保密，对金融消费者办理的金融业务、接受的金融服务进行如实告知，让金融消费者自主选择金融机构、金融产品或金融服务，进行公平交易；宣传普及金融知识，积极在居住区、商务区等宣传金融知识，开展针对性的咨询服务，特别要做好中老年客户、文化程度较低等人群的银行服务安全与风险宣传。

【提升优质服务】 继续巩固“2015年度中国银行业协会文明规范服务五星级营业网点”荣誉称号，从规范化、制度化和科学化的制度入手，制定和细化服务规范、客户投诉处理规章制度和操作流程，为开展文明优质服务提供制度保障。建立“晨会服务演练”、“班后个性辅导”、“每周服务案例点评”、“每月服务效益分析”制度，对照服务规范，寻找服务差距，及时跟进，确保知行合一，真正将优质文明服务渗透在每一个细节之中。创新性地建立和实施“三个一”的文明管理制度，即一个精神文化墙，一张精神表扬卡，一套季度谈话记录，来倾力营造文明服务氛围，不断提升员工的综合素质和服务水平，探索出了一条在新常态下如何求新、求变、求发展的自我品牌价值的提升之路。

（赵军良）

产业园区

◎ 六盘水郎岱农业产业园区

【概况】 按照“市场化运作、商品化生产、企业化管理”的要求，全力推进产业基地建设、加快完善基础设施配套，强力开展招商引资、不断提升科技含量，努力将园区打造成为农民增收、农村经济发展的“助推器”和“火车头”。2017 年已基本建成空间布局合理、产业优化发展、资源节约利用、经济效益显著、生态环境友好、具有显著区域特色和“西部领先、贵州一流”的综合性农业产业园区。

【机构设置】 郎岱农业园区于 2011 年 11 月份开工建设。2012 年 2 月建立管委会，2013 年 3 月成立党工委，为副县级全额拨款事业单位，定编 20 人，为特区党委、政府的派出机构。其内设机构有：办公室、招商引资局、经济发展局、财政局、住房和城乡建设局。

【地理位置】 郎岱农业园区位于贵州省重点小城镇和历史文化名镇——六枝特区郎岱镇。园区地处贵安新区和毕水兴经济圈接合部。水黄高速、晴新高速穿境而过，距离沪昆高速 20 千米，贵昆高速铁路 8 千米，实现与西部成渝经济区和东南沿海经济区的对外联系。此外，六枝特区打造的牂牁江大旅游区也将有力促进园区的发展，成为贵州省发展活跃的区域。地理位置优越、生产优势、交通运输便利。

郎岱园区玫瑰园 （郎岱园区供稿）

【基础设施】 2017 年，郎岱园区水、电、路、讯等基础设施建设基本解决。园区一手抓项目建设，一手抓项目质量，针对各个项目的进展情况，分别采取不同措施，进行全程监督和管理，保证了项目质量。园区现已建成猕猴桃基地 1.2 万亩（核心区 7100 亩），魔芋基地 3 万亩，蔬菜基地 1.3 万亩（核心区 1000 亩），茶叶基地 3.5 万亩（核心区 20000 亩）；以蛋禽、生猪为主的生态养殖园、占地 200 亩的科技扶贫加工示范园、200 亩的现代农业综合示范园、100 亩的农产品交易服务中心已建成并投入使用；建成年产有机肥10万吨，与猕猴桃基地配套打造循环农业园；PC板温室大棚13824平方米、塑料连体大棚14400平方米、100个单体大棚建设，供电、供水、排水、绿化等配套基础设施建设正在有序推进，为企业投资、入驻园区提供充足的条件。

郎岱园区投入使用的电商门面　（郎岱园区供稿）

【企业引进】　园区已引进、培育企业24家，种养殖农民专业合作社30家。2017年成功引进宁夏华全禽业有限公司（贵州城幸农业科技有限公司）、六枝特区瑞禾丰生物有机肥料有限公司、贵州迎祥米业有限公司、深圳问候自然公司等4家企业入驻，利用区外资金发展壮大农业产业，推进农业转型升级。2017年，完成总投资13.38亿元、完成固定资产投资9.78亿元，完成总产值21.85亿元、销售总收入19.49亿元，实现销售总利润4.93亿元，签订项目8个，签约金额26.7亿元，到位资金9.95亿元。园区企业开发的“宜枝”魔芋制品、“乌蒙”茶叶、“九龙液”白酒、“牂牁江”系列食品、“月亮河”生态蛋禽、“郎岱酱”以及郎岱西瓜、郎岱蔬菜等在省内外已有一定知名度。

（陈　娜）

◎ 六盘水路喜循环经济产业园区

【概况】　2012年1月，设立了中共六盘水路喜循环经济产业园区工作委员会和六盘水路喜循环经济产业园区管理委员会。中共六盘水路喜循环经济产业园区工作委员会和六盘水路喜循环经济产业园区管理委员会，是中共六枝特区委、六枝特区人民政府的派出机构，副县级规格，由区委、区人民政府直接管理。党工委与管委会合署办公，实行一套工作机构两个机关名称的体制，对产业园区实行统一领导和管理。

【机构设置】　六盘水路喜循环经济产业园区党工委、管委会设4个职能机构（副科级），即办公室、财政局、住房与城乡建设局、经济发展局。

【党建工作】　落实党建主体责任，夯实基层基础，提升基层党组织凝聚力、战斗力，切实发挥党员先锋模范作用。定期研究部署党建工作，制定“公开承诺书”，落实党建主体责任。认真学习中共十九大精神等，全年中心组、干部职工学习分别达4次和20余次。按要求完成支部换届。督促支部落实“三会一课”等制度。按要求发展1人入党。选派专人作为非公党建指导员。推进“两学一做”学习教育常态化制度化，开展党务知识竞赛、党建促脱贫及支部大讨论等活动。抓好“四位一体”从严管理干部工作。

【党风廉政建设和反腐败工作】　落实党风廉政建设“一岗双责”责任，层层签订“责任书”和“签字背书”。全年上党课4次，开展廉政建设专题讲座2次，作风专项督查10余次。规范公务接待和公车使用管理。抓好“三公”经费等信息公开。

【脱贫攻坚】　将脱贫攻坚作为当前一项重要政治任务，切实推进园区建设，助推脱贫攻坚。认真履行包保责任，扎实开展走访帮扶，完善“一户一档”及爱心包资料，大力宣传扶贫政策和中共十九大精

2017年9月21日，路喜园区管委会赴独山县开发区学习建设经验，并实地考察独山县中西药业有限责任公司　（路喜园区供稿）

神，积极配合做好省、市检查及评估等工作。为新窑镇洗马河村提供2300余元扶贫办公用品。

【“平安园区”建设】 落实安全生产、社会稳定“一岗双责”责任，与园区（企业）和各局（办）签订“责任书”。宣传综治（平安园区建设）知识。举行安全生产救援演练2次。抓好“平安志愿者”工作。加强园区安全生产监管，落实周巡查、月检查制度。完善2017年春节期间河南、陕西籍民工上访后续工作。处理洗煤厂部分民工欠薪问题。协调省高院、贵阳市中院解封已冻结的贵州路鑫喜义工矿股份有限公司关闭煤矿奖补资金350万元，用于解决园区拖欠的民工工资等。

2017年3月28日，路喜园区在贵阳组织召开六枝特区源鑫洗煤有限公司复工复产暨启动上市协调会 （路喜园区供稿）

【“突围”发展】 以煤矿复工复产为突破口，奔赴山西、深圳、海南等地招商，寻求合作伙伴，努力实现园区发展突围。一是推进煤矿复工复产。猴子田、青菜塘煤矿等4对煤矿已正常生产；宏顺发、杉树林2对煤矿与山西顺煜祥有限公司达成合作协议，于2017年12月26日恢复建设。二是积极推进LOW-E玻璃项目与中航三鑫股份有限公司等的洽谈合作。与中航三鑫股份有限公司合作玻璃项目事宜已进入实质性阶段。三是委托评估公司对LOW-E玻璃项目、热电联产动力车间项目进行资产评估，已出具《评估报告》。

【招商引资】 一是制定招商方案，强化项目包装，充分利用园区现有平台，采取“走出去、请进来”的方式，积极赴山东、山西、深圳、海南等地招商。中航三鑫股份有限公司已多次到路喜考察洽谈，该公司拟将海南中航三鑫特玻材料有限公司玻璃第三号、第四号生产线搬至路喜园区，相关工作正在推进中。二是顺应煤炭产业回升趋势，积极寻求合作伙伴。路喜工矿集团已与山西顺煜祥矿业有限公司签订宏顺发、杉树林煤矿合作协议。

（刘　瑜）

◎ 六盘水牂牁江风景名胜区管理委员会

【概况】 2017年牂牁江景区以项目建设为首要任务，全力推进全市第四届旅游文化产业发展大会顺利召开，着力抓好牂牁江风景名胜区的规划设计工作，深度开发牂牁江的旅游资源，加大牂牁江景区旅游宣传力度，提升牂牁江景区的知名度。

【机构设置】 六盘水牂牁江风景名胜区党工委、管委会成立于2013年，是中共六盘水市委、市人民政府的派出机构，副县级规格，委托中共六枝特区委员会、六枝特区人民政府管理。设办公室、生态文明建设和旅游发展局、财政局、建设局、规划局5个职能机构，核定事业编制20名。

【项目建设】 2017年，项目总投资23.6亿元，已完成投入18.01亿元，完成总投资的76.3%。牂牁江景区项目建设进度如下：游客接待中心主体工程基本完成。老王山索道基础工程已完成，站房主体完成，装修工程尚在进行中。老王山栈道一期主

2017年11月6日，六盘水牂牁江风景名胜区管委会主任陈刚（左一）在工地协调项目建设

（牂牁江风景名胜区管委会）

体工程基本完成，二期主体完成。画廊六枝·福地夜郎文化展示中心房建主体完成，外立面装修基本完成，精装修在进行细部返工整改，挡墙完成，强电工程完成，文化布展完成，综合管网完成。王城酒店主体工程基本完成，强电工程完成。王城码头主体工程基本完成，装修完成 65%。码头公共服务区主体完成，外立面装饰完成，在进行精装修，铺装垫层完成。景区道路竹王路、码头环线、码头连接线及索道连接线共完成 10.7 千米。牂牁镇三街十二坊外立面改造第一批装修完成，第二批装修完成，第三批装修完成，第四批次完成 99%，第五批次完成约 99%。市政管网及路面改造完成 98%。打那停车场施工进度完成。“梦境牂牁”水舞秀主体结构已完成。化妆间砌体、抹灰完成，灌筑桩完成。云上牂牁商业楼及民居室内装饰在进行整改中，水电管网安装基本完成，灯具安装完成。智慧景区（弱电）建设项目通信管网完成总进度 55%。

【固定资产】 2017 年 1—11 月，共完成亿元以上项目入库 4 个，分别为王城码头服务区、景区内道路、游客接待中心、智慧景区，完成全年目标；1—10月完成投资 153465 万元，超全年目标 83465 万元。

【融资贷款】 牂牁江管委会以六盘水牂牁旅游开发投资有限责任公司为主体向国开行、工行、贵州银行分别提出了2亿元、6.1亿元、7亿元的贷款申请。具体推进情况如下：一是以《六枝特区牂牁江景区一期建设项目》向国开行申请 2 亿元贷款，建设项目为索道及游客服务中心，总投资 2.5 亿元，自有资本 0.5 亿元，贷款 2 亿元，15 年还清，年利率 4.9%。二是以《贵州六盘水市牂牁江景区夜郎王城文化区（一期）建设项目》向工行申请 6.4 亿元贷款，建设项目为夜郎王宫、王城酒店及水上娱乐项目，总投资 8 亿元，自有资本 1.6 亿元，贷款 6.4 亿元，10 年还清。已于 2016 年 12 月前将审贷资料报送省行，实际审批 6.1 亿元，正在逐步放款。三是以《贵州六盘水市六枝特区牂牁江景区旅游基础设施（一期）建设项目》向贵州银行申请 7 亿元贷款，建设项目为旅游基础设施项目，总投资 14.6 亿元，自有资本 7.6 亿元，贷款 7 亿元，9 年还清，放款基本结束。

【旅游宣传推介】 充分发挥景区独特的区位优势和资源优势，大力开发旅游市场，进一步加强宣传

施工建设中的游客接待中心

（牂牁江风景名胜区管委会）

营销力度。继续实施政府主导、企业联手、媒体跟进的“三位一体”营销策略，充分利用广播电视、互联网、微信等方式，形成宣传合力，加大景区宣传力度。利用“五一”、“十一”黄金周、凉都消夏文化节、全市第四届旅游文化产业发展大会期间开展景区“水陆空”立体运动体验等一系列活动，加大对牂牁江景区的宣传力度。与此同时，积极参与赴广州、重庆、昆明等地参加国际、国内旅交会和旅游推荐会，利用宣传优势，提升对外美誉度。2017 年景区共接待国内游客 91.48 万人次，旅游总收入 4.57 亿元。分别较 2016 年增长增长 35.94% 和 36.27%。

【安全生产】 牢固树立“以人为本、安全发展”理念，坚持“安全第一、预防为主、综合治理”的方针，紧紧围绕全区安全生产两年“攻坚战”的部署要求，深入开展遏制重特大事故城市试点、安全隐患风险管控和隐患排查治理双重预防性机制建设、安全生产月、电气火灾专项整治等各项活动，强化责任落实，夯实安全基础。以全国第十四个“安全生产月”活动为抓手，紧扣主题，景区共悬挂永久性安全宣传横幅 180 余幅，设置安全展板 10 余块，提醒现场施工管理人员、从业人员必须戴安全帽、禁止烟火、当心落物的安全警示标志标牌 200 余块，景区上下大力营造安全生产的浓厚氛围，2017 年以来牂牁江景区管委会共出动安全检查人员 203 人次，查出各类安全隐患 276 条，已整改 270，整改率 97.8%。景区 2017 年全年未发生生产安全事故。

【脱贫攻坚】 牂牁江管委会帮扶村为牂牁村，帮扶贫困户总计 43 户（共计 164 人），其中低保户 7

户，五保户1户，一般贫困户35户（其中已脱贫15户）。牂牁江管委会通过春节慰问、开展“三送三促”活动等方式，组织干部职工每月进村走访不低于2次，切实将扶贫政策宣传到位。通过全力协调，帮助牂牁村和半坡村两村100余贫困户进行人居环境整治。积极牵线搭桥，帮助贫困户129人到当地建设企业和产业务工就业，间接带动就业1336人。联合建设企业共同对当地贫困户开展春节慰问活动，共发放猪肉500余斤、大米43袋、菜油43桶、面条86把和慰问金21000余元，并注入3000元人文关怀基金。随着牂牁江景区的开发，一期初步计划投资26.8亿元，共有18个项目在景区开工建设。在项目建设期，征用当地村民土地，以现金方式直接补偿给农户，增加农民收入，项目建设优先为当地农民提供较多的就业机会，解决当地部分无业人员就业，提高农民收入。在项目运营期，通过优先选用当地农民工进行培训景区内的酒店、游客接待中心等输送服务人员，增加就业率。景区旅游发展为当地农民提供优质的创业环境，增加农民自主收入。

（王乙惠）

◎ 六枝特区大用现代农业园区

【概况】　根据《六盘水市机构编制委员会办公室关于成立六枝特区大用现代农业产业园区管理委员会的批复》文件精神，成立六枝特区大用现代农业产业园区管理委员会，正科级规格。为六枝特区人民政府的派出机构，设在六枝特区农业局。主要职责是：贯彻执行国家和省、市有关建设现代高效农业示范园区的方针政策、法律法规，研究确定园区管理体制和运行机制、发展方向，制定云去扶持政策。编制园区发展规划、园区年度工作计划、工作总结、调研材料和园区经费预决算等。统筹实施园区规划、建设和管理，协调指导园区水、电、路、讯等基础设施建设，做好园区对外宣传、招商引资、项目申报和试验示范，为入园企业做好协调服务，监管园区财务运行。建设科技服务平台，开展园区对外科技交流与合作，督促指导园区内各部门实施项目。承办上级交办的其他事项。

【机构设置】　核定六枝特区大用现代农业产业园区管理委员会事业编制10名（所需编制从六枝特区农业局控编统一收回的事业编制中调剂使用），定领导职数：主任1名（正科级）、副主任2名（副科级）。内设：办公室、计划财务股、产业发展股，定股长职数各1名（正股级）。

2017年4月5日，全市脱贫攻坚春季攻势现场观摩会　（大用园区供稿）

【系列品牌挖掘和打造】　重点打造“凉都红樱桃”、“九层山富硒茶”、“弥你红猕猴桃”、“瀑布源小龙虾、大闸蟹”等系列产品品牌。拓展园区无公害农产品得天独厚的优势，通过产业和品牌的聚集，培养和提升一批在全省和全国具有一定影响力的区域性特色品牌。

【园区产品的宣传】　通过制作宣传片、画册、宣传牌及电视、网络媒体等方式，在春节、樱桃节、六月六等不同场合采取不同形式扩大宣传范围和内容，为产品的影响力造势。

【协调好企业与地方的关系】　一是服务好育农公司与贵州百灵集团合作伙伴关系，将园区升成集精品水果采摘体验、餐饮、青少年科普培训教育、休闲度假为一体的示范区。二是依托黄果树瀑布源国家森林公园建设，引导云上六枝运营中心、龙井温泉度假区、水上乐园、螃蟹峡养生谷等投入正常运营。三是协调服务好大用镇凉水井30兆瓦农光互补（光伏发电）项目的顺利实施，利用新能源打造靓丽风景。四是为黄果树旅游大道的启动、G356延伸段建设做实做好服务工作。五是配合好茅草寨水库工程项目建设，进一步完善园区灌溉系统。六是扎实推进瀑布源小龙虾、大闸蟹水产养殖基地建设。七是加大山体精品水果采摘体验、花卉基地建设，将园区打造成四季有花、三季有果，吸引客人，具备吃住行游购娱齐备，留得住客人的产业园区特色。

【车厘子挂果试验工作】 围绕园区实际，依托贵州大学、省市农科院、大连市农科院等科研单位，综合运用科技成果和生产手段，整合项目、资金、科技。有的放矢开展技术培训、咨询、示范，聘请技术专家到园区作技术指导和服务，实现车厘子2017年正常初挂果目标。从省内外引进车厘子优良品种进行试验种植，新建车厘子高海拔综合试验点两个。新建精品水果基因圃一处（10亩），引进适宜当地种植的樱桃、李、梨、桃、柑橘等50余个新品种进入基因圃试种示范，选育出适宜在当地发展优良品种进行扩繁，为今后六枝特区发展精品水果产业打好基础。

【脱贫攻坚】 积极主动与园区涉及的乡镇精准对接，将贫困群体逐一登记造册，编班排队建好台账，全部优先安排到企业务工创收。与乡镇同频共振，打赢精准脱贫攻坚战。着力将“三变”改革融入园区每一项工作中，搭接理顺好企业、产业与农户的共通共荣关系。认真统计，算好收支账，让股东们清楚自己的每一笔经济收入，明白家庭的每一分增收来源，实实在在地享受每一项改革红利。

【项目建设】 完成对2012年种植的车厘子实现初挂果目标，完成高位换接、与玛瑙红互接及综合试验观察结果报告，撰写完善并提供指导车厘子一周年详细管理技术操作规程；新建10亩精品水果基因圃，引进不少于50个品种试种（建240平方米大棚做樱桃保护试验）；完成落别乡木厂朝华公司基地海拔1600米以上（5亩）和六枝特区慧冬种养殖发展有限公司基地海拔1800米以上（2.5亩）不同海拔车厘子大树移植综合试验点两个；完成30000平方米大棚建设并种植车厘子18000平方米，草莓6000平方米，中药材、蔬菜和蓝莓6000平方米，花卉1500亩、刺梨2000亩、精品水果4000亩，为企业新建的3万羽家禽养殖场、0.1万头香猪养殖场和500箱蜜蜂养殖场做好协助服务；完成瀑布源小龙虾、大闸蟹水产养殖示范基地建设；协助企业完成龙井沟温泉度假区、螃蟹峡养生谷、山泉湿地、多灵仙谷、光伏发电、茶叶加工正常运营；为黄果树旅游大道、G356延伸段、园区内停车场的建设提供好协调服务工作；协助布依人家春节、樱桃节、六月六及各种大型赛事活动的举办。

（张　海）

2017年3月4日，亚洲蜂业联合会秘书长陈黎红（右三）到大用园区玛瑙红基地调研

（大用园区供稿）

◎ 贵州六枝经济开发区

【概况】 2014年1月，设立中共贵州六枝经济开发区工作委员会和贵州六枝经济开发区管理委员会。六枝经济开发区是中共六盘水市委、六盘水市人民政府的派出机构，正县级规格，委托由六枝特区委、六枝特区人民政府管理。党工委与管委会合署办公，实行一套工作机构两个机关名称的体制，对木岗产业园区、路喜产业园区实行统一领导和管理。2017年8月16日，按市委、市政府安排，六枝经济开发区搬往六盘水木岗产业园区，与木岗产业园区、路喜产业园区合署办公。

【机构设置】 贵州六枝经济开发区党工委、管委会设5个职能机构（正科级），即党政办公室、组织宣传人事部、财政局、住房与城乡建设局、经济发展局。下设2个人事正科级事业机构，即开发区建设服务中心、六枝特区岩脚产业园区办公室。

【党建工作】 落实党建主体责任，夯实基层基础，提升基层党组织凝聚力、战斗力，切实发挥党员先锋模范作用。定期研究部署党建工作，制定“公开承诺书”，落实党建主体责任。全年中心组、干部职工学习分别达4次和30余次。加强对开发区和各园区党建工作的领导。督促支部落实“三会一课”等制度。开发区二支部按要求发展1名同志入党。掀起认真学习宣传贯彻中共十九大精神和习近平总书记在贵州代表团的重要讲话精神热潮，选派专人作为非公党建指导员。推进“两学一做”学习教育常态化制度化，开展党务知识竞赛、党建促脱贫及支部大讨论等活动。抓好“四位一体”从严管理干部工作。

【脱贫攻坚】 认真履行包保责任，扎实开展走访帮扶，完善“一户一档”及爱心包资料，大力宣传扶贫政策和中共十九大精神，积极配合做好省、市检查及评估等工作。为岩脚镇新寨村、岩脚村驻村干部落实工作经费各1万元，为驻村人员购买“四件套”（一本书、一床毯、“一笼火”、一个箱），为岩脚镇新寨村、联合村贫困户发放2万余元春节慰问物资。

【经济指标】 2017年完成固定资产投资15亿元，完成工业总站产值23.5亿元，完成税收2亿元；新增就业人数309人，预计全年新增就业人数309人；新增入园项目7个，新增投产企业5个；新增入规企业2户。

【招商引资】 一是认真进行调研，拟写开发区招商引资工作调研报告，制定2017年招商工作方案。二是收集国家及省、市、特区出台的相关政策，制作和编印《六枝经济开发区投资政策汇编》，要求各单位部门要充分熟悉投资优惠政策。在外出招商考察时充分利用《开发区项目招商手册》、《开发区投资政策汇编》、《开发区PPT整体介绍》等对六枝开发区区情、产业布局、区位优势等进行全方位的宣传。三是利用开发区门户网站、微信平台宣传开发区的投资环境以及项目建设和企业服务情况。四是开展对外招商活动。主要到毕节对接岩脚产业园区农业观光园项目；到湖南湘西对接电解锰生产项目；到成都对接高科技装配式建筑材料项目；到重庆对接理文投造纸项目；到广西贺州对接华润循环经济产业园项目；到深圳对接LED灯等项目。全年外出招商12次，接待客商190余人。五是配合木岗产业园区做好园区内招商引资工作。

（胡　庆）

六枝经济开发区脱贫攻坚业务知识培训

（六枝经开区供稿）

2017年7月2日，开发区（园区）领导班子成员研究发展工作　（六枝经开区供稿）

◎ 六枝特区北部库区生态农业产业园区

【概况】 六枝北部库区生态农业产业示范园区于2013年成立，着力围绕核桃、中药材种植、精品水果（刺梨、青翠李、冬桃、彩虹桃）种植及生态养殖为主导产业进行打造，已初步建成集科技种养殖、农业休闲观光、特色农产品加工贸易为一体的城郊型省级现代农业示范园区。2016年全省农业园区年度绩效考核被评为引领型示范园区之一。2017年度被列为市级现代农业产业园创建园区之一。

【目标完成情况】 2017年完成投资6.30042万元，完成销售10.8251亿元，创产值12.54843万元（其中一产4.99483亿元，占39.8%，二、三产7.5536亿元，占60.2%）。完成招商引资签约73550万元。园区农民人均可支配收入13323.73元。

【基地产业建设】 已建成核桃种植基地、青脆李种植基地、茶叶种植基地、中药材种植基地、精品水果、刺梨种植等基地共14.24万亩，大牲畜存栏4.91万头，禽类79.94万羽；蛋禽自动化养殖基地一个（道地合作社，10万羽），千头肉牛养殖基地二个（岩脚草原村、牛场垄鑫盛泰），“凉都跑山猪”养殖基地——六枝特区二表哥农业发展有限公司（现规模1000头）。六枝特区穗丰农业开发有限公司苗木培育基地200亩；中元生物有限公司养殖基地一个，现有存栏兔500只，主要用于抽取血浆；建成辣椒加工企业1个（牛场安文合作社）、面条加工企业2个（年加工1.1万吨的绿色食品厂和年产5万吨的大畅面条厂），发展势头较好；3个茶叶加工厂（关寨鹏贵、新场振兴伟业、牛场黔中）已建成并初产；在与安顺百灵集团、贵州圣核公司、贵州轩辕公司洽谈，筹建中药材初级加工厂、刺梨加工厂、核桃加工厂。园区内建成集科技种养殖、农业休闲观光、科普教育于一体的长箐牧场中药材核心示范园1个，农旅一体化青脆李种植基地1个及岩脚休闲观光园、廻龙溪温泉度假山庄和农家乐旅馆15家，年可接待旅客35万人次，基本能满足游客需求。

【基础设施建设】 建成园区主干道52千米，生产便道37千米，沟渠22千米；园区电信通畅。加工厂房15440平方米、仓库9620立方米、标准圈舍49栋22559.7平方米，温室大棚29480平方米。引进自动喂养机械3套，购置农用机械840台，滴灌设施3.5千米；耕种养收综合机械化水平86%。二表哥养殖基地3千米的安全饮水正在施工中，新设1千米输电线路，安装310千伏的变压器；慧冬种养殖农业发展有限公司输电线路1.5千米，安装310千伏的变压器；新增标准化圈舍5500平方米，加工房200平方米；种牧草12000亩；草原村养牛基地建成自动化污水处理系统1套。

【科技引领发展】 园区积极与西南大学、西南林大、贵州省科学院、六盘水市师专等高校、科研机构，市、区农业、扶贫、科技等部门合作，建成组织培育中心1个，农产品质量监测中心1个；省科院、六盘水市师范学院将核心示范园作为科研、教学培训基地。

【品牌建设】 园区内“三品一标”认证15个，涉及种植业14.0405万亩，牛5000头，生猪5000头，禽20万羽（只）；有“凉都褐牛”、“凉都跑山猪”和获国家地理标志的岩脚面、牛场辣椒、龙胆草、岱瓮杨梅等品牌；关寨小米核桃、夜郎树鸡商标申报正在筹备。

【市场开拓情况】 以园区入驻龙头企业为引领，强化市场营销拓展，做大市场、做强品牌、做好质量。现园区内产生态蛋禽主要销售北京、上海等中心城市，年销售量800万枚绿壳蛋，产值800万元；小米核桃销往重庆、贵阳等城市，年销售量90余吨，产值180万元。中药材产品主供安顺百灵集团，年产值达1600余万元，岩脚面条、牛场辣椒在全国各地销售势头上升达8700余万元；园区所产优质肉牛、猪、羊、鸡、鹅销量14500余万元；粮食加工（苞谷酒）销往水城、安顺、毕节等地达800余万元。

【农产品加工销售】 园区以农产品加工为载体，加大对农产品的深加工，着力提高农产品附加值，增加农业收入；以电子商务为手段，以“淘宝网”、“凉都购”等电子商务平台为销售平台，着力拓宽销售渠道，做大做强农业产业化经营；以基地建设为基础，着力发展壮大产业，已基本建成优质核桃基地、青脆李基地、中药材基地、生态蛋禽基地，长箐牧场观光带；加大旅游业开发，着力提升园区民族文化及商品经济效应，打造农旅结合的农业产业示范园区，形成三产联动发展格局。

【脱贫攻坚】 园区内有企业19个，规模以上企业11个，省级重点企业6个，农民合作社20个，成规模投产合作社20个。以产业推行“三变”，带动农户16525人，参与合作社14728人；确保2018年园区1633户贫困户6997贫困人口稳定脱贫。

【建设资金筹措】 坚持多渠道筹措建设资金，按照财政投入主要发挥引导作用，重点用于园区的基础设施建设和产业发展的指导思想，通过创收积累、整合部门资金、扶贫“特惠贷”、招商引资等方法，多渠道筹措项目建设资金。2017年，中央和省级财政专项扶贫资金投入园区的扶贫资金2090.387

万元，管委会配合各实施乡镇及时制定实施方案，落实项目的跟踪管理具体责任人，现项目实施顺利。在园区核心区，已完成银杏高密度矮化种植1254亩；养殖蜜蜂4000箱，养殖肉兔2200只；新增养鸡60000余羽；蔬菜种植300亩。2017年，特区信用社在园区范围发放“特惠贷”资金15331户70322.8万元，保障园区产业发展资金的投入。

【产业发展】 以科技为中心、市场为导向、效益为目标，建立健全园区运行的管理体制与运行机制，加强管理能力建设，发展支柱产业，培育龙头企业，尽快完善一条以园养园，自我发展，自我壮大之路。管委会从组建以来，认真深入园区企业、合作社，了解其需求和存在问题，并致力于为其“排忧解难”，发展产业。现已为二表哥农业开发有限公司建设千米协调解决用水问题，正在实施、安装输电线路千米1.5千米，310千伏变压器1台；六枝特区慧冬种养殖发展有限公司协调产业路建设2.4千米，安装输电线路千米1.0千米，310千伏变压器1台；锦钟村修建产业路1.8千米，草原养牛基地建设产业路10余千米。青脆李基地喷灌及人饮项目也在积极谋划中。

【园区典型】 六枝特区道地种养殖农民专业合作社在长箐牧场核心示范区实施银杏矮化高密度示范种植1254亩，辐射带动周边村银杏大田示范种植200亩；采取“资金变股金”方式以财扶项目补助资金629.387万元作为项目覆盖贫困户资金入股合作社，以固定分红模式按项目补助资金629.387万元规模分红37.76万元/年，项目区受益贫困户745人，人均可增收506.89元。

（办公室）

乡镇·社区

◎ 大用镇

【概况】 大用镇位于六枝特区东部，东邻木岗镇，南连落别乡，西接九龙社区，北靠普定县化处镇。全镇国土面积69.47平方千米，户籍总人口28600人，全镇下辖7个行政村1个居委会，属典型的农业乡镇。精准扶贫建档立卡登记为986户3999人。按照贫困户脱贫“1+6无”、贫困村出列“1+6有”标准，2017年脱贫168户728人。现有贫困户326户994人，镇贫困发生率从2014年的15.49%降至3.38%。大用镇南部多坝子，北部多山地，平均海拔1200米，年平均气温14.5℃，平均降雨量1400 ~ 1600毫米，无霜期288天。主要特色农产品有毛坡大蒜、黑晒胡萝卜、大用蔬菜、耳贡洋芋等。全镇共有林场15个，主要分布在北部片区，森林覆盖率为54%。镇内道路网络发达，交通十分便利，境内株六复线、都香高速、贵烟公路穿境而过，“大木”快速通道、G356国道现已通车，安六城际铁路穿境而过，是六枝通往安顺、贵阳方向的必经之地。境内拥有生态农业观光园、车厘子基地、万亩茶园。

【主要经济社会指标】 2017年一般公共预算收入累计完成584.66万元，累计完成占任务的105.42%，较上年同期增长38.32%，其中：国税累计完成188.16万元，地税完成321.27万元，财政累计完成75.23万元。完成工业总产值72823万元，同比增长2 .65%，固定资产投资104096万元，农村居民人均可支配收入达8841.21元，同比增长11.22%；城镇居民人均可支配收入20904.38元，同比增长1.3%。

【脱贫攻坚】 大用镇精准扶贫建档立卡登记为986户3999人。按照贫困户脱贫“1+6无”、贫困村出列“1+6有”标准，2017年脱贫168户728人。现有贫困户326户994人，镇贫困发生率从2014年的15.49%降至3.38%。2017年骂冗村贫困发生率降至1.83%；凉水井村贫困发生率降至2.38%；顺利实现两个贫困村出列。2017年仅剩汩港村一个贫困村，拟定2018年脱贫。

委托六枝特区牂牁江实业公司建设三个养蜂基地，饲养蜜蜂500箱，财政投资50万元，现已养殖蜜蜂200箱。覆盖汩港、骂冗和凉水井三个贫困村贫困户90户454人，按财政投资额的18%（9万元）进行分红，预计年人均增收198元。委托贵州牂牁有限公司饲养生态鸡5万羽，财政投资85万元。覆盖四个非贫困村（即岱港、耳贡、大用和黑晒村）贫困户79户329人，按财政投资额的18%（15.3万元）进行分红，预计年人均增收298元。

【产业发展】 2017年，大用镇积极实施产业结构调整，结合“3155工程”开展工作。茶叶产业：积极实施产业结构调整，2017年种植茶叶5000亩，加上原种植的10500亩，茶叶种植面积达到15500亩，与木岗、落别种植的8000亩连片。猕猴桃产业：将骂冗、凉水井村4000余亩土地入股瑞民公司，并整合财政投资290万元。覆盖骂冗村和凉水井村贫困户63户308人，每年可按财政扶贫资金投资额的7%进行分红，分红金达20.3万元。刺梨产业：现已种植2045亩，品种为贵农五号，种植地点分布黑晒村302亩、骂冗村936亩、大用村807亩。核桃产业：现已种植2000亩，种植地点骂冗村1000亩，黑晒村1000亩，其中骂冗村覆盖农户805户，涉及贫困户60户193人，黑晒村覆盖农户751户，涉及贫困户55户181人。车厘子产业：种植1000亩，地点在大用村湾寨组，覆盖农户942户，涉及贫困户53户156人。林下经济种植：在大用村、黑晒村高速沿线林下经济种植123.35亩，共补助扶贫资金4.934万元。

【小城镇建设】 垃圾中转站建设项目实施情况。按照“村收集、镇清运、县处理”的模式，选址大用镇大用村马鞍山修建大用镇压缩式垃圾中转站1座，占地1100平方米，投资370万元，主要建设农村生活垃圾集中收集，清运处理设施、垃圾运输车停车场及管理办公楼等内容。现相关手续完善，主体已建设完成，正在开展收尾工作，等待验收。社区服务中心建设项目。大用社区服务中心项目占地面积601.9平方米，建筑面积1805.7平方米，计划投资500万元，截至目前，主体已完工，正在进行装修。老年养护中心（敬老院）建设项目。该项目由特区民政局组织实施，计划投资800万元，现主体正在建设中。

2017年12月8日，大用镇党的十九大精神文艺宣讲会演　（大用镇供稿）

【项目建设情况】 人居环境整治项目：大用镇人居环境整治项目根据“10+N”、“8+X”项目申报指南，结合小城镇建设内容，对该镇52个村庄进行打造，共打造精品型16个、提升型27个、普及型9个，覆盖7469户26199人，计划投资6.8亿元，分别在2017—2019年三个年度实施。2017年，立面改造开工1177户，完工1081户；厨卫改造完成63户；庭院改造完成3户。污水管网工程完成黑晒大寨、烂泥箐、苏家寨、大坑、箐脚、李家寨、姚吴寨、新寨、朱家寨、庞家寨、艾家寨现场勘查；完成主管铺设280米，支管铺设485米，检查井42座，完成总投资6330万元。“组组通”公路建设项目:2017年“组组通”公路主要涉及大用村、凉水井村、沿港村及岱港村，共计里程9.3千米，计划投资1341.549万元，凉水井村大用猕猴桃园区产业路、大用村大用农贸市场至大用园区产业路已全面完工；沿港村吴家冲至湾瓦公路通组路，采用维修加固方式处理，2017年完成总工程的80%；岱港村火烧破至张家坡通组路，由于安六铁路修建正在使用，暂缓实施。

【水利工作】 完成沿港村、骂冗村、凉水井村、大用村安全饮水工程建设；完善灌溉管网和渠道灌溉工程等“小农水”建设项目，组织建设大用园区水毁渠道修复工程，水毁渠道总投资45万元，建设长度500余米。积极组织协调丁孝塘水库和堰坝河治理工程的前期准备工作。

【社会事业】 一是教育补助全面落实。2017年营养餐补助总金额208万元；秋季寄宿生生活补助503人，补助资金28万元。二是圆梦计划顺利完成。完成11名二本及以上院校贫困学生“雨露计划·圆梦行动”资助申请，预计补助金额达89000元。2014年以来，通过教育补助政策实现104户477人脱贫。三是计生工作稳步推进。发放特别扶助金6480元；“两节”慰问金14500元；发放失独家庭慰问金600元；兑现人口福利关怀基金15000元。四是卫生事业巩固发展。完成大用镇卫生院规范化建设项目，疾病防控、卫生监督、食品药品监管、爱国卫生等工作扎实开展。五是文化科技事业健康发展。积极推进文化共享工程，完成建设覆盖农村广播电视“户户用”2148户，其中贫困户404户，普通户1744户；按“七个一”标准完成骂冗村村级文化服务中心建设，全镇共有8家“农家书屋”免费对外开放；成功举办学习十九大精神文艺演出和大用镇2018年春节活动。

【社会管理工作】 一是切实落实社会治安综合治理各项措施，深入开展“平安大用”建设、“6·26禁毒日”系列宣传活动和整治外流贩毒专项斗争，依法严厉惩治和取缔“黄、赌、毒”等社会丑恶现象，增强人民群众的安全感。2017年5月，镇禁毒办联合派出所、综治办等相关单位及部门，发现并打击铲除罂粟幼果94株，对种毒人员进行严厉处罚，以“零容忍”的态度始终保持严打高压态势。二是强化人民调解工作，认真做好不稳定因素排查调处，积极预防、疏导和化解各类社会矛盾。三是按照民生优先，服务为主，重在基层的原则，推进社会管理创新，继续坚持定期接访、下访约访、信访包案等好的做法，开展大排查、大调解活动。2017年共计调处各类矛盾纠纷113件，成功106件，调解成功率为94%。四是加强应急队伍建设，健全突发公共事件应急机制。强化安全生产两个主体责任落实，重点抓好煤矿、非煤矿山、道路交通、森林防火等重点领域和学校等重点场所巡查监管力度，扎实开展好各种隐患排查整治工作，认真开展安全生产“打非治违”行动，形成高压态势，有效遏制非法违法生产经营建设行为的蔓延和反弹。

【基层组织建设】 加强党的组织建设，为脱贫攻坚全面小康提供坚强组织保障。一是加强非公党支部的建设。2017年，该镇共有非公企业15家，选派党建指导员4个，组建非公党支部5个，非公党组织组建率达到75%。二是加强联村党委的发挥作用。本着“地域相邻、功能互补、因地制宜、共同发展、尊重民意”的原则，结合资源互补、产业集聚等类型，依托中心村设立联村党委，根据实际，组建4个联村党委。加强和引导各方资源投向新组建联村党委，保证村级组织设置改革深入推进，确保取得实效。三是强化党员发展质量。2017年大用镇发展党员8名，坚持成熟一个，发展一个。镇党委全面整治软弱涣散党组织1个，调整软弱涣散党

2017年7月2日，大用镇紧急部署龙潭口地灾点撤离群众　（大用镇供稿）

支部书记1名，配齐配强党组织书记，后进党组织整治初见成效，支部的战斗力明显增强。四是强化组织后勤保障。按照市委组织部和中共六枝特区委组织的要求，镇“5+N”已修建并实地验收完成，7村1居配齐“五小”（小食堂、小洗衣房、小阅览室、小健身房），切实解决干部职工的吃住问题，丰富干部职工的娱乐文化生活。同时，按照“安全、够用、实用、美观”的总体要求，新建凉水井村组织活动场所1个。

【党风廉政建设及反腐败工作】 2017年，大用镇干部职工签订“大用镇干部职工反对‘四风’承诺书”90余份；签订“六枝特区党员干部廉政勤政签字背书”40余份，对镇干部上班期间进行查岗20余次，对村委查岗250余次。

加强党组自身建设；坚定不移地贯彻落实中央八项规定精神，驰而不息整治“四风”突出问题，特别是抓好干部“八小时外”的监督管理；切实运用好“四种形态”，抓常、抓长“第一种形态”，用足、用好其他三种形态，经常做“咬耳朵、扯袖子”的工作。成立以党委书记为组长的党风廉政建设领导小组，健全“一把手负总责，分管领导各负其责，班子成员齐抓共管，镇党委、政府督查组督促落实，镇纪委监督执纪问责”的领导体制和工作机制。2017年立案4件，结案4件，开展预防提醒约谈35人、纠错诫勉约谈10人、诫勉谈话1人、询问示警约谈1人、执纪审查谈话2人、问责处分谈话4人、集体约谈3次、集体谈话1次。镇党委书记、纪委书记集体约谈镇干部职工、村（居）干部等，分管领导对分管的站所“一岗双责”再约谈，

再提醒，推进约谈常态化。用切实有效的措施坚决打赢党风廉政建设和反腐败斗争。

（刘 毅）

◎ 岩脚镇

【概况】 岩脚镇位于六枝特区西北部，距特区政府驻地23千米，全镇总面积131.4平方千米，森林面积100815.35亩，森林覆盖53.9%。共辖25个行政村、1个社区居委会，7.13万余人，镇中心区人口2.96万人，外来经商、务工人员8000余人，现有企业208户，个体工商户900余户，小微企业72户，农民专业合作社113户，各种大中型超市12家，从事商业人员2.3万人，商贸繁荣，城镇化率42%。现有贫困户961户，贫困人口3562人，贫困发生率5.18%。

2017年4月27日，岩脚镇党委书记程虎（左一）到草原村养蜂场调研　（岩脚镇供稿）

【经济发展】 2017年，把经济发展作为政府工作的第一重点来抓，积极调整优化产业结构，努力开拓经济发展空间，一般公共预算收入全面完成。城镇人均可支配收入25782元，农民人均纯收入达8184元，同比分别增长2.94%、10.33%。完成招商引资项目5个，签约资金9亿元，到位资金1.1亿元。入库亿元项目1个，入库金额2.1亿元，镇域内固定资产共完成12亿元，8+X项目2017年在建项目12个，2017年建成项目4个，累计完成项目50个，总投资60.6亿元，累计完成投资44.4亿元。2017年共启动21个村的镇村联动，全面完成年度任务目标。以“一心三带”总规划为引领，持续抓好农业经济，通过项目带动，科技投入、资金支持，确保农业增产增收。

【旅游建设】 一是全面打造古镇旅游景点。筹备总投资达10亿余元的20个旅游项目，改造田园自行车休闲步道5千米，建设排水管沟5千米，建设污水湿地处理系统1套，打造507335平方米田园风光，修建廻龙溪生态休闲廊道3.7千米。清理加固河堤3.6千米，修建景观桥2座，景观拦水坝3道，打造温泉后门广场、岩脚面美食驿站、石滩垂钓、高桥村滨水码头等景观节点和亲水平台。依托火焰山、凤眼等自然生态景观，打造占地2750平方米火焰山文化公园。二是全面提升古镇文化底蕴。亮化廻龙溪沿线大道布景3.3千米，绿化镇区可视山头2000亩，完成宣传栏和文化墙建设1956平方米。对唐家马店、谢家茶楼、龚家大院、彭家碉、文昌阁、小屯古堡共6处古建筑进行修复修缮，建筑面积4600平方米。完成1100户棚户区的立面改造、主体加固及改扩建等综合治理，公共基础设施建设完成13400平方米的白改黑和5200平方米的青石板人行道，586米的青石板步行街和2450米的排污管网改造，打造明清盐商文化步行街。对房屋立面改造约405栋，恢复古石板街846米，线网入地1.2千米，营造步行街商业氛围，完善旅游标识系统、打造龙泉景观。改造1500米街道污水管网系统，新建打铁街停车场1座，占地面积5328平方米。景点打造和底蕴提升夯实岩脚镇旅游发展基石，充分发挥了岩脚镇旅游经济“兴一业、旺百业”的龙头带动作用，推进岩脚镇经济从“一二三”向“三二一”的结构转变。

【社会保障】 全面落实各项惠民政策，认真做好社会保障卡登记发放工作，按时完成城乡居民医疗保险和社会养老保险续缴费任务。保险方面：城乡居民基本养老保险工作顺利开展，2017年城乡居民保险上缴151.71万元，完成续保任务150万元的101.1%；社会养老保险续已参保人数为20443人，60周岁以上领取待遇人数为8192人。参加新型农村合作医疗的农民达52630人，筹集新农合基金631.56万元，参合率达107%。全镇住院7535人次，总费用3597.5万元，报销减免2545.2万元；门诊85462人次，总费用600.2万元，报销减免466.3万元，合计减免 3011.61 万元。农民抵御重大疾病的能力得到有效增强，有力促进农村经济发展与社会稳定。民政工作方面：2017 年，发放救灾救济款 72.18 万元整，发放救灾救济棉被 100 床；发放高龄补助 102.15 万元；发放各类残疾人补贴 19.899 万元；孤儿生活补助经费 15.84 万元；发放优抚对象各种补助经费 269.6807 万元，确保复员退伍军人、参战退役人员及残疾军人生产生活稳定。

【安全生产】 每月召开安全生产例会进行宣传发动，制定工作措施，明确目标任务。2017 年共巡回督查煤矿山 24 次、安全巡查 83 次、安全检查 65 次，查处各种隐患 160 余条，已全部落实整改。排查地质灾害重点 14 处，且全部下达了明白卡和“防灾预案通知书”，认真做好宣传防范，群众知晓率达 100%。开展安全生产法律法规咨询活动 12 次，发放安全生产资料和相关法律法规 12000 多份，挂安全生产条幅 50 余条，各种小标语 700 多条，教育群众 3 万余人。

【脱贫攻坚】 2017 年 8 月查漏补缺工作，新识别贫困人口 56 户 237 人；补录 670 户 1700 人；返贫 7 户 35 人；合并 90 户 159 人；清退 1368 户 2249 人，其中整户清退 1150 户 1945 人，成员清退 218 户 304 人。2017 年 12 月开展动态管理工作，新识别贫困人口 127 户 550 人，脱贫标注 679 户 2933 人，返贫 12 户 65 人，家庭成员净增加 523 人。岩脚镇现有建档立卡 3054 户 13125 人，已脱贫 2098 户 9580 人；返贫 19 户 100 人；其中 2017 年脱贫 679 户 2933 人；未脱贫 937 户 3445 人，其中低保五保户 503 户 1491 人，现贫困发生率为 5.44%，2017 年已完成龙泉村、草原村出列。

岩脚金星村手套厂 （岩脚镇供稿）

【计生服务】 孕前优生健康检查覆盖率达 100%；孕产妇、儿童定期到卫生院或村卫生室进行体检达 100%；叶酸片发放全覆盖。

【教育工作】 岩脚镇现有幼儿园 21 所，在园幼儿 1921 人；小学 10 所，在校学生 5321 人；中学 1 所，在校学生 2729 人。有建档立卡贫困户 3052 户 12052 人，子女在校就读的贫困户 2449 户 3684 人，贫困户子女 2017 年共获得各类补助、资助 899.98 万元。

【基础设施建设】 2017 年，农村危房改造、“三改”省级目标任务 58 户，58 户已全部竣工。开工率 100%，竣工率 100%。2017 年共上报“组组通”项目 17 条，全长 35.8 千米，已全部开工修建，现处于混凝土浇灌过程中，已完成目标任务 85% 以上。

【依法行政】 修订完善《镇政府工作规则》，严格按照法定权限和程序履行职能。认真办理人大代表议案和政协委员提案、议案，办结率达 100%。积极推行政府法律顾问制度，规范行政许可、行政处罚、行政征收等执法行为和行政复议工作，政府公信力和执行力不断增强。26 个行政村便民服务中心全部投入使用，岩脚村、太和村、草原村打造“星级”便民服务中心。廉政意识明显增强。深入开展“两学一做”常态化制度化学习教育，认真落实中央八项规定及其实施细则和省、市、特区“十项规定”，“三公”经费支出持续下降。严格落实政府系统党风廉政建设主体责任，实行“一岗双责”。强化招投标等重点领域监管，扎实开展政府投资项目审计。

【维稳工作】 2017 年，共排查出纠纷 175 起，落实调处 175 起，调处成功 170 起，调处成功率为 97%，进入法律程序 2 起，3 起还在调处当中。无因矛盾纠纷调处不当引发刑事，无因矛盾引发的上省赴京非访情况，也无群体性事件和重大事件的发生，未发生过影响稳定的事件，切实维护了岩脚稳定的发展大局。

（余海玲）

◎ 木岗镇

【概况】 木岗镇地处在北纬 26° 11′，东经

105° 40′，位于六枝特区东部，东南接壤镇宁县丁旗镇，西连大用镇、落别乡，北抵普定县马官镇，东西最大距离 15.5 千米，南北最大距离 11.7 千米；国土面积 60.3 平方千米，耕地面积 14070 万亩（其中水田 7080 亩）；辖 10 个行政村 1 个社区居委会，115 个村（居）民小组，有汉、布依、仡佬、黎、苗等 17 个民族，政府驻地木岗场村；境内有大理石、石灰石、页岩、煤炭等矿产资源。

【机构设置】 党政办事机构：党政办公室（法制办公室、全面小康社会建设领导小组办公室）、社会事务办公室、卫生和计划生育办公室、经济发展办公室、规划建设环保办公室、综合行政执法办公室（综合行政执法队）、社会管理综合治理办公室（群众工作办公室）。乡镇管理的事业单位：六枝特区木岗镇政务服务中心、六枝特区木岗镇农业综合服务中心（挂“扶贫工作站”、“林业站”、“水务站”、“农产品质量安全监管和畜牧兽医站”、“道路交通安全管理站”、“农业产业化发展办公室”、“农村土地承包经营权流转服务中心”、“生态旅游服务中心”牌子）、六枝特区木岗镇人力资源和社会保障服务中心（挂“农村合作医疗站”牌子）、六枝特区木岗镇科技宣教文化信息服务中心、六枝特区木岗镇卫生计生院。

【人口情况】 2017 年末总户数 8994 户，总人口 27440 人，城镇人口 6367 人，城镇化率 23.2%，流动人口 154 人。

【经济概况】 工业总产值预计完成 245480 万元，同比增长 10.1%，占任务数 231050 万元的 106.2%。累计入库规模工业企业 11 户，其中 2017 年新增规模工业企业入库 2 户；财政总收入预计完成 1757 万元，公共预算收入预计完成 1432 万元，预计完成任务的 100%，其中：地税 118.04 万元、国税 106.08 万元、财政 613.24 万元；500 万元以上固定资产投资预计完成 201521 万元，占目标数 20 亿元 100.8%。预计完成亿元项目入库 5 个；社会消费品零售总额预计完成 8323 万元，同比增长 20.3%；城乡居民可支配收入预计完成 25518 元、8866 元，分别同比增长 12.0%、12.5%。

【平安工作】 木岗镇中心区和各村、社区社会治安群防群治纳入常态管理，各交通要道、重点单位视频监控设备设施全覆盖。投入 6 万元建成镇综治中心。矛盾纠纷及信访积案进一步化解，社会管理创新工作取得新成效。2017 年共立刑事案件 7 起，破获 2 起；立治安案件 28 起，办结 25 起，治安处罚 12 人，治安拘留 12 人；全镇在册吸毒人员 141 人，贩毒人员 41 人，其中以贩养吸 21 人，新增吸毒人员 4 人，外流贩毒打击 2 人，社区戒毒社区康复 24 人。调解各类矛盾纠纷 100 余起，化解信访积案 33 件，社会治安明显好转，社会大局稳定。道路交通、非煤矿山安全生产工作扎实推进，安全生产事故实现“零目标”。森林防火、地质灾害防治工作成效明显，防控人员报酬足额按期发放。

2017 年木岗镇特惠贷入股分红发放现场

（木岗镇供稿）

【脱贫攻坚】 2014 年建档立卡贫困户 1306 户 4916 人，累计脱贫 710 户 2884 人。现有贫困户人口 596 户 2032 人，贫困发生率为 7.9%，2017 年脱贫 347 户 1421 人，拟出列小黄桶、戛陇塘、木岗冲和斗蓬 4 个村。一是突出抓好贫困户信息回访核查。通过春季攻势和大比武信息回访核查，原有建档立卡 1357 户 4823 人，现全镇新识别 4 户 7 人，补登漏人 194 人，清退错评 40 户 66 人、自然减少 60 人，修正信息 4492 条，无返贫错退，平衡合计减少 51 户、增加 93 人，现有建档立卡贫困人口 1306 户 4916 人，其中脱贫户 710 户 2884 人，未脱贫户 596 户 2032 人，贫困发生率为 7.9%。二是突出抓好产业发展助脱贫。重点实施茶叶、玫瑰、蔬菜和马铃薯、魔芋等产业种植及养鸡、养蜂、养猪和养牛等产业养殖，现已完成 6000 亩的茶叶跟踪管护、3500 亩玫瑰种植及加工、4570 亩蔬菜种植，其中商品蔬菜种植 3620 亩、马铃薯 650 亩、魔芋 950 亩；完成养鸡 3.5 万羽，养蜂 800 箱、养猪 200

头，种牧草1000亩。产业项目贫困户达到全覆盖，户均达3个以上产业项目。三是突出抓好金融信贷助脱贫。符合贷款条件的贫困户750户，完成特惠贷款639户3281.8万元，完成率达85.2%，其中2017年完成302户1476万元，位列全区首位。其中，150户726.75万元参与扶投公司按每年6%分红，累计三期发放分红金43.61万元，受益480人，人均增收908.5元。开展农旅一体贷款，目标任务数为330户，上报604户，通过金融部门审核符合条件的440户，参与强农公司按3%分红，预计贫困户收益红利132万元，按受益人口1540人计算，人均增收857元。四是突出抓好务工就业助脱贫。木岗产业园区加大招商引资力度，拓宽贫困户就业渠道，2017年引进服装、家具、电子等企业入园，围绕贫困户招工进厂，现已进厂入园贫困人口540人。引导贫困户外出务工853人；结合茶叶采摘加工、蔬菜、魔芋等基地建设，产业项目解决贫困户就近务工680余人。覆盖贫困户413户1321人。五是突出抓好住房保障助脱贫。积极争取易地扶贫搬迁项目和危房改造，已落实贫困户易地扶贫搬迁10户42人，可争取上级部门补助资金136.5万元，落实贫困户危房改造73户230人，可争取补助140万元，预计改造4320平方米住房，解决贫困户的住房保障。六是突出抓好教育卫生等政策保障助脱贫。2017年贫困户参合率100%。扎实开展“控辍保学”，建档立卡贫困家庭中小学生301人全部享受营养餐和寄宿补助，高、中职贫困学生94人，全面享受“两助三免”，56名普通高校生“两助一免”等教育资助落实到位，15名困难家庭学生（二本以上学生）申请“雨露计划”4000元/人奖学金。全镇8020人农村人口参加养老保险，2826人享受养老津贴，实现社会养老保险应保参保。七是突出抓好基础设施建设助脱贫。强化道路、水利、网络和文化信息等基础设施建设和提级改造，当前重点落实“组组通”公路建设，计划实施14条23千米，已全面动工，预计投资1380万元，计划2018年初完工，促进基础设施建设，推动全镇农村经济社会快速发展。八是围绕四场硬仗、七大战役、八个重点扎实开展脱贫攻坚秋季攻势行动。农村“组组通”公路建设已完成路基开挖23千米，路基铺筑18千米，混凝土路面浇筑8千米，完成工程形象进度40%。产业脱贫攻坚现已落实3000亩蔬菜基地建设，巩固扩大6000亩茶产业，启动5000亩提质增效，完成管护800亩。继续加大生态家禽养殖，落实林下养鸡2万羽，年出栏土鸡3万羽、年产蛋300吨，年产值240万元，带动3000贫困人口脱贫。易地扶贫搬迁完成10户45人搬迁任务。农村贫困人口73户230人危房改造，现完成24户。

【医疗卫生】 2017年新生人口236人，流动人口出生56人。人口出生率10.48‰。全镇现怀孕妇女79人，占前三年平均出生人数比例的53.7%，完成孕前优生检查109对。全面实现人口计生村居民自治。卫生工作成效明显。投入230万元实施完成木岗镇卫生院标准化建设。农合参合20213人，筹资2425560元，参合率为100%。投资7.8万元，实施完成病媒生物防治项目。按时完成入学入托查验接种工作，7岁以下儿童建卡率95%，五苗接种率达到98%以上，无突发公共卫生事件和甲类传染病发生。环卫设施逐步改善，创国家级卫生乡镇稳步推进，“门前三包”常态管理得到有效落实。

【教育工作】 研究制定《木岗镇2016年—2020年教育发展规划方案》、《木岗镇关于加快教育发展的实施意见》，全面推行温馨教育，对全镇在职在编教师配偶、父母及其子女等亲属颁发“家属证”，凡是在职在编教师及其持有家属证的家属在木岗镇内办理事务享受优先待遇。加大教育投入力度，2017年教师节表彰活动，镇财政投入10万元表彰先进教师22名，奖励镇籍应届高考文、理科前十名学生，营造浓厚的尊师重教社会氛围。全镇九年义务教育毛巩固率达112.47%，高中阶段毛入学率达86.9%。小学辍学率为0，初中辍学率控制在0.96%以内。

【社会保障工作】 2017年，共计发放城镇低保金104.84万元，惠及180户268人，月发低保金8.56万元。共发放农村低保金204.87万元，惠及农村低保户400户864人。共计发放临时救助金10.65万元，累计救助困难家庭61户，发放困难群众春节慰问金32.4万元，发放五保供养金11.03万元，惠及全镇特困供养人员23户24人，月发2.585万元。双拥工作深入人心，共计发放抚恤定补金60.45万元。发放高龄补贴29.45万元、重度残疾人护理补贴4.2万元。城乡居民养老保险工作，完成城乡居民养老保险参保8250人，保险费征缴77.2万元，占目标任务的102.93%。城镇医保参保968人，参保基金征缴7.01万元，占目标任务的100.14%。劳动力就业工作扎实有效。城镇新增就业完成785人，失业人员再就业55人，分别完成目标任务的100.64%、107.84。就业困难人员再就业38人，完成目标任务的108.57%。大学生创业4人，完成2017年任务的100%。

【广播电视】 “户户通广电云”网络工程完成2477户，占任务数2466户的100.45%。完成10个行政村“村村响”工作。

【安全生产工作】 建立细化职责，责任到人的工作举措，完善镇、各办（站、所）村（社区）、组三级安全生产防范网络，并签订分级负责的安全生产工作责任状；实行层层落实“包保”责任，在二月初召开全镇安全工作大会，各单位、村（社区）、企事业单位、学校签订安全工作的责任状60多份，把所有安全管理目标全部落实到人。2017年共巡回督查煤矿山3次，先后查禁私挖滥采2起，现场教育2人，现场销毁作案工具，无矿山安全事故发生。2017年来共取缔无证沙石场2个（处）。按照安全生产要求，安全巡查21余次，查处隐患共35条，已整改。组织各家砂石厂安全知识培训2次，按照“包保”责任要求，细化管理职责，同时，做好安全评估工作，使该镇非煤矿山安全生产秩序良性化，确保无安全事故发生。取缔非法销售不合格产品1家，销毁不合格产品爆竹10余串，查处违规经营烟花爆竹经营户共1家，非法产品三十万响，已全部没收移交派出所处理，现场安全教育11人，2017年，对全镇烟花爆竹经营户7户进行安全检查12次，检查出安全隐患51条，已整改51条，确保烟花爆竹经营市场正常有序，无烟花爆竹安全事故发生。

养蜂产业 （木岗镇供稿）

【项目建设】 建设完成占地规模为56亩的简易垃圾填埋场1个，改扩建镇区及各村垃圾池45个，配备垃圾清运车5辆（4台清运车，1台铲车），环境整治覆盖全镇，使镇容村貌干净整洁。建成木岗镇高标准绿色商品蔬菜基地1200亩和木岗镇瓦窑村种养殖示范基地3000亩，引进投资2亿元的“天赐玫瑰”产业入驻木岗，现已种植3000余亩，正进行5万平方米加工厂房建设。2017年木岗镇小城镇建设完成投资1.63亿元，其中“8+X”项目建设完成投资0.887亿元，其他项目建设完成投资0.75亿元，完成投资占任务数3亿元的54.33%。普镇路木岗过境段扩建工程：投资3300万元完成普镇路改扩建工程。污水处理设施建：木岗镇建设污水处理厂1座，为健全污水收集管网，投资20万元建成木岗场村支管网工程。垃圾收运设施：木岗镇垃圾中转站于2016年开工建设，属续建项目，2017年度投资150万元建成木岗镇垃圾中转站，已投入运营。寄宿制学校建设：续建的木岗镇寄宿制中心小学基础设施建设完成投资100万元。有机农产品生产基地：引进北京可为公司在木岗种植“天赐玫瑰”0.5万亩，2017年度已投资4500万元完成种植3500余亩并购进部分加工设备。绿化工程：投资800万元完成镇区12万平方米绿化。木岗镇通村公路安保设施安装工程：总投资750万元，安装安保设施50.5千米，现已竣工待验。下木冲至戛陇塘通村公路建设项目：投资504万元，新建道路长7.29千米，宽4.5米，现已完成主体施工，完成投资350万元。木岗至大用连接公路：投资26737万元，运用3P模式修建的木岗至大用连接公路现已完成路基及部分堡坎修建，完成投资约9000万元，2017年度完成6250万元。木岗镇“组组通”公路建设，计划2017—2019年修建150千米“组组通”公路，2017年已开挖23千米、路基铺筑18千米，混凝土路面浇筑8千米，完成工程形象进度75%。实施完成镇机关“五+N”基础建设建设，图书室、健身房、浴室和食堂等各项功能完善，通过特区组织部验收，共投入资金45.14万元。

【交通运输】 木岗镇中心区距东面黄桶（在建快速列车停靠二级编组站）火车站1.5千米，距南面六镇（六枝至镇宁）高速公路4.5千米，北有隆百铁路、株六复线穿境而过，西有在建的木岗至大用城际快速通道连接，镇中心区至六镇高速丁旗站快速通道即将建成通车，镇内普镇公路、大木公路成“T型”相连，实现了公路与铁路的融会贯通。完成2017年特区下达的目标任务14条，里程24千米。

【党风廉政建设】 2017年，党风廉政建设和反腐败斗争深入推进，“两个责任”得到有效落实，“一岗双责”、“一案双查”制度全面执行，按期召开党委书记上廉政党课和集中约谈会议，党委书记、党委班子成员、站所负责人等层层落实“签字背书”制度。制定木岗镇党委落实党风廉政建设主体责任清单12份，层层签订党风廉政签字背书36份，党风廉政建设责任书50份。加强党风廉政宣传教育，镇党政班子成员带头学习党纪党规，结合“两学一做”活动，加强全镇广大党员干部对“两准则四条例”的学习，组织镇村两级干部83人观看警示教育《平打米平吃饭》，通报中央及省、市、县级违反中央八项规定和惩治腐败典型案例14场次，受教育人数1300余人次。开展“四风”突出问题日常检查，对机关效能和作风建设开展常规检查和经常性抽查16次，下发通报3期，分别对4个单位、9人进行点名道姓通报曝光，对2人进行预防提醒谈话。加强信访件受理和办理力度，2017年，受理信访件8件，初核办结8件，2件转立案，结案2件，党纪处分2人，1件纠错诫勉约谈1人。2017年案件办理共立案7件，结案7件，党政纪处分8人。

【党建工作】 深入开展中共十九大精神的学习宣传和贯彻，全镇迅速掀起中共十九大精神学习宣传热潮。农村基层组织建设进一步加强，抵岗村软弱涣散基层组织后进村精准施策集中整顿工作取得新进展。创新基层党建工作思路，深入开展“共产党员先锋岗”创建活动，镇党委印发《关于在全镇共产党员中深入开展“共产党员先锋岗”创建活动的通知》、《2017年党的基层组织建设“七化”实施方案》，以党员队伍为主体，以群众脱贫为主攻方向，以党建工作“七化”（推进村级规范化建设布局合理化、配置齐全化、上墙规范化、管理制度化、值班正常化、环境优美化、活动经常化）为抓手，切实发挥共产党员的先锋模范带头作用，增强基层党组织的创造力、凝聚力和战斗力，有力促进党建引领促脱贫有序推进。组建小木岗、把仕、小黄桶、木岗场联村党委，正常开展工作。加强党员发展和党员管理工作。2017年共发展党员24名，完成党员发展对象培训11名。做好党费收缴工作，2017年共收缴党费59100元。

（卢勇富）

◎ 郎岱镇

【概况】 郎岱镇地处六枝特区南部，位于北纬26° 06′～26° 07′，东经105° 20′～105° 24′之间，地处喀斯特地貌的溶丘谷地，地势平坦，有“郎岱万亩坝子”之称，镇政府驻地后营村。全镇国土面积206.42平方千米，辖21个行政村1个社区居委会，287个村（居）小组，19325户68355人。少数民族41738人。地处北盘江上游，海拔1300～1600米，土地肥沃，气候温和，2017年平均气温在14.3℃。2017年降雨量在1500毫米之间，年无霜期在290天以上，热量雨量充沛，夏秋气候凉爽，适宜夏秋蔬菜作物的生长，是六盘水市市级商品蔬菜基地之一。是万亩商品蔬菜基地和六盘水市现代农业产业园区、特色养殖示范基地。是大连市政府对口帮扶六盘水市建设的中国凉都原生态农产品科技扶贫加工示范园区。也是宜居、宜业、宜游的特色小城镇。现有行政事业单位在职公职人员154人；卫生院2所；公办学校14所，教师489人，学生8611人。

2017年11月12日，第四届旅发大会郎岱分会场现场

（郎岱镇供稿）

郎岱镇历史悠久，文化底蕴丰厚，历史上先后出现7名进士、43位举人，明清古庙宇多达16座，居住着苗族、布依族、仡佬族等多个民族，在婚丧、祭祀、劳动等方面都有其独有的夜郎文化特色，是贵州省历史文化名镇，2012年被列为全省30个重点建设的示范小城镇之一，2016年被评为全国首批100个特色小镇。郎岱镇交通便利，四通八达，六枝至晴隆、贵阳至六盘水两条高等级公路穿境而过，地势平坦、土壤肥沃、矿产资源丰富、民族风情浓郁。

【经济概况】 2017年，郎镇财政总收入完成2848.98万元；其中：国税收入277.73万元，为总收入的9.75%，地税收入839.46万元，为总收入的29.47%，非税收入完成1731.79万元，为总收入的60.79%。2017年引进省外项目6个，到位资金5亿元，实际引进项目2个，实际到位资金13.6787亿元。民营经济增加值11805万元，完成年计划的100.19%；工业增加值61928万元，完成年计划的103.63%；上缴税金6727万元，完成年计划的100.55%；民间投资74932万元，完成年计划的101.26%；从业人员12710人，完成年计划的101.68%。固定投资项目入库，新增项目入库2个，完成投资2.84亿元，其中东山公园建设项目1.27亿元，郎岱镇中心城区绿化项目1.57亿元。规模以上工业增加值完成4.21亿元，同比增长11%；500万元以上固定资产投资完成17.44亿元，同比增长6%。

【脱贫攻坚】 郎岱镇下辖21个行政村，1个居委会，共有农业户籍17351户75863人，2014年建档立卡以来，全镇共有贫困村8个，截至2017年末，出列贫困村6个，分别为青菜塘村、石糯尾村、渔塘村、群锋村、头塘村、簸箕田村，其中头塘村、簸箕田村为2017年出列村，退出贫困人口6727人，2017年全镇退出贫困人口1387人，中寨村、跳花坡村2个贫困村未出列。2017年底，全镇共有建档立卡贫困户1902户7911人，其中406户1363人未脱贫。未脱贫人口中，一般贫困户134户542人，低保贫困户212户752人，五保贫困户60户69人。

2017年，郎岱镇开展“春季攻势”、“夏季比武”、“秋季攻势”等行动，对拟脱贫人口逐户逐人核查，建立台账，采取扶贫产业、农村基础设施、住房保障、饮水安全、健康教育保障、易地扶贫搬迁、民政兜底等脱贫措施保障覆盖，落实帮扶政策。确保决战脱贫攻坚，决胜同步小康。结合地理位置及各行政村的条件，制定了“418”定点脱贫攻坚实施方案，将全镇划分成4个作战片区和1个中心带动示范点，8个贫困村作为主战场的作战区域，形成东片猕猴桃、西片蔬菜种植、东南养殖业、西南茶叶的产业发展新规划。由22个村（居）共同出资筹办郎城公司，2017年每村分红达10万元。

郎岱镇通过快板、文琴戏等方式深入宣讲中共十九大精神　（郎岱镇供稿）

【党建工作】 创新“七个一”机制，即“与所辖党支部签订一份目标责任书、每月研究一次党建工作、每季度组织开展一次专项督查、每季度听取一次党建工作汇报、每季度开展一次谈心谈话、每月开展一次全镇巡回观摩、年底开展一次述职评议考核”。在讲好脱贫攻坚党课、率先垂范落实脱贫攻坚任务的基础上，采取“走出去”的方式，分期分批组织党员领导干部和村支“两委”主要负责人，尤其党支部书记到先进县区、乡村学党建创新，学产业带富，学脱贫策略。

加快村干部专职化进程，严格管理制度，通过组织选派，区、镇两级招考，配强“两委一队三个人”的战斗力。同时，为各村配备了打卡机，整肃村干部的工作作风。强化压力传导，确保工作在一线落实、成效在一线体现。部分村依托“六小”建设，实现村干部吃住在村、工作落实在村、服务群众在村、矛盾化解在村“四个在村”良好格局。

【党风廉政】 认真落实党风廉政建设“一岗双责”，重点整治部分干部存在的“庸、懒、散”和“不作为、慢作为、乱作为”行为。2017年，查处问责21人，辞退3人，通报10人，各项约谈共117人，追缴触及“四条红线”违纪资金2019元。

【扶贫产业】 2017年，实施项目10个，涉及资金236.9万元，覆盖贫困户2093人。一是抓好“一片地”产业。重点打造青龙村、驿陇村的高标准蔬菜种植示范基地1000亩，洒志村油菜种植基地2000亩，跳花坡村优质水稻基地2000亩。加大技术培训力度，在猕猴桃、茶叶、桃树、枇杷基地套种秋冬季蔬菜，以短养长、长短结合带动农户增产增收。二是抓好“一杯茶”产业。抓好辖区内九层山、双文、轩元春18000亩茶场的传统茶叶提质增效，抓好秋季茶园修剪除草和肥培管理，扩大优质高产茶园5000亩基地规模。三是抓好“一汪水”产业。坝子村流转土地645.4亩筹建水产养殖基地，主要以养殖小龙虾、淡水鱼、淡水蟹为主，项目建成后水鲜产品年生产力达15万千克。四是全力抓好“一片竹”产业。结合退耕还林，完成食用竹种植面积规划26000余亩，建成后百姓入股每年保底分红可达120元/亩。种植第四年可进行实物分红，百姓可仔细根据市场价选择自主售卖还是以1元/斤的价格卖给保底收购方。五是抓好“一棵树”产业。2017年已建成阿乐村、花脚村、青菜塘村猕猴桃基地4158亩，洒志桃子基地200亩。六是抓好“一圈猪”产业。抓好养殖基地建设，推进农业产业化、标准化和品牌化发展。青龙村占地40余亩的生猪养殖场主体结构已初步完成，建成后预计饲养母猪500头，年出栏生猪1万头，可解决贫困户就业13人。

【教育事业】 落实农村贫困家庭学生就学“两助三免(补)”精准资助政策。共排查出辍学儿童7人，已通过当地派出所、学校的协调，全部解决户籍和上学问题。2017年二本以上大学生申请“雨露计划”助学共计12人，共48000元。申请“习酒·我的大学”助学项目共计36人，共144000元。2017年高中及以上享受资助共计82人，其中：普通高中65人，每人享受1900元/年；中职学校7人，每人享受1900元/年；高职学校1人，每人享受4500元/年；本科学校9人，每人享受4830元/年。该镇中小学共计8195人，且全部享受国家免费教科书及营养餐。2017年秋季该镇中小学共有1863人享受寄宿生生活补助，建档立卡贫困学生569人。其中小学590人（小学建档立卡贫困学生398人），发放金额29.5万元；中学1273人（建档立卡贫困学生171人），发放金额79.5625万元。郎岱镇现有公办幼儿园两所，共计553人，自2017年春季以来全部享受营养餐，每人每天补助3元，每人每年补助600元（按200天计算）。2017年秋季享受学前奖补共计36人（建档立卡26人）。其中，一幼18人(建档立卡13人)，二幼18人(建档立卡13人)。

【民政工作】 2017年，郎岱镇取消和调整农村和城市低保对象，农低保从2016年1515户2613人调减为2017年913户1393人，城镇低保由2016年312户486人取消和调减为2017年的99户123人，2017年度，共发放农低保资金428.3522万元，城低保资金143.9675万元。做到应保尽保、应退即退。2017年发放2016—2017年冬春救助款61.9650万元，解决5635人冬春过渡困难。发放临时救助和救济款5.84万元，解决127户150人困难群众的生产、生活问题；低保户季节性缺粮共246户，发放粮食22470斤。特困供养工作，郎岱镇共有特困供养人员79人，其中分散供养69人，集中供养10人，2017年11月止，共发放特困供养金420517元。共有883位八十周岁以上的老年人领取补贴，其中80～89周岁793人，90～99周岁86人，100周岁以上4人，截至2017年第三季度共发放资金71.06万元。

【医疗事业】 大力推进健康医疗精准扶贫，将建档立卡农村贫困人口全部纳入医疗救助保障范围，以户为单位建立基本医保、大病保险、医疗救助、医疗扶助、新农合二次补偿“五重医疗保障”兜底政策，因病致贫、因病返贫得到有效遏制。通过政府补助、集体扶持、农民自愿的方式，郎岱镇参合共48288人，其中精准扶贫户762户，总人数2727人，参合率100%，独生子女户140户，总人数350人，二女户141户，总人数482人，失独户5人，低保户833户，总人数1299人，特困户65人，优抚193人，参合总金额为5794560元，完成率99.29%。大力推行“先诊疗，后付费”政策，该政策实行以来，享受该政策百姓共计50余人。同时建立医生签约服务制度，卫生院与全镇贫困户签约，签约贫困户不仅在体检、治病等方面享受优惠，还能够得到医生的一对一帮助。2017年5月9日，六盘水市第二人民医院郎岱分院挂牌后，六盘水市第二人民医院分院定期组织医院干部到郎岱卫生院坐诊，让百姓在家门口就可以享受三级医院的服务水平。2017年，六盘水第二人民医院到郎岱镇诊疗16次，共计470余人。郎岱镇县内外2017年住院患者费用按上级文件规定比例已完全补偿，住院报销共7932人次，总费用2665.1万元，保内费用2480.4万元，补偿费用1785.6万元，门诊补偿70022人次，总费用452.63万元，保内费用447.63万元，补偿355.78万元。

【基础设施建设】 围绕农村水电路抓基础工程建设，为脱贫攻坚提供基础保障。一是大抓农村公路建设，2017年实施20.492千米的通组路工程，涉及中寨、平桥、跳花坡、把利、田坝、簸箕田六个村。“一事一议”工程共实施通组路5490米，投资137.32万元；串户路15782米，投资93.65万元；太阳能路灯266盏，投资68.894万元；二是利用农村“户户通·广电云”网络工程，发展农村电信网络进万家，已达成21个行政村全覆盖工作，共计完成6440户，占任务数6402户的100.59%，其中未脱贫户全覆盖，受益资金14.8万元；三是全面落实“五个三”（针对搬迁农户在迁出地的核心资产，盘活搬出地的承包地、山林地和宅基地“三块土地”；在搬迁群众最根本的民生问题上，统筹就业、就学和就医“三大问题”，彻底解决搬迁群众的后顾之忧；衔接低保、医保和养老保险“三类保障”，有效解决搬迁群众最为关心的切身利益问题）经验，2014年郎岱镇扶贫生态移民搬迁安置项目，共计安置318户1324人。2018年在郎岱安置点共计划安置102户398人，其中贫困户9户23人，已完成征地25.5亩；四是结合“危改”、“三改”等工作，2017年度启动人居环境整治工程，共涉及郎岱镇青龙、坝子村、驿陇村、后营村、群峰村、归宗村、上寨村七个村3071户（其中建档立卡贫困户422户），总投资1.97亿元，该项目完工后，将大大改善郎岱镇发展东西部不平衡的局面。

【旅游产业】 郎岱镇被列入国家特色小镇，境内有“八景一园一街一古镇”。“八景”即“东山紫气、南岳飞仙、西陵晚渡、北驿文峰、云盘古树、月朗平桥、岩疆锁钥、陇箐连云”，遍布古镇东西南北。“一园”即“郎岱百草园”，是集本地中药特色、中药文化、药用产业布局为一体的文化展示园。“一街”即“东门街”，是郎岱一条有300多年历史的长约800米的古老街道，始建于明朝初年，过去是通往云南、泰国、缅甸的古驿道咽喉之地。“一古城”即“郎岱古镇”，郎岱古城风貌和空间格局基本完整，古镇中庙宇16座，现保存完好的尚有观音阁、财神庙、龙宫祠等。古城中的木城址碑、古城墙、民居、兵役局、观音阁、江西会馆及文笔塔等具有较高历史、科学和艺术价值。在第五届全省小城镇建设发展大会之际，郎岱镇新建了集历史景观、美食、居住、旅游、购物、娱乐为一体的迎祥广场，占地35亩，建有土司庄园、酱园、书院等。

郎岱镇以“旅游＋文化”和“旅游＋产业”为核心理念，树立全域全产业绿色生态理念，紧密结合绿色农畜产品加工的自身特质，建设集生态农业、绿色食品加工、产品展示、餐饮娱乐、休闲旅游等功能于一体的全域高额消费联动项目，实现一二三产融合发展。把创建全域旅游示范镇作为新的经济增长点，采取“电商＋合作社＋贫困户”模式，推动郎岱酱、洒志有机红米等农特产品走出大山、走向市场。

【创新改革】 一是服务群众与凝聚党心民心精准对接。组建机关党员、联村党委、同步小康驻村干部、“志愿大妈”等志愿服务队，并成立幸福邻里、木城社区两家志愿服务站。特别是离退休党支部牵头的“党员话家事”志愿服务队，通过举办文艺演出开展政策宣传达50余场，营造“党员带群众、同乡帮同乡”的良好氛围。二是社会组织与宣传党的政策精准对接。积极发挥文艺协会、广场舞协会等社会组织的作用。编排政策宣传小品、宣传快板、文琴戏等深入推进党的政策宣传。用百姓喜闻乐见

2017年11月12日，郎岱镇组织开展镇内观摩会，通过比学赶超，推进脱贫攻坚工作

（郎岱镇供稿）

的，听得懂的方式宣传政策。三是观摩学习与集中抱团作战精准对接。举办党建引领脱贫攻坚春季攻势、夏季“大比武”、秋季攻势等观摩会。同时针对乡镇脱贫攻坚长期以来由于人数不足、业务不精、时间不够等造成的信息不精准、数据更新不及时、档案整理不规范等问题，将郎岱镇干部职工化整为零，将22个村（居）抱团为整。组建四个片区突击团，逐村逐寨开展走访，逐寨逐户分析原因，寻找对策。四是新兴媒体与拓宽宣传渠道精准对接。积极推进“互联网+党建”，开通“清风古镇·迎祥郎岱”微信公众号，同时建立微信群和QQ群。在“清风古镇·迎祥郎岱”微信公众号中设立“党建之声”微栏目，搭建“全天候、不下课”的网络课堂。

（陈柯函）

◎ 新窑镇

【概况】 新窑镇位于六枝特区中西部，距特区政府驻地5千米，辖地平面呈“C”形分布，地处北纬26°15′1″～26°22′10″，东经105°25′13″～105°28′15″之间，东接塔山社区，南邻月亮河乡，北靠岩脚镇、龙河镇，东北角与普定县毗邻，政府驻地那玉村。全镇东西长14.7千米，南北宽16.5千米，边界周长65.98千米；国土面积102平方千米。辖13个行政村，142个村民组，总户数13100户，53622人，其中：农业人口14813户49177人。

2017年，共完成一般公共财政预算收入1555.41万元。其中：国税完成547.09万元，占任务数的169.1%；地税完成631.94万元，占任务数的105.32%；财政部门完成376.38万元，占任务数213.85%。2017年人均可支配收入为8907.7，比全区8698元增长209.7元；增幅为11.44%，比全区10.4%的增幅高1.04%。

【经济发展概况】 完成一般公共财政预算收入1555.41万元。其中：国税完成547.09万元，占任务数的169.1%；地税完成631.94万元，占任务数的105.32%；财政部门完成376.38万元，占任务数的213.85%。2017年人均可支配收入为8907.7，比全区8698元增长209.7元；增幅为11.44%，比全区10.4%的增幅高1.04%。

2017年8月28日，在新窑镇开展文化机器人培训会

（新窑镇供稿）

【脱贫攻坚】 围绕“两率一度”，紧盯“一达标两不愁三保障”目标，实行“双重包保责任制”，落实村、组、互助小组长“三级服务服务管理网络”，开展“自查、抽查、互查、督查”四查工作机制，层层压紧压实责任，形成上下联动、齐抓共管、全民动员的良性机制。先后组织开展脱贫攻坚春季攻势、夏季大比武、秋季攻势等行动。减少贫困人口567户2460人，贫困发生率从上年的8.03%，下降到3.3%；波渡、桥梁、联合3个贫困村出列，贫困村从5个下降到2个。

【“三变”改革】 采取“公司+合作社+农户”的模式，引导农户以土地、林地等资源入股公司或合作社，引导、鼓励农户积极参加“三变”。2017年，资金入股共覆盖贫困户1646户次，产业发展共覆盖贫困户1077户次，扶贫项目落实共覆盖贫困户249户。达到建档立卡贫困户“三变改革”全覆盖。

【产业发展】 一是蔬菜种植利民。完成新河村蔬菜种植380余亩；完成桥梁村杨家坡林下套种优质蒜、蚕豆150余亩；完成公路沿线林下蔬菜种植800余亩。二是精品水果种植惠民。已种植樱桃300余亩、完成退耕还林刺梨种植10400亩，覆盖11个村。三是扶贫项目落实富民。引进贵州凉都弥你红公司在联盟村猕猴桃规范化标准化种植1213亩，项目覆盖贫困户500户；完成蛋鸡养殖项目10000羽，惠及贫困户72户；完成马路村养猪125头、惠及贫困户36户；完成新河村养牛150头、惠及贫困户55户。委托六枝新麦源公司在新河村蔬菜基地种植380亩，覆盖贫困户23户；委托六枝扶投公司在波渡村实施易地扶贫产业示范园，投资财政扶贫资金261.3万元，覆盖贫困户871户。由六枝强农公司在播雨村实施规范化中蜂养殖示范场建设项目，覆盖贫困户10户。

【基础设施】　一是完成新窑客运站建设，建成新窑公交站1个，在建1个，随着南环大道的开通，开通公交线路2条，大大方便群众出行。二是“组组通”公路建设稳步推进。建成洗马河村麻歪、白岩屯通组公路建设。2017年，规划设计“组组通”公路12条（分别是新河村蛇昌坝至沙沟至联盟村冲头、新河村下坝子至岱翁、新河村沙沟至联盟村河尾巴、联合村松树坝至龙窝寨、联合村河尾巴至联盟村毛家寨、联合村箐脚寨至鸭塘、联合村村委至对门寨、马路村小寨至河尾巴、马路村白水井至戛拉坡、波渡村永兴煤矿至毛稗田、洗马村杨柳湾至新寨至地供、那秀骂枝林场至那秀崔家冲至骂彩上寨），共计23.475千米，其中新开挖18.665千米，项目涉及9个村34个村民组，现已完成路基开挖18.945千米，完成路基铺筑垫层16.035千米，完成道路路面硬化10.725千米。三是安全饮水工程建设稳步推进。启动实施二塘片安全饮水提升工程，实现6个村（新窑村、洗马河村、波渡村、马路村、桥梁村、播雨村）全覆盖，预计2018年6月投入使用。店子片安全饮水工程涉及6个村（联盟村、鸭塘村、那玉村、新河村、那秀村、上云盘村）。四是网络保障工程稳步开展。实施多彩贵州“广电云”户户用工程，完成报装4844户，2017年已完成50%的安装工程。五是“一事一议”项目建设稳步实施。在洗马河村、上云盘村、新窑村、新河村、播雨村实施“一事一议”财政奖补项目，投入资金136.59万元，项目已竣工验收。

2017年9月23日，六枝特区喜迎十九大“算好惠民账，感恩共产党”新窑镇集中宣讲报告会

（新窑镇供稿）

【重点项目】　一是大力实施危房改造项目。危改任务是114户，2017年已完成85户，其余正有序推进。二是棚户区改造项目稳步推进，投资6500万元，完成新窑片区1392户城市棚户区综合整治项目建设，建成那玉寨大街1100米，彻底解决路喜园区搬迁小区和高速公路搬迁小区的人居环境。完成2017年新窑镇棚户区综合整治配套基础设施建设任务，投资3200万元，对那玉易地扶贫小区进行高标准打造，新建市民文化广场3个，公厕4座，河道治理300米。三是大力实施人居环境改造。该项目由益正公司实施，采取PPP模式进行建设，项目总投资2.4亿元，主要实施“三改”、“三化”，该项目正在洽谈过程中，预计3月份可动工。四是大力实施易地扶贫搬迁项目。共建成易地扶贫搬迁小区两个，即那玉坝安置点和桥梁坝子安置点，353户1664贫困人口实现易地扶贫搬迁，旧房拆除率达78%。五是加大招商引资工作力度。引进贵州万牧源公司在桥梁村新建亲子乐园项目，项目正在有序推进。六是解决廉租住房小区1500户居民用电问题。七是新玉居委会获特区政府正式批复。

【民政救助】　坚持树立“以民为本、为民解困”的民政工作理念，着力关注民生、关注弱势群众，不断改善困难群众生活；共发放优抚对象定期补助133.7万元；重点优抚对象慰问金4.18万元；发放城镇、农村义务兵家属优待金9.45万元；发放60岁以上农村籍士兵生活补助10.24万元；发放低保金840.27万元，特困供养金55.68万元。建成老年日间照料中心1个，养老服务中心改扩建工程有序推进。

【教育事业】　完成镇中学、镇中心小学、镇二小寄宿制学校攻坚工程，确保农村中学寄宿率达到70%以上、小学寄宿率达到30%以上；进一步完善学校体育运动场建设，配备运动设施、器材，按照省定标准配齐实验仪器设备、音乐美术器材、图书等；配齐中小学学科教师，确保义务教育基本均衡发展。镇中心小学、马路小学、路喜幼儿园、镇

新窑镇新河村农业观光园　（新窑镇供稿）

中心幼儿园新建成并投入使用，那秀幼儿园主体工程已完工。改扩建镇中学教学楼、操场，主体工程已完工，2018年3月份可投入使用。镇二小、镇三小附属工程已完成80%。

【卫生事业】　一是完成镇卫生院的搬迁，医共体改革得到有序推进，增设那玉希望新村卫生室，改善群众的就医条件。二是对辖区内的贫困户进行医疗政策宣传，发放资料2077余份，走访12460余人次，确保医疗扶贫政健康策的知晓率达100%。三是建立贫困人口居民健康档案3827人，建档率为100%，农村贫困人口家庭医生签约服务完成3827人，完成率100%。新窑镇获贵州省委、省政府2017年度“全省文明乡镇”称号、联合村获“全省文明村”称号。

【平安建设】　一是开展严厉惩治“两抢一盗”和各类刑事犯罪活动。共查处行政案件38起，治安拘留21人，破毒品案件3起，收戒毒8人，大幅提高案件侦破率。二是实行社会治安三级网格化和中心户管理机制。建立110个网格（其中：大网格1个，中网格13个，小网格96个），480个综治中心户，形成上下联动、群策群力、整体配合的格局。在新玉居委会和两个易地扶贫搬迁安置点、各重要路口安装视频监控系统50余个，开展巡逻20余次。在新玉居委会设警务室1个，有效维护小区的社会治安。三是开展毒品源作物禁种铲毒工作，加强对毒品案件的惩治，成功破获毒品案件3起。

【信访维稳】　畅通信访诉求渠道，维护群众的合法权益。严格落实包保责任制，细化稳控，制订化解方案，有效地维护新窑的社会稳定。化解各类矛盾纠纷和信访问题77件，调解77件，调解率100%，信访案件82件，化解82件，化解率100%，办结33件、办结率40%。

【安全生产】　扎实落实“党政同责、一岗双责、失职追责”责任制，按照“管行业必须管安全、管业务必须管安全、管生产经营必须管安全”的要求，深入开展经常性安全生产大检查，落实“五级包保责任制”，调动村级抓安全生产工作的主动性。全年共开展安全生产大检查100余次、专项整治行动50余次。全年未发生一起安全事故，实现了“零事

鸭塘村草莓采摘园　（新窑镇供稿）

故、零死亡”。

【特色产业】 一是精品水果。种植樱桃100亩、刺梨7003亩、桃子150亩；在1800亩的基础上，扩大联盟猕猴桃基地种植规模，新增面积500余亩。打造精品特色产业，做到一村一品。二是退耕还林。2017年实施退耕还林12072.02亩，主要种植刺梨，覆盖11个村，按照“三变”模式，全面铺开，现已完成9300余亩。三是产业管理。抓联合村王家大坡、新窑村新窑大坡、桥梁村那贝大坡秋季茶园及联盟猕猴桃基地修剪除草和肥培管理。四是旅游产业。充分发掘播雨“万峰林”自然风光潜力资源，依托六郎路、新六郎路，紧紧围绕“四印苗”等原生态少数民族文化，充分结合蜡染、刺绣等传统工艺，制订播雨“万峰林”自然风景区详细规划，高起点打造旅游精品线路，使新窑镇旅游与全区旅游成为一个有机整体。

【政治生态】 一是责任落实。层层落实管党治党主体责任，着力解决人民群众反映最强烈、对党的执政基础威胁最大的突出问题。二是人员配备。通过向社会公开招考，选优配强村级和学校纪检员共29人，对纪检员实行轮岗培训，做到人员配备、轮岗培训全覆盖。三是案件查办。形成案件查办常态化机制，累计查处党员违纪11件12人，严重警告3人、党内警告9人。四是警示教育。常态化开展党规、党纪学习和案件、案例通报，累计开展党规党纪学习30次，案例通报16次。组织党员干部参观廉政基地200余人次。五是约谈机制。形成了常态化约谈机制，开展集体约谈197余人次，个人约谈30人次。六是“四风”整治。健全制度，重预防、严问责，突出重点。实名通报3人，诫勉谈话7人，驰而不息地纠正镇村干部“四风”问题。

（张　彪）

◎ 牂牁镇

【概　况】 六枝特区牂牁镇位于北纬25°59′～26°27′东经105°12′～105°17′，地处六枝特区西南部，东与郎岱镇、洒志乡接壤，南与关岭县相邻，西与晴隆县花贡镇隔江相望，北与中寨乡相连。2017年，辖西陵村、牂牁村、半坡村、沈家村、木城村、大冲村、鲁戛村、扁朝村、西拉村、兴隆村10个行政村，1个居委会，下设1个居民小组，104个村民小组。

【人口面积】 2017年年末，辖区总人口5855户22353人，其中城镇常住人口2240人，城镇化率10.02%，另有流动人口6447人。

脱贫攻坚大比武现场观摩会　（牂牁镇供稿）

【经济概况】 2017年，工业总产值为12110.75万元；财政收入完成634.34万元，其中税收收入完成583.69万元，非税收入完成50.65万元；农业总产值9184万元。粮食作物以种植水稻、玉米为主。水稻种植完成面积2405亩、小麦良种面积2003亩、玉米种植1705亩。畜牧业以猪、羊、牛为主，有牛9580头，猪10350头，羊4355只。家禽50229羽，含鸡、鸭、鹅、鸽子。肉类产量132吨，其中，猪肉771吨，牛肉223吨，羊肉42.5吨，禽肉68.3吨，其他27.2吨。水产量255吨，主要销售河鱼。

【医疗卫生】 2017年末境内有卫生院1所，病床10张，共有医务人员27人，其中，执业医师4人，助理医师2人，完成诊疗13557人次，出院病人51人次；有10个村卫生室。2017年新型农村合作医疗参保人数15296人，参保率101.3%。

【学校教育】 小学共7所：村级完小5所，村级教学点1所，镇级小学1所，小学共43个教学班，小学生1529人。镇级中学1所，共8个教学班，学生454人。中心幼儿园1所，3个班，学生116人，民办幼儿园（有证）1所，3个班，学生84人，教师4人。全镇教职工共130人（含编外幼儿教师9人），其中中学教师27人，本科23人，专科4人，合格率：100%，师生比：1∶17；小学共有教职工89人，其中本科31人，专科50人，中专6人，初中2人，师生比：1∶17，学历合格率：98%；幼儿园教职工14人（含编外幼儿教师9人），其中本科3人，专科11人，师生比：1∶9，合格率：100%。小学适龄儿童入学率93.5%，初中适龄儿童入学率84.5%，九年义务教育覆盖率74%。

【社会保障】 2017年，城镇最低生活保障户数10户，人数20人；农村最低生活保障户数954户，人数2021人，农村五保分散供养42户，49人，季度发放五保供养金4.9万元。一季度高龄补助金243人次，共65820元。五保孤儿共有45人，其中五保户40人，孤儿5人，全镇持证残疾人965人，其中精准扶贫对象251户822人，残疾人领取低保金319人，享受辅具25人。60周岁退役士兵15人，重点优抚对象65人，季度发放优抚金10.81万元。宣传民政工作的方针、政策和法规12次，制定《牂牁镇2017年城乡低保提标工作实施方案》，至2017年11月，累计发放低保资金323.64万元。发放救灾资金54万元，帐篷186顶。走访和关爱留守儿童216人，建立留守儿童档案，按时录入系统。特困户为32户34人，截至2017年11月共计发放特困资金15.85万元。新建两座公益性墓地，办理老年证18起。建立农村幸福院并成立老年协会，使用资金共计13万元，其中，扁朝村幸福院和牂牁村幸福院为特区示范幸福院。

【城镇新增就业】 城镇新增就业任务860条，完成小额创业担保贷款11户105万元；办理失业登

2017年12月23日，大连市甘子井区红旗街街道办事处赴牂牁镇考察

记31人，完成公益性岗位社保缴费374人次，组织培训1个班、74人，正在组织培训的4个班240人；公益性岗位开发获批准指标20人，辞职10人，共计岗位30人，开发安置22人，其中劳动保障协管员5人，保洁员14人，垃圾清运车驾驶员3人；大学生创业就业已完成3人，完成任务150%。1—3季度排查复核关爱571人。1—11月未就业信息人社反馈144人已全部核实导入系统。

城乡居民基本养老保险任务全面完成，全民参保登记全部结束。2017年办理医保卡11人，新农合筹资15296人183.552万元。完成用工单位监察22次，投诉案件23件，协调处理18件，引导走法律程序2件。

【广播电视】 2017年电视“户户用”任务为2285户，完成统计2361户，统计率达103%，安装1456户，安装率达63%。

【安全生产工作】 一是开展道路交通安全联合行动。共开展道路交通安全联合行动100余次，参加执法检查400余人次，查处违法违规行为32起，在全镇10个村设置10个道路交通安全劝导点，依法拆除水上非法台网5个，在牂牁湖沿岸设置“严禁下河洗澡”警示牌20块，预防溺水事故发生。坚持每月至少开展1次危险化学品和烟花爆竹安全检查，开展非煤矿山安全检查16次。二是开展建筑施工及老旧危联合检查40余次，下发整改通知20余份；开展消防安全检查30次，共查出2家小超市消防设备不足，6家烟花爆竹消防灭火器失效。对镇辖区内已形成的11个地质灾害隐患点进行巡查检查、监控、隐患排查。开展食品安全检查10次。组织学习安全知识培训3次，联合海事部门开展水上交通安全培训1次，受众130余人次；邀请贵州省政安消防知识宣传服务中心到牂牁镇开展消防安全知识培训1次，辖区内的各学校的老师、村支两委、卫生院、镇干部职工120余人参与培训，联合工商部门组织辖区内的小餐馆开展食品安全培训100余人。发放安全生产警示教育宣传资料400余份。悬挂安全生产幅标语20幅。在11个地质灾害点开展应急演练。

【交通运输】 镇内由公路、水路两种运输方式构成交通运输网络。开展自用船船检87艘，完善自用船一户一档87艘，完成13艘渡口船船舶检验，

与六盘水市海市局协调完善13艘渡口船的船舶营业运输证、船员最低配员证及船舶国籍证书。仅11份开展自用船渡口船及码头安全检查安全检查共计23次。完成郎毛公路（镇域内14千米）提级改造，完成组组通公路硬化5.7千米，完成路基平整10千米，2018年预计实施22千米。

【城镇规划工作】 六枝特区人民政府以六府复〔2017〕81号批复了“牂牁镇总体规划（修编）（2015-2030）”，人居环境工作第一批次1943户，已完成1666户三方合同签订，780栋已完成，正在施工348户。厨卫改造完成350户，沿线4个公厕修建完毕；危房改造排查摸底统计有危房152栋，有安全性住房或儿女有安全性住房的有85户，无安全性住房的有67户，正在实施的有18户，9户主体完工，三改同步进行。已排查出该镇老旧危房63户，棚户区改造完成200户的厕所、厨房、房屋正立面照片等资料收集工作。已申请上报2018年棚户区改造数348户。对控违拆违及影响交通安全、视觉效果的房屋及圈舍进行拆除，下发责令停止建设通知书59份，强制拆除违法违章建筑房屋15栋，拆除临时搭建及影响视觉效果的房屋圈舍36处，制止新建及乱搭乱建10起、拆除乱搭乱建房屋100余处。三街十二坊完成西陵集镇498栋立面改造，厨卫改造及庭院硬化完成，垃圾及污水处理配套基础设施已完成，已建成三个休闲小广场并投入使用。“5+N”项目顺利完成食堂、卫生间、图书室、文体活动室、淋浴室、党建室六项改造，同时政府大楼及食堂周边的墙面修补喷漆已完成。兴隆村“美丽乡村·四在农家”示范点所有工程基本完成。

【党风廉政建设】 牂牁镇党委落实党委主体和纪委监督“两个责任”，聚焦监督、执纪、问责，实践监督执纪“四种形态”，狠抓严肃党内政治生活，强化党内监督，持之以恒纠“四风”。2017年与11个村（居）党支部书记签订党风廉政责任书，将党风廉政落实到村，镇党委研究党风廉政建设工作3次，在全镇干部职工大会上强调党风廉政建设20余次。镇纪委先后与镇属各股室站所签订15份“党风廉政责任书”，开展2次“三送三促”的宣传工作，受益群众20余人次。走访入户宣传“两个平台”230余次，共发放各类宣传册1100余份。组织镇村两级干部100余人观看警示教育片《巡视利剑》2次，通报中央及省、市、县级违反中央八项规定和惩治微腐败等典型案例10余次，共走访农户1600余户次，发现问题线索120余条，立案4人，结案0人。开展谈话16次（集体约谈3次、个人谈话13次），共26人次（提醒谈话22人次，诫勉约谈4人次）。

【名胜旅游】 风景点有省级牂牁江风景名胜区。名胜古迹西林（陵）晚渡、古道驿站、佘月郎山、雄关铁锁、三峡猿啼、“竖琴”横江、神洞迷宫、古寨月夜，统称“毛口八景”。2017年11月，六盘水市第四届旅游文化产业发展大会在牂牁江风景名胜区召开。

（李　露）

◎ 龙河镇

【概况】 2017年，龙河镇经济发展保持了稳中有进、好中加快态势。完成财政预算收入494.03万元，同比增长31.6%，其中国税86万元，同比增长405.8%，地税359.3万元，同比增长2.5%；完成固定资产投资8.9亿元，同比增长26.3%；招商引资资金5亿元；工业生产总值达6.9亿元，同比增长8.6%。农村人均纯收入达到7816元，同比增长10.1%；银行存款余额达2.6195亿元，贷款余额1.8595亿元。

【地理位置】 龙河镇位于六枝特区北部，东接普定县，西邻岩脚镇、南靠新窑乡、北抵新华镇，距六枝中心城区19千米。总面积61.3平方千米，辖11个行政村1个居委会177村民组，12462户46135人，其中境内居住有苗族、仡佬族、布依族等18个少数民族共1847人，占总人口的4.1%。现全镇贫困户954户3441人（其中贫困村7个）。

【机构设置】 党政办事机构：党政办公室（法制办公室、全面小康社会建设领导小组办公室）、社会事务办公室、卫生和计划生育办公室、经济发展办公室、规划建设环保办公室、安全生产监督管理办公室、社会管理综合治理办公室（“群众工作办公室”）。事业单位：六枝特区龙河镇农业综合服务中心（扶贫工作站、农产品质量安全监管和畜牧兽医站、道路交通安全管理站、农业产业化发展办公室、农村土地承包经营权流转服务中心、生态旅游服务中心）、六枝特区龙河镇人力资源和社会保障服务中心（农村合作医疗站）、六枝特区龙河镇科技宣教文化信息服务中心、六枝特区龙河镇卫生计生院、六枝特区龙河镇水务站、六枝特区龙河镇林业站、六枝特区龙河镇城镇规划建设管理所、六枝特区龙河镇财政所、六枝特区龙河镇群众工作站、六枝特区龙河镇计划生育协会、敬老院（老年服务中心）。

【现代农业发展】 围绕“农业增效、农民增收”发展目标，开展农业产业化经营，加快农业产业结构调整步伐，发展现代农业。2017年，全面实施“3155”工程，完成特色经果林种植2200亩，完成茶叶种植500亩，核桃种植3200亩，魔芋种植300亩，猕猴桃种植1000亩，完成林下经济种植126亩，完成实施退耕还林3158亩，森林覆盖率达41.2%；大牲畜存栏19550头，家禽存栏2.33万羽，粮食产量达1.498万吨，流转土地471亩，发展农民专业合作社达10家。

【商贸经济发展】 好又多超市入驻龙河镇运营，有力带动居民消费；个体工商户达493户，限上商贸单位达6家，实现限上零售额达500多万元，实现“网货下村”和“农产品进城”双向流通。

【乡村发展】 社会主义新农村建设。按照“以镇带村、镇村互动、重点突破、整体推进”的原则，加大集镇建设力度，加快镇村发展步伐，完善功能，强化管理，努力提高镇村品位。2017年，完成《龙河镇城镇总体规划》编制，8+X项目已完工6个，在建7个，拟建6个，1+N项目龙场村的市场综合体建设和双龙村的双龙沙滩文化旅游项目2017年正在扎实推进。龙河镇市场综合体建设总投资1.5亿元，完成农村商业银行、超市、售楼部、综合性商业楼共计14栋。双龙沙滩文化旅游项目建设，该项目平场及土方回填12.8万立方米，运动场塑胶跑道完成2730.65平方米，排水沟铺设549.71米，广场砖铺贴8061.82平方米，河边挡墙及人行道完成293米，沥青道路完成386.8米，圆形广场（舞台）及喷水池完成1个，防腐木亭完成2个，防腐木平台完成2个。完成棚户区综合整治2176户，拆迁70户。大力实施人居环境综合整治项目，涉及村寨155个，2017年糯谷寨、电子上、仲楚，样板房施工完毕，陇木村、红旗村测绘完毕，正在测绘林场村。投入财政资金57.6万元，大力实施“三改”工程，改厨共计32户，完工32户，改厕共计32户，完成32户，改圈共计1户，完成1户，完成危房改造32户。大力改善农民居住环境，改善广大农村

小城镇观摩会现场 （龙河镇供稿）

的生产生活条件和整体面貌，实现龙河镇“处处是景点、村村有亮点”特色。2017年，实施“美丽家乡·秀美龙河”环境综合整治。投入资金51.38万元，聘保洁员10名，购买勾臂式垃圾箱46只，实施整治17次，治理车辆乱停乱放500余起；拆除乱摆摊设点63户；拆除乱搭乱建8处；清理乱贴乱画420余处，治理乱拍乱倒200余户，清理各类垃圾30万余立方米，清运生活垃圾1800余吨，垃圾中转站主体工程已全面完工，农村保洁常态长效管理机制得到进一步完善，镇村环境面貌得到进一步改善。持续推进镇区“硬化、亮化、绿化、洁化、美化”工程，不断改善人居环境。

【美丽乡村建设】 2017年拆除老旧危楼361栋、旱厕2176处，绿化20多万平方米，铺设雨污管网9278.2米，绘制文化墙60平方米。移民家园展新姿。对全镇434户1859人（其中：贫困户177户，914人）实施了易地扶贫搬迁，并对小区进行绿化、亮化。建成安置房434栋，配套建成沥青路面8千米、绿化66743平方米、雨污管网16千米。社区服务、文体休闲广场、停车场俱全。完善基础设施。2017年，实施农村公路网化工程、畅通工程和移民后扶工程，大力实施组组通工程，共建24.709千米，已完成22.3千米，完工率为90%。新建、拓宽水泥道路硬化24.623千米。实施“一事一议”项目3个、189.9万元。实施土地整理项目2773.8亩，实施电网改造413千米。投资1600万元实施安全饮水巩固提升工程。

【脱贫攻坚】 一是结合“春季攻势”、“夏季大比武”、“秋季攻势”的总体部署，抓整村推进，完善基础设施。制定《龙河镇2017年脱贫攻坚工作实施方案》，层层签订目标责任书，对精准扶贫工作实行目标管理，确保各项工作责任落实，确保扶贫工作有力有序推进。实施“组组通”水泥路工程，解决“行路难”的问题；完善通信网络，解决“通信难”的问题；卫计院实施医共体改革，全面实行新农合，解决“看病难”的问题，合作医疗报销11万余人次，报销金额达2985万余元；新建第二幼儿园、新场坝幼儿园和中学综合楼，义务教育阶段全免学杂费，义务教育阶段入学率100%，解决了“上学难”问题；完善农村电网改造，解决“用电难”的问题。二是抓资源开发，促结构调整，促农民增收。

猕猴桃基地 （龙河镇供稿）

完成养蜂产业250箱，投入财政专项扶贫资金20万元，扶持贫困户79户286人；完成林下经济种植200亩，投入财政专项扶贫资金8万元，覆盖贫困户10户52人；完成蔬菜种植300亩，投入财政专项扶贫资金8万元，涉及贫困15户68人。完成养牛项目建设1个，投入财政专项扶贫资金55万元，已购商品牛32头；引进六盘水楚雄农业开发有限公司在迎风村建立鵪鸡养殖示范基地，投入财政专项扶贫资金154.8万元，带动贫困户发展养鸡产业，现有存栏鵪鸡2万羽，发放给贫困户养殖的1.6万羽，计划发展养鸡8万羽，覆盖贫困户300户1205人。全力落实教育扶贫优惠政策。完成“雨露计划，圆梦行动”学生助学44人，覆盖龙河镇11个行政村。全力实施生态补偿扶贫。完成丈量退耕还林5242亩，种植李子树、枇杷树、核桃树、板栗树等品种。三是抓政策落实，完善社会保障。一律实行“村财镇管、镇管村用、民主理财、规范管理”。对村级工作实行目标管理，实现村民自治与政府工作的对接，促进社会事业的全面发展。四是抓基层组织，增强发展能力。全面推行“四议两公开”工作法，建立健全村级民主自治机制。完善村干部管理考核办法，村级基层组织战斗力明显提升。全面打响精准扶贫攻坚战，2017年实现407户1913人脱贫。

【民生工程】 累计发放各种惠农补贴5600余万元，全部“一卡通”按时发放到户。新型农村合作医疗、城镇居民医保、城乡居民养老保险参保率达98.5%。完善城乡低保动态管理，实现应保尽保，建立农村五保社会救助体系，加大困难群众流浪乞讨人员和残疾人生活救助。建立老龄人口信息库，落实80岁以上高龄群体普惠补贴政策。

【维稳工作】 积极打造阳光信访、责任信访和法治信访，信访形势保持稳定。严格落实“党政同责、一岗双责、齐抓共管”的安全生产责任体系，全面贯彻《中华人民共和国安全生产法》，认真开展“打非治违”和食品药品安全、防溺水、校园周边环境等专项整治行动，及时排除安全隐患，实现安全生产“零事故”。加强土地巡查，配合查处违法采砂、采石案件1起，拆除违章建设3处。

【其他事业】 投入资金50万元建设5+N（指的是5个规定动作，分别是重温入党誓词、进行集体授课、通报中心工作、组织小组讨论互动、办法培训证书；“N”指的是各党组织结合当地实际，创新培训模式。），对职工食堂、卫生间、淋浴室、文体活动室、图书室、政务服务中心等进行提升改造。文体事业实现村村有农家书屋，镇图书室、文体活动室免费开放，春节文艺活动等各类文体活动丰富多彩。教育事业。加大中小学师资及办学硬件投入，整治校园周边环境，幼儿园新建、中学扩建征地20.1亩。2017年高考实现本科达线21人。卫生事业实施“医共体”改革，医疗服务水平不断提高，突发疾病和疫情、传染病控制体系进一步健全。武装工作完成“双合格”预征任务，超额完成了特区下达的征兵工作任务；民政救助工作2017年共计发放农村低保320.7394万元，五保户补助46.04万元，社会救助61.8563万元，孤儿补助7.56万元。社会保障工作的新型农村社会养老保险60岁以下参保人数达5258人，发放60岁以上人员养老金3899人，办理80岁以上老人高龄补贴1687名，确保高龄补贴的准确及时到位，参保率、住院费补偿率均达100%；生态保护工作着力抓好镇村环境、生态环境和企业环境建设，不断改善生态环境、人居环境，落实主体责任，积极建设和完善集镇污水处理设施；交通管理工作以“养护为主，积极管理”为方针，扎实做好全年的公路养护管理工作，确保年内无重大交通安全事故；建房管控工作大力推进农村建房“两违”整治，全年共计处理“两违”30宗，下达处罚整改通知30起。疏堵结合，全年共审批建房54宗，面积达7024.87平方米；综治禁毒工作实现全年无重大刑事案件，确保公众安全感和政法机关满意度测评。高度重视禁毒工作，组织开展“禁毒流动课堂”、“6·26”国际禁毒日、禁毒专项测评等重点时段的禁毒主题宣传教育活动，全镇组织开展禁毒宣传40余场次，发放禁毒宣传册2万余份、禁毒漫画册1万余份、张贴禁毒横幅50余条、禁毒应知应会手册2000余份、禁毒专项测评调查问卷4000余份；信访工作全年共接待来信来访390件，办结率达100%；

【党建工作】 龙河镇1个党委，19个党支部，坚持“两学一做”常态化制度，严格落实“三会一课”制度，认真学习宣传贯彻中共十九大精神，狠抓镇村两级党组织规范化建设，严格落实党务、政务、村务等公开制度，注重干部管理和培养，加强党员干部学习，做好党建示范点打造工作。2017年，组织开展党员教育培训9次；开展道德讲堂8次；上党课4次；召开党建促脱贫观摩学习会1次；全年党政领导干部深入12个村（居）宣讲十九大精神，开展十九大精神宣讲12次。成立“弥力红联村党委”党建示范点，推进阿珠移民新村“党建+异地扶贫搬迁”党建示范点、龙河镇卫生院“党建+医共体”党建示范点建设。

【党风廉政建设】 严格落实中央及省、市、特区关于改进工作作风方面的规定精神，坚决整治推诿扯皮、慵懒散漫，怕出事、不干事的不正之风。重点组织学习党风廉政各类文件24次，为12个村（居）配齐村级纪检员，出台《龙河镇村级民生监督员管理暂行办法》和《龙河镇村级民生监督员（纪检委员）工作职责工作制度》。开展社会养老保险专项监察，开展“访村寨、重监督、助攻坚”专项行动，开展抓实节日期间纪律督查工作，抓实禁酒规定督查工作，抓实“四风”问题督查整改及回头看工作，全方位、多渠道收集案件线索，从严查处各类违法违纪行为，开展约谈7人次，立案4件。

（肖　俊）

◎ 新华镇

【综述】 新华镇位于六枝特区东北部，东接织金县白泥镇，南连龙河镇，西邻岩脚镇，北靠织金县阿弓镇，距特区政府驻地32千米。总面积为69.7平方千米。全镇辖9个行政村1个居委会，90个村民组。总人口8120户，31871人。境内有汉、苗、彝、仡佬、布依等多个少数民族，其中少数民族人口占总人口的23%，分布在新寨、新田、新平、兴隆四村，新华镇辖区内有9个村1个居委会，新平村、新寨村、王家冲村、田坝村、新田村、双屯村、鼠场村、兴隆村、成功村、1个居委会。

【概况】 2017年，新华镇完成财政总收入816万元，超额完成全年目标任务。工业总产值累计完成15.517亿元，其中规模以上工业产值累计完成1.698亿元；固定资产累计完成4.575亿元；2017年人均可支配收入为6347元。

【农业产业】 新华镇2017年大力实施农业产业结构调整，结合各村有经果林种植的传统，以特区林业局顺发公司为龙头，采取平台公司+合作社+农户+基地的“三变”模式，2017年已在新华镇双屯村、成功村种植桃树4500亩，2018年将在鼠场村、兴隆村、双屯村、成功村、新田村连片打造林业园区“万亩经果林”基地，已在鼠场村流转土地1800余亩，在兴隆村流转土地2000余亩，预计在2018年3月份完成种植。该项目农户以1200元退耕还林资金入股，前三年按照每年300元/亩土地流转、120元/亩进行保底分红（总计420元/亩），自第四年开始按照分红农民占收益的30%股份兑现给农民，不足420元/亩的补足到420元/亩。该项目覆盖农户885户，其中贫困户112户，预计户均年增收4500余元。同时充分利用林下的闲散土地，全力发展“吹糠见米”、“短平快”的林下产业，计划2018年在双屯村小寨、跳花坡，成功村田坝头规划种植青菜、萝卜、小黄姜、紫薯等林下蔬菜1500亩，在鼠场村、兴隆村等地种植辣椒、牧草等3000余亩，现已种植完成小寨示范点林下蔬菜300亩。

新华镇组织森林防火行动 （新华镇供稿）

【工业发展】 新华镇坚持“工业富镇”战略，进一步强化服务意识，创新服务方式，提高服务效率，真心招商、热心待商、诚心助商，为外商营造一个投资效益好、安全系数高、投资成本低、政府效率高、服务质量好的投资环境。坚持走“转型发展绿色化”的路子，坚决不放松工业工作，继续做好煤矿复工复产，维护工业发展环境，切实增强工业竞争力。积极引导个体工商户和私营企业发展。积极提升工业招商服务，转变服务理念。

【基础设施建设】 2017年，S310运煤快速通道六枝华润电厂至新华段已全线贯通，新华至大草坝已完成工程的40%，预计在2017年中旬全部完成，017县道除鼠场改线段外，已全部完成，切实为群众出行提供便利，促进经济发展。通过“一事一议”完成通组公路12条，50余千米，并申报2018年“组组通”项目6个，共15千米，通组路率达95%，86个村民组已通水泥路的组达79个，未通水泥路的7个组通组路均在建设之中，已基本形成全镇范围内的交通网络。

【村容村貌】 2017年农村危房改造主体改造、三改覆盖新华镇9个行政村，启动及完成共67户，改造资金77.9万元。在王家冲、双屯等村修建文体广场3个，在新寨等村安装路灯450余盏，在成功村等村修建公共厕所3个，完成庭院硬化串户路10000余平方米，新寨村率先实现了庭院硬化、串户路、路灯100%覆盖。2017年，完成新华镇双屯村“党建+旅游”活动室1个，广场1000平方米建设项目，为下一步旅游开发提前做好准备。基本完成新华片区城市棚户区改造综合整治配套基础设施建设项目（新华广场项目），总投资3000万元，修建小区道路2700平方米、供水管网600米、排水管网1200米、停车场2个共60余个车位、公厕1个、文化广场1个、山体公园1个、篮球场1个、足球场1个、羽毛球场1个及其相关配套设施，绿化面积达10000余平方米，种植桂花、银杏、樱花300余株，路灯140余盏，商业街道400余米。基本完成新华片区城市棚户区改造综合整治建设项目，总投资1500万元，综合整治300户，修建猪、牛市场1个，种植桂花400余株，完成人行道硬化6000余

2017 年 3 月 4 日，新华镇组织植树活动

（新华镇供稿）

平方米，硬化路灯 50 余盏，新华街已基本完成。

【脱贫攻坚】 2017 年，新华镇按照“不该纳入的一个不纳入，该纳入的一人不少”原则，开展贫困对象查漏补缺工作，共增加贫困户 113 户 459 人，删除 126 户 459 人。全镇贫困户人口为 422 户 1444 人。

2017 年，通过“党建 + 支部 + 产业 + 农户”、“党建 + 合作社 + 农户”的模式，继续推进“三变”改革，一是投入扶贫资金对茶叶提质增效，共为新寨、新平、兴隆三村 200 余户贫困户发放分红，分红资金 15 余万元，整合资金 100 余万元新建“三变砂石场”一个，每年将获得分红 25 万余元，分红资金用于资助所有贫困户脱贫，切实增加贫困户收入，实现真“三变”产业。二是做大“蜂蜜”产业。立足“四季花开、四季品果”自然优势，通过规划引导、政策支持、示范带动等措施，因地制宜发展“特而专、精而美”的蜂蜜产业，全力打造六枝特区蜜源基地，助推脱贫攻坚，促进农民增收。通过“三变 +”模式，养蜂 1190 箱，打造六枝特区最大规模的养殖基地，带动贫困户就业 5 人，预计年收入 70 万元，受益 78 户贫困户，农户户均增收 6153 元。通过政府询价采购方式，大力实施养殖帮扶项目，对全镇 216 户贫困户，914 人发放小猪 500 头，牛 260 头，鸡 10000 羽，发放洋芋种 60 吨。三是加大金融扶持力度。共发放“特惠贷”资金 1200 余万元，用于帮扶贫困户发展生产，促进贫困户持续增收。

（何　源）

◎ 关寨镇

【概况】 2017 年，关寨镇地区生产总值 2.36 亿元，财政总收入 1556 万元，其中，国税完成 866.79 万元，地税完成 689.21 万元；公共财政预算收入完成 866.79 万元，其中，国税完成 360.11 万元，地税完成 506.68 万元；固定资产投资完成 12.49 亿元，工业产值完成 12.2 亿元，招商引资到位资金完成 5.7 亿元；农村居民人均可支配收入达 8651 元。全镇现有贫困人口 596 户 1859 人（其中一般贫困户 154 户 650 人，低保贫困户 397 户 1156 人，五保贫困户 45 户 53 人）。2017 年，荒田、团坡、上寨、西克和左坝 5 个贫困村出列，减少农村贫困人口 586 户 2562 人，易地扶贫搬迁 126 户 634 人、教育扶持（雨露计划）40 人、金融扶贫累计 1099 户（依托平台公司，向农村信用社申请小额贷 5102.1 万元，集中投放到特区扶投公司，每年可向贫困户分红 3000 元），贫困发生率由年初的 9.40% 下降到年末的 4.15%。

【机构设置】 关寨镇党委、政府机关定行政编制 43 名，工勤人员编制 7 名；设领导职数 12 名，即党委书记 1 名，镇人大主席 1 名，镇长 1 名，党委副书记 2 名〔其中 1 名同时担任镇长，1 名同时担任政法委书记（兼综治办主任）〕，纪委书记 1 名，副镇长 5 名，人民武装部部长 1 名。内设：党政办公室（法制办公室、全面小康社会建设领导小组办公室）、社会事务办公室、卫生和计划生育办公室、经济发展办公室、规划建设环保办公室、安全生产监督管理办公室、社会管理综合治理办公室（群众工作办公室）。

【经济指标状况】 2017 年，关寨镇财政收入（全口径）1566 万元，一般公共财政预算收入 866.79 万元；亿元项目任务数 5 个，该镇完成 2 个，协助特区部门完成 5 个，共计 7 个；1—10 月完成固定资产投资 13 亿元，为任务数 11 亿元的 118.2%；2017 年完成招商引资项目 3 个，引资金额 5.893 亿元，为任务数 5 亿元的 117.9%。

【“三农”工作】 一是农业生产方面。粮食作物播种面积：水稻播种面积0.7万亩，玉米播种面0.78万亩，豆类播种面0.26万亩，杂粮播种面0.04万亩。推广杂交水稻0.6万亩，杂交玉米0.7万亩，脱毒马铃薯2.31万亩（其中，高产示范1200亩），水稻旱育稀植0.5万亩，杂交双低油菜0.6万亩，玉米育苗移栽0.7万亩，小麦种子包衣0.3万亩，2017年粮食总产量为12825吨，比上年同期增长1.04%。经济作物生产：油料面积0.67万亩，完成0.07万亩。中药材面积0.86万亩，完成0.1254万亩。蔬菜（含瓜果）面积2.06万亩，完成2.06万亩。茶园面积1.34万亩，完成1.34万亩。果园面积3.85万亩，完成3.85万亩。油茶面积0.4万亩，完成0.4万亩。花卉面积0.1万亩，完成0.1万亩。其他经济作物面积1.9万亩，完成1.9万亩。畜牧生产：积极引导养殖大户扩大规模，2017年大牲畜存栏，生猪存栏24500头、牛15589头、羊13859只、家禽存栏250000羽；生猪出栏21560头、牛3430头、羊9008只、家禽225000羽；肉类总产量2713吨，其中：猪肉1833吨、牛肉375吨、羊肉135吨、禽肉338吨，其他32吨；禽蛋产量450吨，水产品产量127吨，计划中蜂养殖1000箱，已完成1060箱。二是畜牧技术与畜禽良种推广。已推广牛杂交改良500头，猪杂交1.2万头，羊杂交改良320只，推广良种禽10万羽，推广中蜂1060箱。三是土地确权工作。二调面积85318亩，外业入户完成情况：完成面积7.975万亩，完成地块数94902块，完成户数9029户，签订合同8833户，完成签订合同率98%。四是农业特色产业。过瓦村、兴发村、补底村茶叶补天窗连断带0.1万亩。补植补种2.47万亩，其中茶叶0.3万亩，中药材1.2万亩，刺梨0.012万亩，特色经果0.57万亩。蔬菜种植0.1万亩，银杏种植0.1254万亩，甜玉米种植56亩。产业后续管护8.07万亩，其中茶叶0.9万亩，核桃5.5万亩，中药材1万亩，刺梨0.1万亩，特色经果0.57万亩。林下经济种植2.5309万亩。魔芋种植400亩，其中，荒田村200亩，牛坡村150亩，西克村50亩。五是春季攻势和产业扶贫工作。完成银杏种植1254亩；完成中蜂养殖1060箱；养鸡50000羽，完成12400羽；养鹅34000只，完成24000只；养猪948头，完成948头；养牛425头，完成250头；养兔2500只，完成2500只；养竹鼠500对，完成500对；完成林下经济作物种植25亩；商品蔬菜基地495亩，完成192亩；完成核桃高枝嫁接100亩；马铃薯种植1219.4亩完成；鱼塘养鱼63000尾，正在修建鱼塘。六是积极推进农业合作社建设。新建农业专业种养殖合作社14个。七是强化农产品质量安全与监管。19村（居）的免疫密度达到100%（高制病性禽流感、口蹄疫、蓝耳病、猪瘟、鸡新城疫、狂犬病免疫、耳标佩带、建档率），猪瘟、鸡新城疫免疫密度分别达到95%以上，强制免疫畜禽群体免疫抗体合格率达80%以上，畜禽免疫抗体合格率达到农业部标准。八是切实做好农业生产保障。做好能繁母猪保险工作65头，给农民养殖户吃了“定心丸”，为2017年农业生产打下了基础。九是继续抓好退耕还林工作。主要是在居都村、补底村、龙潭村、荒田村和箐口村，实施2016年退耕还林任务数1350亩，实际完成1700亩，占任务数的125.9%。

【脱贫攻坚】 开展脱贫攻坚“春季攻势”、夏季“大比武”和“秋季攻势”，围绕“两率一度”，以贫困户“一达标两不愁三保障”为目标，落实“六个精准”、狠抓“五个一批”，扎实打好“四场硬仗”，减少贫困人口586户2562人，贫困发生率由2017年初的9.40%下降到2017年末的4.15%；团坡、上寨、荒田、左坝、西克5个贫困村出列，关寨镇（原箐口乡）实现“减贫摘帽”。突出产业带动，扶贫效益明显提升。2017年投资1476.387万元，实施矮秆银杏、李子、刺梨等22个产业项目，共有22个合作社参与“三变”改革，惠及1169户4211人，实现“三变”产业全覆盖。银杏育苗种植，生猪、

2017年4月24日，中科大到关寨镇调研脱贫攻坚工作　（关寨镇供稿）

黑山羊、肉牛养殖，村级集体经济入股民生公司和旅文投公司等项目累计分红 178 万余元。突出民生保障，加快脱贫攻坚步伐。建档立卡贫困户人员就诊住院报销 197 人次，报销资金 291 万元；贫困户家庭医生签约 4211 人，签约率 100%；贫困户慢病签约 320 人；完成“四类对象”农村危房改造 32 户；发放城市低保金 56.02 万元，农村低保金 524.48 万元；特困供养 39.44 万元；城乡医疗救助 16 户 9.29 万元；城乡临时救助 184 户 15.425 万元；落实教育资助 5335 人 693.15 万元；累计开展包保干部和业务人员培训 1200 人次，开展就业培训 196 人次，“雨露计划”培训 460 余人次；累计发放小额扶贫“特惠贷”贷款 5102.1 万元。突出项目带动，基础设施得到夯实。按照“一心、二轴、五组团”的集镇建设模式，加大对集镇基础设施的投入，不断完善镇区市政设施。2016 年 198 套易地扶贫搬迁房建成并全部入住，完成 2017 年易扶搬迁 126 户 634 人；完成派出所新办公楼和镇第三幼儿园主体工程建设，完成采沉项目 7 号迎宾大道建设，污水处理厂、镇一中改扩建项目全面启动；实施“一事一议”项目工程 54 个，19 个安全饮水提质项目全部启动，实施“组组通”等公路 34 条 93.939 千米，启动实施人居环境整治改善项目。

2017 年 8 月 30 日，召开关寨镇妇联第八次代表大会

【生态环境保护工作】 围绕“生态关寨、创新关寨、美丽关寨、富裕关寨”的发展思路，坚持走好“生态和发展”两条底线。2017 年共实施退耕还林 13032 亩，森林覆盖率达 66.41%；境内河流全部实行河长负责制，严控水质污染；按照环境保护“六个一律”环保“利剑”执法专项行动要求，强化饮用水源点环境保护，投资 24.7 万元实施白岩冲、水落洞饮用水源点环境保护工程。投资 400 万元建成荒田垃圾中转站，启动建设堕却垃圾中转站，为境内垃圾日产日清奠定良好基础；以镇、村为单位，镇属部门分区域包保，镇、村（居）逐级配备专职保洁员，并采取干部帮持、镇村干部示范带头、妇联培训等方式，深入开展“三新一清洁”、“文明新风进万家”活动，不断改善农户环境卫生，做到环境质量达标与面貌形象提升协调一致；对辖区内砂石厂、建筑工地定期开展每季度检查、监督，严格控制粉尘、污水对大气及周边环境污染。

【社会民生保障工作】 一是加强社会保障力度。城镇登记失业率控制在 4.2% 以内；城乡居民社会养老保险参保率达 101% 以上；新农合参保率达 99% 以上。二是加快发展文化教育事业。2017 年，举办大型文体活动 4 次、举办中共十九大精神集中宣讲 70 余次；大力实施教育“9+3”计划、“营养改善计划”，完成“四在校园”建设，启动实施镇一中、牛坡幼儿园建设，小学适龄儿童入学率达 100%，九年义务教育巩固率达 86%，高中阶段毛入学率达 85.1%，安装广电云户户用接收设备 4710 套。三是推进卫生计生事业。积极开展优生优育工作，人口自然增长率 7.86‰；医疗卫生改革快速推进，成功完成市二医与关寨镇卫生院“医共体”建设。四是加强社会稳定。强化“七五”普法宣传教育，上下联动，平安建设取得实效，辖区内未发生命案和重大刑事案件；深入开展禁毒、铲毒专项整治 8 次，完成查处任务 18 件、强制戒毒 13 人；层层落实信访包保责任，积极化解矛盾纠纷，全年未发生进京赴省非访事件；加强安全隐患排查，突出抓好重点领域安全监管；严格“红白喜事”打招呼制度，切实履行“一岗双责”，认真落实安全责任，2017 年未发生安全事故。五是协调发展各项事业。国防教育和“双拥”工作进一步加强；妇女、儿童、老龄、残疾人、留守儿童等事业健康发展；工会、共青团、民族、宗教、体育、史志、档案等工作有序推进。

（党政办）

◎ 新场乡

【概况】 新场乡位于六枝特区西北部，乡政府驻地距特区政府所在地47千米。东与梭戛乡为邻，南与岩脚镇、关寨镇相连，西与水城县化乐镇接壤，北与牛场乡交界。地处三岔河域中段，属高寒边远贫困山区。全乡总面积138.8平方千米，耕地面积81000亩，人民政府驻新场村，下辖1个居委会，16个行政村，168个村民组，236个自然村寨，共有11081户，44271人，是一个汉、苗、彝、回等多民族杂居乡。

【机构设置】 党政办事机构设置共7个：党政办公室（法制办公室、全面小康社会建设领导小组办公室）、社会事务办公室、卫生和计划生育办公室、经济发展办公室、规划建设环保办公室、安全生产监督管理办公室、社会管理综合治理办公室（群众工作办公室）。人事关系由乡镇管理的事业单位共11个：六枝特区新场乡农业综合服务中心（农产品质量安全监管和畜牧兽医站、道路交通安全管理站、农业产业化发展办公室、农村土地承包经营权流转服务中心、生态旅游服务中心牌子）、六枝特区新场乡人力资源和社会保障服务中心（挂农村合作医疗站牌子）、六枝特区新场乡科技宣教文化信息服务中心、扶贫工作站、六枝特区新场乡林业站、六枝特区新场乡城镇规划建设管理所、六枝特区新场乡财政所、六枝特区新场乡群众工作站、六枝特区新场乡计划生育协会、敬老院（挂老年服务中心牌子）、留守儿童关爱服务中心。

【经济指标完成情况】 2017年度完成一般公共预算收入412.07万元；固定资产投资完成10亿元；招商引资2.6亿元；工业总产值完成3.5亿元，同比增长7.2%；粮食产量11235吨，经济作物产量799吨，分别同比下降9.43%和增长21.8%。农民人均可支配收入8380元。

【项目建设】 旧院水库已正常向六枝城区供水；懒龙河水库移民搬迁工作已完成，水库建设工作正在有序开展；六安城际快铁建设较为顺利；实施“一事一议”财政奖补项目12个，财政奖补资金258.43万元，其中：通寨公路硬化项目4个，总长7.09千米，财政奖补资金194.97万元；实施太阳能路灯安装项目1个98盏，财政奖补资金31.36万元；岩发公路、新场至乌柳道路加宽等工程有序推进；完成老街改造850米，人行道板铺砖1270平方米，周转房前地板硬化约1000平方米；新场乡小城镇建设8+X项目正在场地平整建设项目，完成石牛角安置点人行道景观树种植247株，完成人行道树修剪及浇水工作；完成人行道板铺装360平方米，完成建设投资约5000万元。

【产业结构】 围绕脱贫工作中心布局产业，抓好产业促增收和农业结构调整。以六六高速沿线为核心，种植以马铃薯为主的经济作物1000亩；建成白果、仓脚、乌柳3个蔬菜种植基地，建成落龙藏香猪养殖小区，拟建新寨和黑塘2个藏香猪养殖小区；利用退耕还林政策，种植刺梨18858亩；在松坝核桃基地套种东魁杨梅、脆红李、青脆李、桃树等果树，面积为880亩；实施700箱蜜蜂、17000羽土鸡养殖；实施松坝村30万元养牛项目，新寨村100万元养牛项目；提质增效仓脚村3000亩茶叶。

【社会稳定】 一是强化上下联动，强化宣传教育。共发放平安建设、打击传销、反邪教等各类宣传资料2000余份。二是完善各类台账，摸清工作底数。收集全乡摩托台账，完成登记上报256辆；完成统计干部通信台账200余人，村民统计台账4000余人，为平安建设、安全感满意度测评打下良好基础。三是加强横向协调，开展专项整治。联合乡派出所、林业站、安委办、水利站等多部门开展禁种铲毒专项督查，2017年共开展各类专项督查10次。在新

新场乡2017年脱贫攻坚春季攻势之“特惠贷分红”发放仪式 （新场乡供稿）

新场乡"凉都跑山猪"养殖基地　（新场乡供稿）

场乡中学、辖区药店、诊所开展精麻药品大排查活动。开展禁毒、禁种铲毒、流动课堂集中宣传4次，发放宣传资料4500余份。四是层层落实责任，信访维稳成效明显。实行责任到村到人制度，切实做好矛盾纠纷的化解排查，将矛盾化解在基层。五是安全生产基本稳定。加强安全生产事故隐患排查，突出抓好重点行业的安全监管，重点抓企业生产安全、食品安全、校园安全和农业生产生活安全，2017年未发生重大安全事故。

【民生事业】　九年义务教育覆盖率达100%，农村义务教育学校学生营养午餐全覆盖。打造新场乡中学、新场小学、承玲小学"四在学校・幸福校园"观摩点，对黑塘中学、苦李井小学进行维修，改善教学环境。继续实施和推进"双激励、双促进"工作，2017年春季学期期末考试，新场乡65名教师教学班级考试成绩在全区同级同学科考试中分别荣获第一、二、三名；各项惠农政策落实到位，"新农合"参合率逐年上升，"新农合"参保率达到100%，缴费率100%；社会保障方面基本实现困难群众应保尽保，2017年为全乡1752户农低保户2900人发放低保金578余万元，为25户城低保户30人发放低保金15余万元。

【党建工作】　一是整改抓作风。2017年共召开12次党委会专题研究党风廉政建设和反腐败工作。严格执行中央八项规定、贵州省《十严禁和十不准》、《贵州省公务活动全面禁酒的规定》和省委、市委、区委十项规定。突出查办案件，全年共查处党员违纪违法案件6起，立案6件6人，结案6件6人。其中：4人党内严重警告，2人党内警告。制止违规办酒13起，劝停违规办酒31起。建议给予2名预违规办酒席造成不良影响的工作人员组织处理。二是抓好党建促发展。2017年5月，对换届以来村干部运行情况进行调研研判，调整村支书2人，充实其他村班子18人。选优配强深度贫困村党组织书记，充分聚焦攻克深度贫困堡垒，按照"一好双强"标准，2017年9月，选派政治素质过硬，"四个意识"强，能坚定不移贯彻执行中央和省委各项决策部署的年轻乡干部任新寨村党组织书记；以把党支部活动场所建设成为党员学习、教育培训、村民议事、便民服务、文体活动为一体的综合性阵地为标准，争取100万元资金对松坝村活动室进行修建，10万元资金对新寨村活动室进行修缮，协调沙地小学作为沙地村活动室，高峰小学作为高峰村活动室；紧紧围绕党员教育管理、群众反映的热点等方面问题，积极抓好落龙村村班子团结、党员队伍建设，提高落龙村村基层组织服务群众的能力。

（安明金）

◎ 落别布依族彝族乡

【概况】　2017年，落别乡在上级党委、政府的坚强领导下，紧紧围绕迎接中共十九大胜利召开，承办全市旅游产业发展大会，坚决贯彻落实中央及省、市和区委、区政府的各项决策部署，以党的建设为统领，统筹推进"五位一体"总体布局，协调推进"四个全面"战略布局，牢牢守住发展、生态和安全三条底线，紧紧抓住乡村振兴战略这一历史性机遇，各项工作持续向好，呈现出稳中有进、加快转型、提升质量、后劲增强、民生改善的良好态势。一是经济发展更有质效。全乡财政收入完成491.95万元，占任务数632万元的77.82%；国税部门完成收入136.77万元，地税部门完成收入311.60万元，财政部门完成43.58万元。二是项目推进卓有成效。亿元项目入库3个，总投资3.2亿元。三是民生改善富有实效。农村居民人均可支配收入预计可达8000元、恩格尔系数维持在40%以下；群众对全面小康认可度达90%以上。

【机构设置】　内设：党政办、人大办、纪委办、三变办、党建办、督查办、经发办、社会事务办、卫计办、综治办、合医办、扶贫站、人力资源和社

落别游客接待中心（又称云上六枝运营中心）　（落别乡供稿）

会保障服务中心、农业综合服务中心、科技教育文化中心、安监办、四创办、林业站、财政分局、水利站、司法所等。

【农业产业】　完成粮食作物播种面积2.75万亩，确保全年粮食产量稳定在1.5万吨左右，其中水稻播种面积1.61万亩，玉米播种面积0.43万亩，豆类播种面积0.1万亩，薯类播种面积0.41万亩，杂粮播种面积0.2万亩。完成夏粮产量763吨，油菜籽产量536吨；6个村饲养中蜂1150箱；积极发展生态鸡养殖，在川硐和马头两村发展林下生态养鸡10000羽。

【农旅一体化发展】　一是特色产业日渐显现。实施1万亩高标准种植刺梨示范带工程、7000亩茶产业提质增效工程、1500亩落别樱桃核心示范基地，努力实现从数量规模到质量提高的转变。同时实施400亩高速路沿线蔬菜种植项目，以“公司＋合作社”模式引入大北农公司参与建设5个育肥场，抵耳、可布等6个村以村办合作社为核心饲养中蜂1150箱。促进农业产业结构更加优化，质量效益进一步增强。二是旅游业态日趋成熟。围绕“一心两翼”农旅一体化旅游发展规划，以创建全域旅游小镇为发展目标。依托云上六枝运营中心、龙井温泉、318浪哨缘房车营地等特色旅游景点，其中318浪哨缘房车营地是全省首个获5星级房车露营基地称号的房车营地，引入大连查尔斯酒店管理集团、贵州苗夫318汽车营地有限公司等品牌管理企业参与运营，全面提升景区的管理水平和服务品质。打好油团节、樱桃节、“六月六”布依风情节等民族文化精品牌，充分发挥“落别樱桃”国家地理标志保护产品的精品效应，辅以山地自行车越野赛、农特产品展销、摄影绘画采风等精准活动，促进乡村旅游融合发展，形成了一条闭合的有人气有质量的旅游线路。2017年到落别旅游人数达73.25万人，旅游收入突破1.1亿元，吃、住、行、游、购、娱一体化的旅游度假胜地已初见规模。

【基础设施】　一是特色小镇建设持续发力。下大力气新建和改造纵横交互的两条中轴线，对落别小城镇的骨架进行延伸，全面配套改造提升绿化、供排水、输电、照明等各项基础设施，供排水、输电线路等管道集中铺设在地下综合管道中，提高小城镇的品质。2017年已修建硬化道路7.4万平方米，绿化1万平方米、安装输电线路1.5万米、供排水管网1.4万米、路灯400盏。已建设活动广场0.67万平方米，修建老年活动中心0.2万平方米。加大对教育、卫生基础设施的建设力度，改扩建乡卫生院0.3万平方米住院综合大楼、正在新建0.4万平方米幼儿园综合楼。二是基础设施持续完善。实施纳骂至板梅丫口路段通村水泥路硬化4.5千米，落别至坝湾窄路面加宽4千米。投资3700多万元的茅草寨水库已进入到大坝面板建设阶段，预计在2018年2月份开始蓄水；投资200多万元实施抵耳村供水工程、马头村引灌工程；投资150万元实施纳骂戛打、落别村中坝、抵耳田坝、螃蟹峡机井建设工程。全乡96%以上的村组达到饮水安全标准，2018年6月30日前可实现全部村组安全饮水全覆盖。13个行政村全部完成农村电网改造，供电质量显著提高。13个行政村实现宽带、4G网络全覆盖，加大广电云覆盖力度，接通用户3285户，电力通信质量得到明显提升。

【脱贫攻坚】 落别乡紧紧围绕“一达标、两不愁、三保障”的脱贫标准，扎实开展春季攻势、夏季比武、秋季攻势三场行动。成立基础设施、樱桃产业、水产养殖、刺梨产业等七个专班，聚焦“四场硬仗”抓攻坚。2017年减少贫困人口279户1300人，贫困发生率从2016年的9.19%下降到6.84%。一是信息精准。抓好贫困人口精准识别查漏补缺工作，经过村民小组评议、村委评议及乡复审小组审议，再经过乡三个督查小组两次大巡查，新增51户210人，删除447户1256人，数据精准度大幅提高。二是加强基础设施建设。2017年全面启动“组组通”公路建设，实施涉及茂林村、新寨村、牛角村、纳骂村、长寨村5个村的10条“组组通”公路，共计35.35千米。三是产业扶贫。按照“户户有增收项目、人人有脱贫门路”的要求，巩固现有刺梨、猕猴桃、养蜂等项目，全力推进茶叶、樱桃、刺梨提质增效工程、养猪、龙虾养殖扩建、蔬菜种植等项目，实现全乡所有贫困户产业项目全覆盖。四是易地扶贫搬迁。扎实推进已规划实施的124户537人易地扶贫搬迁安置工作，现已搬迁入住58户287人，二期工程建设完工验收后半个月内剩余贫困户66户250人可搬迁入住，同时围绕“搬得出、稳得住、能就业、可致富”的总体要求，持续开展“五个三”(针对搬迁农户在迁出地的核心资产，盘活搬出地的承包地、山林地和宅基地“三块土地”；在搬迁群众最根本的民生问题上，统筹就业、就学和就医“三大问题”，彻底解决搬迁群众的后顾之忧；衔接低保、医保和养老保险“三类保障”，有效解决搬迁群众最为关心的切身利益问题）后续服务保障工作。五是教育医疗住房保障。实施惠及3219名学生108.5万元的营养改善计划，发放家庭经济困难寄宿生生活补助722人44万元，减免教科书2858人36.6万元，高中及以上教育扶贫资助受益学生达250人73.1万元。为6524名贫困户建立健康档案，建档立卡率达90%，家庭医生服务签约5812人，签约率达80%，大病二次补偿900余人191万元，所有贫困户均全部参加合作医疗。扎实抓好57户农村危房改造工作，现已完成改造55户，剩余2户正在改造中，确保实现贫困群众住房有安全保障。

【民生工作】 一是推进民生保障。将1076户2297人纳入农城低保，发放补助资金430余万元，将61户63人纳入特困救助，补助资金51.9万元。2017年落别乡城乡居民社会养老保险、农村合作医

螃蟹峡休闲养老度假区

疗、城镇居民医疗保险均超额完成特区下达的任务。全面提升就业水平，新增就业1086人，农村富余劳动力新增转移就业1401人，完成“一户一技能”和创业培训8期255人，贫困劳动力全员培训561人。坚持教育优先发展战略，合理配置教育资源，扎实推进义务教育均衡发展，实施落别民中、落别小学改扩建工程，办学条件逐步改善，教学质量稳步提高。大力实施基层医疗卫生服务能力助力脱贫攻坚三年行动计划，对落别卫生院进行全面升级改造，扎实推进“医共体”改革，医疗服务水平逐步提高。二是推进平安创建和安全生产。畅通渠道抓稳控，新增信访事件20件，化解13件，剩余7件正在化解中，共排查化解各类纠纷34起，联合相关部门协助农民工讨回工资400余万元。创建了4个无传销村和2个无传销校园。推进乡村二级综治中心建设和网格化管理，安装85个监控摄像头，组建67人的“志愿者大妈”队伍，人民群众安全感满意度稳步提高。稳步推进法治建设，有序实施“七五”普法，盯牢安全生产不放松，健全党政同责、一岗双责、齐抓共管的安全生产管理办法及系列配套制度，安全生产有利态势继续稳固。

【生态建设】 一是推动绿色经济发展。完成退耕还林任务5085亩，已全部种植刺梨、杨梅，选聘10名贫困人口为生态护林员，加强对现有林业资源的管护。2017年规划实施退耕还林4909.4亩，已完成土地丈量3718亩、种植刺梨等绿色经济作物等2361亩。二是深入开展“四创”活动。开展20余次大规模的环境整治活动，2千余名干部群众主动参与，清除卫生死角5000余处，清运垃圾6000余吨，新建垃圾池、垃圾房50余处，建成1个垃圾填埋场和2个垃圾中转站。良好的环境保障油团节、樱桃节以及旅发大会等大型活动的成功开展，迎接市级以上的现场观摩会10余次，接待市级以上领导调研40余次，接待各种考察团40余次。被评为全国卫生乡镇、全省文明乡镇，落别乡作为全省唯一一个乡镇在省表彰大会上作经验交流发言。三是加强水环境综合治理。严格落实“河长制”，开展“保护母亲河、河长大巡河”主题活动，抓好牛角、落别等5个村8个点污水处理工程建设，切实提高污水处理能力。

【党建工作】 一是抓强党的政治建设。坚决维护习近平总书记的核心地位，严格遵守政治纪律和政治规矩，“两学一做”学习教育形成常态化制度化，细化规范“三会一课”、“主题党日”等操作办法。二是抓强党的思想建设。掀起学习中共十九大精神的热潮。把学习宣传中共十九大精神和习近平总书记在贵州省代表团重要讲话精神作为首要政治任务，扎实开展好十九大专题演讲、“四讲四有”大讨论，建立新时代农民讲习所，共举办各类十九大主题宣传活动100余场次。三是抓强党的组织建设。选派7名优秀乡干部到村担任支书，村支两委结构进一步优化。2017年，村支两委大专及以上文化村支书达64.2%。全面推进村干部职业化专业化管理，公开招考选拔专职村干部60余人，对所有专职村干部进行2次以上的全员培训。强化基层基础保障，配备5名专职党务工作人员，投入60万元改造乡食堂、图书室、淋浴室等，投入资金200万元建设完善3个村活动室，让大家安心基层、扎根基层、服务基层。四是抓好人才的引进培养。招考13名优秀本科毕业生充实基层一线工作岗位，建立有74名乡土人才的人才库1个，吸引21名新毕业大学生到乡村见习实践。五是加强党风廉政建设，建立廉政谈话、线索来源反馈、廉政教育等工作机制，加强提醒教育，开展集中约谈和提醒谈话，对涉及违纪行为的6人及时立案查处，追回涉案资金15.3万元。推进“四位一体”从严管理干部常态化，成立党政督查室，对照岗位责任清单，工作台账进行跟踪管理，严格执纪问责，锤炼一支忠诚干净担当的干部队伍。同时，定期开展督办监察，坚决抵制和纠正各类不正之风，严肃查处违纪违法案件。

（伍荣腾）

◎ 梭戛苗族彝族回族乡

【概况】 梭戛苗族彝族回族乡位于六枝特区西北部，距特区人民政府驻地32千米。东部与新华乡接壤，南部与岩脚为界，西连新场乡，北抵织金县的鸡场乡、阿弓镇。东西长15.2千米，南北宽9.8千米，总面积56平方千米，辖7个行政村，62个村民组，5239户，总人口23334人，少数民族7430人，占总人口的26.7%。居住有苗族、彝族、回族、布依族、白族、仡佬族、蒙古族等11个少数民族，是六枝特区的纯农业乡。森林覆盖率40%。

2017年全乡完成财政总收入906.04万元，其中国税完成380.62万元，地税完成238.87万元，财政完成286.55万元；一般公共财政预算收入完成534.57万元，其中国税完成122.18万元，地税完成215.84万元，财政完成196.55万元；完成固定资产统计10亿元，同比增长25%；工业产值10280万元，同比增长18.6%；粮食总产量6744吨，同比增长1.7%，人均可支配收入8721元，同比增长10.9%。

村级“三重一大”会议　（梭戛乡供稿）

【党建工作】　梭戛乡2017年召开党委（扩大）会议25次，其中研究党建工作9次，定期听取党建工作情况汇报，研究谋划推进党建重要工作、重大活动，协调解决重点难点问题。2017年共开展专项行动5次，立案6起，查处违规违纪8人，有4人被给予党内警告处分，4人被给予党内严重警告处分，其中对1名违规办满月酒的村干部给予党内严重警告处分。2017年党费收缴工作专项检查中补交党费435元。发展党员7名，入党积极分子8名。结合工作实际，认真开展“三亮三比三评”，形成比学赶超的良好氛围，抓实“两委一队三个人”，真正发挥党建促脱贫攻坚作用。打造乐群村“合作社+企业+农户”、高兴村“党建+文化+旅游”党建示范点。2017年，全乡7个村村级经济积累达到381.2万元，全部实现村级积累达7.5万元以上。7个村均挂牌成立新时代农民讲习所，围绕中共十九大精神、习近平总书记在贵州省代表团的重要讲话精神、脱贫攻坚政策等，共开展宣传宣讲22次。配齐配强村级7大员（文书、支书、主任、民兵连长、妇女主任、民生监督员、团支部书记），落实村支书、主任每月4000元报酬，其他村干部3000元报酬待遇。保障各村党支部每年20000元活动经费和服务群众专项经费。加强村级活动场所建设，争取中央划拨上缴党费30万元修建中寨村活动室，解决村级无办公场所问题，逐步完善党建活动阵地规范化建设。

【脱贫攻坚】　围绕“一达标、两不愁、三保障”和“三率一度”要求，切实发挥基层党建在脱贫攻坚中的引领作用，发动群众、团结一切力量，形成全党动员，全民参与的脱贫攻坚大格局。结合各村实际，精细化推进“五个一批”和“六个到村到户”精准扶贫工作，进一步拓宽致富渠道，切实解决农民增收。通过教育资助、新型合作“四重医疗”保障、异地扶贫搬迁、农村危房改造、人居环境改造，确实减轻建档立卡贫困户的负担以及保障改善居住条件环境。强化宣传督查，以“三送三促”、“六个引领”、中共十九大精神和相关扶贫政策进行宣传宣讲，转变群众思想，不断激发贫困群众内生动力。开展好技能技术培训，完成贫困劳动力全员培训340人，实现一人就业，全家脱贫，努力营造人人参与扶贫，人人参与脱贫，创建同步小康的良好氛围。经过对7个村所有建档立卡贫困户及部分非贫困户进行走访、交叉检查、自查自纠，进一步减少漏识别和错退情况，做到资料规范、数据准确，不断提高系统数据与实际数据的一致性。2017年减少贫困人口1142人，贫困发生率为4.4%。

【产业结构调整】　推进“旅游活乡”战略，坚持自然生态与民族文化旅游融合发展，以陇戛寨、高兴村、小坝田寨、补空寨、上下安柱村寨、新寨、新发寨约20平方千米为核心区，构建“一景、一廊、一洞、一镇”（一景，即长角苗风情景区；一廊，即老卜底沿河特色长角苗文化长廊；一洞，即凤凰洞；一镇，即梭戛民族特色旅游小城镇）的旅游发展空间结构。围绕脱贫攻坚“四场硬仗”，结合乡实际，不断强化产业发展带动，以“户户有增收项目、人人有脱贫门路”为基本目标，坚持长短结合、种养结合、林上林下结合，以“三变”改革和“党建+”为抓手，带动群众就业和增加收入。配合大北农公司做好1万头能繁母猪基地建设，平场已接近尾声；建设梭戛乡种养加循环一体化产业一期项目，采取“公司+合作社+农户”模式投资建设，项目总投资1.7亿元，建设规模10000头肉牛养殖、50000吨（固态）有机肥加工、10000吨沼气提成，分两期建成，集中养牛2000头，项目覆盖安柱、沙子、乐群三个村，涉及贫困户176户785人。建设梭戛乡乐群村1万头育肥养殖场，采取“合作社+企业+农户”模式，按照商品猪引进—饲养管理—育肥—销售的产业链模式，直接由六枝特区大北农集团无条件提供优质仔猪、饲料、技术和药品及疫苗，包回收肥猪，乡农业服务中心负责疫病防治措施和全方位的跟踪服务，育肥养猪场负责组织群众（重点贫困户）集中饲养，按入股分红、饲养和务工增加贫困群众经济收入，项目覆盖7个村贫困户758户1746人。投资1200万元实施8211亩刺梨种植，采取“公司+村集体+农户”模式。农户将每亩享受的退耕还林1200元补助及退耕还林土地入股贵州轩辕农业科技发展有限公司，第一个五年每户每亩分红300元，第二个五年每户每亩分红400元。该项目覆盖农户759户1987人，其中贫困户223户757人。实施蔬菜种植1500亩，覆盖乐群、平寨、中寨、顺利、安柱5个村。沙子村养蜂150桶，覆盖贫困户46户68人，高兴村养蜂100桶，覆盖贫困户21户90人，养牛100头，覆盖贫困户90户，250人。抓中药材产业发展，在平寨村种植三七120亩，预计收入120万元，覆盖农户300人。抓电商平台建设和培训，组织35人次以上电商培训，其中建档立卡贫困户占总培训人员的10%以上，累计建设完成7个以上农村电子商务站点。实施新一轮退耕还林4000余亩，完成营造林9110亩，森林覆盖率达40%以上。黄果树瀑布源国家级森林公园获国家林业局批准成立，梭戛自然与生态文化旅游示范区被列入贵州省十三五“十个街区小镇”建设项目。

【社会事务工作】 2017年，共转移培训农村劳动力就业758人，城镇新增就业人员307人次；加大对教育投入力度，“义务教育均衡发展”稳步推进，农村义务教育学校学生营养午餐全覆盖，启动普及十五年教育，学前三年毛入学率93%；小学、初中入学率分别为99.1%、95.4%（净入学率），小学、初中辍学率分别为0.23%和1.42%，九年义务教育巩固率为95.6%；加大医疗卫生计生事业建设力度，进一步加强梭戛卫生院和村卫生站的管理及建设，

正月初十，长角苗举行歌舞文艺活动　（梭戛乡供稿）

大力改造7个村卫生服务室，乡村两级医疗卫生条件进一步改善，保障基本卫生健康条件，有效地解决农民看病难的问题。农村贫困人口“四重医疗”保障全面落实，完成门诊人次10000人次以上，住院病人计算机实时结报率达95%以上，门诊实时结报率达97%以上。计划生育各项指标均达到省、市、特区的要求；新农合参保率达104.55%。

【基础设施建设】 组组路情况：启动实施《六枝特区农村“组组通”公路大决战实施方案》，申报“组组通”公路198千米，其中2017年已完成连通12个30户以上村民组13.78千米硬化，其中平寨4.6千米、顺利村4千米、平寨村2.78千米、乐群村2.4千米；S310运煤公路建成通车；S214公路建设基础工程正在推进；大力实施“一事一议”项目，完成80%以上“村村通”水泥路和村寨串户路建设。农村安全饮水工程。着力推进小坝田水库建设，总投资5800万元，总容量62万立方米，预计2018年4月建成。现已完成23000多人的规划、编制、招投标和施工等工作。全乡6个村全面铺开，高兴村和乐群村基本完成农村饮水安全巩固提升建设任务，供水人口0.81万人。其余4个村施工方已进场。共完成全乡农村人口饮水安全巩固提升建设任务的20%。农村电网改善。投资6317万元建设电网线路413千米，完成变电容量9万千伏的安装，基本保障了农户的正常用电。通信设施建设。完成7个行政村通光缆主线工程，安柱村和中寨村通信机房已安装完成，占需安装的29%；5896户的农户机盒已安装500户，占需安装的8.5%。住房保障工程。实施易地扶贫搬迁已完成305户1137人搬迁入住，并完成验收；全面动工38户危房改造，其中15户已竣工，23户正在实施。结合人居环境综合整治2000户，已完成85%，同步实施“三改两硬化”配套工程，确保实现贫困群众住房有安全保障。中心小学教师周转房配套基础设施建设项目完成投资800余万元。民族特色小镇建设稳步推进，8+X项目征拆工作已完成红线范围内90%土地摸牌，土地丈量完成600余亩，现已完成立项和立项审批工作。梭戛乡总体规划（2015—2030年15年规划）、高兴村传统村落保护发展15年规划经特区人民政府批准实施等。

【城乡建设】 一是加快城镇建设步伐，抓好美丽乡村建设。按照科学规划布局美、村容整洁环境美、创业增收生活美、乡风文明身心美的目标要求，以自然村寨为基础，以村庄整治为龙头，以“立面改造”工程为载体，以整治村寨环境为抓手，全面实施六项行动计划，加快农村经济社会全面发展。完成了安柱村经梭戛街上至高兴村村庄整治建设，有力改善人居环境，提升人民群众生活质量。二是抓好环卫工作。“四创”工作稳步推进，增加环卫车辆和环卫工具，提高环卫队待遇，制定梭戛环境卫生管理规定，对各村庄的垃圾收集箱进行定期运转清理，积极开展“三新一清洁”等活动。强化环境卫生的治理力度，使梭戛环境不断净化、美化、亮化。

【安全生产】 梭戛乡政府与相关单位签订安全生产责任书，实行安全生产月考核制度，坚持定期或不定期检查、排查和整治各类安全隐患。2017年投入经费3万余元，开展各类安全生产检查，确保了我乡生产安全，全面完成安全生产工作各项指标任务。以综治信访维稳中心为工作平台，实行领导包案包责、落实驻村干部职工工作责任制，深入推进矛盾纠纷大调解工作创新，有效化解了黔中炮损工作、小城镇建设拆征、高兴村新二寨分房等遗留问题。2017年全乡排查化解矛盾纠纷19起，化解信访案件19起，全乡无刑事案件发生。2017年大力抓稳控、除隐患、保安全，确保梭戛安定和谐，人民群众对社会治安的满意度为100%。

（岳　林）

◎ 牛场苗族彝族乡

【概况】 牛场苗族彝族乡位于六枝特区西北部，距特区政府驻地65千米，东与织金县相邻，西与水城县接壤，北抵纳雍县，南面和东南面分别与六枝新场、梭戛二乡隔河相望，国土面积83.1平方千米，辖9个行政村125个村民组27717人，现有贫困人口1087户3526人，贫困发生率为12.72%，是一个少数民族乡，苗、彝、回等少数民族15230人。境内日照充足，气候温和，热量丰富，降水充沛，无霜期长；平均海拔1450米；2017年平均气温13.5℃，年降雨量1380毫米，无霜期达265天，年日照时数达1300小时，森林覆盖率达60%以上，无工业污染，是一个纯天然的“大氧吧”。天险窗子洞、安健墓、黔中水库、懒龙河水库、尖岩大雪厂森林、九岔地百里林场、安家雕、沙家屯、峰王屯等丰富旅游资源有待开发。境内牛（场）百（兴）公路、牛（场）梭（戛）公路与牛（场）化（乐）公路横贯牛场全境，乌江上游的三岔河和懒龙河四面环绕，待黔中水利枢纽及懒龙河水库工程建成后，将形成一座108.8平方千米的“岛屿”，系中国西部第一大内陆岛。

【机构设置】　党政办事机构：党政办公室（四创办公室、全面小康社会建设领导小组办公室）、扶贫工作办公室、农业综合服务中心、卫生和计划生育办公室、社会事务办公室、安全生产监督管理办公室、经济发展办公室、规划建设环保办公室、社会管理综合治理办公室、合作医疗办公室、人力资源和社会保障服务中心、（群众工作办公室），共11个。人事关系由乡镇管理的事业单位：六枝特区牛场乡卫生计生院、六枝特区牛场乡人力资源和社会保障服务中心（挂农村合作医疗站牌子）、六枝特区牛场乡农业综合服务中心（挂扶贫工作站、农产品质量安全监管和畜牧兽医站、道路交通安全管理站、农业产业化发展办公室、农村土地承包经营权流转服务中心、生态旅游服务中心牌子）、六枝特区牛场乡科技宣教文化信息服务中心、六枝特区牛场乡水务站、六枝特区牛场乡林业站、六枝特区牛场乡城镇规划建设管理所、六枝特区牛场乡财政所、敬老院（挂老年服务中心牌子）、六枝特区牛场乡群众工作站，共11个。

【经济概况】　2017年，牛场乡财政总收入完成346.47万元（其中国税完成77.83万元，地税完成244.94万元，财政完成23.70万元，），占完成任务数的106.61%，较上年同期增长52.69%；工农业总产值完成5.7472亿元，同比增长127%；固定资产投资累计完成15.8亿元，同比增长89%；农业产值完成9532万元，同比增长22%。

【基础设施建设】　实施“组组通”公路18条33.05千米、通村公路6条6.65千米、窄路面加宽公路2条11.83千米、产业路2.6千米。完成尖岩村、兴隆村、黔中村大寨组、大沟组、云盘村三家苗组、计支下寨组串户路及庭院硬化6.82万平方米。启动平寨村水落洞组改厕、改厨、改圈工程，已完成30户。尖岩村黄树林组人居环境改造基本完成，垃圾中转站主体工程建设完工，推进8个村农村安全饮水巩固提升工程。镇区道路改造完成，推进农贸市场、派出所、迎宾大道、停车场、中学改造提升和政务中心等项目。

【农业工作】　按照“区域集中、规模做大、质量提升、效益提高”的发展思路，优先发展短平快产业，集中种植洋芋3000亩、牧草3000亩、辣椒2600亩、烤烟1400亩、蔬菜2500亩，集中养殖商品鹅2.6万羽、鸡3万羽、肉牛370头、香猪200头；稳步推进长远稳产业，形成了1.2万亩茶叶、7800亩刺梨、1000亩冰脆李、4500亩枇杷、800亩银杏、1100亩核桃的产业集群。统筹资金1500万余元用于脱贫攻坚，实施到村扶贫项目13个，覆盖贫困人口0.3万人；“三变”改革全覆盖，累计分红40余万元，其中贫困户分红20余万元。

【脱贫攻坚】　制定《六枝特区牛场乡定点脱贫攻坚实施方案（2016—2018）》，为9个村量身定制脱贫计划并落实“一包三卡四台账”，对应每户贫困户列出帮扶措施，明确工作进度和责任主体，实现从村到户都有明确的方案和台账。全面完成贫困户基础信息核查工作，通过产业覆盖，对照“一达标两不愁三保障”指标，算清贫困户家庭人均收入账，2017年申报脱贫284户1131人，贫困发生率下降到12.83%。

【产业助脱贫】　持续抓好5000亩茶叶提质增效、7800亩刺梨、1000亩冰脆李、4500亩枇杷等已种精品水果的后续管护。重点抓好2017年今冬明春361头能繁母牛、11500羽肉鹅、30520羽绿壳蛋鸡、3000亩银杏、2400亩牧草、3600亩蔬菜等项目有序推进。辣椒、烤烟、冬季马铃薯等传统优势产业正在谋划选址，整地备耕；3000亩银杏基地土地已经流转完毕，2017年已完成核心示范点230余亩种植，其余地块正在有序推进，预计在2018年2月底完成种植任务；平寨深度贫困村1200亩洋芋完成规划选址，正在整地，85000羽分散养殖鹅正在进行鹅苗采购；兴隆村20000羽绿壳蛋鸡养殖圈舍主体工程已经完工；黔中、云盘、兴隆村2400亩牧草正在整地；退耕还林完成土地丈量4200亩，完成200亩软籽石榴种植。

【医疗救助】 把建档立卡贫困人口全部纳入医疗救助保障，以户为单位建立基本医保、大病保险、医疗救助、医疗扶贫四重医疗保障，各项报销比例均达到100%。2017年贫困人口住院报销467人次，报销金额596.98万元，完成9个村卫生室的改扩建，医疗人数20428人次，其中住院458人次、门诊19970人次，与上年同期相比增加25%。卫生院基药累计采购70.46万元，基药使用78.58万元，药品零差率受益20614人次。

【农村危房改造和住房保障】 结合人居环境整治，同步实施“三改两硬化”（三改：改厨、改卫、改圈。两硬化：庭院硬化、串户路硬化）。2017年通过开展危房摸底排查，共排查出危房户415户（其中一级危房172户，二级危房164户，三级危房79户），2017年实施138户，完工71户，主体完工20户，其中16户在11月底已完工，12月底全面完成改造任务。

【旅游扶贫】 通过电商平台、大美黔菜·寻味凉都、旅发大会、旅游产品推介会等，拓展牛场辣椒、牛场小香猪、凉都蜂蜜等特色农产品宣传和销售渠道，销售额达到329万元，带动841户贫困户增收。

【易地扶贫搬迁】 2016年完成123户504人易地扶贫搬迁，项目完工率、基础设施配套率、搬迁入住率、竣工验收率均为100%，按照户均0.2亩的标准配套“微田园”，就近务工87人、转移就业202人、自主创业5人，实现户户有增收渠道。2017年拟搬迁对象登记和搬迁协议完成签订157户719人。

【民生保障】 全面落实农村贫困家庭学生教育扶贫政策，落实雨露计划28人、国酒茅台7人、泛海行动1人，资助资金15.2万元，其他高中及大学“两助三免（补）”资助学生数148人，资助资金43.405万元；初中资助学生280人，资助金额18.2万元，小学资助学生51人，资助金额2.55万元，幼儿园资助学生26人，资助金额1.3万元。结合产业发展、项目建设的用工需求，委托六盘水征途技能培训学校完成农村劳动力培训7个班次250余人次。建档立卡贫困人口全部纳入基本医保、大病保险、医疗救助、医疗扶贫四重医疗保障，报销比例均达到100%。2017年贫困人口住院报销467人次，报销金额596.98万元；完成农村危房改造71户；发放农村低保1515户2422人，城低保29户43人，共计8097020万元；发放残疾人各类补贴经费5.2万元；发放临时救助8户3.2万元；发放军烈属、复员退伍军人、参战退役人员及残疾军人等优抚对象各种补助经费46.6万元；为3名孤儿发放每月600元的生活保障金；完成农村劳动力转移培训906人，完成城乡居民基本养老保险缴费金额60万元。发放精准扶贫“特惠贷”394户1953万元，农旅一体贷220户2200万元，固定分红184.2万元。

【生态文明建设】 坚持把生态文明建设融入经济建设、政治建设、文化建设、社会建设全过程，全力聚集经济社会发展新优势，构建乡村两级“河长”体系，全乡2条河流实现“河长制”全覆盖。建成卫生院污水处理系统，推进镇区污水处理厂建设，完成水落洞、兴隆村两个组集中式饮用水水源地保护区建设。退耕还林9372亩，石漠化治理1000亩，森林面积58000亩，森林覆盖率达52%。开展生态村和卫生乡镇创建工作。

【林业工作】 完成国家营造林任务。全面完成2015年，2016年退耕还林土地丈量，公示合同签订及补助资金发放工作。做好森林防火工作加强森林防火宣传，加强对护林员的培训和管理，保证森林火灾受害率控制在7%以内。完成2017年1–5月的森林防火工作。共召开群众会4000人次，发放特区森林防火令5000份，张贴标语113条，发放防火通知书和防火公告各3000份，拟写固定标语32条。签订森林防火责任状9份，林区挂警示牌50块，防火期重点路段有专人把守；三是加大执法力度。共查处野外违规用火5起。林权纠纷、破坏林地调查处理。破坏林地3起，林权纠纷1起，已经调查完成，但未处理。“六个严禁”违法占用林地清理。清理违法占用林地，从航测卫片没有体现，但仍然有违法占用林地现象。已经清理50%。经济林病虫害防治及调查。对经济林设置样地调查，对病虫害严重的村通知到林业站领取农药。

【社会事务工作】 2017年新农合筹资236.256万元，参合19688人；完成居民健康档案316个；确定农村低保1515户2422人，城低保29户43人；发放残疾人各类补贴经费共计5.2万元；完成1000元以上临时救助共计8户，涉及金额3.2万元；发放军烈属、复员退伍军人、参战退役人员及残疾军人等优抚对象各种补助经费46.6万元；为3名孤儿发放每月600元的生活保障金；共办理结婚登记

116 对，婚姻登记合格率达 100%；完成农村劳动力转移目标任务 906 人，完成城乡居民基本养老保险缴费金额 60 万元。

【项目建设】 投资 5 亿元全面启动以乡中心区为主，辐射带动各村的人居环境改造工程。实施“组组通”公路 18 条 33.05 千米、通村公路 6 条总长 6.65 千米、窄路面加宽公路 2 条总长 11.83 千米、产业路 2.6 千米。完成尖岩村、兴隆村、黔中村大寨组、大沟组、云盘村三家苗组、计支下寨组串户路及庭院硬化 6.82 万平方米。启动平寨村水落洞组改厕、改厨、改圈工程，已完成 30 户。黄树林组人居环境改造基本完成。垃圾中转站主体工程建设完工。8 个村农村安全饮水巩固提升工程按期推进。

【安全生产工作】 道路交通方面：开展道路交通专项整顿行动，以打击非法营运、农用车、三轮车、摩托车等违章载人为重点，抓好道路交通监管工作。对危险路段设置安全警示牌和防滑沙共 60 余处。消防安全方面：推进火灾隐患整治工作。重点推进辖区内小超市、餐馆、学校、网吧等人员密集场所、易燃易爆单位的火灾隐患整改工作。学校安全方面：重点检查乡辖内各中小学和幼儿园的安全出口、疏散指示、应急照明、锅炉管理、消防配备、用电用火管理和卫生安全等，同时抓好学生运输车辆安全检查工作，坚决制止非营运和无牌照、未按照年检和报废车辆接送学生的不安全行为。在黔中库区沿岸设置永久性安全警示 2 处，防止发生溺水死亡事故。烟花爆竹及民爆物品管理方面：一是加强对各持证经营户的监督管理，加强平时的巡查检查，建立经营户月销售进货台账，及时掌握各经营户的进货销售情况；二是加强监督检查，对经营户未按要求设专柜、超量储存等行为，责令经营户限期进行整改；三是加强对市场的巡查清理，及时发现和处理无证流动摊点的非法经营行为；四是加强对涉爆单位和企业的监督检查和管理，严格执行爆破员持证操作，严格查处非法使用爆炸物品的企业和人员。食品安全：对辖区餐饮行业以及学校食堂进行安全检查 6 次，对存在卫生条件不达标的学校下达整改通知书 2 份，并要求立即整改达标验收合格后方可投入使用。人员密集场所方面：对各类人员密集场所安全设施的落实以及应急措施到位情况进行全面排查梳理，共排查出隐患 8 起，已基本落实到位。企业安全方面：开展安全检查 80 余次，下发督查整改通知书 60 余份，要求停业整顿 1 家企业。其他隐患正在整改之中。防汛防滑安全方面：完善重点危险地段的监测及预警机制，以及各项安全防范措施是否落实到位。

【综治、信访维稳工作】 2017 年，牛场乡综治办共接待群众反映事项 13 件。当场答复处理的 5 件。信访件 7 件，已办 4 件，待办 3 件。主要反映移民征地补偿、林权纠纷、土地权属等。牛场乡把所有的信访事项全部纳入“百日攻坚”和“五个专项”治理，针对不同类别的信访事项、矛盾纠纷进行专门的分析，找准不同类别的信访事项、矛盾纠纷调查处理的重点难点，制定一案一策，把不同的信访事项根据“谁主管，谁负责”的原则分送各挂村副科级领导，实行包案到人头，由挂村副科级领导牵头进行前期处理，并协调相关站所进行调解化解；严格按照“五个专项治理”中分清信访事项职权、责权、事权的要求，把信访案件、矛盾纠纷落实到人、责任到岗、包保到位。

【“四创”工作】 与乡所属单位、各村、各学校签订“四创”目标责任书，与街道住户签订“门前三包”责任书，把“四创”工作纳入乡党委、政府议事日程和年终目标考核工作的具体内容；利用宣传车、学校广播、黑板报、宣传标语或逢场发“四创”资料 2000 多份向群众宣传“四创”；加大垃圾的清运力度。每周开展 2 次垃圾清运，对主街道的垃圾进行清扫，聘请清洁员 2 名；加大监督检查力度。对街道、学校、交通要道、村组文明便道督查 30 余次 40 余处，通过督查，向存在问题的责任单位发整改通知书，限期整改落实；抓好专项整治工作。组织全乡干部职工、学校教师、中小学生 400 余人对街道、公路主干道、院落等进行大扫除 5 次，确保辖区整治区域卫生、清洁。

（李　庶）

◎ 月亮河彝族布依族苗族乡

【概况】 月亮河彝族布依族苗族乡位于六枝特区西南部，东与关岭县坡贡镇交界，南与郎岱镇交界，

月亮河乡布依族“六月六”文化节活动现场
（月亮河乡供稿）

西与中寨乡接壤，北与新窑镇毗邻，距六枝中心城区24千米。总面积118平方千米，辖17个行政村1个居委会151个村民组，总人口9241户37044人，其中有7个少数民族共3万人，占总人口的80%以上。

【机构设置】 内设：党政办公室（法制办公室、全面小康社会建设领导小组办公室）、社会事务办公室、卫生和计划生育办公室、经济发展办公室、规划建设环保办公室、安全生产监督管理办公室、社会管理综合治理办公室（群众工作办公室）、六枝特区月亮河彝族布依族苗族乡农业综合服务中心（挂农产品质量安全监管和畜牧兽医站、道路交通安全管理站、农业产业化发展办公室、农村土地承包经营权流转服务中心、生态旅游服务中心牌子）、六枝特区月亮河彝族布依族苗族乡人力资源和社会保障服务中心（挂农村合作医疗站牌子）、六枝特区月亮河彝族布依族苗族乡科技宣教文化信息服务中心、六枝特区月亮河彝族布依族苗族乡林业站、六枝特区月亮河彝族布依族苗族乡城镇规划建设管理所、六枝特区月亮河彝族布依族苗族乡财政所、六枝特区月亮河彝族布依族苗族乡群众工作、计划生育协会、六枝特区月亮河彝族布依族苗族乡敬老院（挂老年服务中心牌子、六枝特区月亮河彝族布依族苗族乡折溪政务服务中心、六枝特区月亮河彝族布依族苗族乡扶贫工作站。

【经济社会发展指标】 2017年，月亮河乡国民生产总值完成5.598亿元，占任务数5.522亿元的101.38%；完成1.2亿元规模以上工业产值1.3亿元；工业总产值完成2.3777亿元；完成固定资产投资5.3亿元；财政收入完成598.35万元，占任务数的102.28%，与上年同期相比，增长了64.32%；农民人均可支配收入达8640元，与2016年的7844元相比，增长了796元，增幅为10.2%；社会消费品零售总额完成2595万元，与上年同期相比，增长2.12%。

【脱贫攻坚】 一是加强农村基础设施建设。投资19万元的以工代赈资金实施隆茂村小那备组串户路硬化3200平方米。实施2017年度统筹整合财政涉农专项资金项目17个，财政奖补资金350.76万元，完善通寨路的硬化7.45千米，太阳能路灯安装527盏。实施“组组通”建设项目12个，建设里程26.528千米，撤并建制村通硬化路项目3个，建设里程10.645千米。二是提升产业扶贫。2017年，发放“特惠贷”3440万元。投资150万元在月亮河乡17个村实施生猪养殖项目1500头，涉及贫困户667户2628人；投资20万元在何家寨实施林下食用菌，涉及贫困户7户23人。入股参与特区政府组建的平台公司或村级合作社的资金85万元，利用“特惠贷”参与平台公司入股的贫困农户有13户44人，入股村级合作社4户15人。贫困户参与入股分红3.9万元。投资50万元在隆茂村实施50亩竹荪种植；投资100万元在何家寨村实施100亩食用菌种植；投资50万元在直溜、折溪等5个村实施蔬菜种植1000亩。投资30万元实施30亩水产养殖；投资50万元在隆茂村实施50亩水产养殖；投资100万元在牧场村实施300头生猪和50亩水产养殖。三是惠民富民政策有效落实。贫困人口中在读大专及以上的有136人、高中253人、初中410人、小学516人，2017年累计“三免一补”389

月亮河乡无机红米种植基地 （月亮河乡供稿）

人114万元。农村人口四重医疗保障制度全面落实，确保农村建档立卡贫困人口100%参合和100%实现家庭医生签约服务。大力宣传易扶搬迁政策，抓好贫困户104户470人易地扶贫搬迁建档立卡工作。2017年脱贫478户1934人。

【结构调整】 在保证粮食稳产的基础上，大力实施“3155”工程。采取“公司+合作社+农户”的模式，充分发挥合作社带头示范作用。完成茶叶产业0.12万亩，特色经果林产业0.48万亩，退耕还草0.12万亩，退耕还林0.55万亩。实施有机稻种植1000亩，完成产业管护2.5万亩。实施蔬菜种植1220.01亩，食用菌产业完成27亩，竹荪种植105亩。实施小龙虾养殖120亩，生猪养殖1500头，林下鸡10万羽。生猪存栏2.5万头，牛16万头，羊6万只，家禽220万羽。出栏生猪28.7万头，牛3.5万头，羊4万只，家禽198万羽。

【统筹城乡发展】 一是坚持整乡推进，打造特色城镇。做好松树林水库的服务工作，开工建设投资1.7424亿元的纳革小Ⅰ型水库，新增库容301万立方米，供水能力508.7万立方米，解决境内的大坝村、补雨村、月亮河村及中寨乡的木则村6000余人的饮水和6000多亩农田灌溉；落实好小城镇“8+X”项目建设和农村人居环境“10+N”项目建设52户210人，投资2000多万元实施777户棚户区综合整治项目，投资400万元在折溪村和花德村实施垃圾处理场建设。二是坚持建管并重，做美农村五化。对文明村寨建设制定计划，以硬化、绿化、净化、亮化、美化“五化”靓丽村寨建设为目标，实施村寨道路硬化、公厕、排水沟等建设，实施农村危房改造188户，小康房建设60户、“三改”91户。月亮河乡各村均已实现通信，网络安装4000多户。三是坚持全域发展，打造乡村旅游。充分利用全国农业旅游示范点——月亮河布依文化生态园的优势，做好“水库、河流、森林”三篇文章，扩大月亮河景区旅游范围。抓住月亮河、补雨两村被列入贵州省旅游扶贫重点村机遇，对两个村进行科学规划，打造省级山地特色旅游示范村。举办好月亮河“六月六”布依歌节文化活动，提升乡村旅游景区知名度、美誉度。组建蜡染刺绣专业合作社，大力发展民族服饰、民族蜡染刺绣等工艺品加工，深入挖掘地戏文化、布依文化等民族民间文化，推进文旅融合发展。

【民生工程】 一是保障基本民生。夯实社会保障基础，城乡居民社会养老保险参保人数达4674人，参保金48.8万元；完成城镇新增就业登记720条，占任务数的100%；完成劳动技能培训136人次，占任务160人次的85%；新型农村合作医疗实际参合人数为27199人，筹资总额为322.788万元，完成率为100.95%。发放复退军人抚恤定补金131人114.93万元；发放复退军人生活补助470人54.66万元；发放重度残疾人护理补助金189人8.83万元；共发放受灾困难群众生活救助金1002户2940人32.4万元。发放农村低保金2797户4647人658.2万元，城低保金55户82人28.87万元；发放五保及特困供养金85人51.6199万元；发放临时救助资金385人10.19万元。推进“新两基”（“县域内义务教育发展基本均衡”和“基本普及十五年教育”）工作。共争取资金576余万元，实施乡第一中学运动场建设；第一中学和第一小学“四在学校·幸福校园”建设，塑胶运动场共3600多平方米；改造乡一中男女生宿舍面积2000多平方米；月亮河乡小学辍学率为0.071%，辍学率控制在1.2%以内；初中辍学率为1.03%，控制在2.5%以内。九年义务教育巩固率达62.5%，初中三年巩固率92.3%，小学六年巩固率96.8%，学前三年毛入园率85.6%，三类残疾入园率92.3%。2017年度人口出生269人，常住妇检率100%，流动人口妇检率58.2%；完成社会抚养费征收17.2万元。二是保障和谐民生。开展社会矛盾纠纷“大排查、大化解”，全力维护社会和谐稳定。认真落实“党政同责、一岗双责、齐抓共管、失职追责”安全生产责任体系，月亮河乡境内未发生任何安全事故，安全形势总体平稳。检查危险化学品及易燃易爆物品38次，发现隐患71项，整改71项。接到测评电话9次。治安案件14起，办理14起。破获2起种植罂粟毒品案件，共计1843株。收戒17名吸毒人员进行戒毒，占任务数16名的106.25%。排查矛盾纠纷65起，成功调处65起，成功调解率达100%。无进京越级上访现象。接收社区矫正人员46名，解除社区矫正41名。无缝对接措施2人。2017年，月亮河乡无影响社会和谐稳定的重大案件发生。

（王天文）

◎ 中寨苗族彝族布依族乡

【概况】 中寨乡春秋战国时属夜郎地，民国时期属郎岱县管辖，新中国成立前称新兴乡，1950年建巴赖区公所，1953年建新场乡，1958年建立巴赖公社，1961年巴赖区改称中寨区。1992年撤中寨区，将四方井乡、中寨乡、双夕乡、长寨乡、鲁戛乡（划拨出石板村和沈家村归毛口乡）合并，建立中寨苗族彝族布依族乡。位于北纬26° 05′ 49″ ~ 26° 05′ 15″ ，东经105° 07′ 1″ 5 ~ 105° 23′ 01″ ，地处六枝特区西南部，东邻新窑乡、陇脚乡、南连郎岱镇、毛口乡，西接水城、普安、晴隆三个县，北靠箐口乡、随却乡。人民政府驻中寨村中寨组，距特区政府驻地52千米。2017年末，辖木则、补许、四方井、费戛、大补王、箐脚、小补王、大箐、中寨、移山、双夕、岩脚、红光、扯扭、平基、长寨、新场等17个村民委员会和中寨居委会，175个村民组9557户41458人。

【人口面积】 2017年末，中寨乡总人口41458人，其中城镇常住人口1650人，城镇化率3.5%；另有流动人口2510人。总人口中，男22036人，占53.2%，女19422人，占46.8%，14岁以下11247人，占24.5%；65岁上3048人，占6.63%，总人口中以苗族为主，少数民族总人口为41375人，占总人口的99.8%。2015年人口出生率8‰，人口死亡率4.72‰，人口自然增长率3.16‰。东西最大距离26.25千米，南北最大距离18.15千米，面积165.17平方千米，其中陆地156.97平方千米，占95%；水域8.2平方千米，占5%。人口密度为215人/平方千米。

【机构设置】 党政办事机构：党政办公室、社会事务办公室、卫生和计划生育办公室、经济发展办公室、规划建设环保办公室（四创办公室）、安全生产监督管理办公室、社会管理综合治理办公室（群众工作办公室）。人事关系由乡镇管理的事业单位：六枝特区中寨苗族彝族布依族乡农业综合服务中心、六枝特区中寨苗族彝族布依族乡人力资源和社

中寨乡干部职工到郎岱“三三暴动”烈士陵墓开展祭扫活动 （中寨乡供稿）

会保障服务中心、六枝特区中寨苗族彝族布依族乡科技宣教文化信息服务中心、六枝特区中寨苗族彝族布依族乡卫生计生院、六枝特区中寨苗族彝族布依族乡水务站、六枝特区中寨苗族彝族布依族乡林业站、六枝特区中寨苗族彝族布依族乡城镇规划建设管理所、六枝特区中寨苗族彝族布依族乡财政所、六枝特区中寨苗族彝族布依族乡群众工作站、计划生育协会、敬老院（挂老年服务中心牌子）。

【财政收入】 2017年财政总收入2985.15万元，其中地方财政收入2103.73万元。

【农业】 2017年，有耕地面积19703亩，人均0.475亩；林地面积9万余亩，是市重要的蔬菜生产基地和特区生猪生产基地，2017年农业总产值达6193万元，比上年增加23%，占GDP比重6.6%。2017年粮食作物播种面积1969.4公顷，其中：水稻播种面积481公顷，玉米播种面积345.8公顷，小麦播种面积230.7公顷，油菜播种面积872.4公顷，加工用马铃薯456.2公顷，茶叶播种面积0.2万亩，中药材播种面积0.25万亩，水果0.2万亩，花生13.7公顷，粮食作物主要以玉米、水稻为主，2015年，粮食总产量14851吨，人均358千克。畜牧业主要以猪、牛为主，畜牧业以猪、牛、羊为主，2017年生猪存栏10087头，牛存栏4062头，羊存栏2196头，上市家禽21121羽。2017年肉类总产量940.2吨，其中：猪肉748.2吨，牛肉97.8吨，羊肉25.2吨，禽蛋7.1吨。

【林业】 2017年，累计造林2438.5公顷，其中防护林866.5公顷，经济林1571.9公顷，农民住宅四旁树木1260公顷，林木覆盖率36.5%。枇杷162272株，4784亩；李子178500株，4250亩；核桃224900株，9778亩；刺梨342400株，3112亩；杨梅16000株，700亩。森林植被恢复工程，柏木422500株，3841亩；李子苗4600株，107亩；杨梅6000株，261亩；梨树15900株，346亩；荒山造林4500亩。

【商业外贸】 2017年，共有个体工商业网点8个，从业人员52人，营业额122万元；农村集贸市场2个，2017年交易额382万元。

【医疗卫生】 2017年，有乡级卫生院1所，村级卫生服务网点17个；病床50张，其中公立卫生机构床位50张，现有人员41人，其中主治医师1人，临床执业医师8人，中西医执业医师1人，药剂1人，助理医师11人，检验3人，护士7人。下属村卫生室17个，管理村卫生人员22人。2017年完成诊疗18567人次，住院手术413人次。2017年法定报告传染病发病率为0.069‰，农村安全用水普及率100%，农村卫生厕所普及率52%；新型农村合作医疗参保人数36596人，参保率100%；2017年产妇总数263人，活产265人，产妇建卡195人，建卡率74.2%，产前检查195人，产前检查率74.2%，产检≥5次175人，住院分娩率72.6%，围产儿死亡率5.12‰。孕前优生检查共153对306人次。

建设绿色中寨三年行动计划植树活动

（中寨乡供稿）

【社会发展】 文化艺术：有文化服务中心1个，2个村级文艺宣传队，14个农民文文化家园，藏书5.5583万余册，年均阅读4千人次。科技发展：2015年拥有各类科技人才25人，其中专业技术人才20人，技能人才2人，农村实用人才20人。各类体育活动场地17处。广播电视：1972年开通中寨乡有线广播站，特区到乡镇16杆千米，乡镇到村26杆千米，村以下104杆千米。撤区并乡前村村通广播，现有广播喇叭30只，入户率0.2%，通响率13%。2017年中寨乡的目标任务数4270户，在2017年10月上报的总数为4470户，属于超额完成上报户数，广电云线路共通16村，由于扯扭村和平基村距离主干道较远暂时未通光纤，广电云施工队伍集中火力在中寨村、长寨村、小补王村等村寨，实际农户开通使用户数为1050户。

【社会保障】 2017年，城镇最低生活保障户数

37户，50人，支出城低保金27.4824万元，农村最低生活保障户数686户，人数1409人，共支出农低保金417.7032万元；特困供养84户87人，每月发放12.6970万元；民政代缴新型农村合作医疗1396人次，共支出5.6935万元，农村临时救助60人次，支出18.1000万元。医疗救助8人，发放医疗救助金5.484356万元。发放2017年度冬春救助资金5.94万元。发放救灾物资帐篷9顶、棉被96床、棉衣31件。共有残疾人2404人，其中申请一级残疾护理补贴95人，月发放资金4750元，申请二级残疾护理补贴535人，月发放资金21400元；社会服务单位1个，床位80张。

【教育事业】 2017年，有幼儿园7所，在园幼儿836人，专任教师43人；小学14所（含教学点），在校生2692人，专任教师166人，小学适龄儿童入学率99.5%；初中3（含两所九年一贯制）所，在校教师971人，专任教师67人，初中适龄人口入学率95.2%，小升初升学率100%，九年义务教育覆盖（巩固）率达42%。2017年教育经费达34324243.26元，国家财政性教育经费34324243.26元。

【基础设施】 交通运输：有水黄高等级公路从境内穿过，另有堕（却）己（西）公路、郎（岱）中（寨）公路、晴（隆）以（许）公路，村村通公路，总里程312千米。年客运量3.2万人次。邮政电信：2017年末有邮政网点1个，投递路线单程总长20千米，投递点1个，村通邮率5.9%；全年投递国内函件3681件，征订报纸910份、杂志1353册。电信企业2家，服务网点5个；固定电话用户1115户，电话用户普及率达到25%；移动电话用户9980户，移动电话普及率95%，互联网端口总数595个，其中已占用端口总数355个，宽带接入用户453户。

（杨应学）

◎ 九龙社区

【概况】 九龙社区服务中心于2015年1月成立。总面积43.21平方千米，辖5个行政村2个居委会68个村民组，共14000户41964人，其中有24个少数民族共6551人，占总人口的6%。现有小寨、波乍、波凹3个贫困村，有建档立卡贫困户886户3701人，其中未脱贫420户1439人，贫困发生率8%。2017年，特区下达财政税收任务数是4625万元，共完成财政税收12756万元，占任务数的275.8%。

2017年4月26日，全市党建引领促脱贫现场观摩会现场 （九龙社区供稿）

【机构设置】 内设：综合办公室、人口和计划生育办公室、社会事务事务部、农业扶贫办、环境工作部、综治禁毒办、安全办、统计站、司法所、信访办、房屋征拆办、便民服务大厅。

【党建工作】 一是加强组织领导，做到抓基层党建工作有安排、有部署、有落实。2017年先后召开10次党委专题会，重点研究解决党建工作思路、制度、保障等方面的问题。二是加强制度建设。制定《九龙社区村居干部管理考核办法》、《九龙社区干部职工日常行为记分办法》、《九龙社区督查督办工作制度》、《党建工作考核办法》、《党建引领促脱贫现场会制度》等办法制度，通过制度管人管事，做到制度建党与思想建党共同发力。三是加强指导督查。注重强调班子成员履行分管领域党建责任，督促党员班子成员对各支部党建工作的指导和督促；加强各支部书记履行党建工作的能力和素质，定期带队对各支部党建工作开展情况进行指导和督促，对各村居党建室建设、党建工作重点、党建工作措施等进行指导。四是加强党的政治建设。2017年，召开专题党委会研究街道党建工作，对党建引领促脱贫、发展党员、党建现场推进会、党组织生活制度、“两学一做”、“四位一体”、党建示范点打造、党员教育等问题进行专题研究，确保党建工作方向正确、目标明确、措施有力、效果明显。落实好党风廉政建设主体责任。组织开展“访村寨、重监督、助攻坚”专项行动、“一事一议”专项监察、城乡低保专项监察、死亡领取养老保险专项监察等工作。2017年，运用“四种形态”勤扯袖子、红脸出汗，开展预防提醒谈话18次202人、询问示警约谈2次2人、纠错诫勉约谈（诫勉谈话）12次12人、立案处理5件5人，追回资金122000余元。

【经济建设】　2017年，特区下达财政税收任务数是4625万元，社区共完成财政税收12756万元，占任务数的275.8%。2017年“一事一议”项目涉及小寨村和波乍村共4条通寨水泥路硬化，已完成3条路通寨水泥路硬化工作，另外一条路正在进行。通过加强财务管理，确保社区2017年各项工作正常运转，杜绝违规财政借款产生。非公经济现价总产值150152万元，增加值（现价）38490万元，营业收入145547万元，劳动者报酬10389万元，期末从业人员数2143人，工业销售产值65545万元；新增固定资产投资完成7000万元；畜禽出栏：牛458头，猪8429头，羊555只，家禽53215只；肉类总产922.94吨，禽蛋产量48.76吨，渔业产量4吨；夏收粮食作物和经济作物产量：小麦114.4吨，豆类16.3吨，马铃薯260.5吨，油菜籽287吨；秋收粮食作物和经济作物产量：稻谷412吨，玉米1424吨，高粱2吨，豆类61吨，甘薯6.2吨，花生2.4吨，葵花籽2.7吨，烟叶6吨，蔬菜7487.67吨；农村居民人均可支配收入57877元（经上级评估确定），比上年同期增长5.71%。规模以上工业总产值完成61700万元。

【脱贫攻坚】　2017年，有建档立卡贫困户886户3701人，其中未脱贫420户1439人（一般户贫困户203户848人，低保217户591人）贫困发生率8%，春季攻势：产业上计划完成养蜂项目500箱、蔬菜种植410亩、养牛项目200头、林下食用菌30亩、林下养鸡12000羽；基础数据上开展回头看和回访工作，核准核实基础数据。

【社会保障事业】　2017年，九龙社区辖区内共有农低保户313户，621人，共发放农低保金178.8832万元；城低保户241户，324人，共发放城低保金200.0581万元。申报民政审批通过的临时救助共20户，发放金额81000元；医疗救助共12户，发放金额83917.53元。发放八一慰问金102人，20400元。发放2016年秋、冬季退役士兵(复员士官)自主就业一次性补助金14人，182160元。发放农村籍退役士兵老年生活补助金27人，42925元。发放2016—2017年度冬春期间生活救助资金980人，108000元。发放自然灾害生活补助资金162人，16200元。发放2016—2017年季节性缺粮户分别为：77户，6900斤；255户，26550斤。做好贵州省留守儿童困境儿童关爱救助保护信息管理管理工作，2017年，该社区留守儿童人数152人，其中困境儿童41人，对留守儿童中的困境儿童实行包保责任制，加大监管力度，避免恶性事件的发生，留守老人11人，留守妇女12人。进一步规范老年人台账，全面掌握相关信息，现全社区80周岁以上（含80周岁）高龄老人共474人，2017年发放高龄津贴共计366730元，并对高龄补贴的发放实行动态管理。办理老年证468个。

【“四创”工作】　围绕“文明在行动·满意在贵州”活动，加大宣传力度在辖区制作社会主义核心价值观、道德规范、文明卫生知识、健康教育知识等公益广告、宣传版画及标语共计约1500平方米，并利用周六赶集天组织4次大型宣传活动，发放宣传手册及宣传单共计8000份，营造良好的环境和氛围。增加保洁力量，强化保洁力度，2017年初社区新购7000余元保洁工具及保洁工作服，并将28位保洁员安排在辖区主要公路及背街小巷上，基本实现全覆盖，全年投入保洁员工资、保险等共计40余万元。投入3万余元，在辖区内张贴类公益性广告、社会主义核心价值观等宣传栏20余块，城区主干

开展“重温入党誓词、再读入党志愿书”主题党日活动　（九龙社区供稿）

道创文明城市氛围营造广告10余幅；劝导横穿马路、乱停乱放等不文明行为500余人次；制作禁止燃烧秸秆宣传牌22块，分别安装在进村组及村公路交叉路口。增加投入加强整治。2017年共计组织干部职工、保洁员、村（居）民群众1500余人次、铲车20余台次共清除清运暴露垃圾180余吨，疏通沟渠100余米；清除不规范大型户外商家广告25幅，废旧公益广告120条，各类野广告1500余条，整治乱堆乱放80余处，投入整治资金约5万余元；现各村（居）垃圾由各村（居）收费及筹款进行外包和组织清运，达到日产日清。“四创办”和辖区相关单位签订“门前三包”，落实责任到户。

【城镇建设及拆迁】 全面完成人民路延伸段房屋征收等工作，共征收房屋44幢，已全部拆迁。完成六枝到黄果树旅游路前期红线内的土地和房屋等征收工作，共征收房屋12幢，已拆迁9幢，征地314185平方米。全面完成五龙至螃蟹峡公路的土地等征收工作，征地9376平方米。完成六枝特区山地体育中心的土地和房屋等征收工作，共征收房屋110幢（332户），征地56119平方米。完成六枝特区扶贫再就业培训中心的土地等征收工作，征地53806平方米。完成六枝特区农产品批发市场的土地等征收工作，共征地143703平方米。完成安六高铁地宗隧道浅埋层房屋征收和便道征地等工作，共征收房屋40幢，已全部拆迁，征地1200平方米。完成六枝特区八中教师周转房屋的土地征收工作，征地61640平方米。完成六枝特区农产品保鲜仓储项目的土地征收工作，共征地123091平方米。全面完成九方酒店项目的土地征收工作，征地41610平方米。全面完成G356公路剩余的22户房屋征收和拆除工作。2017年的棚改任务是2431户，截止到2017年9月1日，已全面完成2431户棚改房屋协议签订工作，已支付完成2016年796户棚改房屋资金。

【综治、信访、维稳工作】 做好中共十九大期间信访维稳工作，研究制定印发《九龙社区关于党的十九大期间维护社会稳定工作措施》、《九龙社区成立党的十九大期间信访维稳突发事件应急处置队伍领导小组》、《九龙社区关于党的十九大期间信访维稳工作应急专班的通知》、《九龙社区关于开展维护社会稳定工作“大比武”的实施意见》等文件，坚持底线思维，最大限度把问题解决初始阶段和萌芽状态。对辖区内矛盾纠纷排查力度，经过排查，共排查出信访案件54起（其中重大信访案件28起，一般信访案件26起）。划分出重度信访案件10起，中度信访案件12起，轻度信访案件6起，确保排查无死角、全覆盖，做到底数清情况明。从年初开始，九龙社区党委和中心就围绕全国及省、市“两会”、省十二次党代会和中共十九大召开时间节点，充分发挥司法调解和村居调解委员会职能作用，将矛盾纠纷化解调处工作纳入重要议事日程，早安排早部署，认真研究制定九龙社区矛盾纠纷化解工作方案，明确奖励措施，对调处成功的矛盾纠纷根据调处难度每起补助150～500元。截至9月30日，共调处化解矛盾纠纷124起，发放补助资金25350元，化解屈书文、杨勇、毕应昌等原平寨镇遗留的多年来未化解的信访积案6起。社区党委加强对干部职工的日常管理和纪律约束，严格执行请销假、外出报告、通信畅通、值班等制度和纪律，加强干部作风建设，以严肃的纪律和良好的工作状态全力以赴做好十九大期间的信访维稳工作。

【安全生产】 坚持“党政同责、一岗双责、齐抓共管”。社区党委、服务中心，把安全生产工作纳入重要议事日程，切实开展安全生产教育实践活动，与下属各单位，特别是与非煤矿山、砂石厂等签订包保责任书，明确责任、狠抓落实。一是加大非法开采矿山资源的打击力度，每周巡查1次，发现一起打击一起，确保全年没有无证煤窑反弹和非法矿山违法开采；二是严格爆炸物品的管理，杜绝违规储存、使用的行为；三是加强对道路交通安全的管理，严格查处各种违章行为，全年无发生重大道路交通安全事故；四是加强对地质灾害点的防治工作，对地质灾害点拟定防治预案，实行24小时值班制度，做到职责明确，责任落实，未发生地质灾害事故；五是加强消防安全工作，各村成立义务消防队和志愿者队伍，重点抓好“春节”、“元宵节”、“清明节”、“五一”期间的火灾预防工作，未发生重大火灾事故；六是认真抓好安全生产宣传活动，做到安全生产户户知晓、人人明白；七是加强对烟花爆竹和危险化学品的安全监管，开展专项整治行动，严厉打击非法经营行为。

【司法工作】 按照社区党委的要求，开展矛盾纠纷调处、社区矫正、安置帮教及法律援助宣传等工作；2017年来共排查出矛盾纠纷123起，累计接收213名社区矫正对象，累计解除177人，均已实现人档齐全，无脱管、漏管，共接收安置帮教人员45人，解矫31人，监狱释放19人，开展法律法规宣传8次。

（付欢欢　赵庆伟）

◎ 塔山社区

【概况】 塔山社区服务中心总面积21.9平方千米，其中：耕地面积2402亩，荒山3360.9亩，林地面积8812.5亩。辖8个村（居）83个村（居）民小组，总人口14842户58153（包括流动人口）人，居住有彝族、苗族、布依族、仡佬族、回族、土家族等11个少数民族。现有贫困人口93户362人，其中，一般贫困户23户124人，贫困发生率7.2%。现有14个党支部372名党员。城镇化81%。辖区内有社区服务站7个；敬老院1所；医院1所；中学2所，教师137名，在校学生2800名；小学4所，教师126名，在校学生2112名；幼儿园1个，教师15名，幼儿150名；有邮政所1所；电信网络已普及8个村（居），各村（居）民小组均通自来水和农网电。

【经济概况】 2017年，塔山社区财政总收入完成4820万元，同比增长5.5%；500万元及以上固定资产投资完成16亿元，完成任务数107%；工业企业产值完成121000万元，同比增长16%，社会消费品零售总额完成8.4亿元，同比增长11%；农村居民人均可支配收入达8552元，同比增长6%；城镇居民人均可支配收入达25803元，同比增长10%。

2017年2月3日，社区干部职工参加高峰村核桃树种植　（塔山社区供稿）

【机构设置】 内设：综合办公室、群众工作部、社会事务部、环境管理部、卫生计生部、便民利民服务厅。

【“两学一做”学习教育工作】 1—5月，社区党委、各支部均按照特区党的建设工作领导小组每月下达的工作任务和提示单，并结合社区的工作实际，严格抓好贯彻落实。6—12月按照特区下发“两学一做”学习教育常态化工作方案，社区党委和各支部也制定工作方案，并以“三会一课”为载体，全力抓好“两学一做”各阶段的工作落实。在学习教育工作中，通过推行“六项行动”、创建党员先锋示范岗、“两学一做”基本知识竞赛等活动，成功将“两学一做”工作推向新的高度，在市、特区检查过程中得到认可。

【“三送三促”工作】 成立工作领导小组，组建送政策、送文化、送技能3个工作服务队，深入田间地头、工厂学校、居民社区等为群众讲解、宣传中共十九大、脱贫攻坚等知识。送政策服务队向1000余户3000余人进行政策宣讲；送技能、送文化服务队通过现场表演节目，赠送书籍、到田间地头手把手培训等方式，将技能和文化直接送至农户手中，2017年，开展送医疗到村（居）52次，免费为1000名群众进行简单的血压测量、常见病诊断、预防等知识讲解，直接到田间进行技术指导220余次，安排文艺表演8场。

【项目建设】 一是路网建设有序推进。完成“安六”铁路拆迁房屋146户、征地1000余亩、发放补偿款1433879.62元；完成阳光路征地112亩，发放补偿款100631.53元；完成六定路应征地37亩、拆迁房屋3户农户、发放补偿款26409.48元；完成醒狮路征地23亩、发放补偿款365457.38元；完成工农路征地112亩。二是项目建设有序开展。完成青岗林棚改安置房项目征地82亩、发放补偿款845656.96元；完成市二中扩建项目应征地60余亩；完成特区2017年度异地扶贫搬迁安置房项目征地95亩、发放补偿款705362.37元；完成特区新人民医院工程征地352亩、发放补偿款1753320.56元；完成六枝特区粮油仓库和专业市场项目涉及农户征地256亩、发放补偿款4073953.63元；完成六枝河综合治理项目地上附着物征收兑现农户补偿1108250.64元；完成四方坡棚改安置房修建项目征地57亩、发放补偿款205913.59元；完成六枝特区垃圾焚烧发电站工程征地178亩；完成六枝特区2018年异地扶贫搬迁安置房修建项目征地256亩；完成2017年塔山社区2894户棚改户地协议签订；完成六枝特区旗帜教育中心项目征地27.111亩；完成塔山街道办事处政务服务中心办公楼选址、规划、环评、征地工作。

【脱贫攻坚】　一是搞好基础设施建设。做好3条“一事一议”通组公路（尚家包包0.28千米、云上0.2千米、沙泥坡至那哨2.2千米）硬化；做好3条“组组通”公路建设（后寨组0.7千米、大那史组0.5千米、凉水井至左家寨组0.5千米）实施；做好高峰村博爱、左家寨和那固村后寨3个寨子，涉及农户144户，改厕49个，改厨49户，庭院硬化1839平方米，道路硬化2195米的“三改、两硬化、一拆除”工作。二是做好易地扶贫搬迁及危房改造工作。完成1户易扶搬迁和5户危房改造。三是抓好教育帮扶。开展各项助学活动，狠抓教育扶贫，确保无1个适龄儿童辍学，完成214名贫困学生帮扶工作。四是做好医疗扶贫。2017年、2018年建档立卡贫困户100%参加农村合作医疗。五是做好建档立卡工作。开展大排查工作，查出漏识别1户5人，漏人112人，已按规定全部补上录扶贫云，清退死亡、婚出人员28人；2017年有贫困户152户639人，脱贫59户277人。六是做好“三变”改革。做好“特惠贷”入股合作社，由塔山社区牵头，将28户贫困户贷特惠贷140万元入股六枝特区双文种养殖农民专业合作社，每户每年分红3000元。

【平安建设工作】　一是加大宣传力度，营造浓厚氛围。利用5月份综治宣传月、6月禁毒宣传月及“12·4”法制宣传日等开展法治宣传，发放各类宣传材料2万多份，张贴标语、拉横幅40多条。二是做好矛盾纠纷化解，开展治安整治。排查矛盾纠纷179起，调解179起，调解成功175起，调解成功率98%。接待来访群众300余人次，化解信访积案3件，受理信访案件20件，结案4件，化解16件。三是加强群防群治，提高防控能力。围绕“平安六枝”创建总体目标，建立治安巡防机制，通过落实“一村一警”、网格化管理、治安巡逻等。在治安较复杂的单位和地段，投入资金安装20余个卡式摄像头，形成治安防范网络，有效防范和减少违法犯罪。四是夯实禁毒基础，开展禁毒工作。利用6月份“全民禁毒宣传月”，开展“珍爱生命、远离毒品”为主题的活动，发放各类资料2000余份，解答咨询群众的禁毒知识300余条；利用“6·26”国际禁毒日，开展禁毒宣传进校园活动；完成了特区九小禁毒示范学校（班级）的创建任务；进行100余次踏查，发现种植毒品原植物4起，铲除罂粟苗1732株，刑事起诉1人，治安教育3人，形成人人参与禁毒的良好氛围。

【安全生产工作】　一是强化安全培训，加大宣传力度。在“6·16”全国安全生产宣传活动中，联合司法所、国土所等部门到该社区六枝街开展宣传活动，共分发森林防火资料3100余份、安全创建宣传手册500余份，消防安全宣传资料800余份，建安全生产宣传栏，发放食品安全知识等宣传资料1000余份，参与群众300多人。组织全社区单位负责人每半年不少于一次的安全教育培训，并带队到生产单位现场参观、学习、培训。向危化品、烟花爆竹售卖点责任人进行安全培训。二是突出重点工作，深入整治监管。根据各级安全生产工作要求和会议精神，结合该社区实际，着力开展安全生产大检查和重点领域专项整治行动。狠抓元旦、清明、五一、国庆、中秋等节前安全大检查，开展防汛和地质灾害清理排查整治活动、道路交通安全整治活动和校园及周边环境整治活动、职业健康执法检查，食品卫生安全检查等活动工作。

【环境整治】　一是做好宣传活动。2017年，完成便民信息服务公开栏29块118平方米，“社会主义核心价值观”等正能量公益广告现有42块200平方米。组织召开群众会学习宣传知识共75次9020人，发放宣传资料4200份，开展“四创”文艺活动16次，出“四创”及健康教育宣传栏44期。二是开展脏乱差整治行动。2017年，建设简易垃圾集中堆放场一个，修建（改造）垃圾池或新增垃圾箱52个，配置环卫车辆5台，依法拆除的违章建筑1040平方米，落实“门前三包”责任59户，开展97次，清除暴露垃圾202吨，依法清除荒废建筑物、残垣断壁60吨，清除乱堆乱放、乱搭乱建

139处，清理乱贴乱画、乱拉乱挂及野广告8728条，取缔占道经营3677户，清理乱停乱放车辆246台次。三是开展小河长制治理行动。打捞清理河道、水塘、水沟等漂浮垃圾38处39吨，保护好六枝河，使水更清，河道更干净。四是开展病媒消杀活动。2017年开展18次，治理“四害”滋生地20处。

【农业林业】 粮食作物种植：2017年，在高峰村博爱组、官寨组分别完成水稻种植200亩、300亩；在高峰村完成玉米种植800亩；在高峰村和塔山居委会共完成豆类种植200亩。经济作物种植：完成油菜种植400亩，中药材种植300亩；完成蔬菜种植（含瓜类）2000亩；完成果园2978亩；其他经济作物2300亩。畜牧业工作：2017年共完成生猪存栏6184头，完成肥猪出栏7296头，完成大牲畜存栏728头，完成牛出栏164头，完成山羊存栏914只，完成肉羊出栏608只，完成家禽饲养87706羽，完成家禽出栏91843羽，完成禽蛋产量97吨，完成肉类总产量921吨。全面完成高峰村小那史和那哨、那固村小河沟和后寨、六枝村的那玉大坡、塔山村瓦厂组815.5亩退耕还林工作。

（李淑媛）

◎ 那克社区

【概况】 那克社区辖那平路、公园路、文化路、团结路、青龙居委会5个居委会，面积7平方千米，东至城东建材城，西抵城区休闲广场，南临城区南环路，北抵六六高速公路。辖区内有机关单位100余家，企业100余家，1000余户个体工商户。辖区内有居民小组107个，居民住户2万余户，总人数4.4万人，其中区、乡（镇）两级离退休人员70%以上居住在辖区内。具有退休人员多、下岗失业人员多、两劳回籍人员多、残疾人员多、参与社区矫正人员多等特点，是六枝特区人口复杂、密集、流动性大、治安案件易发高发的社区。社区党委下辖9个党支部，现有党员232人（不含境内机关、企事业单位、非公党员）；服务中心内设机构6个，分别是综合办公室、社会事务部、环境工作部、群众工作部、卫生计生部、便民服务大厅。

那克社区禁毒誓师大会　（那克社区供稿）

【党建工作】 一是牵头抓总定好位。由于社区党委、服务中心的组成人员来自不同的单位和部门，按照抓班子带队伍的要求，年初建立健全各种制度46项，将责任落实到每一个干部的肩上。将社区党建工作和社会管理工作任务进一步细化、量化，制定各项责任书，同时完善两个例会制度，即社区党建工作例会制度，每月召开一次，探索党建工作新思路、好措施；社区党委中心组学习制度，每月一次。二是紧扣上级重大部署，找准工作实际。那克社区党委先后召开多次党委会，上党课2次，为居委会解决困难20余个。三是强化监督实效，按照党风廉政的要求，认真落实党风廉政建设主体责任和党风廉政建设教育；2017年选聘5名村级纪检委员，并规范村级纪检委员管理制度，切实发挥其宣传、联络、监督作用。推行党务、村务、财务公开制度，将村级重大事项决策、项目建设、低保评审、各类惠农补贴发放及村级资金使用等情况及时、准确地向群众公开，让群众充分行使知情权、参与权和监督权，使权力在阳光下运行。加强涉农、强农、惠农资金和应急抢险、救灾救济等资金的监督管理，对涉嫌违纪违规行为一经查实给予严肃处置，绝不姑息。2017年，通过开展“访村寨、重监督、助攻坚”专项行动及平时走访排查等方式，共发现问题93条，归类7条问题线索，经初步核查，初核了结4件、转办1件，立案审查3件4人，通报批评2人，约谈9人。

【“四创”及“两违”工作】 一是召开好中心动员部署会，各单位、各居委会召开群众会、院坝会等动员部署会议78次，参与人次共10356人。二是举办文艺宣传演出活动累计6场次，共5637人次参加。三是发放宣传册、公开信等宣传资料2.6万余份。四是发送“四创”宣传短信0.5万条次，五是开展小手牵大手活动0.62万人次。六是开展“四创”宣传志愿者服务活动26次，共1362人参加。七是设置固定宣传栏76块420平方米。八是开展入户宣传0.63万户1.5万余人次。

通过排查和群众举报，确定重点整治区域，将与群众生活密切相关的背街小巷、居民院落、市场摊位、河道等作为重点整治点，开展整治行动283次，其中社区组织开展63次，包保网格单位组织开展76次。清理野广告1.23万条，其中社区清理4632条，包保单位清理898条，清除暴露垃圾6532吨，其中社区清除6401吨，包保单位清除131吨，改造和新增垃圾池13个，清理河道垃圾4865米，亮化背街小巷1240平方米，制止拆出违法违章建筑16户1260平方米，清理排污沟下水道600米，整治占道经营和超门面经营389户，整治油烟排放及露天烧烤456户，整治垃圾和秸秆焚烧371次。中心在无财力的情况下，多方筹措资金开展工作，先后投入资金38.6万元，主要用于修建垃圾池、清理河道、清理野广告、背街小巷亮化、聘请保洁员、乱搭乱建的拆出、垃圾清运、宣传整治等工作。

【林业工作】 一是完成春季松线虫调查工作，完成涉木企业调查6家，完成经果林病虫害防治900亩；二是加大对森林防火巡查力度，每天组织8人上山巡查，制止烧秸秆等农事用火140余起，制止在林区用火67起，制止开荒地2起；三是在清明节期间，在主要林区路口设卡3处，对带火种进山人员进行劝导；四是完成疑似林斑调查，完成古树、名树调查。

【民生工作】 根据群众路线教育实践活动专项整治，结合殡葬改革的实际，从社区管理与服务的实际出发，成立滥办酒席和殡葬改革整治领导小组，制定行动方案。

【综治维稳工作】 采取各种形式加强综治（平安建设）宣传月活动，活动宣传内容包含打击黄赌毒、反盗、反诈骗、防邪处邪、信访维稳等，组织发放宣传资料5000份，悬挂、张贴宣传标语100余幅，摆放宣传展板15块。组织社区干部职工深入开展“电话问安”工作。

落实社区禁毒专职人员4人，做到禁毒工作有

党的十九大精神市委宣讲团到那克社区宣讲
（那克社区供稿）

人抓、有人管。制定《副科级以上领导干部联系居委会抓禁毒工作制度》、《禁毒工作要点》、《“无毒害”村（居）创建活动方案》，做到了工作有计划、有分析、有部署、有检查、有总结。建立党政联席会议制度及督导制度，社区党委定期听取禁毒工作情况汇报，对全社区禁毒工作进行研究部署，及时解决禁毒工作存在的难题。2017年，共计开展入户问安走访群众2000人次，发放宣传公开信千余封，紧紧围绕“八进”活动，深入细致做好禁毒宣传工作，做到家喻户晓，提升人民群众的获得感和知晓率，提升人民群众对禁毒工作的满意度。

【安全生产工作】 组织检查危化物品及烟花爆竹28次，检查经营户90余家次，共查出安全隐患35条，整改35条，整改率100%；组织检查道路交通运输17次，共检查车辆100余辆，查出安全隐患15条，整改15条，整改率100%；组织检查特种设备15次，共检查电梯、锅炉等160余台次，查出电梯安全隐患2条，责令停用整改2条，整改率100%；组织检查人员密集场所、超市、网吧、酒店、校园及老旧危楼等26次，共检查285家次，查出安全隐患23条，整改23条，整改率100%；组织检查建筑施工12次，共检查建筑企业18家次，查出安全隐患12条，整改12条，整改率100%；联合国土所开展地质灾害隐患排查15组次，发现隐患点3处，已上报国土部门进行风险评估2处，正在治理1处。2017年，那克社区安全生产事故发生率为零。

【宣传工作】 社区利用已组建的老年舞蹈队、器乐队、健身队、棋牌队、义务宣传队等10余个组织，将平安建设、禁毒知识、做文明人等内容以各种形

式写成作品，既参加特区组织的各种演出活动，又在各居委会进行演出，丰富市民的精神生活，起到很好的宣传效果。在社区、居委会开展向周明洪先进事迹学习活动，持续推进文明城市创建工作。开展“我们的节日——清明”祭英烈活动，组织社区全体干部职工、居委会支书主任30余人到大用烈士陵园祭奠先烈，向烈士们敬献花圈。

【棚户区改造工作】 完成棚户区改造811户的测量及协议签订工作，到位资金5000万并准备发放。正在陆续发放棚改资金。

（柴方荣）

◎ 银壶社区

【概况】 2017年，银壶社区服务中心在平寨镇的基础上完成财政总收入财政收入333.23万元，占年计划749万元（含卫生院收入）的44.5%。社区国税累计完成460.99万元，占年计划4100万元的11.24%。社区地税累计完成3110.75万元，占年计划10000万元的31.11%，完成工业总产值42691.04万元，完成固定资产投资10亿元，完成粮食产量0.8万吨。生猪存栏数2131头、牛存栏数866头、羊存栏数462头、活家禽存栏数14081只；1—8月社区生猪累计出栏数2242头、牛出栏数154头、羊出栏数443头、活家禽出栏数33710只；1—8月，肉类总产量276.3吨、禽蛋产量30.5吨、水产品产量8.5吨。招商引资实际到位资金3.52亿元，

2017年9月21日，银壶社区到银壶居委会开展“四创”暨创建国家卫生城市督促指导工作

（银壶社区供稿）

2017年农民人均可支配收入达7728元，城镇居民可支配收入达23425元，完成预期的各项工作目标和任务。

【机构设置】 银壶社区服务中心设社区居民议事会、社区服务中心。社区服务中心内设综合办公室、群众工作部、社会事务部、环境管理部、便民利民服务厅5个内设机构。核定中共六枝特区银壶社区服务中心全额拨款编制35名，其中社区党委书记1名，副书记3名，纪委书记1名，社区服务中心副主任2名。社区服务中心实有人数35人，其中在职行政人员实有人数13人，参公人数6人，事业在职人员16人。退休32人，其中：行政退休22人，事业退休10人。

【工作机制】 一是社区党委结合班子成员变动对党政班子分工进行了动态化、规范化调整，并结合包村包片将党风廉政建设主体责任3个层级、15个方面、58项内容全部分解落实到片、责任到人，确保班子工作重心贴近基层、注重民生，2017年党委班子深入村（居）、融入群众征求各类意见、建议近40余条，并按照分流办理的原则，对涉及基础设施建设、社会保障、干部作风、食品安全等9项问题的40条意见、建议进行限期办结答复，使社区党群干群关系进一步密切，社区党委为民务实清廉形象进一步树立，基层基础得到了进一步夯实。二是社区党委结合省、市、特区从严管党治党阶段工作要点，对社区《党务公开实施细则》、《社区议事规则》等16项工作制度进行补充完善，并结合特区工作重点任务制定年度工作要点，确保社区重点工作目标有序推进。

【党建工作】 一是从严管党，强化党建主业责任。2017年社区党委围绕落实好基层党建9项重点任务，召开党政联席会议4次，结合社区从严治党工作要点与16个支部签订“年度党建目标责任书”。二是抓牢反腐倡廉，狠刹干部作风顽疾。2017年共节约“三公”经费5余万元、精减会议30次、减少会议经费6000余元；党委班子带头劝阻滥办酒席13起，开展集中控违拆违3次、劝阻15起、强制执法2起。三是抓牢民生监管，强化党风廉政管理。社区纪委为强化党风廉政建设监管，每半年1次定期对社区9个部办、8个村（居）开展党风廉政建设责任“倒查”，2017年共落实民生资金备案

6项276.4万元；收集民生意见反馈9起、办结7起；查办民生领域案件5起、挽回群众经济损失2.8万元。四是抓牢执纪监督，务实从严治党成效。社区党委认真贯彻落实中央及省、市、特区关于党风廉政建设和反腐败工作的决策部署，组织社区领导干部、村（居）干部分层签订“廉洁自律承诺书”200余份、“党风廉政建设岗位责任书”156份，组织观看警示教育专题片3场次240余人次。并针对党风廉政责任制落实情况按季度召开党委专题会议3次，听取班子成员责任落实汇报2次，召开干部职工集体廉政约谈7余次。五是抓牢意识形态，落实信念教育工作新常态。共组织召开工作推进2次160人次、调度会4次240人次，并与部门、村（居）签订工作部门责任书20个。六是抓牢党员培养，优化基层组织建设。2017年社区发展党员7名，35岁以下达到60%以上，高中及以上文化程度达到85%以上。七是抓好选人用人，树立正确用人导向。

【“两学一做”教育】 一是抓组织领导，强化宣传发动。社区党委在将《银壶社区关于推进“两学一做”学习教育常态化制度化的实施方案》和学习计划制定下发到8个村（居）、176家党组织挂建“两新组织”的基础上，组织召开“两学一做”常态化制度化建设工作调度动员会3次128人次、调度会2次93人次，签订“两学一做”常态化制度化建设目标责任书16份，并将工作方案和学习计划在社区告示栏、微信群、万村千乡网上进行公开，充分发挥社区党委在“两学一做”学习教育常态化制度化建设中的示范引领作用，确保“两学一做”常态化制度化建设有序推进。二是常态化督“学”，拓展“学”的延伸。社区党委以每周中心组学习为主抓手，创新方式方法，灵活多样开展学习，利用中心组学习集中学党章党规4次140余人次，通过党章党规常捧读、常学思，把尊崇党章、遵守党规的要求落到实处；利用周学习会学习系列讲话9次270余人次，坚持读原著、学原文、悟原理，用系列重要讲话精神统一思想、武装头脑，指导工作、规范行为；结合重点工作调度学习省、市、特区重要文件6次130人次，学习好上级领导部门在各时期、各阶段的新理念新思想新战略，做到阶段工作与特区同步、重点目标与特区接轨，确保“学”的基础动作到位、规范动作标准、自选动作规范。三是制度化促“做”，深化“做”的形式。开展“四创”党员带头30余次400余人次、设置党员示范岗10个、组织开展党员义务敬老活动15次300人次、组建留守儿童党员“爱心妈妈”服务队1个4人；利用每年“七一”党建主题日，开展以“重温入党誓词、坚定理想信念”为主题的“党建日”活动3次273人次，向党员赠送党章120本、党徽466个，开展老党员重温入党誓词323人次、预备党员入党宣誓6人，走访慰问困难党员12人、发放党费慰问金10500元。四是规范化抓“改”，实化“改”的成效。在问题自改上，社区党委利用每周工作汇报，开展各支部自我问题查找27余次，针对工作中存在的3项34条问题、8项工作不足和4项漏洞制定整改清单15个；在工作薄弱整改经验互学上，社区党委利用社区2次党建观摩会，对8个村（居）24项工作进行查缺补漏，按照“六个统一”归档工作资料9项12套72本。通过观摩推广8个村（居）9项先进典型做法，完善4个薄弱环节，推动基层支部新问题和老问题一起解决，个性问题和共性问题一起解决，组织问题和党员个人问题一起解决；在党员干部督改上，社区党委以2次中心组学习扩大会为契机，对16名交党费“慢半拍”党员、6名参加组织生活“消极懈怠”党员进行提醒谈话，搭建流动党员党费收缴微信群8个，为社区243名流动党员开通党费缴纳便捷通道。

【脱贫攻坚】 信息“大回访”。通过入户“扶贫四看”重拾帮扶因病、因学返贫28户70人，落实产业捆绑返贫边缘户18户59人，造册登记动员异地搬迁户26户73人，核实系统“四有”人员10户35人信息，修改家庭成员错漏信息275人，自然增减106人。精准“谋力”。新识别纳入27户69人帮扶、补登补录系统漏人270人、系统清退不符合标准错评纳入43户91人、回档包保返贫7户19人系统、合户并档1家两户22户、信息删除婚迁死亡自然减少69人，全面落实帮扶信息精准复验。组织社区224名帮扶干部开展上门入户零距离探实情摸实底，找准494户未脱贫人口致贫原因和242户已脱贫人口成果巩固，存在短板因户施策、因人定法、分类指导、对症下药。扶贫产业责任落实。在做“精”6个“财扶”项目规范动作的基础上，做“特”做强500亩黑花生、800亩林下杜仲鸡、

1600万益民万头猪创新自选项目，跑完产业规模打造“最后一千米”、跑长扶贫成果巩固“半千米”。基础设施建设。3个小泔塘工程和378万元项目资金，全面落实东风村10个村民组人畜安全饮水工程；专项资金280万落实大哪闹至苗寨通组公路建设；协调大功率变压器8台，在解决两村6个组足额用电的同时，解开5个产业点生产用电难；落实两个贫困村“广电云”户户用412户、太阳能路灯通组安装100盏、卫生厕所改造600户。产业扶贫。做好6个财扶产业委托实施，在100头财扶猪和50头能繁母牛到户自养发展的基础上，培育壮大益民、众发等4个龙头企业参与扶贫帮扶，形成产业扶贫“长藤结瓜”；利用村集体合作社牵引实施6个“财扶”项目，实现村集体、贫困户、合作社三方合作共赢，落实2个村集体合作社项目5%保底红利；用活188户940万“小额信贷”入股合作社发展，落实3年稳定7%红利。易地搬迁。对东风村岩洞口26户地质灾害点贫困户进行全面统计上报，并积极做好易扶搬迁后续工作完善。教育医疗住房“三保障”。做好23名贫困户大学新生落实教育“两免一补”申报工作，利用医疗扶贫大平台完善两村卫生室规范化建设，开展贫困户先医后报销12人次、落实贫困户家庭医生服务签约200户、联合“医供体”龙头医院开展贫困户免费义诊3次340人次、免费发放药品120人次，农村危房改造摸底，对9户符合条件的贫困户房屋信息进行统计上报。财政扶贫。通过“合作社+贫困户+村集体+基地”扶贫产业发展利益链接机制，利用2017年中华蜂养殖、能繁母牛及商品肉牛养殖、商品猪养殖、土杂鸡养殖、商品蔬菜种植及林下经济作物种植6个财政扶贫项目对社区736户2317人贫困人口进行产业捆绑全覆盖。通过招商引资引进东风村益民种养殖农民专业合作社1600万元“万头猪”养殖项目参与到社区产业扶贫中，发展东风村闲置活动室入股益民种养合作社年分红6500元，123户农户87亩土地入股益民种养合作社（248元每亩）年分红2.1576万元，拉动劳务输出3000余人次，发放劳务费40余万元，间接带动40余户贫困户发展。通过培育壮大本土企业杨丰村众发养殖场“百头豪猪”项目参与到社区产业扶贫中，发展杨丰村20户贫困户土地入股35亩，在土地入股分红8680元（248元每亩）的基础上，拉动劳务输出1500人次，发放劳务输出费20余万元，间接带动35户贫困户通过劳务输出脱贫。金融扶贫产业发展。利用中国人民银行六盘水中心支行结对帮扶优势，在为社区188户贫困户落实“小额信贷”940万元，实现188户贫困户3年持续年分红3500元的基础上，为社区自选扶贫产业“黑花生种植项目”争取人行六盘水中支行帮扶资金10万元，利用“小额信贷”为社区脱贫攻坚补齐短板、为5家合作社发展注入活力、为188户贫困户增收开辟新渠道。

【“三送三促”】 利用社区送政策、送文化、送技术3个服务队，组织开展政策讲座2次167人次、发放各种政策汇编1000余份，向60名参会贫困户发放种养殖科普图书70余册，开展院坝免费义诊3次180余人次，召开地头、厂房间种养殖技术培训会3次170余人次，并将“三送三促”活动纳入帮扶措施进行常态化开展，充实贫困户脱贫致富信心决心。通过“送爱心”活动为爱心企业湖南商会六枝分会“卿卿功夫足道”与社区5名贫困学生、3户困难家庭牵线搭桥，落实对5名贫困学生每月400元小学至大学毕业“一贯穿”资助，3户困难家庭600元一次性帮扶，构建“千企帮村（居）、万人帮户、全民扶困”的城镇低收入困难群体帮扶大网络。

【农业产业】 以“政策引导、技术指导+能人带动”为指导，建设产业基地，做响“一村一品”品牌，大力发展农村特色种养，积极推进庭院经济、务工经济、“农家乐”旅游经济，培植壮大专业大户和稳妥推进农民专业合作社建设，形成各类农民专业合作社经济组织10家、养殖大户6个。严格规范土地流转程序，创新流转方式，积极稳妥推进土地流转，提高土地集约化、产业化经营水平，2017年共流转土地0.47万余亩，实现农业增效、农民增收。大力发展畜牧养殖业，多渠道带领农民致富，2017年发展畜牧规模养殖3家、组建村级集体合作社2个、招引种养龙头项目2个，已成为社区农村经济发展的一大支柱产业。二是全面落实各项支农惠农政策。重心前移抓好政策性农业保险工作；严格粮食直补、农机具购置补贴等涉农资金的发放；规范“一事一议”筹资筹劳的范围和用途，切实减轻农民负担，充分调动农民发展生产的积极性；综合运用补助、参股、贴息、担保等措施，为社会力量投资建设现代农业创造良好环境。三是积极推进农业技术、实用技能培训工作。强化科技支撑，抓好新品种、新技术推广，开展各类农业技术培训7场次450余人，发放技术资料2000余份，依托“三送三促”送技术3次300余人次。通过在2个村开展“三变”改革、经果林种植、商品蔬菜种植和农村实用技能培训政策宣传，实现“三变”企业发展8家、农户改革参与400户、蔬菜基地发展800亩、经果林种植600亩、特色黑花生种植500亩，为社区的特色、高新农业发展夯实基础。

【城乡建设】 一是稳步推进棚改项目。2017年社区完成棚改丈量2927户、签订协议2927户，地面林木征收丈量483户255.474064万元，堡坎、粪坑征收丈量374户114.096738万元，完成2016年1509户棚改兑现户的全面清理清拆工作，2017年棚改工作12月中旬全面完成。二是及时兑现、确保拆迁安置维稳。在特区拆迁办的协助下，2017年社区兑现房屋拆迁款11509万元、落实棚改选房42户、落实坟墓安置费320万元、地面附作物补偿款166万元元。接待拆迁户来信、来访800人次，基层化解拆迁800人次，始终保持拆迁改造矛盾基层发生、基层维稳、基层解决。三是加强城市管理，有序推进“两违”管控工作。2017年共拆除“两违”建筑28户5000平方米，制止违法违章建筑60余起，对“两违”建设下发责令停工通知45宗4600平方米，开展非法建筑强制执行3次，拆除面积1500多平方米，落实社区“两违”建筑早发现、早控制、拆除及时，规范社区城乡建设秩序，促进城乡建设健康发展。四是强化环境整治。在环境整治上，社区依托特区“四创办”配置的2辆垃圾装载车、70个垃圾回收箱、6个垃圾池等设施为基础，投入资金20余万元购买保洁设备，并新招录保洁员23名，通过“日查、周通报、月排名”的长效保洁工作模式，开展背街、小巷集中清扫80余次、清理垃圾60余吨、疏通河道60余米，使辖区的工作、居住、办公环境得到了有效的改善。在街道治理上，实行按村（居）划分治理区域，制定治理方案9个，并与经营业主签订门前“三包”目标责任书600余份，确保门面废水统一入沟、垃圾集中入池、门头过道“侵占”全部归还，落实社区街道整洁无侵占、路边清洁无油污、门前空气清新无异味。在环境维护上，以“四创办”工作人员为基础，组织成立环境工作督查组8个，在对环境保洁工作进行督促的同时，采取“定期+不定期”的模式对社区进行“野广告”清理20余次160余人次、白化墙面600余平方米，确保社区墙体乱涂乱画、野广告纸张乱飞现象及时发现、及时处理，保障社区街容街貌24小时整洁。

【卫生事业】 办理一孩准生证86对、二孩准生证169对；完成孕前优生9对、孕检76人、儿童体检246人、B超检查471人、完成叶酸发放14例；1—10月社区新出生178人、新生儿出生率6.13‰，完成妇检5478人次，季度妇检率及生殖保健检查率达100%。在全员情况信息采集上，采集全员人口信息2145户、14062人，信息采集率为98.8%，共录2145户、14062人，信息录入率为100%；流动人口信息采集645人，采集率96.1%；建立已婚育龄妇女生殖健康档案卡及电子档案467份，开展B超“三查”服务467人次，重点对象三查率达到100%。在流动人口管理上，社区流动人口新出生18人，流动人口信息采集645人，采集率96.1%、信息录入率100%；在流出和流入人口中设置重点管理对象467人，全部签订诚信管理合同书，为外出务工人员出具婚育证明309份。

【卫生医疗业务建设】 在卫生医疗业务建设上，通过自筹加贷款的方式筹措资金600余万元完成医院业务改建工程，改建后的银壶社区卫生服务中心业务面积3000平方米、定额床位55张，拥有DR、彩超、全自动生化分析仪等多种当前先进的诊疗设备，医院下设10个临床科室、4个医技科室、

2017年11月28日，银壶居委会党员志愿队宣讲十九大精神 （六枝特区银壶社区供稿）

66名医技工作人员，医疗业务覆盖社区6.4万人，间接带动周边社区及乡镇15万余人就医，1—10月实现医疗业务创收264.0293万元，其中：门诊收入191.7891万元，住院收入72.2402万元。在数字化门诊建设及全区二类疫苗接种上，承接六枝特区19个乡镇和城区70余万人的二类疫苗接种工作，也是六枝特区疾控中心唯一指定二类疫苗接种点，1—10月数字化接种门诊共接种一类接种14767针次、二类8966针次，一类疫苗实行定期8小时内集中坐班接种，二类疫苗实行8小时内坐班接种+24小时预约接种。在特色中医治疗建设上，中医项目业务收入占全院业务收入60%以上。在医供体建设上，与六盘水市第二人民医院建立医供体对口帮扶，实现与六盘水市第二人民医院医疗技术和资源共享。在医疗扶贫上，在东风村筹备完成六枝特区医疗扶贫工作启动大会，会议现场开展送医、送药3次340人次，投入10万余元完成了东风村、杨丰村2个村卫生室的规范化建设，开展医疗扶贫“先医后报销”12人次，落实贫困户家庭医生服务签约200人次。在十二项基本公共卫生服务上，社区共建规范化电子健康档案821份；适龄儿童预防接种建证率、建卡率均达到了100%，基础“五苗”接种率均达到98%以上；高血压累计建档3162人，规范管理2568人，血压控制2167人，规范管理率81.2%，血压控制率68.5%；糖尿病患者糖尿病建档管理1273人，规范管理862人，血糖控制693人，血糖控制率64.6%；重性精神疾病患者累计建档153人，规范管理103人，规范管理率65.8%，认真做好3名贫困重性精神疾病患者的救治救助工作；65岁以上老年人累计建档3969人，完成老年人体检3316人，体检率94.44%；村级卫生员签约服务率93.5%，覆盖率达100%。

【民生工作】 2017年，共清退城市低保对象769户1628人、农村低保对象561户1117人，并按月按时发放城市低保金478户798人343782元、农村低保191户338人90605元，发放特困供养人员22人25295元，发放临时救助60人21900元，发放医疗救助13人92458.94元，发放自然灾害生活救助11户10000元，发放季节性缺粮救助40户70人4890斤，落实五保供养8户9人，并完成了2017—2018年冬春救助的精准统计上报工作。落实城乡居民养老保险办理2149人435600元，比特区下达任务40万元超额完成8.9%个百分点；1—10月累计发放养老保险待遇18794人1618162.61元，较2016年减少78人（死亡停发）；全民参保完成4251人，全年任务完成率69.69%。2017年，社区完成城镇新增就业2086人、任务完成率104%，完成失业再就业22人、引导农民工返乡就业160人、创业5人，安排技能培训2期421人，办理小额贷款11人110万元，完成农业富余劳动力转移就业753人、落实精准扶贫促进就业260人，办理新型农村合作医疗参合人数5960人431085元、城镇医疗参保3952人365240元。2017年，社区共精准登记核发双拥定补101人238305元，慰问死亡军人家属2人600元，慰问退伍军人125人15000元，办理老年证133本，发放高龄补贴667人177480元，社区双拥老龄工作得到了进一步完善。2017年，社区共发放残疾人护理补贴369人15810元，发放残疾人燃油补贴21人5460元，申报残疾人假肢安装4人、落实1人，安排残疾人就业培训11人次、促进就业2人，落实残疾人精准扶贫9人，残疾人新增和死亡核证117人。

（综合办）

附　录

◇ 文件选编 ◇

六枝特区绿色红利凉都行动实施方案

（2017 年 5 月 12 日）

根据《中共六盘水市委办公室六盘水市人民政府办公室关于印发〈六盘水绿色红利凉都行动实施方案〉的通知》（六盘水党办发〔2017〕35 号）精神，为打好打赢脱贫攻坚战，以绿色产业增红利，以绿色发展助脱贫，走出一条生产发展、生活富裕、生态良好的绿色发展新路，结合我区实际，制定本方案。

一、指导思想

以习近平新时代中国特色社会主义思想为指导，全面贯彻落实“五位一体”总体布局、“四个全面”战略布局和五大新发展理念，牢固树立“绿水青山就是金山银山”的战略思维，紧紧围绕脱贫攻坚“六个精准”和“五个一批”总体要求，以“三变”改革为总抓手，按照“生态产业化、产业生态化”的发展思路，深化供给侧结构性改革，加快推进绿色发展，实现生态美与百姓富的有机统一。

二、工作目标

通过绿色产业行动、绿色生态行动、绿色旅游行动、绿色就业行动、绿色改革行动“五项绿色行动”，打造经济发展的“绿色引擎”，助力脱贫攻坚。一是到 2018 年，巩固提升打造精品猕猴桃、核桃、刺梨、茶叶等绿色产业 82 万亩，产值 20 亿元以上；二是森林覆盖率达 56% 以上，林下经济面积达 25 万亩以上；三是打造国家 AAAA 级旅游景区 2 个以上、AAA 级旅游景区 3 个以上、“四在农家·美丽乡村”示范点 10 个以上，旅游收入达 78 亿元，年均增长 50% 以上；四是绿色产业带动就业 2 万人以上；五是将精准扶贫建档立卡贫困户全部纳入“三变”改革，实现“三个到户”全覆盖。通过绿色红利凉都行动，实现 5.4537 万人稳定脱贫，116 个贫困村出列。

三、工作措施

（一）绿色产业行动

1. 深化“3155 工程”释放绿色红利。对已实施的特色农业“3155 工程”采取增加投入、补植补造、品种改良、加强抚育管理等措施进行提质增效，缩短达产期，增加达产面积，提高产品品质和单位面积产量，让“3155工程”真正成为贫困群众的“希望工程”和“幸福工程”。到2018年，巩固提升打造精品猕猴桃、核桃、刺梨、茶叶等绿色产业82万亩。（牵头单位：特区发展改革局、林业局）

2. 创新林下经济模式释放绿色红利。充分利用农地、林地、草地，优化粮经比，形成“农林牧复合、草果蔬结合”的种植结构。采取“林+N”模式，加快发展“林药、林果、林牧、林菜、林旅、林蜂”等林下产业，实现以短养长、长短结合，提高林下经济产值，增加覆盖地块贫困群众收入。到2018年，林下经济面积达25万亩以上，实现经营林下经济的企业、合作组织、林场的总收入在现有基础上递增30%以上，农民人均增收1000元以上，参与农户达到8万户以上。（牵头单位：特区农业局、林业局、扶贫局）

3. 发展优特农产品释放绿色红利。深入挖掘地方优特品种，因地制宜发展风头鸡、乌骨鸡、绿壳蛋鸡、黑山羊、黄毛猪、大闸蟹等特色畜禽和水产品养殖，大力发展小黄姜、苦荞、乌洋芋等特色农产品种植。积极开展招商引资，引导经营主体进入我区农产品加工领域，延长农产品价值链、产业链、效益链，实现农业“接二连三”复合发展，形成农产品多层次、多环节的转化增值。到2018年，畜牧业增加值达10亿元，占比28%，农产品加工率达24%，无公害产地认定65.4万亩、84万头（只、羽），无公害产品认证9个，有机农产品2个、农产品地理标志2个。（牵头单位：特区农业局、市场监管局）

4. 发展中草药、民族药释放绿色红利。充分利用好凉都特有的野生中草药资源发展道地中药材，支持采用新技术、新工艺研发中草药、民族药，挖掘开发民间组方、验方，加快推出一批作用机理明确、技术含量高、疗效明显的中草药、民族药新产品。精准扶持知名医药企业加快中医药产品生产基地建设，为药材资源就地转化提供支撑。（牵头单位：特区经济和信息化局、民宗局、扶贫局）

5. 开发天然饮用水资源释放绿色红利。充分利用我区山泉水、地下水资源丰富、品质好的优势，积极引导社会资本投资天然饮用水产业。实施品牌发展战略，出台天然饮用水地方标准，引导本土企业合力打造天然饮用水系列名牌，以品牌带动市场，扩大市场影响力，提高市场占有率，让“生态水”变“财富水”。到2018年，全区天然饮用水及相关产业产值达3亿元，带动饮用水及相关产业就业达500人以上。（牵头单位：特区经济和信息化局、水务局）

（二）绿色生态行动

6. 实施生态建设项目释放绿色红利。大力实施退耕还林、石漠化综合治理等工程项目，按照效益高、收益期短的目标，营造既有较高经济价值又有特殊景观效果的特色经果林、木本油料林、短周期工业原料林、战略储备林等特色林种、树种，让贫困群众在建设绿水青山过程中既为社会提供更多、更优质的生态产品，又能从中获得更多的经济收益。（牵头单位：特区发展改革局、林业局）

7. 壮大花卉苗木产业释放绿色红利。以市场为导向、以科技为动力、以效益为核心，加快花卉苗木产业结构调整，全面提高规模化、专业化、标准化水平，实现花卉苗木产业由粗放经营的数量增长型向集约发展的质量效益型转变，促进产业竞争力的全面提升。抓好名特优花卉、本土特色苗木苗圃基地建设和新品种培育，推出凉都花卉苗木品牌。切实推进花木协会和花卉专业合作组织建设，加快形成“行业协会+龙头企业+专业合作社+农户”的产业组织形式。到2018年，建成苗木花卉基地1万亩，产值达1亿元以上。（牵头单位：特区林业局）

8. 改造低产林释放绿色红利。充分发挥我区山地特色和森林资源丰富的优势，加快对树种组成单一、结构不合理、效益低下等林分的低产林改造，培育深受广大群众青睐的优质原生态产品，彻底改变我区林业“大资源、小产业、低效益”的现状，做到山坡变绿岭，绿岭变银行。到2020年，低产林改造4万亩以上，通过将低产林变成高产林，提高林地生产力和经营效益，产生收益2000万元。（牵头单位：特区林业局）

9. 兑现生态补偿等政策释放绿色红利。按照政策要求，推行森林、草地、湿地、水域、耕地等重要区域生态补偿全覆盖，保护绿水青山和生物多样性，让贫困群众从生态补偿中直接获利。将退耕还林工程向贫困地区倾斜，实现贫困户全覆盖，退耕农户直接领取退耕还林补助资金增加收入。（牵头

单位：特区发展改革局、林业局）

（三）绿色旅游行动

10. 打造精品旅游景区释放绿色红利。依托我区得天独厚的高原山地、峡谷峰丛、地下溶洞等自然景观和“三线”文化、民族风情、传统村落等人文资源，以打造大健康旅游目的地城市为目标，采取政府引导、企业为主、农户参与的旅游开发模式，引进一批实力强、有经验、懂管理、会宣传的旅游开发企业，深入推进重点旅游景区建设，积极创建一批国家AAAA级以上旅游景区、省级以上旅游度假区，打造跨区域精品旅游线路。到2018年，力争打造2家AAAA级以上旅游景区，2家省级以上旅游度假区，2条跨区域精品旅游线路。（牵头单位：特区生态旅游局）

11. 推进园区多元化旅游释放绿色红利。实施农旅一体化战略，加大对农业园区旅游开发的支持力度，深入实施农旅融合发展试点示范工程，完善旅游配套服务功能体系，建成一批农旅深度融合示范园区。紧盯高端、生态、特色的旅游发展目标，用“农业园区＋旅游”理念指导园区的规划建设和经营管理，将农业产业园区打造成景区、景点。积极引导园区开展特色种植，打造集采摘、体验、赏花、休闲、摄影等为一体的特色旅游产品，促进农业产业与生态旅游同步发展。到2018年，建成2个农旅深度融合示范区。（牵头单位：特区生态旅游局、农业局）

12. 大力发展乡村旅游释放绿色红利。以创建国家全域旅游示范区为契机，立足我区优美的田园风光和浓郁的民族风情，加快实施乡村旅游富民工程，积极推进贫困村旅游扶贫试点，实现田园变公园、农村变景区、农家变宾馆、农民变导游。鼓励农村集体经济组织创办乡村旅游合作社，或与社会资本联办乡村旅游企业，大力发展创意农业、农耕体验、民俗体验、手工技艺等，打造一批具有历史记忆、地域特点、民族风情的特色小镇，形成一批具有“记得住乡愁、听得见乡音、品得到乡韵”的魅力村庄，建成一批乡村旅馆、农家客栈、深山酒肆，推出一批具有较大知名度的餐饮、住宿、野行、度假、第二居所等功能的乡村旅游产品。到2018年，打造2个贫困村旅游扶贫试点；建立1个乡村旅游合作社或乡村旅行社；打造2个具有历史记忆、地域特点、民族风情的文化、体育小镇；建设100个乡村旅馆、农家客栈；推出2个具有较大知名度的餐饮、住宿、度假等功能的乡村旅游产品。（牵头单位：特区生态旅游局、农业局）

13. 打造森林旅游升级版释放绿色红利。充分利用森林景观、湿地景观和“森林氧吧”优势，用新的理念思维、方法手段深挖森林旅游潜在价值，培育更多的森林旅游优质品牌，促进我区森林旅游提档升级。以“森林旅游＋”模式，优化规划、建设、管理，加大力度创建一批森林特色小镇和森林人家，积极开发森林游憩、休闲度假、气候疗养、夏季避暑、栖居养老等森林旅游衍生产品。做好森林旅游发展的服务指导和宣传推介，推动空气聚人气、人气变财气，实现森林资源经济价值最大化。（牵头单位：特区林业局）

（四）绿色就业行动

14. 围绕生态建设增加就业释放绿色红利。将经济社会发展与生态环境改善紧密结合，通过大力实施新一轮退耕还林、石漠化综合治理等在内的营造林工程19.4万亩，通过壮大护林员、园艺工人等队伍直接创造绿色岗位，吸纳广大农村劳动力特别是贫困户劳动力参与务工，促进劳动力转化为务工收入。（牵头单位：特区人资社保局、林业局）

15. 龙头企业带动就业释放绿色红利。优化投资环境，鼓励金融机构对涉农、涉旅企业提供信贷支持。引进、扶持一批农林产品精深加工、旅游综合开发等龙头企业，大力发展精品水果、中药材、蔬菜、花卉、旅游服务等劳动密集型产业，推广“生产基地＋加工企业＋商超销售”等产销模式，通过劳动链的延长和旅游消费业态的丰富，扩大岗位需求，促进贫困人口就业。到2020年，全区建成农产品加工企业40家，其中省级以上龙头企业10家，实现从业人员450名，产值达20亿元。（牵头单位：特区人资社保局、农业局）

16. 技能培训助推就业释放绿色红利。大力实施“1户1技能”培训计划，加强贫困劳动力的职业技能和创业培训，提高农村劳动力的创业就业能力，培训一批农村电商、农民导游、农林技师等新型农民，推动农村劳动力就地转移就业。加大创业扶持力度，鼓励支持返乡农民工、高校毕业生等群体开办“农村淘宝”、“黔货出山”等电子商务，用网络推广销售我区特色农林产品，形成以创业促就业的良好局面。到2018年，组织0.4万个劳动力进行职业技能培训和创业培训，扶持引导0.7万个贫困人员就地就近就业。（牵头单位：特区人资社保局、扶贫局）

（五）绿色改革行动

17. 深化“三变”改革释放绿色红利。聚集农村发展要素，深化资源变资产、资金变股金、农民变股东“三变”改革。进一步优化顶层设计、加强统筹调度、规范运行管理，激发农村经济社会发展内生动力，拓宽贫困群众增收致富渠道。（牵头单位：特区“三变”办）

18. 深化集体林权改革释放绿色红利。对承包到户的集体林地将权属证发放到户，对采取联户承包的集体林地将林权份额量化到户，充分开发利用集体林业多种功能，形成经营更加灵活、林权入股和抵押贷款机制更加健全的局面。探索开展森林碳汇评估，大力支持开展森林碳汇交易。抓好国家集体林业综合改革试验示范区建设，重点抓好“森林分类经营、采伐限额制度、生态公益林管护”等相关改革，实现“增绿、增质、增效”的目标。（牵头单位：特区林业局）

19. 创新生态补偿机制释放绿色红利。将生态区位特别重要的林地纳入公益林补偿范围实施全面保护，开展湿地、草地、水流保护补偿试点。在岩溶石漠化地区25度以下坡耕地和瘠薄地实施耕地休耕，并对休耕农户给予资金补助。按照“谁受益、谁补偿”的原则，开展跨区域、跨流域的横向生态补偿试点。完善重点生态功能区转移支付分配因素，探索生态补偿市场化。（牵头单位：特区发展改革局、财政局、环境保护局、农业局、林业局、水务局）

20. 盘活易地扶贫搬迁“三块地”释放绿色红利。着力用好用活国家易地扶贫搬迁政策，对迁出区域宅基地、承包地、山林地“三块地”实施复垦、复绿、更新改造，由六枝特区扶贫开发投资有限责任公司引导企业或专业合作社等新型农业经营主体通过“三变”改革盘活“三块地”，让迁出地各类资源成为搬迁群众的增收来源。（牵头单位：特区国土资源局、林业局、移民局）

四、工作要求

（一）加强组织领导。各级各部门要高度重视“五项绿色行动”工作，坚持主要领导负总责，分管领导具体抓。要及时成立工作机构、配齐力量、开具清单、细化措施、完善机制、明确责任，狠抓“五项绿色行动”落细、落小。

（二）强化宣传引导。各级各部门要迅速掀起一轮“五项绿色行动”舆论宣传攻势，确保绿色红利家喻户晓、深入民心。要适时宣传“五项绿色行动”的好做法和好经验，营造全社会关心、支持、参与绿色发展，助推脱贫攻坚的良好氛围。

（三）灵活运用政策。各级各部门要用好用活当前国家、省关于绿色发展、生态文明建设、脱贫攻坚系列政策，积极向上争取更多政策、项目、资金的支持，切实保证项目、资金向贫困地区倾斜。要狠抓各项绿色惠民政策、措施的落实，确保绿色红利效益转化最大化。

（四）强化项目包装。各级各部门要强化联动，形成合力，整合资源，树立“借梯上楼、借船出海”观念，把项目包装作为向上争取支持、对外招商引资的“第一引擎”。立足我区独特的资源禀赋，包装一批产品精深加工、旅游休闲观光等项目，实现向上争取支持和招商引资“两驾马车”共同推动绿色红利的转化。

（五）注重主体培育。各级各部门要以市场为导向，培育一批劳务公司、中介公司、采摘公司等经营主体，壮大一批精深加工、旅游开发等市场主体，打造产业集聚型、链条延伸型、功能拓展型、业态嫁接型和产销现代化“四型一化”新型主体，助推绿色红利提质增效。

（六）严格督查考核。各级各部门要建立完善绿色红利绩效评价考核机制，纳入年度目标考核。特区党委政府督查室要前移督查重心，全过程、全方位对“五项绿色行动”各项措施落实情况进行督查。对重视不够、敷衍塞责、推动不力、成效不明显的单位进行通报。

六枝特区深化推进政务服务工作向基层延伸实施方案

（2017 年 8 月 4 日）

为深入推进政务服务向基层延伸工作，构建完善基层政务服务体系，搭建面向群众、方便基层、服务民生的政务服务平台。根据《中共贵州省委办公厅贵州省人民政府办公厅印发〈关于深入推进农村社区建设工作的实施意见〉的通知》（黔委厅字〔2016〕7 号）、《省人民政府办公厅关于进一步加强公共服务平台建设的意见》(黔府办发〔2015〕42 号）和《省人民政府关于深入推进“互联网 + 政务服务”工作的实施意见》（黔府发〔2016〕30 号）及 2016 年全省推进“互联网 + 政务服务”暨政务服务中心标准化建设现场会议精神，结合《六枝特区 2017 年全面深化改革重点专题（第四批）》中“政务服务向基层延伸建设改革专题”目标，制定本方案。

一、指导思想

坚持以科学发展观为统领，以建设服务型政府为目标，以便民利民、务实高效、公开透明、规范运作为宗旨，进一步深化推动政务服务向基层延伸，全面实现政务服务向乡村全覆盖，创造方便快捷、规范透明、高效廉洁的政务服务环境。

二、工作目标

2017 年，各乡（镇、社区）、村（居）便民服务中心建设要实现政务服务工作全覆盖，推动实体政务（便民）服务中心（点）与网上办事大厅一体化融合发展，打造综合、便民、高效的政务（便民）服务平台，让广大基层群众办事“小事不出村、大事不出乡”，共享优化服务改革成果。

三、主要任务

（一）拓展完善服务场所。按照“社区服务包括政务（便民）服务、政务中心整合社保大厅”的思路，采取改（扩）建等方式建设政务（便民）服务中心（点）办公场所，乡镇中心大厅设在党委、政府办公楼一楼临近街道路边明显位置，条件受限的就近选址，全面拓展完善乡、村两级政务（便民）服务场所，乡级政务服务中心场所面积应不低于 100 平方米，村级便民服务点场所面积应不低于 20 平方米。乡（镇、社区）服务中心面积已达到了《中共贵州省委办公厅贵州省人民政府办公厅印发〈关于深入推进农村社区建设工作的实施意见〉的通知》（黔委厅字〔2016〕7 号）要求的，乡级政务服务中心场所面积不低于 200 平方米，村级便民服务点场所面积不低于 50 平方米。乡级政务服务中心整合基层社保大厅，名称统一为“乡（镇、社区）名称 + 政务服务中心”；村级便民服务点名称统一为“村（居）名称 + 便民服务点”，乡、村两级政务（便民）服务场所均需挂牌运行。政务（便民）服务中心（点）做到“九有”（有牌子、有场所、有人员、有事项、有制度、有台账、有网络、有办事指南、有公示栏）。便民服务点除网络由区级财政统筹外，工作所需经费由各级财政自行解决。〔牵头单位：特区政务服务中心、人资社保局、民政局、各乡（镇、社区）；配合单位：特区财政局、发展改革局；完成时限：2017 年 9 月底前〕

（二）规范工作职能。主要集中办理行政审批服务事项（含行政许可、行政确认、行政征收、行政给付、其他类行政权力）和公共服务事项，承接上级下放的代理代办事项，履行乡（镇、社区）政务信息公开职能，接受上级政务服务管理机构的业务指导与监督。中心在各乡（镇）党委、政府及社区党委、服务中心的领导下开展工作，并明确专人负责。〔牵头单位：各乡（镇、社区）；完成时限：长期〕

（三）配齐服务设施设备。乡、村两级政务（便民）服务中心（点）实行“大厅式”服务，设置全开放式服务柜台，台面样式整齐划一、干净整洁，设有供办事群众休息等候的区域，配备饮水机、触摸查询机、复印机、休息等候座椅等设施设备，提供免费的饮水、查询、复印、电传、扫描、休息、等候等服务。服务窗口配备办公桌椅、办公电脑、打印机、资料架等设施设备，网上申报窗口另行增配扫描仪、高拍仪等设施设备。通过完善乡、村两级政务（便民）服务中心（点）服务设施设备，切实为办事群众提供便捷、高效的服务。〔牵头单位：各乡（镇、社区）；配合单位：特区财政局；完成时限：2017 年 9 月底前〕

（四）落实基层服务人员。乡、村两级政务（便民）服务中心（点）应按照“素质高、能力强、业务熟、服务优”的原则选派窗口服务人员，实行 AB 岗轮换制度，切实保障每个服务窗口都有人员对外开展服务。乡级服务人员可通过基层股室站所在职在编人员、乡镇公益性岗位聘用人员、临时聘用人员等方式解决。实行村（居）干部职业化管理后，村级服务人员暂时由村（居）支“两委”人员、村（居）网格员或类似人员兼任。政务（便民）服务中心（点）要建立代办制度，明确代办员，为群众提供上门办理、免费代办服务。乡级服务人员实行统一着装，有条件的村（居）服务人员着装也可自行统一。乡、村两级服务人员全部挂牌上岗，工作挂牌由本乡（镇、社区）自行统一制作。乡、村两级服务人员（含代办员）姓名、照片、联系电话等信息在本级服务场所上墙公开。通过落实乡、村两级服务人员，保障基层服务有效开展。〔牵头单位：各乡（镇、社区）；配合单位：特区政务服务中心；完成时限：2017 年 9 月底前〕

（五）落实集中进驻。乡（镇、社区）有效整合基层站（所），按照“应进必进”的原则，认真组织梳理低保办理、养老保险缴纳、新农合医保参保、老年优待证办理、户籍户政管理、居住证明、计生证明、贫困证明、林木采伐与运输、高龄补贴、农机补贴、残疾人补贴、农村宅基地审批等与企业和群众生产生活密切相关的政务服务事项，梳理出的服务事项集中进驻到乡、村两级政务（便民）服务中心（点）办理，逐一编制办事指南，并在贵州省网上办事大厅公布。进驻站（所）要对其服务窗口进行充分授权，按照“权随事进”原则，将所有事项的受理、审查、决定、收费、办结等环节全程在中心（代办点）内完成，实行“一窗口办理、一站式服务”，不得要求办事群众在政务服务中心和股室站所之间往返跑，来回跑，在开展常规的“一站式”服务的基础上，积极推行预约、延时、上门等延伸服务。有条件的乡（镇）政务服务中心可探索采取“乡（镇）前台综合受理，特区、乡（镇）后台分类办理，乡（镇）统一窗口出件”的服务模式，不断创新服务供给方式。对权限在上级政府部门的事项，中心（代办点）开展初审、呈报、代办服务。垂直管理部门驻在乡（镇、社区）的站（所），逐步将其实施的与企业和群众密切相关的事项纳入中心集中办理。〔牵头单位：各乡（镇、社区）；配合单位：特区政务服务中心；完成时限：长期〕

（六）运行规则

1. 窗口设置。乡（镇、社区）政务服务中心设置常驻窗口、综合窗口，同时明确 1 个窗口兼网上申办窗口。村（居）便民服务点至少设置 2 个对外服务窗口，同时明确 1 个窗口兼网上申办窗口。面向基层群众、业务量较大、常年服务不间断的部门设在常驻窗口；业务量较少的可固定在赶场天集中办理，也可多部门合并设在综合窗口；对季节性、临时性办理的事项设立定期服务窗口。〔牵头单位：各乡（镇、社区）；配合单位：特区政务服务中心〕

2. 事项办理。对程序简单，可当场办理的事项，实行即时办理制；对需要审核、论证、公告或勘验，不能当场办结的事项，实行承诺办理制；对涉及两个或两个以上部门的事项，实行联合办理制；对需报上级部门审批的事项，实行上报办理制，受理站（所）在规定时限内完成初审、上报服务。〔牵头单位：各乡（镇、社区）；配合单位：特区政务服务中心〕

3. 一次性告知。对申请人的申请事项，属于业务范围的，窗口工作人员须一次性告知办理事项的依据、时限、程序、所需的全部资料。对手续、资料不齐或不符合法定程序的，应一次性书面告知其所需补充的手续和资料；不予办理的，应书面告知其理由；不属于业务范围的，要明确告知应找具体站（所）或具体同志办理。〔牵头单位：各乡（镇、社区）；配合单位：特区政务服务中心〕

4. 推行网上办理。按照“互联网 + 政务服务”的理念，推进贵州省网上办事大厅审批系统向乡（镇、社区）、村（居）延伸应用，构建覆盖县乡村三级的政务、商务、事务“三位一体”的贵州省网上办事大厅平台，实现全省“一网受理、联网审批、统一监管”的网络服务全覆盖。2017 年 9 月 30 日前，乡、村两级政务（便民）服务中心（点）进驻窗口须接通互联网，集中进驻办理的事项配置录入网上办事大厅，编制完善政务服务事项办事指南录入网上办事大厅，实行网上审批，推行网上申报，不断拓宽服务渠道。〔牵头单位：各乡（镇、社区）；配合单位：特区政务服务中心〕

5. 建立台账。乡、村两级政务（便民）服务中心（点）要建立办事台账，台账主要包括申请人姓名、申请事项、受理（收件）、办结（上报）的日期及相应的承办人员等信息，实现办事过程及人员的精准追溯。〔牵头单位：各乡（镇、社区）；配合单位：特区政务服务中心〕

6. 事项公开。乡、村两级政务（便民）服务中心（点）要将办理的政务服务事项名称、法律依据、办理程序、申报材料、承诺时限、收费依据及标准等办理要素通过公开栏、电子显示屏、一次性告知单等形式对外公示，保障群众的知情权和监督权。〔牵头单位：各乡（镇、社区）；配合单位：特区编委办、政务服务中心〕

7. 依法办事。严格按照法律法规和有关政策办理（代办）各级行政审批服务事项，除法律法规明确规定应当交纳的申请材料和费用外，窗口工作人员不得向办事群众收取其他前置审批材料和任何代办服务费用。〔牵头单位：各乡（镇、社区）；配合单位：特区政府法制办、政务服务中心〕

8. 监督管理。乡、村两级政务（便民）服务中心（点）要建立健全监督管理机制，在中心（点）设立群众诉求服务台、为民服务意见箱，公开监督举报电话，定期开展群众满意率测评，接受社会监督。〔牵头单位：各乡（镇、社区）；配合单位：特区政务服务中心〕

（七）强化制度管理。为更好地发挥大厅“便民”作用，按照“用制度管权、按制度办事、靠制度管人”的要求，乡、村两级政务（便民）服务中心（点）应加强服务场所、服务人员、服务事项、服务设施设备的管理，建立健全《首问责任制》、《一次性告知制》、《限时办结制》、《责任追究制》、《窗口工作人员考勤管理办法》、《窗口工作人员行为规范》等各项规章制度。对外服务时间内，不得以各种理由出现“关门闭户”、群众办事找不到人的情况，不得以办事人员外出、开会、下村组等原因，造成群众办事来回跑、多头跑的现象，形成用制度管人的机制，全面推进行政审批服务工作“制度化、规范化、程序化、法治化”建设。〔牵头单位：各乡（镇、社区）；配合单位：特区政务服务中心；完成时限：长期〕

四、实施步骤

（一）调查准备阶段（2017 年 6 月）。各乡（镇、社区）要成立领导小组，深入调研，定章立制，做好建设准备工作。

（二）组织实施阶段（2017 年 7—11 月）。此阶段包括落实场地设施、配备人员、接通网络、编制录入办事指南、制定相关制度、规范事项、开展岗前培训、正式启动等，各乡（镇、社区）根据实施方案、有步骤地做好各项工作。

（三）验收阶段（2017 年 12 月）。特区人民政府将组织有关部门对该项工作落实情况进行验收，迎接省、市的检查及评估。

五、保障措施

（一）加强组织领导。建立县、乡、村三级便民服务网络平台是推进服务型政府建设，加强党风廉政建设、打通服务群众“最后一千米”的重要举措。各乡（镇、社区）要统一思想、提高认识，加强领导，明确 1 名班子成员分管政务服务工作，1 名在职在编人员为政务服务中心的主要负责人，并将政务服务工作纳入重要议事日程，及时解决工作中存在的问题，根据工作需要，可以成立政务服务工作领导小组。各村（居）支“两委”要明确一名成员分管便民服务工作，1 ~ 2 名人员具体负责便民服务工作。

（二）抓好工作落实。推动政务服务平台向乡、村两级延伸工作量大面广、任务繁重，各项任务牵头部门和配合部门要切实履行职能职责，强化责任担当，对各项工作任务主动思考，提出切实可行的落实措施，加强联系对接，抓好工作落实，确保各项工作任务按期保质保量完成。

（三）强化督查问责。特区党委政府督查室、特区政务服务中心要进一步加大对乡（镇、社区）及村（居）政务服务平台建设跟踪督导，将各乡（镇、社区）政务服务中心、村（居）便民服务点建设情况纳入 2017 年特区对乡（镇、社区）工作目标考核内容，对工作任务落实不到位的乡（镇、社区）要限时督办、通报批评，情节严重的将严肃追究责任。

六枝特区慢性病综合防控示范区建设工作实施方案

（2017 年 8 月 21 日）

为有效推进我区国家慢性病综合防控示范区建设工作，根据《贵州省慢性病综合防控示范区建设实施细则（试行）的通知》（黔卫计办发〔2017〕22 号）要求，结合我区实际，制定本方案。

一、指导思想

坚持政府主导、部门协作、动员社会、全民参与的慢性病综合防控工作机制；坚持预防为主、防治结合、中西医并重，发挥医疗卫生服务体系的整体功能，提供全人群生命全周期的慢性病防治管理服务，推进疾病治疗向健康管理转变；坚持突出特色创新，促进均衡发展，整体推进区域慢性病防治管理水平的巩固和提升。

二、工作目标

按照国家慢性病综合防控示范区建设标准，完成各项指标，并通过国家复审。

三、工作内容

（一）完善政策

1. 发挥政府主导作用，建立多部门协作联动机制。

（1）特区政府统一领导，部门各司其职，完善信息反馈沟通制度，每年至少召开一次领导小组会议、两次联络员会议，将慢性病防控工作纳入全区经济社会发展规划。

（2）各部门要将慢性病防控工作融入单位规章制度，完善禁烟制度，积极创建无烟单位；降低有害饮酒、减盐、控油、控制体重、全民健身等慢性病危险因素，专业卫生机构要加强疾病管理相关政策措施的落实。

（3）由特区党委政府督查室牵头，开展多部门的日常联合督导，保障信息沟通共享、激励问责、质量控制等机制运行良好。

2. 保障慢性病防控经费。

特区财政要将慢性病防控工作经费纳入全区财政年度预算、决算管理，保障慢性病防控工作经费不低于业务总经费的 10%，慢性病防控工作经费纳入专项管理，确保专款专用，并根据经济发展和财政增长情况逐年增加。

3. 建立有效的绩效管理及评价机制。

根据示范区建设中各部门职责和任务，将示范区建设相关工作纳入对应单位年度目标管理、绩效考核，落实负面责任清单问责制度。

（二）环境支持

1. 开展全民健康生活方式行动，构建全方位健康支持性环境。

（1）开展健康家庭、社区、单位、学校、食堂、餐厅、酒店建设。健康社区覆盖率达到 40% 以上；健康单位、学校、食堂、酒店每类达到 10 个以上。

（2）开展健康主题公园、步道、小屋、健康一条街等健康支持性环境建设。健康步道、小屋等每类建设数量达到 3 个。

（3）各单位要按照“三减三健”（减盐、减油、减糖、健康口腔、健康体重、健康骨骼）活动方案开展专项行动。疾病预防控制机构要开展慢性病及其危险因素调查活动，监测我区成人居民食盐与食用油的摄入量低于本省平均水平 3% 以上，5 年内下降 10% 或低于全国平均水平 3% 以上。

2. 为群众提供方便、有效的自助式健康检测服务。

各社区要设立方便辖区居民检测身高、体重、腰围、血压等体检内容的自助式健康检测点，确保覆盖率达 40% 以上。各乡（镇）卫生院、社区卫生服务中心设置可检测身高、体重、腰围、血压、BMI 尺、血糖等体检内容的自助式健康检测点，为高危人群提供运动、膳食、服药等方面的个体化健康指导服务。

3. 开展全民健身运动，普及公共体育设施，提高经常参加体育锻炼人口比例。

（1）根据国务院印发《关于加快发展体育产业消费的若干意见》（国发〔2014〕46 号），各乡（镇、社区）要开展 15 分钟社区健身圈建设，特别是辖区内新建社区覆盖率要大于 90%，居民健身设施完好，人均体育场地面积达 2 平方米，全面推进我区居民体育健身工程。

（2）根据《国家发展改革委国家体育总局关于印发"十二五"公共体育设施建设规划的通知》（发改社会〔2012〕2377 号）要求，纳入我区规划建设的公共体育场地，有条件的企事业单位、学校体育场地免费或低收费向社区居民开放。公共体育场地、设施免费或低收费开放比例达 100%；有条件的单位免费或低收费开放比例不低于 30%；经常参加体育锻炼人口比例不低于 40%。

（3）根据 2009 年实施的《全民健身条例》要求，大力倡导全民健身活动，贯彻全民健康生活方式"吃动两平衡"的重要内容。各机关、企事业单位要组织开展好本单位工间健身活动，确保开展工间健身活动单位覆盖率达 80% 以上；每年组织开展一次以上乒乓球、羽毛球、篮球、拔河等有益身心健康的体育健身竞赛活动。

（4）特区教育局要制定辖区青少年体育活动促进计划，确保学生在校期间每天参加一小时的体育锻炼活动。

4. 开展烟草控制，降低人群吸烟率。

各部门、单位要制定并认真落实禁止烟草广告的相关政策，工作场所、公共场所和公共交通工具要设置禁止吸烟警语和标识；未申报"无烟单位"创建及未通过"无烟单位"评审的机构要积极创建，确保 2017 年全区"无烟单位"建设覆盖率达 100%。全区各级医疗机构要按照中国疾控中心控烟办公室《简短戒烟手册》的相关内容，对医务人员进行简短戒烟服务培训，二级及以上医疗机构要设置戒烟门诊，并提供简短戒烟服务，确保我区 15 岁以上成人吸烟率低于 25%，并实现逐年下降，5 年降低 10%。

（三）整合体系

1. 建立防治结合、分工协作、优势互补、上下联动的慢性病综合防治体系。

特区卫生计生行政部门要制订与辖区居民健康需求相匹配、体系完整、分工明确、功能互补、密切合作的慢性病防控服务体系建设方案，明确专业公共卫生机构、医院和基层医疗卫生机构职责；建立完善慢性病防控服务体系的运行、质控、绩效评价机制；特区疾病预防控制中心、六盘水市第二人民医院、特区人民医院要加大对基层医疗卫生机构的技术指导和对口支援，建立有效的合作关系，提高基层卫生人员的技术水平。

2. 加强慢性病防控队伍建设。

（1）特区疾病预防控制中心按职能设置单独的慢性病防控科室，并配备 10% 从事慢性病防控工作的专职人员，每年接受省级、市级的慢性病专项培训不少于 2 次。

（2）六盘水市第二人民医院、特区人民医院要配备专职的公共卫生人员承担慢性病防控工作。每年组织开展对辖区基层医疗机构的慢性病专业培训不少于 2 次。

（3）各乡（镇）卫生院、社区卫生服务中心要设置单独的慢性病防控科室并配备从事慢性病防控工作的专职人员；要加强自身公共卫生服务能力建设，主动承担辖区内慢性病防控工作；每年接受上级培训不少于 4 次，每年组织开展对村医或社区卫生服务站医护人员的培训不少于 2 次。

（四）健康教育与健康促进

1. 通过多种渠道积极开展慢性病防治全民健康教育。

（1）利用报刊、户外广告、广播、电视等传统媒体和互联网、数字电视、数字报纸杂志等新媒体，广泛开展"健康素养 66 条"、"健康四大基石"等慢性病防治和健康教育知识宣传，多渠道提高全民健康素养水平。

（2）利用社会大型健康宣传日开展活动，如肿瘤宣传周、全国高血压日、世界糖尿病日、全民健康生活方式日、爱牙日、世界脑卒中日等，加强慢性病防控内容和慢性病健康素养知识宣传，扩大传播慢性病防治和慢性病健康素养知识和技能的范围。

（3）各社区要加强对健康教育活动室、健康宣传栏等宣传阵地的建设和使用，每年向社区居民开展普及慢性病防控知识与技能相关内容的健康讲座不少于4次，每次不少于50人。

（4）各中小学校、托幼机构要开展关于营养均衡、口腔保健、健康体重、视力保护等内容的健康教育课，开课率达100%；以班级为单位，每学期慢性病相关课程不少于6学时。

2. 各部门、单位要多渠道、多形式加大对“慢性病防治核心信息10条”的宣传；特区疾病预防控制机构要认真开展辖区居民对慢性病核心知识知晓率和居民健康素养水平调查，力争辖区居民对重点慢性病核心知识知晓率达60%，健康素养水平达20%。

3. 各乡（镇、社区）要积极组建群众健身团体，配备健康指导员和志愿者，开展群众性健身运动；每年组织开展一次由政府支持、企事业单位承担等多部门参与的大型健步走、慢跑马拉松、多部门健身操等集体性健身活动；成立以慢性病患者为主、卫生专业人员为辅的社区慢性病自我健康管理小组，鼓励患者积极参与社区自我健康管理活动，覆盖率达到50%；发挥社会团体和群众组织在慢性病防控中的积极作用。

（五）慢性病全程管理

1. 各部门、单位要积极开展学生、老年人等重点人群和职工定期健康体检和健康指导。学生健康体检率达到90%，65岁及以上老年人健康体检率达到90%，每2年进行1次体检，确保开展健康指导的机关事业单位和员工数超过50人的企业覆盖率达到50%。

2. 各级各类医疗机构开展高危人群筛查与干预，开展心脑血管疾病、重点癌症、糖尿病、慢性阻塞性肺病等重大慢性病的筛查和早期诊断与管理；认真落实35岁及以上人群首诊测血压制度；各乡（镇）卫生院、社区卫生服务中心提供血糖、血脂、简易肺功能测定和大便隐血检测等4种技术服务；提高个人健康档案与健康体检信息的利用，加强高危人群登记及健康管理。

3. 特区卫生计生局要按照《国务院办公厅关于推进分级诊疗指导建设的指导意见》（国办发〔2015〕70号），建立、落实高血压与糖尿病基层首诊、双向转诊、急慢分治、上下联动的分级诊疗制度与服务；推进家庭医生签约服务，为签约对象提供基本医疗、公共卫生和健康管理服务。

4. 开展高血压、糖尿病等重点慢性病规范化管理。提高35岁以上人群高血压、糖尿病患者管理率及控制率，高于全省平均水平5%；18岁以上人群高血压知晓率达60%以上、糖尿病知晓率达50%以上。

5. 在全区范围内开展儿童等重点人群的口腔疾病防治和社区健康口腔活动。实施儿童窝沟封闭，对检查中发现患有龋齿的儿童及早进行充填。为符合适应证的适龄儿童提供第一、第二恒磨牙窝沟封闭服务，有效控制12岁儿童患龋率。

6. 建立完善区域信息平台，实现专业公共卫生机构、二级及以上医院和基层医疗卫生机构之间互联互通、信息共享。实现电子健康档案和电子病历的连续记录和信息共享；应用互联网、健康大数据为签约服务的患者提供健康管理和诊疗服务。

7. 中西医并重，发挥中医药在慢性病预防、保健、诊疗、康复中的作用。辖区各社区卫生服务中心设置中医综合服务区，开展中医药养生保健知识的宣传及中医适宜技术推广。

8. 做好基本医疗保险、城乡居民大病保险和医疗救助重大疾病保障的衔接，落实相关政策。提高签约患者的医疗保障水平和提升残疾人、流动人口、低收入等人群医疗救助水平的具体措施。社区卫生服务中心优先配备使用基本药物，按国家级部门规定和要求配备使用医保报销药物，非基本药物占基层用药的30%及以上。

9. 政府引导、市场驱动，动员社会力量参与慢性病防控工作。通过采取引进社会资本参与慢性病防控、商业健康保险参与医疗救助、向社会力量购买服务等方式，为慢性病患者提供健康管理服务。

10. 促进慢性病全程防治管理服务与居家养老、社区养老和机构养老服务融合。医疗机构向有关机构老年人提供医养结合的健康养老服务，不断提高具有医养结合机构的社区（街道）覆盖率。

（六）监测评估

1. 规范开展全人群的死因监测、慢性病与营养监测、心脑血管疾病、肿瘤随访登记等重大慢性病登记报告，掌握辖区重点慢性病状况、影响因素和疾病负担。利用省、市、特区三级人口健康信息和疾病预防控制信息管理系统，实现重点慢性病监测数据互联互通。

2. 定期开展慢性病防控社会因素调查，指引、评估示范区建设及慢性病综合防控工作计划的制定。

3. 发布含慢性病防控内容的综合健康报告，并将结果写入政府工作报告。

（七）创新引领

慢性病综合防控工作与社区文化建设、健康城市建设、文明建设、公共服务与公共产品等相关项目有机衔接整合，以达到 1+1 ＞ 2 的实际效果。鼓励政策、机制创新，开展具有地方特色的慢性病综合防控工作，总结推广慢性病防控工作模式和经验做法。

四、保障措施

（一）加强组织领导，确保工作有序推进

六枝特区慢性病综合防控示范区工作领导小组是全区慢性病防控示范区建设的领导机构；领导小组办公室负责工作规划与计划制定、组织实施、协调管理、督导检查和考核评估等日常工作。领导小组每年至少召开一次工作会议，督促相关部门认真履行职责，统筹协调解决实施过程中存在的问题和困难，保证各项工作的顺利开展；定期组织检查、督导和评估，建立对各部门履行职能职责的督查制度。

（二）加强工作指导，确保业务工作达标

慢性病综合防控示范区工作领导小组办公室要按照《六枝特区国家慢性病综合防控示范区工作责任分解》，加强对各项业务指标完成情况和资料收集的督导。特区卫生计生局要做好全区慢性病综合防控示范区建设工作的专业指导、人员培训、资料编印、宣传等工作。

（三）加强责任落实，严格考核奖惩

各单位要结合慢性病综合防控示范区建设工作目标任务，制定工作计划，落实工作措施，做到任务到人、措施到位、责任明确、工作有效。六枝特区慢性病综合防控示范区工作领导小组办公室要组织相关部门进行经常性督导检查与考核评估，对工作开展得好的单位和个人给予表扬；对不履行职责、走形式或整改不到位的单位采取限期整改、通报批评，并追究相关责任人和责任单位的责任。

六枝特区农村承包土地的经营权抵押贷款风险处置管理办法（试行）

（2017年9月12日）

第一章　总　则

第一条　为深化农村产权制度改革，推动农村承包土地的经营权抵押贷款工作，规范农村承包土地的经营权抵押贷款业务操作，促进农村承包土地经营权融资市场健康发展，明确银行贷款风险防范职责和抵押物处置权限及措施，切实维护和保障金融债权安全，根据《中华人民共和国农村土地承包法》、《中华人民共和国物权法》和《十二届全国人大常委会第十八次会议关于授权国务院在北京市大兴区等232个试点县（市、区）、天津市蓟县等59个试点县（市、区）行政区域分别暂时调整实施有关法律规定的决定》等有关法律，结合我区实际，特制定本管理办法。

第二条　本办法所称的农村承包土地的经营权，是指经营者依法取得并经六枝特区农村土地管理职能部门审查备案后取得的农村承包土地的经营权。

第三条　本办法所称的农村承包土地的经营权抵押贷款是指借款人以依法取得的农村承包土地的经营权及地上附着物作为抵押物，向承贷银行申请贷款的信贷方式。

第四条　办理农村承包土地的经营权抵押贷款必须遵守国家法律和有关信贷规章制度，在平等协商的基础上签订抵押合同。

第二章　银行贷后风险管理

第五条　承贷银行应建立农村承包土地的经营权抵押贷款档案，并强化贷后日常检查及加强与借款人联系；应提前提示借款人到期还本付息，贷款到期后按合同约定归还本息。

第六条　承贷银行应在农村承包土地的经营权抵押贷款发放前做好风险评估。

（一）对借款人开展贷前信用评级、贷款授信及风险评估。

（二）对产业项目效益评估。对使用农村承包土地的经营权抵押贷款的农业产业项目产生的效益及风险进行全面评估，保证第一还款来源充足及有效规避风险。

（三）将借款人的涉农保险投保情况作为银行授信要素，鼓励借款人对农村承包土地的经营权抵押贷款抵押物进行投保，提升农业保险的渗透度。

第七条　对贷款需要展期的，承贷银行应审慎评估展期的合理性和可行性，科学确定展期期限，加强展期后管理，及时做好逾期贷款的催收工作。

第八条　承贷银行要加强农村承包土地的经营权抵押物的监管，对抵押物价值发生较大变化的，如造成贷款风险的要及时追加借款人其他有效资产担保，确保贷款资金安全。

对有以下情况之一的，承贷银行应主动采取包括终止发放贷款、提前收回已发放贷款、要求实现抵押权利等在内的有效措施控制风险：

（一）农产品市场发生重大变化，致使借款人经营收入骤减，又未能落实还款来源或还款无法保证的。

（二）借款人在贷款申请过程中有提供虚假证明材料，或故意隐瞒调查事实行为的。

（三）贷款已逾期，或连续三次或累计六次未按时归还贷款利息的。

（四）借款人在还款期内死亡或丧失民事行为能力，尚未落实贷款债务的。

（五）借款人遭受重大自然灾害，生产经营活动受到重大不利影响的。

（六）其他影响贷款安全的情形。

第九条 对出现逾期的农村承包土地的经营权抵押贷款，承贷银行应及时向借款人发出逾期贷款催收通知书并妥善保管回执，以保证贷款的诉讼时效，确保资产安全。贷款逾期超过一个月的，应积极与借款人协商贷款收回方式。

第十条 借款人不能按期偿还贷款时，在贷款到期前一个月内，应向发放贷款的银行提出协商解决申请，由借贷双方协商解决。

第三章 农村承包土地的经营权抵押物处置

第十一条 农村承包土地的经营权抵押贷款产生的不良贷款界定。农村承包土地的经营权抵押融资债务履行期届满90日，承贷银行应分别通过电话、书面、短信等方式向借款人发出贷款业务到期提醒，通知借款人及时组织资金履行还款义务（至少一次书面催收通知回执存档）。借款人在90日内仍未主动清偿贷款的，为农村承包土地的经营权抵押融资产生的不良贷款。

第十二条 借款人贷款到期未偿还的，经承贷银行调查核实，属有偿还能力而未偿还的，按法律程序追究其责任；确实为无偿还能力的，经承贷银行认定后，承贷银行出具相关手续，经特区农村产权交易中心同意，银行有权按照抵押合同对借款人的抵押资产进行依法处置。

第十三条 借款人在贷款到期（含分期）后确实无力偿还贷款的，承贷银行应及时采取以下措施处置已抵押的农村承包土地的经营权及地上附着物：

（一）公开交易

承贷银行应与借款人商定，在特区农村产权交易中心挂牌交易，将抵押的农村承包土地的经营权转让给他人，所得价款由承贷银行优先受偿本息。

（二）风险分担

1. 抵押担保分担。金融机构和金融组织可以采用“农村承包土地的经营权抵押 + 政策性担保公司担保”的模式，将农村承包土地的经营权及担保公司认可的其他抵押物作为担保公司的反担保措施。农村承包土地的经营权抵押贷款交易额在500万元以下的，按照“4—3—2—1”风险分担比例，即当地担保公司承担40%，省级担保公司承担30%，承贷银行承贷20%，当地财政承担10%的模式进行分担。

2. 保险分担。借款人应积极参加农业保险，降低还款风险，签订借款合同时，将受益人变更为贷款银行。

（三）协商收购

经与当地村委会、中介组织协商，由当地村集体经济组织或其他具有资质的合法中介组织按抵押合同约定收购抵押的农村承包土地的经营权资产权益，所得价款用于偿还贷款本息。

（四）资产变现

按照抵押合同约定，依法可以变现的抵押物以折价或者拍卖、变卖等方式进行变现，资产变现所得的价款优先受偿。

（五）其他合法的形式

第十四条 农村承包土地的经营权无法流转导致达不到贷款清偿目的的，应依据抵押合同约定，及时向仲裁机构申请仲裁或向人民法院提起诉讼。

第十五条 承贷银行在处置抵押的农村承包土地的经营权时，所在集体经济组织成员享有优先受让权；处置的农村承包土地经营权所得价款，承贷银行可以优先受偿，超过债权的部分归抵押人所有，不足的部分由借款人继续清偿。

第十六条 因处置抵押农村承包土地的经营权而获得经营权的土地使用者，只拥有流转期限内的农村土地经营权且不得改变土地的农业用途，不享受其他权利。流转期满后，应无条件返还承包方农户。

第十七条 承贷银行流转借款人的承包土地的

经营权时，期限以借款人流转（承包）土地的经营权期限为准。即承贷银行在借款人流转（承包）土地的经营权期限到期后，不论本金利息是否已经偿清，都必须将经营权交还原承包人。

第十八条 开展农村承包土地的经营权抵押贷款过程中，涉及抵押担保的，借款人在贷款到期（含分期）后确实无力偿还，并须担保人代偿的，担保人可参照承贷银行对农村承包土地的经营权抵押物处置方式进行处置。

第四章 争议解决

第十九条 在开展农村承包土地的经营权抵押贷款过程中发生权属纠纷的，当事人可以自行和解，也可以请求所在地村委会或乡镇人民政府或社区服务中心调解。当事人和解、调解不成或不愿和解、调解的，可直接向人民法院起诉。

第二十条 如用于抵押的农村承包土地的经营权因抵押人的主观原因致使其抵押物贬值时，承贷银行应要求抵押人增加或重新提供相应资产担保。

第二十一条 农村承包土地的经营权抵押期间，未经承贷银行同意，借款人不得将抵押物再次抵押或流转。

第二十二条 借款人在抵押期间要求变更或注销抵押登记的，须持有银行出具的债务履行完毕或同意变更、注销的证明。

第二十三条 借款人被依法宣告破产的，其抵押物的获得者或代管人应继续履行原抵押合同。

第二十四条 抵押权与其担保的债权同时存在，债权消灭的，抵押权也消灭。抵押权消灭后，应当注销抵押登记。

第五章 附 则

第二十五条 本办法未尽事宜，根据相关法律、法规和信贷操作规程等办理。

第二十六条 承贷银行可参照本办法制定具体的实施细则。

第二十七条 本办法自发布之日起实施。如上级相关部门出台相应管理办法，本办法自行废止。

六枝特区政策性家禽养殖保险工作实施方案

（2017 年 9 月 19 日）

根据《中共贵州省委贵州省人民政府关于深入推进农业供给侧结构性改革加快培育农村发展新动能的实施意见》（黔党发〔2017〕1号）、省财政厅、省农委、省金融办《关于印发〈贵州省政策性家禽养殖保险工作实施方（试行）〉的通知》（黔财金〔2017〕39 号）精神，为推进我区家禽养殖业健康发展，提高家禽养殖风险保障水平，促进农民增收和贫困农民脱贫致富，结合现行政策性农业保险有关规定和我区实际，制定本方案。

一、总体要求

全面贯彻落实省委、省政府大扶贫战略，大力发展我区家禽产业，以服务“三农”、保障民生为宗旨，以保障农民增收为导向，以政府推动与市场运作相结合，建立政府、养殖户、保险公司共同参与的政策性家禽养殖风险分担机制，加快推进我区家禽产业健康发展、稳定农产品供给、促进农民持续增收，发挥家禽产业扶贫和保险助推脱贫攻坚的作用。

二、基本原则

（一）政府推动。区、乡两级政府加强对政策性家禽养殖保险工作的领导，积极宣传推广政策性家禽养殖保险，引导养殖户参保，落实财政补贴资金，加强督促管理。

（二）市场运作。充分发挥市场配置资源的决定性作用，按照《农业保险条例》要求，在承保公司的选择上，根据辖区具备政策性农业保险经办机构（以下简称“承保机构”）的经办资质、专业能力、机构网络、风险管控等条件，确定开展保险工作的承保公司，约定保险责任范围，提升保险服务水平。

（三）自愿参保。通过政策引导、保费补贴、理赔服务和农户参保收益实例宣传等方式调动养殖户的参保积极性，引导其自愿投保，逐步培育保险意识，提高保险覆盖率。

（四）协同推进。保费补贴政策与其他惠农政策有机结合、共同推进，发挥财政资金支农惠农强农的综合效益，切实提高财政资金支农绩效和放大效应。

三、目标任务

力争实现全区范围内政策性家禽养殖保险全覆盖，养殖企业和农民专业合作社达到“应保尽保”，一般养殖户和建档立卡贫困养殖户达到“愿保尽保”。

四、工作内容

（一）参保对象。区内从事肉（蛋）鸡养殖的养殖企业和农民专业合作社每批次养殖规模达 2000 只以上、一般养殖户和建档立卡贫困养殖户每批次养殖数量达 200 只以上可参保，参保对象应将其饲养的肉（蛋）鸡全部投保。

（二）保险产品。执行全省统一的保险责任和理赔标准，率先开展肉（蛋）鸡养殖保险工作。

1. 保险金额。

（1）肉鸡保险：以养殖企业和农民专业合作社进行集约化大规模饲养的每只保额 25 元、费率 2%、保费 0.5 元；一般养殖户和建档立卡贫困养殖户进行小规模饲养的每只保额 40 元、费率 2.5%、保费 1 元。

（2）蛋鸡保险：每只保额 40 元、费率 2.5%、保费 1 元。

2. 保险期间。按照保险肉（蛋）鸡可预计的饲养天数计算，具体保险期间以保单载明的起讫时间为准。

3. 赔付处理。按照保险合同约定起讫期计算不同饲养天数的赔付金额（见附表1、2）

附表1：保险肉鸡不同饲养天数赔付金额表

日龄（天）	8～15	16～30	31～45	46～60	61～75	76～90	90以上
保额25元的赔付金额（元）	5	8	12	15	18	20	25
保额40元的赔付金额（元）	10	15	20	25	30	35	40

（赔付数额 = 死亡肉鸡数量 × 对应养殖周期的赔付金额）

附表2：保险蛋鸡不同饲养天数赔付金额

饲养日龄（天）	15～30	31～60	61～90	91～120	121～150	151～350	351～440	441～500	500以上
赔偿金额（元）	8	16	22	26	32	40	28	16	0

（赔付数额 = 死亡蛋鸡数量 × 对应养殖周期的赔付金额）

4. 保险责任。由于自然灾害、意外事故、疾病和疫病等非人为因素在连续48小时内，造成肉（蛋）鸡死亡数量在一次灾害中超过单批次养殖总量的5%（含5%），启动保险赔付程序。因人为因素故意造成的肉（蛋）鸡死亡损失不在赔付范围内。死亡肉（蛋）鸡须经过无害化处理，未经无害化处理的，保险公司不予赔偿。

肉（蛋）鸡价格采价体系与发布机制建立健全后，可开展肉（蛋）鸡价格保险。

（三）保险保费承担比例

1. 一般养殖户和建档立卡贫困养殖户。省级财政承担70%，市、区级财政各承担10%，一般养殖户、建档立卡贫困养殖户承担10%。一般养殖户自行承担的保费以村为单位进行集中收取缴纳，建档立卡贫困养殖户承担的保费，由特区扶贫办从切块到区的财政扶贫专项资金中统筹安排缴纳。

2. 养殖企业和农民专业合作社。省级财政承担50%，市、区级财政各承担10%，养殖企业、农民专业合作社承担30%。

（四）保险经办机构。本着公平、公正、公开的原则，按照《农业保险条例》要求，在承保公司的选择上，经组织辖区具备政策性农业保险资质经办机构国元农业保险股份有限公司六盘水中心支公司、中国人寿财产保险股份有限公司六枝支公司、中国人民财产保险股份有限公司六枝支公司、中国太平洋财产保险股份有限公司六枝支公司共同协商，确定我区政策性家禽养殖保险由上述4家保险公司共同承保，其中国元保险为主保公司。

（五）承保流程

1. 村“三农”保险协保员、乡（镇）农业服务中心以及防疫合作社等协保机构，区级政策性家禽养殖协会要积极配合承保机构全力做好协保工作。

2. 承保机构按规定在显著位置，或通过互联网、短信、微信等方式，将惠农政策、承保情况、理赔结果、服务标准和监管要求进行公示，做到公开透明。

（六）查勘定损。一般性事故由承保机构与被保险人达成定损协议；肉（蛋）鸡死亡数量占养殖数量比例50%以上的重大事故，承保机构认为有必要多方共同核损的，由承保机构与特区农业局、政策性家禽养殖协会、乡（镇）农业服务中心等协保机构组成查勘理赔小组现场查勘，确定受损数量和损失程度，做好记录，并取得参保养殖企业（户）的签字认可。

（七）赔偿处理。承保机构应将查勘定损结果、理赔结果在投保农户所在村级、农业生产经济组织公共区域或投保农业生产经济组织所在乡镇政府进行不少于三天的公示。如无异议，由承保机构委托相关金融机构，通过养殖企业和农民专业合作社账户以及一般养殖户和建档立卡贫困户的“一卡通”账户支付理赔款，确保理赔公开、赔款到户。公示期间如有异议，须查明原因，妥善处理。

五、保障措施

（一）强化组织领导。在六枝特区政策性农业保险工作领导小组的领导下，建立政策性家禽养殖保险工作联席会议制度，其组成人员如下：

召 集 人：宋加荣（特区政府金融办主任）

副召集人：王士福（特区农业局局长）

索才欣（特区财政局局长）

李世然（特区扶贫局局长）

成　　员：各乡（镇）人民政府、社区服务中心分管负责人

特区政策性家禽养殖保险工作联席会议下设办公室于特区政府金融办，宋加荣兼任办公室主任，负责领导小组日常工作事务。办公室组织召开联席会议，研究家禽养殖保险工作，协调解决工作中出现的困难和问题，并及时上报工作推进情况。各成员单位要分工明确、各司其职，高度重视，将政策性家禽养殖保险工作纳入重要工作议程，加强组织领导和督促指导。

（二）强化资金保障。建立健全政策性家禽保险保费补贴保障机制。保费补贴按照“扶优扶贫、合理分担”的原则进行承担，特区财政局要整合资源，结合涉农补贴制度改革，将由本级财政承担的保费补贴资金列入同级财政预算。

（三）强化工作经费保障。承保机构要根据年度家禽保险实收保费收入 8% 的比例计提承保工作经费，按照《贵州省农业保险工作经费使用和管理暂行办法》（黔府金〔2015〕12 号）要求，将承保工作经费支付给基层具体协助办理家禽保险的协办机构或协办人员，确保辖区内政策性家禽保险可持续发展。

六、工作要求

（一）明确责任分工。各有关部门要按照职责分工，各司其职，协调配合，共同推进政策性家禽养殖保险工作。

乡（镇、社区）要加强对辖区内家禽保险的协调和推进，重点完成家禽保险标的调查，提供辖区内建档立卡贫困养殖户清单，强化宣传引导，协助保险承保机构以村为单位，组织建档立卡贫困户进行投保，并协助查勘、定损、理赔等相关工作。

财政部门负责政策性家禽养殖保险保费补贴资金的保障，做好财政补贴资金的预算拨付、管理、结算、监督等工作，确保财政补贴资金足额安排和及时拨付。

金融办负责动态跟踪检查当地政策性家禽养殖保险进展情况，会同财政、农业部门及时组织研究实施过程中出现的问题和困难，提出相应的对策建议并加以协调解决。

农业部门负责政策性家禽养殖保险的整体推进、组织协调、监督管理、指导服务，提供政策性家禽养殖保险的基础数据，审核承保数量，协助经办机构做好承保、查勘、定损、理赔工作，向各有关部门通报情况。

扶贫部门负责核实自愿参保建档立卡贫困养殖户信息，做好资金安排和建档立卡贫困养殖户自缴保费的划拨缴纳。

承保机构作为政策性家禽养殖保险市场运作主体，要切实增强社会责任感，从服务“三农”、“脱贫攻坚”的全局出发，做好家禽养殖户档案资料的收集、审核保存和管理工作，加强承保、防灾防损、查勘、定损理赔等专业化服务，把维护家禽养殖户合法权益放在首位，做到查勘定损到户、赔款支付到户、理赔信息公开到户；积极主动向家禽养殖户宣传普及政策性家禽养殖保险政策和相关知识，鼓励并引导养殖企业和农民专业合作社、家禽养殖户自愿参保；及时、定期向政策性家禽养殖保险工作联席会议办公室、保险监管部门上报政策性家禽养殖保险承保理赔情况。

（二）严格保费资金拨付。建立健全政策性家禽养殖保险保费补贴保障机制，财政部门要整合资源，结合涉农补贴制度改革，统筹安排上级财政下达的财政支农等专项资金，将应由本级财政承担的保险费补贴列入财政预算；根据投保情况，将省、市、区三级财政应承担的保费补贴资金足额拨付给承保机构。省、市级财政保费补贴资金按照现行政策性农业保险保费补贴资金管理办法，实行“分批预拨，按季补贴”，并通过省政策性农业保险信息平台办理结算。

（三）加强宣传发动和业务培训。区乡两级政府、有关部门、承保机构应加大宣传力度，充分利用电视、电台、报刊、网络等新闻媒体，通过召开专题会议、编印、张贴、发放宣传资料等多种形式，广泛宣传政策性家禽养殖保险工作的重要意义和政策内容，增强广大农民群众的保险意识、风险防范意识，引导养殖户积极主动投保。加强对协保队伍

政策性家禽养殖保险业务培训，提高协保人员服务水平和工作效能。

（四）强化监督检查。建立健全政策性家禽养殖保险工作通报、监督检查、责任追究制度，定期不定期对辖区政策性家禽养殖保险工作实施进度、保费补贴资金和工作经费的使用、理赔实效、发动群众投保等情况进行监督检查。特区政策性农业保险工作联席会议成员单位将定期不定期对政策性家禽养殖保险工作落实情况进行督查，确保工作顺利推进。

本方案自印发之日起执行，其他政策性家禽（鸭、鹅等）养殖保险可参照本方案，制定具体实施方案，报市政策性农业保险工作联席会议办公室备案后实施。

六枝特区农村客运片区化经营实施方案

（2017 年 9 月 25 日）

为全面完成省下达我区年底实现 100% 行政村通客车目标任务，确保开得通、坐得起、稳得住、有效益，从根本上解决群众安全出行、便捷出行问题。根据《六枝特区人民政府办公室关于印发六枝特区进一步推进农村客运发展稳步提高行政村通客车率工作实施意见的通知》（六府办发〔2015〕119 号）及《六枝特区人民政府办公室关于印发六枝特区2015—2020年农村客运发展规划的通知》（六府办发〔2016〕3 号）要求，结合我区实际，制定本方案。

一、指导思想

为深入贯彻落实习近平总书记系列重要讲话精神，以方便群众出行、服务农村经济发展为目的，按照“统筹规划、合理布局、网络化建设、公司化运营、规范化管理”的要求，逐步形成农村客运网络，推进“村村通客车，区、乡（镇）及城郊通公交车，城乡客运一体化”进程，围绕农村路网上档升级，结合小城镇建设及资源配置，科学合理设置和大力发展农村客运，全面实现“村村通客运”目标，为全区社会经济发展提供强有力的客运服务保障。

二、基本原则

（一）坚持立足市场、适度超前原则，以满足农村群众出行及发展需要作为客运发展的根本出发点。通过提高客运能力和服务水平，为群众提供便捷、安全、畅通、经济的运输服务，不断适应农村经济发展和广大群众出行需求。按照“立足需求、合理布局，政府引导、市场运作，集约经营、规范管理，安全经济、协调发展”的思路，使农村客运班车“开得通、坐得起、稳得住、有效益”。

（二）坚持路运并举、和谐发展原则，促进“路、站、运”同步发展。农村公路、站场建设必须围绕群众出行、农村物资运输需要，最后为农村运输服务，实现人便其行、货畅其流、各取所需。进一步连通毗邻县、乡（镇）、村断头路，改造不达标县乡公路，建设农村循环公路，适时结合路网实际和群众需求开通客运，不断提高农村客运网络化广度和深度。

（三）坚持干支成网、统筹发展原则，促进客运市场全面发展。按照客运市场客流量需求，实现以城区为中心、以乡（镇）为节点，以国省公路为大动脉、农村公路为支线，依托乡（镇）客运站、招呼站（亭）的农村客运网络化，推进城乡客运一体化。

（四）坚持优势互补、集约经营原则，以结构调整为主线，推进农村客运市场形成片区化经营、公司化经营及城乡客运一体化多种模式。通过优化结构、冷线热线捆绑、干线支线搭配，在保持运力适量增长的前提下，把发展重点从“量”的增长转移到“质”的提高上来，提高农村客运通达率和安全便捷水平。

三、总体目标

（一）通达目标。全面完成省下达我区小康目标任务，确保我区 2017 年年底实现 100% 行政村通客车。进一步推行以片区化经营模式带动我区城乡客运一体化发展。城乡客运网络得到有效衔接，最大满足城乡群众出行需求。

（二）经营管理。积极推进和完善农村客运公司化改造和网络化经营，客运企业全部实行公司化经营模式。同一片区或线路的客运车辆实行统一管理、统一核算、统一车型、统一票价、统一标识，以提高农村客运集约化、规模化经营管理水平和抗风险能力。

（三）服务水平。农村客运网络得到明显优化，农村客运需求基本得到满足，农村客运运力全面更新为符合国家标准的车型，逐步提高车辆档次，不断提高农村客运安全和服务水平，促进城乡客运得到有效衔接。

四、经营模式

（一）规范管理提升服务水平。实现"公司化经营、股份制改造，大区域运行、规范化管理"目标。改变原来一车一线客运经营模式，充分利用已建成的乡（镇）客运站作为依托，采取统一调度，循环发班，循环线路等方式，推行片区化经营。

（二）根据需求适时实施许可。车辆运营线路逐步改变原来一车一线的单一方式，采取片区化经营模式审批。由客运公司根据市场需求，统一调度车辆运行、统一经营管理、统一服务质量。客运公司根据各片区所需车辆数量，可适时调整片区运行车辆，提高农村客车的运输效率。

（三）整合资源提升通达率。一是将我区现有客运线路分片区运行管理，现有城区到乡（镇）、乡（镇）与乡（镇）之间客运线路及车辆，原运行线路及运行车辆相对固定，如因市场运力需求需临时调整线路及车辆的，由特区道路运输管理部门根据规定临时调整。需新增运营线路的，由特区农村客运片区经营领导小组组织调研、听证确定。二是根据区域特点结合旅游及区位发展要求，由一个或多个毗邻乡（镇）依托已建成的乡镇客运站场，结合"三变"及扶贫相关政策，通过招商引资等方式整合资金组建乡（镇）农村客运公司或分公司，以片区化经营方式经营乡（镇）到村及村与村之间客运线路及车辆。

（四）个性服务满足群众需求。乡（镇）农村客运公司或分公司，针对片区内所有农村客运班线统一经营管理，经营本片区范围内客运线路、客运车辆、客运站场及农村物流等。在运行方式上通过开行班车、片区车、赶场车、预约车等多种运输方式相结合的办法，针对本地赶场，学生放假，务工人员外出、回家、节假日出行，红白喜事等情况对运力作出及时调整，以解决本乡（镇）范围内群众出行问题。对道路通行条件达标，群众出行需求量大的乡（镇）或旅游景区力争开通公交班线，逐步推行城乡客运一体化。

五、工作措施

（一）组织领导。为确保我区农村客运片区化经营工作顺利推进，成立六枝特区农村客运片区化经营工作领导小组（以下简称"领导小组"），组成人员如下：

组　长：彭良国（特区政府副区长）
副组长：杨兴礼（特区交通运输局局长）
成　员：王　泰（特区行政复议委员会办公室）
　　　　王　晟（特区信访局）
　　　　吴　萍（特区发展改革局）
　　　　吴　江（特区安全监管局）
　　　　安　庆（特区市场监督管理局）
　　　　李　彪（特区交通运输局）
　　　　詹　祥（特区公安局交警大队）
　　　　张生刚（特区道路运输管理局）
　　　　钱国勇（特区交通运输执法大队）
　　　　左苑伶（特区公路管理所）

各乡（镇）人民政府、社区服务中心主要领导

领导小组下设办公室于特区交通运输局，办公室主任由李彪同志兼任，副主任由张生刚同志兼任，成员由领导小组成员单位抽人组成，具体负责农村客运片区化经营相关的会务、资料收集整理、材料拟写等日常工作及领导交办的其他事项。

（二）加大宣传力度。特区交通运输局、道路运输管理局等单位要加大政策宣传力度，明确目标，切实做好经营者和从业人员的思想沟通工作，取得理解和支持，营造稳定和谐的工作环境，确保运营秩序稳定和运输通畅。要通过各种形式深入宣传实施农村客运片区化经营的目的意义，争取社会各界的广泛关注和支持，营造良好的氛围。

（三）深入调研。实行农村客运片区化经营和实现"村村通客运"工作任务重、时间紧、要求高，特区交通运输局要深入调研，扎实开展基础工作，要充分论证经营主体、线路布局、停靠站（场）设置、企业运作等，确保运行顺畅，科学合理，便民利民。

（四）严格许可。各乡（镇、社区）要做好通村公路通行情况排查，对竣工验收合格、符合安全运营条件的通村公路采取"验收一条，开通一条"

的原则来申请客运车辆营运。大片区运营线路及车辆由特区交通运输局牵头，领导小组成员单位参与开通评价，对达到运营条件的线路及车辆由特区道路运输部门进行许可；小片区运营线路及车辆由乡（镇）人民政府、社区服务中心牵头，领导小组成员单位参与开通评价，对达到运营条件的线路及车辆进行许可并报特区道路运输管理部门备案。

1. 许可程序

（1）客运企业提出申请。

（2）许可机关对申请材料形式审查及处置。

（3）领导小组成员单位联合对所申请班线通行条件、车型等进行审核。

（4）公示、征求意见及听证。

（5）许可决定。

（6）许可结果公告。

（7）签订客运线路经营权使用合同。

（8）督促履行投入车辆承诺。

（9）核发《道路运输证》、客运线路标志牌。

2. 车型标准。因我区通村公路等级较低，路面宽度大多在 4.5 米以下，为确保小片区运行车辆运输安全，小片区经营客运车辆统一使用微型车（8 座及以下）。

（五）合理布局。合理调配大、小片区运营线路，全力避免大、小片区农村客运班车在主干道上与乡（镇）主干线客车争抢客源。

六、片区规划

推行片区化经营模式采取试点先行方式逐步全面推广。将全区农村客运班线划分为中东部、南部及北部 3 个农村客运片区，片区内线路及车辆数由客运公司根据片区内市场需要统一调配。以六枝中心客运站为枢纽，辖区内三大片区车辆从城区辐射到乡（镇）客运站，以乡（镇）客运站为农村客运中转站，将农村客运班线辐射到辖区内每个行政村，逐步构建“城区客运站—乡（镇）客运站、乡（镇）客运站—乡（镇）客运站、乡（镇）客运站—行政村、行政村—行政村”客运班线网络。

中东部、南部及北部 3 个农村客运片区由现有客运公司组织现有班线车辆，以片区经营方式经营。中东部片区包括：城区—大用镇、落别乡、木岗镇、新窑镇、关寨镇（含原箐口乡）及片区内乡（镇）—乡（镇）之间客运线路；南部片区包括：城区—月亮河乡（含原折溪乡）、郎岱镇（含原洒志乡）、中寨乡、牂牁镇及片区内乡（镇）—乡（镇）之间客运线路；北部片区包括：城区—岩脚镇、新场乡、牛场乡、梭戛乡、龙河镇、新华镇及片区内乡（镇）—乡（镇）之间客运线路。原运行线路及运行车辆相对固定，如因市场运力需求需临时调整线路及车辆的，由特区道路运输管理部门根据规定临时调整。

中东部、南部及北部 3 个农村客运片区辖 15 个乡（镇）。各乡（镇）可根据本乡（镇）到村及毗邻村之间人员出行情况规划营运线路，成立乡（镇）农村客运公司或分公司经营本乡（镇）范围内乡（镇）到行政村及村与村之间客运线路。乡（镇）与乡（镇）之间毗邻村班线开通由乡（镇）之间协商解决。

七、相关要求

（一）统一思想认识。农村客运片区化经营是全面贯彻落实区委、区政府开展大交通大提质、统筹城乡发展和提升公共交通服务水平的重要举措，是实现城乡居民共享发展成果的便民、惠民工程。各单位、各部门、各乡（镇、社区）要充分认识村村通客运工作的重要性和必要性，统一思想，密切配合，切实加强对农村客运行业的管理，维护农村客运市场秩序。

（二）强化责任落实。各乡（镇、社区）、各单位要确定工作目标，明确工作任务，完善工作机制，确保领导到位、责任到位、措施到位，妥善解决有关问题。特区党委政府督查室、交通运输局等部门要加强调度、强化督导，对工作不力、推诿扯皮的单位及个人，将在全区进行通报；对工作人员的违法违纪行为，将按有关规定严肃处理。

六枝特区2017年度农村饮水安全巩固提升工程实施方案

（2017年9月26日）

为加强农村供水基础设施建设，完善农村供水社会化服务体系，切实推进农村饮水安全工作，结合我区实际，制定本方案。

一、总体要求

（一）指导思想

立足实际，围绕民生工作“五个坚持”（坚持既尽力而为、又量力而行；坚持既当期可承受、又长远可持续；坚持既解决民生实际问题，又持续提升民生水平；坚持既抓实具体民生项目、又建立民生工作长效机制；坚持不断增强民生工作的针对性、实效性、可持续性），加快解决人畜饮水最困难地区的饮水安全问题，深化农村供水工程管理体制改革，建立和完善工程运行管理长效机制。重点围绕精准扶贫建档立卡缺水人口，兼顾其他缺水村民，以整乡推进的工作思路，通过实施农村供水工程巩固提升、升级改造，全面提高饮水安全保障水平。

（二）基本原则

1.政府主导，群众主体。农村饮水安全建设管理由特区水务局负总责，建设资金由特区水务有限责任公司（以下简称“特区水务公司”）筹集，积极推行用水户全过程参与，充分调动群众参与建设管理的积极性。

2.建管并重，长效运行。按照“因地制宜、实事求是、量力而行、尽力而为”原则，据实测算饮水不安全人口、投资成本，根据现有技术标准、筹资能力等提出切实可行的工程建设方案；推行“先建机制、再建工程”的建管模式，达到“建得成、管得好、长受益”。

（三）目标任务

到2017年12月31日前，解决全区25万人饮水困难、饮水安全问题。在管理上达到“四个建立”，即：建立区级供水技术服务体系，建立区级水质检测中心，建立区级农村饮水安全工程运行维护基金，建立农村供水应急保障机制。

二、建设标准和内容

（一）建设标准

按照国家“十三五”农村饮水安全建设标准，结合我区实际，建立全区统一的水量、水质、用水方便程度、水源保证率等相关指标体系。

1.水量标准。按照水利部《村镇供水工程技术规范》（SL310-2004）标准，结合我区实际，满足不同地区、不同用水条件，以农村居民用水为主，确定用水标准。

2.供水水质标准。结合全区农村供水水质实际，执行《生活饮用水卫生标准》（GB 5749-2006）。通过标准化水处理工艺，实现供水规模1000立方米/天及以上集中供水工程日检9项及月、年检42项指标合格；200～1000立方米/天集中供水工程月检9项指标合格；20～200立方米/天集中供水工程在丰、枯水期各检测1次，达到常规指标合格。

3.用水方便程度标准。集中供水工程自来水供水到户比例达80%以上，农村分散供水工程实现自压供水。

4.水源保证率标准。集中式供水工程水源保证率不低于95%，其他小型供水工程或严重缺水地区不低于80%。

（二）建设内容

1. 延伸管网。对原有的农村集中式供水工程进行扩建、改造，提升供水能力。以延伸管网等方式解决周边群众饮水问题。

2. 新建标准化水厂。通过现有水源或新建水源点等提供水源，对供水人口较集中的地区，修建标准化自来水厂解决群众饮水问题。

3. 联网供水。通过供水管网联通已建成的小型集中供水工程，互剂互调，提高供水保证率。

4. 修建集雨池。对地势偏远、居住偏僻、无固定水源的分散农户，通过修建集雨池及水窖等工程解决群众饮水问题。

5. 完善区级水质检测中心建设，达到42项常规指标检测能力。

三、实施步骤

（一）筹措资金

由特区水务公司全额筹资解决全区25万人饮水困难、饮水安全问题资金26700万元。

（二）申报项目

1. 征求意见。充分征求用水户代表关于工程建设方案、资金筹集办法、工程建成后的管理体制、运行机制和水价等的意见。

2. 签订协议。与受益农户签订工程建设与管理协议，作为项目申报的必备条件和开展建设与运行管理的重要依据。

3. 公示公开。乡（镇、社区）、村（居）在施工现场和受益地对项目批复文件名称、文号、工程措施、投资规模、资金来源、解决农村饮水安全问题户数、人数及完成时间、水价核算、建后管理措施等进行公示。

4. 提交项目建设计划。项目申报文件内容包括项目所在村（居）或工程供水区基本情况、初步规划建设方案（初步规划建设方案应根据工程类型和规模确定，集中供水工程细化到自然村、水池等，具体内容包括工程措施、投资规模、资金来源、解决城乡饮水安全问题的户数、人数及完成时间等内容），工程措施必须有工艺流程图、消毒措施及设备、安全防护工程措施等内容。

（三）编制方案

区级按照项目建设管理办法编制年度实施方案，其中集中供水工程单独设计，分散工程典型设计。日供水1000吨以上规模或供水人口1万人以上（简称千吨/万人）的农村饮水安全工程直接编制初步设计，报市水务局和市发展改革委审批。

（四）项目实施

由乡（镇、社区）制定工程运行管护方案，并协调解决工程占地、青苗赔偿等问题。时间节点及工期：

2017年9月：已陆续启动2个极贫乡镇（牛场乡、关寨镇）、9个深度贫困村饮水安全巩固提升工程。

2017年11月：启动其余乡（镇、社区）、村（居）饮水安全巩固提升工程，争取2017年12月底完成总工程量的50%（9个深度贫困村饮水安全工程完工后交付使用）。

2018年6月底：全面完成农村饮水安全巩固提升工程建设并投入使用，实现农村饮水安全全覆盖、乡乡有自来水厂目标。

各项目所在村（组）须选举用水户代表，全程参与工程建设管理和质量监督工作。用水户代表名额由村（组）或工程项目服务人口数确定，其中：饮水不安全人口1000人（含1000人）以下的选举3名代表作为监督员，1000人以上的选举5名代表作为监督员。

四、保障措施

（一）明确工作职责

特区水务局负责起草全区农村饮水安全规划并组织实施，牵头审查项目初步设计和实施方案，组织检查、指导项目建设及运行管理。

特区发展改革局负责组织审批农村饮水安全工程实施方案、下达投资计划等工作。

特区卫生计生局负责农村饮水安全工程建设水质达标竣工验收，对供水规模1000立方米/天的农村饮水安全工程开展卫生学评价（包括预评价、竣工验收评价）和项目建成后的水质监督检测等工作。

特区环境保护局负责农村饮用水水源地环境保护和监管，统筹解决污染型水源地水质改善问题。

特区水务公司负责筹集农村饮水安全工程建设资金，监督和管理资金使用，负责建立农村饮水安全工程维护基金，研究制定农村饮水安全工程维护经费财政补贴政策。

农村面上饮水安全工程建设由特区水务局组织实施，由业主单位特区水利投资有限责任公司负责建设，片区水利服务中心负责技术指导和质量监督。

（二）强化技术保障

成立五个技术服务组，指导有关乡（镇、社区）解决项目实施过程中的技术问题。技术人员分组如下：

第一组（新场乡、牛场乡、梭戛乡）

组　长：罗兴宏（特区水务局副局长）

副组长：郭献开（特区水务公司）

夏金福（特区水务局）

成　员：杨　伟（特区水务公司）、付元祥

李　荣、龙泉生（特区水务局）

第二组（关寨镇、新窑镇、九龙社区、塔山社区）

组　长：甘露（特区水务局）

副组长：肖华虎（特区水务公司）

王　燚（特区水务局）

成　员：孙本中、王勇勇（特区水务公司）

董文祥、田应科（特区水务局）

第三组（大用镇、落别乡、木岗镇）

组　长：李志忠（特区水务局副局长）

副组长：李兴江、吴春仪（特区水务局）

成　员：杨　帅（特区水务公司）、潘胜合

余万江、王显文（特区水务局）

第四组（月亮河乡、中寨乡、郎岱镇、牂牁镇）

组　长：付应宏（特区水务局副局长）

副组长：胡周云（特区水务公司）

安成科（特区水务局）

成　员：谭　松（特区水务公司）、刘登峰

孔令刚、肖铖、刘邦其（特区水务局）

第五组（岩脚镇、龙河镇、新华镇）

组　长：龚　伦（特区水务局局长）

副组长：刘登凯（特区水务局）

秦其科（特区水务公司）

成　员：秦佳玺（特区水务公司）、尚　甠

田　华、王开伦（特区水务局）

项目计划下达后，乡（镇、社区）和用水户协会共同负责工程建设管理、质量监管工作，各片区技术责任人负责质量监督，审核工程计量和结算资料。

（三）加强建设管理

严格落实项目法人责任制、招投标制、项目监理制、合同管理制，择优选用合格、达标的供水管材和设备，确保工程质量。将工程目标任务纳入重要工作台账管理，明确具体责任人、时间节点、工作措施、工程进度，加强跟踪调度和督查督办。

（四）强化运行管理

加强水源地水质保护，建立水质卫生常态化检测及水质达标验收制度。建立区级供水技术服务体系，明晰工程产权，落实工程管护责任主体，合理确定水价，全面落实用地、用电、税收等优惠政策，据实测算农村饮水安全工程年度运行维护经费。按谁受益谁负担的原则，设立区级农村饮水安全工程运行维护基金，确保工程长期发挥效益。

（五）强化监督考核

强化统筹协调，对年度目标责任进行分解，跟踪调度推进情况，每月至少召开一次专题会议研究解决存在问题。每月开展一次督促检查，并适时进行暗访，对工作开展好的单位及个人予以表扬，对推动工作不力的责任单位及个人严格追究责任。制定出台水利扶贫工作考核办法，建立完善水利扶贫工作调度管理和考核评估机制。

六枝特区医疗健康脱贫攻坚工作实施方案

（2017年12月2日）

根据习近平总书记关于深度贫困地区脱贫攻坚工作的重要指示精神，为深入贯彻落实中央、省、市大扶贫战略行动，全面落实《中共贵州省委办公厅贵州省人民政府办公厅关于印发〈贵州省深度贫困地区脱贫攻坚行动方案〉的通知》（黔党发〔2017〕24号）及全省深度贫困地区脱贫攻坚工作推进大会精神，决定从2017年10月起，全面启动六枝特区医疗健康脱贫攻坚工作，从根本上有效遏制因病致贫、因病返贫现象，特制定本方案。

一、总体目标

（一）保障机制

到2019年，全面落实四重医疗保障制度；全面对罹患儿童先天性心脏病等13种大病的建档立卡农村贫困人口实施集中救治；全面对罹患36种慢性疾病的建档立卡农村贫困人口实施健康管理；确保建档立卡农村贫困人口100%参合；确保建档立卡农村贫困人口家庭医生签约服务率100%。

（二）基层医疗服务能力

到2019年，县、乡（镇、社区）、村（居）三级医疗机构疾病诊断、治疗、康复护理和管理能力全面提升，基层医疗服务能力达到全省平均水平；以县级公立医院为龙头、乡（镇）卫生院（社区卫生服务中心）为枢纽、村卫生室（社区卫生服务站）为基础的基层医疗服务体系健全完善，“基层首诊、双向转诊、急慢分治、上下联动”分级诊疗制度有效运行，基层群众看病就医获得感和满意度明显提升。

（三）公共卫生服务能力

到2019年，全区疾病综合防控能力显著增强，传染病报告发病率低于500/10万；妇女儿童健康水平迈上新台阶，孕产妇死亡率控制在24/10万以内，婴儿死亡率控制在11‰以内；农村环境卫生状况持续改善，卫生厕所覆盖率达75%以上，老百姓健康素养明显提升，重大疾病发生率明显下降，农村建档立卡贫困人口少生病、晚生病取得重大进展。

二、重点任务

（一）完善医疗保障机制

1. 全面落实四重医疗保障制度。落实建档立卡农村贫困人口基本医疗保障＋大病保险＋医疗救助＋医疗扶助“四重医疗保障”制度，确保建档立卡农村贫困人口医疗费用实际补偿比达95%以上。

2. 全面实施建档立卡农村贫困人口大病专项救治。做好新农合重大疾病免费救治工作。切实做好儿童两病（急性淋巴细胞白血病、急性早幼粒细胞白血病）、儿童先天性心脏病（先天性室间隔缺损、先天性房间隔缺损、动脉导管未闭、肺动脉瓣狭窄、法洛四联症及合并两种或以上的复杂性先心病）、食管癌、胃癌、结肠癌、直肠癌、终末期肾病13种重大疾病病种免费救治工作。

3. 全面推行建档立卡农村贫困人口慢性病健康管理、家庭医生签约服务。为建档立卡农村贫困人口建立居民健康卡，与居民健康档案系统实现数据对接，保持健康管理数据同步更新。组织市第二人民医院、特区人民医院专科医生与乡（镇）卫生院（社区卫生服务中心）医生和村医组成家庭医生团队，与36种慢性病建档立卡农村贫困人口家庭开展签约服务，制定个性化健康管理方案，提供包括基本医疗、基本公共卫生和健康评估、康复指导、家庭病床服务、家庭护理、特殊疾病健康管理、慢性病管理、健康咨询和中医干预等综合服务，提高建档立卡农村贫困人口健康素养及健康水平。

4. 确保建档立卡农村贫困人口100%参合。按照年度新农合个人筹资标准，特困供养人员、20世纪60年代精减退职老职工、肇事肇祸精神障碍患者个人缴纳的参合金由特区民政局全额代缴；低保对象个人缴费由特区民政局代缴35元/人，不足部分由本人补齐；特区卫生计生局对计生“两户”个人缴费给予全额资助；特区财政局对其余当年度个人缴费确有困难的建档立卡农村贫困人口进行资助，确保建档立卡农村贫困人口100%参合。

5. 全面实行建档立卡农村贫困人口“一站式”及时结报、县域内先诊疗后付费。整合特区残联、扶贫、民政、卫生计生等单位贫困人口信息，通过“一站式”及时结算平台实现省、市、县、乡（镇、社区）“一站式”信息对接、及时结算。新农合采取按病种付费、总额预付及DRGs（疾病诊断相关组）控费等模式，控制医疗费用的不合理增长。实行目录外药品使用告知制度，控制新农合目录外药品的使用，规范大型设备检查。积极推进区域内定点医疗机构建档立卡农村贫困人口看病就医先诊疗后付费结算机制。

（二）提升基层医疗服务能力

1. 补齐人才短板。加大与省内外医院对接，在紧缺急需卫生领域引进26名高层次技术人才；加大骨干人才培养引进力度，到2019年培养20名以上医疗专业技术和管理骨干；扎实推进黔医人才计划，到2019年引进26名副主任职称以上高层次技术人员；加强订单定向免费医学生培养，到2019年招收36名临床医学等基层急需专业订单定向免费医学生；实施学历提升计划，到2019年，组织250名专业技术人员实施学历提升。

2. 推动优秀人才向基层流动。加大基层引才力度，特区组织人事部门每年统筹引才奖励基金支持引进卫生急需人才。完善人才下沉促进政策，落实县级医疗卫生机构卫生技术人员晋升中级职称到乡（镇）卫生院（社区卫生服务中心）连续驻点服务1年以上；县级医疗机构新进人员到乡（镇）卫生院（社区卫生服务中心）服务1年以上政策。特区财政部门要落实服务基层奖励政策，对到县级医疗卫生机构工作的高级专业技术职务人员、医学类专业博士研究生给予生活补助。

3. 全面推进乡（镇）卫生院（社区卫生服务中心）提级打造及“三优三化”建设。大力开展环境优美、服务优质、管理优良及标准化、规范化、信息化“三优三化乡（镇）卫生院”创建活动，巩固乡（镇）卫生院（社区卫生服务中心）标准化建设成果。

4. 全面建成县乡远程医疗服务体系。加强基层医疗卫生机构能力建设和内涵建设，2017年完成远程医疗全覆盖建设，组建全区全民健康信息平台。提高基层医疗卫生机构信息化水平，促进“医共体”建设发展，构建“向上连接省市、向下覆盖乡村”的远程医疗服务体系。充分利用远程医疗收付费机制，探索创新远程医疗体系工作机制、责任机制、激励机制、服务模式和长效高效运行机制。全天候为人民群众提供价廉、便捷、优质、可持续的远程医疗服务，提高群众的满意度和获得感。

5. 提升基层中医药服务能力。全面实施中医药服务能力提升工程，2018年完成特区中医医院建设并投入使用，并设置治未病专科，到2018年力争实现所有乡（镇）卫生院（社区卫生服务中心）设立中医综合服务区（中医馆）。推进中医药特色专科建设，支持民族医药发展。到2018年，所有乡（镇）卫生院（社区卫生服务中心）提供6类以上中医药服务，基层医疗卫生机构中医诊疗量达诊疗总量的20%以上。

6. 加快推进百院大战。加快市第二人民医院、特区人民医院改扩建、特区中医医院建设进度，争取2018年市第二人民医院创建为三级医院，公立医院每千人床位数和床位使用率达全省平均水平。

7. 加快建设县域“医共体”，借力对口帮扶加强重点学科建设，大力实施千人支医计划。整合县乡村医疗卫生资源，积极推进“向上建立‘医联体’，向下实施‘医共体’”发展模式，整体提升县域内医疗服务能力。发挥市第二人民医院、特区人民医院“医共体”的“龙头”作用，整合对口帮扶、千人支医等相关政策，落实“医共体”用人自主权，实现“医共体”内人、财、物由两家“龙头”医院统一管理。扎实抓好对口支援工作，加强市第二人民医院、特区人民医院“5+2”（5个以上重点学科和重症监护室、急诊急救体系）、“2+3+N”（治未病科、中医康复科、3个重点专科和急诊急救体系）重点学科和科室建设。

8. 着力加强村卫生室建设。到2020年完成

213 个村卫生室标准化提级改造项目，完善村卫生室诊疗室、治疗室、观察室、公共卫生室和药房设置，在有条件的村设立康复室，为各村卫生室配置健康一体机。全面落实村卫生室健康教育、预防保健、慢性病随访等服务职责，加强村卫生室信息化建设，加强绩效考核，建立与村医学历、工龄、资质、职称、服务质量、数量及群众满意度密切挂钩的村医待遇动态调整提高机制。

9. 加大培训力度。通过集中学习、远程讲解、发放宣传册、制作宣传栏等方式，加大对乡（镇、社区）分管领导、村支两委负责人、驻村第一支书的培训，确保各级工作人员能精准理解、正确解读、熟练运用医疗健康扶贫政策，落实到位。到 2019 年，培训达 2000 人次。

（三）提升基层公共卫生服务能力

1. 加大农村贫困地区传染病防控力度。全面实施规范化数字预防接种门诊建设，2017 全区实现乡（镇）卫生院（社区卫生服务中心）全覆盖。严格疫苗采购和配送程序，加强疫苗流通、使用监管，确保免疫规划接种率保持在 95% 以上。加大结核病、艾滋病等传染病防治力度，早期发现病人，提高患者治疗依从性，增加患者成功治疗率。强化传染病监测和防控工作，发挥联防联控机制的重要作用，突出学校、农村等重点部位，提高各类传染病疫情早期发现、诊断治疗和处置能力，传染病总发病率控制在 500/10 万以下，基本消除麻疹、麻风、疟疾等重大传染病危害，突发传染病疫情及时处置率达 100%。加强地方病监测工作，继续保持消除地方性氟中毒、碘缺乏病状态。

2. 全面加强农村贫困地区妇幼健康工作。深入推进生育健康全程服务，对农村贫困孕产妇规范提供早孕建卡、产前检查、住院分娩、产后访视等服务，开展高危孕产妇妊娠风险评估，对 0 ~ 6 岁儿童规范提供新生儿访视、生长发育监测、营养喂养指导等服务。实施妇幼重大公共卫生项目，全面开展免费叶酸补服预防神经管缺陷、免费孕前优生健康检查项目，减少严重出生缺陷；扩大农村妇女宫颈癌、乳腺癌免费筛查，儿童营养改善，新生儿疾病筛查，到 2018 年实现全覆盖。开展无创 DNA 产前筛查试点，加强孕产妇和儿童危急重症救治中心建设。加快推进妇幼保健院项目建设，2019 年成功创建二级妇幼保健院。

3. 大力推进农村中小学校医务室标准化建设。按照“三统一”要求，继续实施农村中小学医务室标准化建设全覆盖。统一医疗设备配置，统一校医工作职责，切实做好常见多发病诊治、卫生保健知识普及、传染病报告管理、食品安全监督、突发事件处置等工作。统一校医服务行为，佩戴校医工作标牌，建立服务工作台账，提升服务质量。

4. 改善农村人居环境。大力创建国家卫生乡镇、省级卫生乡（镇）、村（居），结合城乡环境卫生整洁行动，以农村垃圾污水处理和农村卫生保洁为重点，加快环境基础设施建设，强化日常保洁，形成“户清扫、村收集、镇转运、县处理”的垃圾收集处置制度。开展农村卫生厕所建设，结合小康房行动计划、农村危房改造等工作，按照“集中连片、整村推进”的原则开展“厕所革命”，突出抓好示范村、公路沿线村庄的改厕工作。开展农村饮用水水质监测，加强特区疾控中心水质监测实验室能力建设和检测人员培训，提升监测能力，逐步扩大饮用水监测范围。

5. 广泛开展健康知识教育。大力开展中央转移支付地方健康素养促进行动项目，做好健康科普宣传。力争 2019 年创建全省健康促进试点县，创建 2 所健康促进医院，开设戒烟门诊 2 个，建立健康教育专业机构，实现每 10 万人配备 1.7 名健康教育专业机构人员。

三、工作保障

（一）强化组织保障

成立以特区党委书记、政府区长为组长，政府常务副区长、分管副区长为副组长，区直有关部门负责人为成员的医疗健康脱贫攻坚工作领导小组（以下简称“领导小组”），领导小组下设办公室于特区卫生计生局；各乡（镇、社区）、各部门成立相应工作领导小组，制定具体实施方案，主要负责同志亲自安排亲自部署，分管同志具体抓好落实，并把医疗健康脱贫攻坚工作作为本单位年终目标考核重要内容抓牢抓实。构建党委统一领导、党政齐抓共管、部门分工协作、全民共建共享的医疗健康脱贫攻坚工作格局。

（二）强化机制保障

由特区卫生计生局牵头，以实施“医共体”为抓手，进一步深化医药卫生体制综合改革，着力解决我区医疗卫生工作中体制机制不活等突出问题，通过整合区域医疗卫生服务资源，整体提高区域内医疗资源的配置和使用效率，实现县、乡、村三级医疗卫生机构一体化管理，让建档立卡农村贫困人口能就近享受到“上下联动、急慢分治、价廉优质”的医疗卫生服务，减少住院病人外流现象，有效遏制因病致贫、因病返贫现象的发生。

（三）强化人才保障

由特区人资社保局牵头，特区编委办、财政局、卫生计生局配合，通过人事招考、人才引进、向社会购买服务等方式，落实医疗健康脱贫攻坚工作人才保障。2017年通过人事招考、人才引进等方式，配齐乡（镇）卫生院（社区卫生服务中心）空编37人；3年内通过购买服务方式，逐步补齐疾病预防控制中心27人；3年内，特区财政对乡（镇）卫生院仍需配齐的139人，不再进行人员补充，而是按照乡（镇）卫生院每人每年6.6万元的标准对卫生院进行工作经费补助，由特区卫生计生局采取以奖代补的方式，根据各乡（镇）卫生院服务数量（门诊量、住院量）、服务质量和群众满意度等进行考核后兑现，达到奖勤罚懒的目的，确保落实“小病不出村、常见病、多发病不出乡”的工作目标，有效解决群众外出看病就医的负担，有效遏制因病致贫、因病返贫现象。

（四）强化经费保障

由特区财政局牵头，将医疗健康脱贫攻坚工作所需资金纳入财政预算，确保经费拨付到位。特区卫生计生局通过“医共体”组建，积极向上争取帮扶资金和项目资金，整合医疗卫生专项资金，盘活医疗卫生存量资金，优化资金使用结构。

（五）强化督查考核、评比奖惩、氛围营造

将医疗健康脱贫攻坚工作情况纳入重大事项督查范围和年终目标考核范畴，特区党委政府督查室加强督查督办，对发现的问题列出清单、明确责任、限定时间、挂账整改，对进展快、效果好的予以通报表扬，未完成任务的通报、约谈，追究主要负责同志责任。特区卫生计生局要建立督查制度，做到月抽查、季考核，实行季度动态排名，对执行情况、实施效果、群众满意度等进行综合督查，并根据督查结果进一步完善政策措施，不断提高工作质量和实效。特区宣传部牵头，各部门、各乡（镇、社区）配合，积极营造全社会参与医疗健康脱贫攻坚工作的浓厚氛围。特区各媒体通过微博、微信、报刊等多种形式开辟专栏，加大医疗健康脱贫攻坚工作中好人好事、先进事迹等正面宣传，营造良好的工作氛围和社会环境。

附件：

1. 六枝特区关于进一步完善医疗保障机制助力脱贫攻坚三年行动实施细则（2017—2019年）

2. 六枝特区提升基层医疗服务能力助力脱贫攻坚三年行动实施细则（2017—2019年）

3. 六枝特区提升基层公共卫生服务能力助力脱贫攻坚三年行动实施细则（2017—2019年）

附件 1

六枝特区关于进一步完善医疗保障机制助力脱贫攻坚三年行动实施细则

（2017—2019 年）

为全面落实全省深度贫困地区脱贫攻坚工作推进大会精神，进一步加大健康脱贫攻坚工作力度，有效遏制因病致贫、因病返贫现象的发生，根据《省人民政府办公厅关于印发贵州省进一步完善医疗保障机制助力脱贫攻坚三年行动方案（2017—2019 年）等三个方案的通知》（黔府办发〔2017〕38 号）要求，制定本实施细则。

一、工作目标

2017 年全面落实四重医疗保障制度；全面对罹患儿童先天性心脏病等 13 种大病的建档立卡农村贫困人口实施集中救治；确保建档立卡农村贫困人口 100% 参合；到 2019 年，通过不断完善医疗保障制度，有力保障建档立卡农村贫困人口看得起病，从根本上有效遏制因病致贫、因病返贫。

二、重点任务

（一）全面落实四重医疗保障制度

1. 基本医疗保障。

（1）门诊补偿：建档立卡农村贫困人口在市内各级定点医疗机构普通疾病门诊及慢性病门诊就医，不设起付线，封顶线每人每年 1000 元（慢性病门诊封顶线 20000 元），政策范围内医药费用由新农合统一按 95% 的比例报销（随政策调整而调整）。

（2）住院补偿：建档立卡农村贫困人口在各级定点医疗机构和市外政府（含军队）举办的公立医疗机构住院就医，不设起付线、封顶线，不限医院级别和疾病病种，政策范围内医药费用由新农合统一按 80% 的比例报销（随政策调整而调整）。

（3）扩大基本医保保障范围：按照《人力资源社会保障部国家卫生计生委民政部财政部中国残联关于新增部分医疗康复项目纳入基本医疗保障支付范围的通知》（人社部发〔2016〕23 号）规定，将康复综合评定、吞咽功能障碍检查、手功能评定、平衡试验、平衡功能训练、手功能训练、表面肌电图检查、轮椅功能训练、耐力训练、大关节松动训练、截肢肢体综合训练、小儿行为听力测试、孤独症诊断访谈量表（ADI）测评、日常生活动作训练、精神障碍作业疗法训练、减重支持系统训练、电动起立床训练、儿童听力障碍语言训练、语音能力筛查共 19 项残疾人医疗康复项目纳入新农合保障范围，提高贫困残疾人医疗保障水平。

2. 大病保险。

建档立卡农村贫困人口住院医药费用经新农合基本医保报销 80% 后，剩余政策范围内自付医药费用不设起付线、封顶线，由大病保险按 75% 的比例赔付，使其政策范围内医药费用经新农合基本医保报销和大病保险赔付后补偿比例达 95% 以上（随政策调整而调整）。

3. 医疗救助。

（1）民政医疗救助：按照《市人民政府办公室关于印发〈六盘水市医疗救助实施办法〉的通知》（六盘水府办函〔2016〕37 号）相关规定执行。

（2）计生医疗救助：建档立卡农村贫困人口计生“两户”家庭成员政策范围内医疗费用，经基本医疗保险、大病保险后剩余部分，由计生利益导向专项资金给予 50% 的救助。

4. 医疗扶助。

对建档立卡农村贫困人口通过基本医疗保险、大病保险、医疗救助补偿后，政策内医疗费用自付部分仍然过高（因患病造成家庭困难且个人自付合规医疗费用超过家庭前 12 个月总收入 50% 以上的），影响其家庭生活的，由特区财政统筹资金进行专项扶助，确保建档立卡农村贫困人口医疗费用实际补偿比例达 95% 以上。

（二）全面实施农村贫困人口大病专项救治

按照核定的建档立卡农村贫困人口大病人员情况，切实做好儿童两病（急性淋巴细胞白血病、急性早幼粒细胞白血病）、儿童先天性心脏病（先天性室间隔缺损、先天性房间隔缺损、动脉导管未闭、肺动脉瓣狭窄、法洛四联症以及合并两种或以上的复杂性先心病）、食管癌、胃癌、结肠癌、直肠癌、终末期肾病 13 种重大疾病病种新农合免费救治报销工作，报销补偿按照贵州省新型农村合作医疗重大疾病医疗保障相关政策执行。

（三）全面确保建档立卡农村贫困人口 100% 参合

按照国家要求及我省年度新农合个人筹资标准，特困供养人员、20 世纪 60 年代精减退职老职工、肇事肇祸精神障碍患者个人缴纳的参合金由特区民政局全额代缴；低保对象个人缴费由特区民政局代缴 35 元 / 人，不足部分由本人补齐（随政策调整而调整）。

特区卫生计生局对计生“两户”个人缴费给予全额资助。

特区财政对其余当年度个人缴费确有困难的建档立卡农村贫困人口进行资助，确保建档立卡农村贫困人口 100% 参合。

（四）全面实行农村贫困人口县域内先诊疗后付费

1. 优化入院流程。积极配合实行农村建档立卡贫困人口参合困难人员在区内定点医疗机构住院先诊疗后付费结算机制，不缴纳住院预付款。符合医保（新农合）规定的参保（合）农村贫困住院患者，持医保卡（新农合卡）、有效身份证件和贫困登记卡等证明证件办理住院手续，医疗机构审核后与其签订先诊疗后付费协议，患者无须缴纳住院押金，直接住院治疗；若无以上贫困证明，但新农合系统显示为农村贫困人口信息的，按照上述规定办理，患者无须缴纳住院押金，直接住院治疗。

2. 简化费用结算。医疗机构在患者出院当天出具发票及总费用清单等，由患者或家属到医疗机构结算窗口办理结算手续。定点医疗机构实行当日结算、及时结报，个人仅需结清自付费用。对于确有困难，出院时无法一次性结清自付费用的，可到所在村（居）委会开具证明，并经乡（镇、社区）认可后，通过定点医疗机构签订延期、分期还款协议等方式，明确还款时间，予以办理出院手续。对住院时间较长、医疗费用较高的贫困患者，定点医疗机构可根据实际情况，自行制定医疗费用分阶段结算具体办法，以防止垫付费用过高，影响正常工作运转。

3. 全面实现建档立卡农村贫困人口一站式即时结报。整合扶贫、民政、计生、新农合、残联等单位贫困人口信息，在特区新农合经办大厅和全区各新农合定点医疗机构实行“一站式”及时结算平台，实现省、市、县、乡（镇）“一站式”信息对接、及时结算。减少就医群众往返费用，真正实现便民利民。

附件 2

六枝特区提升基层医疗服务能力助力脱贫攻坚三年行动实施细则

（2017—2019 年）

为贯彻落实全省深度贫困地区脱贫攻坚工作推进大会精神以及《省人民政府办公厅关于印发贵州省进一步完善医疗保障机制助力脱贫攻坚三年行动方案（2017—2019 年）等三个方案的通知》（黔府办发〔2017〕38 号）要求，落细落实各项工作目标，制定本实施细则。

一、工作目标

到 2019 年，县、乡、村三级医疗机构疾病诊断、治疗、康复护理和管理能力全面提升，基层医疗服务能力达到全国平均水平；县级公立医院为龙头、乡（镇）卫生院（社区卫生服务中心）为枢纽、村卫生室（社区卫生服务站）为基础的基层医疗服务体系健全完善；“基层首诊、双向转诊、急慢分治、上下联动”分级诊疗制度有效运行；基层群众看病就医获得感和满意度明显提升。

二、工作任务

（一）紧紧围绕补齐人才短板，狠抓医疗卫生队伍建设

1. 强化培养 36 名检验、影像、中医类别基层急需专业订单定向生，毕业后到乡（镇）卫生院服务满 6 年，充实队伍建设，其中检验专业 13 名，影像专业 13 名，中医专业 10 名。2018 年，培养 12 名订单定向免费医学生，2019 年，培养 24 名订单定向免费医学生。

2. 采取直接或柔性方式引进高层次人才，重点引进 26 名紧缺急需卫生人才，纳入编制管理。2017 年，引进 6 名高层次技术人才，2018 年，引进 8 名高层次技术人才，2019 年，引进 12 名高层次技术人才。

3. 大力提升在职学历教育水平，实施 250 名乡（镇）卫生院（社区卫生服务中心）中专升大专、大专升本科培训项目，提高医务人员理论水平。2017 年，完成 50 名基层在岗卫生技术人员学历提升工作；2018 年，完成 100 名基层在岗卫生技术人员学历提升工作；2019 年，完成 100 名基层在岗卫生技术人员学历提升工作。

4. 为加快“医共体”县乡村一体化发展，完善“医共体”运行机制，以公开招聘或返聘向社会购买服务方式，为乡（镇）卫生院配备 139 名卫生技术人员，其中，2017 年补充 64 人，2018 年补充 75 人。为进一步增强乡（镇）卫生院内生动力，决定不再进行人员补充，而是对测算需补充的 139 人按照乡（镇）卫生院每人每年 6.6 万元的标准对卫生院进行经费补助，由特区卫生计生局采取以奖代补的原则，根据各乡（镇）卫生院服务数量（门诊量、住院量）、服务质量和群众满意度等进行考核后兑现，达到奖勤罚懒的目的，确保落实“小病不出村、常见病、多发病不出乡”的工作目标，有效解决群众外出看病就医的负担，有效遏制因病致贫、因病返贫。

5. 为筑牢基层健康网底，对村级医疗机构不再进行人员补充，而是以完善我区 351 名编制内的乡村医生养老待遇为主，积极支持和引导符合条件的乡村医生按规定参加职工基本医疗保险和城乡居民

养老保险，特区财政按照省、市相关政策予以配套补助资金。

（二）全面加快推进“百院大战”建设

6. 全面推进特区中医医院、市第二人民医院改扩建、特区人民医院改扩建、疾控中心改扩建、妇幼保健院改扩建项目，确保公立医院每千人口床位数和床位使用率达到国家平均水平。2018年，完成特区中医医院建设并投入使用，完成妇幼保健院改扩建；2019年，完成特区人民医院、市第二人民医院、疾控中心、妇幼保健院改扩建建设。

（三）全面推进乡村两级医疗机构“三优三化一满意”建设

7. 大力开展环境优美、服务优质、管理优良及标准化、规范化、信息化的“三优三化”创建活动，全面完成19个乡（镇）卫生院（社区卫生服务中心）提级改造建设。2017年，完成郎岱镇、岩脚镇、龙河镇、新场乡、关寨镇、木岗镇、银壶社区卫生院提级改造建设；2018年，完成落别乡、牂牁镇、牛场乡、梭戛乡、中寨乡卫生院提级改造建设；2019年，完成新窑镇、月亮河乡、大用镇、新华镇、塔山社区、九龙社区、那克社区卫生院提级改造建设。

8. 筑牢基层医疗健康网底，整合乡村两级现有的老年活动室、村（居）委会用房以及闲置学校（教学点），打造213个拥有120平方米，设置有“五室隔离”的标准化村卫生室，改善就医环境。2017年，完成月亮河乡隆茂村、大坝村、何家寨村、牧场村，中寨乡扯扭村、牛场乡平寨村、新场乡新寨村、银壶社区东风村、牂牁镇沈家村等40个标准化村卫生室建设；2018年，完成关寨镇西克村、王家寨村，牂牁镇半坡村、牛场乡黔中村等90个标准化村卫生室建设；2019年，完成月亮河乡郭家寨村、新场乡沙地村、龙河镇红旗村等83个标准化村卫生室建设。

9. 大力加快乡（镇）卫生院发展，全面提升中心卫生院服务能力，巩固完善我区三级医疗服务体系，创建7个具有二级综合医院服务水平的乡（镇）卫生院。2017年，建成岩脚镇、郎岱镇卫生院达到二级综合医院水平；2018年，建成银壶社区、木岗镇、中寨乡卫生院达到二级综合医院水平；2019年，建成新场乡、龙河镇卫生院达到二级综合医院水平。

10. 着力加强乡（镇）卫生院服务体系建设、队伍建设、内涵建设，提高群众满意度，创建11个群众满意的乡（镇）卫生院。2017年，创建岩脚镇、郎岱镇、龙河镇、新场乡卫生院为群众满意的乡（镇）卫生院；2018年，创建中寨乡、落别乡、木岗镇、关寨镇卫生院为群众满意的乡（镇）卫生院；2019年，创建梭戛乡、新窑镇、月亮河乡为群众满意的乡（镇）卫生院。

11. 秉着抓住机遇、深化改革、发挥特色、做强专科、齐头并进、综合发展的原则，建成8个乡（镇）卫生院（社区卫生服务中心）特色专科。2017年，建成银壶社区、郎岱镇、岩脚镇卫生院特色专科建设；2018年，建成木岗镇、新场乡、龙河镇卫生院特色专科；2019年，建成大用镇、关寨镇卫生院特色专科。

（四）全面完成信息化建设

12. 全面建成远程医疗服务体系。2017年，省委省政府将“乡镇卫生院远程医疗全覆盖”纳入“十件民生实事”，要求省、市、县按6∶1∶3比例配套经费并配齐相关设备。

2017年，完成我区所有有业务用房的乡（镇）卫生院（社区卫生服务中心）标准化远程医疗服务体系建设，创新远程医疗体系工作机制。全面提高基层医疗卫生机构信息化水平，推进远程医疗服务网络向乡（镇）卫生院（社区卫生服务中心）和区域医疗卫生服务联动，促进“医共体”建设发展，提升县乡村三级服务能力和水平，构建“向上连接省市、向下覆盖县乡村”的远程医疗服务体系，全天候为人民群众提供价廉、便捷、优质、可持续的远程医疗服务。

13. 2017年，建成全面整合我区医疗业务、公共卫生、妇幼卫生、疾病控制、计划生育技术服务等信息共享的全民健康信息平台，为建档立卡贫困人口提供全方位、全生命周期的卫生健康服务。

（五）全面提升基层中医药服务能力

14. 建成15家乡（镇）卫生院（社区卫生服务中心）中医馆，完善县乡村三级中医药服务体系全覆盖，实现乡乡都有中医馆、村村都有中医看，确保所有乡（镇）卫生院（社区卫生服务中心）提供6类以上中医药服务，乡村两级中医诊疗量达诊疗总量的20%以上。2017年，完成大用镇、落别乡、中寨乡、塔山社区、梭戛乡、木岗镇卫生院中医馆建设；2018 年，完成牛场乡、新华镇、月亮河乡、龙河镇、新窑镇、关寨镇、牂牁镇、那克社区、九龙社区卫生院中医馆建设。

（六）积极推进“向上组建医联体，向下实施医共体”，充分发挥援黔支医（浙江省、大连市对口帮扶贵州省医疗卫生事业发展）及对口支援作用，整体提升县域内医疗服务能力

15. 继续完善“医共体”运行制度，做出可学习、可推广、可复制的“医共体”模式，2017 年创建为全省“医共体”示范县，2019 年，力争创建为全国“医共体”示范县。

继续秉着有利于提高全区公共卫生服务能力、有利于加快医疗服务产业化进程、有利于提高人民群众的就医质量和健康水平、有利于调动基层医疗卫生人员的积极性的“四个有利于”原则，落实新农合基金实行按人头总额预算包干支付、超支不补，结余留用机制的支付机制。由特区卫生计生局为各“医共体”成员单位制定发展目标（每年各乡镇卫生院总体业务收入较往年递增 5%，确保各乡镇卫生院医务人员年终考核绩效不低于当地政府的年终考核奖），将上划后的乡（镇）卫生院（社区卫生服务中心）的人、财、物划转或委托市第二人民医院、特区人民医院两家“龙头”医院管理，减少行政行为干预，致力于抓好目标任务监管和医疗服务质量监管，切实提升基层医疗卫生服务能力、切实解决群众“看病难、看病贵、看病远”问题。

16. 充分借助“援黔支医”以及“医联体”平台，梳理医院管理、医疗技术、人文精神等方面存在的问题和短板，积极创新帮扶合作形式。2017 年，细化贵州省人民医院与六盘水市第二人民医院、衢州市人民医院和六盘水市人民医院与特区人民医院对口帮扶规划和年度工作计划，推动援黔支医及对口支援工作项目化、实物化。

17. 重点以我区前三年转诊前 10 位的疾病作为重点学科建设，减少住院病人外流现象，努力实现“区域内就诊率提高到 90% 以上”的医改目标，全面建成县域内重点学科。2017 年，完成市第二人民医院及特区人民医院“5+2”（5 个以上重点学科和重症监护室、急诊急救体系）重点学科建设；2019 年，建成特区中医医院“2+3+N”重点科室（治未病、中医康复科、3 个重点专科和急诊急救体系）建设。

18. 持续完善“医共体”运行机制，保障“医共体”内用药保障，为落实分级诊疗夯实基础。2018 年，全面建成“医共体”内县乡村一体化药品采购、配送、使用制度。

19. 以重科技、重文化、重服务、抓安全、抓质量、抓作风、强队伍、强基础、强机制的工作思路，结合医院工作实际，围绕等级医院创建“标准与细则”做细、做实、做严，提高各项工作质量，全面推进等级医院创建工作。2018 年，力争市第二人民医院通过三级医院评审；2019 年，力争特区人民医院创建为三级乙等医院。

附件 3

六枝特区提升基层公共卫生服务能力助力脱贫攻坚三年行动实施细则

（2017—2019 年）

根据全省深度贫困地区脱贫攻坚工作推进大会精神和《省人民政府办公厅关于印发贵州省进一步完善医疗保障机制助力脱贫攻坚三年行动方案（2017—2019 年）等三个方案的通知》（黔府办发〔2017〕38 号）要求，为落实各项工作目标，结合我区工作实际，制定本实施细则。

一、工作目标

到 2019 年，疾病综合防控能力显著增强，传染病报告发病率低于全国平均水平；妇女儿童健康水平迈上新台阶，建档立卡农村贫困孕产妇死亡控制在 24/10 万以内，婴儿死亡率控制在 11‰；农村环境卫生状况持续改善，卫生厕所覆盖率达 75% 以上，老百姓健康素养明显提升，重大疾病发生率明显下降，建档立卡农村贫困人口少生病、晚生病取得重大进展。

二、加大农村贫困地区传染病防控力度

（一）加强规范化数字预防接种门诊建设、规范预防接种管理。一是及时配套项目建设资金，加强项目建设及督导，确保 2017 年在全国率先实现乡（镇）卫生院（社区卫生服务中心）全覆盖。二是加强一类疫苗管理，所有二类疫苗通过省级公共资源交易平台采购，加强疫苗全程追溯管理，留存各种疫苗运输、监测记录及相关合格证明。三是依托省级免疫规划信息系统，实行未种儿童的预约通知，加强技术指导和考核评估，将预防接种工作考核作为划拨接种补助资金的重要依据。

（二）结核病防治。一是早期发现病人。落实晨午检制度，将结核病等重点传染病防控列入各学校年度工作计划。落实定点医院诊疗制度，及时将门诊及住院可疑结核病病人转诊到结核病定点医疗机构。二是加强病人管理。规范定点医疗机构应对肺结核患者诊治路径，疑难病例及涂阴病例实行专家组讨论制度，避免过诊、漏诊、过度检查。

（三）艾滋病防治。加强艾滋病抗病防治宣传、病人管理、治疗等工作，定期开展抗病毒治疗效果评估、药品管理、治疗工作的监督检查，保证抗病毒治疗的安全有效开展。

（四）加强传染病网络直报系统平台建设。配置传染病疫情报告专用设备，规范医疗机构传染病报告工作，使医疗机构网络直报率达 100%。

（五）加强疫情监测预警。加大麻疹、麻风、疟疾等重大传染病的监测力度，抓好麻疹类疫苗预防接种，开展外出疟疾高发地区、高发国家务工人员的宣传和监测，及时处置输入性疟疾病例，杜绝本地病例的发生。

（六）突发传染病疫情及时处置率达 100%。抓好传染病疫情预警监测工作，及时处置各类突发公共卫生事件。

（七）开展食盐含量监测，汇总、分析监测结果，为地方性氟中毒，碘缺乏病防控提供科学依据。

三、全面加强农村贫困地区妇幼健康工作

（一）加强建档立卡农村贫困孕产妇健康管理。深入推进生育健康全程服务，对建档立卡农村贫困孕产妇规范提供早孕建卡、产前检查、住院分娩、

产后访视等服务，开展高危孕产妇妊娠风险评估。2017 年、2018 年、2019 年建档立卡农村贫困孕产妇健康管理率分别达 70%、87%、90% 以上。

（二）加强建档立卡农村贫困 0 ～ 6 岁儿童健康管理。对 0 ～ 6 岁儿童规范提供新生儿访视、生长发育监测、营养喂养指导等服务，2017 年、2018 年、2019 年建档立卡农村贫困 0 ～ 6 岁儿童健康管理率分别达 70%、87%、90% 以上。

（三）加强建档立卡农村贫困妇女“两癌”筛查。实施重大公共卫生项目，2017 年 12 月底前完成建档立卡农村贫困妇女宫颈癌、乳腺癌免费筛查的宣传动员，2018 年开始实施筛查工作。

（四）开展农村新生儿疾病筛查。开展建档立卡农村贫困新生儿进行新生儿疾病筛查工作，2017 年完成 80%，2018 年实现全覆盖并长期坚持，特区人民医院于 2017 年 10 月起开展无创 DNA 产前筛查试点。

四、大力推进农村中小学校医务室标准化建设

在 2016 年农村中小学校医全覆盖的基础上，按照“三统一”要求，继续实施农村中小学校医务室标准化建设全覆盖。

统一医疗设备配置，2017 年为全区 169 所农村中小学校医务室配备 29 种基本医疗设备。统一校医工作职责，切实做好常见多发病诊治、卫生保健知识普及、传染病报告管理、食品安全监督、突发公共事件处置等工作。统一校医服务行为，佩戴校医工作牌，建立服务工作台账，保证服务频次，提升服务质量。

五、改善农村人居环境

（一）创建国家卫生乡镇、省级卫生乡镇、村（居）。大力创建国家卫生乡镇，结合城乡环境卫生整洁行动，以农村垃圾污水处理和农村卫生保洁为重点，从治脏、治乱、治差入手，实施环境综合治理，加快环卫基础设施建设，强化日常保洁，形成“村收集、乡镇转运、县集中处理”的垃圾处理制度，2017 年度创建国家卫生乡镇 1 个，创建省级卫生乡镇 5 个，创建省级卫生村 10 个以上；2018 年度创建国家卫生乡镇 1 个，创建省级卫生乡镇 1 个，创建省级卫生村 15 个（含深度贫困村 4 个）；2019 年度创建国家卫生乡镇 2 个，创建省级卫生乡镇 2 个，创建省级卫生村 20 个（含深度贫困村 5 个）。

（二）2019 年农村卫生厕所普及率达 75% 以上。结合小康房行动计划、农村危房改造、财政奖补项目等工作，按照“集中连片、整村推进”的原则，突出抓好示范村、公路沿线村庄的改厕工作，做到以点带面、全面推进，培养群众健康卫生习惯，改变传统陋习，2017 年农村卫生厕所普及率达 25% 以上，2018 年农村卫生厕所普及率达 50% 以上，2019 年农村卫生厕所普及率达 75% 以上。

（三）加强农村饮用水水质监测工作。开展农村饮用水水质监测，加强疾控中心水质监测实验室能力建设和检测人员培训，提升监测能力，逐步扩大饮用水监测范围，2017 年完成监测 45 个供水点，2018 年完成监测点达 100 个，2019 年完成监测点达 150 个。

六、开展贫困人口健康管理

（一）建档立卡农村贫困居民健康卡发行应用工作。建立农村贫困人口健康卡，2017 年为每一位农村贫困人口发放一张健康卡。一是信息采集阶段（8 月 25 日前），特区扶贫局按中国银行六枝支行制卡要求，提供全区农村建档立卡贫困人口基本信息。8 月 30 日前，中国银行六枝支行完成特区扶贫局提供的信息与特区公安局信息的比对和确认，分批次完成信息上传工作，并完成特区人民医院应用环境改造工作。二是制卡阶段（9 月 1 日至 10 月 7 日）。中国银行六枝支行利用采集并上传的人员信息制作居民健康卡。三是发卡阶段（10 月 8 日至 10 月 28 日）。各乡（镇、社区）积极组织协调，做好全区农村贫困人口的居民健康卡现场发卡和激活工作。

（二）家庭医生签约服务工作。为进一步加强建档立卡农村贫困人口的健康管理，体现家庭医生网底作用，确保 2017 年 10 月前家庭医生签约服务全覆盖。2017 年 8 月 31 日前，各乡（镇）卫生院（社区卫生服务中心）优先遴选业务能力强、群众基础好的乡镇临床医生、乡村医生、护士和“医共体”下派专家等技术人员组建家庭医生团队，并与建档立卡贫困人口进行签约。

（三）建档立卡农村贫困人口健康体检工作。2017 年 8 月底前，以深度贫困村为试点率先开展贫困人口健康体检工作，到 2017 年底以乡（镇、社区）为单位为农村贫困人口开展一次健康体检，以后每

年开展一次健康体检，增强贫困群众的获得感和满意度。

七、广泛开展健康知识教育和健康促进试点县（区）创建工作

（一）播放公益广告。采取电视、报刊、网络等方式播放公益广告，每年健康公益广告播放不少于6个月，每月不少于100次。

（二）健康巡讲工作。每年开展健康巡讲活动不少于5次，到2019年累计覆盖人群达8000人次。

（三）健康促进试点县（区）创建工作。按照健康促进县（区）试点建设标准开展健康促进试点县（区）创建工作，争取2019年建成健康促进试点县（区）。

（四）健康促进医院建设。市第二人民医院、特区人民医院开展健康促进医院工作，开设戒烟门诊。

六枝特区电子商务助推脱贫攻坚三年行动实施方案（2017年—2019年）

（2017年12月5日）

为深入实施大扶贫战略，充分发挥电子商务在脱贫攻坚中的重要作用，结合我区实际，制定本方案。

一、指导思想

深入学习贯彻党的十九大精神和习近平新时代中国特色社会主义思想，以省级电子商务进农村综合示范县建设为抓手，以深度贫困地区和建档立卡贫困群众为重点，围绕持续增加贫困群众收入这一核心，把握农业提质增效这一关键，全力激发贫困群众脱贫致富的内生动力，加快建立长效稳定的脱贫渠道，为决胜脱贫攻坚、同步全面小康作出新贡献。

二、总体目标

通过开展区内商务资源脱贫攻坚行动、电商扶贫网点建设行动、农产品网络畅销行动、电商人才培养行动，推进我区扶贫产业产品流通、销售，网络零售额每年翻一番以上，带动贫困户增收年增长30%以上。到2019年，网络零售额达8000万元以上，带动1700名建档立卡贫困户脱贫，实现电商网点村级全覆盖，电商扶贫效果显著。

三、年度目标

2017年，建立区级电商交易平台，完成2家以上农业龙头企业电商化改造，培育20个以上农村电商经营主体，覆盖50个行政村，网络零售额达2000万元以上，带动200名贫困人口脱贫。2018年，完成10家以上农业龙头企业电商化改造，培育50个以上农村电商经营主体，覆盖150个行政村，带动1200名贫困人口脱贫，推进农产品进学校、进医院、进机关、进超市、进酒店，电商扶贫成效初步显现。2019年，完成20家以上农业龙头企业电商化改造，培育100个以上农村电商经营主体，覆盖所有行政村，带动1700名贫困人口脱贫，电商扶贫效果显著。

四、重点任务

（一）开展区内商务资源脱贫攻坚行动。建立区级电商交易平台，在不改变市场价格机制和品质标准的情况下，逐步有序推进我区农产品进学校、进医院、进机关、进超市、进酒店，重点推进我区扶贫产业产品的流通、销售。通过农业龙头企业、合作社和其他农村经营实体，带动贫困户发展扶贫产业，促进贫困户增收致富。（牵头单位：特区经济和信息化局；责任单位：特区卫生计生局、教育局、财政局、农业局、市场监管局，六枝邮政分公司）

（二）开展农产品网络畅销行动。加强与阿里巴巴、京东、唯品会等电商平台合作，组建、整合、引进电商营销团队，完成区内“三品一标”产品企业电商化改造，鼓励开设企业“官方旗舰店”；对不具备网上销售能力的，由电商营销团队在第三方电商平台集中开设2个以上“六枝特区特色农产品扶贫馆”，将品质好、附加值高的优质产品集中销售，树立六枝特区优质产品形象，提升特色农产品电商化水平和上行能力。（牵头单位：特区经济和信息化局；责任单位：特区财政局、农业局、市场监管局、扶贫局，六枝邮政分公司）

（三）开展电商扶贫网点提升行动。按照“贫困户创业、能人大户引领、龙头企业带动、乡村干部服务”工作思路，建立完善电商扶贫网点与建档立卡贫困户利益联结机制，整合物流快递、包裹收发、金融服务、生活服务、网络购物等功能，使农村网店成为农产品网上销售的重要流通窗口，形成“一店带多户”、“一店带一村”的网店扶贫模式。到2019年，每个村至少有1家电商网店。（牵头单位：特区经济和信息化局；责任单位：特区农业局、扶贫局、供销社，六枝邮政分公司）

（四）开展电商人才培养行动。与实力强、熟悉区情的培训机构合作，重点对建档立卡贫困户、残疾人、待业青年、返乡农民工开展电商实操能力培训，整合资源扶持创业，帮助熟练掌握网上销售产品的一般流程，了解电商技能，着力解决参训者在电商经营中存在的问题，提高农村电商网店经营水平和带动贫困户脱贫能力。到2019年，每个村培训1名以上电商运营技术人员。（牵头单位：特区经济和信息化局；责任单位：特区妇联、团委，人资社保局、市场监管局、扶贫局、供销社，各乡〔镇〕人民政府、社区服务中心，六枝邮政分公司）

（五）开展农产品质量体系建设行动。严格按照各类电商平台产品质量要求，提升农产品标准化水平，让更多农产品达到线上销售标准。推进农产品质量安全追溯体系建设，实现重点农产品源头可追溯、流向可跟踪、信息可查询、责任可追究。按照形象、质量、标准“三统一”要求，加强农产品品牌建设，提升优质产品知名度和影响力。〔牵头单位：特区农业局；责任单位：特区市场监管局，各乡（镇）人民政府、社区服务中心〕

五、保障措施

（一）加强组织领导。为加强对电子商务精准扶贫工作的领导，成立六枝特区电子商务助推脱贫攻坚工作领导小组，其组成人员如下：

组　长：方裕谦（特区政府区长）
副组长：杨　刚（特区政府常务副区长）
陈　超（特区政府副区长）
成　员：敖　勇（特区政府办公室）
张永志（特区“三变”办）
吴　萍（特区发展改革局）
朱建达（特区经济和信息化局）
肖富华（特区经济和信息化局）
高奎星（特区卫生计生局）
蔡洪江（特区教育局）
索才欣（特区财政局）
李志军（特区人资社保局）
王士福（特区农业局）
安　庆（特区市场监管局）
李世然（特区扶贫局）
宋加荣（特区政府金融办）
黄　平（特区供销社）
李玉萍（特区妇联）
韩林君（特区团委）
高　磊（贵阳银行六枝支行）
陈应翔（六枝邮政分公司）
各乡（镇）人民政府、社区服务中心主要负责同志

领导小组下设办公室于特区经济和信息化局（特区电子商务办公室），负责电子商务助推脱贫攻坚相关日常工作，朱建达同志兼任办公室主任，肖富华同志兼任办公室副主任。

（二）加强宣传引导。充分运用传统媒体、新型媒体及时总结推广好经验好做法，及时宣传报道新进展新成效。注重发现和树立电子商务扶贫的典型事例和先进模范，通过成功案例引导群众、用先进人物影响群众，靠先富的群众来带动后发的群众，更好激发贫困群众自力更生的内生动力。

（三）加强政策配套。根据电商扶贫工作需要，积极向上争取资金支持，特区财政要将配套资金600万元及时纳入预算。对符合条件且与六枝特区电子商务助推脱贫攻坚工作领导小组办公室签订协议的电商经营主体、贫困户及农村经济实体兑现创业、扶贫、金融等扶持政策，切实帮助电商企业解决生产经营中的问题。对收购贫困户产品网上销售的电商企业（个体），按收购价的10%给予补贴，每个电商企业（个体）每年最高不超过20万元，按年度兑现；对将产品按电商经营主体的要求包装、运输到村级电商网点外销，且每年销售给电商企业2000元以上的贫困户，按电商企业实际收购价格的5%给予运输补贴，每户每年最高不超过1万元，按年度兑现；对吸收贫困户就业的电商企业和网店，按照贫困户实际工资收入的5%分别补贴贫困户和企业，企业每年最高不超过20万元，贫困户每人

每年不超过1万元，按年度兑现；对从农村电商站点运送农产品上行销售，且年农特产品运单量达4万单以上的物流快递企业，每单给予1元补贴，每个企业最高不超过20万元；推进示范工程建设，每年从带动贫困户增收明显的电商企业中评选20个电商扶贫示范企业，每个企业补贴1万元，推荐参加全省1000家扶贫示范店评选。

（四）加强监测统计。构建覆盖全区的电子商务精准扶贫统计体系，依托二维码及其数据平台动态掌握贫困群众销售、增收、脱贫等信息。借鉴贵定县“一户一码”（对单一贫困户农特产品和该户情况进行系统录入，生成二维码，让客人通过扫码，对商品的生产过程、安全情况从源头到餐桌通过网络触手可及）电子商务扶贫统计监测模式，确保到2019年底前每个电商企业（个体）有一个涵盖生产、销售、溯源、利益联结等信息的二维码，每个独立生产的建档立卡贫困户有一个涵盖产品、销售、溯源等信息的二维码。结合“一户一码”运行机制，加快制定线下电子商务精准扶贫抽查复核办法，构筑线上线下的数据审查两道堤坝，确保数据精准真实，严防弄虚作假。

索 引

索引说明：

本索引采用主题词分析法编制，“特辑”“大事记”“附录”等部类的具体内容未做索引，索引列入类目、条目、分目内容，类目标题用黑体标注，所有分目的“综述”“概况”“机构设置”“机构职能”“机构建设”“内设机构”“内含机构”“机构调协”未列入在内。

本索引按主题词首字母汉语拼音音序排序，若首字母拼音相同则按第二个字间序排列，以此类推。部类首含有标点及特殊符号的归列为“非音序”。

索引内容后的数字表示所在页码。

A

B

C

D

H

J

K

L

R

S

T

Y

Z

非音序